Douglas · Wilhelm der Eroberer

David C. Douglas

Wilhelm der Eroberer

geb. 1027 in Falaise

Herzog der Normandie

11. Jh.

Diederichs

Die Originalausgabe erschien unter dem Titel *William the Conqueror*
bei Eyre & Sottiswoode Ltd. (Eyre Methuen Ltd.), London.

© David C. Douglas 1964

Bibliografische Information Der Deutschen Bibliothek
Die Deutsche Bibliothek verzeichnet diese Publikation in der Deutschen
Nationalbibliografie; detaillierte bibliografische Daten sind im Internet
unter http://dnb.ddb.de abrufbar.

© Lizenzausgabe für den Heinrich Hugendubel Verlag,
Kreuzlingen/München 2004
© der deutschsprachigen Ausgabe Callwey Verlag, München 1980
Alle Rechte vorbehalten
Aus dem Englischen von Edwin Ortmann

Umschlaggestaltung: Die Werkstatt München / Weiss · Zembsch
Produktion: Ortrud Müller
Satz: Wiener Verlag, Himberg
Druck und Bindung: GGP Media, Pößneck
Printed in Germany

ISBN 3-424-01228-9

INHALT

ANHANG

BIBLIOGRAPHIE

VORWORT

Im Jahre 1963 wurde ich als Dozent in englischer Geschichte an die Universität Oxford berufen. Was dieses Buch anbelangt, so gilt meine Dankbarkeit in erster Linie den Personen, die mich zu dieser außerordentlichen Professur ernannten und deren Ruf mir nicht nur eine Ehre war, sondern noch dazu ein Anstoß, gewisse Studien der anglonormannischen Geschichte abzuschließen, Studien nämlich, die während mehr als zwanzig Jahren einen großen Teil meiner freien Zeit ausgefüllt hatten. Das vorliegende Werk unterscheidet sich zwar durch Aufbau und umfassenderen Inhalt von den Vorlesungen, die ich über das gleiche Thema hielt, aber meine Dankbarkeit für die Anregung, die mir auf diese Weise zuteil wurde, wird dadurch in keiner Weise vermindert.

Die Wichtigkeit des hier behandelten Stoffes drückt sich in dem ununterbrochenen Interesse, das er jahrhundertelang weckte, und in seiner ständigen Verbreitung aus. Trotzdem hoffen wir, daß sich eine neue Studie über Wilhelm den Eroberer und seine Zeit als berechtigt erweisen wird, wobei sich dem Leser die besondere Absicht dieses Buches in einem einleitenden Kapitel darlegt. Meine Ziele waren kurz gesagt die, widersprüchliche Kontroversen der Vergangenheit zu meiden, Erkenntnisse der englischen und französischen Wissenschaft in engere Beziehung zu setzen und meine Studien in jeder Hinsicht auf das ursprüngliche Beweismaterial zu stützen, dem, wie ich glaube, kritische Arbeiten jüngeren Datums ein neues und überzeugendes Gewicht verliehen haben. Deshalb wurde eine ausführliche Angabe der betreffenden Quellen erstellt. Außerdem wollte ich den Lesern dieses Buches ermöglichen, die Zulänglichkeit des Beweismaterials, sowie die darauf begründeten unterschiedlichen Auslegungen zu überprüfen.

Ein Blick auf die Bibliographie zeigt, wie sehr ich den Arbeiten anderer verpflichtet bin, aber es würde nicht genügen, die vielen persönlichen Hilfeleistungen, die mir im Zusammenhang mit dieser Arbeit zuteil wurden, aufzuzählen. Sie sind in der Tat zu zahlreich, um sie im einzelnen zu erwähnen, weshalb ich mich an dieser Stelle bei all denen aufs herzlichste bedanken möchte, die mir auf so vielerlei Art geholfen haben.

Aber ich kann nicht umhin, auf meine Freunde an der Universität Bristol hinzuweisen. Meine Schüler haben mich mehr gelehrt, als sie vielleicht annehmen; unter ihnen möchte ich vor allem Dr. David Walker und Mr. Peter Hull erwähnen. Was meinen Kollegen Mr. James Sherborne anbelangt, so stehe ich durch die wertvolle Kritik, die er an meinen Schriften übte, mehr denn je in seiner Schuld. Weiterhin bin ich Mr. Freke für die Vorbereitung der Landkarten zu Dank verpflichtet; desgleichen meiner Sekretärin Miß Kathleen Hek, die mir mit unermüdlicher Geduld und Anteilnahme zur Seite stand.

In besonderer Schuld jedoch stehe ich bei meinen Freunden Sir Frank Stenton, Professor V. H. Galbraith und Mr. Douglas Jerrold, die mich jahrelang in meiner Arbeit ermutigten. Dazu kommen noch Dom David Knowles und Professor Richard Southern, die so freundlich waren, große Teile meines Buches gegen Ende seiner Entstehung hin zu lesen und dazu Stellung zu nehmen. Ich möchte jedoch nicht, daß diesen hervorragenden Schriftstellern jene irrtümlichen Zitate oder Interpretationen zur Last gelegt werden, die sich möglicherweise in diesem Buch befinden; mit der Erwähnung der Namen wünsche ich lediglich meine tiefe Dankbarkeit ihnen gegenüber zum Ausdruck zu bringen.

Indessen blieb meine größte Verpflichtung bisher ungenannt. Es handelt sich um Mr. Lewis Loyd, den überlegenen Kenner des Feudalwesens, der als erster meine Aufmerksamkeit aktiv auf die anglo-normannische Geschichte lenkte und mich ohne Einschränkungen mit der ihm eigenen Großzügigkeit an seinem Wissen und den eigenen Forschungen teilhaben ließ. Später war es Mrs. Germaine Mason, meine Kollegin an der Universität Bristol, die mir mit derselben Großzügigkeit zu neuen Erkenntnissen in der französischen Literatur und Geschichte verhalf. Meine Dankbarkeit diesen beiden Wissenschaftlern gegenüber, die leider beide nicht mehr am Leben sind, kann ich unmöglich in einem kurzen Satz ausdrücken. Ich wünschte nur, daß dieses Buch ihrem Angedenken und ihrer Freundschaft größere Rechnung tragen könnte. Sicher ist, daß wohl kaum je ein Autor in bezug auf das freundliche Entgegenkommen anderer so begünstigt worden ist. Während der ganzen langwierigen Arbeit war mir meine Frau von größter Hilfe; ohne sie wäre dieses Buch nie zustande gekommen. Sie sähe es ungern, wenn ich auf ihren unersetzlichen Anteil an unserer gemeinsamen Arbeit, oder auf all das, was sie für dieses Buch tat, im einzelnen einginge. Die Widmung sei dankbar und nur zu Recht an sie gerichtet.

Bristol, 1964   D. C. D.

Für Evelyn Douglas

PROLOG

Hauptgegenstand dieses Buches ist Wilhelm der Eroberer, die Eroberung Englands durch die Normannen sein Thema. Wir versuchten aufzuzeigen, wie zu Lebzeiten eines einzigen Mannes und größtenteils durch dessen Taten eine kleine Provinz Galliens in der Lage war, die Eroberung eines alten Königreiches auszuführen. Außerdem versuchten wir, Charakter und Ergebnisse dieser Eroberung zu analysieren. Dieses Thema dürfte nicht nur durch sein eigentliches Anliegen Aufmerksamkeit erregen; seine Bedeutung für die spätere Entwicklung Englands und des ganzen christlichen Abendlandes scheint uns mindestens genauso schwerwiegend zu sein. Außerdem gewinnt es wohl noch dadurch an Interesse, daß es untrennbar mit einer der auffallendsten Biographien der Geschichte verbunden ist. Einerseits ist uns allen dieses Thema nur allzu bekannt. Kein englischer König des Mittelalters ist so berühmt wie Wilhelm der Eroberer, und kein Ereignis der gesamten englischen Geschichte wurde je mehr diskutiert als die Eroberung dieses Landes durch die Normannen. Um die Aufmerksamkeit auf die überwältigende Anhäufung von Arbeiten [1] über jenen Zeitabschnitt anglo-normannischer Geschichte zu lenken, bedürfte es beispielsweise nur einer Zusammenstellung der Schriften André Duchesne's und Jean Pommeraye's (Frankreich) aus dem siebzehnten Jahrhundert, sowie ihrer großen englischen Zeitgenossen Selden, Spelman und Dugdale. Auch die Ausgaben von Wilkins und Bessin aus dem achtzehnten Jahrhundert bieten uns in ihrer Gesamtheit immer noch Material für eine kritische Stellungnahme. Bereichert wurde dieses Thema später von Stapleton und Freeman in England, Haskins in Amerika, Steenstrup in Dänemark und von Auguste Le Prévost, Henri Prentout und Léopold Delisle in Frankreich.
Auch heute scheint sich diese Aktivität nicht vermindert zu haben.

In England werden die Studenten durch erneute Behandlungen dieses Themas mit neuen Möglichkeiten vertraut gemacht, und die soeben von Madame Faroux herausgegebene, großartige Zusammenstellung früher, normannischer Urkunden hat uns mehr denn je eine große Anzahl unentbehrlicher Unterlagen zugänglich gemacht.[2] Zu diesen Kommentaren erscheinen ständig neue Auslegungen. So werden beispielsweise in England die Ursprünge des anglo-normannischen Feudalismus' einer erneuten Prüfung unterzogen; außerdem wird die Kirchengeschichte jener Zeit mit immer größerer Sorgfalt ausgearbeitet. Zugleich versuchen in Frankreich die Professoren M. de Bouard, Jean Yver und Lucien Musset, sowie ihre Kollegen an der Universität Caen mit großem Erfolg, eine neue Stellungnahme zur anglo-normannischen Geschichte zu gewinnen. Diese Reihe von Namen könnte selbstverständlich ohne weiteres fortgesetzt werden und würde dann die grundlegenden Arbeiten von Dom David Knowles und Sir Frank Stenton einschließen. Die bloße Erwähnung dieser wenigen Namen soll jedoch lediglich auf das anhaltende Interesse an diesem Thema hinweisen. Dabei erhebt sich möglicherweise die Frage, ob man diesem angehäuften Wissen noch etwas hinzuzufügen vermag.

Trotzdem könnte eine erneute Behandlung dieses Themas gerechtfertigt erscheinen, und sei es allein auf Grund der erheblichen Meinungsverschiedenheiten, die in den Werken seiner hervorragendsten Exponenten immer noch auftauchen. Diese Widersprüche erweisen sich übrigens als sehr beachtlich. So sind beispielsweise die französischen Wissenschaftler, was die verhältnismäßige Wichtigkeit des skandinavischen Einflusses auf die Entwicklung der Normandie anbelangt, sehr geteilter Meinung. Außerdem hat der anglo-normannische Feudalismus neue Theorien hervorgerufen, die denen John Horace Rounds widersprechen, wobei man nicht vergessen darf, daß Round selber äußerst nachdrücklich die Theorien seiner Vorgänger bekämpfte. Dann möchte ich als letztes Beispiel die Bewertung der kirchengeschichtlichen Folgen für England, die durch seine Eroberung durch die Normannen entstanden sind, nennen und dabei die Arbeiten Heinrich Böhmers oder N. Z. Brooke's denen der Professoren Stenton und Darlington gegenüberstellen. Man könnte noch hundert Beispiele nennen, vielleicht aber genügen die soeben angeführten, um auf das paradoxe Moment in diesem Thema hinzuweisen. Ein endgültiges Ergebnis dürfen wir von der Geschichtsforschung nicht erwarten, doch Ebbe und Flut der angebrachten Kritiken und Korrekturen sind für ihre Lebendigkeit unbedingt erforderlich. Diese hier nur kurz umrissene Situation ist jedoch bemerkenswert. Trotz der Tatsache, daß die Geschichte Wilhelms und der Eroberung Englands durch die Normannen nun seit drei Jahrhunderten gründlichst erforscht worden ist, gibt es in unserer Geschichte wohl kaum einen Zeitabschnitt, über den die Meinungen so sehr auseinandergehen.

Darüber hinaus gibt es noch einen anderen Grund, der einer erneuten Behandlung dieses Themas Wert verleihen könnte. Der Student anglo-normannischer Geschichte sieht sich heute in eine ziemlich außergewöhnliche Lage versetzt: auf der einen Seite Erbe einer großartigen Tradition geschichtlicher Forschung, ist er auf der anderen Seite dem Einfluß einer sogar noch weiter zurückreichenden Propaganda ausgesetzt. Die Behandlung Wilhelms und der normannischen Eroberung Englands gehört zweifellos zu den Merkwürdigkeiten des englischen Schrifttums; es ist sonderbar, wie über Jahrhunderte hinweg die Geschichte dieses weit zurückliegenden Zeitabschnittes Staatsmännern und Rechtsgelehrten, Pamphletisten und Geistlichen Stoff zu einem unablässigen Wortkrieg lieferte, der von akuten Streitfragen und augenblicklichen politischen Spannungen geschürt wurde.[3] Fast die ganze englische Literatur ist mit Kontroversen, die sich auf die normannische Eroberung beziehen, durchsetzt. So suchten beispielsweise Erzbischof Matthew und seine Kollegen vor dem Tode Königin Elisabeth I. noch in der von normannischen Einflüssen unberührt gebliebenen altenglischen Kirche Vorbilder für eine Reformation der ihnen angetragenen Kirchenverfassung. Tatsächlich gab es im England des siebzehnten Jahrhunderts nur wenige politische oder religiöse Zankäpfel, die sich nicht in irgendeiner Weise auf Wilhelm den Eroberer oder die normannische Eroberung bezogen. In diesem Falle kamen die Rechtsanwälte zum Beispiel nicht nur mit den Anhängern des Königs, sondern auch mit der neuen Geschichtsschreibung in Konflikt; man erinnere sich daran, wie wichtig der Begriff des ›normannischen Jochs‹ den ›Levellers‹ (Gleichmachern) geworden war.[4] Im achtzehnten Jahrhundert wurde diese Debatte auf konstitutionellem Gebiet hartnäckig weiterverfolgt, um dann im neunzehnten Jahrhundert unter dem Einfluß liberaler und nationaler Strömungen noch mehr Bedeutung zu gewinnen.

Das Ergebnis war erstaunlich. Die nachträgliche Karriere Wilhelms in der polemischen Literatur ist fast genauso bemerkenswert wie seine tatsächliche Laufbahn in der Geschichte des elften Jahrhunderts. Generationen lang blieb er sozusagen eine aktuelle Persönlichkeit in der zeitgenössischen Politik. Liberale, fanatische Sektierer und moderne Nationalisten benutzten ihn gleichermaßen für ihre Zwecke. Einerseits huldigte man ihm als einem Begründer englischer Größe, andererseits gab man ihm die Schuld an einer der beschämendsten Niederlagen

Englands. Er galt als der besondere Feind des Protestantismus', gleichzeitig aber auch als einer der hartnäckigsten Widersacher des Papsttums. Man nannte ihn sowohl den Gründer als auch den Zerstörer der englischen Verfassung. In Frankreich spielte sich in etwa das gleiche ab, wenn auch auf anderer Basis. Dort wurde Wilhelm, Herzog der Normandie, als französischer Nationalheld gefeiert, galt aber ebenso als Verfechter des Aberglaubens und als Feind des Volkes, was Kalvinisten und Revolutionäre dazu trieb, sein Grab zu verwüsten und seine sterblichen Überreste in alle vier Winde zu zerstreuen. Verkörperte er nicht gerade jenen Feudalismus, dem die Mitglieder der Ehrenlegion immer noch nicht ganz entsagt haben? Wenige Persönlichkeiten der Geschichte sind so sehr für Taten, an denen sie keinen Anteil hatten, gepriesen oder beschuldigt worden.

Dabei muß man sich immer wieder vor Augen führen, wie anhaltend diese polemische Tradition war und sich der Ausführlichkeit erinnern, mit der sie sogar in jüngerer Zeit benutzt wurde. Als Beispiel zitieren wir hier zwei Persönlichkeiten, die mit Fug und Recht als berühmte Viktorianer gelten, das heißt: zwei hervorragende Persönlichkeiten aus einer ebenso großartigen Epoche. Nehmen wir zum Beispiel Thomas Carlyle, der in gewisser Hinsicht die Gedanken John Miltons nachvollzieht, sie aber ganz in seiner Art ausdrückt:

»Was wären wir« – so schreibt er – »ohne die Normannen geworden? Ein gefräßiges Rassengemisch aus Juten und Angeln, unfähig, große Bündnisse zu schließen; ein Rassengemisch, das sich in schöner Eintracht den Wanst vollschlägt, weitab von Träumen heroischer Mühsal, Stille und Geduld, die in die weiten Sphären des Universums und auf die goldenen Gipfel führen, wo die Geister der Morgendämmerung wohnen.«[5]

Dieses Zitat dürfte Überraschung hervorrufen, aber wir können ihm andere, völlig entgegengesetzte Gedanken gegenüberstellen, die Edward Freeman zur Gründung der heutigen ›School of Modern History‹ der Universität Oxford äußerte:

»Wir müssen erkennen« – schrieb Freeman, als im Jahre 1850 das neue ›Examination Statute‹ zur Debatte stand – »daß der Geist, der die ›Petition of Right‹ schuf, einst ganz England unter die Fahnen Godwins rief, und wir dürfen nicht vergessen, daß die ›gute, alte Sache‹ genau das Anliegen war, für das Harold auf dem Schlachtfeld und Waltheof auf dem Schafott starben.«[6]

Es handelt sich in diesem Fall um bedeutende Männer, die von ihren Zeitgenossen zu Recht als Exponenten der Geschichte geehrt wurden. Die Tatsache, daß sie auf diese Weise über einen Zeitabschnitt des elften Jahrhunderts schreiben konnten, bestätigt uns die Kraft der von ihnen übernommenen, widersprüchlichen Überlieferung, die sie ihren Nachfolgern weiterzugeben versuchten. Darin aber waren sie nicht ganz erfolglos. Auch heute ist der Einfluß dieser beständigen, polemischen Tradition offensichtlich noch nicht ganz überwunden, eine gefährliche Tatsache, auf die man jeden Studenten der englischen Geschichte des elften Jahrhunderts hinweisen sollte.

Aus diesem Grunde ist der Biograph Wilhelm des Eroberers ganz besonders dazu verpflichtet, diese Kontroversen – die seinem Thema nur abträglich sein können – zu umgehen, größtmögliche Objektivität anzustreben und anachronistische Gefühle zu meiden. Weiterhin sollte er die umfassenden Probleme, mit denen er in Berührung kommt, in einen möglichst weit gespannten Rahmen setzen. Zweifellos erlebte die zweite Hälfte des elften Jahrhunderts einen Wendepunkt in der Geschichte des christlichen Abendlandes, und es steht außer Frage, daß die Normandie und die Normannen bei den damals stattfindenden Umwälzungen eine entscheidende Rolle spielten. Durch die Eroberung eines großen Königreiches verursachten sie eine politische Umschichtung Nordwesteuropas, die für Frankreich und England nachhaltige Folgen hatte. Sie unterstützten das Papsttum beim Aufbau einer neuen, politischen Vormachtstellung und schlossen sich eng an die vom Papst geforderten Reformbestrebungen der Kirche an. An der radikalen Umänderung der Beziehungen zwischen Ost- und Westeuropa, deren Folgen sich heute noch auswirken, hatten sie ebenfalls teil. In gewisser Hinsicht können wir also die Eroberung Englands durch die Normannen als Teil eines weitreichenden Bestrebens betrachten, dessen Folgen sich sogar auf dem Gebiet der Zivilisation bemerkbar machten. Dadurch, daß die Normannen England enger mit Lateineuropa zusammenschlossen, verhalfen sie den romanischen Völkern zu eben der Vormachtstellung, die sie während der Renaissance des zwölften Jahrhunderts ausüben sollten, so daß der Aufschwung der Klöster, die Kreuzzüge und Troubadourgesänge jener Epoche, die neuen Universitäten und das Wissen, das sie vermittelten, einer Welt entstammten, deren Ursprung in Frankreich lag, und zu der nicht nur das von den Normannen eroberte England, sondern ebenso Italien gehörte, das die Normannen umzugestalten halfen.[7]

Diese Verlagerung von Macht und Einfluß war ein Hauptfaktor in der Gestaltung Europas; der normannische Beitrag dazu war, wenngleich aus den verschiedensten Beweggründen entstanden, zweifellos erheblich. Obwohl er aus einer Provinz kam, die vierzig Jahre vor der Eroberung Englands durch die Normannen nur wenige Anzeichen künftiger Größe aufwies, war er nicht zu vermeiden. Sicher konnte man am Tage der Geburt des Eroberers den zukünftigen Verlauf schwerlich voraussehen. Doch als dieser nach einer in jeder Hinsicht erstaunlichen Laufbahn starb, hinterließ er ein abgeschlossenes Werk. Hier taucht ein Problem auf, das eine Lösung verlangt. Wie war die Macht der Normannen, die sich unter Wilhelm dem Eroberer so stark entfaltete, entstanden? Wie war die Normandie zu dieser Zeit zu ihren besonderen Merkmalen gelangt? Welche waren die Faktoren der normannischen Politik, durch die sie ihren Höhepunkt erreichte? Diese Fragen stellen sich uns zu Anfang des Buches. Doch bevor wir sie beantworten können, zwingen sie uns zu einer wichtigen Entscheidung: es dreht sich darum, daß eine Debatte über die Folgen der normannischen Eroberung für England nicht aufrechterhalten werden kann, solange man nicht einen neuen Versuch wagt, den sozialen und politischen Charakter der Normandie zum Zeitpunkt ihrer Konfrontation mit England im Jahre 1066 um seiner selbst willen neu zu umreißen. Diese Überzeugung ist in den folgenden Kapiteln einbeschlossen, deren Anordnung sie auch bestimmte. Obwohl es unmöglich ist, den normannischen Erfolg von der Laufbahn des größten normannischen Herzogs zu trennen, ist es andererseits unmöglich, diesen Erfolg ausschließlich ihm und seiner Persönlichkeit zuzuschreiben. Deshalb war unser wesentliches Anliegen in der vorliegenden Arbeit, zwischen den allgemeinen und persönlichen Ursachen des normannischen Angriffs auf England zu unterscheiden; eine Einstellung, die größtenteils für die Anordnung dieses Buches verantwortlich ist.

Wilhelm war das hervorragende Mitglied einer außergewöhnlichen Dynastie und herrschte noch dazu über eine außergewöhnliche Provinz Galliens. Sein Werk ist also im weitesten Maße auf sein Erbe zurückzuführen.[8] Die Umstände seiner Geburt und seines Aufstiegs waren ebenfalls besonderer Art[9]; er mußte einen schweren Kampf bestehen, der seinen Mut auf die Probe stellte und seinen Charakter festigte, bevor er sein Erbe gesichert hatte.[10] Vom Ausgang dieses Kampfes, der nicht nur die Normandie, sondern einen großen Teil Nordfrankreichs einbeschloß, hing weitgehend die spätere Macht des Herzogtums ab. Erst nach dem erfolgreichen Abschluß konnte Wilhelm die Konsolidierung des Herzogtums, das von da an das Fundament seiner Macht bilden sollte, vollenden. Auch in dieser Hinsicht war er von sozialen und politischen Bewegungen abhängig, die bereits vor seiner Herrschaft entstanden waren. Die militärischen Erfolge der Normannen im elften Jahrhundert hingen unmittelbar mit dem Aufstieg einer neuen, weltlichen Aristokratie in dieser Provinz zusammen[11]; die Art des normannischen Einflusses zur Zeit des Eroberers wurde auch durch die kirchlichen Neuerungen bestimmt, welche gleichzeitig die Kirche der Provinz Rouen umgestalteten.[12] Wilhelms Werk war es, diese Entwicklung nicht nur zu fördern, sondern sie auch auszunutzen – nur so kann man seine erfolgreiche Herrschaft über die Normandie und die spätere Ausdehnung der normannischen Macht über den Kanal hinweg erklären.[13]

Dieselben Erwägungen lassen sich auch in Hinsicht auf Wilhelms spätere Laufbahn anwenden. Zu einem für die Entwicklung Westeuropas wichtigen Zeitpunkt sah er sich in einer Lage von entscheidender Bedeutung; dazu gelang es ihm, diese Lage zu seinem eigenen Vorteil und dem des normannischen Herzogtums auszunutzen. Der skandinavische Zusammenstoß mit Europa, der im zehnten und elften Jahrhundert stattfand, hatte bereits das Schicksal Englands und der Normandie zusammengefügt; die für die Zukunft entscheidende Frage war nun die, ob England sich für die Dauer des restlichen Mittelalters eher mit Lateineuropa als mit den skandinavischen Ländern verbünden würde. Dieses Problem, das durch so viele politische und persönliche Faktoren kompliziert wurde, beherrschte die anglo-normannischen Beziehungen bis zu dem entscheidenden Wendepunkt im Jahre 1066. Zweifellos hatte Wilhelm an der Lösung dieses Problems großen persönlichen Anteil.[14] Die Eroberung Englands wurde durch die vorhergehende Geschichte vorbereitet und ermöglicht, ihre Ausführung aber und deren hauptsächliche Folgen verdanken wir der Initiative Wilhelms: er war der Begründer des anglo-normannischen Königreichs.[15] Dessen Weiterbestehen schien jedoch lange Zeit fraglich; doch weckte die jahrelange gefahrvolle Verteidigung die Fähigkeiten und Energien dieses Herrschers. Sie bestand unserer Ansicht nach in seinem einheitlichen Bestreben, auf beiden Seiten des Kanals eine fortlaufende Kette untereinander verbundener politischer Operationen aufrechtzuerhalten – dies war die wesentliche Vorbedingung, mit der Wilhelm sein konstruktives Lebenswerk vollenden konnte.[16]

Wilhelms Anrecht darauf, als eigenständiges Genie eingeschätzt zu werden, kann sich ausschließlich auf das von ihm gegründete und erhaltene Reich stützen. Im Jahre 1066 erwarb er in seiner Eigenschaft als König alle dazugehörigen Würden.[17] Da er dadurch sowohl dem weltlichen als auch dem geistlichen Stand gegenüber eine Sonderstellung einnahm, fand er sich mit neuen Möglichkeiten und Hilfsmitteln versehen; er nutzte sie vollauf, und zwar auf die ihm eigene Art. In England verhalf er dem Adel, der ihm über den Kanal gefolgt war, zur Macht und veränderte mit Hilfe dieses Mittlers die Struktur der englischen Gesellschaft, indem er die Basis zu einer neuen sozialen Organisation schuf, die wiederum auf die Normandie zurückwirkte.[18] Trotzdem blieb er sowohl in England als auch in der Normandie der Tradition treu; vor allem in England entwickelte er ein Hauptmerkmal seiner Verwaltung, nämlich, die Sitten des von ihm eroberten Landes nicht nur zu respektieren, sondern sie sich auch zunutze zu machen.[19] Wilhelm brachte nach England auch den Einfluß jener kirchlichen Erneuerung, die in der Normandie unter seiner Herrschaft bereits stattgefunden hatte. Da die Struktur der englischen Kirche dadurch umgestaltet wurde, ergab sich zwischen ihr und der reformatorischen Bewegung, die seit Hildebrand die ganze europäische Politik zu durchdringen begonnen hatte, eine neue Beziehung. Trotzdem betrieb Wilhelm als geweihter König von England eine ganz individuelle Kirchenpolitik; die Stellung, die er sich innerhalb der europäischen Kirche verschaffte, war kaum weniger bemerkenswert als jene, die er in der europäischen Machtordnung einnahm.[20] Auch mit zunehmendem Alter verringerte sich seine Aktivität in keiner Weise. Während der letzten zwanzig Monate seiner Herrschaft wurde die Verteidigung seines Reiches Anlaß zu einer letzten Krise; darüber hinaus schuf er über seine Verwaltung das größte schriftliche Werk, das es gab. Bis zu seinem tragischen Tod und seinem noch entsetzlicheren Begräbnis [21] war er ununterbrochen tätig. Sein Leben wies viele heroische Momente auf; daher fiel es seiner Nachwelt leicht, seine Persönlichkeit durch Erzählungen so sehr zu verherrlichen, daß man sie ohne weiteres mit dem legendären Karl dem Großen aus dem Rolandslied vergleichen kann.[22] Es ist nicht einfach, sein Lebenswerk nüchtern abzuschätzen, wenn man die eben erwähnte Tatsache und noch viel mehr die späteren Kontroversen einbezieht, deren Gegenstand er war. Dies kann, wenn überhaupt, nur durch unmittelbares Studium des zur Verfügung stehenden Beweismaterials aus jener Zeit erreicht werden, was wir in diesem Werk auch versucht haben. Dazu müssen wir noch bemerken, daß dieses Beweismaterial trotz der weit zurückliegenden Zeit erstaunlich reichhaltig ist. Allein die Angabe einiger weniger Titel dürfte genügen, um uns einen Eindruck von dieser Überfülle zu geben. Der große König hinterließ mit dem Domesday Book eine bewundernswerte Übersicht des von ihm eroberten Königreiches. Der Wandteppich von Bayeux, der kurz nach der Eroberung entstand, veranschaulicht uns auf einzigartige Weise den wichtigsten Augenblick seiner Laufbahn. Aber damit nicht genug: dieser ganze Zeitabschnitt wird in der angelsächsischen Chronik wiedergegeben, von der eine vollständige, bearbeitete Ausgabe existiert; darüber hinaus schildern englische Schrift-

18

steller der darauf folgenden Generation wie zum Beispiel Wilhelm von Malmesbury, Simeon von Durham, Eadmer und der sogenannte ›Florence von Worcester‹ die Ereignisse jener Zeit. Eine faszinierende frühe Lebensbeschreibung Edward des Bekenners, sowie die Biographien und Briefe des Erzbischofs Lanfranc dürften uns klar beweisen, daß man den historisch erzählenden Werken dieses Zeitalters übergenug an Briefwechseln und Biographien hinzufügen kann. Ebenso reichlich sind die Urkunden. Es wurden fast dreihundert registrierte Urkunden aufgefunden, die von Wilhelm dem Eroberer zwischen 1066 und 1087 ausgestellt wurden; diesen kann man eine beträchtliche Anzahl privater Urkunden hinzufügen, von denen die meisten auf Grund von Originalmanuskripten und -kartenmaterial reproduziert worden sind.

Der beträchtliche Umfang an englischem Urkundenmaterial ist ziemlich bekannt, aber die Tatsache, daß die normannischen Quellen aus diesem Zeitabschnitt anglo-normannischer Geschichte ebenso reichlich sind, wird auf dieser Seite des Kanals wohl weniger beachtet. Wir müssen zugeben, daß die normannischen Chroniken [23] weniger vollständig sind als die angelsächsischen, aber kürzlich wurde bewiesen, daß sie uns ungewöhnlich interessante Anhaltspunkte bieten [24]; dazu kommt noch, daß die ›Acta‹ der Erzbischöfe von Rouen [25] nicht nur sehr aufschlußreich sind, sondern eine ziemlich reichhaltige Ansammlung von Quellenmaterial darstellen. In Wilhelm von Jumièges, dessen Bericht bis 1070 – 1071 reicht, besitzen wir einen zeitgenössischen, hochangesehenen normannischen Chronisten [26], dessen Werk durch eine gleichzeitig erschienene Abhandlung Wilhelms von Poitiers über den Eroberer an Wahrheitsgehalt gewinnt. Darüber hinaus ist es äußerst günstig, daß die Arbeiten dieser beiden Schriftsteller, deren Werk in enger, aber bis heute noch nicht eindeutig bestimmter Beziehung zueinander steht, in der darauffolgenden Generation die Aufmerksamkeit eines recht begabten Autors auf sich zogen. Die Ergänzungen, die Ordericus Vitalis dem siebten Buch der Chronik Wilhelms von Jumièges hinzufügte, sind besonders wertvoll [27]; die meisten, wenn nicht alle verlorenen Teile der Chronik Wilhelms von Poitiers sind in Ordericus' eigener umfassender ›Historia Ecclesiastica‹ enthalten, ein Werk, das man als die wertvollste berichtende Quelle anglo-normannischer Geschichte dieser Epoche bezeichnen muß.

Auch an zeitgenössischen Dokumenten aus dem Herzogtum jener Zeit mangelt es uns nicht. Die Aufzeichnungen von den normannischen Kirchenkonzilen sind sowohl reichlich als auch aufschlußreich. Außerdem stehen uns zahlreiche normannische Privaturkunden aus dem elften Jahrhundert zur Verfügung. Viele von ihnen liegen in den Archiven von Eure und Seine-Maritime und sind noch unerforscht; andere hingegen sind bereits im Druck erschienen, wobei jedoch die Schwierigkeit besteht, sie sich zugänglich zu machen, da sie sich auf viele verschiedene Bände verteilen, die jeweils zu verschiedenen Zeiten und zum Teil nicht ganz wortgetreu im Druck erschienen sind. Viele der Urkunden, die nach 1066 von Wilhelm selbst ausgestellt wurden, sind ebenfalls normannischen Ursprungs. Doch in diesem Falle sind es die vor der Eroberung datierten herzoglichen Urkunden, die uns außerordentlich bemerkenswert erscheinen. In England wird allgemein angenommen, daß diese Dokumente selten sind. Das Gegenteil ist der Fall: sie sind sehr zahlreich. Wir müssen dazu betonen, daß nicht weniger als hundertdreißig von Herzog Wilhelm zwischen 1035 und 1066 herausgegebene oder unterzeichnete Urkunden vorhanden und gedruckt worden sind [28] – eine Anzahl, die allen vorhandenen Original-urkunden und -manuskripten ziemlich nahekommt, die Edward der Bekenner während seiner Herrschaft für ganz England herausgeben ließ. Daß wir von der Normandie vor der Eroberung weniger wissen als vom England der gleichen Zeit, liegt sicher nicht an mangelndem Urkundenmaterial. Vielleicht haben die englischen Wissenschaftler dieses vorhandene Urkundenmaterial etwas vernachlässigt. Jedenfalls ist dieses wesentliche Material die noch am wenigsten erforschte Quelle jener anglo-normannischer Epoche.

Kurz und gut, der Biograph Wilhelm des Eroberers hat keinen Grund, sich über mangelndes Urkundenmaterial zu beklagen. Die Schwierigkeit liegt in seiner Auswertung. Es ist zum Beispiel keineswegs einfach, die Wechselbeziehung zwischen den einzelnen Chroniken aufzuhellen; die Interpretation des Domesday Book ist unglaublich schwierig; außerdem gibt es wohl kaum eine härtere Aufgabe, als Urkunden aus dem elften Jahrhundert in bezug auf Form, Datierung und Echtheit hin zu überprüfen. Ein weiteres Problem besteht in dem besonderen Charakter des Themas und dem weitverstreuten Urkundenmaterial. Die Legende bemächtigte sich des Eroberers ziemlich schnell; vieles, was man sich von ihm erzählt, trägt sagenhafte Züge. Auch eventuell wahre Begebenheiten stützen sich auf äußerst unzulängliches Beweis-material. Daher ist es unbedingt notwendig, sich die begrüßenswerte Warnung von Mabillon ins Gedächtnis zurückzurufen, daß nämlich die Pflicht des Historikers nicht nur darin besteht, Gewißheiten als gewiß und Falsches als falsch hinzustellen, sondern auch darin, Ungewisses als zweifelhaft zu bezeichnen. Aus diesem Grund müßte eine neuere Abhandlung über den Eroberer viel erläuterndes Urkundenmaterial, das sich auf Einzelheiten bezieht, enthalten.[29] Diese Arbeit scheint deshalb berechtigt, weil sie eine Analyse der damaligen politischen Umwälzungen anstrebt, Umwälzungen nämlich, die so grundlegend waren, daß sie heute noch unter uns fortwirken. Selten wohl ergibt sich die Möglichkeit, eine entscheidende konstruktive Epoche der Geschichte durch die Betrachtung einer Kette besonderer Ereignisse wiederzugeben, die im Leben eines einzigen Mannes zusammenlaufen.

1. TEIL

DER JUNGE HERZOG

I

GEBURT UND ERBE

Wilhelm der Eroberer – Herzog Wilhelm II. der Normandie, König
Wilhelm I. von England – wurde im Jahre 1027 oder 1028 in Falaise
geboren, wahrscheinlich jedoch im Herbst des letztgenannten Jahres.[1]
Er war der uneheliche Sohn Robert I., sechster Herzog der Normandie,
und Herleve's, einem Mädchen aus jener Stadt. Seine Herkunft war
also bemerkenswert. Über seine Mutter wissen wir nur wenig, da die
zeitgenössischen Historiker diskret über ihre Abstammung schweigen.
Spätere Zeugnisse weisen uns jedoch darauf hin, daß der Name ihres
Vaters wahrscheinlich ›Fulbert‹ lautete; außerdem besitzen wir wesentliche Beweise dafür, daß dieser Fulbert Gerber war.[2] Herleves Verbindung mit dem Herzog brachte nicht nur ihr selbst, sondern auch ihren
Verwandten Glück und Reichtum. Fulbert erhielt anscheinend ein
untergeordnetes Amt am herzoglichen Hof, und Herleves Brüder, Osbert und Walter, treten in wichtigen Urkunden als Zeugen auf.[3] Herleve selbst wurde kurz nach der Geburt des Eroberers mit Herluin,
Vicomte von Conteville, vermählt, dem sie zwei bedeutende Söhne
gebar: nämlich Odo, den berühmten Bischof von Bayeux und späteren
Grafen von Kent, und Robert, den Grafen von Mortain, später einer
der größten Landbesitzer im England des 11. Jahrhunderts. Die gesamte weitere Geschichte Westeuropas wurde solcherart von den Nachkommen dieser unbekannten, aber bemerkenswerten Frau beeinflußt,
die vermutlich um 1050 starb.[4] Studenten der Vererbungslehre, die
sich für das Thema ›Genie und Vererbung‹ interessieren, könnten dazu
versucht sein, die Jugend der Eltern Wilhelms zu kommentieren. Zur
Zeit seiner Verbindung mit Herleve kann Robert nicht älter als einundzwanzig Jahre gewesen sein; aller Wahrscheinlichkeit nach war er

aber jünger, vielleicht sogar erst siebzehn;[5] vermutlich war auch das Mädchen nicht älter.

Zwar war Wilhelms Mutter einfacher Herkunft; sein Vater jedoch gehörte einer der interessantesten Familien Europas an. Er stammte in direkter Linie von Rolf dem Wiking ab, der nach einer Laufbahn als Plünderer in oder um 911 von Kaiser Karl III. (gen. der Einfältige) als rechtmäßiger Herrscher über Neustrien anerkannt wurde. Seine Macht ging direkt auf seinen Sohn Wilhelm, mit Beinamen ›Langschwert‹, über, der 942 starb, gelangte dann an seinen Enkel Herzog Richard I. (942–966), darauf an seinen Urenkel Herzog Richard II., den Großvater des Eroberers, der drei Jahre vor der Geburt des Eroberers starb. Zwischen der Gründung der gallischen Provinz durch Rolf, den Wikinger, und der Geburt seines berühmtesten Nachkommen lag also kaum mehr als ein Jahrhundert. Wilhelms Erbe, das dieser so außerordentlich erweitern sollte, ist deshalb wohl vor allem auf die Stellung zurückzuführen, die die Dynastie der Wikinger in Gallien erlangt, sowie auf die Art und Weise, wie sie ihre Macht entwickelt hatten.[6]

Rolf,[7] seiner fränkischen Nachwelt als ›Rollo‹ bekannt, war vermutlich norwegischer Abstammung, nämlich ein Sohn Rögnvalds, Graf von Möre. Vor seiner endgültigen Niederlassung in Gallien war er lange Zeit ein Wikinger gewesen, der seine Raubzüge nicht nur auf Frankreich, sondern anscheinend auch auf Schottland und Irland ausgedehnt hatte. Im Jahre 911 war er – vielleicht sogar durch das Loiretal – von neuem nach Frankreich gekommen, wo er nach einer heißen Schlacht vor den Mauern von Chartres besiegt wurde. Danach verlieh der Kaiser ihm und seinen Gefolgsleuten Land im Tal der unteren Seine. Es ist fraglich, ob diese berühmte Anerkennung und die Verleihung der Ländereien – wie die spätere Geschichtsschreibung behauptet – nach einer formellen Unterredung zwischen Karl und Rolf in Sainte-Clair-sur-Epte stattfand; aus diesem Grunde wäre die Anwendung des Begriffes ›Vertrag‹ wohl zu genau. Wir wissen jedoch mit Bestimmtheit, daß Rolf und seine Gefolgsleute bereits vor 918 in dieser Gegend ansehnliche Gebiete besaßen, deren Besitz ihnen vom Kaiser in aller Form bestätigt wurde.[8] Ebenso sicher ist, daß sich Rolf als Gegengabe für die neue Machtstellung, die er von da an in Gallien einnehmen sollte, vom Erzbischof von Rouen taufen ließ.[9]

Seine Macht wuchs ständig an. Wenn man die Urkunden von Jumièges, Saint-Ouen und Le Mont-Saint-Michel mit den Berichten des Flodoard von Reims in Verbindung setzt, erfährt man, daß sich der erste Grundbesitz dieser Dynastie auf ein Gebiet erstreckte, das von der

Epte, der Orne und dem Meer abgegrenzt wurde; hauptsächlich konzentrierte es sich auf die beiden Ufer der Seine zwischen Les Andelys und Vernon, erstreckte sich im Westen fast bis Evreux und im Osten, entlang der Epte, bis Gisors. Zwischen 911 und 918 gehörte Rolf die Stadt Rouen sowie einige Landstriche an der Küste, die unter der Schutzherrschaft dieser Stadt standen. Im Jahre 925 hatte er seinen Besitz offensichtlich östlich bis Eu erweitert; sein Vorstoß nach Westen geschah nur allmählich. Frühestens um 924 erstreckte sich die Herrschaft dieser neuen Familie von der Orne bis zur Vire, und erst um 933, nach dem Tode Rolfs nämlich, wurde sie von seinem Sohne Wilhelm Langschwert westwärts bis zum Fluß Couesnon erweitert.[10]

Die Gültigkeit dieser Grenzen ist von größtem Interesse, da es sich um keine natürlichen Grenzen handelt. Tatsächlich ist es angebracht, die Normandie, über die Wilhelm später herrschen sollte, nicht als das Produkt geographischer Gegebenheiten, sondern vielmehr als das Ergebnis historischer Entwicklungen zu sehen. Ihre physische Struktur veränderte sich immer wieder, und landeinwärts besaß sie keine natürlichen Grenzen.[11] Die Bresle und die Epte im Osten, sowie die Sélune und der Couesnon im Westen sind kleine Flüsse; im Süden glich die Avre mit ihren Festungen Nonancourt, Tillières und Verneuil viel eher einer strategischen Linie als einer natürlichen Grenze. Im Gegensatz dazu wand sich das Tal der Seine mitten durch diese Provinz, teilte sie auf und führte über das umstrittene Gebiet von Vexin direkt in das Herz Frankreichs. Flußauf- und flußabwärts gab es auf diesem Wasserweg ständigen Verkehr, der die Normandie mit Burgund und Rouen mit Paris verband. Auch Rouen und Orléans liegen nicht weit auseinander, doch die Flüsse zwischen diesen Städten sind weder groß noch bedeutungsvoll. Deshalb war die Normandie des 11. Jahrhunderts, obwohl sehr eigenständig, doch immer mit Frankreich verbunden. Zwei der alten Hauptstraßen Galliens durchquerten sie.[12] Die Straße, die von Marseille über Lyon nach Paris, Mantes und zum Ärmelkanal führte, folgte dem Lauf der Seine, bis sie bei Harfleur und Lillebonne auf die Küste stieß. Ähnlich verlief die Straße, die den Ärmelkanal mit dem Loiretal verband: von Tours nach Le Mans nämlich und von dort nach Sées und Bayeux. Auf diesen Straßen und die Seine auf- und abwärts blühte ein reger Handel mit Waren und neuen Ideen, welcher der durch historische Umstände entstandenen Grenzen nicht achtete.

Die Landgrenzen der Normandie waren also nicht nur unwesentlich, noch war das Gebiet, das sie umschlossen, geographisch unterteilt. Die namentliche Einteilung in Ober- und Niedernormandie ist in dieser

Hinsicht kennzeichnend. Der Osten der Provinz gruppiert sich auf natürliche Weise um den Lauf der unteren Seine; das große Gebiet, das Epte, Avre und Bresle begrenzen, sowie das Hochland von Perche und das der oberen Vire, wird von dem großen Fluß, der es mitten durchfließt, beherrscht. Innerhalb dieser Gegenden gibt es Regionen, die sich durch ihre landschaftlichen Eigenheiten klar voneinander abheben. Trotzdem besitzen sie eine gemeinsame Struktur, die aus offenem Land, Kornfeldern, Obstgärten und Bauernhöfen besteht. Dieses Land hebt sich deutlich von dem im Westen gelegenen ab, das geologisch gesehen die östliche Bastion des Bretonischen Massivs bildet. Hier wird die fruchtbare Gegend von Heideland verdrängt, und im Süden des Bessin ähnelt der ›bocage normand‹ eher der bretonischen Vendée als dem Seineland. Die Niedernormandie verläuft westlich und grenzt dort ans Meer. Ihre Küstenverbindung schließt sie stärker an die Bretagne als an das Seinebecken an. Hier stößt die westliche Küste des unwirtlichen Cotentin auf die Nordküste der Bretagne und bildet mit dieser eine Bucht, die als Grenze für eine selbständige Provinz dienen könnte, wobei der Schnittpunkt der beiden Küsten die natürliche Lage einer Provinzhauptstadt ergeben würde. Tatsächlich wurden im 8. Jahrhundert Versuche unternommen, diese geographische Lage politisch auszunutzen,[13] doch wurden diese nicht zum Abschluß gebracht. Trotzdem ist die Tatsache, daß die Mündung des Couesnon heute die westliche Grenze der Normandie kennzeichnet, nicht auf die Natur, sondern auf die historische Entwicklung zurückzuführen, durch die die mittelalterliche Normandie entstand. Immerhin aber bestand die Unterteilung in Ober- und Niedernormandie lange Zeit. Diese Unterteilung schränkte das Erbe des Eroberers wesentlich ein und brachte ihn an einem Punkt seiner Laufbahn fast zu Fall.

Das Herzogtum, das Wilhelm im Jahre 1035 übernahm, verdankte seine politische Gestalt also nicht der Natur, sondern vielmehr einer historischen Entwicklung, die im 11. Jahrhundert schon lange andauerte. Vielleicht erkannten die römischen Verwalter als erste, daß der weite Küstenbogen, der sich von Eu bis nach Barfleur erstreckt (und im Gegensatz zur pikardischen Küste nach Norden weist), für das Hinterland von wesentlicher Bedeutung sein könnte. Jedenfalls gründeten sie an dieser Stelle die Verwaltungsprovinz Lugdunensis Secunda, die laut der ›Notitia Provinciarum et Civitatum‹ aus dem Jahre 400 jenes Gebiet umfaßte, das den sieben Städten der Provinz Rouen, nämlich Rouen, Bayeux, Avranches, Evreux, Sées, Lisieux und Coutances zugehörte.[14] Dies könnte man als die erste politische Definition der mittelalterlichen Normandie bezeichnen, wobei hier wie überall in Gallien die Beständigkeit der römischen Anordnungen durch die Kirche gesichert wurde. Nach Schilderungen aus der Zeit des Honorius geschah der Aufbau der Provinz zur gleichen Zeit wie die Einführung des Christentums in diesem Land. Zu Ende des 4. Jahrhunderts war Rouen eine christliche Metropole geworden; es bestehen sogar Gründe zu der Annahme, daß die Gründung des Bistums von Bayeux, in dem das Christentum schon sehr früh gepredigt worden war, um das Jahr 400 geschah. Im Jahre 511 nahmen Bischöfe von Avranches, Evreux und Coutances am Konzil von Orléans teil, während im Jahre 533 noch dazu ein Bischof von Sées, und im Jahre 538 ein Bischof von Lisieux erwähnt werden.[15] Deshalb waren noch vor Ende des 6. Jahrhunderts die normannischen Bistümer in der römischen ›civitates‹ fest begründet; auf diese Weise gelangten die Überlieferungen des 2. Konzils von Lyon in das merowingische Neustrien und darüber hinaus. Die Ergebnisse sollten die ganze spätere Geschichte der Normandie beeinflussen. Die Eigenart dieser Provinz überlebte sogar die Verheerungen der Wikinger im 9. Jahrhundert. Grob gesehen, stimmte die Normandie auch im 11. Jahrhundert noch mit der Lugdunensis Secunda und vor allem mit der kirchlichen Provinz von Rouen und seinen sechs dazugehörigen Bistümern überein.

Daher erstreckten sich die Eroberungen der neuen Wikingerdynastie im Jahre 933 über eine alte Verwaltungsprovinz, deren Grenzen sie jedoch nicht überschritten. Ihre Begrenzungen waren daher ebenso bemerkenswert wie ihr Ausmaß. Kaum hundert Jahre vor der Geburt Wilhelm des Eroberers hatte die Herrschaft der skandinavischen Familie, der er angehörte, vor Grenzen haltgemacht, die nicht landschaftlich bedingt, sondern auf Grund der vorangegangenen Geschichte entstanden waren. Hiermit stoßen wir auf die entscheidende Frage, inwieweit sein politisches Erbe, das heißt der Charakter der Normandie, die er regieren sollte, von den skandinavischen Siedlern im Neustrien des 9. und 10. Jahrhunderts verändert worden war.[16]

Es besteht die allgemeine Ansicht, daß die Normandie im Jahre 1066 eine bemerkenswerte Provinz war, und die Annahme, daß ihr Hervorstechen auf das Eindringen eines skandinavischen Volksstammes in diesen Teil Galliens zurückzuführen ist, scheint berechtigt. Auch mangelt es nicht an Beweismaterial, das diese Behauptung unterstützt. Die Anzahl von Rolfs Gefolgsleuten, die in Neustrien mit Land belehnt wurden, ist uns nicht bekannt, doch war das Gebiet, in dem sie sich ansiedelten, schon seit fast einem Jahrhundert von skandinavischen Einfällen heimgesucht worden. Die außergewöhnliche Gewalttätigkeit des Wikingerangriffs im unteren Tal der Seine wird genau bezeugt:

normannische Chronisten späteren Datums erklären einstimmig, daß die Bevölkerung damals stark dezimiert wurde. Natürlich müssen wir dabei einer gewissen Übertreibung Rechnung tragen, jedoch können wir das spätere Beweismaterial nicht völlig außer acht lassen. Diese ·Entwicklung fand auch nach Rolfs Ansiedlung noch kein Ende. Es ist bekannt, daß in diesem Gebiet um die Mitte des 10. Jahrhunderts eine beträchtliche Einwanderung stattfand; der Aufruhr der normannischen Bauern zu Ende dieses Jahrhunderts war in Hinsicht auf Zeitpunkt und Organisation so bemerkenswert, daß man versucht sein könnte, ihn mit dem Überleben freiheitlicher Überlieferungen inmitten einer neuangesiedelten kriegerischen Bauernschaft zu erklären – in etwa dem Freiheitsdrang vergleichbar, den sich die Bauernschaft des North Mercian Danelaw' bis zur Zeit des Domesday Book [17] erhalten hatte.

In bezug auf die neustrische Kirche liegt eine ähnliche Schlußfolgerung nahe. Natürlich neigten spätere Chronisten dazu, die durch die heidnischen Feinde der Christenheit angerichteten Verheerungen zu übertreiben, doch besteht kein Zweifel, daß das kirchliche Leben, das die Provinz Rouen früher ausgezeichnet hatte, während der ersten Hälfte des 10. Jahrhunderts zerrissen worden war. Die uns aus dieser Zeit erhaltenen Listen der normannischen Bischöfe weisen Lücken auf, die ein beredtes Zeugnis über die Geschehnisse ablegen. Im 10. Jahrhundert scheint das Bistum von Coutances-Saint-Lô jeden Kontakt mit einem Gebiet verloren zu haben, das ins Heidentum zurückgefallen war; nicht weniger als fünf aufeinanderfolgende Bischöfe von Coutances residierten in Rouen.[18] Im Avranchin war die Lage genauso schlecht; es ist bekannt, daß zu Ende des 10. Jahrhunderts ein Bischof von Sées Steine der Stadtmauer zum Wiederaufbau seiner Kathedrale verwandte.[19] Der Verfall der Klöster war noch augenscheinlicher: wahrscheinlich existierte in den Dreißiger Jahren des 10. Jahrhunderts in der Normandie kein einziges Kloster mehr.

Es scheint außerdem, daß die Wikingerdynastie trotz der Taufe Rolfs die Überlieferungen ihrer heidnischen Vergangenheit nur sehr zögernd aufgab. Daß Rolf sich vor seinem Tode wieder zum Heidentum bekannte, ist nicht ausgeschlossen; sicher aber ist, daß die ganze Provinz nach der Ermordung seines Sohnes Wilhelm Langschwert im Jahre 942 von einer heidnischen Welle überschwemmt wurde. Während der folgenden Jahre war das ganze Land den Fehden einander bekämpfender Wikingerhorden ausgeliefert; zu Anfang der Herrschaft Richard I., dem Enkel Rolfs, war es anscheinend nicht dieser Herzog, sondern der französische König Louis d'Outre-Mer, der in dieser Provinz die Ordnung wiederherstellte: im Jahre 942 besiegte er den Heiden Sithric, unterlag jedoch im Jahre 945 dem Wikinger Harald.[20] Sechzehn Jahre später kam es zu einer regelrechten Krisis; der furchtbare Krieg, der die Provinz zwischen 961 und 965 verwüstete, ist eins der schlimmsten Merkmale des 10. Jahrhunderts.[21] Jedoch stellte sich seine Schlichtung als endgültig heraus: im Jahre 965 schlossen Herzog Richard I. und Lothar in Gisors einen Vertrag; im darauffolgenden Jahr baute er mit der Billigung des Königs das Kloster von Le-Mont-Saint-Michel wieder auf.[22] Es handelt sich dabei um eine Übereinkunft, die der aus dem Jahre 911 vergleichbar ist und die sich im Hinblick auf die Entwicklung der Normandie als sehr wichtig erweisen sollte. Von diesem Zeitpunkt an veränderte sich die Stellung der Wikingerdynastie sehr schnell. Sie trat in engere Verbindung mit den politischen und geistlichen Oberhäuptern Galliens; gleichzeitig zeigte sich die Normandie lateinischen und christlichen Einflüssen gegenüber immer aufgeschlossener. Trotzdem blieben die skandinavischen Eigenheiten der Provinz erhalten; in gewisser Hinsicht fuhr sie fort, einen Bereich am Rande der skandinavischen Welt zu bilden, indem sie an deren Handel und Interessen und bis zu einem gewissen Grad sogar an ihren Wikingerzügen teilnahm. Gegen Ende des 10. Jahrhunderts sah sich Ethelred II. von England dazu gezwungen, gegen die Gastfreundschaft und den Beistand, den die von Raubzügen in England kommenden Wikinger in den normannischen Häfen erhielten, zu protestieren. Nicht umsonst nennt Richer, der Chronist aus Reims, sogar noch im Jahre 996 einen normannischen Herzog ›pyratarum dux‹, Anführer der Wikinger.[23] Die Tatsache, daß im Jahre 1014, vierzehn Jahre vor der Geburt Wilhelm des Eroberers also, sein Großvater Richard II. in seiner christlichen Hauptstadt Rouen einen heidnischen Gast aus Skandinavien aufnahm, der unter der Führung von Olaf und Lacman erst kurz zuvor ein beträchtliches Gebiet Nordwestfrankreichs verwüstet hatte, ist vielleicht noch bemerkenswerter.[24]

Angesichts dieser Fakten wäre es übereilt, den skandinavischen Anteil an der Entstehung der Normandie zu unterschätzen, seine Bedeutung zu überschätzen hingegen zu einfach. Es steht mehr und mehr in Frage, ob das Skandinavien des 9. und 10. Jahrhunderts einen so großen Bevölkerungsüberschuß besaß, um derart weitreichende Auswanderungen, wie man sie gewöhnlich annimmt, zu bestreiten.[25] Abgesehen von dieser allgemeinen Frage verdienen die besonderen Zustände in Neustrien nähere Beachtung. Die vor kurzem unternommene eingehende Untersuchung normannischer Ortsnamen aus Schriften des 10. und 11. Jahrhunderts wies uns auf latein-skandinavische Mischausdrücke hin, die zu beweisen scheinen, daß eine größere Ansiedlung kriegerischer Bauern aus Skandinavien in Neustrien zumindest außergewöhnlich war.[26] Die Tatsache, daß die Ereignisse zu Anfang des 10. Jahrhunderts auf vielen großen Landsitzen die Pachtverhältnisse nicht unterbrochen zu haben scheinen, ist noch bedeutsamer; diese Pachtverhältnisse nämlich wurden hier in fast der gleichen Form weitergeführt wie in anderen Teilen des nördlichen Galliens.[27] Der skandinavische Einfluß in Neustrien variierte zweifellos von Gegend zu Gegend; bestimmt aber war er im Westen stärker als im Osten. Bereits in den Zwanziger Jahren des 10. Jahrhunderts war die skandinavische Sprache in Rouen allgemein vernachlässigt worden, während sie in Bayeux [28] noch bestand; die spätere Assimilierung der Normandie in die Kultur Frankreichs sollte so schnell und so umfassend vor sich gehen, daß sich zwischen dem karolingischen Neustrien und der herzoglichen Normandie ein administrativer und politischer Zusammenhang von selbst zu ergeben scheint.

Im übrigen existiert Urkundenmaterial darüber, daß diese Kontinuität tatsächlich stattfand. Es ist in Hinsicht auf dieses Faktum unvermeidlich, sich in erster Linie der Kirche zuzuwenden, die der gegebene Hort für die Überlieferungen des christlichen Neustrien war. Rolfs Taufe bestimmte in den Jahren 911–912 den hauptsächlichen Wesenszug der gefaßten Beschlüsse und erlegte dem neuen Herrscher kirchliche Verpflichtungen auf, denen er sich wohl nicht ganz entzog. Sein berühmter Versuch, das frühere religiöse Leben Neustriens wiederherzustellen, beruht vermutlich auf Übertreibungen späterer Autoren, obwohl von dem neubekehrten Wikinger einige Zugeständnisse verlangt worden waren und einige seiner angeblichen Schenkungen, jene für Saint-Ouen in Rouen vor allem, stattgefunden haben können. Der Ruf seines Sohnes Wilhelm Langschwert, nämlich ein Freund der Kirche zu sein, kommt der Wahrheit schon viel näher, obgleich auch das zum Teil auf einer unangemessenen Übertreibung der Nachwelt beruht. Immerhin werden spätere Legenden durch das Urkundenmaterial unterstützt: sie bezeugen, daß er an der Wiederbegründung der neustrischen Klöster interessiert war und vor allem mit der Neuerrichtung von Jumièges zu tun hatte.[29]

Diese Entwicklung gewann jedoch erst nach 965 an Bedeutung. Der Vertrag zwischen Richard I. und Lothar kennzeichnet den Beginn eines Zeitabschnitts, in dem das normannische Klosterwesen unter der Führung des Herzogs dem Einfluß großer Klosterreformatoren, die nicht aus dieser Provinz stammten, untergeordnet war. So führte gegen Ende des 10. Jahrhunderts Mainard die Ideen des Heiligen

Gérard von Broigne aus Gent in der Normandie ein; zu Anfang des 11. Jahrhunderts kamen mit Wilhelm von Volpiano, den der Herzog zu sich berufen hatte, tiefgreifende Anregungen in die Provinz, Anregungen, die die Clunysche Lehre aus Dijon mit aller Kraft vertraten. Das Ergebnis war, daß vor der Thronbesteigung Herzog Wilhelms [30] vier der größten Klöster des karolingischen Neustrien wiedererrichtet und einige andere neugegründet wurden.[31] Gleichzeitig wurde die Provinz Rouen neuorganisiert. Eine berühmte Urkunde Herzog Richard I. aus dem Jahre 990 zeigt uns die normannischen Bistümer wieder in voller Tätigkeit.[32] Wie diese kirchliche Erneuerung begann und wie sie zur Zeit Wilhelm des Eroberers erweitert und entwickelt wurde, wird in diesem Buch später im einzelnen behandelt werden, da durch diesen Prozeß Wilhelms persönlicher Erfolg bedingt und der Charakter des normannischen Angriffs auf England wesentlich geprägt wurde.

An dieser Stelle genügt aber die Anmerkung, daß das Herzogtum, das Wilhelm im Jahre 1035 übernahm, bereits als kirchliche Einheit gelten konnte; unterstützt wurde es außerdem durch die alten Überlieferungen, die das herzogliche Haus wieder hatte aufleben lassen.

Die Kontinuität zwischen dem karolingischen Neustrien und dem Herzogtum der Normandie wird uns durch viele Grundzüge in der politischen Struktur dieser Provinz und durch die Art ihrer Entwicklung zur Zeit Wilhelm des Eroberers nahegelegt. Es bestehen wenig Zweifel, daß das Lehen Karl des Einfältigen an Rolf, den Führer der Wikinger, zumindest teilweise mit den Rechten und Verantwortungen eines karolingischen Grafen ausstattete;[33] im übrigen steht es fest, daß der Titel ›Graf‹ von den ersten Mitgliedern seiner Familie sehr gewürdigt wurde. Über das Verhalten Rolfs und Wilhelm Langschwerts in dieser Hinsicht wissen wir nichts, da sie gewöhnlich ihre Schenkungen nicht schriftlich zu bestätigen pflegten.[34] Der isländische Autor, Ari der Gelehrte, bezeichnet jedoch Rolf im 11. Jahrhundert mit ›Rudu jarl‹, und eine im Jahre 1012 für Jumièges ausgestellte Urkunde nennt seinen Sohn ›Grafen von Rouen‹.[35] In einem gegen Ende des 10. Jahrhunderts komponierten lateinischen ›Lament‹ wurde Wilhelm Langschwert ebenfalls als Graf von Rouen begrüßt,[36] ein Titel, der später häufig in offiziellen Urkunden benutzt wurde. In einer im Jahre 990 für Fécamp ausgestellten Urkunde betitelt Richard sich als ›Graf und Konsul‹; ferner erwähnen zwischen 1006 und 1026 nicht weniger als neun Urkunden Richard II. als Grafen.[37] Andere Titel kamen noch hinzu, doch überwog mit Fortschreiten des 11. Jahrhunderts der des ›Herzogs‹ immer mehr. In vielen seiner Urkunden wird Wilhelms

Vater, Robert I., als Graf bezeichnet, ein Titel, den der Eroberer bei-behielt.[38]
Es dreht sich dabei um wesentlich mehr als nur um eine Form. Mit der Erwerbung des Grafentitels erlangte die Wikingerdynastie nicht nur rechtmäßige Sicherheiten, sondern auch das Anrecht auf wichtige Privilegien und Machtansprüche. Der karolingische Graf besaß kraft seiner Stellung weitgehende Rechte auf die Einnahmen der öffentlichen Gerichtsbarkeit, sowie auch finanzielle Ansprüche auf die Güter des Königreiches, die innerhalb seines Gerichtsbezirks lagen.[39] All diese Vorteile fielen den neuen Herrschern Neustriens zu einer Zeit und unter Umständen zu, in denen sie besonders wertvoll waren. Mit dem Niedergang der zentralen Obrigkeit gewannen die Grafen überall größere Unabhängigkeit, dazu konnten sie noch die ihrer Verwaltung anvertrauten Güter des Königreichs zu ihrem eigenen Gewinn nutzen. Diese Entwicklung fand erwiesenermaßen im ganzen nördlichen Gallien statt. Im Neustrien des 10. Jahrhunderts jedoch war die Lage für die herrschende Familie besonders günstig. Auf Grund der langen Wikingerkriege und der schnellen Machtausdehnung der neuen Dynastie zwischen 919 und 933 gab es in dem ganzen Gebiet zwischen der Bresle und dem Couesnon, der Avre und dem Meer keinen feind-lichen Grafen mehr, der den neuen Grafen von Rouen ihre Macht hätte streitig machen können.[40] Die Bedeutung dieser Tatsache war für das Wachstum des herzoglichen Ansehens in der Normandie sehr er-heblich, und seine Folgen machten sich in der politischen Struktur des Herzogtums zur Zeit des Eroberers bemerkbar. Herzog Wilhelm II. sah sich nach seiner Machtübernahme von Grafen umgeben. Die ad-ligen Häuser aber, denen sie angehörten, waren neugegründet und ausnahmslos mit der herzoglichen Dynastie verwandt.
Die dadurch entstandene Entwicklung zog in Hinsicht auf die Zukunft so bedeutsame Folgen nach sich, daß wir näher auf sie eingehen müs-sen.[41] Die erste Privatperson, die in der Normandie den Titel Graf trug, war Rodulf von Ivry, ein Halbbruder Herzog Richard I.; er übernahm diesen Titel zwischen 1006 und 1011. Danach wurden ver-schiedene Söhne des Herzogs, vielleicht auf Grund ihrer Geburt, eben-so bezeichnet. Beispielsweise erhob Erzbischof Robert von Rouen den Anspruch auf den Titel Graf von Evreux; im Jahre 1037 vererbte er diese Würde seinem ältesten Sohn Richard. Ungefähr um 1015 wur-den zwei uneheliche Söhne Herzog Richard I., Godfrey und Wilhelm, zu Grafen ernannt, wobei es sich bei Wilhelm erwiesenermaßen um den Grafen von Eu handelt. Nach ihrem Tode wurde Gilbert von Brionne, der Sohn Godfreys, Graf, und auch Wilhelms Sohn Robert

wurde noch vor 1047 als Graf von Eu anerkannt. In der Niedernormandie fand eine ähnliche Entwicklung statt. Ungefähr um das Jahr 1027 existierte im äußersten Westen der Provinz ein gewisser Graf Robert, der einer der unehelichen Söhne Herzog Richard I. war; es ist durchaus anzunehmen, daß dieser Robert außerdem noch den Titel eines Grafen von Mortain besaß; von Wilhelm Werlenc, der wahrscheinlich sein Sohn war und bis nach 1050 lebte, weiß man es bestimmt. Abgesehen vom Vater des Eroberers, der vielleicht, bevor er Herzog wurde, Graf von Hiémois war, existierte in der Normandie vor 1050 kein anderer Graf außer Wilhelm, Sohn Herzog Richard II., der zu Beginn der Herrschaft des Eroberers zum Grafen von Arques ernannt wurde.[42]

Damit ergibt sich ein weiterer Hinweis auf die Art, durch die die Wikingerdynastie befähigt wurde, die von ihr aus der karolingischen Vergangenheit ererbten Machtansprüche über ganz Neustrien zu erstrecken und wirksam zu machen. Das Auftreten einiger jüngerer Mitglieder der regierenden Familie kann vielleicht mit der Verteidigung der Wikingerprovinz als Ganzes zusammenhängen. Die ersten normannischen Grafen scheint es in Ivry, Eu und Mortain gegeben zu haben: der erstgenannte residierte dem Grafen von Chartres gegenüber, der zweite bewachte die Ostgrenze der Normandie, während Mortain bei Pontorson an die Bretagne angrenzte. Dies waren dieselben Grenzbezirke wie die wichtigsten Grafschaften Englands, über die der Eroberer zu einem späteren Zeitpunkt seine ›comtes‹ einsetzte.[43] Es besteht kein Grund zu der Annahme, daß der Grafentitel, der während der ersten Hälfte des 11. Jahrhunderts Mitgliedern der herzoglichen Familie verliehen wurde, auf eine Verminderung der herzoglichen Autorität hinweist. Man kann dies eher als eine entschiedene Politik der Wikingerdynastie betrachten, mit der sie im Vertrauen auf frühere Überlieferungen ihre eigene administrative Macht erweiterte.

Diese Schlußfolgerung läßt sich durch den Hinweis auf die ›vicomtes‹ erhärten, die ebenfalls zu den charakteristischen Merkmalen der Normandie des 11. Jahrhunderts gehören. Obwohl der Herzog lange der einzige Graf in der Normandie gewesen war, gab es doch ›vicomtes‹ in der Provinz, die zeitlich gesehen vor den Grafen eingesetzt worden waren. Beispielsweise gab es einen Vicomte von Arques in dem Gebiet gleichen Namens, bevor ein Graf darüber eingesetzt wurde[44]; Teile der Normandie wie der Cotentin, Avranchin und Bessin, die später die größten Vicomtefamilien hervorbringen sollten, besaßen während dieser Zeit keinen einzigen Grafen. Die frühe Entwicklung dieses Amtes ist außerordentlich bemerkenswert; in der Zeit von 1015 bis 1035 gab es in der Normandie nicht weniger als zwanzig Vicomtes, deren Namen man feststellen konnte – eine Anzahl, die sich bald vergrößern sollte.[45] Bedeutsam ist auch, daß die Vicomtes, von ihrem ersten Auftreten in der Normandie an, Mittler der herzoglichen Verwaltung und Kläger am herzoglichen Hofe waren, wo sie viele Aufgaben übernahmen, die später von den Hofbeamten ausgeführt wurden. Die Folgerung liegt daher nahe, daß der normannische Vicomte des 11. Jahrhunderts nicht nur dem Namen nach ein Abgesandter des Grafen war: im besonderen war er der Abgesandte des Grafen von Rouen, dem nachmaligen Herzog der Normandie.

So leiteten die zur Zeit Herzog Wilhelms II. entstandenen ›comtés‹ und ›vicomtés‹ ihren besonderen Charakter von einem früheren historischen Prozeß her. Ferner waren sie nicht nur auf neue Gebietseinheiten, sondern auch auf die Verwaltungseinteilung des karolingischen Neustrien zurückzuführen, das die Wikingerkriege überlebt hatte.[46] Falls der Vater des Eroberers Graf von Hiémois war, herrschte er über ein Gebiet, dessen Identität uns durch eine lange Reihe merowingischer und karolingischer Schriftstücke veranschaulicht wird; der Graf von Evreux war richterlicher Herr über das alte Evreçin, das im 8. und 9. Jahrhundert ein eigenständiges Leben geführt hatte. Auch die Comté Eu war zur Zeit Rolfs ein klar umrissenes Gebiet. In den Vicomtés war es genauso. In einer Biographie des heiligen Marculf aus dem 6. Jahrhundert wird beispielsweise der Cotentin erwähnt, und auch das Gebiet des Avranchin war bereits zu einem früheren Zeitpunkt genau bestimmt; der Bessin war sehr frühen Ursprungs. In der Kirche zeigt sich eine ähnliche Entwicklung. Während des für das 11. Jahrhundert charakteristischen Wiederaufbaus der normannischen Kirche wurden viele der neugebildeten Diözesen und Archidiakonate, wenn auch unter erheblichen Änderungen, innerhalb ihrer alten Grenzen begründet.

Die hier auftretende Kontinuität verdient eine Erläuterung. Die charakteristische Unterteilung des karolingischen Neustrien war der ›pagus‹ gewesen. Zu der Zeit aber, da Rolf in Gallien Land zu Lehen erhielt, begannen sich innerhalb des Westreichs die ›pagi‹ immer mehr aufzulösen, obgleich diese Zersetzung erst gegen Ende des 10. Jahrhunderts allgemein wurde.[47] Dank ihres gräflichen Status bemächtigten sich daher Rolf und seine unmittelbaren Nachfolger in Neustrien besonderer Machtansprüche und erhielten dadurch die außergewöhnliche Möglichkeit, die Auflösung, die sich andererorts mit großer Schnelligkeit vollzog, aufzuschieben. Anscheinend haben sie diese Gelegenheit ergriffen, denn sie fuhren einige Zeit lang fort, die ›pagi‹

in ihrer Verwaltung als Einheiten aufrechtzuerhalten. Beispielsweise verlieh zu Beginn des zweiten Viertels des 11. Jahrhunderts Herzog Richard III., der Onkel des Eroberers, seiner Frau Adela sämtliche ›pagi‹ von Saire, Hague und Bauptois im äußersten Norden des Cotentin; um 1040 beschreibt eine Urkunde die neugegründete Grafschaft Arques genauestens als das Pays von Talou.[48] Das frühere Wachstum wurde bald vom Entstehen einer neuen feudalen Ordnung, die sich auf Pacht und Waffendienst stützte, überdeckt. Trotzdem müssen wir die Übereinstimmung der Normandie des 11. Jahrhunderts in ihren Teilen und ihrer Ganzheit mit den vormaligen Herrschaftsgebieten und deren Einrichtungen ausdrücklich betonen. So erwarb also die Wikingerdynastie durch außergewöhnliche Umstände besondere Amtsgewalten. Sogar ihr Überleben während der stürmischen Jahre von Wilhelms Minderjährigkeit hängt, wie wir sehen werden, nicht zuletzt von dieser Tatsache ab. Die herzogliche Normandie, die älteren politischen und kirchlichen Einrichtungen so vieles verdankte, lenkt das besondere Interesse auf die Beziehungen, die zum Zeitpunkt der Geburt Wilhelms zwischen der normannischen Dynastie und dem regierenden Hause Frankreichs bestanden. Auch dieses Faktum ist nur durch Bezugnahme auf eine frühere Entwicklung erklärlich. Welcherart auch immer die Bedingungen gewesen sein mögen, unter denen Karl III. Rolf Land zu Lehen gab, (diese Bedingungen sind übrigens äußerst umstritten [49],) so steht doch fest, daß sie Lehnsdienste einschlossen; obgleich Rolf und seine unmittelbaren Nachfolger die Konsequenz dieser Forderung häufig ignorierten, anerkannten sie diese doch einige Male. Vielleicht bedeutete der feierliche Empfang Louis' d'Outre-Mer durch Wilhelm Langschwert im Jahre 942 in Rouen eine Anerkennung dieser Beziehung; außerdem könnte auch die Ermordung des Herzogs im gleichen Jahr damit zusammenhängen. Obgleich die berühmte Geschichte von der Entführung des jungen Herzogs Richard I. durch den französischen König zweifelsohne legendäre Teile enthält, so schildert sie uns doch deutlich, daß der Oberlehnsherr sein Recht, den minderjährigen Sohn eines verstorbenen Vasallen am eigenen Hofe aufzuziehen, geltend machte.[50]

Was das Erbe des Eroberers anbetrifft, ist die Tatsache, daß diese stets geforderte und manchmal anerkannte Lehnsherrschaft zu seiner Zeit dem aufsteigenden Hause der Kapets zugesprochen wurde, noch wesentlich wichtiger; obgleich es natürlich schon früher Verbindungen zwischen diesen beiden Familien gegeben hatte, erweist sich die Zeit nach dem Abkommen von 965 auch in Hinsicht auf diese Entwicklung als ausschlaggebend. Im Jahre 968 anerkannte Richard I. Hugo den

Großen in aller Form als seinen Lehnsherren; nach der Krönung Hugo Kapets im Jahre 987 betrachteten die Könige dieser neuen Dynastie die normannischen Herzöge durchweg als ihre Lehnsleute.[51] Dazu kommt noch, daß der Großvater des Eroberers, Richard II., während seiner langen Herrschaft wiederholt die in der Lehnspflicht einbeschlossenen Dienste erfüllt hatte.[52] Die Folgen für die Zukunft waren tiefgreifend. In der Tat erwies sich diese Beziehung in der folgenden Zeit als entscheidender Faktor für das Fortbestehen der beiden Dynastien. Im Jahre 1031, ungefähr drei Jahre nach der Geburt des Eroberers, fand der junge König Heinrich I. von Frankreich, der vor dem Zorn seiner Mutter Constance geflohen war, Zuflucht in Rouen, und dadurch, daß er den normannischen Herzog um Unterstützung anging, gelang es ihm, sein Königreich wiederzugewinnen.[53] Dementsprechend wurde im Jahre 1047 der junge Herzog Wilhelm durch die Intervention seines Lehnsherrn Heinrich I. vor der Vernichtung bewahrt.[54]

Die Verbindungen, die sich gleichzeitig zwischen dem herzoglichen Haus und der Bretagne entwickelt hatten, waren in Hinsicht auf die wachsende Teilnahme der normannischen Dynastie an den Angelegenheiten Galliens zwar von geringerem Interesse, immerhin aber genauso aufschlußreich. Die zukünftige Gestalt dieser Beziehungen wurde während der ersten Jahrzehnte des 11. Jahrhunderts durch zwei bemerkenswerte Heiraten geprägt [55] : bei der ersten handelt es sich um die eheliche Verbindung zwischen Hawisa, Tochter Herzog Richard I. von Normandie und Geoffrey von Rennes, dem späteren Grafen von Bretagne; bei der zweiten um die Heirat zwischen Richard II. von Normandie und Judith von Bretagne, der Schwester Geoffreys. Diese Heiraten fanden kurz nacheinander statt; daher besteht Grund zu der Annahme, daß sie mit der gemeinsamen Absicht geschlossen wurden, das Wohlergehen der beiden Familien zu schützen. Jedenfalls war dies das Ergebnis. Als Geoffrey im Jahre 1008 auf Pilgerschaft ging, in deren Verlauf er starb, wurden seine beiden noch sehr jungen Söhne Alan III. und Eudo unter die Vormundschaft ihrer normannischen Mutter gestellt; die Folge war, daß Richard II., Hawisas Bruder und Schwager, sofort damit begann, in der Herrschaft der Normandie eine entscheidende Rolle zu spielen.[56] Gleichermaßen sah sich Geoffreys Sohn, Alan III. von Bretagne nach dem Tode Richard II. und vor allem nach Wilhelms Nachfolge auf den herzoglichen Thron tief und einflußreich in die normannischen Angelegenheiten verwickelt.[57]

So setzte sich also das normannische Erbe Wilhelm des Eroberers aus den verschiedensten Elementen zusammen; es leitete sich vor allem von zwei unterschiedlichen Überlieferungen her. Zwar wurde das Ausmaß des skandinavischen Einflusses auf die Entwicklung der Normandie manchmal überschätzt, doch sind seine Folgen deshalb nicht weniger bemerkenswert, da sie vor allem verursachten, daß sich die Provinz, über die Wilhelm später regieren sollte, von den Nachbarprovinzen Galliens unterschied. Andererseits hatte die Familie, der Wilhelms Vater angehörte und die selbst ein charakteristisches Ergebnis der skandinavischen Expansion war, ihre Macht von Anfang an auf andersartige und ältere Grundlagen gestützt, welche sie eher zu stärken als zu zerstören versuchte. Ihre Einsetzung verdankte sie einem königlichen Lehen; sie hatte die Verwaltungseinrichtungen des karolingischen Zeitalters übernommen und neu belebt; sie hatte sich mit den kapetingischen Herrschern Frankreichs verbunden und ihr Schicksal mit dem der Kirche der Provinz Rouen verkettet. Die durch diese Faktoren entstandene Entwicklung ging langsam vor sich. Zwar hatten sich die verwandtschaftlichen Beziehungen zu Skandinavien vor dem Vertrag von Gisors im Jahre 965 vermindert, waren aber nichtsdestoweniger stark geblieben. Nachdem das Herzogtum zwischen 965 und 1028 immer mehr von der lateinischen und christlichen Zivilisation absorbiert worden war, nahmen diese verwandtschaftlichen Verbindungen untergeordneten Charakter an. Daraus resultierte, daß die Normandie, die im dritten Viertel des 11. Jahrhunderts unter der Führung des Eroberers der Geschichte Englands eine neue Wendung geben sollte, in Sprache, Kultur und politischen Vorstellungen französisch geworden war.

So also sah das Erbe aus, das Wilhelm der Eroberer antreten sollte. Aber würde es dem unehelichen Knaben aus Falaise je gelingen, dieses Erbe zu erringen? Und wenn er sich seiner bemächtigt hätte, wäre er dann fähig, es zu bewahren? Und wie konnte es kommen, daß es ihm gelang, damit die zukünftige Entwicklung der westlichen Christenheit zu beeinflussen?

II

REGIERUNGSANTRITT
UND MINDERJÄHRIGKEIT

1035 – 1047

Über Wilhelms Kindheit ist wenig bekannt, und es ist anzunehmen, daß er sie in dem bescheidenen Heim seiner Mutter in Falaise verbrachte. Später entstanden unvermeidlich Legenden darüber, daß seine Größe sofort erkannt und seine zukünftigen Leistungen vorausgeahnt worden waren.[1] Ein Beweis, der diese Annahme berechtigen könnte, existiert allerdings nicht. Wohl mag die Nachwelt bei den romantischen Umständen seiner Geburt verweilen, aber weder vermögen diese Gefühle die tatsächliche Lage zu ändern, noch das in Hinsicht auf Wilhelm so wesentliche Faktum seiner unehelichen Geburt vertuschen. Wilhelm, der im Laufe der Zeit als der ›Eroberer‹[2] oder der ›Große‹[3] bezeichnet wurde, war für seine Zeitgenossen vor allem ›Wilhelm, der Bastard‹. Außerdem besteht kein Grund zu der Annahme, daß er während seiner Kindheit je als möglicher Anwärter auf das normannische Herzogtum betrachtet worden wäre. Daß sein Vater nie versuchte, ihn durch eine Heirat mit Herleve für legitim zu erklären, ist eine bemerkenswerte Tatsache.

Nichtsdestoweniger begann während dieser Jahre jene politische Richtung, die seinen späteren Amtsantritt ermöglichte und den Hintergrund für den unmündigen Herzog bildete. Nach einer fast zwanzig Jahre dauernden Herrschaft verstarb sein Großvater Richard II. am 23. August 1026[4]; er hinterließ sechs Kinder, die ihm seine bretonische Frau geboren hatte, nämlich drei Töchter[5] und drei Söhne[6], von denen Richard der älteste und Robert, der Vater des Eroberers, der zweite waren. Richard war es, der im Jahre 1026 als Herzog Richard III. die Erbfolge antrat, während Robert anscheinend Graf von Hiémois

40

wurde.[7] Jedoch erwies sich diese Lösung als unbeständig. Robert machte seinem Bruder die Stellung streitig und ließ sich in Falaise nieder. Die Folge davon waren Feindseligkeiten, die den Herbst 1026 und während der ersten Monate des Jahres 1027 andauerten. Plötzlich am 5. oder 6. August 1027 starb Richard III.[8] Die Nachwelt war schnell bei der Hand, Robert des Brudermordes zu beschuldigen, und obwohl kein Beweis erbracht werden kann, steht auf alle Fälle fest, daß Robert am Tode seines Bruders den größten Gewinn davontrug. Zwar hatte Richard einen ehelichen Sohn namens Nicholas hinterlassen, doch wurde dieses Kind sofort dem Kloster Fécamp und später dem von Saint-Ouen in Rouen übergeben.[9] Robert, selber fast noch ein Knabe, wurde der sechste Herzog der Normandie.

Seine Herrschaft über die Normandie währte neun Jahre,[10] aber angesichts der Umstände, die ihm zur Macht verholfen hatten, überrascht es nicht, daß sie mit Gewalttätigkeiten begann. Der zwischen ihm und seinem Bruder entstandene Bürgerkrieg hatte das Herzogtum gespalten und brachte weitere Unruhen mit sich. Es existiert beispielsweise Beweismaterial darüber, daß der neue Adel, dessen Aufstieg in dieser Provinz ein bemerkenswerter Zug der Zeit war,[11] die allgemeine Lage zu seinem Vorteil ausnutzte und sich durch private Kriege gegen seine Nachbarn bereicherte; viele der in diesen Kämpfen weniger Begünstigten verließen zu dieser Zeit das Herzogtum, um sich anderenorts, vor allem im südlichen Italien niederzulassen.[12] Es gibt ebenfalls Zeugnisse darüber, daß viele, beispielsweise die Familie Montgomery, die Gelegenheit dazu nutzten und sich auf Kosten der Kirche bereicherten, wobei dies oft mit der stillschweigenden Billigung des Herzogs geschah.[13] Daher ist es nicht verwunderlich, daß die klösterlichen Aufzeichnungen und Annalen mehr und mehr Klagen aufwiesen und der Herzog selbst den Tadel der Kirche auf sich zog.[14] Im Jahre 1028 näherte sich dieser Zustand einer Krise. In diesem Jahre wurde Robert, Erzbischof von Rouen, der augenscheinlich versucht hatte, den jungen Herzog zu zügeln, von diesem in Evreux belagert und in die Verbannung getrieben, woraufhin er die Normandie sofort mit einem Kirchenbann belegte.[15] Im übrigen beschränkten sich die ersten Schwierigkeiten Roberts nicht allein auf sein Herzogtum: während der ersten Jahre seiner Herrschaft führte er Krieg gegen seinen Cousin Alan III. von Bretagne, der auf Grund seines Verwandtschaftsgrades das normannische Herzogtum wohl für sich selbst erhofft hatte.[16] Wie Hugo von Flavigny es sehr lebendig ausdrückte, bestand unter diesen Umständen die Gefahr, daß die Normandie in die Anarchie verfallen könnte.[17]

Jedoch hatte sich im Jahre 1031 die Lage weitgehend verbessert, was in erster Linie dem Erzbischof der Hauptstadt Rouen, der als wesentlicher Mittler die Ordnung wiederhergestellt hatte, zu verdanken war. Robert, Erzbischof von Rouen, war in vieler Hinsicht eine äußerst bemerkenswerte Persönlichkeit. Als Bruder Herzog Richard II. wurde er bereits im Jahre 989 auf den erzbischöflichen Stuhl berufen und stand von da an mit der Regierung des Herzogtums in enger Verbindung. Beispielsweise erscheint er in 14 Urkunden Richards II.[18] als Zeuge. Angeblich ist die Bekehrung des späteren heiligen Olaf im Jahre 1014 ihm zu verdanken, auch steht es fest, daß er ein großzügiger Wohltäter der Abtei Saint-Père in Chartres gewesen ist.[19] Doch beschränkte sich sein Einfluß nicht nur auf die Kirche. Er heiratete eine Frau namens Herleve, die ihm drei Söhne gebar: Richard, Ralph von Gacé und Wilhelm.[20] Weiterhin war er laut späterer Zeugnisse gleichzeitig Erzbischof von Rouen und Graf von Evreux.[21] Sicher ist, daß er das Land besaß, das später der Grafschaft Evreux zugehörte und daß sein Sohn Richard gleich nach seinem Tode Graf von Evreux wurde.[22] Man kann deshalb behaupten, daß Robert dank seinem Erbe und seiner Laufbahn viele herzogliche, aristokratische und sogar geistliche Überlieferungen in sich vereinigte, welche später den Boden bildeten, auf dem die normannische Macht basierte. Dank dieser auf so verschiedene Weise erworbenen Macht und dadurch, daß er selber unbarmherzig, weltlich gesonnen und zu allem fähig war, wurde seine Unterstützung im Jahre 1030 für seinen jungen Neffen, den Herzog der Normandie, zu einer wesentlichen Hilfe.

Die Rückkehr des Erzbischofs aus der Verbannung war also unbedingt erforderlich, und mit ihr begann die allgemeine Stabilisierung des Herzogtums. Der Bann wurde aufgehoben und die Versöhnung zwischen Herzog Robert I. und seinem Onkel durch eine der interessantesten Urkunden jener Zeit[23] gekennzeichnet, in der Herzog und Erzbischof offensichtlich mittels eines Vertrages die Besitzungen der Domkirche von Rouen bestätigten. Das Ende des bretonischen Krieges war genauso bezeichnend. In Le-Mont-Saint-Michel brachte der Erzbischof ein Treffen der beiden Neffen zustande und überredete sie zu einem Waffenstillstand, dessen Bedingungen zwar ungewiß sind, der aber möglicherweise die Anerkennung Herzog Robert I. durch Alan enthielt.[24] Wichtiger jedoch war, daß der Erzbischof dadurch die vorteilhafte Verbindung zwischen den beiden Dynastien erneuert hatte – eine Verbindung, die für die letzten Jahre Herzog Richard II. kennzeichnend gewesen war. Nun besaß Alan freie Hand, seine Machtstellung in der Bretagne seinen zahlreichen Rivalen gegenüber zu festigen. Robert, von der Drohung an der Westgrenze seines Herzogtums befreit, konnte nun in seiner zukünftigen Politik auf Unterstützung seitens Alans hoffen.

Von dieser Zeit an bis zu seinem Tode im Jahre 1037 verkörperte Erzbischof Robert von Rouen in der Normandie die vorherrschende Macht. Durch ihn war, zumindest teilweise, der wachsende Wohlstand der letzten Regierungsjahre Herzog Robert I. entstanden; gleichermaßen sind auf ihn die Umstände zurückzuführen, die im Jahre 1035 die Nachfolge Wilhelms ermöglichen sollten. Während dieser Jahre bildete sich eine Gruppe mächtiger normannischer Feudalherren, deren Verpflichtung vor allem in der Unterstützung Roberts bestand. Unter ihnen stach Graf Gilbert von Brionne hervor: er war ein Enkel Herzog Richard I. und Stammvater einer Familie, die später sowohl in der Normandie als auch in England großes Ansehen erringen sollte.[25] Er besaß weite Besitzungen, vor allem im Zentrum der Normandie, und zeichnete sich durch hemmungslosen Ehrgeiz aus. Zu diesem Zeitpunkt verband er sich eng mit Herzog Robert und trat in dessen Urkunden oft als Zeuge auf.[26] In dieser Hinsicht aber stand er nicht allein da: während derselben Jahre stoßen wir in der Umgebung des Herzogs auf eine noch interessantere Persönlichkeit. Es handelt sich um Osbern, dessen Schwester Gunnor Herzog Richard I. geehelicht hatte; er selber war der Begründer des Reichtums einer jener feudalen Familien, mit deren Aufstieg in der Normandie wir uns anschließend beschäftigen werden.[27] Bereits um 1034 war er einer der neuen und einflußreichen Landherren; bezeichnend für die verbesserte Stellung Herzog Robert I. aber war, daß sich Gilbert im herzoglichen Haushalt mit dem Posten eines ›dapifer‹ oder Haushofmeisters begnügte.[28]

So also war die Lage der herzoglichen Macht in der Normandie während der letzten Regierungsjahre Robert I. Die Unordnung, die einer sich im Stadium des ständigen Wechsels befindlichen Gesellschaft eingeboren war, war natürlich noch keineswegs beseitigt; daher ist es bemerkenswert, daß der Herzog auch nach der Versöhnung mit Erzbischof Robert gezwungen war, zu den Waffen zu greifen: Anlaß war Hugo, Bischof von Bayeux, der sich den herzoglichen Anordnungen widersetzt und in der Burg Ivry verschanzt hatte.[29] Trotzdem war die Macht des Herzogs nicht nur gewahrt, sondern sogar verstärkt worden; sein Ansehen außerhalb des Herzogtums war beträchtlich. Die Herrscher anderer Länder waren darauf bedacht, seine Unterstützung zu erhalten oder vermieden zumindest seine Feindschaft. Wir werden an anderer Stelle auf seine Beziehungen zu Cnut dem

Großen eingehen; Ethelred II. von England hatte bereits mit seiner Frau und seinen zwei Söhnen in der Normandie um Schutz gebeten.[30] Baldwin IV. von Flandern hielt sich kurze Zeit am Hofe des Herzogs auf; außerdem hatte Robert I. Alan III. von Bretagne zu seinem Verbündeten gemacht.[31] Am wichtigsten war jedoch, daß der französische König wegen der prompten Erfüllung der Lehnspflicht im Jahre 1031 in Roberts Schuld stand.[32] In der Provinz selbst hatte er eine mächtige Gruppe unter der aufsteigenden Aristokratie zu seinen Anhängern gemacht und sich die Unterstützung des mächtigen Erzbischofs von Rouen gesichert, der mehr als jeder andere Macht und Ansehen seiner Herrschaft verstärken konnte.

Unter diesen Umständen faßte Herzog Robert I. gegen Ende des Jahres 1034 den erstaunlichen Entschluß, sobald wie möglich auf Pilgerfahrt nach Jerusalem zu ziehen.[33] Die politische Unverantwortbarkeit dieses Entschlusses verursachte eine wütende Opposition seitens der normannischen Feudalherren, die ihn beim Aufbau seiner Macht unterstützt hatten. Jedoch war Robert nicht von seinem Vorhaben abzubringen. Zum Verständnis dieser Tat, die jeden zeitgenössischen Historiker verblüfft, sei daran erinnert, daß der Herzog in diesem Falle von einer der stärksten Strömungen seines Zeitalters ergriffen worden war.[34] Beispielsweise war Fulk Nerra, der schreckliche Graf von Anjou, im Jahre 1002 nach Jerusalem gezogen, um seine Verbrechen abzubüßen; er kehrte trotz größter Mühsal zweimal dorthin zurück.[35] Desgleichen war im Jahre 1008 Geoffrey von Bretagne zu einer Pilgerfahrt ins Heilige Land aufgebrochen.[36] Und bald darauf machte sich Sweyn Godwineson, der Bruder König Harald II. von England auf die gleiche Reise, der von seinen Verbündeten[37] wegen seiner Gewalttätigkeit und Brutalität als ›nithing‹ oder Wertloser verdammt worden war; er erfror in den anatolischen Bergen.[38] Dies sind im übrigen nur die wesentlichsten Beispiele einer einzigartigen Bußfertigkeit, die sich sogar auf die abgelegensten Gegenden auswirkte. Die merkwürdige Atmosphäre des 11. Jahrhunderts war mit heftigen, aus grausigen Verbrechen oder phantastischen Bußen bestehenden Gefühlsmomenten geladen, und die Vorstellung einer Pilgerfahrt mitreißend. Schon der Schrein des heiligen Michael in Monte Gargano zog einen unablässigen Pilgerstrom an, der hauptsächlich aus der Normandie stammte. Im Jahre 1026 hatte der normannische Herzog in Verbindung mit Richard, dem Abt von Saint-Vanne, die großen Pilgerfahrten begünstigt.[39] Gewiß war der Drang zur Pilgerschaft stark, und Robert mochte noch dazu das Bedürfnis nach einem persönlichen Ablaß verspüren. Später wurde behauptet, daß er

sich von der Schuld am Tode seines Bruders reinwaschen wollte.[40]
Jedenfalls machen die damaligen Verhältnisse verständlich, daß dieser
junge Mann, der heftige Skrupellosigkeit und einen Hang zu roman-
tischer Unbesonnenheit in sich vereinigte, dem Ruf nach Jerusalem
Folge leistete.

Da er zu dieser Reise fest entschlossen war, berief er eine bemerkenswerte Versammlung normannischer Feudalherren ein, die ihn unter
der Führung des Erzbischofs vergeblich von seinem Vorhaben abzubringen suchten. Nachdrücklich betonten sie die Narrheit des Herzogs,
sein Herzogtum zu einem Zeitpunkt zu verlassen, da er es, wenn auch
unter großen Schwierigkeiten, endlich fest in der Hand hielt. Ihr
Einwand, daß er keinen Mann bezeichnen könne, der fähig und
vertrauenswürdig sei, seine Interessen während seiner Abwesenheit
zu wahren, entsprach ebenfalls der Wahrheit. Noch dazu gab es für
den Fall, daß er nicht zurückkehren würde, keinen Erben, der unangefochten die Nachfolge übernehmen konnte. Roberts Entschluß stand
jedoch fest, und endlich konnte er sich sogar noch eine gewisse Unterstützung sichern. Er führte seinen jungen Sohn, den Bastard Herleves
an, und überredete die Feudalherren, Wilhelm als seinen rechtmäßigen
Erben anzuerkennen. So geschah es und sie schworen die üblichen
Eide der Lehnstreue und des Gehorsams. Kurz darauf verließ Robert
die Normandie.[41]

Er kehrte nie zurück. Die Geschichte seiner Pilgerschaft wurde schnell
zur Legende: man rühmte die Pracht seines Gefolges und erzählte,
daß sein Reichtum und seine Herrlichkeit sogar den Kaiser Ostroms
beeindruckt hatten. Sie lobten noch dazu seine Frömmigkeit und
priesen die verschwenderische Großzügigkeit, mit der er das Heilige
Grab beschenkt hatte.[42] Obgleich sicherlich auch in diesem Falle viele
Übertreibungen mitspielen, wäre es dennoch falsch, diese Geschichten
als ganz und gar unglaubwürdig abzutun. Andere normannische
Grafen waren wegen ihrer Stiftungen im Heiligen Land berühmt
geworden; Wace, der die Geschichte von Roberts Pilgerfahrt bis in
die kleinsten Einzelheiten schildert, stützt sich daher zumindest teilweise auf Überlieferungen, die schon geraume Zeit im Umlauf waren.[43]
Zweifellos erregte Roberts Pilgerfahrt die Bewunderung seiner Zeitgenossen, deren Gefühle noch dazu von seinem unglücklichen Ende
beeinflußt wurden. Während der Heimreise wurde der junge Herzog
in Kleinasien von einer tödlichen Krankheit befallen. Schon im
Jahre 1053 traten die üblichen Gerüchte über eine Vergiftung des
Herzogs auf, die später reichlich ausgeschmückt werden sollten.[44]
Erwiesen ist lediglich, daß Robert, sechster Herzog von Normandie,

den die Nachwelt den ›Prächtigen‹ nannte, an einem der ersten drei Tage des Juli 1035 im bythinischen Nicaea starb.[45] Die normannische Herrschaft Wilhelm des Eroberers hatte begonnen. *7 Jahre alt*

Weniger glückverheißende Umstände sind wohl kaum denkbar. Abgesehen von der Tatsache, daß der neue Herzog ein ungefähr siebenjähriges Kind war, mußte seine uneheliche Abstammung unvermeidlich zu einer Bedrohung seiner Nachfolge führen. Daß er im Jahre 1035 überlebte, war in erster Linie jener Gruppe zuzuschreiben, die sich während der letzten Jahre seiner Herrschaft um Herzog Robert I. geschart hatte und die jetzt Wilhelm unterstützte. So wurden also die wichtigsten Anhänger Roberts zu Vormündern des jungen Wilhelm; es handelt sich um den Erzbischof von Rouen, Graf Alan von Bretagne und Osbern, den mächtigen Haushofmeister. Diesen dreien muß man noch einen gewissen Turchetil, auch Turold genannt, hinzufügen, von dem behauptet wird, daß er der ›pedagogus‹, wenn nicht sogar der ›nutricius‹ des jungen Herzogs war.[46] Über die Aufgaben dieses so merkwürdig geschilderten Amtes ist nur wenig bekannt, doch war Turchetil, der in Neufmarché Land besaß, der Stammvater einer Familie, die in der Geschichte der Normandie und der Wales' eine große Rolle spielen und Herzog Wilhelm während einer späteren Krisis seiner Herrschaft bedeutende Unterstützung gewähren sollte.[47] Jedoch war Turchetil im Jahre 1035 vermutlich von niedrigerem Range als die anderen ›tutores‹ des Herzogs, obgleich er in der kleinen Gruppe, die Wilhelm bei der Verteidigung seines Erbes beistand, eine bedeutende Persönlichkeit darstellte.

Zweifellos aber war während des kritischen Herbstes 1035 der alternde Erzbischof von Rouen die wichtigste Persönlichkeit. Zwar hätte er auf Grund seiner Abstammung die Nachfolge für sich beanspruchen können, zog es aber angesichts seines fortschreitenden Alters und des kirchlichen Amtes offensichtlich vor, auf eine weitere Vergrößerung seiner Macht zu verzichten. Immerhin befand er sich in der einzigartigen Lage, die Krisis beherrschen zu können. Das Erzbistum von Rouen hatte seit der Zeit Rollos immer in einer besonderen Beziehung zu der herzoglichen Dynastie gestanden; Robert besaß nicht nur sein Amt, sondern auch die von ihm erworbenen ausgedehnten Ländereien der Grafschaft Evreux, um seine Autorität unterstützen zu können. Darüber hinaus war er gegen Ende der Herrschaft Robert I. dessen erster Ratgeber gewesen, hatte seine normannischen und bretonischen Neffen miteinander versöhnt und Wilhelm dadurch zweifellos die Unterstützung Alans III. gesichert. Vielleicht war es wiederum der Erzbischof gewesen, der im Jahre 1035 auf Grund seiner Verbindungen zu Frankreich eines der bedeutendsten Ereignisse der normannischen Geschichte zustande brachte. Kurz vor oder nach der Abreise Roberts aus der Normandie erteilte der französische König Heinrich seine ›Zustimmung‹ zu Wilhelms Nachfolge;[48] es ist anzunehmen, daß der Knabe zu diesem Zeitpunkt an den Hof des Königs gesandt wurde, um in seiner Eigenschaft als neuer Herzog der Normandie seinem königlichen Lehnsherrn zu huldigen.[49]

Die Lage des jungen Herzogs war aber trotz der Unterstützung des Erzbischofs und der Anerkennung durch König Heinrich äußerst ungewiß. Doch konnte glücklicherweise die Opposition der von ihm verdrängten Mitglieder der Dynastie für einige Zeit verschoben werden. Beispielsweise zeigte Nicholas, den Robert I. als Kind in das Kloster Saint-Ouen geschickt hatte und der als Sohn Richard III. in der legitimen Nachfolge wohl an erster Stelle stand, keinerlei Neigung, Wilhelm das Erbe streitig zu machen. Tatsächlich sollte er immer ein treuer Anhänger seines Cousin bleiben, unter dessen Herrschaft er gegen 1042 Abt des Klosters wurde, dem er in der Folge fünfzig Jahre lang vorstand.[50] Von den Söhnen Herzog Richard II. und seiner Frau Papia, Mauger und Wilhelm, sowie von ›Guy von Burgund‹, der durch seine Mutter Adeliza ein Enkel jenes Herzogs war, hätte man jedoch weit stärkeren Widerstand erwarten können. Später strengten sie grausame Revolten an, fühlten sich aber im Augenblick zu einem echten Aufruhr nicht stark genug. Im Jahre 1035 hatten Mauger und Wilhelm noch nicht den Einfluß erlangt, über den sie bald verfügen sollten; auch Guy besaß noch nicht die Ländereien in der Mittelnormandie, denen er später seine Macht verdankte.[51] So gelang es dem von seinem Ansehen und seiner Macht gestützten Erzbischof Robert mit Hilfe der herzoglichen Beamten, die Lage zu beherrschen.

Natürlich ist es schwierig, über die während der ersten kritischen Monate der Herrschaft Herzog Wilhelm II. ausschlaggebenden Umstände detailliertes Beweismaterial zu erhalten, doch existiert eine zeitgenössische Urkunde, die uns in dieser Hinsicht Aufschluß gibt. Sie wurde in der Zeit zwischen August 1035 und März 1037 von Hugo, Bischof von Bayeux, ausgestellt.[52] In ihr verzeichnet der Bischof die Plünderungen, die ›nach dem Tode Herzog Richard (II.) und nach dem Tode Herzog Robert (I.)‹ auf dem Gebiet des Bistums stattgefunden hatten; weiterhin legt er seinen Entschluß, seine Rechte wiederherzustellen und zu sichern, offensichtlich dar. Diese Klage legte er einem Gericht vor, das aus ›Robert, dem Erzbischof, Eudo, dem Grafen[53] und Nigel, dem Vicomte‹, sowie anderen Feudalherren bestand, die im Königreich richterliche Gewalt besaßen.[54] Dieses Gericht entschied zu seinen Gunsten. Im übrigen ist diese Gerichtsverhandlung in jeder Hinsicht bemerkenswert. Die führende Persönlichkeit in dem Verfahren war ganz augenscheinlich der Erzbischof, während dem jungen Herzog keinerlei Erwähnung zuteil wird. Andererseits weist die Anwesenheit des Vicomte und der übrigen über richterliche Gewalt verfügenden Feudalherren auf eine Fortführung der herzoglichen Verwaltung hin. Diese eine gewisse Stabilität ermöglichende Maßnahme hing unmittelbar von der persönlichen Macht Erzbischof Roberts ab, und als der Prälat am 16. März 1037 starb[55], verschlechterte sich daher die Lage mit verhängnisvoller Geschwindigkeit. Die darauffolgende Verwirrung war so heftig, daß man eine Vorliebe der in sie verwickelten Männer herauszuspüren vermeint, die Vorliebe für die Verwirrung um ihrer selbst willen nämlich. Doch hieße das die Fähigkeiten unterschätzen, die sie später unter Beweis stellen sollten; außerdem hätten die meisten von ihnen im Falle eines totalen Chaos zu viel verloren. Daher ist eine Analyse der Triebe, die die hauptsächlichen Teilnehmer zu diesen blutigen Kämpfen bewogen, von großem Nutzen. Die wesentlichsten Feudalfamilien, die aus einem stark wetteifernden und sich erst jetzt zu voller Kraft entwickelnden Adel entstanden waren, sahen sich durch die verminderte Autorität des Herzogs dazu gezwungen, zum Schutze ihrer neugewonnenen Besitzungen eigene Maßnahmen zu ergreifen, bzw. dazu versucht, sie auf Kosten ihrer Nachbarn mit dem Schwert zu erweitern. Die herzogliche Dynastie, in gewisser Hinsicht die wichtigste Feudalfamilie der Provinz, befand sich ihrerseits in einer ähnlichen Lage; obwohl viele ihrer Mitglieder nur zu gern bereit waren, Wilhelm den Herzogtitel streitig zu machen, so war doch eine völlige Zerstörung der Autorität des Grafen von Rouen für keines unter ihnen wünschenswert. Tatsächlich geschah es, daß sich diese Minderheit zu einem kritischen Zeitpunkt zusammenschloß, um im Interesse der bestehenden Ordnung gemeinsam zu handeln. Schließlich existierte ja außerdem der französische König, der fühlen mochte, daß er während der Minderjährigkeit seines Lehnsmannes für die Wahrung seiner eigenen Rechte im Herzogtum selber unmittelbar verantwortlich war.

Von dringlicher Bedeutung war jedoch die Frage, wer den jungen Herzog beaufsichtigen sollte. Die Folge davon war, daß der herzogliche Hof einer erschreckenden Unordnung anheimfiel, in deren Verlauf fast alle Verteidiger des Herzogs und seiner Nachfolge gewaltsam ums Leben kamen. Im Jahre 1039, wahrscheinlich aber erst im Oktober des Jahres 1040 starb Alan III. unerwartet.[56] Graf

Gilbert, einer der Vertrauten Herzog Robert I. übernahm sein Amt als Hauptvormund und wurde einige Monate später auf einem Ausritt umgebracht; seine Mörder handelten auf Befehl eines der Söhne des Erzbischofs, Ralph von Gacé.[57] Auch Turchetil wurde ungefähr zu der gleichen Zeit getötet.[58] Der Haushofmeister Osbern wurde in Vaudreuil ermordet, und zwar bei einem Handgemenge, das unmittelbar im Schlafgemach des jungen Herzogs stattfand.[59] In der Tat wurde Wilhelms Hof immer mehr zu einem Schlachthaus. Von den dort herrschenden Zuständen kann man sich dann ein Bild machen, wenn man bedenkt, daß Herleves Bruder Walter, der zu dieser Zeit gewöhnlich bei seinem Neffen Wilhelm schlief, sich häufig dazu gezwungen sah, mit dem Kinde zu fliehen und nachts in den Hütten der Armen Unterschlupf zu suchen.[60] Es überrascht daher wohl kaum, daß diese Jahre im Charakter des Knaben, der im Mittelpunkt dieser Intrigen stand, nachhaltige Eindrücke hinterließen.

Die Verbrechen, die zu dieser Zeit den herzoglichen Hof entehrten, waren so grauenhaft, daß sie leicht die tieferen Beweggründe dieser Krisis verdecken könnten. In Wirklichkeit aber bildeten sie den Hintergrund zu dem gemeinsamen Versuch einiger Mitglieder der herzoglichen Dynastie, in deren Angelegenheiten eine aktivere Rolle zu spielen. Zu dieser Zeit geschah seitens der Söhne Richard II., Mauger und Wilhelm, ein entscheidender Vorstoß zur Macht. Im Jahre 1037, oder aber kurz darauf,[61] wurde Mauger als Nachfolger Roberts zum Erzbischof von Rouen ernannt; sein Bruder Wilhelm wurde Graf von Arques.[62] In gewissem Sinne mögen diese Ernennungen im Interesse der Dynastie geschehen sein. Es ist bemerkenswert, daß Wilhelm die Grafschaft Arques als Schenkung erhielt, und zwar als Gegengabe für eine treue Erfüllung seiner Lehnspflicht.[63] Mauger hingegen nahm als Erzbischof in der Regierung des Herzogs sofort eine hervorragende Stellung ein. In vielen herzoglichen Schriftstücken dieser ersten Jahre ist er als Zeuge aufgeführt und tritt manchmal als Vorsitzender über den Hof des jungen Herzogs auf, dessen Unterschrift gelegentlich erst nach der des Erzbischofs erfolgte. Die durch das Vorankommen der beiden Brüder entstandene Lage läßt sich deutlich aus einer Urkunde ersehen, die gegen 1039 ausgestellt wurde.[64] In ihr gibt Graf Wilhelm, der sich als ›Sohn Herzog Richards‹ bezeichnet, dem Kloster von Jumièges Land zu Lehen; die wichtigsten Unterschriften dieser Urkunde erscheinen in folgender Anordnung: ›Mauger, der Erzbischof; Wilhelm, Graf der Normannen; Wilhelm, des Grafen Lehrmeister,[65] sowie Wilhelm, Graf von Arques‹. Die beiden Brüder waren ganz offensichtlich dabei, eine beherrschende Stellung im Herzogtum einzunehmen. Nach 1040 besaß Mauger, Erzbischof von Rouen, die hauptsächliche Macht; er wurde in ihr von Wilhelm, Graf von Arques und eventuell sogar von Nicholas, Abt von Saint-Ouen, unterstützt. Andere Familienmitglieder erlangten ebenfalls wichtige Stellungen: Ralph von Gacé,[66] der Sohn Erzbischof Roberts und Mörder des Grafen Gilbert, war der hauptsächliche Gewinner; gleichzeitig erhielt Guy von Burgund, der Enkel Herzog Richard II., sowohl Vernon als auch das Schloß Brionne aus dem Besitz des Grafen Gilbert.[67] Daß die herzogliche Familie nicht kampflos auf ihre Macht verzichten wollte, ist klar ersichtlich.

In der Normandie herrschte ein schlimmer Aufruhr. Natürlich kann der Wirrwarr dieser Jahre nicht in seinem vollen Ausmaß geschildert werden, er ist jedoch genügend bekannt, um die Zeit der Minderjährigkeit Wilhelms nach 1037 als einen der dunkelsten Abschnitte der normannischen Geschichte bezeichnen zu können. Innerhalb des Adels bestehende langjährige Fehden wurden wieder aufgenommen, und jedes Verbrechen veranlaßte erneutes Blutvergießen. Die meisten großen Familien, deren Aufstieg man als einen Teil des neu entstehenden Adels in der Provinz werten muß, waren in Gewalt und Unheil verstrickt. Beispielsweise rächte Bjarni von Glos-la-Ferrière, ein Lehnsmann Osberns des Haushofmeisters, den Mord an seinem Herrn, indem er Wilhelm von Montgomery tötete.[68] Roger von Tosny, der die Ländereien seines Nachbarn Humphrey ›von Vieilles‹ verwüstet hatte, wurde daraufhin von Humphreys Sohn, Roger ›von Beaumont‹ ermordet;[69] diese Fehde wurde von Mitgliedern der Familie von Clères fortgeführt, die Lehnsmänner der Familie von Tosny waren.[70] Ferner starben Hugo von Montfort-sur-Risle und Walkelin von Ferrières in dem persönlichen Krieg, den sie gegeneinander führten.[71] Die Familie von Bellême unternahm auf die Söhne des Geré von Échauffour einen Angriff, der sich durch unvorstellbare Verbrechen auszeichnete.[72]

Ein Hauptmerkmal dieser persönlichen Kriege, die zu der Zeit die Normandie verwüsteten, war der Einsatz von Burgen. Manche der zum Teil sogar aus Stein erbauten herzoglichen Festungen wurden von den Feudalherren, denen sie anvertraut worden waren, einfach besetzt. So ließen sich Wilhelm Talvas von Bellême in Alençon, Hugo, Bischof von Bayeux, in Ivry und Thurstan Goz in Tillières nieder. Gleichzeitig wurden viele kleinere Festungen der verschiedensten Bauart so schnell wie möglich errichtet.[73] Es handelt sich um auf Torfsoden erstellte Holzbauten, die von Pallisaden und Gräben, die man mit Wasser füllen konnte, umgeben waren.[74] Zweifellos mußte eine Familie, um solch eine Befestigung bauen und bemannen zu können, einen gewissen Rang besitzen, doch wurden sie im Verlauf der Jahre zahlreich genug, um dem Bürgerkrieg, der die Provinz erschütterte, sein besonderes Gesicht zu geben. Von diesen Burgen aus konnten die unmittelbar in diese Wirren verwickelten Familien ihre Kriege führen und sich vor den Angriffen ihrer Feinde schützen.

Die Schilderungen dieser Wirren wurden größtenteils durch die Schriften klösterlicher Chronisten überliefert, die möglicherweise dazu neigten, sie in allzu grellen Farben zu malen und uns daher ein vielleicht übertriebenes Bild dieser Zeit vermitteln.[75] Sicher aber ist, daß die Herrschaft des Herzogs während dieser Jahre nie völlig zusammenbrach, ein Faktum, das unmittelbar auf die Überlieferung der Autorität zurückzuführen ist, die die Wikingerdynastie vom karolingischen Neustrien ererbt und weiterentwickelt hatte.[76] Man kann dies in verschiedenster Hinsicht darlegen. Die bereits erwähnte Urkunde von Bayeux beweist, daß man sich zwischen 1035 und 1037 immer noch auf die gesetzlichen Sanktionen berief und sie auch anwandte;[77] sogar nach dem Tode Erzbischof Roberts wurde (nicht einmal erfolglos) versucht, diese Lage aufrechtzuerhalten. Zwar führte Thurstan Goz von Tillières aus eine Rebellion an, doch kamen zwischen 1035 und 1046 fast alle Vicomtes ihren Lehnspflichten regelmäßig nach; vizegräfliche Zeugnisse auf herzoglichen Urkunden dieser Zeit sind durchaus nicht selten.[78] Im allgemeinen scheinen die normannischen Bischöfe dem jungen Herrscher ihre gemeinschaftliche Unterstützung gewährt zu haben; die meisten, wenn nicht gar alle herzöglichen Einkünfte, wie zum Beispiel die der Grafschaft Rouen, sind zu dieser Zeit anscheinend regelmäßig eingegangen.[79] Der Herzog, bzw. diejenigen, die in seinem Namen handelten, scheinen, wenn man den Zeugnissen späterer Autoren Glauben schenkt, auch über eine besondere herzogliche Streitmacht verfügt zu haben; zum Zeitpunkt der schlimmsten Wirren wurde der mächtigste Mann am Hofe des Herzogs, Ralph von Gacé, als ›Oberhaupt der bewaffneten normannischen Streitkräfte‹, (princeps militie Normannorum) bezeichnet; als solcher scheint er ein beträchtliches Heer angeführt und zu guten Zwecken eingesetzt zu haben.[80] Kurz: die alte Überlieferung der herzoglichen Autorität, sowie auch ein Teil des Verwaltungswesens, die diese Autorität wirksam gemacht hatte, überlebten diese Jahre und trugen während des gefährlichen Jahrzehnts viel zur Erhaltung des normannischen Herzogtums bei. Wie wichtig sie waren, zeigt die lebensgefährliche Lage, die im Jahre 1047 unvermutet entstand, als nämlich die westlichen Vicomtes schließlich doch revoltierten.

Die Umstände während der Minderjährigkeit Wilhelms waren schrecklich genug. Die Feudalfamilien verstrickten sich untereinander immer auswegloser in den mörderischen Krieg, und die verzweifelte Lage des einfachen Volkes im Herzogtum war unvorstellbar. Ein nicht unwesentlicher Zug der Zeit bestand darin, daß sich, teilweise unter der Führung der Gemeindepriester, Bauerngruppen zusammenfanden, um sich gemeinsam zu verteidigen. Als die Söhne des Hauses Soreng versuchten, das Gebiet von Sées unter ihre Herrschaft zu bekommen, entbrannte ein wilder Kampf, in dessen Verlauf die Kathedrale teilweise abbrannte. Schließlich wurden diese Männer von den Gegnern gefangengenommen und getötet.[81] Die Macht der herzoglichen Regierung, an Ort und Stelle Recht zu sprechen, wurde offensichtlich immer geringer, und das war vielleicht der Grund dafür, daß einige Männer des Herzogtums andrerorts nach Möglichkeiten suchten, die Wirren zu mildern.

Während dieser Jahre entstand in der Normandie eine äußerst interessante Rechtsentwicklung, die für die Zukunft weitreichende Folgen nach sich ziehen sollte. Im 10. und zu Anfang des 11. Jahrhunderts unternahm die Kirche zuerst in Süd-, dann in Mittelfrankreich und später in Burgund den berühmten Versuch, die öffentliche Ordnung mittels einer Einrichtung wiederherzustellen, die unter dem Namen ›Gottesfrieden‹ bekannt ist.[82] Diese Einrichtung versuchte mit bischöflicher Genehmigung persönliche Kriege zu gewissen Wochentagen oder Zeitspannen des christlichen Jahres zu verbieten. Unter den ersten Geistlichen, die diesen Gottesfrieden predigten, waren Odilon, Abt von Cluny, und Richard, Abt von Saint-Vanne in Verdun am einflußreichsten.[83] Es ist erstaunlich, daß weder Richard von Saint-Vanne, noch irgend ein anderer je versuchte, den Gottesfrieden in der Normandie einzuführen, und das, obgleich Abt Richard während der letzten Jahre Herzog Richard II. und während der Herrschaft Robert I.[84] mit dem normannischen Herzogtum in enger Verbindung stand. Der Grund dafür war wohl der, daß man die damalige herzogliche Autorität für fähig hielt, die öffentliche Ordnung mittels einer allgemein geachteten Rechtssprechung aufrechtzuerhalten.[85] Nun aber war die Lage völlig verändert, und von 1041 an bis 1042 ergriff Richard von Saint-Vanne anscheinend mit der Billigung der Treuhänder der herzoglichen Politik energische Maßnahmen, um den Gottesfrieden in der Normandie einzuführen.[86] Die dabei von ihm angewandten Methoden bleiben etwas unklar, da, wie es scheint, zu dieser Zeit kein Kirchenkonzil einberufen worden war; wahrscheinlich ist, daß dieses Anliegen persönlich an die Bischöfe der Provinz herangetragen wurde.[87]

Der Versuch scheiterte jedoch, da sich die persönlichen Interessen der im Aufstieg begriffenen Feudalfamilien, denen die Bischöfe angehörten, als zu stark erwiesen. Ungefähr fünf Jahre später sollte der Versuch Richards von Saint-Vanne unter veränderten Umständen Früchte tragen; in der Zwischenzeit aber wurde der Gottesfrieden von der Normandie zurückgewiesen, und die Auflösung der öffentlichen Ordnung schritt zusehends voran.[88]

Daß der junge Herzog die Wirren zur Zeit seiner Minderjährigkeit überlebte, mutet wie ein Wunder an; die Erklärung muß teilweise außerhalb der Normandie gesucht werden. Einer der entscheidenden Faktoren der normannischen Geschichte jener Zeit war die Politik des Königs von Frankreich. Die damalige Einstellung König Heinrich I. in bezug auf die Normandie war von den normannischen Chronisten entstellt worden, deren Schriften zu einem Zeitpunkt entstanden waren, als sich die Beziehungen zwischen dem herzoglichen Haus und der französischen Monarchie in einem Umbruch befanden; die Chronisten aber schilderten diese Beziehungen als die zweier unabhängiger und selbständiger Fürsten. Diese falsche Auffassung wurde auch von einigen modernen Wissenschaftlern nicht völlig vermieden.[89] In Wirklichkeit jedoch war das Vasallenverhältnis des Herzogs von Normandie schon seit langem festgelegt und manchmal sogar erzwungen worden; nun aber hatte es größte Bedeutung gewonnen. Genauso wie Robert I. im Jahre 1031 König Heinrich I. als seinen Lehnsherrn anerkannt hatte und ihm beigestanden war,[90] forderte und übte der französische König nun beim Regierungsantritt des minderjährigen Herzogs seine Lehnsherrnrechte auf das Herzogtum aus. König Heinrichs Unterstützung und Anerkennung des Knaben Wilhelm war eins der Hauptmerkmale des Übereinkommens aus dem Jahre 1035, und die Dauer dieser Abmachungen ist vor allem ihm zu verdanken.

Die ›Zustimmung‹, die Heinrich I. zur Nachfolge Wilhelms gegeben hatte, war von entscheidender Bedeutung. Der König konnte für sich das Vormundsrecht über das Kind eines verstorbenen Lehnsmannes fordern, wodurch er bis zu einem gewissen Grade die Verantwortung für die Sicherheit des Lehnsmannes übernahm. Es ist daher bemerkenswert, daß Wilhelm während der Pilgerreise seines Vaters nicht nur zum König gesandt worden war, um ihm seine Huldigung persönlich zu überbringen, sondern daß Heinrich später den Herzog zum Ritter schlug.[91] Für die Dauer der Minderjährigkeit Wilhelms forderte und übte der König unmittelbare Rechte auf die Normandie und betrachtete den Herzog als seinen besonderen Schützling. Als nach 1040 Graf Gilbert von Brionne Hauslehrer des Herzogs wurde, galt er als

Beauftragter des französischen Königs,[92] und ein späterer Autor behauptet wohl zu Recht, daß König Heinrich I. die Normandie während dieser Jahre als einen ›fiscus regalis‹, als einen Teil des Kronlandes nämlich, behandelte.[93]

Die verworrene politische Geschichte der damaligen Normandie und das Eingreifen des französischen Königs kann nur von dieser Sicht her erklärt werden. Beispielsweise belagerte Heinrich kurz nach 1040 Tillières-sur-Avre,[94] eine von Herzog Richard II. ursprünglich als Bollwerk gegen die Grafen von Chartres[95] errichtete Festung, die jedoch, nachdem Odo von Blois das Gebiet von Dreux König Robert überlassen hatte, den Erbgütern der Familie Kapet gegenüberlag. Diese Festung befand sich zu diesem Zeitpunkt unter der Obhut Gilbert Crispins,[96] dem Pächter des Grafen Gilbert und Onkel eines hervorragenden Abtes von Westminster.[97] Crispin verweigerte die Übergabe der Festung, da aber viele normannische Adlige den König unterstützten, war Heinrich in der Lage, die Festung einzunehmen und zu schleifen.[98] Als sich der König kurz darauf noch einmal dazu entschloß, in die normannische Anarchie einzugreifen, ergab sich genau die gleiche Situation. Hier betrat Heinrich das Gebiet des Hiémois und zog durch das Ornetal, wo er die Stadt Argentan stürmte.[99] Auch bei dieser Gelegenheit erhielt er normannische Unterstützung; plötzlich tat sich Thurstan Goz, der damalige Vicomte von Exmes und Stammvater der Grafen von Chester, mit dem französischen Heer zusammen und besetzte selber Falaise. Dort belagerte ihn Ralph von Gacé, der Erzieher des jungen Herzogs, und eroberte Falaise nach einem schweren Kampf zurück. Thurstan wurde verbannt (er sollte jedoch bald aus der Verbannung zurückgerufen werden), und nachdem der König die Festung Tillières zurückerobert und dort seine eigene Besatzung hinterlassen hatte, kehrte er nach Paris zurück.[100]

Das Verhalten des Königs während dieser Ereignisse wurde von späteren normannischen Chronisten streng verurteilt und als niedrige Undankbarkeit der Familie gegenüber, der er teilweise seinen Thron verdankte, ausgelegt.[101] Es besteht jedoch wenig Grund zu der Annahme, daß Heinrich zu dieser Zeit versuchte, seinen jungen Lehnsmann, dessen Nachfolge in der Normandie er selber anerkannt hatte, aus seiner Stellung zu verdrängen. Der französische König hatte Grund genug, die in der Wikingerprovinz herrschende Anarchie mit einiger Bestürzung zu betrachten, zumal sie einen großen Teil Nordfrankreichs einbezog. Das bretonische Interesse an der normannischen Erbfolge hatte sich in der Haltung Alan III. gezeigt, und es lag durchaus im Bereich der Möglichkeiten, daß die normannische Krisis auch in Flandern Widerhall finden würde. Baldwin V., der im Jahre 1035 die flämische Herrschaft übernommen hatte, betrachtete die Lage in der Normandie mit tiefem Interesse und versuchte bereits, den Kaiser gegen den französischen König, mit dessen Schwester er verheiratet war, auszuspielen. Von ihm wird berichtet, daß er Wilhelm während dessen Minderjährigkeit positiven Beistand leistete;[102] spätere Überlieferungen bestätigen, daß der Plan einer Heirat zwischen Wilhelm und Matilda, der Tochter Baldwins, während dieser Jahre zum ersten Male auftauchte.[103] Die Tragweite der normannischen Krisis war also sehr groß, und der französische König konnte sich eine Vernachlässigung ihrer eventuellen Rückschläge auf das politische Gleichgewicht Nordfrankreichs keineswegs leisten.

Daher darf der Eingriff König Heinrichs in die damalige normannische Politik nicht als der feindliche Übergriff eines fremden Fürsten gewertet werden; er entspricht eher der Bemühung eines Lehnsherrn, zur Zeit der Minderjährigkeit eines seiner wesentlichen Vasallen seine Rechte und seine Stellung zu wahren und zu festigen. Aus diesem Grund erhielt er ständig Unterstützung aus der Normandie, und zwar nicht nur seitens der untereinander Krieg führenden Feudalherren, sondern anscheinend auch von denen, die von der Überlegung ausgingen, daß die königliche Macht eine Wiederherstellung der Ordnung erhoffen ließ. Tatsächlich scheint die Politik König Heinrichs während Wilhelms Minderjährigkeit darauf ausgerichtet gewesen zu sein, die Stellung des jungen Herzogs denjenigen gegenüber zu wahren, die entweder versuchten, selbst seinen Platz einzunehmen, oder aber ihn zum passiven Werkzeug ihres Willens zu machen. Sicher ist, daß Wilhelm jeden dieser Eingriffe dringend benötigte, da er zu jenem Zeitpunkt wohl kaum dazu imstande war, zur Regierung des Herzogtums persönlich beizutragen. Gegen Ende dieser Periode machen sich jedoch Anzeichen bemerkbar, daß er unter seinen Ratgebern zu unterscheiden und nach eigenem Willen zu handeln begann.[104] Seine Autorität war jedoch noch gering, und er hing völlig von den zu seiner Unterstützung bereiten normannischen Parteien ab, am meisten aber von der Rückendeckung seines königlichen Lehnsherrn. Auf der Schwelle zum Mannesalter sah er sich daher plötzlich genötigt, die Verantwortung selbständig zu übernehmen und einer erneuten Krisis seiner Angelegenheiten die Stirn zu bieten.

Im Spätherbst des Jahres 1046 begann der Aufruhr, der seit März 1037 die Normandie verwüstet hatte, eine geballte Form anzunehmen und sich ausschließlich gegen den jungen Herzog zu richten. Bis dahin hatte das Vorhandensein seiner zwar nur dem Namen nach bestehenden

Autorität in hohem Maße von der Rivalität der kämpfenden Parteien im Herzogtum abgehangen, noch stärker aber von der fortlaufenden Tätigkeit der herzoglichen Verwaltung, die ihrerseits von der treuen Unterstützung seiner Vicomtes abhing. Nun aber hatte sich ein weit um sich greifender und besser organisierter Aufstand entwickelt. Er ging von der Niedernormandie aus und riß viele der ersten Feudalfamilien mit sich; sein gefährlichster Wesenszug war, daß zwei der wichtigsten Vicomtes des Westens darin verwickelt waren. Der Sturz Wilhelms und die Einsetzung eines neuen Herrschers über das Herzogtum waren die zugegebenen Ziele dieser aufrührerischen Bewegung.

Die stärkste Triebfeder dieser Revolte war Guy von Burgund, der im Jahre 1035 einer der möglichen Erben des Herzogtums gewesen war und nun die wichtigen Festungen Veron-sur-Seine und Brionne-sur-Risle besaß, die er nach dem Tode des Grafen Gilbert erhalten hatte.[105] Dieser Mann versuchte nun, selbst Herzog zu werden, und sammelte zu seiner Unterstützung eine mächtige Gruppe normannischer Feudalherren um sich.[106] Diese Parteigänger kamen nicht nur aus der Nachbarschaft von Guys eigenen Besitzungen in der Mittelnormandie, sondern vor allem aus dem Westen; das Heer, das Wilhelm fast vernichten sollte, stand unter der Führung von Nigel I., Vicomte von Cotentin, und Rannulf I., Vicomte von Bessin.[107] Zu diesen gesellten sich viele Adlige aus der Niedernormandie und vor allem eine Gruppe Feudalherren, die aus dem Gebiet Cinglais zwischen Caen und Falaise stammten.[108] Unter ihnen befanden sich Ralph Tesson, Herr auf Thury (heute Thury-Harcourt), Grimoald von Plessis [109] und Haimo ›dentatus‹, Herr auf Creully, der Stammvater einer Familie, die später in England berühmt werden sollte.[110] Es war ein schrecklicher Aufstand, der den Kern der Normandie bedrohte.

Laut späteren Überlieferungen begann die Revolte mit dem, wie man sagt, von Grimoald von Plessis geförderten Versuch, den Herzog während seines Aufenthaltes in Valogne, dem Kern des feindlichen Gebietes, gefangenzunehmen und zu ermorden.[111] Da der Herzog jedoch vor dieser Gefahr gewarnt worden war, gelang es ihm, nachts in aller Eile zu fliehen und die weite Flußmündung der Vire bei Ebbe und Dunkelheit zu durchreiten. Am Morgen kam er nach Ryes, wo er Unterstützung fand, und endlich erreichte er Falaise.[112] Die Schilderung dieses berühmten Rittes mag legendäre Teile enthalten, doch hebt sie zumindest die äußerste Zwangslage des jungen Herzogs während dieser Krisis hervor. Es blieb ihm ein Ausweg: er konnte sich an seinen Lehnsherrn wenden. Daher eilte Wilhelm zum König von Frankreich, den er in Poissy antraf, und erflehte als treuer Lehnsmann auf den

Knien den Beistand seines Herrn.[113] Die Folge davon war, daß sich der französische König von dieser Bedrohung eines seiner größten Lehen selbst betroffen fühlte, was auch seine darauffolgenden Handlungen erklärt. Spätere normannische Autoren stellten dieses Unternehmen als einen von ebenbürtigen Fürsten geschlossenen Pakt dar; es ist möglich, daß Heinrich sich der Unterstützung erinnerte, die siebzehn Jahre vorher Herzog Robert I. der französischen Dynastie geboten hatte. Doch waren die jetzigen Umstände so andersartig, daß man diese Auslegung nicht aufrechterhalten kann. Der junge Herzog befand sich in einer verzweifelten Lage und vertrat in seiner Eigenschaft als Lehnsmann seine Sache; dementsprechend konnte Heinrich als Lehnsherr der Normandie den Aufstand gegen seinen Vasallen gewissermaßen als gegen sich selbst gerichtet betrachten, was ihn dazu bewog, die vielleicht bedeutendste Entscheidung seiner Herrschaft zu treffen. Entschlossen, Herzog Wilhelm von seinen Feinden zu befreien, betrat er zu Anfang des Jahres 1047 an der Spitze eines Heeres die Normandie.

Das französische Heer rückte über Mézidon auf Caen vor, wo einige spärliche Truppen zu ihm stießen, die Herzog Wilhelm mühsam in der Obernormandie ausgehoben hatte. Unter Schwierigkeiten hatten sie ihren Weg durch die sumpfige Ebene des Val d'Auge gebahnt, hatten Argentan passiert und ihr Lager am Ufer des Laison in der Nähe des königlichen Heeres aufgeschlagen. Sehr früh am nächsten Morgen zog der König durch Valmeraye, wo er die Messe hörte. Dann stieß er in die Ebene von Val-ès-Dunes.[114] vor, eine eintönige Gegend, die von den Dörfchen Serqueville, Begrenville, Bill und Airan begrenzt wird – Dörfer, die in den Kriegsannalen des 20. Jahrhunderts zum zweiten Male Bedeutung gewinnen sollten. Dort traf das königliche Heer auf die Streitmacht der Rebellen, die die Orne überschritten hatten und von Westen her nahten.

Die nun folgende Schlacht von Val-ès-Dunes war ein entscheidendes Ereignis in der Entwicklung der Normandie, aber es existieren nur wenige Einzelheiten über ihren Verlauf. Keine der beiden Seiten scheint große strategische Künste entwickelt zu haben; die Schlacht bestand aus Einzelkämpfen zwischen versprengten Gruppen der Reiterei. Fernwaffen wurden nicht benutzt; auch über den Einsatz von Bogenschützen, die 19 Jahre später in Verbindung mit berittenen Truppen bei Hastings einen solchen Erfolg erringen sollten, ist uns nichts bekannt; falls Infanterie eingesetzt war, so war ihre Teilnahme an der Schlacht wohl unmaßgeblich. Die etwa zur gleichen Zeit entstandenen Berichte sind kurz. Wilhelm von Jumièges schreibt lediglich:

»König und Herzog blieben trotz der Stärke und Feindseligkeiten ihrer Gegner unerschrocken und boten diesen den Kampf; nach vielen Treffen zwischen Truppen der Reiterei richteten sie unter ihren Feinden ein großes Blutbad an, so daß diese schließlich von Panik ergriffen wurden und ihr Heil in der Flucht suchten, indem sie sich in die Fluten der Orne stürzten.«[115]

Der Bericht Wilhelm von Poitiers ist zwar rhetorischer, aber nicht weniger knapp:

»Der größere Teil der Normannen focht unter dem Banner der Treulosigkeit, doch ließ der Anblick ihrer Schwerter den Führer des rächenden Heeres, Wilhelm, unverzagt. Er warf sich auf seine Feinde und setzte sie mit einem Blutbad in Schrecken ... Die meisten von ihnen kamen in dem unwegsamen Gebiet um; einige starben auf dem Schlachtfeld, wo sie von den Fliehenden niedergetreten und zermalmt wurden; viele Reiter ertranken mit ihren Pferden in der Orne.«[116]

Es ist jedoch angebracht, diese kurzen Berichte durch das großartige im 12. Jahrhundert von Wace [117] für den ›Roman de Rou‹ entworfene Bild dieser Schlacht zu ergänzen. In vieler Hinsicht ist dieser ›Roman de Rou‹ nicht zuverlässig, in diesem Falle aber gewinnt er ungewöhnlichen Wert, da sein Autor während vieler Jahre Geistlicher in Caen war und daher jede Möglichkeit hatte, die lokalen Überlieferungen kennenzulernen; seine genauen Schilderungen lassen wenig Zweifel daran, daß er selbst das Schlachtfeld besichtigte. Nach der Aussage von Wace scheint es, daß das Heer der Aufständischen vor dem Kampf durch das Überlaufen Ralph Tessons zum Herzog in eine gewisse Unordnung geraten war, trotzdem aber war die Schlacht äußerst erbittert. Während des ersten Kampfstadiums wurde Heinrich von Haimo ›dentatus‹ aus dem Sattel gehoben, doch fiel Haimo, bevor er seinem königlichen Herrn eine tödliche Wunde beibringen konnte.[118] Auf einem anderen Abschnitt des Schlachtfeldes bewies Herzog Wilhelm seine persönliche Tapferkeit im Kampf, deretwegen er später berühmt werden sollte: er schlug mit eigener Hand einen gewissen Hardez von Bayeux nieder, der als großer Krieger und treuer Lehnsmann Rannulfs von Avranches bekannt war. Danach verlor Rannulf den Mut, und mit Nachlassen seiner Tatkraft begann sich das Schlachtenglück gegen die Aufständischen zu wenden. Nigel von Cotentin strengte einen mühseligen und verzweifelten Widerstand an, der jedoch vergeblich war. Als die Rebellen von Panik ergriffen sich in kleine Gruppen auflösten und zu fliehen begannen, artete die Niederlage in wilde Flucht aus. Die Orne vervollständigte die Vernichtung des Heeres.

›Groß war die Anzahl der Flüchtenden‹ – so fährt Wace fort – ›und die

Verfolgung grausam. Pferde sprengten herrenlos über die Ebene und das Schlachtfeld war voll mit Rittern, die ihr Leben retten wollten. Sie versuchten, in den Bessin zu entkommen, fürchteten sich jedoch, die Orne zu durchqueren. Alles floh in höchster Verwirrung und versuchte, in Gruppen von fünfen, sechsen oder dreien zwischen Allemagne und Fontenay überzusetzen. Aber die Verfolger blieben ihnen auf den Fersen, auf ihre Vernichtung bedacht. Viele von ihnen wurden in die Orne getrieben und dort niedergemetzelt oder ertränkt; die Mühlen von Borbillon konnten sich wegen der vielen Leichen nicht weiterdrehen.‹[119]

Die Niederlage der Vicomtes aus dem Westen erwies sich für die Laufbahn Wilhelms und die Entwicklung der Normandie als entscheidendes Ereignis; obgleich die wichtigsten Folgen nur langsam in Erscheinung treten sollten, waren einige Anzeichen seiner Bedeutung doch schon sofort zu entdecken. Im Oktober 1047 versammelte sich außerhalb von Caen ein Konzil [120] in der Nähe des Schlachtfeldes, dem außer dem Herzog die meisten hohen Prälaten der Normandie beiwohnten, vor allem Erzbischof Mauger und Nicholas, Abt von Saint-Ouen, die beide dem herzoglichen Hause angehörten.[121] Es war eine feierliche Versammlung, in welcher die fünf Jahre zuvor zur Zeit Richards von Saint-Vanne in der Normandie zurückgewiesene Gottesfriede in aller Form verkündet wurde, worauf die Anwesenden schworen, ihn zu halten und zu diesem Zweck einen Eid auf heilige Reliquien, vor allem auf die Saint-Ouens, die man aus Rouen gebracht hatte, ablegten.[122] Die genaue Beschaffenheit dieses hier verkündeten Friedens können wir nur vermittels späterer Schriften erfahren,[123] doch ist sein Wortlaut ziemlich gewiß. Persönliche Kriege waren von Mittwoch abend bis Montag morgen und zur Advents- und Fastenzeit, sowie zu Ostern und zu Pfingsten verboten.[124] Mit diesen Anordnungen folgte man einem Muster, das anderen Teilen Frankreichs bereits vertraut war.

Der Wert einer solchen Anordnung hing jedoch immer von der Wirksamkeit der Mittel ab, die sie erzwingen konnten. In dieser Hinsicht waren die normannischen Vorkehrungen derart, daß sie außer in Flandern oder der Provinz Reims zu der damaligen Zeit nicht ihresgleichen fanden.[125] Da die Kirche diesen Frieden anordnete, waren die Zwangsmaßnahmen hier wie überall kirchlicher Art und daher waren die kirchlichen Prälaten in erster Linie für seine Geltendmachung verantwortlich. Die auf dem Konzil zu Caen festgelegten Strafen bestanden darin, daß diejenigen, die diesen Frieden verletzten, der Exkommunikation anheimfallen würden; außerdem würden dem Schuldigen die geistlichen Wohltaten verweigert, die allein die Kirche zu spenden vermochte.[126] Doch war in den zu Caen erlassenen Verordnungen auch die weltliche Macht mit einbeschlossen; das wichtigste Kennzeichen dieses Erlasses war, daß sowohl der König wie auch der Herzog von dieser Anordnung ausgenommen waren und die Erlaubnis besaßen, während der verbotenen Zeitabschnitte Krieg zu führen und Streitkräfte zu halten, die sie im Interesse der Allgemeinheit dazu befähigten.[127] Hier beweist sich wieder einmal die anerkannte Autorität, die dem herzoglichen Amt immer noch innewohnte.[128] Dieser Zusammenklang weltlicher und kirchlicher Verfügungen ermöglichten es dem Herzog, den Gottesfrieden in der Normandie später in den wirksameren ›pax ducis‹[129] umzuwandeln, der sich in der Folge über alle seine Herrschaftsgebiete erstrecken sollte.

Die Verkündigung des Gottesfriedens zu Caen im Oktober 1047 verursachte vor allem bei den Bauern [130] große Freude, doch mochte seine Durchführung sogar in dem kleinen Gebiet, in dem sein Erlaß zuerst erfolgt war, zur damaligen Zeit zweifelhaft erscheinen. Es wäre einfach, die unmittelbaren Folgen der Schlacht von Val-ès-Dunes unter dem Eindruck späterer Schilderungen zu übertreiben. Normannische Chronisten, die nach der Eroberung Englands und zu einem Zeitpunkt schrieben, da Wilhelm auf dem Höhepunkt seiner Macht stand, erkannten in dieser Schlacht ganz richtig die Anfänge der Herrschaft des Eroberers über sein Herzogtum.[131] ›Die Normannen‹, schrieb Wilhelm von Poitiers, ›sahen sich gemeistert und beugten den Nacken vor ihrem Herrn.‹[132] Gewiß ist diese Rhetorik nicht bei ihrem Nennwert zu nehmen und ihre Berechtigung hatte sich in den folgenden Ereignissen zu erweisen. Im Jahre 1047 mußten zur Wiederherstellung der Ordnung im Herzogtum noch viele Hindernisse überwunden werden. Zwar war der Sieg von Val-ès-Dunes in der Tat entscheidend gewesen, doch war er eher dem König als dem Herzog zuzuschreiben, und Wilhelms eigene Macht zeigte sich immer noch ungefestigt und begrenzt. Er war der unmittelbar drohenden Vernichtung entgangen und der Unmündigkeit entwachsen, dennoch blieb seine Zukunft gefahrvoll und ungewiß. Die Periode der Minderjährigkeit war abgeschlossen; des Herzogs Kampf ums Überleben begann.

III

DER KAMPF UMS ÜBERLEBEN

1047 – 1060

Der Zeitraum zwischen 1047 und 1060 erweist sich für die Geschichte der Normandie von größter Bedeutung. Oft wurde er als Rahmen abgetan, der lediglich unzusammenhängende politische Störungen umfaßte, doch besaß er nicht zuletzt eine eigene Kohäsion und zog schwerwiegende Folgen nach sich. Dieser Zeitabschnitt begann mit dem Aufstand, der im Jahre 1047 um ein Haar die herzogliche Macht vernichtet hätte; seine zweite Krisis erfolgte, als sich der Herzog während der Jahre 1052 – 1054 nicht nur gezwungen sah, einem feindlichen Bündnis seiner eigenen Vasallen Widerstand zu leisten, sondern auch den Bund zu bekämpfen, den die französischen Lehnsleute unter der Führung des Königs von Frankreich eingegangen waren. Während dieser vierzehn Jahre befand sich der Herzog fast durchweg im Kriegszustand. Bis 1054 erschien sein Überleben zweifelhaft und konnte erst nach 1060 als gesichert bezeichnet werden.

Es ist daher notwendig, die Einheit dieses Zeitraums in der Normandie zu unterstreichen. Die erste unter all den folgenden Schlachten – Val-ès-Dunes nämlich – kann als Schlußstrich unter die anarchistische Periode der Minderjährigkeit und als Besiegelung der herzoglichen Autorität betrachtet werden. Trotzdem aber war der entscheidende Kampf an den Ufern der Orne nur eine Episode im Lebenskampf des Herzogs; er war viel eher der Beginn einer sich über lange Zeit hinziehenden ununterbrochenen Kette von Kriegen. Die Unruhen dieser Jahre sind also nicht als eine Reihe einzelstehender Revolten, sondern vielmehr als die Verkörperung einer dauernden Krisis zu werten, die ihren Höhepunkt in den Jahren 1046 – 1054 erreichte; die Zukunft der Normandie war bei Mortemer nicht weniger gefährdet als vorher bei Val-ès-Dunes. Erst nach 1054 zeigt sich eine Entspannung der Lage; während der Herrschaft des Eroberers war keine spätere Bedrohung der normannischen Einheit je so ernst gewesen wie jene, die von 1046 bis 1054 währte. Die Schlacht von Varaville im Jahre 1057 war eher bedeutungslos, und der Tod des Grafen von Anjou und des Königs von Frankreich im Jahre 1060 bedeutete die endgültige Zusicherung, daß die Gefahren der vorhergehenden vierzehn Jahre tatsächlich überwunden waren.

Der Zustand der Normandie und ihr Platz in der europäischen Ordnung im Jahre 1066 waren von denen des Jahres 1046 so verschieden, daß man leicht die Gefahren, welche zu ihrer Umwandlung beigetragen hatten, unterschätzen könnte. Nicht nur das Überleben Wilhelms stand auf dem Spiel. Die Ereignisse dieser Periode liefern sicher den stärksten Beweis für die unbezähmbare Entschlußkraft des jungen Mannes, der in diesem Kriegsdrama die wichtigste Rolle spielte; doch entschieden diese miteinander zusammenhängenden Feldzüge weit mehr als nur sein eigenes Schicksal. Der Gegensatz zwischen Ober- und Niedernormandie, der sich teilweise in dem Konflikt des Jahres 1047 spiegelte, war um 1060 aus politischen Gründen beigelegt worden; dieselbe Periode gibt auch Zeugnis von dem Beginn des langen Kampfes zwischen der Normandie und Anjou um die Vorherrschaft in Nordwestgallien. Endlich fand zu dieser Zeit in den Beziehungen zwischen dem König von Frankreich und Wilhelm ein grundlegender Umschwung statt – ein Umschwung, der nichts geringeres als einen ›Wendepunkt der Geschichte‹ kennzeichnet.[1] Die Folgen dieser Entwicklungen erstreckten sich weit in die Zukunft und sollten erst mit der Einsetzung Heinrichs, Graf von Anjou, als Heinrich II. von England einen Abschluß finden. Deshalb verlangen die wirren, doch ständig miteinander zusammenhängenden Ereignisse dieser Jahre, in deren Verlauf solch umfassende Ergebnisse noch in Frage standen, eine eingehende Prüfung, vor allem da der Ausgang der von ihnen widergespiegelten Krisis mehr als eineinhalb Jahrhunderte lang das Geschick der Normandie und Anjous sowie das Frankreichs und Englands beeinflussen sollte.

Am Morgen der Schlacht von Val-ès-Dunes war Herzog Wilhelm in seinem Herzogtum noch keineswegs sicher, auch bedeutete diese Schlacht noch immer nicht den Abschluß der kriegerischen Periode, aus der sie entstanden war. König Heinrich verließ kurz nach seinem Sieg die Normandie,[2] doch dauerten die Feindseligkeiten ununterbrochen an. Daß fast alle überlebenden Anführer des Aufstandes billig davonkamen, ist ein Hinweis auf die zu dieser Zeit noch anhaltende Unsicherheit des Herzogs. Über das unmittelbare Schicksal Rannulfs von Avranchin ist nichts bekannt, doch wurde ihm seine Vicomté nicht entzogen; er sollte sie sogar seinem Sohn vererben.[3] Nigel von Cotentin befand sich in einer verzweifelteren Lage, doch wurde auch er mit großer Milde behandelt. Er wurde in die Bretagne verbannt, kehrte jedoch bald wieder zurück; nach 1054 wurde er erneut über seine Vicomté eingesetzt und erhielt fast alle verlorenen Güter rückerstattet.[4] Trotz seiner Verwundung gelang es Guy von Burgund, mit einer beträchtlichen Streitmacht vom Schlachtfeld zu fliehen und sich daraufhin sofort in seiner Festung Brionne zu verschanzen.[5]

Falls der Herzog seine Autorität wiederherstellen wollte, war eine möglichst rasche Einnahme Brionnes unbedingt notwendig, und seine Unfähigkeit, sie beim ersten Ansturm zu nehmen, bedeutete einen erheblichen Rückschlag für sein weiteres Geschick. So aber sah er sich gezwungen, die Festung zu belagern und eine militärische Operation zu unternehmen, die sich unheilvoll in die Länge ziehen konnte. Sicher unterschätzte er weder die Schwierigkeit noch die Wichtigkeit seiner Aufgabe. An beiden Ufern der Risle errichtete er große Belagerungsmaschinen, insbesondere Holztürme, die den Belagerungsring enger schließen und seine eigenen Truppen gegen die Ausfälle der feindlichen Besatzung schützen sollten.[6] Doch erwiesen sich auch diese Maßnahmen lange als unwirksam, und es vergingen anscheinend drei Jahre, bevor sich die Festung ergab.[7] Die Dauer des Unternehmens verdient einige Erläuterungen: diese Verzögerung wirkte sich für den Herzog gefährlich aus, da sie die Wiederherstellung seiner Autorität über ein vereinigtes Herzogtum hinausschob. Solange Brionne uneingenommen war, konnte Herzog Wilhelm die Gegend, in der sein Hauptfeind und der mächtigste Anführer eines neuen Aufruhrs seinen Sitz hatte, nicht verlassen. Über einen eventuellen Aufenthalt Herzog Wilhelms in der Obernormandie während der Zeit von 1047 bis 1049 existieren keine Aufzeichnungen; es ist möglich, daß sogar Rouen während dieser Jahre seiner Herrschaft entglitt. Da er vom reichsten Teil seines Herzogtums abgeschnitten war, und ihm diese mächtige Burg der Mittelnormandie Widerstand leistete, befand sich Wilhelm während des Zeitabschnittes 1047 – 1049 in einer fragwürdigen Lage. Wahrscheinlich war er erst nach Guys Kapitulation und Verbannung aus der Normandie zu Beginn des Jahres 1050 in der Lage, in seine eigene Hauptstadt zurückzukehren.[8]

Während dieser Jahre war Wilhelms Autorität in großem Maße auf die Erweiterung seiner Macht in der Niedernormandie zurückzuführen, eine Tatsache, die beträchtliche Folgen nach sich ziehen sollte. Er sah sich in eben dem Teil des Herzogtums eingesetzt, der zuletzt unter die Aufsicht der Grafen von Rouen gefallen war; es ist möglich, daß er die hier gebotene Gelegenheit erkannte, die Trennung zwischen Ober- und Niedernormandie beizulegen, da sie immer dazu geneigt hatte, die politische Einheit des Herzogtums zu beeinträchtigen. Die in diese Zeit fallende Entwicklung Caens zu größerer Bedeutung ist jedenfalls bezeichnend.[9] Gegen Ende des ersten Viertels des 11. Jahrhunderts hatte sich am Zusammenfluß der Orne und des Odon eine Gruppe von Dörfern gebildet; die Bedeutung dieses Punktes erwies sich im Jahre 1047, als man ihn zum Versammlungsort des Konzils erwählte, das den Gottesfrieden verkündete. Von da an begann Wilhelm, der zweifellos die strategischen und kommerziellen Vorteile dieses Ortes erkannt hatte, das Wachstum einer urbanen Siedlung an diesem Ort zu fördern; er errichtete Steinmauern, vielleicht sogar eine Burg und machte den Ort zu einer seiner ersten Residenzen. Die Aufmerksamkeit, die er dieser Siedlung schenkte, wird heute durch die beiden herrlichen Klosterkirchen bezeugt, die der Stadt zum Ruhme gereichen. Daß Wilhelm nicht wie seine Ahnen in Rouen oder Falaise, sondern in Caen begraben wurde, ist ebenfalls bezeichnend. Obgleich Caen keine Bischofsstadt war, sollte sie doch zu Lebzeiten des Eroberers zur zweiten Stadt der Normandie werden; ihre frühe Entwicklung verdankte sie in erster Linie dem Herzog. Der Aufstieg Caens während der Herrschaft des Eroberers ist für seinen endgültigen Erfolg beim Zusammenschluß der Ober- und Niedernormandie zu einer politischen Einheit kennzeichnend.

Auch der Aufstieg Anjous erwies sich während der unmittelbar auf die Schlacht von Val-ès-Dunes folgenden Periode als ein neuer Faktor in der normannischen Politik. Die Beziehungen zwischen der Normandie und Anjous sollten seinen Großteil der Geschichte des 12. Jahrhunderts beeinflussen und endlich auf die Gründung eines großen, kontinentalen Reiches hinauslaufen. Ihre erste kritische Phase ergab sich zwischen 1047 und 1052, zu einer Zeit also, da sich in Nordwestfrankreich eine neue politische Gruppierung herauszuschälen begann, die auf die Zukunft großen Einfluß haben sollte. Die Ergebnisse dieser Entwicklung waren so folgenschwer und bedrohten den Herzog so unmittelbar, daß ihre Ursprünge in der angevinischen Politik untersucht werden müssen, und zwar im Hinblick darauf, wie sie auf den späteren Werdegang Wilhelms einwirkten und das Geschick des normannischen Herzogtums umgestalteten.

Bis dahin hatte sich Anjou nach Süden hin ausgebreitet. Diese Erweiterung war hauptsächlich auf Kosten der Grafen von Blois geschehen,[10] und zwar mit solchem Erfolg, daß sich König Heinrich I. im Jahre 1044, drei Jahre vor Val-ès-Dunes also, gezwungen sah, die angevinische Herrschaft über die Touraine in aller Form anzuerkennen.[11] Von da an konnte Anjou, das mit Tours den Schlüssel zum Loiretal besaß, die römische Heerstraße versperren, die von Paris nach Orléans und in das Poitou führte und der kapetingischen Herrschaft unterstand.[12] Hierin beweist sich der politische Weitblick der ersten Grafen von Anjou und ihre Erkenntnis dessen, daß sich ihre Macht am besten auf einer Beherrschung der Loire gründen ließ; Geoffrey Martel, der im Jahre 1040 Graf wurde, erntete den Lohn ihrer Bemühungen. Geoffrey war brutal und gewissenlos, roh und energisch, doch ermangelten seine Bestrebungen der Finesse und seine Politik der Diplomatie. In seinem Charakter aber hatte er viel von dem Hammer, nach dem er benannt worden war, und seine Erfolge sind nicht zu unterschätzen. Von 1044 an bis zu seinem Tode im Jahre 1060 stellte er für den Herzog der Normandie ständig eine gefährliche Bedrohung dar und übte während des größten Teils dieser Zeit in den Angelegenheiten Nordfrankreichs eine stärkere Macht aus als Herzog Wilhelm.

Es überrascht keinesfalls, daß ein solcher sich im Süden sicher fühlender Mann nun danach strebte, seine Eroberungsgelüste nach Norden zu erweitern, und die Grafschaft Maine bot sich in dieser Hinsicht als das gegebene Feld für seine Unternehmungen an, da sie sich zu diesem Zeitpunkt in einem äußerst ungeordneten Zustand befand. Während der ersten Hälfte des 11. Jahrhunderts entstand in Maine eine neue feudale Aristokratie. Familien wie die von Mayenne, Château-Gonthier, Craon, Laval und Vitré waren in ihre Besitzungen eingesetzt worden, und in vielen Fällen existierte Urkundenmaterial darüber, daß der Feudalherr des frühen 11. Jahrhunderts der ursprüngliche Lehnsherr war.[13] Angesichts dieser Entwicklung sah sich das gräfliche Haus Maine unfähig dazu, eine wirksame Herrschaft auszuüben, so daß sich nach dem Tode Herberts ›Wachhund‹ um 1035 [14] sein Nachfolger, Graf Hugo IV., in ständigem Krieg mit seinen Lehnsleuten befand, von denen sich viele in neuerrichteten Burgen verschanzt hatten.[15] Darüber hinaus befand sich unter diesen Vasallen eine Feudalfamilie, die in dem folgenden, umfassenderen Konflikt eine entscheidende Rolle spielen sollte: genau an dem Punkt, wo kapetingische, normannische und angevinische Interessen zusammenstießen, hatte sich die Familie von Bellême niedergelassen.

Weder konnten der französische König, der Graf von Anjou, noch der junge Herzog von Normandie die Familie von Bellême außer acht lassen, da sie ein für alle drei lebensnotwendiges Gebiet beherrschte:

einen wilden Streifen Hügellandes an der Grenze zwischen Maine und Normandie, der den Schlüssel zu wichtigen Verkehrslinien darstellte. In Bellême selbst trafen sich sechs Straßen, die Maine mit dem Chartrain und der Normandie verbanden. Die alte römische Heerstraße von Le Mans nach Falaise führte durch Alençon. Und durch die einzige Lücke der sich zwischen Alençon und Domfront hinziehenden Hügelkette verlief eine andere römische Straße in Richtung Vieux.[16] Es war lange Zeit der Ehrgeiz der ersten Familien von Bellême gewesen, dieses Gebiet unter ihre Kontrolle zu bekommen,[17] ein Ehrgeiz, der sich gegen 1040 im wesentlichen erfüllt hatte. Bellême selbst hatte die Familie in aller Form vom König von Frankreich, Domfront vom Grafen von Maine und Alençon vom Herzog von Normandie erhalten. Doch konnten die Herren von Bellême im wesentlichen unabhängig von ihren jeweiligen Lehnsherren handeln und sie sogar gegeneinander ausspielen.[18] Darüber hinaus war die Macht dieser Familie durch die beherrschende Stellung, die sie in der Kirche erlangt hatte, weithin angewachsen. Zwischen 992 und 1055 waren drei aufeinanderfolgende Bischöfe von Le Mans – Siffroi, Avejot und Gervais – Angehörige der Familie Bellême gewesen,[19] und im Jahre 1035 wurde Yves, das Oberhaupt der Familie, Bischof von Sées.[20]

So also war die Lage in Maine, als der Graf von Anjou kurz nach der Schlacht von Val-ès-Dunes seine kriegerischen Unternehmen nordwärts zu verlagern begann. Im äußersten Süden Maines, nahe der angevinischen Grenze, befand sich die Festung Château-du-Loir, wo Gervais, Bischof von Le Mans,[21] seinen Sitz hatte, und die nun von Goffrey Martel angegriffen wurde.[22] Es mißlang ihm, die Burg einzunehmen, doch brannte sie während des Angriffs teilweise ab;[23] außerdem hatte er das große Glück, den Bischof gefangenzunehmen und ihn daraufhin sofort ins Gefängnis zu werfen.[24] Es entstand also eine Situation, die der französische König auf keinen Fall ignorieren konnte, zumal Papst Leo IX., der erfolglos gegen die Einkerkerung Gervais'[25] protestiert hatte, den Grafen von Anjou im Jahre 1050 in aller Form exkommunizierte.[26] Endlich, am 26. März 1051, starb Hugo IV. von Maine,[27] woraufhin die Einwohner von Le Mans ihre Stadt sofort Graf Geoffrey übergaben. Der Graf von Anjou benützte ohne zu zögern diese Gelegenheit und besetzte die Hauptstadt von Maine.[28]

In die daraus entstandene Krise wurde nicht nur der französische König, sondern auch der normannische Herzog unerbittlich verwickelt. Hugos Witwe Bertha wurde zusammen mit ihrem Sohn Herbert und ihrer Tochter Margarete aus Maine verbannt.[29] Nachdem er dem

Grafen Geoffrey die Festung Château-du-Loir abgetreten hatte und daraufhin endlich freigelassen worden war, begab sich Gervais zur gleichen Zeit an den normannischen Hof, wo er den Herzog im Verein mit anderen Verbannten ununterbrochen dazu drängte, in Maine aktive Schritte zu unternehmen.[30] Herzog Wilhelm erkannte, daß es nun um seine eigenen Interessen ging; außerdem konnte er seinem königlichen Lehnsherrn, auf dessen Unterstützung er baute, seine Hilfe schwerlich verweigern. Ein Krieg war nun unvermeidlich, und es ist möglich, daß Wilhelm sich zu dieser Zeit dem König bei der Belagerung der angevinischen Festung Mouilherne nahe bei Baugé anschloß.[31] Ob dieses Treffen, von dem nur Wilhelm von Poitiers berichtet, je stattfand, und ob man in dem Falle sein Zustandekommen auf das Frühjahr 1051 fixieren darf, ist zweifelhaft. Der Krieg sollte sich jedoch bald bis zur unmittelbaren Grenze der Normandie ausdehnen. Da er sich nach der Übergabe der Stadt im März 1051 in Le Mans sicher fühlte, zog Geoffrey nordöstlich und besetzte die Festungen Domfront und Alençon. Nun war das normannische Herzogtum unmittelbar von der angevinischen Ausbreitung bedroht und der Herzog gezwungen zu handeln.[32]

Herzog Wilhelm drang im Spätsommer oder Frühherbst 1051 [33] mit der Billigung König Heinrichs in das Gebiet von Bellême ein, um dort den Streit über den Besitz der Schlüsselfestungen dieser Gegend mit dem Grafen von Anjou auszutragen. Sein erster Vorstoß galt Domfront, und diese Bedrohung erfolgte so plötzlich, daß Graf Geoffrey eiligst zur Befreiung herbeieilte.[34] Nach einem harten Kampf sah sich der Graf zum Rückzug gezwungen und verließ Maine, möglicherweise auf Grund der von der Touraine ausgehenden Bedrohung Anjous durch König Heinrich.[35] Dennoch blieb Wilhelms Sturmangriff auf Domfront ergebnislos. Nachdem er die gleichen Belagerungsmaschinen wie in Brionne errichtet hatte, begann der Herzog mit der Belagerung. Da aber sein Hauptgegner abwesend war, gab er sich mit der verlängerten Blockade, die sicherlich einen großen Teil der Wintermonate andauerte, nicht zufrieden.[36] Er ließ eines Nachts einen Abschnitt seines Heeres vor Domfront zurück und zog selbst im Schutze der Dunkelheit nach Alençon. Die Überrumpelung gelang und er erstürmte die Stadt; nachdem er ihren Verteidigern unmenschliche Grausamkeiten zugefügt hatte, ließ er innerhalb ihrer Mauern seine eigene Besatzung zurück und zog wieder nach Domfront. Dort war das Entsetzen über die in Alençon von ihm gestatteten Greueltaten so groß, daß es die Einwohner von Domfront dazu bewog, sich unter der Bedingung der Zusicherung von Schutz und Gnade zu ergeben. So brachte Herzog Wilhelm die beiden Festungen in seinen Besitz.[37] Dieser Feldzug war außerordentlich wichtig. In Zukunft mußten Alençon und Domfront verteidigt werden, doch hatte der Herzog seine Lehnsherrschaft über das eine bewahrt und das andere seinem Herrschaftsgebiet eingegliedert. Deshalb setzten sich die normannischen Bräuche in Domfront sehr schnell durch, während das Gebiet von Passais Schritt für Schritt in das Herzogtum eingeordnet wurde.[38] Im Interesse der Normandie hatte eine gewisse Stabilisierung der Grenze stattgefunden, deren Folgen sich in der veränderten Stellung des Hauses Bellême innerhalb der Feudalordnung Nordwestfrankreichs spiegelten. Die Herren von Bellême waren schon immer schwierige Untertanen gewesen; im Gegensatz zu den kapetingischen Königen aber, die ihre unmittelbare Oberherrschaft über diese Familie ständig behaupten mußten, waren die normannischen Herzöge von nun an dazu in der Lage, sie mehr und mehr als ihren Vasallen zu behandeln. Die neue Sachlage fand ihren Ausdruck in einer der wichtigsten Feudalehen dieser Epoche. Zu dieser Zeit gewann Roger II. von Montgomery, dessen Familie ihre Macht der Unterstützung Herzog Robert I. verdankte, Mabel, die Tochter Wilhelm Talvas' von Bellême zur Frau.[39] Sie war Erbin eines Großteils der Ländereien von Bellême, und ihre Eheschließung mit Roger sollte das Geschick der Familie Montgomery noch mehr begünstigen. Von da an war das Schicksal Bellêmes eng mit dem der Normandie und einer normannischen Familie verbunden, die zu dem herzoglichen Haus in naher Beziehung stand.

Die vom Herzog über das umstrittene Gebiet von Bellême gewonnene Kontrolle sollte Wilhelm in Zukunft mit einem Stützpunkt versehen, von dem aus er seinen Einfluß nach Westen erweitern konnte. Doch lag diese Entwicklung im Jahre 1051 noch in weiter Ferne, da Geoffrey noch lange Zeit die vorherrschende Macht in Maine darstellen sollte. Auch wird vielleicht nicht immer erkannt, wie groß die diesem Kriege innewohnende Bedrohung des Herzogs war. Anscheinend war er von allen Seiten von Verrat umgeben,[40] und zweifellos hätte jeder Fehlschlag einen weitreichenden Aufstand hervorrufen können. Doch wurde seine Lage im Laufe der Zeit durch seine Erfolge wesentlich gefestigt, und es ist bemerkenswert, daß Wilhelm während dieses Feldzuges nicht nur von Roger von Montgomery (der auf das Erbe von Bellême ein spezielles Anrecht hatte), sondern ebenso von Wilhelm FitzOsbern, dem Sohn des ermordeten Haushofmeisters Herzog Robert I., besondere Unterstützung erhielt.[41] Diese jungen Männer sollten sich später unter den Urhebern der normannischen Eroberung Englands befinden, und ihre Anwesenheit zusammen mit anderen bei Wilhelms Belagerung von Domfront weist darauf hin, daß der Herzog bereits diejenigen jungen Mitglieder des neuen normannischen Adels zu seiner Unterstützung heranzog, die bereit waren, ihr persönliches Glück für seinen Lebenskampf aufs Spiel zu setzen.

Er benötigte in der Tat sofort alle nur erreichbare Hilfe, da sich sein Schicksal jetzt auf gefährliche Art mit einer politischen Bewegung verflocht, die das Geschick Englands und Frankreichs stark beeinflussen sollte, und die nach einer fast gelungenen Vernichtung der normannischen Macht größtenteils den Charakter der normannischen Politik bestimmte. Bis dahin war das Überleben des Herzogs vor allem vom französischen König abhängig gewesen. Während der Minderjährigkeit war die Normandie fast wie ein Teil des französischen Kronlandes behandelt worden. Das Hauptmerkmal von Val-ès-Dunes bestand im Einsatz König Heinrichs, und in den folgenden Kriegen hatte der Herzog dem König seine Lehnsdienste geleistet. Im Jahre 1052 wurde die alte Beziehung zwischen der normannischen Dynastie und dem Hause Kapet unterbrochen. Val-ès-Dunes war vom König für den Herzog gewonnen worden; Wilhelm erstürmte Alençon, als er gegen die Feinde des Königs kämpfte; als sich Herzog Wilhelm jedoch kurz nach der Kapitulation Domfronts einer Rebellion stellen mußte, die ebenso gefährlich war wie die des Jahres 1047, tat er dies nicht nur ohne kapetingischen Beistand, sondern sogar im Widerstand gegen die Streitmacht des französischen Königs. So fand in den althergebrachten Beziehungen zwischen dem normannischen Herzogtum und der französischen Monarchie eine Umwandlung statt: das Ergebnis war der Beginn einer neuen Epoche, während der das Herzogtum Normandie nicht länger als Vasall und Anhänger des Hauses Kapet erscheint, sondern von da an hundertfünfzig Jahre lang sein größter Widersacher in ganz Gallien war.

Diese Umwälzung des politischen Abhängigkeitsverhältnisses war, wenn sie ihren späteren Folgen nach beurteilt wird, eins der wichtigsten Ereignisse während Herzog Wilhelms Herrschaft, doch ist die Art ihrer Entstehung schwer zu bestimmen. Es scheint jedoch, daß dieser Wechsel in erster Linie vom König angebahnt worden war. Der Krieg zwischen Heinrich und Geoffrey hatte sich ergebnislos hingeschleppt; vermutlich wurde es dem französischen König klar, daß seine Fortsetzung ihm wenig Gewinn bringen würde. Jedenfalls fand zwischen dem Grafen und dem König während der ersten Hälfte des Jahres 1052 ein ›rapprochement‹ statt; weiterhin trafen sich noch vor dem 15. August desselben Jahres König und Graf in gutem Einvernehmen am königlichen Hof zu Orléans, wo die endgültige Versöhnung vollzogen wurde.[42] Wilhelm sah sich nun seinerseits gezwungen, sich mit dieser Entwicklung auseinanderzusetzen. Allem Anschein nach eilte er zum König, bei dem er sich am 20. September in Vitry-aux-Loges[43] befand, wo er zweifellos die Versöhnung zwischen Geoffrey und dem König zu verhindern suchte. Der Versuch mißlang, und dies war in der Tat das letzte Mal, daß er als Freund am königlichen Hofe weilte. Das neue Bündnis zwischen Heinrich und Geoffrey begann sogleich Gestalt anzunehmen, und seine im Hinblick auf die Normandie bedenklichen Folgen traten unmittelbar zutage. Anjou und Normandie waren bereits in einen offenen Widerstreit geraten, wobei nun der frühere Schutzherr des normannischen Herzogs zu dessen gefährlichstem Widersacher in Nordgallien übergelaufen war. Es brauchte nur eine schreckliche Rebellion innerhalb des Herzogtums auszubrechen, die dann in Verbindung mit der neuen Allianz eine der gefährlichsten Krisen der normannischen Geschichte verursachen würde. Der Anfang einer solchen Rebellion zeigte sich plötzlich, als Wilhelm, Graf von Arques, mitten in der Belagerung Domfronts das herzogliche Heer im Stich ließ, sich von seiner Lehnspflicht lossagte und in sein eigenes Gebiet im Osten der Normandie zurückkehrte.[44]

Die Ernennung dieses Mannes zum Grafen von Arques hatte teilweise die Periode der Minderjährigkeit gekennzeichnet, und im Jahre 1052 konnten er und sein Bruder Mauger, der Erzbischof von Rouen, gemeinsam einen überwältigenden Einfluß auf die gesamte Obernormandie ausüben. Angesichts der sich nun in Nordwestfrankreich entwickelnden kritischen Lage war ihre Unterstützung für das Überleben des jungen Herzogs unbedingt notwendig. Doch war Wilhelm, Graf von Arques, seinem Neffen, dessen uneheliche Herkunft er verachtete, anscheinend von Anfang an übelgesinnt.[45] Er selbst war ungeheuer ehrgeizig und hoffte vielleicht darauf, da es ihm nicht gelungen war, selber Herzog zu werden, sich östlich der Seine als unabhängiger Herrscher einrichten zu können.[46] Nicht ohne Grund bestätigt Wilhelm von Poitiers, daß seine Bemühungen, die eigene Macht zu vergrößern und die des Herzogs zu vermindern, konstant waren und lange währten.[47] Das Gewicht seiner Gegnerschaft kann nicht nur an seinen riesigen Besitzungen,[48] sondern auch an der Häufigkeit gemessen werden, mit der sein Zeugnis zur Erhärtung privater Urkunden gesucht wurde. Zu dieser Zeit erscheint er als Zeuge auf Dokumenten, die sich auf Jumièges und Saint-Ouen, Saint-Wandrille und die Dreifaltigkeitskirche in Rouen beziehen.[49] Darüber hinaus unterstützte ihn nicht nur sein Bruder, der Erzbischof, in seinen Plänen; er hatte bereits eine Schwester Enguerrand II., Graf von Ponthieu, geheiratet, und sein Sohn Walter konnte die Erbfolge erhoffen.[50] Hier also war, auf die Obernormandie gestützt, ein sehr gefährliches Bündnis entstanden, das imstande schien, das Bestehen der herzoglichen Macht zu bedrohen. Die Gründung dieser mächtigen, dem Herzog feindlichen Koalition fand überdies zur Zeit der Allianz des Königs von Frankreich mit dem Grafen von Anjou statt; im Jahre 1052 hatten sich die beiden nicht ganz voneinander unabhängigen Bewegungen zusammengeschlossen und drohten die Herrschaft des Herzogs zu vernichten. Die Wandlung der traditionellen Beziehungen zwischen dem normannischen Herzog und der französischen Monarchie erweist sich am ehesten angesichts dieser Ereignisse. Zu dieser Zeit brachte eine Loslösung von Frankreich dem Herzog keinerlei Gewinn – obgleich spätere normannische Chronisten sie lebhaft begrüßten – und er schien lange Zeit davor zurückgescheut zu haben, den geschehenen Bruch auch nur anzuerkennen.[51] Normannische und später auch englische Autoren bestehen deshalb darauf, daß er einem persönlichen Konflikt mit seinem Lehnsherrn vollständig abgeneigt war. Andererseits scheint König Heinrich nach seiner Versöhnung mit dem Grafen von Anjou darauf gehofft zu haben, seine Vorherrschaft über die Normandie mittels einer mächtigen normannischen Partei, die den französischen König gegen den Herzog unterstützen würde, aufrechterhalten zu können. Ordericus Vitalis' Auslegung des folgenden Krieges ist daher unzureichend: er berichtet genauestens, daß Graf Wilhelm von Talou auf den Rat seines Bruders, des Erzbischofs Mauger hin rebellierte, und daß es den beiden gelang, den König von Frankreich zu ihrer Hilfe zu rufen.[52] Nach seinen Verhandlungen mit Anjou hatte König Heinrich jedoch eine weit wichtigere Rolle in diesem Drama zu spielen. Er übernahm sie; die Bedeutung dieser Tat mag ein Mönch der Dreifaltigkeitskirche von Rouen empfunden haben, der sich dazu bewogen fühlte, eine seiner Urkunden mit Bezugnahme auf dieses Ereignis zu datieren.[53] Nun befanden sich der König und der Herzog miteinander im Krieg, und in den Beziehungen zwischen Frankreich und der Normandie hatte ein neues Zeitalter begonnen.

Gewiß war die Bedrohung der herzoglichen Dynastie tödlich; hätte sich die volle Macht der Bündnisse zwischen Talou und Rouen, Paris, Anjou und Ponthieu zu einem bestimmten Zeitpunkt geschlossen gegen den Herzog gerichtet, hätte er dies wohl nicht überlebt. Tatsache ist, daß die Feindseligkeiten auf normannischem Boden eröffnet wurden, wo die Aufständischen dank der großen, vom Grafen von Talou kurz vorher auf den Hügeln von Arques errichteten Festung [54] einen erheblichen Machtzuwachs gewonnen hatten. Diese berühmte Burg, deren Errichtung in der Entwicklung der normannischen Kriegsbaukunst einen Markstein darstellte, war dazu bestimmt, jedem direkten Sturmangriff gewachsen zu sein. Vielleicht war sie aus Stein erbaut, jedenfalls aber war sie durch einen tiefen Ringgraben verstärkt, der heute noch zu sehen ist. Die Errichtung einer solchen Burg durch einen Grafen, dessen negative Einstellung zu seinem Neffen bekannt war, muß für den Herzog eine Quelle großer Unruhe gewesen sein; einem Bericht Wilhelm von Poitiers zufolge verlegte er bald eine eigene Garnison in die Festung. Ob er tatsächlich in der Lage war, diesen Schritt dem Feudalherren gegenüber, der die Burg sicherlich zu eigenem Gebrauch errichtet hatte, zu unternehmen, erscheint ebenso zweifelhaft wie die Behauptung, daß die herzogliche Besatzung die Burg später an den Grafen verriet. Jedenfalls befand sich die Burg von Arques zu Anfang des Krieges im Besitz des Grafen Talou, der seine Revolte auf sie stützte.

Der Graf von Arques, der sich im Besitz seiner großen Festung mächtig fühlte, begann nun, die umliegenden Gebiete seiner Herrschaft zu unterwerfen; ein Unternehmen, dem zu Anfang nur geringer Widerstand entgegengesetzt wurde, mit einer Ausnahme allerdings: eine bemerkenswerte Familie entschloß sich, ihm zu trotzen. Ungefähr zwölf Meilen südlich von Arques, wo sich heute das kleine Dorf Hugleville befindet,[55] lag die Niederlassung eines gewissen Richard, der durch seine Mutter Papia, die Gulbert, den ›advocatus‹ von Saint-Valéry geheiratet hatte und eine Tochter Herzog Richard III. war, mit der herzoglichen Familie verwandt war.[56] Dieser Mann, der zu seiner Zeit das Städtchen Auffay erbauen sollte[57], hatte sich zwischen Hugleville und Arques in der Nähe von Saint-Aubin eine Festung errichtet. Hier hielt er dem Grafen stand, wobei ihm Geoffrey von Neufmarché,[58] Hugo von Morimont[59] und die beiden Söhne[60] Turchetils, der als herzoglicher Vormund im Jahre 1040 ermordet worden war, Beistand leisteten. Noch dazu hatte Geoffrey von Neufmarché kurz zuvor eine der Töchter Herzog Richard III. geheiratet[61], so daß eine enge Vereinigung untereinander verwandter Feudalherren entstand, von denen jeder auf andere Weise mit der herzoglichen Dynastie verbunden war. Sie entschlossen sich, dem Grafen von Arques Widerpart zu leisten. Ihre Opposition erwies sich zu Anfang als wirkungslos, und Hugo von Morimont wurde samt einigen seiner Anhänger bei einem Gefecht zu Esclavelles von Leuten des Grafen von Arques geschlagen.[62] Die Familienbeziehungen zwischen Saint-Valéry und Auffay sollten in der normannischen Geschichte bald eine bedeutende

Rolle spielen, doch war ihr momentaner Widerstand dem Grafen von Arques gegenüber gehemmt. In der Tat konnte sich der Graf damit brüsten, ›fast alle Einwohner der Grafschaft Talou‹ auf seiner Seite zu haben.[63]

Die Nachrichten über die offene Empörung des Grafen erreichten Wilhelm während seines Aufenthaltes im Cotentin.[64] Vielleicht hatte er den Grafen bereits erfolglos dazu aufgefordert, vor ihm zu erscheinen, vielleicht aber hatte ihn die Nachricht vom Verrat der Burg zuerst erreicht.[65] Jedenfalls machte er sich sofort mit einigen Anhängern auf den Weg und ritt ostwärts, wo er auf seinem Weg einer kleinen Gruppe von Männern aus Rouen begegnete, die bereits erfolglos versucht hatten, die Verproviantierung von Arques zu verhindern. Bei seiner Ankunft vor der Burg geriet er mit einigen Männern des Grafen in ein Scharmützel und trieb sie in dessen Verlauf in die Festung zurück. Die Erkenntnis, daß er die Burg nicht im Sturm nehmen konnte, bewog ihn zu dem Entschluß, sie zu belagern; er folgte seiner früheren Taktik und errichtete einen großen Holzturm, mit dessen Hilfe er die Verteidiger von außen her bedrohen konnte. Nach Vollendung dieser Vorbereitungen ließ er Walter Giffard, der die Belagerung leiten sollte, an seiner Statt vor der Burg; er selbst zog sich zurück, um jedem Hilfsheer begegnen zu können, das der belagerten Garnison von außen her Hilfe bringen wollte.[66]

Die hauptsächliche Absicht des Herzogs war, die Burg Arques einzuschließen, noch ehe zum Grafen von Talou dessen außernormannische Verbündete stoßen konnten. Dies gelang ihm insoweit, als König Heinrich und Enguerrand, Graf von Phontieu, bei ihrem Einzug in die Normandie durch das Scie-Tal im Jahre 1053 [67] Arques bereits abgeschnitten und zwischen sich und der Festung eine gegnerische Streitmacht fanden.[68] Daher war es das Hauptanliegen des Königs, der Garnison Verstärkung und Proviant zukommen zu lassen. Herzog Wilhelm, dessen größte Hoffnung es war, diese Unterstützung Arques' zu verhindern, scheint jedoch immer noch gezögert zu haben, seinem Lehnsherrn Widerstand zu leisten; doch gelang es einigen seiner Gefolgsleute, am 25. Oktober [69] einem Teil des französischen Heeres in der Nähe von Saint-Aubin einen Hinterhalt zu legen und es aufzureiben. Die Verluste waren schwerwiegend; Enguerrand selbst befand sich unter den Erschlagenen.[70]

Dieser Kampf, der die Verteidiger Arques' bestürzte, bedeutete für die Feinde des Herzogs einen entscheidenden Rückschlag, und daher ist es wohl kein Wunder, daß die Lobredner Wilhelms seine Bedeutung nachdrücklich betonten.[71] König Heinrich konnte der Garnison in geringem Maße mit Menschen und Material aushelfen, doch mußte er sich bald zurückziehen. Danach wurde die Burg solange ausgehungert, bis sie sich ergab; dies geschah gegen Ende des Jahres 1053 unter der einzigen Bedingung, daß die Besatzung mit dem Leben davonkommen sollte. So wechselte die für die Beherrschung der Obernormandie so wichtige Festung Arques in die Hände des normannischen Herzogs über. Graf Wilhelm von Arques wurde ein überraschend mildes Urteil gesprochen, doch war er gezwungen, das Herzogtum zu verlassen, woraufhin er an den Hof Eustaces, Graf von Boulogne, floh. Er beunruhigte die Normandie nie wieder.[72]

Obgleich die Einnahme von Arques außerordentlich wichtig war, wurde der Feldzug nicht durch sie entschieden. Schon traf Graf Geoffrey von Anjou seine Vorbereitungen, und an den westlichen Grenzen der Normandie warteten Leute, die bereit waren, ihn zu unterstützen. Auch rebellierten zahlreiche Feudalherren in anderen Teilen der Normandie, und die Bewohner des dem Gebiet von Bellême benachbarten Moulins übergaben ihre Stadt Guy-Wilhelm von Aquitanien, dem Schwager und Verbündeten des Grafen von Anjou. Der König von Frankreich wurde seinerseits durch die Niederlage seiner Leute an der Scie nur für kurze Zeit aufgehalten. Über die Länge der Zeitspanne zwischen dem Gefecht bei Saint-Aubin am 25. Oktober 1053 und der Einnahme Arques' ist nichts Genaues bekannt, doch vergingen bei diesem Unternehmen sicherlich einige Wochen, so daß Herzog Wilhelm frühestens Anfang Dezember des Jahres 1053 Herr dieser Festung geworden sein kann. Die dem Herzog feindlich gesinnte Koalition war aber schon vor Anfang Februar 1054 zu einer gemeinsamen Aktion bereit, und so fand zu dieser Zeit ein doppelter Großangriff auf die Normandie statt.[73]

Die vom französischen König geplante Offensive war großzügig organisiert. In Mantes versammelte sich der Hauptteil der Angreifer und fiel in die der Plünderung preisgegebenen Grafschaft Evreux ein. In diesem Heer befanden sich Truppen aus ganz Nordwestfrankreich, beispielsweise aus Berri, Sens, Blois und der Touraine; außerdem scheinen auch Männer aus Anjou dabeigewesen zu sein, die vielleicht sogar unter der Führung Graf Geoffreys standen. Der andere Teil des Heeres rekrutierte sich hauptsächlich aus den nordöstlichen Lehnsgütern des französischen Königs und stand unter der Führung seines Bruder Odo sowie Rainalds, Graf von Clermont, und Guys, Graf von Ponthieu, der zweifellos darauf brannte, den Tod seines ein Jahr zuvor unter den Mauern von Arques gefallenen Bruders zu rächen. Dieses Heer drang in die Ostnormandie ein und begann sofort eine weitangelegte Verwüstung. Es war ein furchtbarer Angriff. Natürlich muß man auch Übertreibungen späterer normannischer Chronisten einbeziehen, da sie dazu neigten, die Bedrohung des Herzogtums zu übersteigern. Doch erhielten ihre Schilderungen eine gewisse unabhängige Bestätigung: es scheint, daß ein Großteil der Feudalmacht des kapetingischen Königshauses gegen die Normandie mobilisiert worden war.[74]

Gerade in diesem gefährlichen Augenblick wurde Herzog Wilhelm durch seine vorhergehende Einnahme Arques' vor dem Untergang errettet, da es ihm möglich war, aus seinem ganzen Herzogtum eine Streitmacht aufzustellen, ohne die Bedrohung einer feindlichen Burg innerhalb seiner Grenzen zu haben. Wace hinterließ eine lange Liste der Feudalherren, die sich zu seiner Unterstützung zusammentaten,[75] und verläßlichere Autoren weisen darauf hin, daß seiner Aufforderung weitgehendst Folge geleistet wurde.[76] An und für sich war das bereits ein großer Erfolg. Es ist nämlich bezeichnend, daß viele der vor allem von Wilhelm von Poitiers als Kriegsteilnehmer genannten Männer ebenso an der Erhaltung ihres Besitzes wie an der Verteidigung des Herzogtums interessiert waren;[77] das beweist, daß ihre Interessen sich mit denen ihres Herrschers deckten. Auf jeden Fall war Wilhelms Streitmacht stark genug, um in zwei Kontingente eingeteilt werden zu können, die östlich bzw. westlich der Seine eingesetzt wurden. Der Herzog selbst trat mit Männern aus der Mittelnormandie den Angreifern entgegen, die unter dem französischen König durch den Evreçin vorrückten.[78] Auf der anderen Seite des Flusses verließen Robert, Graf von Eu, zusammen mit Hugo von Gournay, Walter Giffard, Roger von Mortemer und dem jungen Wilhelm von Warenne ihre Ländereien, um dem östlichen Einfall unter den Grafen Odo und Rainald Widerstand zu leisten.[79]

Die französische Streitmacht unter Odo und den Grafen scheint auf diese ostnormannischen Truppen nicht vorbereitet gewesen zu sein. Nachdem sie das Herzogtum über Neufchâtel-en-Bray betreten hatte, rückte sie in die Nähe von Mortemer vor, wo sie rücksichtslos raubte und plünderte. Das weitverstreute und demoralisierte Heer bot ein einfaches Angriffsziel, und den rasch vorrückenden Truppen des Grafen von Eu gelang es, den Feind zu überraschen, wodurch sie von vornherein mit einem in der Folge entscheidenden Vorteil kämpften. Der grimmige Kampf dauerte viele Stunden, doch kam im französischen Heer anscheinend keine Disziplin mehr zustande, und das Gemetzel war groß. Unglücklicherweise existiert von dieser bedeutsamen Schlacht kein genauer und glaubwürdiger Bericht, doch besteht über ihren Ausgang kein Zweifel. Odo und Rainald entkamen unter Schwierigkeiten; Guy, Graf von Ponthieu, wurde gefangengenommen und das französische Heer in alle Winde zerstreut. Der normannische Sieg war so vollkommen, daß sich der französische König, nachdem die Nachricht über das Ergebnis der Schlacht die beiden einander gegenüberstehenden Streitmächte jenseits der Seine erreicht hatte, dazu entschloß, den Rückzug anzutreten. Der Herzog der Normandie war gerettet.[80]

Die Schlacht von Mortemer spiegelt eine wichtige Krisis der normannischen Geschichte wider, und nie wieder sollte der Herzog einer derart furchtbaren Bedrohung seiner Herrschaft ausgesetzt sein. Die Folgen innerhalb der Normandie traten sofort in Erscheinung, als sich nämlich die mächtige, ihm feindliche Koalition schnell aufzulösen begann. Der König von Frankreich und der Graf von Anjou waren abgezogen, und der bereits in der Verbannung lebende Graf Wilhelm von Arques verlor jede Hoffnung auf eine Rückkehr. Seine Grafschaft war verwirkt, sein Sohn Walter enterbt; für den Rest der normannischen Geschichte sollte Talou nie wieder einen eigenen Grafen besitzen, sondern unmittelbar dem Herzog von Rouen unterstellt bleiben. Die Folgen für den Erzbischof von Rouen waren noch bemerkenswerter. Kurz nach Mortemer trat im Jahre 1055,[81] wahrscheinlich aber schon im Jahre 1054,[82] in Lisieux ein Kirchenkonzil zusammen, dem Hugo, der Bischof dieses Bistums und andere Bischöfe der Provinz unter dem Vorsitz von Ermenfrid, Bischof von Sitten und Legat des Papstes, beiwohnten, und in dessen Verlauf Mauger feierlich seines Amtes enthoben und ein reformierter Erzbischof neuer Art zu seinem Nachfolger ernannt wurde.[83] Herzog Wilhelms Macht in der Obernormandie war also wiederhergestellt und gefestigt, wobei sein Sieg sogar den Segen der Kirche gehabt zu haben scheint.

Es ist daher angemessen, Mortemer als Wendepunkt in der normannischen Herrschaft Herzog Wilhelms zu bezeichnen, wobei die Erwägung seines persönlichen Anteils an diesem Erfolg interessant wäre. Vor 1046 konnte er auf den Lauf der Staatsangelegenheiten kaum großen Einfluß gehabt haben; in dem Feldzug, der in Val-ès-Dunes seinen Höhepunkt fand, spielte er offensichtlich eine untergeordnete Rolle. Doch war seine Energie zu der Zeit bemerkenswert und sein Einfluß nicht zu unterschätzen, so daß er während der folgenden Jahre rasch zu einer hervorragenden Stellung gelangte. Seine persönliche Tapferkeit während des Feldzuges von Maine wurde bewundernd hervorgehoben,[84] und nun begann er zum erstenmal jene ausgezeichneten Führereigenschaften zu zeigen, die später seine Generation so stark beeindrucken sollten. Es ist nicht bekannt, ob die von ihm nacheinander in Brionne, Domfront und Arques angewandten Belagerungsmethoden normannischen Ursprungs waren, doch setzte er sie zweifellos mit großem Effekt ein; mit seinem Nachtmarsch auf Alençon wandte der junge Herzog eine bemerkenswerte Überraschungstaktik an. Während des Krieges in Maine bewies er zum erstenmal jene wohlberechnete Mischung aus Grausamkeit und Milde, die später seinen Werdegang so stark kennzeichnen sollte. Die entsetzliche Wildheit, mit der er denen, die ihm in Alençon Widerstand leisteten, begegnete, wurde den Verteidigern Domfronts gegenüber als mahnendes Beispiel benutzt, die als Gegenleistung für ihre Kapitulation Gnade und Schutz erhielten.

Diese Methode wandte er immer wieder an, und er erzielte mit ihr sowohl in der Normandie als auch in England bemerkenswerte Ergebnisse. Sicher waren seine militärischen Erfolge die Ursache der zu dieser Zeit ständig anwachsenden Anerkennung seiner Person, und die weitgehende Unterstützung, die er während der Krisis von 1052 bis 1054 erhalten hatte, war zweifellos auf das durch seinen Charakter und seine Taten erworbene Ansehen zurückzuführen. Nun erntete er den Lohn seiner Mühe.

Obgleich aber nach 1054 seine Stellung in der Normandie mächtiger war als je zuvor, sollten ihm doch noch viele Kämpfe bevorstehen, bis zwischen ihm und dem französischen König ein formaler Friede zustande kam. Jetzt konnte der Herzog die Offensive ergreifen, und wahrscheinlich wurde Wilhelm FitzOsbern zu diesem Zeitpunkt mit der Befestigung Breteuils gegen Tillières [85] beauftragt. Währenddessen wurden die Verhandlungen zwischen Herzog und König ständig weitergeführt. Die Einzelheiten dieser Verhandlungen sind verlorengegangen, und sowohl das Datum als auch der Wortlaut des getroffenen Abkommens sind ungewiß. Es scheint jedoch, daß sich Herzog Wilhelm und sein Lehnsherr gegen Ende des Jahres 1055 in aller Form versöhnten und zwar unter vorteilhaften Bedingungen für ihn selbst. Anscheinend erreichte der König die Freilassung einiger seiner bei Mortemer gefangengenommenen Vasallen, und es wird behauptet, daß er als Gegenleistung Wilhelm den Besitz aller Ländereien bestätigte, die der Herzog dem Grafen Geoffrey genommen hatte.[86]

Vom Grafen von Anjou war jedoch eine ruhige Hinnahme dieser Abmachungen kaum zu erwarten, und vermutlich flammten in den Jahren 1054 – 1055 [87] die Feindseligkeiten zwischen der Normandie und Anjou erneut auf. Sie konzentrierten sich wieder auf das Grenzland um Domfront, wo Herzog Wilhelm in den Festungen Mont

Barbet und Ambrières eigene Leute garnisoniert hatte.[88] Noch einmal wurde eine angesehene Grenzlandfamilie in diese Streitigkeiten verwickelt. Im Jahre 1054 befand sich das ungefähr sieben Meilen von Ambrières entfernte Mayenne in den Händen eines gewissen Geoffrey, anscheinend dem Sohn des Haimo ›de Medano‹, der sich schon um 1014 dort niedergelassen hatte.[89] Dieser Geoffrey besaß nicht nur in Maine, sondern auch in der Diözese Chartres Land und trat später als Zeuge in Urkunden auf, die sich sowohl auf Marmoutier als auch auf Le-Mont-Saint-Michel bezogen.[90] In der Tat ähnelte seine Lage, wenn auch in kleinerem Maßstab, der Situation der Herren von Bellême, wobei es ebenfalls in seinem Interesse lag, eine genaue Definition seiner unmittelbaren Lehnsherren zu verhindern: in Betracht kamen die Grafen von Maine oder Anjou, der König von Frankreich oder der Herzog von Normandie. Angesichts des normannischen Vorstoßes appellierte dieser Geoffrey von Mayenne an den Grafen von Anjou, der auch sofort darauf einging. Er rief Guy-Wilhelm von Aquitanien und Graf Eudo von Bretagne zu seiner Unterstützung herbei, worauf sie dann gemeinsam mit Geoffrey von Mayenne gegen Ambrières zogen. Herzog Wilhelm kam daraufhin, um die Festung zu befreien und zwang die Belagerer zum Rückzug. Geoffrey von Mayenne wurde gefangengenommen und in die Normandie gebracht, wo er gezwungen wurde, den Lehnseid zu leisten. Somit fiel der Normandie das Lehen über eine zweite große Grenzlandfamilie zu.[91]

Es wäre einfach, den Erfolg des Herzogs in dieser Sache zu übertreiben. Wie groß auch immer seine Leistung bei Ambrières gewesen sein mag, so scheinen doch seine damaligen Heldentaten die angevinische Herrschaft über Maine nicht sonderlich beeinträchtigt zu haben. Als Bischof Gervais im Jahre 1055 nach Reims versetzt wurde, konnte der Graf von Anjou das vakante Bistum von Le Mans seinem Kandidaten Vougrin, dem vorherigen Abt von Saint-Sergius in Angers, mühelos sichern;[92] es besteht wohl kaum ein Zweifel daran, daß Geoffrey Martel während dieser Jahre weiterhin Herr über Maine war. Als solcher war er eine ständige Bedrohung des normannischen Herzogs und der natürliche Mittelpunkt jeder neuen, gegen die Normandie gerichteten Koalition. Demzufolge wandte sich König Heinrich, der bemüht war, seine Niederlage bei Mortemer zu rächen, wieder dem Grafen von Anjou zu: Urkunden weisen darauf hin, daß er zu Beginn des Jahres 1057 ein enges Bündnis mit ihm schloß.[93] So entstand die gleiche Allianz, die die Krisis des Jahres 1054 heraufbeschworen hatte, nocheinmal und verursachte sofort einen erneuten Angriff auf die Normandie. Im August 1057 fielen der König von

Frankreich und der Graf von Anjou gemeinsam in das Herzogtum ein.[94]

Diesmal drangen sie vom Hiémois aus in die Normandie vor mit der Absicht, das ganze Gebiet zu verwüsten und die Zerstörung nordwärts bis Caen und Bayeux auszudehnen. Anscheinend zögerte Herzog Wilhelm immer noch, seinen französischen Lehnsherrn persönlich zu bekämpfen; er begnügte sich damit, in der Umgebung von Falaise ein großes Heer zusammenzuziehen und sich von dort aus mit Hilfe von Kundschaftern über die Schritte des Feindes zu informieren. Seine Chance kam zur rechten Zeit: Die von Plünderungen übersättigten Angreifer erreichten den Dives bei der Furt von Varaville und begannen den Fluß zu überqueren. Als ein Teil des Heeres das andere Ufer erreicht hatte, machte die steigende Flut das Nachkommen des Restes unmöglich. Daraufhin griff Wilhelm die Zurückgebliebenen erbarmungslos an und richtete, laut seinen Bewunderern, eine Art Blutbad unter ihnen an. Von normannischen Autoren erfahren wir, die Verluste der Franzosen seien so schwer gewesen, daß dem König nur noch ein eiliger Rückzug übrig blieb. Nie wieder sollte er an der Spitze einer feindlichen Armee in die Normandie einfallen.[95]

Die sogenannte Schlacht von Varaville hat in der normannischen Geschichte nicht die gleiche kritische Bedeutung wie die von Mortemer, und ihr Einfluß ist überschätzt worden. Von den Chronisten, die die Schlacht von Mortemer aufzeichneten, wird sie im Gegensatz dazu kaum erwähnt. Wilhelm von Poitiers und Wilhelm von Jumièges sind fast die einzigen frühen Autoren, die sie beschreiben; Wilhelm von Malmesbury wiederholt ihre Schilderung in äußerst knapper Form; jedoch gehen die meisten der Chronisten, Ordericus eingeschlossen, über diesen Feldzug ganz hinweg oder erwähnen ihn nur kurz;[96] die vollständige Überlieferung eines großen normannischen Sieges erhielt man erst zur Zeit Waces.[97] Deshalb scheint es angebracht, die Übertreibung dieser so wenig bewiesenen normannischen Überlieferung kritisch im Auge zu behalten. Immerhin scheint in Maine während der Jahre 1057 – 1060 eine bedeutende Erweiterung des normannischen Einflusses stattgefunden zu haben. Man erinnere sich daran, daß nach dem Tode Graf Hugos von Maine im Jahre 1051 dessen Sohn Herbert von Geoffrey Martel in die Verbannung geschickt wurde. Dieser Herbert wandte sich nun vertrauensvoll an den Herzog und erbat Unterstützung gegen seinen angevinischen Verdränger. Wilhelm erkannte sofort, daß ihm aus einer Unterstützung von Herberts Ansprüchen ein Vorteil erwachsen könnte, und das Ergebnis war ein Bündnis, das kurz nach 1055 zwischen den beiden geschlossen wurde. Darin versprach Herbert, eine Tochter des normannischen Herzogs zu heiraten, und verpflichtete seine Schwester Margarete zu einer Ehe mit Wilhelms Sohn Robert. Dazu kamen sie überein, daß im Falle einer Kinderlosigkeit die Grafschaft Maine nach dem Tode Herberts dem Herzog von Normandie zufallen würde.[98] Seit dieser Zeit kann Herbert als Wilhelms Schützling, wenn nicht gar als sein Vasall angesehen werden, und dank dieser Eigenschaft begann er während der folgenden Jahre in Maine einiges Ansehen zurückzugewinnen.[99] Herzog Wilhelm mochte seinerseits die entfernte Möglichkeit sehen, Maine seinem eigenen Herrschaftsgebiet hinzuzufügen.

Inzwischen beschäftigte sich der Herzog jedoch in erster Linie mit König Heinrich. Nach Varaville konnte er die Initiative ergreifen und war bald darauf an der südwestlichen Grenze seines Herzogtums anzutreffen. Hier lag das Gebiet, das den Herzögen von Normandie und den Königen von Frankreich die Gelegenheit zu langen Auseinandersetzungen bot. In karolingischer Zeit war dieses Gebiet zwischen der Andelle und der Oise ein einziger ›pagus‹ – der Vexin nämlich – gewesen, doch wurde der nördliche Teil des Gebietes nach der Gründung der Wikingerdynastie der Normandie zugeordnet, während das Gebiet südlich der Epte mit seinen Städten Mantes und Pontoise unter die Herrschaft ortsansässiger Grafen fiel.[100] Zur Zeit von Wilhelms Vater geriet einer von ihnen namens Dreux unter die Oberlehnsherrschaft Herzog Roberts; nach Dreux' Tod führte sein ältester Sohn Walter dieses Lehnsverhältnis fort.[101] Doch neigte der französische Vexin ständig zu Unruhen, und seine Grafen sollten während der mittleren Jahrzehnte des 11. Jahrhunderts in den Beziehungen zwischen Normandie, Frankreich und England tatsächlich eine wichtige Rolle spielen. Da Dreux eine Schwester Edward des Bekenners geheiratet hatte, sollte sein Sohn Ralph in England einen bemerkenswerten Aufstieg erleben,[102] während Walter durch seinen später auf die Grafschaft Maine gestellten Anspruch einen der wichtigsten kontinentalen Kriege Wilhelms auslöste.[103]

Im Jahre 1058 war die normannische Oberlehnsherrschaft im französischen Vexin jedoch nicht unmittelbar bedroht, und so eröffnete Wilhelm etwas westlich dieser Gegend, an den nördlichen Grenzen des Chartrain, die Feindseligkeiten gegen König Heinrich. Einem Bericht zufolge gewann er zu dieser Zeit Tillières zurück, das er während seiner Minderjährigkeit verloren hatte.[104] Gewiß ist, daß es ihm gelang, die etwa zwölf Meilen von Dreux entfernt liegende Festung des französischen Königs, Thimert, einzunehmen.[105] Deshalb zog König Heinrich zwischen dem 29. Juni und dem 15. August des

Jahres 1058 [106] vor diese Burg und belagerte sie, und dort begann die letzte Episode des zwischen ihm und Herzog Heinrich geführten Krieges. Tatsächlich dauerte die Belagerung von Thimert fast genau so lange wie die Brionnes. Diverse königliche Urkunden der Jahre 1058 – 1059 sind diesbezüglich datiert, und als Philipp I. am 23. Mai 1059 zum König geweiht wurde, dauerte sie immer noch an.[107] Jedoch verlor der Streit seine Bedeutung und es fanden Verhandlungen über einen Waffenstillstand statt. Einem normannischen Chronisten zufolge wurden die Bischöfe von Paris und Amiens von Heinrich I. als Gesandte in die Normandie geschickt, um dort einen Friedensvertrag zustande zu bringen.[108] Die Tatsache, daß sich Wilhelm und viele seiner Feudalherren zu diesem Zeitpunkt in der Nähe von Dreux [109] aufhielten, legt den Gedanken nahe, daß zwischen König und Herzog eine persönliche Besprechung stattgefunden hat. Trotzdem aber zog sich der Krieg weiter hin. Daß die Belagerung von Thimert im August 1060 zu Ende war, ist unwahrscheinlich, doch ist anzunehmen, daß König Heinrich vor einem Friedensschluß mit Herzog Wilhelm starb.[110]

Die Verhandlungen Herzog Wilhelms mit Herbert von Maine und dem französischen König bilden im Verein mit den sie begleitenden planlosen Kämpfen einen geeigneten Epilog für den langen Zeitabschnitt fast ununterbrochener Kriegführung der Jahre 1047 – 1060. Während dieser Jahre befand sich der Herzog in einem fortwährenden Kampf um sein Leben, doch würde eine getrennte Behandlung der verschiedenen Episoden in der normannischen Entwicklung den Charakter dieser ständigen Krise verfälschen. Die Belagerung von Brionne begann wenige Wochen nach Val-ès-Dunes; kaum war Brionne erobert, folgte schon der Krieg in Maine. Der Kampf um Domfront und Alençon stand wiederum in direktem Zusammenhang mit der Rebellion des Grafen Wilhelm von Arques, die ihrerseits mit dem Überfall König Heinrichs auf die Normandie verschmolz, der dann bei Mortemer zurückgeschlagen wurde. Es trifft daher zu, daß die Schlacht von Val-ès-Dunes den Beginn der eigentlichen Herrschaft Herzog Wilhelms kennzeichnet; es trifft auch zu, daß seine Autorität während der sieben Jahre, die dem Sieg an den Ufern der Orne folgten, nie unbestritten oder gesichert war, wobei sich die letzten zwei Jahre dieses Zeitabschnittes durch die gefährliche Wandlung des französischen Königs zum Feind des Herzogs zu einer neuen und schrecklichen Gefahr auswuchsen. Daß die herzogliche Macht während dieser Periode den Angriffen standhalten konnte, die von allen Seiten auf sie eindrangen, erscheint rückblickend wie eine Art Wunder, und ihre

Erhaltung spiegelt nicht nur die mächtige Tradition der herzoglichen Autorität, sondern auch den unbezähmbaren Charakter des zukünftigen Eroberers von England deutlich wider.

Zwischen 1054 und 1060 ließ die Spannung nach, jedoch blieb sie akut. Der gemeinsame Angriff König Heinrichs und Graf Geoffreys auf das Herzogtum im Jahre 1057 war ein Zeichen für die immer noch latente Gefahr. Sogar nach Varaville war Maine weiterhin eher Schutzgebiet Anjous als der Normandie, und bis zu seinem Tode stellte Geoffrey Martel in Nordwestgallien eine stärkere Macht dar als der junge Herzog Wilhelm. Der Herzog war nun, wenn auch mit einem gewissen Widerstreben, in der Lage, seinen Lehnsherrn von der anderen Grenze aus anzugreifen, und dies obgleich die kapetingische Monarchie große Kraftreserven besaß, die sie noch einmal gegen die Normandie einsetzen konnte. Doch hatte sich das Glück augenscheinlich dem Herzog zugewandt, noch ehe zwei Ereignisse die so hart erkämpfte Befreiung vervollkommneten: Am 4. August 1060 starb König Heinrich I. und hinterließ das französische Reich der Obhut seines Sohnes Philipp, der unter die Vormundschaft von Wilhelms Schwiegervater Baldwin V. von Flandern gestellt wurde,[111] und am 14. November 1060 starb Geoffrey Martel; sein Tod befreite Wilhelm von seinem größten Rivalen im Westen und stürzte Anjou und Maine in einen Bürgerkrieg, der dem normannischen Herzog zum Vorteil gereichen konnte.[112] Somit war die Bühne frei für einen neuen Akt von Herzog Wilhelms persönlichem Drama, und für den Schöpfer normannischer Größe begann eine neue Ära normannischer Möglichkeiten.

Sicher war die erfolgreiche Überwindung der Schwierigkeiten, die sich ihm während der Jahre 1046 – 1060 darboten, in großem Maße auf seine eigene Persönlichkeit zurückzuführen. Es ist daher bemerkenswert, daß die Politik und ihre Wagnisse während dieser ganzen Zeit durch eine Reihe von Ereignissen kompliziert wurden, die den Herzog vor allem persönlich angingen. Vor 1049, das heißt kurz nach der Schlacht von Val-ès-Dunes, war zwischen dem Herzog und Matilda, der Tochter Baldwins V., Graf von Flandern, und der Adela, Tochter Roberts II. von Frankreich, eine Heirat geplant worden.[113] Jedoch hatte Leo IX. diese Verbindung auf dem Konzil zu Reims im Oktober 1049 untersagt; da der Bericht des Konzils den besonderen Grund des Verbots verschweigt, wird allgemein angenommen, daß dieser Einwand wegen des zu nahen Verwandtschaftsgrades Wilhelms und Matildas erhoben wurde.[114] Trotzdem fand die Heirat statt. Baldwin V. brachte seine Tochter vielleicht schon im Jahre 1050, wahrscheinlich aber im Jahre 1051 und keinesfalls nach 1052 [115] nach Eu, wo die Hochzeit gefeiert wurde; der Herzog führte sofort danach seine Braut unter großem Gepränge nach Rouen. Doch genehmigte Papst Nikolaus II. diese Verbindung erst auf dem zweiten lateranischen Konzil im Jahre 1059.[116]

Die Heirat Herzog Wilhelms und die Umstände, unter denen sie stattfand, sollten die Lage des Herzogs in seinem Herzogtum, ja sogar seine Stellung innerhalb der politischen Ordnung Westeuropas, merklich beeinflussen. Kein Ereignis seines Werdeganges rief so polemische Diskussionen hervor wie dieses.[117] Bezüglich der kirchlichen Einwände gegen diese Verbindung und der Art der Blutsverwandtschaft (falls sie existierte) zwischen Wilhelm und Matilda fanden viele Vermutungen statt. Zu einer gewissen Zeit herrschte der Glaube, daß Matilda, als Wilhelm um ihre Hand anhielt, bereits die Frau eines gewissen Gerbod gewesen war und von ihm eine Tochter namens Gundrada hatte, die später die Frau Wilhelms von Warenne, des ersten Grafen von Surrey, wurde. Doch wurde diese Behauptung inzwischen endgültig widerlegt und es ist im höchsten Grade unwahrscheinlich, daß Matilda vor ihrer Ehe mit dem Eroberer bereits mit einem anderen Mann verheiratet war. Daher muß für den Kirchenbann, mit dem diese Verbindung belegt worden war, eine andere Erklärung gesucht werden. Beispielsweise wurde darauf hingewiesen, daß Wilhelm und Matilda Vetter und Base fünften Grades waren, da sie beide unmittelbar von Rolf dem Wikinger abstammten. Weiterhin wurde erwogen, daß der Grund für das Verbot in einer Ehe lag, die angeblich zwischen Herzog Richard III. und Adela, der Mutter Matildas geschlossen (aber sicher nicht vollzogen) wurde, noch ehe Matildas Mutter mit Baldwin V. verheiratet wurde. Schließlich wurde, vielleicht mit größerer Wahrscheinlichkeit, erwogen, daß das Verbot auf die Tatsache zurückzuführen ist, daß nach dem Tode der Mutter Baldwin V., Ogiva, sein Vater, Baldwin IV. eine Tochter Richard II. von Normandie geheiratet hatte. Doch können all diese Theorien angezweifelt werden, weshalb man diese Angelegenheit im ungewissen lassen sollte.

Es ist wesentlich nützlicher, die Heirat Wilhelms, deren politische Folgen und den Widerstand, der durch sie erwuchs, in eine Relation zur Politik der damaligen Zeit zu setzen. Falls man den Kampf des Herzogs um sein Leben als Hintergrund annimmt, lassen sich die Beweggründe, die ihn zu dieser Verbindung trieben, unschwer vermuten. Auch nach Val-ès-Dunes hing Wilhelm immer noch von der Loyalität einiger weniger Feudalherren und von der Unterstützung seines Lehnsherrn, des Königs von Frankreich, ab. Es ist daher erwähnenswert, daß der Herzog anscheinend von seinen Anhängern zu dieser Heirat gedrängt wurde, und ebenso bezeichnend ist, daß Matilda eine Nichte des französischen Königs war.[118] Darüber hinaus mußte diese Verbindung einem jungen Mann, der unter dem Brandmal der unehelichen Geburt litt und sich erst teilweise im Besitz seines Erbes befand, äußerst vorteilhaft erscheinen. Ferner hatte sich unter Baldwin V.[119] die wachsende Macht Flanderns entwickelt, die dem normannischen Herzog die Aussicht auf ein nützliches Bündnis zu enthalten schien. Daher war eine solche Verbindung unter allen Umständen dazu angetan, den normannischen Einfluß in Gallien zu stärken; übrigens sollten sich ihre Folgen als noch vorteilhafter erweisen, als der schlaue Herzog im Jahre 1049 hatte voraussehen können. Das folgende Jahrzehnt sollte ereignisreich werden; vor allem sollte Wilhelm die Unterstützung seines königlichen Lehnsherrn verlieren. Nachdem jedoch Graf Geoffrey und König Heinrich I. im Jahre 1060 gestorben und Baldwin V. Vormund Philipp I. geworden war, begann die vorausgegangene Heirat zwischen Wilhelm und Matilda von Flandern in gewisser Hinsicht die Machtstruktur Nordwesteuropas zu formen, die den wesentlichen Hintergrund der normannischen Eroberung Englands bildete.

Die Tatsache, daß der Graf von Flandern diesen Plan begrüßte, ist vielleicht schwerer zu verstehen, doch war dies offensichtlich der Fall;[120] auch hier ist die Erklärung in der politischen Lage, die damals in Europa herrschte, zu finden. Baldwin V. bemühte sich bereits, die flämische Politik vom Kaiserreich weg in Richtung Frankreich zu lenken.[121] Seine eigene Heirat mit Adela, der Tochter des französischen Königs, war für ihn von großer Bedeutung gewesen[122], und sollte während der folgenden vierzig Jahre den Eckpfeiler der franko-flämischen Beziehungen bilden.[123] Überdies näherte sich seine Politik im Jahre 1049 einer Krisis, da er und sein Bundesgenosse Herzog Godfrey von Oberlothringen im gleichen Jahr von Kaiser Heinrich III.[124] stark in die Enge getrieben wurden; die Erschütterungen dieses Kampfes waren sogar in England spürbar, wo Edward der Bekenner eine Flotte sammelte, um sie notfalls gegen den Grafen einsetzen zu können.[125] Außerdem war auch Papst Leo IX., da er immer noch der kaiserlichen Sache verpflichtet war, in diese Angelegenheiten verwickelt.[126] So kristallisierten sich auf dem Konzil zu Reims die beiden entgegengesetzten Machtinteressen klar heraus. Baldwin V. mochte sich genötigt sehen, den Plan einer Heirat zwischen seiner Tochter und einem treuen Vasallen des französischen Königs, der kurz zuvor von seinem Lehnsherrn bei Val-ès-Dunes gerettet worden war, gutzuheißen. Im Gegensatz dazu muß der Papst die Aussicht auf ein so stark gegen den Kaiser gerichtetes Bündnis mit einiger Unruhe betrachtet haben.

Somit entsprach das Eheverbot im Jahre 1049 allgemein der politischen Machtgruppierung in Westeuropa, und die Heirat wurde verschoben. Als sie zwischen 1052 und 1053 stattfand, hatte sich die Lage insofern geändert, als Herzog Wilhelm und der französische König nicht länger Bundesgenossen, sondern Feinde waren. Doch zog sich der Krieg in Deutschland immer noch hin; Baldwin V. konnte sicher nicht auf dieses Bündnis verzichten, zumal er sich zu diesem Zeitpunkt noch unmittelbarer in die turbulente Politik Englands verwickelt sah. Er hatte augenscheinlich die Tat des Bekenners im Jahre 1049 nicht vergessen. Im Jahre 1051, oder kurz davor, hatte er seine Halbschwester Judith dem Sohn Earl Godwins, Tosti, zur Ehe gegeben, und zwar zu einem Zeitpunkt, als dieser noch ein Gegner Edwards war; im Jahre 1052 unterstützte Baldwin dem König zum Trotz die bewaffnete Rückkehr Godwins nach England.[127] Daher benötigte der Graf von Flandern im Jahre 1053 seinerseits Bundesgenossen, so daß ihm kaum etwas anderes übrig blieb, als die Verbindung zwischen Wilhelm und Matilda zu begrüßen. Diese Heirat sollte nicht nur den Verlauf der flämischen, sondern auch den der französischen und englischen Geschichte beeinflussen.

Jedoch sollten sich die allgemeinen politischen Folgen dieser bedeutsamen Heirat erst allmählich offenbaren, und der kirchliche Widerstand gegen diese Verbindung muß zu Beginn des Planes die Schwierigkeiten Wilhelms innerhalb seines Herzogtums merklich verstärkt haben. Bezeichnend ist, daß sich normannische Autoren dieser Zeit über den Bann und die Ursache seiner Auferlegung nur sehr widerwillig zu äußern scheinen; ihr Schweigen wurde später durch Legenden gebrochen, die, so malerisch sie auch sein mögen, historisch wertlos sind. [128] Offensichtlich war der Stoff sehr heikler Art. Eine eifrig vertretene Überlieferung unterstützt die Ansicht, daß diese Heirat, aus welchem Grunde auch immer, eine im Hinblick auf die normannische Kirche wesentliche Angelegenheit war; es ist sogar angedeutet worden, daß das sehr starke Kontingent normannischer Bischöfe auf dem Konzil zu Reims im Jahre 1049 vom Herzog selbst dorthin gesandt worden war, da er die Hoffnung hegte, daß sie den bereits verkündeten Bann verhindern könnten. Es scheint, daß sich nach der Erklärung des Verbots eine einflußreiche Partei in der Provinz Rouen dieser Heirat gegenüber feindlich verhielt.[129] Später wurde behauptet, daß Erzbischof Maugers öffentliche Anklage dieser Verbindung einer der Gründe für seine spätere Verbannung war.[130] Sicher konnte sich bei dieser Gelegenheit Treulosigkeit unter dem Deckmantel der Rechtschaffenheit verbergen, und Neider des Herzogs mochten sich auch in der Gesellschaft von Kirchenreformatoren befinden. Nach einigen Autoren aus Le Bec stand die Normandie während einer gewissen Zeit dieser Periode tatsächlich unter einem Interdikt.[131]

Sicher war die Situation für einen jungen Herrscher, dessen Rechtsansprüche durch das Faktum seiner unehelichen Geburt fragwürdig und dessen Lage unsicher war, sehr gefährlich. Daher überrascht es wohl nicht, daß der Herzog nach der Verbesserung seiner Lage in den auf die Schlacht von Mortemer folgenden Jahren aktive Schritte zu einer Versöhnung mit dem Papst unternahm; ferner ist bezeichnend, daß der langwährende Streit über diese dann doch stattfindende Heirat in der Entwicklung der persönlichen Beziehungen zwischen Herzog Wilhelm und Lanfranc eine Rolle spielte. Zu diesem Zeitpunkt war Lanfranc Prior von Le Bec und seine spätere Zusammenarbeit mit dem Herzog sollte die Basis der Kirchenpolitik im anglonormannischen Königreich bilden. Da der Herzog jedoch nie dazu bereit war, hinsichtlich seiner Ehe ein Hindernis anzuerkennen, verliefen die Verhandlungen nur sehr langsam. Erst um 1059 fand schließlich die Versöhnung statt, aber anscheinend nur unter Bedingungen. Papst Nikolaus hob den Bann auf, doch, wie behauptet wird, nur als Gegenleistung für das Gelöbnis des Herzogs und seiner Frau, jeweils ein Kloster in Caen zu errichten und zu dotieren.[132] Diese beiden herrlichen Kirchen dürfen sicher als Zeugnis des Wachstums der Normandie im 11. Jahrhundert betrachtet werden. Die enge Verschmelzung weltlicher und kirchlicher Macht innerhalb des Herzogtums sollte sich als eine der hauptsächlichen Machtquellen Herzog Wilhelms in der Normandie erweisen. Die lange Kontroverse wegen seiner Heirat war nur insofern von Bedeutung, als sie die Verwirklichung jener Harmonie verhinderte oder aufhielt, von der die Steine in Caen heute noch ein so beredtes Zeugnis ablegen.

Wilhelms Heirat und seine im Jahre 1060 endlich vollzogene Versöhnung mit dem Papsttum bilden eine angemessene Ergänzung zum Lebenskampf des Herzogs und dessen erfolgreichen Abschluß. Nach 1054, aber vor allem zwischen 1060 und 1066 wurde das Herzogtum unter Wilhelms Führung so stark, daß er einen erfolgreichen Einfall in fremdes Land unternehmen konnte. Dabei muß ausdrücklich betont werden, daß zwischen Mortemer und Hastings nur zwölf Jahre und sieben Monate lagen, und vom Tode König Heinrichs bis zu Wilhelms

Krönung in Westminster nicht einmal sieben Jahre vergangen waren. Selbst für den fähigsten Herrscher hätte diese Zeitspanne nicht ausgereicht, eine solche Macht zu entfalten, hätte er sich nicht auf frühere Staatsformen stützen können, die trotz der Unruhen erhalten geblieben waren, und hätte er darüber hinaus nicht seine Absichten mit den sozialen und kirchlichen Strömungen zu verbinden gewußt, die damals mit großer Gewalt diese außergewöhnliche Provinz aufrührten. Seine politische Macht sollte vor allem vom Aufstieg einer bemerkenswerten weltlichen Aristokratie, von der bedeutenden Erneuerung der normannischen Kirche und von der Überwachung und Koordinierung dieser beiden Bewegungen abhängen. Deshalb müssen nun diese Entwicklungen in Betracht gezogen werden, da von ihnen ein Großteil der zukünftigen Geschichte der Normandie und Englands abhängt. Der wachsende Erfolg Wilhelm des Eroberers sollte während der Jahrzehnte, die unmittelbar auf die Eroberung Englands folgten, auf der sich entfaltenden Macht der Normandie und der Stellung basieren, die der Herzog in seinem Herzogtum einnahm.

2. TEIL

DER HERZOG IN SEINEM HERZOGTUM

IV

DER HERZOG UND DIE
NEUE ARISTOKRATIE

Im Jahre 1060 hatte sich als Ergebnis einer vierzehnjährigen, ununterbrochenen Kriegführung die politische Stellung Herzog Wilhelms gefestigt. Er hatte die gefährliche Periode der Minderjährigkeit
hinter sich gelassen und sich aus der Abhängigkeit vom französischen
König befreit. Er hatte einem gemeinsamen Angriff von Paris und
Anjou Widerstand geleistet; dann hatte der Tod seine beiden gefährlichsten Gegner in Gallien, Graf Geoffrey und König Heinrich, aus
dem Wege geschafft. Zu keinem Zeitpunkt seiner Herrschaft war die
Normandie je vor Angriffen so sicher gewesen wie jetzt; dazu bot
sich ihm nun noch die günstige Gelegenheit, seine Machtstellung während der sechs vor dem Angriff auf England liegenden Jahre weiterhin zu festigen. Er war nun knapp über dreißig, und es ist kein Wunder, daß ihm seine Leistungen ein ständig wachsendes Ansehen
verschafft hatten. Dies tritt in allen zeitgenössischen Berichten zutage.
Dieses Prestige erfordert einige Beachtung, da es erheblich zu seinen
späteren Erfolgen beitrug.
Ein kriegerisches Zeitalter ehrt den Krieger, und in dem jungen Wilhelm fand es einen Kriegsmann, der dieser Verehrung würdig war. Er
war hochgewachsen und außerordentlich stark, und seine persönlichen
Heldentaten auf dem Schlachtfeld (vor allem während der Feldzüge
von 1051 – 1052) hatten Aufsehen erregt; vielleicht hatten klar-
denkende Zeitgenossen in ihm bereits einen außerordentlich fähigen
Befehlshaber entdeckt. Doch können diese Eigenschaften (die er mit
vielen seiner Zeitgenossen gemeinsam hatte) nicht die besondere Bewunderung erklären, die er ab 1060 genoß. Folglich muß man ihre
Ursache in seinen individuelleren Charakterzügen suchen. Im Grunde

brutal, hatte er jedoch nicht nur dank seiner erfolgreichen Brutalität viele der rücksichtslosen Männer auf seine Seite gezogen, die vielleicht seine Gegner gewesen wären. Zweifellos hatte ihn das Glück manchmal begünstigt, und sicher neigten normannische Chronisten dazu, ihm nach 1066 übermäßig zu schmeicheln. Doch bleibt nach Abzug dieser Fakten die Tatsache bestehen, daß seine Tapferkeit im Kampf ungewöhnlich war und Bewunderung erheischt. Dieser junge Mann, dem als Kind Mord und als Jüngling Verrat drohte, und der sich durch lange Kriegsjahre geschlagen hatte, in deren Verlauf eine Übermacht gegen ihn stand, muß eine wunderbare Zähigkeit und Zielstrebigkeit besessen haben. Der Erfolg seines von 1046 – 1060 während Kampfes muß letzten Endes als Triumph der Persönlichkeit gewertet werden.

Der Wert seines Ansehens sollte sich in Zukunft deutlich erweisen, doch gibt er keine ausreichende Erklärung für die Macht des normannischen Herzogtums, das England im vorletzten Viertel des 11. Jahrhunderts entgegentrat. Daß der normannische Herzog im Jahre 1066 danach streben konnte, durch Waffengewalt einer der bedeutendsten Herrscher Europas zu werden, war in erster Linie der politischen Struktur der Normandie vor dem Zeitpunkt der Eroberung zu verdanken. Diese Struktur hing vor allem von den Ergebnissen zweier Begegnungen ab, die in der Provinz um 1066 bereits Früchte getragen hatten: es handelte sich um den Aufstieg einer sehr bemerkenswerten Aristokratie einerseits und die äußerst bedeutende Erneuerung der normannischen Kirche andererseits, wobei der Adel die Hauptstütze der normannischen Macht darstellte, und die Kirche der normannischen Politik eine besondere Richtung gab. Zwar hatten beide Bewegungen schon vor der eigentlichen Herrschaft Herzog Wilhelm II. eingesetzt, doch sollten sie unter seiner Führung einen neuen Antrieb erfahren; dazu gelang es ihm in hervorragendem Maße, beide zu seinem eigenen Vorteil zu verbinden. Diesen aristokratischen, kirchlichen und herzoglichen Entwicklungen muß nun volle Aufmerksamkeit gewidmet werden, da sie die Zukunft gestalten und nicht nur die Gewalt, sondern auch das Wesen des normannischen Angriffs auf England bestimmen sollten. Der bedeutendste Zeitabschnitt normannischer Geschichte begann erst nach ihrer Vollendung bzw. nachdem sie von einem schöpferischen Staatsmann zusammengeschmolzen worden waren und so die überwältigende Energie einer Provinz schufen, die im Jahre 1066 in der ganzen Christenheit einzigartig dastand.

Der Aufstieg der normannischen Feudalaristokratie erfordert hinsichtlich seines Ursprungs und seiner Folgen die unmittelbare Aufmerksamkeit, da sich seine Ursachen keinesfalls genau feststellen lassen. Allgemeine Theorien über Lehnsherrschaft und Vasallentum bieten für den Aufstieg einer außergewöhnlichen Aristokratie in einer außergewöhnlichen Provinz noch keine gültige Erklärung; um dieser Untersuchung gerecht zu werden, muß man sich also auf die einzelnen Familien beziehen, die damals entstanden. Wir müssen daher zu bestimmen suchen, wie sie zu dieser Macht gelangten und inwiefern dieses Faktum ihre Beziehungen zum Herzog beeinflußte. In solch einer Untersuchung läßt sich manchmal eine Beschäftigung mit Einzelheiten nicht vermeiden, doch wird sie durch die Wichtigkeit der daraus entstandenen Ergebnisse vollauf gerechtfertigt, sogar dann, und das müssen wir zugeben, wenn das Beweismaterial ziemlich schwer zu handhaben ist. Die Darstellungen späterer Chronisten, die von den Ahnen ihrer Gönner nur ehrfurchtsvoll sprachen, sind ausgesprochen verdächtig; dazu ergibt sich im Falle der Normandie noch ein besonderes Problem im Zusammenhang mit den Stammbäumen, die Robert von Torigny gegen Ende des 12. Jahrhunderts der Chronik Wilhelms von Jumièges hinzufügte.[1] Diese berühmten Genealogien wurden von modernen Wissenschaftlern weitgehend verwandt, doch ist es meist gefährlich, sich auf sie zu verlassen, es sei denn, daß sie durch unabhängige Zeugnisse bestätigt werden. Kurz, jeder Bericht über die normannische Aristokratie, die unter dem Herzog die Eroberung bewerkstelligen und England einen neuen Adel bringen sollte, darf sich nicht allein auf einzelne Familien beziehen, sondern muß sich ebenso sehr auf die Zeugnisse normannischer Urkunden stützen.

Um diese für Europa so bedeutungsvolle Entwicklung zu veranschaulichen, wurde in diesem Werk eine Auswahl von vier Familien getroffen. Bei der ersten handelt es sich um das Haus Tosny.[2] Ihr zweifellos frühestes Mitglied ist ein gewisser Ralph de Tosny; dieser Mann, der als Ralph II. bezeichnet werden kann, oder vielleicht ein anderer Ralph, der möglicherweise sein Vater war und daher Ralph I. genannt werden sollte, war der ursprüngliche Pächter von Tosny,[3] das zwischen 942 und 990, zu der Zeit Hugos, Erzbischof von Rouen, dem Erzbistum Rouen angehörte. Ralph II., über den eindeutige Auskünfte existieren, wurde im Jahre 1013 oder 1014 von Herzog Richard II. mit der Verteidigung der Festung Tillières betraut,[4] doch befand er sich kurz vor oder nach diesem Zeitpunkt in Italien; über Ort und Datum seines Todes ist nichts bekannt. Nach ihm wurde sein Sohn Roger I. Herr über Tosny, dessen Laufbahn inner- und außerhalb der Normandie ebenfalls sehr abwechslungsreich war. Irgendwann zog er auf Abenteuer nach Spanien,[5] und es ist bekannt, daß er eine Frau namens Godehildis heiratete, die nach seinem Tode die Frau Richards,

Graf von Evreux, wurde. Roger selbst kam während der Minderjährigkeit des Herzogs in einer der damaligen Fehden um: er wurde im Jahre 1040 oder kurz danach von Roger von Beaumont in einem Privatkrieg erschlagen. Jedoch hielt dieses Unglück Rogers und Godehildis' Sohn, Ralph III., nicht davon ab, die Nachfolge über Tosny zu übernehmen; auch er spielte in der normannischen Politik eine hervorragende Rolle. Ralph III. nahm an dem Feldzug gegen den König von Frankreich im Jahre 1054 aktiven Anteil und kämpfte später bei Hastings.[6] Nichtsdestoweniger lag sein hauptsächliches Interesse immer innerhalb der Normandie; vor seinem Tode, der vor dem 24. März 1102 eintrat, war er der Wohltäter vieler kirchlicher Häuser im Herzogtum geworden, einschließlich Saint-Evroul, La Croix-Saint-Leuffroi, Le Bec-Hellóuin und Jumièges.[7]

Tosny ist die erste normannische Familie, deren Familienname sich von einer Landbezeichnung herleitet, und daher ist die hier zutagetretende Erbfolge von größtem Interesse. Ebenso sind die von den Mitgliedern dieser Familie geschlossenen Allianzheiraten für ihre wachsende Macht bezeichnend. Nicht nur heiratete die Witwe Roger I. einen Grafen von Evreux, dessen Schwester durch ihre Heirat mit Guy de Laval die Normandie mit Maine verband; dazuhin heiratete eine Tochter dieses Guy Wilhelm FitzOsbern, Verwalter der Normandie und später Graf von Hereford.[8] Auch blieb die altenglische Aristokratie von der Entwicklung der Tosnys nicht unbeeinflußt, da Ralph IV. von Tosny, der Sohn Ralph III., der bei Hastings focht, eine Tochter Waltheofs, Sohn Graf Siwards von Northumbria, heiratete.[9] Es gibt wohl kaum ein besseres Beispiel für den sich ausbreitenden Einfluß einer aufsteigenden normannischen Familie des 11. Jahrhunderts.

Jedoch blieb der Aufstieg des Hauses Tosny nicht einmal in der Mittelnormandie unangefochten, da ungefähr zwanzig Meilen weiter westlich Beaumont-sur-Risle lag, das einem ebenso berühmten wie feindseligen Geschlecht seinen Namen geben sollte.[10] Das erste Mitglied und der erste Eigentümer Beaumonts war Humphrey ›von Vieilles‹, der wahrscheinlich der Sohn eines ›Thorold von Pont-Audemer‹ und – was jedoch zweifelhaft ist – der Enkel eines gewissen ›Torf‹ war.[11] Dieser Humphrey war ein Anhänger Herzog Robert I., in dessen Gesellschaft er sich oft befand; vor 1035 gründete er in Préaux nahe bei Pont-Audemer zwei Klöster: das Mönchskloster Saint-Pierre und das Nonnenkloster Saint-Léger.[12] Er starb vor 1047; sein Sohn Roger, den man bald ›von Beaumont‹ nannte, übernahm die Nachfolge und begründete als erster die Stärke der Familie. Ihr Schicksal war jedoch lange Zeit unsicher, da während der Minderjährigkeit Herzog Wilhelms zwischen Beaumont und Tosny ein harter Kampf stattfand, in dem nicht nur Roger II. von Tosny, sondern auch Robert, der Bruder Rogers von Beaumont, umkamen.[13] Roger von Beaumont seinerseits hatte jedoch Glück. Er verließ Vieilles und ließ sich auf dem benachbarten Hügel von Beaumont nieder, auf dem er eine berühmte Burg erbaute, von der aus er zu Lebzeiten des Eroberers regierte.[14] Zwar nahm er an der Schlacht von Hastings nicht teil, wurde aber von seinem ältesten Sohn Robert vertreten.[15] Tatsächlich beschränkten sich seine eigenen Interessen auf die Normandie, obgleich im Jahre 1086 verzeichnet wurde, daß er in Dorset und Gloucestershire einige Güter besaß.[16] Seine beiden Söhne Robert und Heinrich wurden jedoch große Landbesitzer in England und später Grafen von Leicestershire bzw. Warwick. So also überlebte ein Mann, der zur Zeit Herzog Robert I. in der normannischen Politik tätig gewesen war, sogar die Periode des Domesday Book und hinterließ, nachdem er Glück und Vermögen einer großen Familie begründet hatte, zwei Söhne, von denen beide eine englische Grafschaft erwerben sollten. Der Aufstieg des Hauses Beaumont kann zu Recht schnell und auffallend genannt werden.

Wenige normannische Familien des 11. Jahrhunderts waren mächtiger als die von Tosny und Beaumont, doch war dieselbe Periode Zeuge des Aufstiegs mancher unbedeutenderer Häuser, unter denen die erste Familie von Vernon als Beispiel dienen kann. Als Herzog Robert I. zwischen 1032 und 1035 Saint-Wandrille in dem ungefähr zehn Meilen nördlich von Rouen liegenden Sierville Land zu Lehen gab, tat er dies mit der Einwilligung eines gewissen ›Hugo von Vernon‹;[17] andere Urkunden beweisen, daß die Familie Hugos in diesem Gebiet bereits andere Güter besaß,[18] da ›Wilhelm von Vernon‹ gemeinsam mit seinem mittlerweile Mönch gewordenen Vater der Dreifaltigkeitskirche in Rouen im Jahre 1053 in der Nähe des fünf Meilen außerhalb der Stadt gelegenen Martainville Land zu Lehen gab.[19] Ferner besteht die Wahrscheinlichkeit, daß die Herrschaft über Vernon dieser Familie zu irgendeinem zwischen den beiden Daten liegenden Zeitpunkt zugefallen war. Zu Beginn seiner Herrschaft hatte Herzog Wilhelm Vernon seinem Cousin Guy von Burgund überlassen, wobei wahrscheinlich Guy's Ungnade und Enteignung nach 1047 den Aufstieg der neuen Familie begünstigte.[20] Eine vor 1061, vermutlich aber schon vor 1053 für Saint-Père von Chartres ausgestellte Urkunde[21] beweist, daß die Familie zu jener Zeit bereits die Herrschaft über das Gebiet Vernon samt seiner Burgen erlangt hatte;[22] Wilhelm von Vernon behielt diese Herrschaft bis nach der normannischen Eroberung, wobei seine letzte schriftliche Urkunde aus dem Jahre 1077 stammt, als er nämlich dem Kloster Le Bec eine Schenkung machte.[23] Tatsächlich ist es selten, daß man den Ursprung eines zweitklassigen normannischen Geschlechts von Landbesitzern mittels der aus vier kirchlichen Häusern stammenden Urkunden so genau schildern kann. Abschließend bleibt noch das Beispiel der Familie Montfort-sur-Risle.[24] Der erste bekannte Ahnherr dieses Hauses war Thurstan von Bastembourg, der in einer herzoglichen Urkunde des Jahres 1027 als Landbesitzer zu Pont-Authou erscheint, und der vielleicht auch zwei Saint-Wandrille betreffende Urkunden unterzeichnete, die vom herzoglichen Hof ungefähr zur selben Zeit genehmigt wurden.[25] Dieser Thurstan hatte eine Tochter, in die sich der wohlbekannte Géré von Echauffour anläßlich eines Essens mit ihrem Vater auf den ersten Blick verliebte;[26] noch dazu besaß er zwei Söhne: Wilhelm Bertram, der vielleicht in Le-Mont-Saint-Michel betreffenden Urkunden auftaucht, und Hugo I. von Montfort (das ungefähr fünf Meilen von Pont-Authou entfernt lag), der während der Anarchie in einem Privatkrieg mit Walchelin von Ferrières umkam.[27] Es war jedoch Hugo II. von Montfort, Sohn Hugo I., der schließlich das Ansehen dieser Familie begründete. Er war einer der Heerführer bei Mortemer und zwischen 1060 und 1066 Zeuge auf herzoglichen Urkunden, Bayeux und Caen betreffend.[28] Er kämpfte bei Hastings und war zu jener Zeit bereits so einflußreich, daß er im Jahre 1067 in England zurückgelassen wurde, um während der Abwesenheit Wihelms an der Regierung des Königreichs teilzunehmen; außerdem war er mit der Obhut über die wichtige Burg von Dover betraut.[29] Er sollte zu seiner Zeit in England ein großer Landbesitzer werden und in der Normandie seiner ›hereditas‹ von Montfort das Gnadenlehen Coquainvilliers hinzufügen.[30]

Diese vier Familien, deren Ursprünge hier kurz erläutert wurden, können ohne weiteres als typisch für die normannische Aristokratie betrachtet werden, die unter Wilhelm dem Eroberer den Großteil der normannischen Stärke ausmachen sollte. Dem muß ferner hinzugefügt werden, daß in all diesen Fällen die jeweilige Familie nur die Länder erwarb, von denen sie während der ersten Hälfte des 11. Jahrhunderts ihren Feudalnamen bezogen hatte. Zu einem späteren Zeitpunkt sollte das Haus Tosny seine Abstammung von einem Onkel Rolfs herleiten,[31] doch trat dessen Verbindung mit Tosny erst mit Ralph I. oder Ralph II. auf; seine feudale Größe begann erst mit Ralph III. Die Herren von Beaumont sollten später ebenso entfernte Ahnherren angeben, doch beginnt die eigentliche Geschichte ihrer Familie erst mit Humphrey von Vieilles; den Höhepunkt ihrer Macht sollten sie unter einem

Manne erreichen, der den Eroberer überlebte. Bei der ersten Familie von Vernon war hingegen zu beobachten, daß sie ihre Erbländer zwischen 1035 und 1053 erwarb, während ungefähr zu der gleichen Zeit das Haus Montfort-sur-Risle mit Thurstan von Bastembourg begann, das jedoch den Gipfel seiner Größe erst mit einem Manne erreichte, der im Domesday Book verzeichnet ist. Die Geschichte dieser Familien weist daher unerbittlich auf eine Schlußfolgerung hin: die normannische Aristokratie, die Herzog Wilhelm umgab und die unter seiner Führung England erobern sollte, war zu seiner Zeit verhältnismäßig jungen Ursprungs.

Die Art, in der diese neue Aristokratie ihre Länder erwarb, kann anhand der verfügbaren Urkunden nur spärlich veranschaulicht werden, da die überlieferten Texte nicht zahlreich genug sind, um die Landverteilung in der Normandie vor Gründung der großen Feudallehen in irgend einer Form verständlich zu machen. Die Stammbäume Roberts von Torigny lassen jedoch vermuten, daß das Vorankommen der Verwandtschaft Herzogin Gunnors, der Witwe Richard I., den Aufstieg vieler normannischer Geschlechter während der letzten Herrschaftsjahre seines Sohnes beeinflußte;[32] es existiert Beweismaterial darüber, daß zumindest einige dieser Familien Ländereien erwarben, die zuvor im Besitz der herzoglichen Dynastie gewesen waren. So befand sich beispielsweise unter den Besitzungen der Herzogin Judith, der ersten Frau Richard II., ein weites Gebiet im Lieuvin.[33] Nach ihrem Tode ging der größte Teil dieses Gebiets in den Besitz der Abtei von Bernay über,[34] doch scheinen einige dieser Güter anders verteilt worden zu sein: unter ihnen wurden Ferrières-Saint-Hilaire und Chambrais, die beide der Herzogin Judith gehört hatten, einem der jungen normannischen Geschlechter als besondere Stiftung verliehen. Es steht fest, daß sich Walchelin von Ferrières vor seinem Tode im Jahre 1040 an diesem Ort niederließ; Chambrais (das heutige Broglie) gelangte vermutlich fast gleichzeitig in den Besitz dieser Familie, da das von Ferrières nur drei Meilen entfernt liegende Chambrais später Erbgut der Herren von Ferrières und danach Hauptsitz ihrer normannischen Baronie wurde.[35]

Ein deutlicheres Beispiel dafür, wie eine Feudalfamilie Gebiete erwarb, die vormals herzogliches Eigentum waren, offenbart sich in der Herkunft der Besitzungen Graf Rodulfs, dem Halbbruder Herzog Richard I.[36] Unter den Ländereien dieses Mannes befanden sich Güter, die an der Risle nahe bei Saint Philibert lagen; ferner Güter an der Eure, die Cocherel, Jouy und anscheinend auch Pacy einschlossen; Ländereien, die Breteuil unterworfen waren, und andere, die sich auf

Ivry konzentrierten. Viele dieser Gebiete, vor allem die an der Eure liegenden, waren mit der frühesten Domäne der normannischen Herzöge unentwirrbar verquickt und müssen durch Rodulfs Stiefvater oder Halbbruder in dessen Besitz gelangt sein. Ihre weitere Aufteilung ist daher besonders interessant. Einen Teil der Ländereien von Ivry erhielt der älteste Sohn des Grafen, Hugo, Bischof von Bayeux, während die Baronie von Saint-Philibert durch den zweiten Sohn, John, Bischof von Avranches, in den Besitz der Kathedrale Bayeux gelangte. Doch ging der größere Teil der Besitzungen Graf Rodulfs, das Lehen Pacy und das Gnadenlehen Breteuil eingeschlossen, durch Emma, die Tochter des Grafen auf deren Gemahl Osbern, den Haushofmeister Herzog Robert I. und Vormund des jungen Wilhelm, über. Osbern war ein typisches Beispiel der neuen Aristokratie, die zu jener Zeit an die Macht gelangte. Nur wenige seiner großen Güter hatten schon seinem Vater Herfast gehört, dessen magere ›hereditas‹ schließlich auf das Kloster Saint-Père von Chartres überging.[37] Seine eigenen weiten Ländereien hatte Osbern zwischen 1020 und 1040 erworben. Aus dem ursprünglichen Erbgut der herzoglichen Dynastie herausgetrennt, gelangten sie nach 1040 an Osberns bedeutenden Sohn Wilhelm Fitz-Osbern, den zukünftigen Grafen von Hereford, und wurden zur Stiftung eines der größten Feudallehen der Normandie.

Diese neuen Feudalherren, die sich an Ländereien bereicherten, die vordem in Laienbesitz gewesen waren, plünderten auch die Kirche gründlich aus. Nicht umsonst klagte eine Kirchensynode vor 1046 Prälaten dieser Provinz, die an Laien Land vergeben hatten, öffentlich an.[38] Als Ralph II. von Tosny nach Apulien zog, war er bereits unter dem Namen seines normannischen Hauptbesitzes bekannt, der vordem der Kirche von Rouen gehört hatte; falls sich diese besondere Veräußerung vielleicht auch durch die zwischen Ralph und Erzbischof Hugo bestehende Verwandtschaft erklären läßt, so steht doch fest, daß zur selben Zeit andere, auf Douvrend zentrierte Güter des Erzbischofs, in den Besitz von Laien übergingen.[39] Gleichermaßen wurde Robert, Bischof von Coutances, beschuldigt, seinen Verwandten kirchliche Pfründen verliehen zu haben, die diese in Form von weltlichen Lehen besitzen sollten.[40] Es ist jedoch wahrscheinlich, daß die älteren Klöster der Normandie die Hauptleidtragenden waren. Beispielsweise besaß die Abtei Bernay bis 1025 Vieilles, Beaumont und Beaumontel, Besitzungen, die den Mönchen von der Herzogin Judith überlassen worden waren.[41] Doch erhielt Humphrey ›de Vetulis‹ kurz darauf Vieilles und vor 1035 auch Beaumont.[42] Das beste Beispiel für diese Entwicklung liefert jedoch die Geschichte der Familie Montgomery, deren

Besitzungen anscheinend zum großen Teil aus Klosterbesitz stammten. Einem Bericht zufolge eignete sich das erste nachweisbare Mitglied dieser Familie, Roger I., Ländereien aus dem Besitz von Bernay an;[43] ferner erwarb er zwischen 1028 und 1032 anscheinend Vimoutiers,[44] das im Jahre 1025 im Besitz der Mönche von Jumièges gewesen war.[45] Außerdem erklärt eine Urkunde Herzog Richard II. Troarn samt seine schutzherrlichen Gebiete als der Abtei von Fécamp zugehörig; im Jahre 1025 besaß diese Abtei noch dazu Airan und Almenèches. Gleichwohl scheinen Troarn und Airan in den Besitz Roger I. von Montgomery gelangt zu sein, während zu einer gewissen Zeit Almenèches bekanntlich seinem Sohn Roger II. gehörte.[46] Drei der ältesten normannischen Klöster hatten folglich allen Grund, den Aufstieg der Familie Montgomery im zweiten Viertel des 11. Jahrhunderts zu bedauern.

Derartige Transaktionen können durchaus als typisch gelten, da unsere Kenntnis von ihnen aus zufällig noch vorhandenen Texten eines fernen Zeitalters sowie aus der Möglichkeit entstanden ist, die in ihnen genannten Orte mit Sicherheit festzustellen. Die Plünderung der normannischen Kirche durch den neuen Adel muß ziemlich bedeutend gewesen sein, und die zahlreichen Klöster, die im letzten Teil des 11. Jahrhunderts von eben diesen Feudalherren gegründet worden waren, wurden häufig mit Ländereien dotiert, die erst unlängst älteren herzoglichen Stiftungen geraubt worden waren. Dem ist noch hinzuzufügen, daß diese kirchlichen Veräußerungen in den Urkunden unverhältnismäßig stark betont werden. Die Veräußerung weltlicher Besitzungen muß ebenfalls weitgehend gewesen sein, obwohl sie größtenteils nicht schriftlich festgehalten wurde. Nur dadurch, daß das Kloster Saint-Taurin von Evreux an Meules, das zur Zeit Herzog Richard I. der herzoglichen Domäne zugehörte, interessiert war, ist etwas über die Art und Weise bekannt, mit der dieses Gut in den Besitz der Familie des Grafen Gilbert von Brionne gelangte, um schließlich dem ersten normannischen ›sheriff‹ (Hüter und Richter der Grafschaft) von Devon einen Namen zu liefern.[47]

Die weitreichenden Übertragungen von Landbesitz, die den neuen normannischen Adel schufen, zogen eine Revolution des Lehnswesens nach sich, die während der Herrschaft Herzog Wilhelm II. die ganze Geschichte des Herzogtums beeinflußte. Zwar lassen sich die Anfänge dieser sozialen Bewegung auf die erste Hälfte des 11. Jahrhunderts (keinesfalls aber früher) verlegen, trotzdem aber war sie sogar am Vorabend der normannischen Eroberung noch zu keinem vollständigen Abschluß gelangt. Die zwischen 1035 und 1060 im Herzogtum währenden Unruhen boten den Männern des neuen Adels reichlich Gelegenheit, sich gewaltsam Vermögen und Macht anzueignen, und jede damalige Krisis barg das Schicksal von Geschlechtern in sich, die später in der Normandie und England an die Herrschaft gelangen sollten. Die während der Minderjährigkeit des Herzogs herrschenden Wirren betrafen das Geschick der Häuser Tosny, Beaumont, Montgomery, Ferrières und Montfort unmittelbar, während die Feldzüge der Jahre 1047 und 1051 nicht nur vielen Feudalherren der Niedernormandie Unglück brachten, sondern sogar den Aufstieg von Männern beeinflußten, die so weit östlich lebten wie beispielsweise Wilhelm von Vernon. Doch fanden die größten Umwälzungen dieser Periode möglicherweise nach der Enteignung des Grafen Wilhelm von Arques im Jahre 1053´statt. Die Besitzungen des Grafen hatten sich westwärts bis über die Seine erstreckt,[48] und in diesem Gebiet waren die Familien Beaumont und Montfort nur allzu bereit, aus seiner Ungnade ihre Vorteile zu ziehen; im Pays de Talou mußte der Umbruch sogar noch weitreichender gewesen sein. Da das ungefähr zwanzig Meilen von Le Havre entfernt liegende Bolbec anscheinend der Stammsitz der Giffards war,[49] waren sie zu diesem Zeitpunkt dazu imstande, sich in Longueville im Herzen des Pays de Talou niederzulassen, das das Zentrum ihres normannischen Lehens bleiben sollte.[50] Ebenso fand während dieser Jahre die aus den Ereignissen resultierende Niederlassung der Familie Warenne in Bellencombre statt.

Unvermeidlich stellte der Aufstieg des Adels für den Herzog ein äußerst dringliches Problem dar, zumal einige dieser Familien nicht nur große Besitzungen, sondern auch Ämter im Herzogtum erwarben. Auf die Wichtigkeit des Vicomte in seiner Funktion als Überbrücker des Übergangs vom karolingischen Neustrien zur herzoglichen Normandie und in seiner Eigenschaft als Verwaltungsinstrument hinsichtlich der Nachkommen Rolfs, wurde bereits hingewiesen. Es war daher ein bedeutungsvoller Augenblick, als viele der wichtigsten Vicomtés während der ersten Hälfte des 11. Jahrhunderts in den Erbbesitz einiger der mächtigsten Feudalfamilien gerieten. Nigel von Saint-Sauveur, Vicomte von Cotentin, der im Jahre 1047 gegen den Herzog rebellierte, war entweder der Sohn, möglicherweise aber der Enkel des Mannes, der dieses Amt erwiesenermaßen als erster innehatte; Nigel selbst war ein mächtiger Feudalherr. Nach Val-ès-Dunes erhielt er seine Vicomté zurück; er überlebte den Zeitpunkt der normannischen Eroberung bei weitem.[51] Ebenso bemerkenswert waren die erblich eingesetzen Vicomtes des Avranchin. Richard, später Vicomte von Avranches, der um 1046 sein Amt erhielt [52] und vielleicht auch Herr von

Creully war,[53] war der Sohn des Vicomte Thurstan Goz [54] und bekleidete dieses Amt zumindest bis zum November des Jahres 1074.[55] Der Bessin brachte ebenfalls eine hervorragende Dynastie von Vicomtes hervor: zu Beginn der Herrschaft Herzog Wilhelms war Rannulf, Sohn eines Vicomte namens Anschitil, Vicomte von Bessin.[56] Er heiratete eine Tochter Herzog Richard III.[57] und befand sich bei Valès-Dunes unter den besiegten Rebellen. Jedoch blieb das Amt in der Familie, da sein Nachfolger, ein anderer Rannulf (II.), sich vor der normannischen Eroberung in Avranches niedergelassen hatte; er lebte bis nach dem April 1089.[58] Ferner heiratete dieser Rannulf Maud, eine Tochter Richards, Vicomte von Avranchin, was den Zusammenschluß zweier mächtiger Dynastien von Vicomtes bewirkte, der wiederum später die Erbfolge der Grafschaft Chester entscheiden sollte.[59]

Diese Geschlechter sind von mehr als nur genealogischem Interesse. Sie spiegeln vielmehr den Aufstieg großer Feudalfamilien wider, die vermittels ihres vize-gräflichen Amtes die Entwicklung der Normandie und das Schicksal Englands beeinflussen sollten. Obgleich die größten Dynastien von Vicomtes in der Niedernormandie, daß heißt im Cotentin, Avranchin und Bessin, anzutreffen waren, fand jedoch überall in der Normandie die gleiche Entwicklung statt. Beispielsweise war im Jahre 1054 ein gewisser Rainold Vicomte von Arques.[60] Später gelangten seine Besitzungen in die Hände Goscelins, Sohn des Vicomte Hedo von Rouen;[61] Goscelins Tochter heiratete einen gewissen Godfrey, der seinerseits Vicomte von Arques wurde.[62] Die während dieser Jahre zwischen den Vicomtés von Arques und Rouen entstandenen Feudalverbindungen sind keineswegs bedeutungslos, da sie in einer kritischen Periode die Sozialstruktur der Obernormandie beeinflußten. Doch fand weiter im Westen, im Zentrum des Herzogtums nämlich, eine noch auffallendere Manifestation des gleichen Vorgangs statt. Zwischen Juli 1031 und Juli 1032 wurde einer Saint-Wandrille betreffenden Urkunde die Unterschrift ›Roger, Vicomte von Hiémois‹ hinzugefügt: es handelte sich um keinen anderen als Roger I. von Montgomery.[63] Sein Vater ist unbekannt und sein Werdegang unklar, doch folgte ihm sein berühmter Sohn Roger II., der der Familie zum Höhepunkt ihrer Macht verhelfen sollte. Wie bereits erwähnt, zeichnete sich Roger II. schon im Jahre 1051 bei Domfront aus und schloß ungefähr zur gleichen Zeit eine glänzende Ehe mit Mabel, der Erbin vieler Ländereien im Bellêmegebiet.[64] Von dieser Zeit an verband sich seine Laufbahn mit der Wilhelm des Eroberers, doch war er sogar nach seiner Ernennung zum ersten Grafen von Shrewsbury immer noch stolz darauf, Vicomte von Hiémois zu sein.[65] Die Gründung großer vize-gräflicher Geschlechter war für die herzogliche Macht eine große Gefahr; gleichzeitig aber bot sie Herzog Wilhelm reiche Möglichkeiten, die er im gegebenen Moment voll ausnutzen sollte. Der Vicomte war und blieb der Hauptvertreter der herzoglichen Regierung, so daß die als förmlicher Erbbesitz erworbenen Vicomtés die Herrschaft des Herzogs einerseits bedrohten, andererseits aber auch als Mittel dienen konnten, hervorragende Mitglieder des neuen Adels dazu zu veranlassen, gleich ihren Vorgängern als Abgesandte des Grafen von Rouen zu handeln. Wie später bewiesen wird,[66] war Herzog Wilhelm sogar unter diesen veränderten Umständen dazu in der Lage, seine Vicomtes auch weiterhin als Beauftragte seiner Verwaltung einzusetzen; doch hing die Tatsache seines Erfolges von der Lösung eines wesentlicheren Problems ab, dem er hinsichtlich des Adels entgegentreten mußte. Denn die vize-gräflichen Familien machten nur einen Teil des Adels aus, und ihr Aufstieg war auch nur ein Teil des Prozesses, der zu derselben Zeit andere ebenso mächtige oder noch mächtigere Familien vorankommen ließ. Beispielsweise unterschied sich der Aufstieg der Häuser Tosny und Beaumont nicht sonderlich von dem der erblichen Vicomtes von Cotentin und Bessin; auch war der Besitz der Vicomté Hiémois für das Haus Montgomery gleichzeitig Ursache und Ergebnis seiner Bereicherung. Daher blieb sich die entscheidende Aufgabe Herzog Wilhelms in dieser Hinsicht ständig gleich: er mußte seine eigene Stellung innerhalb einer Sozialstruktur beibehalten, die während der Dauer seiner Herrschaft durch den raschen Erwerb reicher Ländereien seitens des neuen Adels ständigen Änderungen unterworfen war.

Die in die Zeit von 1030 bis 1060 fallende Gründung so vieler normannischer Geschlechter, die später die Feudalprovinz beherrschen sollten, brachte natürlich auch den Aufstieg ihrer Mitglieder mit sich und trug zur Bildung einer neuen politischen Organisation des Herzogtums bei, die auf dem System von Lehnsherrschaft und Vasallentum basierte. Die Hauptpächter größerer normannischer Feudalherren trugen nach der Eroberung in England häufig Territorialnamen, die darauf hinwiesen, daß in der Normandie ihre Familien die nächsten Nachbarn ihrer Feudalherren gewesen waren;[67] daher läßt sich die Schlußfolgerung nicht umgehen, daß sie nämlich ihren Aufstieg zur Macht einer früheren Verbindung mit großen Feudalgeschlechtern verdankten, die ihnen ihrerseits später ihre weitverstreuten englischen Besitzungen zu Lehen geben sollten. Diesbezügliches Beweismaterial findet sich manchmal in normannischen Urkunden, die vor der Eroberung ausgestellt wurden. Die Verbindung zwischen Pantulf und Montgomery, die sich in Shropshire zur Zeit des Domesday Book so klar erweisen sollte, läßt sich mit Sicherheit bis in die Zeit Roger I. von Montgomery zurückverfolgen, da dieser zwischen 1027 und 1035 für die Abtei Jumièges eine Urkunde ausstellte, die mit ›Wilhelm Pantulf‹ unterzeichnet ist.[68]

Das beste Beispiel für die frühzeitige Entwicklung normannischen Vasallentums liefert jedoch das von Tosny abhängige Schutzgebiet Clères: dieses Verhältnis sollte auch nach der Eroberung in England fortgeführt werden. Gegen Ende des 11. Jahrhunderts verlieh Gilbert von Clères, der Sohn Roger I. von Clères, der Abtei Conches Land bei La Puthenaye, und zwar mit der Billigung Ralph (III.) von Tosny, zu dessen ›Lehnsgut es gehörte‹.[69] Derselbe Ralph von Tosny bestätigte zwischen 1071 und 1083 der Abtei von Croix-Saint-Leuffroi sämtliche Besitzungen von Gilberts Sohn Ralph, da dieser Mönch geworden war.[70] Ferner machte Gilberts Vater – Roger I. von Clères – mit Billigung seines Lehnsherrn Ralph (III.) von Tosny kurz vor der Eroberung Saint-Ouen von Rouen eine Schenkung;[71] ungefähr gleichzeitig überließ er zugunsten des Seelenheils seines vormaligen Lehnsherrn Roger I. von Tosny der Abtei Conches Land, und zwar mit der Zustimmung Ralph III. von Tosny, der damals der Oberherr dieses Lehens war.[72] Eine derart ausführliche Schilderung frühen normannischen Vasallentums ist tatsächlich selten; noch dazu ist es in diesem besonderen Falle möglich, die Verbindung zwischen den beiden Familien bis zu einem noch früheren Datum zurückzuverfolgen. Unter den zahlreichen für die Periode der Minderjährigkeit so charakteristischen Gewalttaten zeichnen sich zwei durch ihre besondere Abscheulichkeit aus: Roger I. von Tosny wurde von Roger von Beaumont getötet; kurz darauf wurde Rogers Bruder – Robert von Beaumont – von Roger I. von Clères ermordet.[73] Angesichts späterer Beweise muß letztere Tat als die Rache eines Vasallen für die Ermordung seines Lehnsherrn gewertet werden. So also kann das von Tosny abhängige Lehnsgebiet Clères (ein Verhältnis, das bis ins 13. Jahrhundert fortdauern sollte) bis zum Beginn der Herrschaft Herzog Wilhelms zurückverfolgt werden.

Zwar wecken derart frühe Beziehungen zwischen normannischen Geschlechtern unsere Aufmerksamkeit, doch wäre es falsch, aus ihnen die Schlußfolgerung zu ziehen, daß die Struktur der normannischen Gesellschaft schon vor der Eroberung Englands nach einem bestimmten Feudalsystem festgelegt worden war. Aus der Zeit zwischen 1035 und 1066 stammende normannische Urkunden schildern im Herzogtum deutlich eine auf dem Vasallentum basierende Gesellschaft; mit der gleichen Bestimmtheit aber zeichnen sie das Bild einer Sozialstruktur, in der die Feudaleinrichtungen noch nicht auf einen gemeinsamen Nenner gebracht worden waren, der seinerseits zugunsten des Herzogs in dessen Eigenschaft als Oberlehnsherr einer genauen Definition unterlag. Lehnsverhältnisse ergaben sich überall, doch scheinen Landschenkungen gewöhnlich die Zustimmung eines Oberen erfordert zu haben. Als um das Jahr 1055 ein gewisser Urso der Dreifaltigkeitskirche von Rouen Land überließ, bestätigte er die vorher erfolgte Zustimmung seines bereits verstorbenen Lehnsherrn, sowie die Billigung seitens dessen Frau und der Söhne;[74] als Ansfred, der Sohn des Vicomte Osbern, zur gleichen Zeit seinen Erbbesitz demselben Kloster übertrug, tat er dies mit der Billigung ›meiner Herren Emma, Gemahlin Osberns, des Haushofmeisters, und ihrer Söhne Wilhelm und Osbern‹.[75] In der Tat kann ein derartiges Vasallentum weitgehend belegt werden, doch besteht anscheinend keine Möglichkeit, es durch Begriffe zu bestimmen, die für die spätere Feudalgesellschaft kennzeichnend waren, vor allem auch deshalb, weil die damaligen Verfasser normannischer Urkunden diesbezüglich nur geringe Versuche unternahmen. Bis zum Zeitpunkt der Eroberung war der ältere Begriff ›beneficium‹ in der Normandie die gängigste Bezeichnung für ein Lehnsgebiet. Beispielsweise übertrug um 1050 Rodulf I. von Warenne der Dreifaltigkeitskirche von Rouen Land, das zuvor dem ›alten beneficium‹ eines gewissen Roger angehört hatte;[76] als Guidmund dem Kloster Saint-Père zu Chartres Land überließ, tat er dies mit aller Ehrerbietung vor ›meinem Lehnsherrn, dem Grafen Wilhelm, von dem ich es als beneficium erhalten habe‹.[77] Gleichermaßen unternahm Guazo bei der Gründung der Priorei Croth im Evreçin im Jahre 1060 seine Stiftungen mit Billigung seines Lehnsherrn Bardo, da sie ›ein Teil von dessen beneficium waren‹.[78]

Die Terminologie der zeitgenössischen normannischen Urkunden ist kennzeichnend für ein Zeitalter, das noch keine genaue Definition der Lehnspflichten gefunden hatte, und nur wenige Dokumente benutzten Begriffe des Feudalwesens in dem genauen Sinne, den sie später erwerben sollten. Beispielsweise erscheint das Wort ›baro‹ in den normannischen Urkunden jener Zeit nur selten, viel häufiger tritt der unbestimmte Begriff ›fidelis‹ (Lehnsmann) auf. So war Gilbert, Sohn des Vicomte Erchembald, der ›fidelis‹ des Haushofmeisters Osbern;[79] Oylard war der ›fidelis‹ der Gräfin Lesceline von Eu;[80] Roger, Humphreys Sohn, war der ›fidelis‹ Herzog Wilhelms.[81] Am bezeichnendsten in diesen Texten ist jedoch die unbestimmte Nebendeutung des Wortes ›miles‹, das später den Sinn von ›Ritter‹ erhielt. Beispielsweise kann der Vater Wilhelms von Warenne als ›miles‹ bezeichnet werden;[82] desgleichen der Gründer der Priorei Croth und eine Vielzahl geringerer Männer. Doch wäre die Annahme voreilig, daß das Wort ›miles‹ zu dieser Zeit auf jeden Fall einen berittenen Krieger bezeichnete. Zweifellos kämpften viele unter ihnen bei Val-ès-Dunes und Mortemer zu Pferde, doch ist es schwierig, den genauen Status jener sieben ›equites‹ zu erklären, die Osbern von Ecquetot vor 1066 [83] dem Kloster von Saint-Ouen überließ bzw. den jener ›equitis mei‹ Atselins festzulegen, dessen Land Herzog Wilhelm selbst um 1050 dem Kloster Saint-Wandrille bestätigte.[84]

Es scheint wenig Garantie dafür zu geben, daß etwas Ähnliches wie Lehnsverhältnisse auf Grund von Ritterdienst im späteren Sinn dieses Begriffes in der Normandie vor der Eroberung allgemein eingeführt bzw. festgelegt wurden. Eine derartige Definition, wie sie im Herzogtum während der Herrschaft des Eroberers gewonnen wurde, wird größtenteils in Urkunden verwandt, die nach der Eroberung Englands entstanden. Ferner weist kein Zeugnis darauf hin, daß die Normandie vor der Eroberung allgemein mit den Lehnspflichten vertraut gemacht wurde, die ein halbes Jahrhundert später nach der Krönung König Heinrich I. von England so sorgsam erörtert werden sollten. In allen bereits untersuchten Texten wird vor 1066 anscheinend nur einmal die Einlösung einer Pacht erwähnt, und dies in einer Urkunde, die nur wenige Jahre vor der Eroberung ausgestellt wurde.[85]

Zwischen 1035 und 1066 offenbart das Beweismaterial im Herzogtum eine sich im ständigen Wechsel befindliche Gesellschaft, wodurch in diesem Sinne jede Verallgemeinerung wie ›die normannische Gesellschaft des Jahres 1066 ist eine Feudalgesellschaft, und zwar eine der meist entwickelten Feudalgesellschaften Europas‹ eingeschränkt werden muß.[86] Lehnsverhältnisse der verschiedensten Arten und Grade waren in der Normandie weit verbreitet, doch besteht wenig Grund zu der Annahme, daß Feudalgesetze und Feudalverpflichtungen, wie sie für spätere Zeiten kennzeichnend sein sollten, während dieser Jahre im Herzogtum allgemein angenommen und durchgeführt wurden. Die Feudalordnung, die der Eroberer England vor seinem Tode auferlegen konnte, war wesentlich stärker entwickelt und zentralisiert als jede diesbezügliche Ordnung in der Normandie vor 1066. Noch dazu war er durch den Erfolg in seinem Königreich imstande, in seinem Herzogtum einen Teil jener feudalen Ziele zu erreichen, die sich ihm sonst vielleicht entzogen hätten. Zwar brachte die Normandie Feudalprinzipien nach England, doch beeinflußte England unter dem Eroberer die Normandie hinsichtlich der Ausübung dieses Feudalsystems in weitem Maße. Vor dem Jahre 1066 waren die älteren Vorstellungen vom Vasallentum in der Normandie noch weit verbreitet und in einem regulären Feudalschema nur unvollkommen koordiniert. Es war für Herzog Wilhelm ein wesentliches Problem, ob er auf diese Weise seine eigenen Interessen mit denen der ihn in den Jahren 1047 – 1066 umgebenden Aristokratie verbinden konnte, um schließlich die sich entwickelnde soziale Ordnung, der sie angehörte, zu beherrschen. Vom Ergebnis dieser Bemühungen hing ein Großteil der Geschichte zweier Länder ab, da im Falle eines Fehlschlags die normannische Eroberung Englands unmöglich gewesen wäre.

Herzog Wilhelms Erfolg in dieser Angelegenheit läßt sich nur in bezug auf die Schwierigkeiten, denen er sich gegenübergestellt sah, sowie auf seine Taktik ihrer Überwindung einschätzen. Während der ersten Jahre seiner Herrschaft hing die Stellung des Herzogs innerhalb der neuen sozialen Ordnung anscheinend weniger von der Aufstellung von Rechtstheorien, sondern eher von der Schaffung persönlicher und besonderer Treueverhältnisse ab, die der junge Herrscher den ihn umgebenden Feudalherren abringen konnte. Inmitten einer sozialen Umwandlung, die von Familien überwacht wurde, die auf Erweiterung ihrer neugewonnenen Macht bedacht waren, war es für den Herzog von größter Wichtigkeit, das Geschick seiner Anhänger wohlüberlegt zu begünstigen. Im übrigen scheint er diesen Grundsatz einer genau bestimmten Politik schon von einem frühen Zeitpunkt an in die Tat umgesetzt zu haben. Bereits im Jahre 1051 hatte der Herzog die beiden ›jungen Krieger‹ Wilhelm FitzOsbern und Roger II. von Montgomery zu seinen besonderen Vertrauten gemacht,[87] und beide erfreuten sich hinsichtlich ihrer wachsenden Macht der Unterstützung ihres Herrn, mit dem sie sowohl in der Normandie als auch in England eng zusammenarbeiteten. Jedoch konnte man vor 1066 solche Männer nur belohnen, indem man die herzogliche Domäne, die Kirche oder ihre Mitfeudalherren plünderte, so daß diese Politik immer mit der Gefahr eines offenen Konflikts verbunden war.

Es kann daher als ein Zeichen für die wachsende Macht Herzog Wilhelms gewertet werden, daß er im Jahre 1055 oder 1056 [88] dazu in der Lage war, Wilhelm Warlenc, Graf von Mortain, kurzerhand zu enterben und seinen eigenen Halbbruder über diese Grafschaft einzusetzen, der später seinerseits das normannische England vor dem Sussex-Gau Pevensey schützen und einer der reichsten englischen Landbesitzer werden sollte. Doch war der Aufstieg von Wilhelms Anhängern häufig mit großem Risiko verbunden. Anscheinend bestand eine seiner ersten Handlungen darin, daß er seinem Onkel Wilhelm die Grafschaft Arques übertrug, und zwar unter der Voraussetzung, daß der neue Graf ›nachdem er dieses Lehen erhalten, dafür dem Herzog in allen Dingen Treue halten würde‹. Dieses Vertrauen war, wie der Aufstand der Jahre 1052 – 1054 beweisen sollte, traurigerweise fehl am Platze gewesen, doch bereicherte die Niederlage des Grafen, wie bereits erwähnt, verschiedene andere Familien und befähigte den Herzog dazu, die veränderte Situation zu seinen Gunsten auszunutzen. Wilhelms unmittelbares Eingreifen bewirkte beispielsweise, daß die Enteignung des Grafen den Niedergang des Hauses Mortemer und den Aufstieg des Hauses Warenne nach sich zog.

Tatsächlich kann die frühe Geschichte des Hauses Warenne [89] als hervorragender Beweis für die Feudalpolitik Wilhelms während dieser kritischen Jahre dienen; gleichzeitig veranschaulicht sie, wie eine einzelne Familie infolge dieser Politik von unbedeutenden Anfängen zu großer Macht gelangte. Zu Beginn der Herrschaft Wilhelms besaß Warenne lediglich geringe Geltung. Es gab einen gewissen Rodulf von Warenne, der nahe bei Rouen einige Güter besaß [90] und anscheinend bis zum Jahre 1074 lebte.[91] Überdies hatte er zwei Söhne, die Rodulf der Ältere und Wilhelm hießen.[92] Wilhelm kann als jüngerer Sohn nur wenig von der kargen ›hereditas‹ seines Vaters geerbt haben.[93] Doch sollte nichtsdestoweniger gerade dieser Mann die Größe des Hauses gründen. Im Feldzug der Jahre 1052 – 1054 zeichnete er sich durch besondere Treue dem Herzog gegenüber aus, und war, obwohl ein noch junger Mann (›tiro legitimus‹), nach der Vernichtung des Grafen von Arques vom Herzog für besondere Gunst erwählt worden. Es wird besonders betont, daß, nachdem Roger von Mortemer nach dem kritischen Feldzug einen Großteil seiner normannischen Güter verwirkt hatte, die Burg Mortemer Wilhelm von Warenne zu Lehen gegeben wurde.[94] Doch war das noch nicht alles; die weitläufigen Besitzungen, die Warenne später in der Nachbarschaft von Mortemer besaß, müssen infolge derselben Enteignung zur gleichen Zeit erworben worden sein. Dies war zumindest der Ursprung der Warenne-Besitzungen nahe bei Bellencombre (rund fünfzehn Meilen von Mortemer), und ebenso der jener nahe bei Dieppe und rund achtzehn Meilen nördlich von Bellencombre gelegenen Güter. Dies war ein beachtlicher Fortschritt, doch genügte der Erwerb dieser Ländereien nicht, um Warenne in den ersten Rang des normannischen Adels vorrücken zu lassen. Dies sollte erst nach 1066 erreicht werden, aber auch dann nur als eine Folge der ständigen Dienste, die ein besonders vertrauenswürdiger Anhänger dem Eroberer geleistet hatte.

Verhältnisse herzustellen, die ihm den treuen Dienst bedeutender

Männer seines Herzogtums sicherten, war ein wesentlicher Grundzug in der Politik des Eroberers während seiner normannischen Herrschaft; von seinem diesbezüglichen Erfolg hing in weitem Maße die Stellung ab, die er in der bald errichteten Feudalordnung einnehmen sollte. Die Unterdrückung der während dieser Jahre aufeinanderfolgenden Rebellionen machte es dem Herzog nicht nur möglich, zu überleben, sondern darüber hinaus seine Freunde mit den Ländereien seiner besiegten Feinde zu belohnen und den sich entwickelnden Feudalismus der Normandie langsam nach einem Muster zu formen, das seinen eigenen Interessen förderlich war. Dieser Prozeß, der von der plötzlicheren Einführung des militärischen Feudalismus' in England streng getrennt werden muß, machte in der Normandie nur langsame Fortschritte; im Herzogtum war man erst nach langer Zeit dazu imstande, jene Feudalprinzipien, die die Normannen so früh in England einführen sollten, praktisch anzuwenden. Indem er die normannischen Feudalbräuche zu seinen eigenen Gunsten auslegte, konnte der Eroberer in der Feudalordnung unter dem Anschein des Rechts eine Stellung einnehmen, die er schon lange angestrebt hatte, die er aber in der Normandie vor der Eroberung Englands nicht ganz hätte erreichen können.

Es wäre daher irreführend, die Adelsstruktur der Normandie vor der Eroberung unter dem Gesichtswinkel der gegen Ende der Herrschaft Wilhelms in England oder sogar der Normandie maßgeblichen Umstände zu schildern. Vor allem scheint die Annahme unbegründet, daß die Stellung der mächtigeren normannischen Feudalherren vor 1066 im allgemeinen von einer herzoglichen Schenkung abhing, bzw. durch die Leistung eines Kriegsdienstes und die Erstellung einer gewissen Anzahl ausgebildeter und ausgerüsteter Ritter zugunsten des Herzogs bedingt war. Das Prinzip dieses genau festgelegten und streng durchgeführten Lehnsgehorsams, des ›servitium debitum‹ nämlich, war in den Jahren 1070 – 1087 einer der wesentlichen Grundzüge der feudalen Gliederung im anglo-normannischen Königreich.[95] Doch bleibt äußerst unklar, inwieweit dieses Prinzip in der Normandie vor der Eroberung Englands durchgeführt wurde. Die davon am meisten betroffenen Feudalherren hatten, wie bereits erwähnt, in ihren eigenen Gebieten zahlreiche militärische Lehen eingerichtet; es ist jedoch anzunehmen, daß dies in ihrem eigenen Interesse geschah, denn sie waren in einer derartig rücksichtslos wetteifernden Gesellschaft dazu gezwungen, zur Erhaltung ihrer erst kürzlich erworbenen Besitzungen alle nur möglichen Schutzmaßnahmen zu ergreifen. Die zur Zeit der Minderjährigkeit während Fehden, in denen so viele Mitglieder dieser Familien umkamen, nötigten sie, zu ihrer Unterstützung so viele Anhänger wie nur irgend möglich heranzuziehen; das Andauern privater Kriege in der Normandie, die zu einem anerkannten politischen Mittel wurden, begünstigten diese Unterbelehnung, die weit über die Forderungen hinausging, die der Herzog hätte stellen können.

Vielleicht ließe sich hier tatsächlich ein Faktor der feudalen Entwicklung herausschälen, der geringere Beachtung fand als er verdient, und der vor allem in Hinsicht auf die hier behandelte Situation verwendbar ist. Es wird allgemein angenommen, daß die Auferlegung eines bestimmten ›servitium debitum‹ im Interesse des Herrschers lag und sich zu seinen Gunsten auswirkte, und zweifellos war dies in England nach der normannischen Eroberung der Fall. Doch war die Lage in der Normandie vor der Eroberung anscheinend eine andere. Später wurde die festgelegte Entrichtung der Pacht von den Feudalpächtern des Königs begrüßt, da sie dadurch vor willkürlichen und übermäßigen Forderungen geschützt waren. Auch mochte das festgelegte ›servitium debitum‹ genauso begrüßt worden sein, da es in einer sich wandelnden Gesellschaft, in der die wachsende Autorität des Herzogs eine bereits an die Macht gelangte Aristokratie zu bedrohen schien, ähnliche Vorteile verschaffte. Mit anderen Worten: in solchen Fällen geschah diese Auferlegung manchmal in gegenseitigem Einverständnis und kam damit einer freien Abmachung sehr nahe. Jedenfalls war Wilhelm erst nach der Eroberung in der Lage, in seinem eigenen Interesse eine einheitliche Regelung des normannischen Vasallentums anzugehen.

Nichtsdestoweniger muß nachdrücklich betont werden, daß die Auferlegung der ›servitia debita‹ während der Herrschaft Wilhelm II. sich in der Normandie weit zu verbreiten begann. Es existieren in der Tat Zeugnisse über die Art und Weise, in der diese Verpflichtungen damals auferlegt wurden, und zwar manchmal auf Landgüter, die bei ihrem Erwerb weniger belastet gewesen waren. So schuldete im Jahre 1072 die Abtei von Saint-Evroul den Dienst zweier Ritter,[96] da es sich aber in ihrem Falle nicht um eine herzogliche Gründung handelte, läßt sich schwer erkennen, auf welche Weise der dem Herzog zustehende Kriegsdienst mit dem ursprünglichen Lehen dieser Ländereien verknüpft wurde; jedenfalls kann das ›servitium debitum‹ dieser Abtei erst nach ihrer Wiederherstellung um 1050 entstanden sein. Ferner besteht Grund zu der Annahme, daß weder die Baronie Breteuil noch die von Ivry mit einem bestimmten Kriegsdienst verbunden waren, als sie sich zu Beginn des 11. Jahrhunderts im Besitz des Grafen Rodulf befanden; und der später seitens des Grafen von

Meulan dem Herzog zustehende Dienst von fünf Rittern kann erst nach der Erwerbung Beaumont-le-Rogers und seiner Lehnsgebiete durch jene Familie zwischen 1026 und 1035 festgesetzt worden sein, wahrscheinlich aber noch später.[97] Endlich muß der Dienst von fünf Rittern, den Hugo von Mortemer dem Herzog im 12. Jahrhundert schuldig war, von einer teilweisen Rückerstattung der Mortemer-Ländereien nach ihrer Verwirkung im Jahre 1054 herrühren.[98] Es ist selten möglich, überlieferten Zeugnissen eine so besondere Darstellung entnehmen zu können. Dem läßt sich jedoch mit großer Wahrscheinlichkeit hinzufügen, daß Grimoald vor seiner Rebellion im Jahre 1047 für seine Ländereien bei Plessis Ritterdienste leisten mußte,[99] und daß John, Bischof von Avranches, zwischen 1060 und 1066 in Anbetracht des Lehens von Saint-Philibert den Dienst von fünf Rittern entrichtete.[100]

Da die Ergebnisse dieser Anordnungen die militärische Macht der Normandie so bedeutend vergrößern sollten, ist es wichtig, sich die Langsamkeit und Schwierigkeit, mit der sie unter der Herrschaft Herzog Wilhelms erzielt wurden, zu vergegenwärtigen. Dieser Prozeß kann wohl kaum bereits zum Zeitpunkt seiner Nachfolge begonnen haben. Die während der Herrschaft seines Vaters erfolgte normannische Auswanderung nach Italien läßt sich auf mannigfaltige Art erklären; es ist jedoch unvorstellbar, daß ein Herrscher, der in der Lage war, von seinen Feudalherren regelmäßig das ›servitium debitum‹ zu verlangen, so vielen von ihnen gestattet hätte, samt ihren Gefolgsleuten in fernes Land zu ziehen; doch war dies bei Herzog Robert der Fall.[101] Darüber hinaus muß die zwischen 1037 und 1047 in der Normandie herrschende Unordnung, der noch dazu ein ununterbrochen bis 1054 während Krieg folgte, jegliche allgemeine Anwendung diesbezüglicher herzoglicher Rechte verboten haben. Dieser Punkt verdient einige Betonung. Die zwischen der Nachfolge Herzog Roberts (1028) und der Schlacht von Mortemer (1054) liegende Zeitspanne erlebte die Gründung der neuen normannischen Aristokratie. Doch wird sich während dieser Jahre für eine förmliche Geltendmachung der vom Herzog an seine Feudalherren gestellten militärischen Forderungen wohl kaum eine günstige Gelegenheit geboten haben. Daß die besondere Stellung des Herzogs in der militärischen Organisation der Normandie sowie seine rechtlichen Ansprüche auf Dienstleistungen seiner Feudalherren im Jahre 1066 umfassender anerkannt wurden als drei Jahrzehnte zuvor, ist den besonderen Abmachungen zuzuschreiben, die Herzog Wilhelm von Zeit zu Zeit mit Einzelpersonen zu treffen vermochte, mehr noch aber seiner Herrschaft über das

Herzogtum während der zwölf Jahre, die der normannischen Eroberung Englands vorausgingen.

Zu Beginn des Jahres 1066 war dieser Prozeß stark vorangeschritten. Es läßt sich mit Sicherheit annehmen, daß alle älteren normannischen Klöster sowie die meisten, wenn nicht sogar alle normannischen Bischöfe vor der Eroberung Englands zu einem feststehenden Kriegsdienst verpflichtet waren, was für den Herzog einen hochgradigen praktischen Erfolg bedeutete. Andererseits steht jedoch keineswegs fest, daß die normannische Aristokratie bereits im Jahre 1066 allgemein das Prinzip anerkannte, ihre Ländereien nur unter der Bedingung von Kriegsdienstleistungen zu besitzen, oder daß sie zu dieser Zeit den Herzog allgemein bzw. in aller Form als das Oberhaupt einer in sich geschlossenen Feudalordnung, die auf der ordnungsgemäßen Erfüllung militärischer Verpflichtungen beruhte, akzeptiert hatte. Erst nachdem Wilhelm in dem neu eroberten Königreich diese rechtliche Doktrin bei seinen Gefolgsleuten erfolgreich durchgesetzt hatte, konnte er sie auch in seinem Herzogtum anwenden.

Im Gegensatz zu England jedoch, wo seine Durchführung vermittels der Verwaltungspolitik Wilhelms rasch vonstatten ging, entwickelte sich in der Normandie das Feudalsystem in Verbindung mit dem stürmischen Aufstieg einer neuen Aristokratie nur allmählich. Daß Wilhelm diese Entwicklung während seiner gefahrvollen Herrschaft als Herzog so sehr in seine Gewalt bekam, ist daher um so bemerkenswerter, vor allem auch deshalb, weil die damals in der Normandie als erste an die Macht gelangten Männer selber erstaunlich waren. Ihre Tatkraft war verblüffend, und wenn auch ihre im Überfluß vorhandene Männlichkeit teilweise ihren Aufstieg zur Macht innerhalb der eigenen Provinz verursacht hatte, so lernten doch viele von ihnen früh jene politische Klugheit, die ihnen das Lob Wilhelms von Poitiers eintrug.[102] Bisher mit den schlimmsten Fehlern eines gewalttätigen Zeitalters behaftet, standen sie außerhalb jeder starren Feudalordnung und waren jeglichem Zwang abhold. Es ist tatsächlich beachtlich, daß sie in Wilhelm einen Führer fanden, der sie kraft seiner Persönlichkeit zu beherrschen und ihre unglaublichen Energien in die Bahn einer aufbauenden Staatskunst zu lenken vermochte. Nur so waren diese Männer fähig, die Zukunft für sich zu beanspruchen, so daß ein Großteil der Geschichte Englands und der Normandie von ihren Taten berichten sollte. Es war nicht der geringste Erfolg Wilhelms, als er vor dem Jahre 1066 die Ambitionen und auseinanderlaufenden Interessen der bemerkenswertesten weltlichen Aristokratie, die das 11. Jahrhundert in Europa hervorgebracht hatte, seiner Sache unterordnete.

V

DIE KIRCHLICHE ERNEUERUNG

Die sich während der Herrschaft Herzog Wilhelms entwickelnde
Stärke der Normandie war in erster Linie auf den Aufstieg einer
neuen Aristokratie sowie auf die Übereinstimmung ihrer Interessen
mit denen des Herzogs zurückzuführen. Das Anwachsen der normannischen Macht während dieses Zeitabschnitts war jedoch weder in
seinen Ursachen noch in seinen Folgen rein weltlichen Gepräges, und
der Erfolg Wilhelm des Eroberers sollte in ebenso hohem Maße von
einer kirchlichen Erneuerung der Provinz abhängen, die bereits zum
Zeitpunkt seiner Nachfolge begonnen hatte und unter seiner Herrschaft zusehends an Bedeutung gewann. Die gegenseitige Verbindung
von weltlicher und kirchlicher Macht in der Normandie sollte im
dritten Viertel des 11. Jahrhunderts so eng werden, daß man ihre
relativ junge Entstehung fast vergessen könnte. Tatsächlich wurde der
Zusammenbruch des kirchlichen Lebens in der Provinz Rouen zur Zeit
der Wikingerkriege nur langsam behoben. Den ersten sicheren Beweis
für den vollständigen Wiederaufbau der normannischen Bistümer
erbringt ein aus dem Jahr 990 stammender Text.[1] Von den zehn zum
Zeitpunkt der Nachfolge Wilhelms in der Normandie existierenden
Hauptkirchen wurden vor dem Jahre 1000 lediglich vier wiederhergestellt,[2] und zur Zeit seiner Geburt waren weitere vier gegründet
oder wiedererrichtet worden.[3] Diese Tatsachen verdienen einige Betonung. Die kirchliche Entwicklung der Normandie während der
ersten Hälfte des 11. Jahrhunderts war fast genauso bemerkenswert
wie das Anwachsen ihrer weltlichen Macht, und bevor sie nicht erklärt
wird, ist eine richtige Einschätzung des Lebenswerkes des größten
normannischen Herzogs schlechthin unmöglich.

In diesem Prozeß lassen sich zwei Hauptfaktoren ermitteln. Es gab erstens eine klösterliche Erneuerung, die unter der herzoglichen Gönnerschaft begann und sich sehr selbständig weiter entwickelte. Zweitens fand durch eine mächtige Gruppe von Bischöfen, die in enger Zusammenarbeit mit dem Herzog handelten, eine Reorganisation der normannischen Kirche statt. Jedoch sollte die klösterliche Bewegung die bedeutsameren Folgen nach sich ziehen. Tatsächlich war das Wachstum des normannischen Klosterwesens in den der normannischen Eroberung unmittelbar vorangehenden Jahrzehnten so bemerkenswert, daß es die Aufmerksamkeit einer langen Reihe von Historikern auf sich gezogen hat, und auch heute noch ist sein dramatischer Charakter staunenerregend. Es ist anzunehmen, daß knapp hundert Jahre vor der Nachfolge Wilhelm des Eroberers in der Provinz Rouen kein einziges Kloster mehr existierte. Die Häuser waren verlassen und die Kongregationen verstreut. Gewiß hatten sich einige unter ihnen durch Auswanderung gefahrvoll am Leben erhalten: so zogen beispielsweise einige Mönche von Jumièges nach Haspres in der Diözese Cambrai, während andere von Fontanelle in die Pikardie und später nach Flandern gingen.[4] Doch war die Zerstörung im allgemeinen vollständig gewesen. Trotzdem war die Normandie kaum ein Jahrhundert später, am Vorabend der normannischen Eroberung Englands, reichlich mit kirchlichen Häusern versehen und für ihr Klosterleben berühmt.

Kaum weniger beachtlich als die Schnelligkeit dieser eindrucksvollen Umwandlung war jedoch die Rolle, die die Wikingerdynastie bei ihrem Zustandekommen spielte. Es ist möglich, daß Rolf kraft des von ihm erworbenen gräflichen Ranges die Obhut über die Abteien der Grafschaft Rouen anvertraut worden war, doch müssen spätere Bestätigungen seiner klösterlichen Wohltaten mit einiger Vorsicht aufgenommen werden.[5] Andererseits behauptet eine sehr gewichtige Überlieferung, daß sich sein Sohn Wilhelm Langschwert aktiv für die Pläne interessierte, die eine Wiederherstellung des Klosterlebens in seinem Gebiet anstrebten.[6] Im besonderen wird von ihm behauptet, daß er Mönche der in Haspres befindlichen Kongregation wieder in Jumièges willkommen hieß, und daß er den Wiederaufbau dieses Klosters begonnen hatte und ihm andere Mönche der Abtei Saint-Cyprien zu Poitiers zuführte.[7] Zweifellos wurde die Rolle Wilhelm Langschwerts als Verteidiger der Christenheit durch Legenden verherrlicht, doch wäre die Behauptung, daß das normannische Klosterwesen seinen Taten nichts verdankt, allzu voreilig.

Die auf seine Ermordung folgende heidnische Reaktion unterbrach jede mögliche Weiterentwicklung in dieser Richtung, und erst nach dem im Jahre 965 zwischen Herzog Richard I. und Lothar geschlossenen Pakt läßt sich ein merklicher Fortschritt feststellen. Auch in diesem Falle scheint der erste Anstoß von der herzoglichen Dynastie ausgegangen zu sein und wurde nun durch einen Einfluß verstärkt, der von der Abtei Sankt Peter in Gent unter der Führung des heiligen Gérard von Brogne ausing. Die Auswirkung dieser flämischen Bewegung auf die Normandie offenbart sich besonders deutlich am Schicksal der zerstreuten Kongregation von Fontanelle, die – wie bereits erwähnt – nach einigem Umherwandern Flandern erreicht hatte. Der Wunsch nach einer Neugründung des Klosters Fontanelle hatte die Anhänger des heiligen Gérard schon lange bewegt. Zwischen 960 und 961 verließ eine kleine Gruppe Mönche unter der Führung eines Schülers des heiligen Gérard namens Mainard Gent und reiste in die Normandie. Dort erhielten sie von Herzog Richard I. den verwüsteten Platz Fontanelle, wo sie zu Ehren Saint-Wandrille's ein neues Kloster zu bauen begannen. Daraufhin stießen andere Mönche zu ihnen, und Mainard erhielt von Gent Bücher und Ornate. Somit war die Wiederherstellung Fontanelles im neuen Stil von Saint-Wandrille erreicht.[8]

Das Wirken Mainards in der Normandie zog beträchtliche Folgen nach sich. Er blieb nur wenige Jahre in Fontanelle, das nach seiner Abreise anscheinend einen Niedergang erlebte. Doch wurde er zu seiner Zeit von Herzog Richard I. nach Le Mont-Saint-Michel versetzt. Tatsächlich war die Wiederherstellung des berühmten Bergheiligtums eine der wichtigsten Taten Richard des Furchtlosen. Mit der Billigung des Papstes und der Hilfe des Erzbischofs Hugo von Rouen wurde dieses Werk dank der herzoglichen Tatkraft durchgeführt und durch eine Urkunde Lothars bestätigt.[9] Anstelle von Domherren wurden Mönche eingesetzt, und die Gemeinschaft erhielt Besitzungen und Privilegien.[10] Mainard selbst sollte fünfundzwanzig Jahre lang die Bruderschaft leiten, und sein vom Herzog unterstützter Einfluß war weitreichend.[11] Beispielsweise erhielt Jumièges zu dieser Zeit neue herzogliche Schenkungen, indessen Saint-Ouen eine Erneuerung erlebte. Kurz: vielleicht wurde die Bedeutung der letzten Regierungsjahre Herzog Richard I. hinsichtlich des Wachsens des normannischen Klosterwesens ungerechterweise geschmälert, und Mainards eigener Werdegang und Erfolg wäre womöglich ein gründlicheres Studium wert. Die Auswirkung der flämischen Klosterbewegung auf die englische Kirche zur Zeit Dunstans und Ethelwolds ist bereits hinreichend begründet worden. Doch wurde ihr Einfluß auf die Entwicklung der

Normandie und deren klösterliches Leben im allgemeinen weniger gewürdigt.

Der vorherrschende äußere Einfluß auf das normannische Klosterwesen, der sich unter Wilhelm dem Eroberer während dessen Regierungszeit als Herzog entwickeln sollte, stammte jedoch nicht aus Flandern, sondern aus Cluny, zumindest aber aus der Bewegung, die in Cluny begonnen hatte und in Zentren wie beispielsweise Dijon neues Leben erlangte.[12] Der Übergang kann am besten in Verbindung mit einem anderen normannischen Kloster beobachtet werden. Unter den kirchlichen Zuwendungen Herzog Richard I. waren jene, die er dem ihm besonders nahestehenden Kloster Fécamp erwies, wohl die bemerkenswertesten. Dort gründete er eine Gemeinschaft weltlicher Domherren, die der großartigen, von ihm erbauten Kirche dienen sollten. Doch erwiesen sich diese Domherren ihrer Aufgabe anscheinend als unwürdig, woraufhin Herzog Richard I. zu einem etwas späteren Zeitpunkt seiner Regierung sich an Maieul, Abt von Cluny, mit der Bitte wandte, ihm einige Mönche zu senden, die deren Stelle einnehmen sollten. Zuerst blieb dieser Appell erfolglos, doch brachte er nach dem Tode des Herzogs ein entscheidendes Ergebnis mit sich. Auf Wunsch Herzog Richard II. kam im Jahre 1001 ein Mönch namens Wilhelm von Dijon nach Fécamp, dessen Ankunft den Beginn einer neuen Ära klösterlichen Wachsens in der Normandie kennzeichnete.[13] Er sollte länger als ein Vierteljahrhundert Abt von Fécamp bleiben und seine Politik zum richtigen Zeitpunkt seinem großen Nachfolger Abt John übergeben, der seinerseits bis zum Jahre 1079 lebte.[14] Tatsächlich sollte sein Einfluß den Charakter des normannischen Klosterwesens unter der Herrschaft Wilhelm des Eroberers bestimmen.

Wilhelm von Volpiano, bzw. von Dijon [15] war adliger, piemontesischer Abstammung. Er war in Cluny unter Maieul gewesen, der ihn im Jahre 989 zur Reformierung des alten Klosters Saint-Benigne von Dijon aussandte. Von dort aus griff seine Tätigkeit schnell um sich, so daß sich Herzog Richard II. mit seinem Anliegen an einen in der europäischen Kirche hochangesehenen Mann wandte. Zuerst zögerte der berühmte Abt, den Auftrag anzunehmen und begründete dies mit den immer noch in der Wikingerprovinz herrschenden barbarischen Zuständen. Jedoch siegte zuletzt die Beharrlichkeit des Herzogs, und obwohl Wilhelm von Dijon seine Aufmerksamkeit nie auf die Normandie beschränkte, sollte er doch gerade dort seine größten Werke vollbringen. Infolgedessen wurde das normannische Klosterwesen von nun an nicht nur von clunyschen Vorstellungen beherrscht, sondern vielmehr durch sein höchst ursprüngliches, eigenes Gedankengut ergänzt.

Der erste Mittelpunkt dieser Bewegung war natürlich Fécamp, wo sich sofort eine neue Klostergemeinschaft bildete; doch verbreitete sich der Einfluß des großen Abtes rasch über die ganze Provinz. Beispielsweise wird von ihm behauptet, daß er in Saint-Ouen und Jumièges Reformen einführte; ebenso stand Le Mont-Saint-Michel, wie ein späterer Autor berichtet, ›unter seiner Herrschaft‹.[16] Darüber hinaus war sein Einfluß derart, daß die herzoglichen Gründungen, die in den zehn Jahren vor der Nachfolge des Eroberers stattfanden, ebenfalls seinen Vorstellungen entsprechend gestaltet wurden. Das um das Jahr 1026 von der Herzogin Judith gegründete Bernay trug sein Gepräge,[17] und das gleiche geschah mit den beiden während der Herrschaft Herzog Robert I. erbauten Klöstern, von denen das eine bei Cerisy-la-Forêt, und das andere, das der Heiligen Dreifaltigkeit geweiht war, auf dem Sankt-Katharinen-Berg bei Rouen lag.[18] Nach dem gleichen Muster waren auch zwei Nonnenklöster entstanden: das eine lag bei Montivilliers, während das andere Saint-Amand in Rouen geweiht war.[19]

Das erneuerte normannische Klosterwesen, das Herzog Wilhelm im Jahre 1035 übernahm und das sich während seiner Herrschaft so auffallend entwickeln sollte, stand infolgedessen ebensosehr unter dem Einfluß des clunyschen Geistes wie unter der herzoglichen Leitung. Gewiß waren in Le Mont-Saint-Michel und Saint-Wandrille Spuren des früheren flämischen Einflusses übrig geblieben, die sich ihrerseits wiederum teilweise auf die Tochterhäuser Fontanelles bei Préaux und Grestain auswirkten. Doch kam der wichtigste Antrieb nun aus Cluny, dessen von Wilhelm von Dijon und Richard von Saint-Vannes gemilderter Einfluß bei weitem überwog.[20] Es ist unmöglich, die herzogliche Verbindung zu dieser Bewegung zu ignorieren, bzw. ihren wesentlichen Charakter zu verdecken. Bemerkenswert ist, daß alle von normannischen Herzögen vor 1035 gemachten Stiftungen mit Ausnahme von zweien auf den Stätten alter Klöster stattfanden, so daß dieses Bestreben zu Recht als ein bewußter Versuch der Wikingerdynastie gelten kann, das in den Wikingerkriegen fast gänzlich zerstörte blühende Kirchenleben Neustriens wiederaufleben zu lassen.

Eine weitere Rechtfertigung dieser Ansicht läßt sich bezüglich der Schenkungen erstellen, die die neuen herzoglichen Klöster erhalten hatten. Sie stammten anscheinend häufig aus dem vormaligen Besitz später zerstörter Abteien, oder aber von Gütern, über welche die Herzöge kraft einer von alters her überlieferten Befugnis die Obhut erhalten hatten. So erhielt Cerisy-la-Forêt zur Zeit von Herzog Wilhelms Vater Ländereien, die vormals den zerstörten Abteien Deux-Jumeaux, Saint-Fromont und Saint-Marculf gehört hatten, während die Dreifaltigkeitskirche um dieselbe Zeit Güter aus dem früheren Besitz des Klosters Saint-Philibert erwarb.[21] Zweifellos wurden während dieser Periode auch andere, ähnlich geartete Wiedererstattungen getätigt, doch waren, sogar abgesehen von ihnen, die unmittelbaren Benefizien des herzoglichen Hauses höchst bemerkenswert. Von den zehn Klöstern, die Wilhelm bei seinem Amtsantritt in der Normandie vorfand – nämlich Jumièges, Saint-Wandrille, Le Mont-Saint-Michel, Saint-Ouen, Fécamp, Bernay, Cerisy, Montivilliers, die Heilige Dreifaltigkeit in Rouen sowie Saint-Amand – verdankten alle mittelbar oder unmittelbar ihre Gründung oder Wiederherstellung der herzoglichen Tatkraft. So übernahm der junge Herzog das althergebrachte klösterliche Patronatsrecht, das zum charakteristischen Merkmal der herzoglichen Autorität in der Normandie geworden war.

Da sich die herzogliche Dynastie zum Hüter des Klosterlebens innerhalb der Normandie eingesetzt hatte, verbanden die wiederhergestellten normannischen Klöster ihr weltliches Geschick mit dem des Herzogs. Vor den Wikingerkriegen hatten die Klöster dieser Gegend weithin über Gallien verstreute Güter besessen. So gehörten Fontanelles, abgesehen von seinen Besitzungen im unteren Seinetal, Ländereien in der Pikardie, der Provence, in Saintonge und Burgund, während Jumièges in Anjou, Maine, Poitou und im Vexin Güter sein eigen nannte.[22] Sogar nach den im 10. Jahrhundert nur schrittweise und unvollkommen erfolgten Wiedererstattungen versuchten die normannischen Klöster weiterhin, ihre Rechte auf außer- wie innerhalb der Normandie liegende Besitzungen beizubehalten. Jedoch schlug diese Politik während der drei Jahrzehnte vor Wilhelms Erbfolge in das Gegenteil um: nun waren die normannischen Klöster ängstlich darauf bedacht, ihren Landbesitz innerhalb des herzoglichen Herrschaftsgebietes zu konzentrieren. So überließ Jumièges im Jahre 1012 der Abtei Bourgueil eines seiner Poitevin-Güter und erhielt dafür Ländereien in der Nähe von Vernon; im Jahre 1024 verzichtete es nach einer ähnlichen, mit den Mönchen von Saint-Vedast in Arras getroffenen Abmachung auf Haspres.[23] Die Abtei Saint-Wandrille machte sich die gleiche Handlungsweise zu eigen.[24] Von diesem Zeitpunkt an scheinen die normannischen Klöster, mit teilweiser Ausnahme der Abtei Le Mont-Saint-Michel, bis nach 1066 auf jegliche Politik der Bereicherung außerhalb des Herzogtums verzichtet zu haben. Um das Jahr 1035 waren sie so weit, das Geschick ihrer Ländereien mit der weltlichen Entwicklung und Ausbreitung der Normandie gleichzusetzen.

Die Entwicklung des normannischen Klosterwesens während der

Herrschaft Herzog Wilhelms war daher durch eine komplexe Tradition bedingt, die die Dynastie bereits mit der klösterlichen Restauration verkettet hatte und die Interessen der reformierten Klöster mit denen des Herzogtums verschmolz. Deshalb sollte die neue Herrschaft Zeuge einer Phase klösterlichen Wachsens in der Normandie werden, das in jeder Hinsicht bedeutend war und sich durch besondere Eigenmerkmale auszeichnete. Die frühere Tradition wurde nicht nur aufrecht erhalten; es wurde auch ihre Wirksamkeit erhöht, was durch eine Welle der Begeisterung und der Gönnerschaft zustande kam. Wie bereits erwähnt, verdankten im Jahre 1035 alle Klöster der Provinz ihr Bestehen der herzoglichen Dynastie. Nun begann ein neuer Einfluß auf ihr Wachstum einzuwirken. Bereits im Jahre 1030 hatte Herzog Robert I. auf Betreiben des Vicomte Goscelin von Rouen und dessen Frau Emmeline die Gründungsurkunde der Heiligen Dreifaltigkeit in Rouen bewilligt,[25] in die zwischen 1033 und 1054 die ehrwürdigen Reliquien der heiligen Katharina überführt wurden.[26] Auch bei der einige Jahre später stattfindenden Gründung des Nonnenklosters Saint-Amand hatten Goscelin und Emmeline ihren Einfluß geltend gemacht.[27] Dies kennzeichnete eine neue Art der Gönnerschaft, wie sie bald darauf im Herzogtum vorherrschen sollte. Nach dem Tode Robert I. sollte in der Normandie kein herzogliches Kloster mehr gegründet werden, bis dann Wilhelm und Matilda im Jahre 1063 in Caen ihre Zwillingskirchen erbauen ließen. Trotzdem wurden zwischen 1035 und 1066 mindestens zwanzig neue Klöster im Herzogtum gegründet, die ihre Existenz Mitgliedern des neuen Adels verdankten, und diese glühende Aktivität war wohl eines der überraschendsten Merkmale in der Handlungsweise jener erstaunlichen Gruppe untereinander verbundener Familien. Dieses Faktum heischt volle Aufmerksamkeit, obgleich es sich vielleicht nicht hinreichend erklären läßt.

Diese Bewegung setzte nämlich plötzlich ein. Der neue Adel hatte an den früheren klösterlichen Gründungen nur geringen Anteil genommen und sich sogar während seines Aufstiegs zur Macht häufig auf Kosten der Kirche bereichert. Diesbezüglich hatten zum Beispiel Jumièges, Saint-Wandrille und Le Mont-Saint-Michel besondere Verluste erlitten.[28] Als jedoch zwischen 1035 und 1050 die herzogliche Macht teilweise im Sinken war, setzte sich eben dieser wetteifernde Adel für die Entwicklung des normannischen Klosterwesens ein und übernahm bis zum Jahre 1066 einen Großteil jener Gönnerschaft, die vordem von den Herzögen ausgeübt worden war. Dieses Streben war so allgemein, daß es später das bewundernde Lob eines Mönches hervorrief. Zu dieser Zeit, so bemerkt Ordericus Vitalis in einer berühmten Textstelle,[29] ahmten die Adligen der Normandie die Taten ihrer Herzöge nach, indem sie einander in klösterlichen Benefizien überboten, und dies in einem solchen Ausmaß, daß sich jeder dieser Feudalherren minderwertig dünkte, wenn er auf seinen Gütern keine Geistlichen oder Mönche eingesetzt und beschenkt hatte. Natürlich läßt sich in diesen Worten ein übertriebener Enthusiasmus entdecken; doch beweisen die von Robert von Torigny stammenden Tatsachenberichte über die Ursprünge der normannischen Klöster, daß es sich in dem Falle um keine ungebührliche Übertreibung handelte.[30]

Bei der Aufzählung der besonderen Gründungen, die der Adel zwischen 1035 und 1066 in der Normandie unternommen hatte, läßt sich schwerlich eine Monotonie vermeiden, da die meisten unter den damals aufsteigenden Familien diesem Bestreben beisteuerten. Beispielsweise gründete Roger I. von Tosny um 1035 ein Kloster bei Châtillon, während Humphrey von Vieilles ungefähr gleichzeitig bei Préaux zwei Klöster errichtete: das Mönchskloster Saint-Pierre und das Nonnenkloster Saint-Léger.[31] Die Gräfin Lesceline setzte sich gemeinsam mit ihrem Sohn Robert, Graf von Eu, für die Abtei Saint-Pierre-sur-Dives ein; später errichtete derselbe Graf Robert die Abtei Saint-Michel-du-Tréport.[32] Herluin, Vicomte von Conteville, gründete mit seiner Gemahlin Herleve und seinem Sohn Robert, Graf von Mortain, die Abtei Grestain; Ralph Tesson, Mitglied einer bedeutenden Familie in der Mittelnormandie, gründete vor 1055 das Kloster Fontenay.[33] Gleichermaßen errichtete Wilhelm FitzOsbern, der Sohn von Herzog Roberts Haushofmeister, die Abtei Lire, sowie später eine ähnliche Stiftung bei Cormeilles.[34] In der Obernormandie wurde von Roger von Mortemer das Kloster Victor-en-Caux als eine Priorei von Saint-Ouen erbaut, während weiter westlich Odo ›au Capel‹ und Robert Bertram, von denen jeder einige Zeit den Titel eines Vicomte von Cotentin führte, das Kloster Lessay, bzw. das Kloster Beaumont-en-Auge gründeten.[35] Die Familie Montgomery schließlich (um keine weiteren Beispiele zu nennen) zeichnete während dieser Jahre für nicht weniger als drei Gründungen: Saint-Martin in Sées, Saint-Martin in Troarn und das Nonnenkloster von Almenèches.[36] Es war eine in jeder Hinsicht starke Bewegung der Gönnerschaft, und es muß besonders erwähnt werden, daß diese Männer ihre Benefizien nicht nur auf die von ihnen selbst gegründeten Klöster beschränkten. Roger I. von Tosny machte nicht nur seiner eigenen Stiftung bei Châtillon, sondern auch dem Kloster Lire reichliche Geschenke; sein Sohn Ralph III. war der Wohltäter Saint-Evroul's sowie der Klöster

La Croix-Saint-Leuffroi und Jumièges.[37] Auch Richard, Graf von
Evreux, machte Jumièges Schenkungen, während Saint-Wandrille
Wilhelm, Graf von Arques und Roger von Beaumont zu seinen Wohl-
tätern zählen konnte.[38] Baldwin, der Sohn Gilberts von Brionne
befand sich unter denen, die das Nonnenkloster Saint-Amand in
Rouen dotierten; Wilhelm FitzOsbern gründete nicht nur Lire und
Cormeilles, sondern machte auch der Heiligen Dreifaltigkeitskirche in
Rouen namhafte Schenkungen.[39]

Infolge dieser weitverbreiteten Aktivität war die Normandie vor
1066 für die Anzahl seiner Klöster in ganz Nordwesteuropa berühmt
geworden. Indessen muß auch ihre Verteilung innerhalb des Herzogtums erwähnt werden. Von den zehn herzoglichen Klöstern lagen
nicht weniger als acht innerhalb eines bestimmten Gebietes um Rouen.
Drei befanden sich in der Hauptstadt selbst: Saint-Ouen, Saint-Amand
und die Heilige Dreifaltigkeit. Eine kurze Strecke Seine-abwärts
lagen Jumièges und Saint-Wandrille, während sich nahe der Seine-
mündung Montivilliers und ungefähr fünfzehn Meilen nordöstlich
davon Fécamp befanden. Bernay lag nicht allzu weit entfernt auf der
anderen Seite der Hauptstadt. Nur Le Mont-Saint-Michel – ein
unvorstellbar altes Heiligtum – lag dem Atlantik gegenüber einsam
auf seiner Insel; Cerisy-la-Forêt wurde erst um 1030 in der Diözese
Bayeux gegründet. Kurz: die herzoglichen Klöster konzentrierten sich
vor allem auf das von der christlichen Hauptstadt der Herzöge
beherrschte Gebiet.

Die Schenkungen der Aristokratie sollten dieses Gebiet erweitern, da
die von den Adligen ausgehenden Neugründungen auf deren Gütern
stattfanden. Trotzdem erhielt die Mittelnormandie auch weiterhin
den Hauptteil der neuen Klöster. Davon lag der größte Teil im
Stromgebiet der Seine, Risle, Dives und Touques. Le Bec war ungefähr
zwanzig Meilen von Jumièges, von Bernay etwas weniger und nur
rund fünfzehn Meilen von den beiden Klöstern bei Préaux entfernt.
Man konnte einen Kreis mit dem Radius von ungefähr fünfzehn
Meilen ziehen, der die zwischen der Risle und dem Touques liegenden
Klöster Préaux, Cormeilles und Grestain einbeschloß, während ein
Kreis mit dem Radius von zwölf Meilen die zwischen der Risle und
der Seine befindlichen Klöster Châtillon, Saint-Taurin und Lire umfaßte. Weiterhin lag Lire ungefähr zwanzig Meilen von Saint-Evroul
entfernt, das seinerseits keine zwanzig Meilen von den benachbarten
Klöstern Almenèches und Saint-Martin zu Sées lag. An der Dives
befand sich Troarn, und ungefähr zwölf Meilen davon die Abtei
Saint-Pierre. Die während dieser Periode in der Mittelnormandie

stattfindende Vermehrung von Klosterstiftungen ist in der Tat höchst bemerkenswert.

Außerhalb dieses Gebiets waren die Gründungen jedoch weniger zahlreich. Tatsächlich existierte zwischen 1059 und 1066 ein von Fécamp ausgehendes Kolonisationsbestreben, das nicht nur eine Auswanderung nach Bonneville-sur-Touques bewirkte, wo daraufhin die Priorei Saint-Martin-du-Bosc gegründet wurde, sondern auch die weiter westlich gerichtete Mission einiger Mönche zur Folge hatte, die schließlich zur Errichtung der Priorei Saint-Gabriel durch die Herren von Creully führte.[40] In der Diözese von Bayeux lag nicht weit von Cerisy-la-Forêt das Kloster Fontenay, während sich Saint-Vigor außerhalb der die Domstadt umschließenden Mauern befand. Bei Le Tréport wiederum erbauten sich die Grafen von Eu ein nach Osten weisendes, klösterliches Bollwerk, und als Lessay entstand, das vom Westen des Cotentin aus den Atlantik überblickte, war es das Symbol für die Ausdehnung einer Bewegung, die diesmal bis in den entferntesten Teil einer rückständigen Diözese reichte. Jedoch bleibt trotz all dieser Gründungen die Tatsache bestehen, daß sich die normannischen Klöster vor 1066 immer noch auf das Zentralgebiet des Herzogtums konzentrierten.

Dennoch bleibt das Ausmaß der dem normannischen Klosterwesen in den Jahren 1035 – 1066 seitens des Adels erwiesenen Dotation so erstaunlich, daß die diesbezüglichen Beweggründe unbedingt durchdacht werden müssen. Es wäre jedoch voreilig, diese Transaktionen als reine Wohltaten, bzw. die Dotationen einfach als Geschenke zu werten. Im 11. Jahrhundert begann jene Bewegung, die die Klöster Westeuropas im Laufe der Zeit zu Kreditanstalten der weltlichen Herren werden ließ; gewiß spielten die größeren normannischen Klöster, wie beispielsweise Fécamp unter dem Abt John, während der zweiten Hälfte dieses Jahrhunderts in der Entwicklung der Geldwirtschaft eine entscheidende Rolle im Herzogtum.[41] Viele Mitglieder des neuen normannischen Adels begannen schon vor 1066 die Klöster des Herzogtums als Agenten zu benutzen, durch die sie einige ihrer kürzlich erworbenen Ländereien in Bargeld umwandeln konnten: die jährlich erfolgende Zahlung eines mit Ländereien dotierten Klosters an seinen ›Stifter‹ war daher eines der geeigneten Mittel. Dabei sollte nicht vergessen werden, daß die Gründung eines Klosters eine Möglichkeit bot, den Reichtum eines großen Gutes zu vermehren; daß sich viele normannische Gründungen in der Nähe von Gebieten befanden, deren Kolonisation bzw. Ausbeutung sich lohnte, ist daher von nicht geringer Bedeutung.[42]

Zwar läßt sich die Rolle, die die normannische Aristokratie in bezug auf die Förderung des Klosterwesens im Herzogtum spielte, teilweise mit Sicherheit auf diese Art erklären; es ist jedoch unmöglich, sie allein rein wirtschaftlichen Beweggründen zuzuschreiben. Deshalb müssen umfassendere Motive herausgearbeitet werden. In einem Zeitalter, das dem Prestige große Bedeutung beimaß, dürfte einiges auf die zwischen den größeren Familien herrschende Rivalität zurückzuführen sein; dies war bei Saint-Evroul zwischen den Häusern Montgomery und Grandmesnil offensichtlich der Fall.[43] Das so fragwürdig begehrte Ansehen konnte auf diese unwürdige Weise erhöht werden. Beispielsweise ist erwiesen, daß die neuen Stiftungen in vielen Fällen mit Ländereien dotiert wurden, die den älteren Klöstern der Normandie geraubt worden waren. So erhielten Troarn und Almenèches vom Hause Montgomery Besitzungen, die vordem Fécamp gehört hatten,[44] und Ralph Tesson dotierte seine eigene Abtei Fontenay mit einigen Ländereien, die aus einer früheren Schenkung der Herzogin Judith an das Kloster Bernay stammten.[45] All diese Fakten beruhen auf Wahrheit. Jedoch läßt sich der Geist des 11. Jahrhunderts keinesfalls im Sinne skrupellosen Zynismus auslegen, genausowenig wie er in Begriffen leichtgläubiger Sentimentalität abgeurteilt werden darf; in Verbindung damit ist vielleicht der Hinweis darauf zulässig, wie viele dieser unbarmherzigen Männer sich in die von ihnen bereicherten Abteien zurückzogen, um dort ihr Leben zu beschließen.[46] Es existierte in der Normandie jedenfalls ein zu der Zeit gegründetes Kloster, dessen Errichtung billigerweise als Beispiel für den Einfluß persönlicher Geistigkeit auf den weltlichen Geschichtsverlauf gelten kann.[47] Um das Jahr 1035 suchte ein gewisser Ritter des Grafen Gilbert von Brionne namens Herluin, der sich zum geistlichen Leben berufen fühlte, dieses Bedürfnis zuerst als Laienbruder, dann als Mönch in einem der in der Provinz vorhandenen Klöster zu stillen. Dies blieb jedoch erfolglos, woraufhin er sich mit zwei Gefolgsleuten auf eines seiner Güter bei Bonneville nahe der Risle zurückzog; dort gesellten sich einige gleichgesinnte Männer zu ihm, und im Jahre 1039 begab sich die kleine Gruppe nach Le Bec-Hellouin, wo sie eine äußerst schlichte Lebensgemeinschaft gründeten und wo am 23. Februar 1041 ihre Kirche von Erzbischof Mauger geweiht wurde.[48] Wie sich später erweisen wird, handelte es sich in diesem Falle weder um den Wunsch, eine klösterliche Bewegung ins Leben zu rufen, noch darum, Reichtum, Ansehen und äußeren Einfluß zu gewinnen. Dennoch war dies der Ursprung eines der während einer gewissen Periode berühmtesten Klöster Westeuropas, das seine Mitglieder aussandte, um den Vorsitz über Bistümer und Klöster zu übernehmen, und das seine geistige und religiöse Kultur einem großen Bereich der westlichen Christenheit mitteilte.

Der rasche Aufstieg Le Bec's zum Ruhm läßt sich ab dem Zeitpunkt datieren, als ein Mann in diese kleine Gemeinschaft eintrat, dessen Werdegang einen Teil anglo-normannischer Geschichte bilden sollte. Als sich Lanfranc um das Jahr 1042 nach Le Bec begab, war er ungefähr fünfunddreißig Jahre alt und hatte in Norditalien und Avranches als Lehrer Berühmtheit erlangt. Drei Jahre lang tauchte er an den Ufern der Risle in dem von ihm ersehnten Dunkel unter, doch ließ sich sein Genie nicht unterdrücken; er wurde im Laufe der Zeit Prior unter Herluin und nahm seinen Lehrberuf wieder auf. Von überall her begannen Schüler nach Le Bec zu strömen, dessen Ruhm daraufhin wuchs. Tatsächlich wurde es bereits als ein Sitz der Wissenschaft gefeiert, als um das Jahr 1060 ein anderer, noch bemerkenswerterer Mann seine Mauern betrat. Es war Anselm, der zukünftige Erzbischof von Canterbury. So wurde das Ziel schnell erreicht. Die Gebete Herluins, die Genialität Lanfrancs und die Heiligkeit Anselms riefen zusammen mit dem außergewöhnlich frommen Wandel ihrer Mitbrüder auf die Dauer einen Einfluß hervor, der ihrem Streben angemessen war. ›In wenig mehr als einem Vierteljahrhundert verwandelte sich Le Bec von einem völlig unbekannten Wagnis, das in gewisser Hinsicht eine Reaktion auf das umliegende Klosterleben war, zum Rivalen seiner Nachbarn, deren vorbildlichste Taten es übertraf, um zum Vorbild und zur Herrin des normannischen Klosterwesens zu werden.‹[49]

Ein Kloster, das zwischen 1058 und 1063 ›zwei der mächtigsten Geister und mehr als zwei der heiligsten Männer einer großen formgebenden Epoche‹[50] in seinen Mauern beherbergte, stand in Anbetracht seiner persönlichen Überlegenheit unvermeidlich außerhalb. Es wäre jedoch falsch, seine Leistungen zu scharf vom allgemeinen klösterlichen Wachstum der normannischen Provinz jener Zeit zu trennen. Während dieser Zeit fand nicht allein eine Vervielfachung der normannischen Klöster statt, auch ihre Errichtung stand in engem Zusammenhang mit der großen reformatorischen Bewegung, die ganz Westeuropa zu überschwemmen begann, und sie wurden durch ihre wachsende Aufnahme der clunyschen Lehre miteinander verbunden. In Fécamp und Bernay hatte Wilhelm von Dijon die Reformen eingeführt, während seine Schüler diese Aufgabe in Jumièges, Le Mont-Saint-Michel und Saint-Ouen vollzogen; von diesen Klöstern aus sollte sich die neue Lehre schnell und stufenweise auf alle neuen Gründungen erstrecken.[51] So stammten die ersten Äbte der Tosny-Stiftung bei Conches aus Fécamp, desgleichen die der Gründungen des Hauses Montgomery bei Troarn. Der Abt und die Mönche des Klosters Saint-Vigor bei Bayeux kamen aus Le Mont-Saint-Michel. Gleichermaßen stammte der erste Abt der Grandmesnil-Stiftung bei Saint-Evroul aus Jumièges, das auch einige der ersten Äbte für die bei Lire liegende Stiftung Wilhelm FitzOsberns hervorbrachte. Doch hatten die zu jener Zeit vom normannischen Adel errichteten Klöster diesbezüglich Saint-Ouen wohl am meisten zu verdanken. Die ersten fünf Äbte der Heiligen Dreifaltigkeit in Rouen kamen aus dieser Abtei; die Heilige Dreifaltigkeit setzte diese Reihenfolge fort, indem sie nicht nur für die Stiftungen Le Tréport und Saint-Pierre-sur-Dives des Grafen von Eu, sondern auch für das von Wilhelm FitzOsbern zu Cormeilles erbaute Kloster die ersten Äbte stellte. Auch Cerisy-la-Forêt erhielt seinen ersten Superior von Saint-Ouen. Die ersten Äbte des reformierten Klosters La Croix-Saint-Leuffroi, die der von Roger von Mortemer gegründeten Abtei Saint-Victor-en-Caux, sowie die der Stiftung Roger Bertrams bei Beaumont-en-Auge stammten ebenfalls aus Saint-Ouen.

In dieser Gesamtliste sind die meisten der vor 1066 in der Normandie gegründeten Klöster erwähnt worden, doch befinden sich unter den ausgelassenen einige, die an sich schon sehr bezeichnend sind. Wie bereits erwähnt, war Le Bec das Ergebnis einer einheimischen Bewegung, die in mancher Beziehung einzigartig war, da sie eine außergewöhnliche Form klösterlichen Lebens darstellte. Jedoch stimmte es trotz seiner Eigenart in vieler Hinsicht mit dem vorherrschenden Vorbild überein und übertrug seine eigene Lehre unmittelbar auf die Abtei Lessay, sowie später auf die herzogliche Stiftung Sankt-Stephan in Caen.[52] Hinwiederum blieben in Saint-Wandrille wahrscheinlich Überlieferungen der früheren flämischen Bewegung bestehen, die vielleicht von der Beaumont-Stiftung Préaux, dem Kloster Grestain Herluin's, oder sogar von Ralph Tessons Kloster Fontenay übernommen wurden.[53] Doch ist auch hier die Ausnahme teilweise trügerisch, da anscheinend kein Zweifel daran besteht, daß Saint-Wandrille selbst um 1063 von Fécamp reformiert wurde.[54] Deshalb können die normannischen Klöster vor der Eroberung mit Ausnahme von Le Bec im allgemeinen als eine eng verbundene Gruppe betrachtet werden, deren Ordensregeln hauptsächlich aus Cluny stammten. Obgleich sie entweder von der herzoglichen Dynastie oder aber von rivalisierenden Mitgliedern eines heftig wetteifernden Adels gegründet worden waren, bildeten sie kraft ihrer Zwischenverbindungen nichtsdestoweniger eine zusammenhängende Macht in der Normandie. So trugen sie nicht nur zu der kirchlichen Prägung, sondern auch zu der politischen Einheit des Herzogtums unter Herzog Wilhelm bei.

Die klösterliche Entwicklung der Normandie während der Herrschaft des Eroberers war so ungewöhnlich, daß man leicht vergessen könnte, daß dies wohl der hauptsächliche, aber doch nicht der einzige Faktor in der Förderung der kirchlichen Erneuerung war, die ihrerseits zu dieser Zeit den Einfluß der Normandie auf Europa bestimmen sollte. Es ist daher angebracht, die hohe Geistigkeit, durch die sich beispielsweise Richard von Saint-Vanne oder das Kloster Le Bec auszeichneten, den weltlichen Interessen der zeitgenössischen Säkularkirche entgegenzusetzen; es ist sehr wahr, daß die normannische Kirchenreform ihrem Wesen nach in erster Linie klösterlicher und nicht bischöflicher Art war. Jedoch bildeten die normannischen Bischöfe zwischen 1035 und 1066 eine Gruppe von Prälaten, die in mancher Hinsicht bemerkenswert war.[55] Zwar hatten sie mit den von Cluny ausgehenden Reformationsideen und deren Ausläufern nichts zu tun, und auch ihre Auffassung des bischöflichen Amtes hatte mit der späterer Reformatoren kaum etwas gemein. Sie zogen daher Tadel auf sich, der im Hinblick auf ihr Privatleben in vielen Fällen berechtigt war. Jedoch waren sie keinesfalls nebensächlich und viele ihrer Werke von Dauer.

Auch wenn die kirchliche Entwicklung der Normandie zwischen 1035 und 1066 den damaligen Bischöfen der Provinz Rouen einiges verdankte, so bleibt trotzdem zwischen diesen Männern und jenen, die für die klösterlichen Reformen verantwortlich waren, ein erheblicher Unterschied bestehen. Obgleich eine genaue Datierung schwierig ist, so existiert doch ein guter Überblick über die Reihenfolge der normannischen Bischöfe zwischen 1035 und 1066; die bloße Nennung ihrer Namen weist auf die außerordentlich wichtige Tatsache hin, daß das normannische Episkopat unter der Herrschaft Herzog Wilhelms in geradezu überwältigendem Maße von der neuen weltlichen Aristokratie gebildet wurde, die sich damals im Herzogtum niedergelassen hatte und mit der herzoglichen Dynastie in enger Verbindung stand. Vor 1055 wurde das Amt eines Erzbischofs von Rouen von zwei Söhnen normannischer Herzöge, nämlich Robert und Mauger, bekleidet. Hugo, Sohn des Grafen Rodulf, der seinerseits ein Halbbruder Herzog Richard I. war, hatte als erster das Amt eines Bischofs von Bayeux inne; ihm folgte nach 1049–1050 Odo, ein Halbbruder Herzog Wilhelms. John, der im Jahre 1060 Bischof von Avranches und später Erzbischof von Rouen wurde, war ebenfalls ein Sohn Graf Rodulfs; Hugo, der zwischen 1049 und 1050 zum Bischof von Lisieux ernannt wurde, war der Sohn des Grafen Wilhelm von Eu und Enkel

Herzog Richard I. Geoffrey, der im Jahre 1049 Bischof von Coutances wurde, entstammte der Familie Mowbray; Yves, während dieser ganzen Periode Bischof von Sées, war das Oberhaupt des mächtigen Hauses Bellême. Hinwiederum war Wilhelm, Sohn Gérard Flaitels, der seinerseits nach 1040 zum Bischof von Evreux ernannt worden war, mit Radbod, einem früheren Bischof von Sées verwandt und wahrscheinlich dessen Cousin ersten Grades; einer der Söhne Radbods namens Wilhelm wurde im Jahre 1079 Erzbischof von Rouen. Derartige Fakten verdienen nähere Beachtung. Sie weisen unmißverständlich darauf hin, daß das normannische Episkopat während der Herrschaft Herzog Wilhelms von einer kleinen, eng verknüpften Gruppe von Adligen beherrscht wurde, deren hauptsächliche Abstammungen im Rahmen zweier eng beschränkter und miteinander verbundener Stammbäume veranschaulicht werden könnten.

Solche Männer waren oft in bezug auf Charakter und Politik von ihrer weltlichen Verwandtschaft kaum zu unterscheiden; viele von ihnen hatten Kinder aus anerkannten, wenn nicht sogar ordnungsgemäßen Verbindungen.[56] Da sie ihre Ernennung ihren dynastischen Beziehungen verdankten, lag ihnen natürlich daran, den Reichtum ihrer Familien zu mehren, und als Mitglieder des neuen normannischen Adels fühlten sie sich streng verpflichtet, die Machtposition dieser Aristokratie aufrechtzuerhalten. Infolgedessen verursachte die Einsetzung mächtiger Feudalherren in kirchliche Ämter natürlich Situationen, in denen es beispielsweise geschehen konnte, daß Erzbischof Robert von Rouen zugleich Graf von Evreux wurde, oder daß Yves seinem weltlichen Erbe Bellême das Bistum Sées hinzufügte. Durch eine logische Erweiterung dieser Vorstellungen sollte Odo, Bischof von Bayeux, später Graf von Kent werden, und sowohl er als auch Geoffrey, Bischof von Coutances, erwarben (weniger als Bischöfe denn als Privatmänner) in England Ländereien, die ihrem Ausmaß wie ihrem Reichtum nach mit den allergrößten, durch die normannische Eroberung gegründeten weltlichen Baronien verglichen werden konnten. Solche an sich schon unerbauliche Zustände empörten vor allem Autoren aus der Zeit des Heiligen Anselm, die davon überzeugt waren, daß die Ursache allen kirchlichen Übels in der Vermischung geistlicher und weltlicher Angelegenheiten liege; es ist daher wohl kaum verwunderlich, daß die normannischen Bischöfe vor der Eroberung – vor allem im Vergleich zu den Klosterreformatoren – von der Nachwelt mit einem schlimmen Leumund gebrandmarkt wurden.

Es wäre jedoch voreilig, ein zu allgemeines Urteil zu fällen. Zweifellos läßt sich zugunsten Erzbischof Roberts in seiner Eigenschaft als Prälat nur wenig sagen, doch war er im Herzogtum sicherlich eine festigende Kraft; der allgemein kritisierte Mauger rief zu Beginn seines Pontifikats in Rouen zumindest eine Synode zusammen, die nachdrücklich die Simonie verbot; dies geschah, bevor das Papsttum unter Leo IX. seinen großen reformatorischen Feldzug begonnen hatte. Es wäre leichtfertig, Geoffrey von Coutances nur als einen fähigen Verwalter abzutun, der sich an der Ausbeute der Eroberung bereicherte: vielmehr verwaltete er seine Diözese auf eine hervorragende Weise und hinterließ zu seinem Angedenken eine große Kathedrale; außerdem wird von ihm behauptet, daß er seinen Eifer für sein Bistum mit einer beträchtlichen persönlichen Strenge verband.[57] Auch könnte das negative Urteil über Odo von Bayeux eine Einschränkung erfahren. Sein überwältigender Ehrgeiz war eine Quelle des Streits, seine erbarmungslose Unterdrückung machte ihn verhaßt, und sein Privatleben war die Ursache von Skandalen. Nichtsdestoweniger kam das Bistum Bayeux durch seine Herrschaft in den Genuß großer Vorteile, und seine Gönnerschaft zeichnete sich sowohl durch Großzügigkeit als auch durch kluge Anwendung aus. Ein Prälat, dessen politischer Aufstieg das Schicksal der Normandie und Englands so entscheidend beeinflußte, läß sich nicht als nebensächlich abtun, und vielleicht war jener Mönch aus dem 12. Jahrhundert ebenso gerecht wie nachsichtig in der Folgerung, daß sich in diesem bemerkenswerten Mann Tugenden und Fehler seltsam paarten.[58] Bei Hugo von Lisieux und John von Avranches stoßen wir schließlich auf Prälaten, die sich persönlich auszeichneten und hoch angesehen waren. Es bestehen wohl kaum Zweifel, daß der erstere die Lobrede Wilhelm von Poitiers', der ihn gut kannte, verdiente.[59] Was John von Avranches anbelangt, so sollte er später als Erzbischof von Rouen seine Fähigkeiten in vollem Ausmaße zeigen; als er jedoch noch Bischof von Avranches war, erwarb er sich durch seine Schriften einen sicheren Platz in der Geschichte der abendländischen Kirchenliturgie.

Doch gehörten diese Prälaten einer älteren Kirchentradition an, die von den Reformatoren der folgenden Generation angegriffen und verurteilt wurde. Unter den Bischöfen, die vor der Eroberung in der Normandie amtierten, gab es nur einen, von dem man behaupten könnte, daß er den späteren Vorstellungen einer bischöflichen Verfassung entsprach. Es handelte sich um Maurilius, der nach der Amtsenthebung Maugers im Mai 1055 unter außergewöhnlichen Umständen Erzbischof von Rouen wurde. Weder war Maurilius [60] Normanne, noch mit der normannischen Aristokratie verwandt. Er war um das Jahr 1000 bei Reims geboren und hatte seine Ausbildung in Lüttich erhalten; später war er ›scholasticus‹ im Domkapitel zu Halberstadt und danach Mönch in Fécamp. Von dort aus zog er nach Vallombrosa, wo er ein Eremitendasein führte und von wo aus er als Abt an das Benediktinerkloster Santa Maria in Florenz berufen wurde; jedoch löste die Strenge seiner Herrschaft unter den Mönchen eine Rebellion aus, worauf er wieder nach Fécamp zurückkehrte. Von diesem Kloster aus brachte man ihn zwischen 1054 und 1055 dazu, die Pflichten eines Erzbischofs der Normandie zu übernehmen. Somit hatte sich sein erstaunlicher Werdegang in den lebendigsten Zentren des europäischen Kirchen- und Kulturlebens vollzogen: er hatte die Ausbildung von Lüttich, die geistige Inbrunst von Vallombrosa und das clunysche Klosterwesen eines Wilhelm von Dijon erfahren. Doch blieb sein Aufstieg zum Erzbischof nichtsdestoweniger überraschend. Durch ihn wurde ein neues und fremdartiges Element in die weltliche Hierarchie der Provinz Rouen eingeführt; dazu muß der persönliche Einfluß eines derart erfahrenen Mannes sehr groß gewesen sein.

Doch ist der persönliche Anteil Maurilius' an der kirchlichen Entwicklung der Normandie wohl übertrieben worden. Seine Ernennung zum Erzbischof war vor allem dem Herzog zu verdanken, der für die Dauer von Maurilius' Pontifikat eine ständig wachsende Macht auf die normannische Kirche ausüben sollte. Im Jahre 1055 hatte Wilhelm gerade die große Krisis seiner normannischen Herrschaft überwunden, und wahrscheinlich war es ebenso ihm wie dem alternden Erzbischof zu verdanken, daß sich das Kirchenleben der Provinz während des Jahrzehnts, das der normannischen Eroberung vorausging, noch mehr belebte. Vielleicht billigte der Herzog sogar den Gegensatz zwischen dem klösterlichen und dem bischöflichen Einfluß in der Normandie, und da er sich dessen bewußt war, daß beide wesentlich zum Wohlergehen des Herzogtums beitragen konnten, versuchte er wahrscheinlich, sie durch die Ernennung eines hervorragenden Mönches zum Erzbischof miteinander in Einklang zu bringen. Daß er in diesem Erzbischof einen Mann besaß, dessen fromme Wesensart allgemeine Hochachtung auslöste, war für den Herzog sicherlich ein großes Glück. Doch wäre es unklug, im normannischen Kirchenleben zwischen dem, was nach 1055 geschah und dem, was vorher erreicht worden war, einen Trennstrich zu ziehen.[61] Die klösterliche Erneuerung gewann zusehends an Bedeutung, doch war die ursprüngliche Antriebskraft noch dieselbe, und Maurilius sollte unter den Bischöfen der Normandie immer ein Außenseiter bleiben. Daher müssen die Leistungen dieser Bischöfe zwischen 1035 und 1066 als ein (auch nicht im Jahre 1054 unterbrochenes) Ganzes und als das Werk jener vom Herzog geführten Gruppe von Bischöfen betrachtet werden, die, mit der einzigen Ausnahme von Maurilius, aus ausgesuchten Mitgliedern des neuen normannischen Adels bestand.

Diese Prälaten, die zur Verwaltung der noch vor kurzem zerrütteten Kirche einer Provinz aufgefordert wurden, die lange das Opfer großer Wirren gewesen war, offenbarten nun in vollem Maße die Tatkraft ihres Standes und erzielten einen bemerkenswerten Wiederaufbau, obwohl viele von ihnen beklagenswert ungeistig waren. Viele (vor allem Hugo von Lisieux, John von Avranches, Geoffrey von Coutances und Odo von Bayeux) wurden ob der Wohltaten gepriesen, die sie ihren Bistümern erwiesen, und obgleich derartige Lobreden verdächtig erscheinen mögen, so lassen sie sich doch durch genauere Zeugnisse belegen. Im Jahre 1035 spürten die Bistümer der Provinz Rouen immer noch die Auswirkungen der früheren Auflösung und benötigten sogar noch im Jahre 1050 weitere Rehabilitierung. Die für die mittelalterliche Normandie so charakteristischen, gut organisierten Bistümer heben sich daher scharf von denen des Jahre 1035 ab; ein Großteil dieser Umwandlung war das Werk jener Bischöfe, die der normannischen Kirche während der Herrschaft Herzog Wilhelms vorstanden.

Da ein Archidiakon in jeder geordneten Verwaltung eines mittelalterlichen Bistums die wesentliche Kraft darstellte, läßt sich das diesbezügliche Wirken der Bischöfe vor allem im Hinblick auf das Archidiakonat der Normandie angemessen einschätzen.[62] Die normannischen Archidiakonate des 13. Jahrhunderts sind, zusammen mit den ländlichen Dekanaten, in die sie eingeteilt waren, hinreichend bekannt, und eine lange Reihe aus dem 12. Jahrhundert stammender Urkunden bezeugt die frühe Verbreitung der Archidiakonate sowie die Tätigkeit ihrer Inhaber. Noch dazu läßt sich die Kette dieser Zeugnisse bis ins 11. Jahrhundert zurückverfolgen. In einer um 1040 von Mauger zusammengerufenen provinziellen Ratsversammlung wurde das Archidiakonat als Amt voll anerkannt; Dokumente, die seine Einrichtung beweisen, existieren in Rouen, Coutances sowie in Lisieux. Genauer gesagt können die vier Archidiakone, die in einer wichtigen Urkunde des Bischofs Odo von Bayeux als Zeugen auftreten,[63] als Repräsentanten jener vier Archidiakonate gelten, die später zu dieser Kirche gehören sollten, während die später in der Diözese Sées gegründeten fünf Sprengel durch fünf ernannte Archidiakone vertreten wurden, die zwischen 1040 und 1065 eine Schenkung des Bischofs Yves an die Abtei Saint-Vincent-du-Mans bestätigten.[64] Abgesehen von zwei wahrscheinlich aus Rouen stammenden Archidiakonen, die im Jahre 1024 eine Chartres betreffende Urkunde Erzbischof Roberts bezeugten,[65] dürfte es im Gegensatz dazu schwierig sein, in der Normandie vor der Zeit Herzog Wilhelms einen Hinweis auf einen Archidiakon zu finden. Anscheinend wurde dieses Amt erst wieder von den Bischöfen eingeführt, die zur Zeit Herzog Wilhelms den normannischen Bistümern vorstanden.

Der Archidiakon war jedoch nur einer der Würdenträger, die normalerweise der Domkirche zugeordnet waren, da sich die Säkularkirche im Mittelalter durch den Charakter und die Gliederung ihres Kapitels auszeichnete. Die normannischen Domkapitel wurden im 13. Jahrhundert voll eingesetzt, können aber in vieler Hinsicht bis ins 12. bzw. sogar bis in die spätere Hälfte des 11. Jahrhunderts zurückverfolgt werden.[66] Bezüglich Sées und Avranches fehlt frühes Beweismaterial, doch existieren eindeutige Zeugnisse darüber, daß das eigentümliche Kapitel von Coutances unter Bischof Geoffrey entstand. Der erste Hinweis auf ein Dekanat in Evreux stammt aus dem letzten Viertel des 11. Jahrhunderts, und es bestehen anscheinend wenig Zweifel daran, daß der Hauptteil des Kapitels von Lisieux unter Bischof Hugo entstand. In Bayeux wird das Kapitel in einer Urkunde Bischof Odos erwähnt,[67] in der die meisten der Würdenträger, aus denen sich dieser Rat später zusammensetzen sollte, namentlich aufgeführt sind. Schließlich besteht, obgleich sich die Titel der Beamten im Laufe der Zeit ändern sollten, kein Zweifel daran, daß das Domkapitel von Rouen während der normannischen Herrschaft Herzog Wilhelms in allen Einzelheiten wieder hergestellt wurde.[68] Da ein Kapitel zu seiner Unterhaltung Geld brauchte, regte die Eroberung Englands diesen Prozeß hier wie überall in der Normandie zweifellos an; einige dieser Prälaten, vor allem Geoffrey von Coutances und Odo von Bayeux, stellten zu diesem Zweck Einkünfte zur Verfügung, die ihnen aus England zugeflossen waren. Doch war die wesentliche Arbeit während der vorhergehenden Jahrzehnte geleistet worden, und es besteht anscheinend kein Zweifel daran, daß die recht selbständigen Domkapitel der Normandie unter jenen Bischöfen feste Gestalt annahmen, die den normannischen Bistümern zwischen 1035 und 1066 vorstanden.

Ein derartiges Ergebnis war für das Wachstum der normannischen Kirche sehr wichtig. Da jedoch das Werk dieser Bischöfe der Verbesserung seitens der Klosterreformatoren bedurfte, sollten diese beiden Tätigkeiten nicht als gegensätzlich betrachtet werden. Es ist richtig, daß es kurz vor Herzog Wilhelms Machtübernahme einigen normannischen Klöstern gelungen war, ›nach den Vorrechten von Cluny‹ außerhalb der bischöflichen Gerichtsbarkeit zu stehen; dadurch erhielten sie theoretisch das Recht, ihre eigenen Äbte zu wählen und in einigen Fällen sogar das besondere Vorrecht, von einer gewissen Anzahl ›exemter Kirchen‹[69] die dem Bischof zustehenden Abgaben einzutreiben. Es ist jedoch unklar, wie weit diese Vorrechte zwischen 1035 und 1066 gingen bzw. ausgenutzt wurden; als jedoch John, Bischof von Avranches, im Jahre 1061 nach einer Kontroverse mit der Abtei Le Mont-Saint Michel mit dieser eine Übereinkunft traf, erwies sich die überlegene Rechtsgewalt des Bischofs.[70] Andererseits ließen jedoch die Bischöfe der klösterlichen Bewegung wesentliche Unterstützung zuteil werden. Maurilius, der selber Mönch war, ging in dieser Hinsicht mit gutem Beispiel voran, indem er sich für Saint-Ouen, Jumièges, Le Tréport und Saint-Ymer freundschaftlich einsetzte;[71] jedoch war er nicht der einzige, da viele seiner Mitbischöfe den Schenkungen ihrer Verwandten eigene hinzufügten. Wilhelm, Bischof von Evreux, war ein Gönner des Klosters Saint-Taurin, während Hugo, Bischof von Lisieux, mit seinen Schenkungen an die Heilige Dreifaltigkeit in Rouen seiner Mutter, der Gräfin Lesceline von Eu, nacheiferte.[72] Gleichermaßen scheint sich Geoffrey, Bischof von Coutances, für die Erneuerung des klösterlichen Lebens in einer zerrütteten Diözese eingesetzt zu haben: die Schenkungen Odos, Bischof von Bayeux, beschränkten sich nicht nur auf seine Domkirche.[73]

In der Tat war die Erneuerung des Kirchenlebens in der Provinz Rouen auf das Wirken vieler Persönlichkeiten zurückzuführen und äußerte sich auf verschiedenste Weise. Sie offenbart sich beispielsweise in einer erneuten Blüte der Architektur, die die Bewunderung der Kritiker hervorrief.[74] Die früheste normannische Kirche des 11. Jahrhunderts ist vermutlich die von Bernay, die sich durch viele neue Merkmale auszeichnete. Alle anderen während dieser Jahre erbauten großartigen Klosterkirchen entsprechen im großen und ganzen dem Plan, der nicht nur Bernay, sondern auch Le Mont-Saint-Michel, der Heiligen Dreifaltigkeit in Rouen und Saint-Taurin bei Evreux zugrunde liegt; desgleichen in Saint-Ouen, Montivilliers, Lire, Lessay und Jumièges. Hier ergab sich ein bestimmter Baustil, von dem man behauptete, daß er nicht nur in der Normandie ›die reinste Struktur romanischer Baukunst‹ verkörpere.[75] Zwar ›hatte die klösterliche Erneuerung den notwendigen Anstoß zu dieser neuen architektonischen Blüte in der damaligen Normandie gegeben‹,[76] doch hatten auch die Bischöfe dazu beigetragen. Kürzliche Ausgrabungen in der Krypta der Kathedrale von Rouen warfen ein neues Licht auf die großartige, von Maurilius erbaute Kirche,[77] und in Bayeux existieren Überreste jener Kathedrale, die von Bischof Hugo begonnen und von Bischof Odo mit einzigartiger Pracht vollendet wurde.[78] In Lisieux wurde erwiesenermaßen vor 1049 der Bau eines neuen Doms begonnen, der von Bischof Hugo fertiggestellt und am 8. Juli 1060 von ihm eingeweiht wurde.[79] Ferner hinterließ Geoffrey in Coutances sein eigenes Denkmal in Form einer großartigen Kirche, deren Struktur auch heute noch teilweise in der jetzigen Kathedrale existiert.[80]

Doch fand die kirchliche Renaissance in der Normandie nicht allein in der Architektur ihren Ausdruck, sondern auch in der Literatur und in den Wissenschaften. Die clunysche Lehre, die auf formale Gottesdienste und auf eine Erweiterung liturgischer Observanz großen Wert legte, verhielt sich der Entwicklung klösterlicher Gelehrsamkeit und klösterlicher Geisteserziehung gegenüber erwiesenermaßen ziemlich gleichgültig. Doch sollte ihre Anwendung in der Normandie andere Resultate erzielen. Wilhelm von Dijon war ein Mann mit weitgespannten kulturellen Interessen, der die Ansicht vertrat, daß ein Teil der klösterlichen Aufgabe darin bestand, zu lernen und das erworbene Wissen weiterzugeben. Infolgedessen sollten geistige und erzieherische Interessen von einem frühen Zeitpunkt an in Fécamp einen wichtigen Platz einnehmen. Die zu jener Zeit in Fécamp begründeten Schulen haben besondere Aufmerksamkeit erregt.[81] Beispielsweise vertrat man die Ansicht, daß sie nicht nur Geistlichen, sondern auch Laien offenstehen sollten, und anscheinend wurde einigen Studenten freie Unterkunft ermöglicht. Doch dürfte dies ein wenig übertrieben sein. Sicherlich standen die Schulen Fécamps in der Normandie nicht allein da: auch in Le Mont-Saint-Michel, Saint-Ouen, in der Heiligen Dreifaltigkeit und vielleicht sogar in Jumièges und Saint-Evroul [82] existierten anscheinend gleichartige Einrichtungen. Ihre hauptsächliche Aufgabe bestand darin, Mönche auf das Klosterleben vorzubereiten. Die erzieherische Tätigkeit in der Normandie vor der Eroberung war zweifellos beachtlich.

Die geistigen Ziele, die zur Zeit Wilhelms von Dijon in Fécamp verfolgt wurden, und der Einfluß, den es auf andere normannische Klöster – deren Superiore es hervorbrachte – ausübte, erreichten im Werk eines erstrangigen Autoren ihren Höhepunkt. John (oder Johanellinus), zw. 1031 u. 1079 Abt von Fécamp, war einer der Schöpfer des normannischen Klosterwesens.[83] Er war, wie Lanfranc, Lombarde und kam zu Beginn des 11. Jahrhunderts in die Normandie, wo er zeit seines Lebens in den Belangen des Herzogtums eine hervorragende Stellung einnehmen sollte. Doch lagen seine besten Werke auf dem Gebiet der Gelehrsamkeit und der religiösen Literatur.[84] Seine noch existierenden Schriften sind von Interesse, und offenbar war er auch im medizinischen Wissen seiner Zeit bewandert. Er sollte jedoch auf

Grund anderer Arbeiten zum ›einzigartigen Schriftsteller und geistigen Führer unter seinen Zeitgenossen‹ werden. Seine religiösen Abhandlungen waren so bemerkenswert und so einflußreich, daß ihre Qualität seltsamerweise lange Zeit zur Anonymität des Autors beitrug. Beispielsweise wurde eine dieser Abhandlungen dem Heiligen Augustinus zugeschrieben, und als im Jahre 1539 eine zweite erschien, galt Johannes Cassianus als ihr Urheber. Nichtsdestoweniger hat sein Werk die Zeit überdauert. Die bewegenden und schönen Gebete zur Vorbereitung der Messe, die im ›Missale Romanum‹[85] aufgenommen wurden (wo sie dem Heiligen Ambrosius zugeschrieben werden), stammen tatsächlich von diesem Abt von Fécamp aus dem 11. Jahrhundert, dessen tiefe Begeisterung sich auf diese Weise bis heute erhalten hat.

Beim Überblicken der geistigen Erneuerung, die sich mit der kirchlichen Entwicklung der Normandie vor der Eroberung verband, richtet sich die Aufmerksamkeit unweigerlich auf Le Bec. Die Schulen dieses Klosters unterschieden sich zu Beginn nicht sonderlich von denen Fécamps und anderer Klöster, doch entwickelten sie sich unter der Leitung Lanfrancs zu einem einzigartigen Rang; im Jahre 1045 oder 1046 begann Lanfranc in Le Bec zu lehren, wodurch die neue Abtei an den Ufern der Risle zu einem Zentrum europäischer Bildung wurde. Die politischen Erfolge Lanfrancs beziehen sich hauptsächlich auf die Periode nach 1066, jedoch vollbrachte er seine größten Leistungen auf dem Gebiet der Gelehrsamkeit und des Erziehungswesens als Mönch in Le Bec, wo er seine viel gelesenen Kommentare über die Bibel und Patrologie schrieb und seine Abhandlung gegen Berengar zusammenstellte, deren Bedeutung für die Entwicklung der mittelalterlichen Theologie kürzlich hervorgehoben wurde.[86] Er genoß überdies als Lehrer ungeheueres Ansehen und zählte zu seinen Schülern eine erstaunlich große Anzahl Männer, die später hohe Stellungen innehaben sollten. Unter ihnen befand sich beispielsweise Wilhelm ›Bonne-Ame‹, später Erzbischof von Rouen, drei Äbte von Rochester, Gilbert Crispin, Abt von Westminster, sowie eine große Anzahl von Äbten in England und Frankreich.[87] Diese (keinesfalls vollständige) Liste ruft vielleicht Überraschung hervor. Sicherlich ist sie überzeugender Beweis für den geistigen Einfluß Le Bec's vor der normannischen Eroberung, selbst dann, wenn die Tatsache unerwähnt bliebe, daß sich unter Lanfrancs Schülern sogar Anselm befand, der diesem Kloster im Jahre 1060 als Mönch beitrat und der schon bald einen ständigen Platz unter den Kirchenvätern einnehmen sollte.

Auf seinem Höhepunkt stand Le Bec einzig da. Doch muß sein Glanz bei jeglicher Einschätzung der kirchlichen Erneuerung in der Nor-

mandie, in der er wuchs, berücksichtigt werden. Ebensowenig darf
dieser Glanz die gleichzeitig vollbrachten Leistungen der anderen normannischen Klöster in den Schatten stellen. Das im 12. Jahrhundert
von Ordericus Vitalis entworfene Bild von Saint-Evroul vor der normannischen Eroberung ist zweifellos zuweilen durch Begeisterung ver-
zerrt; im wesentlichen jedoch entspricht es nichtsdestoweniger der
Wahrheit, und die zwischen diesem Autoren und seiner Abtei offenkundig herrschende Sympathie berechtigt zu der Ansicht, daß sein
großartiges Buch, das vielleicht das glänzendste Geschichtswerk der
damaligen Normandie oder Englands war, zugleich Beschreibung und
Spiegelbild jener geistigen Interessen ist, die um die Mitte des
11. Jahrhunderts in den begünstigteren Klöstern der Normandie vor-
herrschten. Doch stand Saint-Evroul nicht allein da. Seine Bibliothek
war zwar ansehnlich, jedoch keinesfalls außergewöhnlich; in Fécamp,
Lire sowie zweifellos auch anderen Klöstern befanden sich gleich-
wertige Sammlungen.[88] Die Liste gelehrter Mönche, die in der Normandie vor der Eroberung einen zumindest zeitweiligen Ruhm genossen, ist nicht unbeträchtlich, und anscheinend wurde eine klar
umrissene Politik angewandt, diese Männer in verantwortungsvollen
Ämtern einzusetzen. So war beispielsweise Thierry, bevor er der erste
Abt von Saint-Evroul wurde, in Jumièges bereits als Gelehrter bekannt, während Isembard, der erste Abt der Heiligen Dreifaltigkeit
in Rouen, für seine vordem in Saint-Ouen verfaßten freisinnigen
Schriften berühmt war.[89] Auch Durand, ein ehemaliger Schüler Isem-
bards in Saint Ouen und später erster Abt von Troarn, wurde zu
Recht als ›gelehrt‹ bezeichnet. Der erste Abt von Saint-Pierre-sur-
Dives, Ainard, war als Musiklehrer bekannt, der außerdem zu Ehren
der Heiligen Katharina vielgelesene Verse verfaßte.[90] Gerbert, Abt
von Saint-Wandrille, wurde als Gelehrter mit Lanfranc verglichen,[91]
und obwohl es sich dabei um eine fantastische Überschätzung handelte,
haben die heutigen Studenten der Geschichte nichtsdestoweniger allen
Grund, der nüchternen und interessanten Chronik, die Wilhelm von
Jumièges als Mönch desselben Klosters niederschrieb, dankbar zu sein.
Daß die normannischen Bischöfe jener Zeit, die ja auch in praktische
Angelegenheiten verwickelt waren, an dieser literarischen Aktivität
persönlich teilnahmen, war nicht zu erwarten, doch können sie keinesfalls als völlig Außenstehende betrachtet werden. Zwei von ihnen
lieferten einen persönlichen Beitrag: Maurilius von Rouen war wegen
seines Wissens zu Recht hoch angesehen, und die ›De Officiis Ecclesiasticis‹ betitelten Schriften Johns von Avranches wurden wegen ihrer
Bedeutung für die Entwicklung der Liturgie in der westlichen Kirche

von modernen Kommentatoren in weitem Maße anerkannt.[92] Natürlich waren Maurilius und John in dieser Hinsicht Ausnahmefälle, doch zeigten sich ihre bischöflichen Kollegen in der Normandie den Wissenschaften gegenüber keineswegs gleichgültig; viele von ihnen kamen ihren Pflichten als Gönner in großem Maße nach.[93] In dieser Hinsicht waren Geoffrey von Coutances und Odo, Bischof von Bayeux, am bemerkenswertesten. Geoffreys fürstliche Großzügigkeit wuchs sich in der mittelalterlichen Normandie zu einer Art Legende aus, und obgleich ein Großteil seiner Schenkungen nach 1066 aus der Eroberungsbeute bestritten wurde, so ist doch ausdrücklich betont worden, daß die meisten zu einem früheren Zeitpunkt stattgefunden hatten.[94] Es besteht auch kein Zweifel daran, daß viele dieser Schenkungen zur Förderung der Gelehrsamkeit und der Künste bestimmt waren, und es wurde von ihm berichtet, daß er seine Kirche mit zahlreichen Agenden versah, die zum großen Teil von den besten Miniatoren jener Zeit ausgeschmückt worden waren; unter den früheren Geschenken an Coutances befanden sich herrliche silberne und goldene Altargefäße sowie kostbar gearbeitete Meßgewänder. Dabei muß selbstverständlich eine gewisse Übertreibung in Rechnung gezogen werden, doch besteht kaum ein Zweifel daran, daß sich Geoffrey von Coutances zwischen 1049 und 1066 positiv darum bemühte, die geschwächte Kirche einer demoralisierten Diözese in einen Dom umzuwandeln, der eines stattlichen Herzogtums würdig war.[95]

Die Gönnerschaft Bischof Odos von Bayeux war sogar noch bedeutender und ist auch genauer bestätigt worden. Seine großzügige Unterstützung des Kunsthandwerks erweist sich in dem reichen Bau und Schmuck seiner Kathedrale; auch besteht wenig Zweifel daran, daß er an der Entwicklung der Domschule in Bayeux großen Anteil hatte.[96] Es ist ferner höchst wahrscheinlich, daß später der Teppich von Bayeux dank seiner Initiative entstand,[97] und es wurde sogar vermutet, daß seine Gönnerschaft zur Entstehung des Rolandsliedes in dessen frühester, uns bekannter Form beitrug; jedoch ist dies ziemlich unwahrscheinlich.[98] Auf jeden Fall aber stand Odo von Bayeux mit benachbarten hochgeistigen Prälaten wie beispielsweise Marbod von Rennes und vielleicht Hildebert von Tours in Verbindung; eben durch diese Unterstützung junger Gelehrter sollte seine Tätigkeit so bemerkenswert werden. Er pflegte junge, vielversprechende Geistliche seiner Diözese auf eigene Kosten zum Studium in die Zentren europäischer Kultur – vor allem nach Lüttich – zu senden;[99] viele der Männer, die er als würdige Empfänger seiner Unterstützung ausgewählt hatte, erlangten später hohe Stellungen in der anglo-normannischen Kirche. Unter den von Odo in Lüttich unterstützten Gelehrten befanden sich Thurstan, der später jener unglückselige Abt von Glastonbury werden sollte, und Wilhelm von Rots, der zukünftige Dekan von Bayeux und Abt von Fécamp.[100] Die erstaunlichsten Ergebnisse seines Gönnertums erzielte er aber mit zwei jungen Geistlichen namens Thomas und Samson, Söhne eines gewissen Osbert und dessen Frau Muriel, von denen wenig mehr bekannt ist.[101] Beide Jünglinge wurden von ihrem Bischof nach Lüttich gesandt; ihr späterer Werdegang war auffallend. Thomas wurde zu seiner Zeit Schatzmeister von Bayeux und danach von 1070 bis 1100 Erzbischof von York; auch Samson war einige Zeit lang Schatzmeister von Bayeux und danach von 1096 bis 1115 Bischof von Worcester.[102] Wie auch immer das Urteil über Odos politische Tätigkeit ausfallen mag, so ändert es doch nichts an der Tatsache, daß er einer der größten Mäzene seiner Epoche war.

Die Kraft des geistigen Lebens, das sich in der normannischen Kirche, vor allem aber in den normannischen Klöstern während der Zeitspanne zu entwickeln begann, die der Eroberung unmittelbar voranging, ist unverkennbar. Selbst wenn man die hervorragende Leistung Le Bec's als außergewöhnlich betrachten würde, bliebe das Ausmaß dieser Aktivität nichtsdestoweniger eindrucksvoll: sie umfaßte Geschichtsschreibung und theologische Streitfragen, Medizin und Kirchenliteratur, Dichtung und Musik, in der sich die normannischen Klöster des 11. Jahrhunderts auszeichneten.[103] Natürlich waren viele der hervorragendsten Vertreter des normannischen Klosterlebens aus anderen Gegenden herangezogen worden, vor allem aus Norditalien und aus dem Rheinland.[104] Doch ist die bloße Tatsache, daß solche Männer die Wikingerprovinz als Heimat wählten und dort willkommen waren, an sich sehr bedeutsam und muß neben den einheimischen Bestrebungen in Betracht gezogen werden. Es war dies die Reaktion auf die durch die normannischen Bischöfe erfolgte Förderung der Gelehrsamkeit sowie auf die großzügige Dotierung der Klöster durch den normannischen Adel. Indem die normannische Kirche diese fremde, strahlende Renaissance kraftvoll in sich aufnahm, begann sie der geistigen Erneuerung, die das Europa des 12. Jahrhunderts kennzeichnen sollte, eigenes, unverbrauchtes Gedankengut hinzuzufügen.

Lebenskraft und Einheit der normannischen Kirche dieser Zeit lassen sich am besten durch die Konzile schildern, die im Laufe dieser Jahrzehnte in der Provinz Rouen abgehalten wurden. Während aus dem 10. Jahrhundert keinerlei Berichte über ein Kirchenkonzil im Herzogtum überliefert worden sind, steht es außer Frage, daß in der Normandie unter der Herrschaft Herzog Wilhelms häufig Konzile stattfanden. Die Bischöfe jener Periode waren gewohnt, in gewissen regelmäßigen Abständen Diözesansynoden einzuberufen; ebenso wurden zahlreiche Provinzialsynoden abgehalten.[105] Leider sind nur wenige der diesbezüglichen Akten erhalten, so daß eine genaue Datierung der einzelnen Treffen oft schwerfällt. Jedoch sind in diesem Falle die Zeugnisse trotzdem bemerkenswert. Mauger berief zu Beginn seines Pontifikats und bestimmt vor dem Jahre 1048 eine Provinzialsynode in Rouen ein, deren Akten noch vorhanden sind; im Oktober 1047 wurde außerhalb von Caen ein Kirchenkonzil abgehalten, in dessen Verlauf der Gottesfriede proklamiert wurde. Im Jahre 1054 oder 1055 bestätigte ein Provinzialkonzil in Lisieux die Amtsenthebung Maugers. Es ist ferner anzunehmen, daß Maurilius entweder im Jahre 1055, oder aber zwischen 1055 und 1063, in Rouen ein Konzil abhielt.[106] Es ist jedoch wahrscheinlicher, daß Maurilius am 1. Oktober 1063 in Rouen ein Provinzialkonzil einberief,[107] und im Jahre 1064 traf sich ein anderes Provinzialkonzil, dessen Akten noch erhalten sind, in Lisieux.[108] Ferner wurde im Jahre 1066 anläßlich der Einweihung der Abtei Heilige Dreifaltigkeit in Caen eine Synode abgehalten.[109]

Unser Wissen von diesen Versammlungen hängt von dem zufälligen Fortbestehen besonderer Schriftstücke ab, doch ist das Zeugnismaterial in jedem Falle hinreichend, die Reichweite dieser Aktivität und ihren Charakter aufzuzeigen. Die Verfahrensweisen dieser Konzile entsprachen dem Hauptschema der erneuerten Gesetzgebung der damaligen abendländischen Kirche und bieten einen neuen Hinweis auf die Art und Weise, mit der diese Reformen das Wikingerherzogtum zu durchdringen begannen. Das erste Konzil Maugers verurteilte beispielsweise die Simonie, und während der zur Zeit des Maurilius abgehaltenen Konzile wurden ständig Gesetze erlassen, die sich auf das priesterliche Zölibat, das Verhalten der Gemeindepriester und die strittigen Aspekte der Lehre Berengars bezogen.[110] Doch besaßen die normannischen Konzile dieser Periode ihre eigenen, besonderen Merkmale. So ist es beispielsweise erwähnenswert, daß bereits einige Jahre vor der Bekanntmachung der Reformen Leo IX. auf dem Konzil in Reims im Jahre 1049 der übel beleumdete Erzbischof Mauger ein normannisches Konzil einberufen hatte, in dessen Verlauf Gesetze erlassen wurden, die den Handel mit Kirchenämtern verboten; darüber hinaus ergriff Mauger Maßnahmen, die dazu bestimmt waren, die Provinz Rouen mit einem gebildeten Klerus zu versehen.[111] Es scheint sich hier um einen zwischen Mauger und Maurilius bestehenden politischen Zusammenhang zu handeln; die Beschlüsse der Konzile, die zur Zeit des letztgenannten Erzbischofs stattgefunden hatten, bezogen sich sowohl auf die frühere wie auch auf die spätere Gesetzgebung.[112] Jene Kirchenpolitik Wilhelm des Eroberers zwischen 1066 und 1087, die für England und Westeuropa derart einschneidende Folgen haben sollte, war tatsächlich das Ergebnis jener kirchlichen Gesetzgebung, die während der Herrschaft des Herzogs in der normannischen Kirche stattfand. Es besteht nämlich kein Zweifel daran, daß der Herzog vor dem Jahre 1066 an den Konzilstätigkeiten des Herzogtums in starkem Maße teilnahm. Wahrscheinlich war er zu jung, um beim ersten Konzil Maugers dabei zu sein, doch befand er sich auf dem Konzil zu Caen im Jahre 1047, und es hat den Anschein, daß sowohl er als auch der päpstliche Legat auf dem Konzil zu Lisieux im Jahre 1054–1055 zugegen waren; desgleichen auf dem Konzil zu Rouen im Jahre 1063. Das wichtige Konzil von Lisieux im Jahre 1064 wurde ›unter Wilhelm, dem edelsten Herzog der Normannen‹ abgehalten.[113] Angesichts dieser Zeugnisse besteht kein Grund dazu, die nachdrückliche Behauptung Wilhelms von Poitiers anzuzweifeln: er erklärt nämlich, daß sich die normannischen Kirchenkonzile dieser Zeit ›auf Anordnung und Ermutigung des Herzogs‹ trafen. Es wird behauptet, daß Wilhelm darauf bedacht war, ihren Versammlungen beizuwohnen und bei ihren Verhandlungen den ›arbiter‹ abzugeben. Er war – so wird hinzugefügt – nicht willens, Angelegenheiten, die ihm in bezug auf das Wohlergehen seines Herzogtums bedeutsam erschienen, aus zweiter Hand zu erfahren.[114]

In der Tat wurde sein Interesse vor 1066 reichlich belohnt. Die normannische Kirche hatte während seiner Herrschaft derart an Stärke gewonnen, daß sie wegen ihrer Lebenskraft, ihrer Ziele und ihres geistigen Lebens die weitverbreitete Bewunderung ihrer Zeitgenossen genoß. Die in ihrer Wesensart so verschiedenen und persönlich so hervorragenden Männer, die innerhalb dieser Kirche zu hohen Stellungen gelangt waren, genügten an sich, um ihren Rang zu bestimmen. Eine keineswegs außergewöhnlich große Kirchenprovinz, die zu Beginn des Jahres 1066 durch so verschiedenartige Persönlichkeiten wie Odo von Bayeux, Geoffrey von Coutances, Maurilius von Rouen, John von Avranches, Hugo von Lisieux, Lanfranc von Saint-Stephan, John von Fécamp, Herluin von Le Bec und den jungen Anselm vertreten war, konnte nicht unbeachtet bleiben. Es überrascht daher wohl kaum, daß ihr späterer Einfluß durchdringend war. Kurz: die normannische kirchliche Erneuerung war ihrerseits zu dem Zweck unternommen worden, die aufstrebende Macht der Normandie unter der Herrschaft Herzog Wilhelms zu fördern.

VI

DIE HERRSCHAFT HERZOG WILHELMS

Die Herrschaft Wilhelms über die Normandie während der Jahrzehnte, die der normannischen Eroberung vorausgingen, müssen zu den vorher behandelten aristokratischen und kirchlichen Entwicklungen in unmittelbare Beziehung gesetzt werden. Das Hauptziel seiner Politik war, diese Bewegungen miteinander in Einklang und unter seine Kontrolle zu bringen; der Grad seines diesbezüglichen Erfolges läßt sich aus dem Kontrast zwischen seiner Schwäche im Jahre 1046 und seiner Stärke im Jahre 1066 ersehen. Im Jahre 1035 erschien die Fortdauer der herzoglichen Macht zweifelhaft; im Jahre 1066 war sie gesichert, und der Herzog konnte sich als fest eingesetzten Herrscher über eine der mächtigsten und einheitlichsten Provinzen Galliens betrachten. Diese Umwälzung ist in sich so bemerkenswert, und ihre Folgen sollten sich im Laufe der Zeit als so weitreichend erweisen, daß die Erwägung wichtig ist, inwieweit und auf welche Weise die herzogliche Regierung während dieser Jahre zu diesem Ergebnis beitrug.

Der größte Vorteil des Knaben, der im Jahre 1035 die Erbfolge antrat, bestand in den Rechten, die dem herzoglichen Amt durch Überlieferung zugekommen waren. Er konnte im ganzen Herzogtum Gesetze erlassen und innerhalb gewisser Grenzen Recht sprechen; er konnte Geld prägen und gewisse Steuern erheben; als ›Herrscher über die Normandie‹[1] schließlich hatte er – zumindest theoretisch – eine Streitmacht zu seiner Verfügung. Ob derartige Ansprüche im Namen des jungen Herzogs wirklich geltend gemacht werden konnten, blieb natürlich zweifelhaft, jedoch war es sicher einer gewissen Anerkennung dieser Ansprüche zuzuschreiben, daß er als Kind zusammen mit seinem Vormund zum herzoglichen Gerichtshof gebracht wurde, um dort Recht zu sprechen bzw. als sehr junger Mann dazu berufen wurde, im Jahre 1047 dem Kirchenkonzil, das den Gottesfrieden proklamierte, als wichtiges Mitglied beizuwohnen. Diese Vorstellungen konnten gelegentlich in die Tat umgesetzt werden, und die Tatsache, daß der junge Herzog die Periode seiner Minderjährigkeit überlebte, dürfte zum großen Teil auf sie zurückzuführen sein. Mit der wachsenden persönlichen Autorität des Herzogs wurden sie später immer mehr ausgenutzt und halfen ihm, seine besondere Stellung in einer Gesellschaft, die sich in ständigem Wechsel befand, zu bewahren und zu verstärken.

In keiner Hinsicht sollten sich diese Vorstellungen als so wichtig erweisen wie in Verbindung mit den Rechten, die der Herzog ausübte, um die wirtschaftlichen Möglichkeiten eines Herzogtums auszunutzen; und diese waren beträchtlich. Kürzlich wurde die Normandie vor der Eroberung von einem englischen Gelehrten als ›verarmtes Herzogtum‹[2] bezeichnet, doch erscheint eine solche Beschreibung kaum berechtigt. Es existieren Zeugnisse, die annehmen lassen, daß die Normandie jener Zeit relativ dicht bevölkert war und eine ausgedehnte Landwirtschaft betrieb. Die skandinavischen Verbindungen der Provinz hatten einen beträchtlichen Außenhandel begünstigt, und Männer der Normandie, die größere Möglichkeiten anstrebten als die, die sich ihnen innerhalb ihres eigenen Seegebietes boten, hatten mit Nordeuropa, dem Ursprungsland ihrer Herrscher, Handelsbeziehungen unterhalten. Rouen war ein blühender Hafen, und sein Gedeihen spiegelte sich im gesamten Herzogtum wider. Der während dieser Jahre stattfindende Aufstieg Caens ist bereits erwähnt worden, und auch Bayeux gewann offensichtlich an Bedeutung. Es existieren sogar Zeugnisse darüber, daß sich in der Normandie zu jener Zeit eine Art ›Geldaristokratie‹ bildete.[3] Ernald von Bayeux, der nacheinander Kaplan Richard II., Robert I. und Herzog Wilhelms war, wurde in einem zeitgenössischen Text folgendermaßen beschrieben: ›er war innerhalb wie außerhalb der Stadt reich an Besitzungen und Häusern, die er mit eigenem Gold und Silber erworben hatte.‹[4]

Auch die für jene Zeitspanne so kennzeichnenden, großzügigen Kirchendotationen sind, da sie ohne eine beträchtliche finanzielle Unterstützung nicht möglich gewesen wären, in dieser Hinsicht sehr bedeutsam. Die Einsetzung eines Domkapitels erforderte Geld, und die zahlreichen Klostergründungen dieser Zeit setzten einen überschüssigen Reichtum voraus. Eine Vorstellung von dem Ausmaß dieses Überschusses läßt sich aus der Tatsache ziehen, daß sich im Jahre 1066 innerhalb eines Umkreises von fünfundzwanzig Meilen nahe bei

Rouen nicht weniger als fünf große Klöster befanden: Saint-Ouen, die Heilige Dreifaltigkeit, Saint-Georges de Boscherville, Jumièges und Saint-Wandrille. Sie alle waren vor der normannischen Eroberung gegründet bzw. wieder aufgebaut worden und wurden zur Zeit Herzog Wilhelm II. zusammen mit der Kathedrale des Maurilius mit neuen Gebäuden ausgestattet. Es scheint daher berechtigt, die Normandie vor der Eroberung eher als reiche denn als arme Provinz zu bezeichnen.

Es besteht guter Grund zu der Annahme, daß die herzogliche Dynastie diese Verhältnisse reichlich zum eigenen Vorteil ausnutzte. Zu Beginn des 11. Jahrhunderts war die Großzügigkeit des Herzogs bis zum Berge Sinai bekannt; die Freigebigkeit seines Vaters während dessen letzter Pilgerfahrt ging in die Legende ein.[5] Offensichtlich beruhen diese Erzählungen teilweise auf Wahrheit, auch bestehen wenig Zweifel daran, daß Wilhelm erhebliche Reichtümer erbte. Dazu verfügte er noch über eigene Mittel, um diesen Schatz zu vergrößern. Natürlich besaß er große Güter, doch war er von seinen Domänen und Forsten anscheinend weniger abhängig als seine Mitherrscher in Gallien.[6] Weiterhin besaß er gewissermaßen Staatseinkünfte, die ihm teilweise aus der karolingischen Zeit überkommen waren. Sie waren zahlreich. Viele der im frühesten Finanzbericht, dem ›Verzeichnis des normannischen Schatzamtes‹ aus dem Jahre 1180 genannten Posten des herzoglichen Einkommens lassen sich bis auf die Regierungszeit des Eroberers und darüber hinaus zurückführen.[7] Vor allem sei hier der ›graverie‹, der wichtigsten direkten Steuer jener Zeit, sowie der mit ihrer Eintreibung betrauten Beamten Erwähnung getan.[8] Kaum weniger wichtig waren die Rechte, die der Herzog auf Zoll- und Wegegelder besaß; seine Steuereinnehmer – die ›telonarii‹ – waren offensichtlich Männer von hohem sozialem Rang.[9]

Inwieweit diese Zahlungen vor der normannischen Eroberung in Geld erfolgten, hing von dem Ausmaß ab, das die Geldwirtschaft zu dieser Zeit in der Normandie angenommen hatte. Die außerordentliche Seltenheit von Münzen aus der Normandie vor der Eroberung läßt darauf schließen, daß sie nie sehr zahlreich gewesen waren, doch sind Hinweise auf wertvolle Metalle und deren Umlauf in den Schriften jener Zeit keineswegs selten.[10] Diesbezüglich ist der bereits erwähnte Fall Ernalds von Bayeux bedeutsam, und nach 1066 war der Geldumlauf im Herzogtum sicher erheblich. Natürlich war dies vor allem auf die aus dem englischen Abenteuer gezogenen Gewinne zurückzuführen, doch hatten schon frühere Eroberungskriege Wilhelms Vorgänger bereichert, und es ist unwahrscheinlich, daß der damals gesammelte Schatz vor seinem Amtsantritt verschwendet worden war. Überdies existieren Beweise, daß zu dieser Zeit in der Normandie Geld geprägt wurde. Ein kurz nach dem Tode des Eroberers abgefaßtes Schriftstück berichtet von den herzoglichen Münzanstalten in Rouen und Bayeux,[11] die zweifellos vor dem Jahre 1066 errichtet worden waren. Aus dieser Zeit sind mindestens vier herzogliche Münzer namentlich bekannt;[12] zwei von ihnen gehörten einer sehr einflußreichen Familie an. So erhielt Rannulf der Münzer sein Amt schon zu Beginn der Herrschaft Herzog Wilhelms, und einer seiner Söhne, nämlich Osbern, übernahm vor 1066 die Stelle seines Vaters;[13] ein anderer Sohn Rannulfs, der ebenfalls in die Geldgeschäfte Herzog Wilhelms verwickelt war, sollte später nach England gehen.[14] Eine gewisse Vorstellung vom Ausmaß der Einnahmen Wilhelms, die dem Herzog vor der Eroberung zuflossen, wird durch den Stand der für sie verantwortlichen Männer ermöglicht. Obgleich es schwierig ist, anhand der Quellen dieser Zeit von seinem Einkommen eine genaue Vorstellung zu erhalten, so existiert doch zumindest ein eindrucksvoller Hinweis darauf, daß es sehr groß gewesen sein muß. Im Frühling und Frühsommer des Jahres 1066 konnte er ein großes Söldnerheer in seinen Diensten halten, wobei uns ausdrücklich berichtet wird, daß er dies tat, ohne daß die Gegend, in der es einquartiert war, verarmte.[15]

Das Verwaltungsproblem, dem sich Herzog Wilhelm während seiner normannischen Herrschaft gegenübersah, bestand also nicht darin, welche Rechte er beanspruchen durfte, sondern vielmehr darin, wie er diese Rechte unter besonders schwierigen Umständen praktisch auswerten konnte. An diesem Punkt wurde seine Beziehung zu der neuen normannischen Aristokratie so außerordentlich schwerwiegend, da dieser Adel im Jahre 1050 in weltlichen wie auch kirchlichen Angelegenheiten vorherrschend war und die herzogliche Verwaltung in einem Herzogtum entwickelt und ausgeführt wurde, in dem sich die Macht in hohem Maße in den Händen einiger großer Familien konzentriert hatte, deren Oberhaupt der Herzog war.[16] Die daraus resultierenden Machtverknüpfungen können reichlich erläutert werden. Im Zentrum befand sich der Herzog selbst. Von seinen beiden Halbbrüdern war der eine Bischof von Bayeux und der andere Graf von Mortain. Die Grafen von Evreux und Eu waren seine Vettern. Wilhelm FitzOsbern, der wahrscheinlich mächtigste Feudalherr der Mittelnormandie und Verwalter des Herzogs, stammte von beiden Elternteilen her vom herzoglichen Hause ab. Ein Onkel Wilhelm FitzOsberns war Bischof von Avranches, und der Bruder des Grafen von Eu Bischof von Lisieux. Hinwiederum heiratete Rannulf I., Vicomte von Bessin, eine Base ersten Grades des Herzogs, deren Bruder oder Halbbruder Abt von Saint-Ouen war. Der Bischof von Coutances stammte aus dem Hause Mowbray; der Bischof von Sées war ein Onkel der Gemahlin Roger II. von Montgomery. Andernorts wurden die gleichen verwandtschaftlichen Verbindungen durch die charakteristischen Heiratsallianzen dieser Zeit, wie beispielsweise Montgomery mit Bellême, Beaumont mit Grandmesnil oder Fitz-Osbern mit Tosny, verstärkt. Derartige Fakten sind von mehr als nur genealogischem Interesse. Sie erläutern, wie vor dem Jahre 1066 einige von der herzoglichen Dynastie beherrschte mächtige Familien über die gesamte Normandie ein Machtnetz gesponnen hatten, dem keiner ihrer Bewohner entkommen konnte.

Es wäre deshalb irreführend, wenn man die unter Herzog Wilhelm stattfindende Erneuerung der herzoglichen Macht in der Normandie vom gleichzeitigen Aufstieg der Feudalaristokratie trennen wollte. Natürlich lag in jener bitteren, dem Herzog auf seinem Sterbebett zugeschriebenen Klage, daß sich nämlich seine schlimmsten Feinde immer im Herzogtum und in seiner eigenen Familie befunden hätten, ein gewisser Wahrheitsgehalt.[17] Doch läßt sich das schnelle Anwachsen der normannischen Macht in den zwanzig Jahren vor der Eroberung nicht durch eine ständige Opposition zwischen dem Herzog und den normannischen Feudalherren erklären. Während der ersten Zeit seiner Herrschaft wäre Wilhelm nicht stark genug gewesen, einem gemeinsamen Angriff der mächtigen Männer des Herzogtums standzuhalten; von Anfang an gab es ständig eine Gruppe Feudalherren, die zu seiner Unterstützung bereit war. Im Laufe der Zeit verbanden sich die Interessen der größeren normannischen Familien in einem immer stärkeren Maße mit denen des Herzogs, bis schließlich der Zustand erreicht wurde, daß der Herzog von ihnen Unterstützung forderte und zunehmend erhielt, während sie ihrerseits sich gewöhnlich auf die Hilfe des Herzogs verlassen konnten.

Auf Wilhelms Anteil an diesem Erfolg wurde bereits zum Teil hingewiesen. Dieser zeigte sich beispielsweise in den erweiterten Lehnspflichten seiner Feudalherren sowie in dem persönlichen und schöpferischen Anteil, den er während seiner Herrschaft an der Regierung der normannischen Kirche nahm. Jedoch hätte eine derartige Politik ohne die von ihm zwischen 1047 und 1060 gewonnene persönliche Autorität keinesfalls bewerkstelligt werden können. Die Männer, mit denen er sich in seinem Herzogtum befassen mußte, waren roh und gewalttätig; doch waren viele von ihnen auch schlau und

berechnend und würden niemals die Herrschaft eines Mannes anerkannt haben, wenn er nicht durch seinen Charakter und seine Taten
ihre Achtung erworben hätte. Nichts erläutert wohl so sehr die
Herrschaft Wilhelms und deren Struktur wie seine Beziehung zu
Lanfranc, der sich, als er Prior von Le Bec war, dem Herzog wegen
dessen Heirat entfremdete. Ihre spätere Zusammenarbeit sollte ein
Faktor in der zukünftigen Geschichte des anglo-normannischen Königreiches sein, und es ist äußerst bemerkenswert, daß ihre Versöhnung
größtenteils durch den Einfluß Wilhelm FitzOsberns zustande kam,
der selbst einer der Gestalter der normannischen Eroberung Englands
war.[18] Von derartigen persönlichen Beziehungen sollte ein großer Teil
der späteren Politik Wilhelms abhängen.

Die Aufgabe, der sich Wilhelm mit zunehmender Reife gegenübergestellt sah, war die, inmitten einer sich wandelnden Gesellschaft die
Rechte seiner Dynastie geltend zu machen und die neuentstandene
Feudalaristokratie so weit wie möglich in jene Verwaltungsmacht
einzuschließen, welche einem normannischen Herzog traditionsgemäß
zukam. Dieses Unternehmen sollte die gesamte Sozialordnung der
Normandie beeinflussen, doch war seine Auswirkung in Verbindung
mit jenen Institutionen, in denen die Interessen des Herzogs und
seiner Feudalherren hart aufeinanderprallten, in denen sich eine
gegenseitige Opposition verheerend auswirken konnte und die Ergebnisse im Falle einer Einigung weittragend sein würden, höchst bemerkenswert und gefährlich. Die diesbezüglichen Hauptinstitutionen
waren die Grafschaften und Vicomtés, die um die Mitte des 11. Jahrhunderts untrennbar mit dem Feudaladel zusammenhingen, aber
andererseits für die herzogliche Verwaltung als Einheiten ebenso
wesentlich blieben. Daß sich Wilhelm die normannischen Grafschaften
und Vicomtés in seiner Innenpolitik zunutze machen konnte, war für
die Entwicklung der normannischen Macht während dieser Jahre eine
unerläßliche Vorbedingung.

Von seiner Politik kann man im Falle der Grafschaften behaupten,
daß sie durch die vorhergehende Geschichte bereits ziemlich klar
umrissen war. Die normannischen Grafen traten, wie bereits erwähnt,
erst im ersten Viertel des 11. Jahrhunderts auf, und ihre Einsetzung
um diese Zeit läßt sich in gewisser Weise als eine Erweiterung der
herzoglichen Macht Wilhelms ansehen. All diese Männer entstammten dem herzoglichen Geschlecht; ihre Grafschaften befanden sich an
strategischen Punkten, die für eine Verteidigung des Herzogtums
geeignet waren; die einzige Gefahr, die aus diesen Anordnungen
entstehen konnte, bestand in der persönlichen Untreue eines Mitgliedes

der regierenden Familie gegen deren Oberhaupt. Dies war nach Wilhelms Amtsantritt mit dem Aufstand des Grafen Wilhelm von Arques tatsächlich der Fall, doch wurde mit dessen Lehnsverwirkung im Jahre 1054 die Einheit dieser Gruppe wiederhergestellt und weiterhin verstärkt, als Wilhelm während oder kurz nach 1055 stark genug war, um Wilhelm Werlenc, Graf von Mortain, aus einem sehr fadenscheinigen Grund zu enteignen und an seiner Stelle seinen eigenen Halbbruder Robert, Sohn Herluins und der Herleve, einzusetzen.[19] So waren die normannischen Grafen um 1060 zu einer kleinen Adelsgruppe zusammengewachsen, deren Zusammenhalt im übrigen Europa wohl kaum ihresgleichen fand. Sie schuldeten ihre Lehnspflicht nicht einem König, mit dem sie nicht blutsverwandt waren, sondern einem ihnen nahe verwandten Herzog. Als hervorragende Mitglieder der Feudalaristokratie waren sie gleichzeitig unlösbar mit der herzoglichen Verwaltung der Normandie verbunden.

Wesentlich brennender war Wilhelms Problem in bezug auf die Vicomtés, die, wie bereits erwähnt, zum Erbbesitz der neuen Feudalgeschlechter geworden waren. Von seiner Fähigkeit, sie als Stellvertreter des Grafen von Rouen Pflichten erfüllen zu lassen, die vordem in der Normandie in die Zuständigkeit des vizegräflichen Amtes fielen, sollte ein Großteil des Erfolges von Herzog Wilhelms Verwaltung abhängen. Daher erfordert die Art des Zustandekommens nähere Erläuterung. Anscheinend wurden vor 1066 die Eintreibung der herzoglichen Einkünfte sowie die Entrichtung herzoglicher Zahlungen als ein Teil jener Verpflichtungen betrachtet, die jeder auch noch so vornehme normannische Vicomte zu erfüllen hatte. Kurz nach der Eroberung war der Vicomte von Avranches dafür verantwortlich, daß der Kirche Saint-Stephan in Caen jährlich die Summe von achtzig Pfund aus dem herzoglichen Rittergut Vains entrichtet wurde;[20] desgleichen war die Vicomté von Hiémois kurz vor der Eroberung dazu beauftragt, den Mönchen von Saint-Martin in Sées im Namen des Herzogs eine jährliche Summe zu bezahlen.[21] Diese Männer gehörten der mächtigsten Gruppe der anglo-normannischen Aristokratie an: der eine war der Vater des Grafen Hugo von Chester, der andere Roger von Montgomery, der bald Graf von Shrewsbury werden sollte. Daß sie sich während dieser Periode damit zufrieden gaben, als Finanzbeauftragte des Herzogs zu wirken, ist jedenfalls bemerkenswert. Auch besteht kein Zweifel daran, daß der Brauch, die normannischen Vicomtés zu belehnen, schon vor der Eroberung bestand[22] und daß einige normannische Klöster zu einem frühen Zeitpunkt durch Schenkungen bereichert wurden, deren Besteuerung nicht den Privatgütern, sondern der ganzen Vicomté oblag.[23] Daher kann die normannische Vicomté vor 1066 in gewisser Hinsicht als eine vom herzoglichen Hof in Rouen abhängige Finanzeinheit betrachtet werden; desgleichen ist klar, daß einige der mächtigsten Feudalherren während derselben Periode die Finanzpolitik des Herzogs in ihrer Eigenschaft als Vicomtes aktiv verwalteten.

Ebenso eindeutig sind die Zeugnisse darüber, daß die Vicomtes zu jener Zeit regelrecht als Beauftragte und Vollstrecker der herzoglichen Gerichtsbarkeit in der Normandie eingesetzt wurden. Zwischen 1070 und 1079 wurde Richard, dem Vicomte von Avranchin, von Herzog Wilhelm befohlen, die Männer von Caen zusammenzurufen, um zwischen Ralph Tesson und der Abtei Fontenay Recht zu sprechen;[24] ferner wurden die Vicomtes der Normandie auf dem Konzil von Lillebonne im Jahre 1080 mit der besonderen Aufgabe betraut, im Namen des Herzogs den Gottesfrieden zu erzwingen.[25] Etwa gleichzeitig wurde Rannulf, dem Vicomte von Bessin, ein Gesuch vorgetragen, das er zugunsten der Abtei Le Mont-Saint-Michel entschied; Richard, Vicomte von Avranchin war einer der Richter, die um 1076 Robert Bertram verurteilten.[26] Diese Beispiele stammen aus der Zeit unmittelbar nach der Eroberung, doch spiegeln sie anscheinend frühere Zustände deutlich wider. Nachdem er im Falle eines umstrittenen Gutes zugunsten des Erzbistums Rouen entschieden hatte, sandte der Herzog der Normandie kurz vor 1028 Goscelin, den Sohn des Vicomte Hedo von Rouen, sowie den Vicomte Richard, Sohn Tescelins, sofort aus, um die Beschlüsse seines Gerichtshofes rechtswirksam zu machen.[27] Als der Bischof von Bayeux zwischen 1035 und 1037 in eigener Sache Recht forderte, wurde sein Fall im Beisein des Vicomte Nigel von Cotentin vorgetragen.[28] Offensichtlich wurden die Vicomtes zu Beginn der Herrschaft unter die ›Herren, die die Gerechtigkeit des Königreiches verwalteten‹ gezählt, und daß dieses richterliche Amt für immer unmittelbar vom herzoglichen Hof abhing, sollte einer der Erfolge Herzog Wilhelms sein.

Wahrscheinlich lag die größte Verantwortung der normannischen Vicomtes auf militärischem Gebiet. Die Vicomtés und ihre Inhaber können – genauso wie die normannischen Grafschaften des 11. Jahrhunderts – im Zusammenhang mit einem Verteidigungsplan des Herzogtums betrachtet werden. Die großen Vicomtés Cotentin, Avranchin und Bessin lagen alle dem Meere und der Bretagne gegenüber, und die Vicomté Hiémois befand sich mit ihrem Zentrum Exmes südlich an der umstrittenen Grenze von Maine. Insbesondere war der normannische Vicomte von seinem ersten Auftreten an der Hüter einer herzoglichen Burg. Nigel, der einige Zeit zuvor im Cotentin eine englische Invasion zurückgeschlagen hatte, wurde von Herzog Richard II. mit der Verteidigung von Tillières betraut; später sollte er auch die Burg Le Homme erhalten, die vorher Richard III. und später Guy von Burgund gehört hatte.[29] Alfred ›der Riese‹, ein anderer Vicomte aus der Zeit Herzog Richard II., war ebenfalls einer der Hüter der Burg Cherrieux, die später in den Besitz der Vicomtes von Cotentin gelangen sollte. Einer der ersten Vicomtes, Thurstan Goz, war mit der Obhut über die herzogliche Burg Falaise betraut; die von Herzog Wilhelm hinsichtlich des bretonischen Krieges im Jahre 1064 errichtete Festung Saint-James-de-Beuvron stand unter dem Schutze Richards, Vicomte von Avranchin.[30] Einige normannische Festungen dieser Periode waren, wie Arques, Brionne und wahrscheinlich auch Tillières und Falaise, aus Stein erbaut, doch waren die meisten zweifellos mit Pfahlwällen und Gräben umgebene Holzbauten, wie sie nach der Eroberung in England eingeführt werden sollten. Doch waren beide Typen für die Verteidigung der Normandie sowie zur Aufrechterhaltung der Ordnung im Herzogtum zu einer Art Angelpunkt geworden. In der Tat waren Burgen für eine wirksame Kriegführung bereits wesentlich geworden, und es ist daher kein Wunder, daß sich die Herzöge innerhalb der Normandie darum bemühten, die Festungen in ihre Gewalt zu bekommen. Anscheinend war es in der Normandie vor 1035 ein außergewöhnlicher Fall, wenn andere Feudalherren als Grafen und Vicomtes Burgen besaßen; die Männer, denen der Erwerb einer Festung gelang, waren gewöhnlich sehr mächtig und von hohem Stand.[31] Auch ist es bezeichnend, daß viele unter den wichtigsten ersten ›Privatburgen‹ wie beispielsweise Echauffour, Laigle und Montreuil-l'Argille in Gegenden lagen, in denen die herzogliche Autorität wahrscheinlich weniger wirksam war.[32] Die normannischen Herzöge waren sich der Gefahr einer ihrer Macht entgleitenden Burg voll bewußt, und die Tatsache, daß sich die herzoglichen Burgen ständig in der Obhut von Vicomtes befanden, zeigt die Beziehung zwischen den ersten Vicomtes und den Grafen von Rouen unter einem neuen Gesichtspunkt.

Daher war kein Aspekt der Unruhen, die Wilhelms Amtsantritt folgten, so bedrohlich, wie der Versuch gewisser Vicomtes, die ihnen anvertrauten Burgen in ihren vollen Besitz zu bekommen. Thurstan Goz trotzte dem Herzog von der Burg Falaise aus, und Nigel vom Cotentin erhielt von Guy von Burgund die Festung Le Homme, die er später gegen seinen jungen Herrn verteidigen sollte.[33] Derartige Entwicklungen waren symptomatisch für die allgemeine Bedrohung der herzoglichen Autorität während dieser Jahre; im übrigen waren die Vicomtes keineswegs die einzigen Feudalherren im Herzogtum, die ihre Macht durch den Bau von Burgen zu untermauern und durch Waffengewalt zu erweitern suchten, doch war die Bedrohung in ihrem Falle besonders schwerwiegend. Der Aufstand der westlichen Vicomtes im Jahre 1047 wurde zu Recht als ein besonderer Verrat betrachtet, wobei bemerkenswert ist, daß nach Val-ès-Dunes eine weitverbreitete Zerstörung vieler unerlaubt errichteter Burgen stattfand. ›Welch eine glückliche Schlacht‹, rief Wilhelm von Jumièges mit einiger Übertreibung aus, ›die an einem Tage alle Burgen zu Fall brachte‹! [34] In dieser wie auch in vieler anderer Hinsicht war die Unterdrückung des Aufstandes vom Jahre 1047 von höchster Wichtigkeit, da sie verhinderte, daß die vizegräfliche Macht in der Normandie der herzoglichen Kontrolle entglitt. Danach war Wilhelm mit wachsendem Erfolg imstande, in der Normandie den Grundsatz wieder einzuführen, daß nämlich der Vicomte als Beauftragter des Herzogs sein Amt nach dessen Gutdünken auszuüben sowie gewisse Pflichten zu erfüllen hatte und letztlich vom Herzog abgesetzt werden konnte.

Inwieweit dies vor 1066 erreicht wurde, war in erster Linie· auf Wilhelms erfolgreiche Kriege sowie auf seine im Laufe der Zeit erreichte Vormachtstellung in der normannischen Feudalordnung zurückzuführen. Gleichzeitig scheint er jedoch versucht zu haben, die Beschaffenheit der Vicomtés in gewisser Hinsicht zu ändern, indem er nämlich unter dem alten Namen neue und kleinere Verwaltungseinheiten zu bilden suchte. Die endgültigen Ergebnisse sollten erst im 12. Jahrhundert erreicht werden, doch lassen sich ihre Anfänge zu Recht auf die Herrschaft des Eroberers und die Periode vor 1066 zurückführen. So erwähnt eine vor der Eroberung von Herzog Wilhelm ausgestellte Urkunde die Vicomté Gavray, und spätere Schriften offenbaren, daß es sich in diesem Falle um einen relativ kleinen Gerichtsbezirk im Cotentin gehandelt haben muß. [35] Ferner spricht Ordericus Vitalis von einer bereits vor 1091 gegründeten Vicomté Orbec. [36] Als Herluin, der Gemahl der Mutter Herzog Wilhelms, vor 1066 zum Vicomte ernannt wurde, erhielt er die kleine Vicomté Conteville, die vor diesem Zeitpunkt unbekannt war. [37] Das Beweismaterial ist zugegebenermaßen dürftig, doch hat die Errichtung dieser kleinen Vicomtés den Charakter des Amtes, das vor der Eroberung von mächtigen normannischen Vicomtes versehen wurde, sicher beeinträchtigt. Sie bezeichnete die Anfänge einer Umwälzung, die darin bestand, daß sich die Anzahl der normannischen Vicomtes zwar erhöhte, ihre persönliche Macht jedoch verringerte.

148

Daher läßt sich im Bereich der Lokalverwaltung die Entwicklung der herzoglichen Macht in der Normandie während dieser Jahre an dem Ausmaß erkennen, mit dem Wilhelm im Herzogtum wichtige Männer als herzogliche Beamte einsetzte, die nicht nur Vertreter seiner Herrschaft waren, sondern auch große Verwaltungsgebiete betreuten. Dementsprechend läßt sich die wachsende Zusammenarbeit zwischen Wilhelm und seinen Feudalherren in der Verwaltung der gesamten Normandie durch die Tätigkeit des herzoglichen Hofes erläutern, wo sich ebenfalls die Erneuerung der traditionellen herzoglichen Machtansprüche zeigte. Tatsächlich zog die Zusammensetzung dieses Hofes die Aufmerksamkeit damaliger Chronisten auf sich. Wilhelm von Poitiers sprach mit glühenden Worten von den weltlichen und geistlichen Ratgebern aus der Umgebung Wilhelms und nannte dabei vor allem die Bischöfe der Normandie, bzw. die weltlichen Grafen von Eu und Mortain, Roger von Beaumont, Wilhelm FitzOsbern und Roger von Montgomery.[38] Diese Schilderung ist natürlich rhetorisch untermalt und bezieht sich auf den letzten Zeitabschnitt in der normannischen Herrschaft des Herzogs. Doch wird sie durch Bezeugungen herzoglicher Urkunden zwischen 1035 und 1066 ziemlich genau bestätigt.

Natürlich wechselte das Gefolge am herzoglichen Hof mit den Ereignissen dieser unruhigen Jahre, vor allem deshalb, weil es nicht allein von den zu erledigenden Geschäften, sondern ebenso von dem Recht des Herzogs abhing, jederzeit die Anwesenheit einzelner Standespersonen zu erzwingen. Trotzdem läßt sich ein allgemeines Muster wahrnehmen, das sich von der Schilderung der Chronisten nur wenig unterscheidet. So wurde zwischen 1038 und 1039, das heißt zu Beginn der eigentlichen Herrschaft, vom herzoglichen Hof eine Urkunde ausgestellt, die der Herzog selbst, Hugo, Bischof von Evreux, sowie der Vicomte Adso bezeugten.[39] Ferner wurde zwischen 1049 und 1058 eine förmliche Urkunde des Herzogs in dessen Beisein von Hugo, Bischof von Lisieux, Roger von Montgomery, Wilhelm FitzOsbern, Robert, dem Halbbruder des Herzogs, sowie Richard, Vicomte von Avranchin, unterzeichnet.[40] Natürlich wurde der Hof des Herzogs mit dessen wachsender Macht immer eindrucksvoller und war wenige Monate vor dem Einfall in England voll versammelt. Am 18. Juni 1066 wurde eine Urkunde,[41] die in bezug auf den berühmten Kometen datiert werden kann, vom Herzog selbst, seiner Gemahlin Matilda, seinem Sohn Robert, seinem Halbbruder Robert, Graf von Mortain, dem Erzbischof Maurilius, den Bischöfen von Evreux, Bayeux und Avranches, Wilhelm FitzOsbern, sowie von Roger von Montgomery in seiner Eigenschaft als Vicomte von Hiémois unterzeichnet.

Derartige Beispiele – die unter vielen anderen ausgewählt wurden – lassen mit ziemlicher Sicherheit annehmen, daß die Schilderung des Chronisten von der Umgebung des Herzogs bei feierlichen Anlässen im wesentlichen der Wahrheit entspricht. Eine vollständige Sitzung des herzoglichen Hofes schloß wahrscheinlich Mitglieder der herzoglichen Familie mit ein, wie zum Beispiel seine Gemahlin, seinen ältesten Sohn und seine Halbbrüder.[42] Dazu waren die häufigsten Zeugen unter den weltlichen Feudalherren eben jene, die Wilhelm von Poitiers als die treuesten Ratgeber des Herzogs bezeichnete: das heißt also, die Grafen von Eu, Evreux und Mortain, sowie Wilhelm FitzOsbern, Roger von Beaumont und Roger von Montgomery, denen man wahrscheinlich Ralph Tesson und den älteren Walter Giffard hinzufügen sollte.[43] Ferner war auch die Anwesenheit angesehener Geistlicher üblich. Mit Ausnahme von Nicholas von Saint-Ouen, dem Sohn Herzog Richard III., traten Äbte weniger häufig auf als zu erwarten wäre, doch waren sämtliche normannischen Bischöfe, vor allem die beiden aufeinanderfolgenden Erzbischöfe Mauger und Maurilius, ferner Odo von Bayeux, Hugo von Lisieux, Wilhelm von Evreux und John von Avranches am herzoglichen Hofe regelmäßig anwesend.[44] Darüber hinaus wurde ein rechtskräftiger Beschluß des Herzogs gewöhnlich von einem oder mehreren Vicomtes bezeugt; unter ihnen standen die Vicomtes von Cotentin und Avranchin an erster Stelle. Derart also setzte sich der herzogliche Hof während der Herrschaft Wilhelms im wesentlichen zusammen, doch konnte diese ›curia‹ immer erzwungen werden, und der Besuch von sowohl weltlichen als auch kirchlichen Feudalherren war ein Merkmal dieser Periode. Eine bemerkenswerte Urkunde Herzog Robert I.[45] wurde nicht nur vom französischen König, sondern auch von den verbannten Athelingen Edward und Alfred unterzeichnet. Urkunden Herzog Wilhelms aus der Zeit von 1035 bis 1066 wurden gleichermaßen von Walter, Graf von Vexin, Gervais, Bischof von Le Mans, Hugo, Graf von Maine, Waleran, Graf von Meulan, sowie vielleicht auch von Robert von Jumièges, als er Bischof von Canterbury war, bezeugt.[46] Der herzogliche Hof schien sich der jeweiligen Notwendigkeit gehorchend in unregelmäßigen Zeitabständen und an verschiedenen Orten zu treffen; doch existieren Beweise dafür, daß in Fécamp gewöhnlich ein Ostertreffen stattfand.[47] Der Umfang der ›curia‹ war also starken Schwankungen unterworfen, doch lassen sich in ihr bereits die Anfänge einer Hofverwaltung entdecken, die vor allem mit der herzoglichen Verwaltung beauftragt war. Es wird daran erinnert, daß der kapetingische Hof seine spätere Form bereits während der

Herrschaft König Heinrich I. anzunehmen begann. Urkunden dieses Königs wurden häufig von Baldwin dem Kanzler ausgestellt; später wurde während der Herrschaft Philipp I. die königliche ›diplomata‹ regelmäßig von den vier wichtigsten Beamten unterzeichnet: dem Haushofmeister, dem Konnetabel oder Kronfeldherrn, dem Kämmerer und dem Verwalter.[48] Es läßt sich billigerweise erwarten, daß sich eine derartige Entwicklung in der Normandie widerspiegelte, und in der Tat finden zwischen 1035 und 1066 verschiedene mächtige Beamte des königlichen Hofes von Paris in der Normandie ihre Gegenstücke. Der oberste war der Haushofmeister. Es besteht kein Zweifel daran, daß dieses Amt in der Normandie während der Herrschaft Herzog Robert I. von keinem Geringeren als Osbern, dem Sohn Herfasts bekleidet wurde; er war ein Neffe der Herzogin Gunnor und heiratete Emma, die Tochter Graf Rodulfs, der seinerseits ein Halbbruder Herzog Richard I. war. Die Chronisten beschreiben ihn als ›steward‹,[49] als Haushofmeister also, und in dieser Eigenschaft bezeugte er Urkunden, die Saint-Wandrille und die Heilige Dreifaltigkeit in Rouen betrafen.[50] Auf Grund dieses Amtes wurde er zweifellos nach 1035 zu einem der Vormünder des jungen Herzogs ernannt und um 1040 in dessen Dienst ermordet.[51]

Die Verbindung zwischen dem Amt des normannischen Haushofmeisters und einer der mächtigsten Familien des neuen Adels war an sich ein äußerst wichtiges Faktum. Doch war Osbern während dieser Jahre nicht der einzige Haushofmeister am herzoglichen Hof;[52] obwohl dieses Amt nach seinem Tode auf seinen berühmten Sohn Wilhelm FitzOsbern überging, wurden frühe Urkunden Herzog Wilhelms auch von anderen ›stewards‹ bezeugt, wie zum Beispiel Gerard ›senescallus‹, der in mehreren derartigen Urkunden auftritt.[53] Jedoch ist Stigand, der ›dapifer‹, von noch größerem Interesse. Dieser Stigand war nicht nur Haushofmeister, vielmehr hatte sein Sohn Odo den Titel eines ›dapifer‹ oder Truchseß schon zu Lebzeiten seines Vaters inne, bis er im Jahre 1063 im Alter von sechsundzwanzig Jahren starb.[54] Darüber hinaus bestätigte Stigand im Jahre 1054 als ›dapifer‹ eine Urkunde, die auch von Wilhelm FitzOsbern, jedoch ohne nähere Titelbezeichnung, bezeugt wurde.[55] Die Annahme, daß Wilhelm Fitz-Osbern das Amt seines Vaters Osbern unmittelbar nach dessen Tod übernahm, ist daher unsicher. Es ist jedoch erwiesen, daß Wilhelm FitzOsbern, der engste Vertraute des Herzogs, noch vor Ende der normannischen Herrschaft Wilhelms Haushofmeister am herzoglichen Hofe war, wobei seine bemerkenswerte Persönlichkeit diesem Amt ein zusätzliches Ansehen verlieh.[56]

Die Wichtigkeit des Haushofmeisters am normannischen Hof vor der Eroberung war weniger auf das Amt selbst, als vielmehr auf den persönlichen Stand des Mannes, der es bekleidete, zurückzuführen. Mit dieser Entwicklung läßt sich in gewisser Hinsicht auch das Amt des Kämmerers vergleichen. Viele vor der Eroberung ausgestellten Urkunden wurden von Radulfus, dem ›camerarius‹ oder ›cubicularius‹ beglaubigt, wobei es sich um keinen anderen handelte als Ralph, Sohn Geralds und Herr von Tancarville.[57] Er trat bereits im Jahre 1035 als Kämmerer auf [58] und befand sich während der normannischen Herrschaft Herzog Wilhelms ständig bei Hofe. Er starb anscheinend vor 1066; sein Sohn Ralph erbte das Amt, das, genau wie das Amt des normannischen Haushofmeisters, durch das persönliche Schwergewicht seines Inhabers an Ansehen gewonnen hatte.[59] Gleichermaßen wird während dieser Periode die Existenz des Verwalteramtes am normannischen Hofe bestätigt. Urkunden, die Jumièges, die Heilige Dreifaltigkeit in Rouen und Coulombes betreffen, wurden von Hugo, dem ›pincerna‹ oder ›buticularius‹, dem Erzschenk also, bezeugt, und ein Schriftstück zeigt auf, daß es sich dabei um Hugo von Ivry, einen in der Normandie sehr angesehenen Mann handelte, der später mit dem Herzog nach England ging, das Amt des Kellermeisters der Normandie jedoch bis zu seinem Tode nach 1086 weiter bekleidete.[60] Über den vierten unter den höchsten kapetingischen Beamten, den Konnetabel oder Oberbefehlshaber, existieren in der Normandie vor der Eroberung nur wenig Zeugnisse. Als jedoch Robert von Ver zu einem späteren Zeitpunkt einer der Konnetabeln von England wurde, geschah dies auf Grund seines Erbes von der Familie Montfort-sur-Risle. Diese Familie, die in England den Titel ›honor constabulariae‹ besaß, war jedoch in der Normandie vor der Eroberung fest etabliert und stand bereits mit dem normannischen Herzog in enger Verbindung.[61]

Übrig bleibt das Kanzleramt; in diesem Falle muß sein kapetingisches Gegenstück in besonderem Maße erwogen werden. Wie bereits erwähnt, waren vor 1060 viele der vom französischen König ausgestellten ›diplomata‹ in aller Form von einem gewissen Baldwin unterzeichnet worden, der ordnungsgemäß als Kanzler fungierte. Die andererorts stattfindende Entwicklung der Kanzlerämter aus organisierten Gruppen von Hofkaplänen ist wohlbekannt; auch war der Klerus am Hofe Herzog Wilhelms vor der Eroberung sichtlich stark vertreten. So bestätigten Theobald und Baldwin um das Jahr 1060 eine Marmoutier betreffende Urkunde des Herzogs in ihrer Eigenschaft als Kapläne, und der Kaplan Rannulf unterzeichnete kurze Zeit danach für dieses Haus eine weitere Urkunde.[62] In der Tat ist in diesem Zusammenhang der Lebenslauf eines der Kapläne des Herzogs von besonderem Interesse. Es handelt sich um Herfast, der die erste der beiden oben erwähnten Marmoutier-Urkunden unterzeichnete und der drei Jahre nach der normannischen Eroberung in einer englischen Urkunde unter dem Titel ›cancellarius‹ erscheinen sollte [63] und somit vielleicht, wenn auch nicht ganz sicher, in England der erste Mann dieses Titels war.[64] Seine Laufbahn hat daher Aufmerksamkeit erregt, und es gab sogar einige, die nicht zögerten, daraufhin auf das Vorhandensein eines Kanzleramtes in der Normandie vor der Eroberung sowie auf die darauf folgende Einführung dieser Institution in England zu schließen.

Es ist jedoch äußerst unwahrscheinlich, daß während der Herrschaft Herzog Wilhelms in der Normandie eine Kanzlei de facto, oder aber nur dem Namen nach existierte. Es ist unbekannt, ob Herfast den Titel eines Kanzlers vor seiner Ankunft in England erhalten hatte;[65] ferner traten die Geistlichen der Hofkapelle Wilhelms in den damaligen herzoglichen Urkunden ohne jede Regelmäßigkeit als Zeugen auf.[66] Noch dazu verbietet der Charakter der zwischen 1035 und 1066 ausgestellten herzoglichen Urkunden jegliche Annahme, daß zu dieser Zeit in der Normandie ein herzogliches ›scriptorium‹ existierte, dessen Arbeit einem regelmäßigen Schema folgte und dessen Tätigkeiten auf einer feststehenden Tradition beruhten.[67] Beispielsweise findet man in der Normandie nichts, was den auf bestimmten Formen beruhenden Schriftstücken entspricht, die vom ›scriptorium‹ Edward des Bekenners während dieser Jahre regelmäßig ausgestellt wurden.[68] Die herzoglichen Urkunden dieser Zeit sind im Gegenteil so verschiedenartig, daß die Vermutung naheliegt, daß sie häufig in den Klöstern zusammengestellt wurden, zu deren Nutzen sie gedacht waren; im übrigen existieren Beweise dafür, daß dieser Brauch geübt wurde.[69] Kurz, es hat den Anschein, daß die Entwicklung der herzoglichen Kapelle zur organisierten Kanzlei vor der normannischen Eroberung wenig oder gar keine Fortschritte gemacht hatte.

Im Jahre 1066 befand sich der Hofstaat des Herzogs der Normandie wie der des französischen Königs in einem Übergangsstadium, wobei es zwischen beiden durchaus wechselseitige Einflüsse gegeben haben mochte. Viele mächtige Beamte, die für den Hofstaat des französischen Königs kennzeichnend waren, wie zum Beispiel der Haushofmeister, der Kellermeister und der Kämmerer, waren in der Normandie zu dieser Zeit bereits fest etabliert und von weniger bedeutenden Beamten wie dem Zeremonienmeister [70] und den zahlreichen Gerichtsdienern

(›hostarii‹) umgeben, die in Urkunden oft als Zeugen auftreten.[71] Die Annahme, daß dieser Hofstaat bereits den Stand der Organisation erlangt hatte, den er später erreichen sollte, wäre infolgedessen irrig. Während die Titel eines Oberstkämmerers und Oberst-Kellermeisters vielleicht schon vor der Eroberung in der Normandie gebräuchlich waren,[72] scheint es andererseits, daß sich die obersten Beamten am normannischen Hofe zu dieser Zeit noch nicht deutlich von den niedrigeren Beamten gleichen Titels unterschieden, und daß es unter ihnen also noch keine Rangordnung gab. Es besteht kein Zweifel daran, daß der Haushofmeister zur Zeit Wilhelm FitzOsberns der einflußreichste Beamte des normannischen Hofstaats war; in diesem Falle eilte die Entwicklung der des französischen Hofes voraus, wo der Vorrang des Haushofmeisters erst nach 1071 etabliert wurde.[73] Doch scheint die Familie Tancarville schon zu einem frühen Zeitpunkt Erstansprüche auf das Kämmereramt in der Normandie gestellt zu haben.[74] Anscheinend beruhte der Aufbau des herzoglichen Hofstaates immer noch in stärkerem Maße auf Persönlichkeiten als auf Institutionen oder der Verwaltung. Es war nichtsdestoweniger wichtig, daß einige der mächtigsten normannischen Vasallen dem Herzog zu dieser Zeit als Hofbeamte dienten, wodurch der Hof zusätzliche Macht gewann.

Die Urkunden zeigen auf, daß dieser Hof sogar während der ersten Jahre der Minderjährigkeit Wilhelms ziemlich regelmäßig zusammentrat. Zwei um 1040 für zwei Klöster ausgestellte Urkunden weisen auf die große Jugend des Herzogs hin, der augenscheinlich mit einem Vormund am Hofe anwesend war, über den Mauger, Erzbischof von Rouen, anscheinend den Vorsitz führte.[75] Auch wurde eine derartige Hofversammlung zweifellos anläßlich der Belehnung Wilhelms, Bruder von Mauger, mit der Grafschaft Arques abgehalten, die um die gleiche Zeit stattfand.[76] Weiterhin bestätigte der Herzog zwischen 1045 und 1047 das Kloster Jumièges betreffende Schenkungen in Gegenwart des Hofes, dem die drei Grafen und Wilhelm FitzOsbern beiwohnten.[77] Nach Val-ès-Dunes schien sich der herzogliche Hofstaat erweitert zu haben. Um 1050 trat eine hervorragende ›curia‹ zusammen, um die der Abtei Le Mont-Saint-Michel gemachten Schenkungen zu bestätigen,[78] und im Jahre 1051 suchte das Kloster Saint-Wandrille seine Rechte in Gegenwart des versammelten Hofes zu verteidigen.[79] Derartige Berichte sind eindrucksvoll und weisen auf die Kontinuität der herzoglichen Verwaltung während der Wirren der Minderjährigkeit hin. Trotzdem ist es bedeutsam, daß die meisten vor der Eroberung ausgefertigten Urkunden Wilhelms aus der Mortemer folgenden Periode stammen, und daß ihre Unterschriften eine ›curia‹ aufzeigen, deren

Umfang und Bedeutung immer mehr zunahm. Es ist unmöglich, in früheren Urkunden Hinweise auf einen Hof zu finden, der jenem gleichkam, der später unter der normannischen Herrschaft des Herzogs dessen Schenkungen an seinen Halbbruder Odo und die Kirche von Bayeux bezeugte,[80] oder der mit dem Hof verglichen werden könnte, der im Jahre 1066 in Fécamp die dem Kloster Coulombes zukommenden Rückerstattungen bestätigte.[81] In der Tat erwies sich das wachsende Ansehen des Herzogs durch die Versammlung, die ihn umgab. Am Vorabend der Eroberung war Wilhelm in der Lage, zu seiner Unterstützung einen bedeutenden Hof zu versammeln, der die Aufmerksamkeit damaliger Autoren auf sich zog. Daß weder Wilhelm von Malmesbury, noch Wilhelm von Poitiers [82] in ihren bewundernden Schilderungen dieser Versammlung übertrieben haben, läßt sich aus den Unterschriften der Urkunde ersehen, die am 17. Juni 1066 für die Heilige Dreifaltigkeit von Caen ausgestellt wurde.[83] Diese mit berühmten weltlichen und kirchlichen Namen angefüllte Liste spiegelt in der Normandie einen herzoglichen Hof wider, auf den jeder Fürst des damaligen Europa hätte stolz sein können.

Es war im Grunde genommen ein Feudalhof, dessen Aufgabe darin bestand, seinem Lehnsherrn in jeder Hinsicht Unterstützung und Rat zu erteilen, obgleich es, wie die Anwesenheit der Vicomtes vermuten läßt, innerhalb dieser Versammlung vielleicht immer einen Spielraum für jene überlieferten herzoglichen Rechte gab, die Herzog Wilhelm ererbt hatte und wiederbeleben sollte. Jedoch waren die Aufgaben des herzoglichen Hofstaates vor 1066 anscheinend noch sehr unausgeprägt. Es besteht beispielsweise kaum Grund zu der Annahme, daß vor der Eroberung in der Normandie eine voll entwickelte Finanzorganisation entstanden war. Allerdings gibt es Hinweise auf eine in der Zeit Herzog Richard II. existierende ›camera‹ (Schatzamt),[84] und die Aufgabe, die verschiedenen dem Herzog zustehenden Einkünfte einzutreiben, bzw. gelegentlich den Zehnten von ihnen abzuziehen, setzte an sich nicht nur ein wenn auch grobes Rechnungssystem, sondern vielleicht auch besonders für diese Tätigkeit bestimmte Beamte voraus.[85] Die Wichtigkeit des in den Händen der Familie Tancarville liegenden Kämmereramtes ist in dieser Hinsicht bezeichnend, doch scheint die Entwicklung eines Amtes, das man zu Recht als Finanzamt benennen könnte, vor 1066 äußerst begrenzt gewesen zu sein. Es war keine teilweise, sondern eine vollständige ›curia‹, die um 1042 dem Kloster Cerisy-la-Forêt den Zehnten gewisser Vicomtés bestätigte,[86] und später bezeugte eine ähnliche Versammlung in der ›prévôté‹ zu Caen die Zahlung von hundert Schillingen an Montivilliers.[87] Vor der Eroberung befaßte sich noch der gesamte Hof mit den herzoglichen Einkünften sowie auch mit allen anderen herzoglichen Angelegenheiten.

Die während der normannischen Herrschaft Herzog Wilhelms ausgestellten Akten des herzoglichen Hofes sind natürlich hauptsächlich solche, mit denen der Herzog den Klöstern Ländereien oder Vorrechte bestätigte. Um das Jahr 1050 bestätigte der Herzog die durch Bischof Hugo und seine Mutter, die Gräfin Lesceline von Eu, erfolgte Gründung des Klosters Saint-Désir bei Lisieux in Gegenwart des versammelten Hofstaates. Ungefähr zehn Jahre später unterzeichnete eine ähnliche Hofversammlung die seitens Nigel von Saint-Sauveur an das Kloster Marmoutier erfolgte Schenkung von sechs auf der Insel Guernsey liegenden Kirchen.[88] Um 1054 wurden die Schenkungen Gilbert Crispins an Jumièges in Gegenwart Herzog Wilhelms von Wilhelm, Bischof von Evreux, dem Haushofmeister Stigand, dem Kellermeister Hugo, Wilhelm FitzOsbern und anderen bestätigt;[89] kurz darauf unterzeichnete eine ähnlich geartete, jedoch größere Hofversammlung die Schenkungen, die Roger von Clères der Tosny-Stiftung Conches machte.[90] Derartige Angelegenheiten, die gewöhnlich eine Schenkungsurkunde erforderten, wurden daher äußerst genau verzeichnet. Es bestehen wenig Zweifel daran, daß sie während dieser Zeitspanne einen Großteil der Aufmerksamkeit des herzoglichen Hofes in Anspruch nahmen.

Zeitweise war die förmliche Bestätigung von Besitzrechten kaum von der Schlichtung lange umstrittener Forderungen zu unterscheiden; die richterliche Tätigkeit des herzoglichen Hofes läßt sich in diesem Zusammenhang am ehesten einschätzen. Aus dieser Zeit existieren Berichte über verschiedene Prozesse, die Beachtung verdienen. Zwischen 1063 und 1066 ergab sich zwischen der Abtei Marmoutier und der Abtei Saint-Pierre-de-la-Couture bei Le Mans ein langer Streit wegen des Landes, das Guy von Laval Marmoutier nahe seiner Burg Laval überlassen hatte, um die Gründung eines ›borough‹ zu ermöglichen.[91] Als Herzog Wilhelm in Domfront Hof hielt, ›veranlaßte er in dieser Angelegenheit einen Prozeß‹ und befahl, daß die Mönche von Marmoutier das Gottesurteil anbieten sollten, daß aber Reinald Abt von Saint-Pierre lediglich zu schwören brauchte, dieses Besitztum nie streitig gemacht zu haben. Abt Reinald verweigerte den Eid, und das Besitztum wurde den Mönchen von Marmoutier zurückerstattet. ›Derart wurde die Klage, die so lange zweifelhaft war, mittels eines öffentlichen und gerechten Urteils entschieden.‹ Im Jahre 1066 ergab sich zwischen der Kirche von Avranches und dem Neffen Bischof Johns,

Roger von Beaufou, ein langer Rechtsstreit bezüglich des Herrschaftsgebietes von Saint-Philibert, das Roger auf Grund einer Erbschaft von seinem Onkel forderte. Auch in diesem Falle wurde die Angelegenheit vor den herzoglichen Hof gebracht, der eine verwickelte Regelung traf und schließlich am 18. Juni 1066 zugunsten der Kirche von Avranches entschied.[92] Endlich sei noch erwähnt, daß auch Abt Rannulf von Le Mont-Saint-Michel nach einem langen Rechtsstreit über eine Mühle bei Vains das Urteil der herzoglichen ›curia‹ erbat, und die aus diesem Prozeß resultierende Urkunde berichtet, daß die Mühle erst nach reiflicher Überprüfung aller fraglichen Punkte schließlich den Mönchen von Le Mont-Saint-Michel zuerkannt wurde.[93]

Im Verein mit den betreffenden Urkunden führen derartige Erzählungen zu Vermutungen über die Beschaffenheit der herzoglichen Rechtsprechung dieser Zeit. Es wäre jedoch voreilig, sie allzu genau zu bestimmen. Der herzogliche Hof dieser Zeit kann in einer Hinsicht als das größte Feudalgericht der Normandie sowie als das Verwaltungsinstrument der richterlichen Autorität des Herzogs betrachtet werden, die sich jedoch in bezug auf weltliche Angelegenheiten kaum von der Autorität unterschied, die die mächtigeren seiner Vasallen über ihre eigenen Pächter besaßen.[94] Die ältere Ansicht, daß nämlich der Herzog der Normandie als einziger unter den mächtigsten Lehnsmännern Frankreichs innerhalb seines Herrschaftsgebietes das Monopol einer ›haute justice‹ innehatte, kann durch aus der Zeit vor der Eroberung stammende Zeugnisse nicht belegt werden.[95] Viele der bedeutenderen normannischen Feudalherren dieser Zeit, wie beispielsweise Roger von Beaumont oder der Graf von Evreux, übten eine weitgehende richterliche Gewalt aus; es ist äußerst zweifelhaft, ob Wilhelm vor 1066 in der Normandie den Grundsatz allgemein durchsetzen konnte, daß sie diese Rechte nur auf Grund einer besonderen Ermächtigung seitens des Herzogs besaßen.[96] Wie die genaue Rechtstheorie auch immer gewesen sein mag, so läßt sich die wachsende Bedeutung des herzoglichen Hofes zwischen 1047 – 1066 allem Anschein nach am besten durch eine Bezugnahme auf praktische Beweggründe erläutern. Während dieser Jahre konnte Wilhelm die Feudalrechte über seine Vasallen in größerem Maße geltend machen, und seine wachsende Macht ließ es immer wünschenswerter erscheinen, wichtige Geschäfte nur mit seiner vorherigen Billigung zu unternehmen. Nicht ohne Grund äußerte der zwischen 1048 und 1063 amtierende Abt Robert von Saint-Wandrille bei einer entsprechenden Gelegenheit folgende Worte: ›Ich war darauf bedacht, diese Urkunde Wilhelm, dem Herrn der Normannen, zu bringen, und er bestätigte sie mit der

Zustimmung vieler seiner eigenen Lehnsleute mit seiner Unterschrift.[97] Trotzdem blieben in der Normandie jene vor-feudalen Überlieferungen übrig, die die richterliche Autorität des Herzogs von der seiner Vasallen unterschieden, und deren praktischer Einfluß durch die politischen Ereignisse während der Herrschaft Herzog Wilhelms noch verstärkt werden sollte. Die im 10. Jahrhundert von den Wikingergrafen von Rouen erworbene gräfliche Gewalt erwies sich für die Nachfolger Rolfs als eine Quelle potentieller Stärke, und nun gaben die veränderten Beziehungen zwischen Herzog Wilhelm und dem französischen König diesen Vorrechten eine erhöhte Bedeutung. Solange der Herzog der Normandie ein Vasall des Königs von Frankreich blieb, konnte er gewissermaßen als Nutznießer einer außerordentlich bevorrechtigten ›Immunität‹ gelten. Doch war das Ansehen des französischen Königs in der Normandie nach den Ereignissen der Jahre 1052 – 1054 erheblich gesunken, so daß unvermeidlich andere, der richterlichen Unabhängigkeit des Herzogs günstige Vorstellungen zur Geltung kamen. In dieser Hinsicht sollte sich die Stellung, die der Herzog in der Kirche der Provinz Rouen einnahm, als besonders wichtig erweisen. Wilhelms Vorväter hatten hinsichtlich der Kirche besondere Verantwortungen erworben und sie in der Folge zu ihrem eigenen Vorteil ausgeübt, so daß Wilhelm von Anfang an in die Angelegenheiten der Kirche verwickelt war. Beispielsweise war die Einführung des Gottesfriedens im Jahre 1047 auf dem Rechtsgebiet von besonderer Bedeutung, da der Herzog nicht nur zu seiner Einführung beigetragen hatte, sondern im Laufe der Zeit in großem Maße für seine Vollstreckung verantwortlich sein sollte, so daß sich der ›Treuga Dei‹ in der Normandie vor seinem Tode kaum mehr von dem ›pax Ducis‹ unterschied.[98] In Hinsicht auf die Periode 1047 – 1066 ließe sich der Einfluß dieser Entwicklung leicht übertreiben, doch treffen die folgenden Worte zu: ›Da sie für den geschworenen Frieden langsam die Verantwortung übernahmen, gelang es den normannischen Herzögen, über gewisse Rechtsfälle ein Vorrecht zu erwerben, das ihnen eine viel stärkere Amtsgewalt verlieh, als sie jemals als Feudalherren besessen hatten.‹[99]

Wie auch immer der direkte Einfluß der Durchführung des Gottesfriedens auf die Entwicklung der richterlichen Vorrechte gewesen sein mag, so besteht doch kein Zweifel daran, daß sie durch die Stellung, die Herzog Wilhelm zwischen 1047 und 1066 innerhalb der normannischen Kirche errungen hatte, allgemein verstärkt worden waren. Wie bereits erwähnt, nahm er an den meisten während dieser Jahre in der Provinz Rouen stattfindenden Kirchenkonzilen persönlich teil; zur selben Zeit waren die mächtigen Prälaten der Normandie in gleichem Maße wie ihre Laienverwandtschaft bei den Sitzungen des herzoglichen Hofes regelmäßig anwesend.[100] In diesem eng zusammengefügten Herzogtum, das mit einer Kirchenprovinz identisch war und in weltlicher und kirchlicher Hinsicht von einer kleinen Gruppe miteinander verwandter Familien beherrscht wurde, war eine deutliche Trennung beider Verwaltungssphären fast unmöglich. Da der Herzog selbst die Spitze dieser eng gefügten Sozialstruktur darstellte, wurde seine Autorität dadurch natürlich verstärkt. So, wie die ihm als Herzog zukommenden überlieferten Machtansprüche seine Lehnsrechte in steigendem Maße untermauern sollten, wurde es andererseits immer schwieriger, die kirchlichen Angelegenheiten, die ihn und seinen Hof vielleicht nicht direkt betrafen, genau als solche zu bestimmen.

Es existieren tatsächlich Hinweise darauf, daß die enge Verbindung zwischen dem normannischen Herzog und der normannischen Kirche der Herrscherstellung Wilhelms schon vor 1066 eine kirchliche Sanktion verliehen hatte, die sich von jener unterschied, die seine Mitlehnsherren in Gallien für sich beanspruchten. Daß vor 1066 ein normannischer Herzog bei seinem Amtsantritt besondere Weihen empfing, ist unwahrscheinlich; laut einer späteren Überlieferung bestand die besondere Anerkennung eines Herzog der Normandie darin, daß er mit einem Schwert umgürtet wurde.[101] Andererseits war sowohl die Taufe Rolfs als auch jene Propaganda unvergessen, die Wilhelm Langschwert als einen glühenden Verteidiger der Kirche darzustellen suchte. Daß man die Anwesenheit des Erzbischofs von Rouen bei der Einsetzung eines Herzogs der Normandie stets als wesentlich erachtete, war sicher nicht nur auf die Stellung dieses Prälaten innerhalb der Feudalordnung der Provinz zurückzuführen.[102] Ferner wurde der Vermutung stattgegeben, daß ›Laudes‹ des ›Christus vincit‹-Typus, wie sie bei der Krönung Karls des Großen gesungen worden waren, auch bei der Einsetzung eines normannischen Herzogs vorgetragen wurden;[103] doch kann dies, obgleich möglich, nicht bewiesen werden; auch existieren keine Zeugnisse darüber, daß ein normannischer Herzog vor 1066 gesalbt oder gekrönt worden wäre.[104] Es ist jedoch bemerkenswert, daß zu einem frühen Zeitpunkt, wahrscheinlich schon vor 1066 [105], anläßlich wichtiger Kirchenfeste in der Kathedrale von Rouen eine Litanei gesungen wurde, die eine besondere Begrüßung Herzog Wilhelms enthielt.[106] Dies ist um so erstaunlicher, da uns keine derartige besondere Begrüßung eines Laienmagnaten bekannt ist, wenn er nicht königlichen oder kaiserlichen Standes war.[107] Jedoch könnte der tiefere Sinn eines solchen Brauches leicht über- oder aber unterschätzt werden.

Herzog Wilhelm von Normandie, der in dieser Hinsicht unter den Feudalherren Galliens eine Ausnahme bildete, wurden auf Grund seines herzoglichen Amtes vor 1066 innerhalb der normannischen Kirche besondere Befugnisse und Verpflichtungen zugestanden, wodurch er imstande war, hinsichtlich seiner administrativen Beschlüsse eine gewisse kirchliche Sanktion zu fordern.

Während der Jahrzehnte, die der normannischen Eroberung Englands vorausgingen, wurde die aristokratische und kirchliche Entwicklung der Normandie unter der Herrschaft Herzog Wilhelm II. in eine einzige politische Bahn gelenkt. Diese ließe sich vielleicht in dem Bild zusammenfassen, daß im Jahre 1065 ein Mann von einer Grenze des Herzogtums zur anderen gehen konnte, ohne jemals über die weltliche oder kirchliche Gerichtsbarkeit einer kleinen Gruppe untereinander verwandter Familien, deren Oberhaupt der Herzog war, hinauszugelangen. Die nun fest etablierte neue Aristokratie hatte die klösterliche Erneuerung in der normannischen Kirche gefördert: dementsprechend beherrschten die aus demselben Adel stammenden normannischen Bischöfe die Provinz Rouen, die mit dem normannischen Herzogtum fast übereinstimmte. Im Mittelpunkt dieser zusammenhängenden Weiterentwicklung stand der Herzog. Er hatte die Ambitionen des Adels mit seinen eigenen politischen Zielen in Einklang gebracht und hatte bestimmte Mittel benutzt, um ihre ihm zustehenden Lehnsverpflichtungen zu erzwingen. Ferner hatte er seine Macht auf die reformierte normannische Kirche erstreckt, so daß er mit einigem Recht als der Verteidiger der Kirche in einer der fortschrittlichsten Provinzen des christlichen Abendlandes gelten konnte. So war in dieser Provinz Galliens diese intensive Machtkonzentration erreicht worden, die im Europa des 11. Jahrhunderts zu den bemerkenswertesten Phänomen gehören sollte. Das also war die Basis der größten normannischen Leistung, die unter der Führung Herzog Wilhelms vollzogen werden sollte – die Gründung des anglo-normannischen Königreiches.

3. TEIL

DIE GRÜNDUNG
DES ANGLO-NORMANNISCHEN
KÖNIGREICHES

VII

DIE NORMANDIE UND ENGLAND

(1035 – 1065)

Die normannische Eroberung Englands wurde durch das Wachsen der normannischen Macht während der ersten Hälfte des 11. Jahrhunderts und durch die Festigung des Herzogtums unter der Herrschaft Herzog Wilhelm II. vorbereitet und ermöglicht. Um erklären zu können, warum diese Eroberung unternommen wurde, und um ihren Erfolg und ihre besonderen Konsequenzen richtig einzuschätzen, ist es nicht nur notwendig, den Charakter des damaligen normannischen Herzogtums, sondern ebenso die Entwicklung der normannischen Politik während derselben Periode zu erwägen. Nur so wird verständlich, warum und wie das Geschick des mittelalterlichen Englands während des dritten Viertels des 11. Jahrhunderts durch einen Nachkommen des Wikingers Rolf von der skandinavischen Welt abgetrennt und der latein-europäischen Welt zugeführt wurde.

Eine enge politische Beziehung zwischen der Normandie und England bildete einen Teil des Erbes Herzog Wilhelms.[1] Die großen Wikinger-führer des 9. Jahrhunderts hatten ihre Wirksamkeit unterschiedslos auf beide Seiten des Kanals erstreckt, wodurch die daraus ent-standenen Ansiedlungen sowohl ihrem Ursprung als auch ihrer Wesens-art nach einander ähnlich waren. In gewisser Hinsicht kann das Dane-law als die englische Normandie, und die Normandie als das französische Danelaw betrachtet werden, und zwar insofern, als in beiden Fällen hinsichtlich ihrer Angleichung an die ältere politische Ordnung, in die sie verpflanzt wurden, ähnliche Probleme entstanden. Unvermeidlich erwuchsen daraus nähere politische Verbindungen.

Athelstan und Wilhelm Langschwert waren vom Schicksal des Königs Louis d'Outre-Mer betroffen,[2] und nach der Verschärfung der Wikingerangriffe gegen Ende des 10. Jahrhunderts erhielten die Beziehungen zwischen den beiden Dynastien ein noch größeres Schwergewicht. Ethelred II. von England, der die volle Wucht dieser Angriffe aufzufangen hatte, war natürlich an der Politik der Wikingerprovinz in Gallien interessiert, während die normannischen Herzöge ihrerseits manchmal nicht abgeneigt waren, die Lage zu ihrem eigenen Vorteil zu gestalten. Diese Angelegenheit war für Westeuropa eindeutig von größter Wichtigkeit; es war also kein Wunder, daß sich Papst Johannes XV. genötigt sah einzugreifen. Die Folge davon war, daß im März 991 eine bemerkenswerte Versammlung unter dem Vorsitz des päpstlichen Gesandten in Rouen zusammentrat.[3] Anscheinend bestand sie aus Roger, Bischof von Lisieux, und anderen normannischen Adligen, sowie aus Æthelsige, Bischof von Sherborne, und zwei englischen ›thegns‹ oder Rittern.[4] Im Laufe dieser Versammlung wurde das Übereinkommen getroffen, daß von da an weder der Herzog noch der König den jeweiligen Feind des anderen unterstützen würde; dieser Pakt versinnbildlichte sowohl die von der Normandie innerhalb der westlichen Christenheit errungene besondere Stellung, als auch die wachsenden Beziehungen zwischen den normannischen und englischen Herrschergeschlechtern.

Diese Verbindung wurde im Laufe des 11. Jahrhunderts immer enger. Doch war der im Jahre 991 geschlossene Pakt offenbar nur teilweise wirksam, da eine anscheinend glaubwürdige normannische Überlieferung auf einen im Jahre 1000 gegen das Gebiet Cotentin gerichteten erfolglosen englischen Angriff hinweist; falls dieser Angriff tatsächlich stattfand, so war er vermutlich als eine gegen eine Wikingerflotte gerichtete Strafexpedition gedacht, da sich diese Flotte nach einem Raubüberfall auf England in den normannischen Häfen neu rüstete.[5] Daher war ein zusätzlicher Faktor erforderlich, um die für beide notwendige Allianz zwischen dem englischen König und dem normannischen Herzog zu untermauern. Dies geschah im Jahre 1002 durch die berühmte Heirat zwischen Emma, der Tochter Herzog Richard II. und Ethelred II. von England.[6] Die weitreichenden Folgen dieser Verbindung sollten sich erst während der Herrschaft des Eroberers erweisen, doch wirkten sich einige damit verbundene Konsequenzen schon vor seiner Geburt aus. Als Sweyn Forkbeard im Jahre 1013 seinen letzten und größten Überfall auf England erfolgreich unternahm und die westsächsische königliche Familie ihr Heil in der Flucht suchte, wandte sie sich geradewegs in die Normandie. Im Herbst 1013 traf Emma mit ihren beiden Söhnen Edward und Alfred im Herzogtum ein, wo im Januar 1014 Ethelred selber zu ihnen stieß.[7] Im darauffolgenden Monat kehrte Ethelred II. von der Normandie aus mit normannischer Unterstützung nach England zurück, um dort seinen letzten, vergeblichen Krieg gegen Sweyns Sohn, Cnut den Großen, zu führen.[8]

Die Schicksale der Normandie und Englands begannen sich zu verflechten. Gleichzeitig mit dem Angriff Sweyns auf England verwüsteten Olaf und Lacman im Jahre 1013 die Bretagne und wurden nach ihren Raubzügen von Herzog Richard II. in Rouen als Gäste empfangen.[9] Daß der König von Frankreich alarmiert war, ist wohl kaum verwunderlich, und die Einberufung gallischer Adliger in Coudres war eine aus dieser Sorge entsprungene Maßnahme seinerseits.[10] Die Gefahr wurde abgewandt, als sich Richard, vielleicht auf Grund von Bestechung, von seinen heidnischen Verbündeten lossagte; der Charakter der normannischen Politik, der während dieser Periode einer Umwälzung unterworfen war, wurde ferner durch Olaf verdeutlicht, der sich vom Erzbischof von Rouen taufen ließ und später zum Schutzheiligen der skandinavischen Welt werden sollte.[11] Zu dieser Zeit warfen viele der zukünftigen Ereignisse bereits ihre Schatten voraus. Die Lage wurde noch deutlicher umrissen, als sich Emma nach dem Tode Ethelred II. mit dem skandinavischen Eindringling zusammentat und im Juli 1017 die Gemahlin Cnuts des Großen wurde,[12] der nun König von England war und bald zum Herrn über ein großes, skandinavisches Reich werden sollte. All diese Ereignisse berührten die Normandie nicht weniger als England und betrafen nicht allein die Herrschergeschlechter beider Länder. Dazu war die politische Abhängigkeit Englands von Skandinavien sowie die wechselnde Stellung der Normandie innerhalb Galliens darin einbeschlossen. Die Folgen sollten weitreichend sein.

Somit waren die Beziehungen Herzog Wilhelms zu England durch ein bereits vor seiner Geburt entstandenes Verhältnis zwischen dem Herzogtum und dem Königreich bedingt. Obwohl er jedoch in diesem Falle der Erbe einer Überlieferung war, gestaltete er sie nichtsdestoweniger um. Daher müssen seine diesbezüglichen Erfolge, die Art, wie sie zustande kamen und die in sie verwickelten Persönlichkeiten immer im Hinblick auf die großen politischen Probleme betrachtet werden, die bereits vor seiner Zeit entstanden waren und auf Grund seiner Handlungen eine besondere und ständige Lösung erfahren sollten. Zum Zeitpunkt seiner Geburt war das politische Schema, das aus der Beziehung zwischen England, Frankreich und der skandinavischen Welt entstehen sollte, noch nicht klar umrissen; es war die Normandie,

die innerhalb dieses Schemas einen besonderen Platz einnahm und ihm durch Herzog Wilhelm seine endgültige Gestalt geben sollte. So lassen sich in Herzog Wilhelms Politik England gegenüber sogar in ihren kleinsten Einzelheiten logische Zusammenhänge entdecken. Die westeuropäischen Hauptmächte verwickelten sich immer mehr in diese Politik, die in einer der dramatischsten Episoden der Geschichte gipfelte.

Einige der vielen aus dieser kritischen Situation entstandenen Streitpunkte wurden schon im Verlauf seines Knabenalters genauer geklärt. Kurz nachdem Cnut König von England geworden war, kehrten anscheinend die englischen Athelinge Edward und Alfred, Söhne Emmas aus deren erster Ehe, als Verbannte in die Normandie zurück. Ihr Einfluß auf die Gestaltung der damaligen normannischen Politik läßt sich schwer bestimmen; er war jedoch nicht unbedeutend. Die Wiederverheiratung ihrer Mutter sowie die Freundschaft, die Cnut mit Herzog Richard II. gegen Ende von dessen Herrschaft verband, müssen sie einige Jahre lang in den Hintergrund gedrängt haben. Jedoch existieren nach 1028 Zeugnisse, die vermuten lassen, daß sie sich im näheren Gefolge Herzog Robert I. befanden, so daß Wilhelm ihnen am Hofe seines Vaters oft begegnet sein muß. Eine von Herzog Robert im Jahre 1030 für Fécamp ausgestellte Urkunde enthält beispielsweise ihre Unterschriften,[13] desgleichen eine Schenkung, die Robert dem Kloster Saint-Wandrille im Jahre 1033 machte.[14] In dieser Hinsicht verdienen gewisse andere Schriftstücke ebenfalls Beachtung. So enthält die frühe Kopie einer von Herzog Wilhelm für Le Mont-Saint-Michel ausgestellten Urkunde, die im Falle ihrer Echtheit im Jahre 1042 oder kurz davor entstand, die Zeugenunterschrift ›Haduardus rex‹.[15] Jedoch wurde die Echtheit dieser Urkunde zu Recht in Frage gestellt, unter anderem auf Grund der Annahme, daß Edward den Königstitel zu dieser Zeit sicher nicht benutzte.[16] Andererseits verdient eine von Herzog Robert zwischen 1032 und 1035 für Fécamp ausgestellte Urkunde größeres Vertrauen, und in beiden frühen Kopien dieses Schriftstückes kommt die Unterschrift ›Edwardi regis‹ vor.[17] Es ist natürlich sehr wahrscheinlich, daß Edward den sowohl in diesem Text als auch in der zweifelhaften Urkunde Herzog Wilhelms für Le Mont-Saint-Michel enthaltenen Königstitel von einem Schreiber erhielt, der nach Edwards Thronbesteigung im Jahre 1042 wirkte. Doch kann diese Angelegenheit noch nicht als endgültig abgeschlossen betrachtet werden, und ob nun Edward den Königstitel zu diesem frühen Zeitpunkt benutzte oder nicht, so unterstützen die normannischen Urkunden, in denen sein Name auftritt, jedoch nachdrücklich die Darstellungen der normannischen Chronisten, daß die an den normannischen Hof verbannten englischen Athelinge ihre Ansprüche auf den englischen Thron aufrechterhielten.

Es besteht kein Zweifel daran, daß diese Ansprüche von Wilhelms Vater anerkannt und gefördert wurden. Beispielsweise wurde während dieser Periode die Schwester Edwards, Goda, die sich mit ihrem Bruder in der Normandie befand, dem Grafen Dreux von Vexin zur Ehe gegeben, der seinerseits ein Freund und Bundesgenosse Herzog Roberts war;[18] gleichzeitig verschlechterten sich die Beziehungen zwischen Cnut und der Normandie im Verlauf der Herrschaft Herzog Roberts zweifellos in wachsendem Maße. Später behauptete und glaubte man weitgehend, daß die Feindschaft zwischen den beiden Fürsten durch einen sehr persönlichen Streit entstanden war. Es wurde berichtet, daß Cnut Robert seine Schwester Estrith gab, um den normannischen Herzog günstig zu stimmen. Robert heiratete sie und verstieß sie anschließend. Doch sind die Beweise für diese Erzählung sehr unbefriedigend und es ist unnötig, bei einer derartigen Geschichte Zuflucht zu suchen, um Roberts Einstellung England und seinem dänischen Herrscher gegenüber zu erklären.[19] Robert – so behaupten seine Verteidiger – war durch die Zwangslage der Athelinge tief bewegt; jedenfalls aber hatte er allen Grund, sein Augenmerk auf die rasche Ausbreitung der Macht Cnuts in der Wikingerwelt zu richten. Die Folge davon war seine Feindschaft mit Cnut; außerdem wurde er in den englischen Angelegenheiten auf die Seite der vertriebenen westsächsischen Dynastie gezogen. Die Darstellung eines frühen normannischen Chronisten enthält sogar die Behauptung, daß er zugunsten Edwards und Alfreds eine Invasion Englands plante und zu diesem Zweck Schiffe sammelte. Diese unbestätigte Erzählung ist mit Vorsicht zu behandeln, doch läßt sie sich nicht vollständig von der Hand weisen. Laut dieser Geschichte nahm die Flotte tatsächlich Kurs auf England, doch wurde sie durch einen Sturm in Richtung Bretagne abgetrieben, wo sie normannische Truppen unterstützte, die sich im Kampf gegen Alan III. befanden.[20]

Cnut und Robert starben beide im Jahre 1035, woraufhin die anglonormannischen Beziehungen in eine neue Phase traten. In beiden Ländern war die Nachfolge mit Problemen verbunden. In England handelte es sich bei dem von Cnut bestimmten Erben anscheinend um seinen und Emmas Sohn Harthacnut, der sich jedoch im Jahre 1035 in Dänemark befand; seinem Halbbruder Harald ›Hasenfuß‹ gelang es trotz des Widerstandes Emmas und des mächtigen Grafen Godwine von Wessex, sich als Mitkönig anerkennen zu lassen.[21] In der Normandie begannen die Wirren, die mit Wilhelms Minderjährigkeit zusammenhingen. Unter diesen Umständen war jeder normannische Eingriff in die englischen Angelegenheiten vollkommen unmöglich, und die immer noch im Herzogtum weilenden Athelinge mußten sich selbst um ihre Belange kümmern. Ein Jahr nach dem Amtsantritt des Eroberers trat ein Ereignis ein, das auf seine spätere Politik einen ständigen Einfluß haben sollte. Im Jahre 1036 reiste Alfred, der Bruder Edwards, von der Normandie nach England, um dort angeblich seine Mutter Emma zu besuchen. Seine Ankunft verwirrte alle englischen Parteien, vor allem aber die Anhänger Haralds ›Hasenfuß‹, denen sich Graf Godwine angeschlossen hatte. Das Ergebnis war, daß Godwine Alfred samt seinen Gefolgsleuten gefangennahm, bevor sie Emma erreichen konnten. Viele Begleiter des Athelings ließ er töten und übergab Alfred selbst einer Eskorte Haralds ›Hasenfuß‹, die ihn an Bord eines Schiffes nahm und dort blendete; danach brachte sie ihn nach Ely, wo er an seiner Verstümmelung starb.[22] Dieses Verbrechen weckte sogar das Gewissen dieses rohen Zeitalters und sollte ein Erbe an Mißtrauen und Haß hinterlassen. Es besteht Grund zu der Annahme, daß Edward, der spätere König von England, Godwine immer als den an der Ermordung seines Bruders Schuldigen ansah und daß er dem Grafen nie verzieh.[23] Dazu wurde bald klar, daß das schreckliche Schicksal des Atheling Alfred jeder zukünftigen normannischen Intervention in englischen Angelegenheiten als Rechtfertigung dienen konnte.[24]

Die zu dieser Zeit in der Normandie und England herrschenden Zustände waren derart, daß sie jegliche Entwicklung einer klar umrissenen Politik zwischen den beiden Ländern verhinderten. Der Tod Erzbischof Roberts von Rouen im Jahre 1037 verstärkte den wachsenden Aufruhr in der Normandie, und auch in England wurde die Lage immer mehr von einander befehdenden Parteien beherrscht. Vom Jahre 1037 bis zu seinem frühen Tode im Juni 1040 wurde Harald ›Hasenfuß‹ als Alleinherrscher anerkannt; danach wurde Harthacnut König.[25] Jedoch sahen sich einige englische Feudalherren bereits jenseits des Kanals nach einem Nachfolger um; im Jahre 1041 wurde der Atheling Edward aufgefordert, nach England zu kommen. Angesichts dessen, was erst kurz zuvor seinem Bruder zugestoßen war, muß er beträchtlichen Mut aufgebracht haben, um eine derartige Einladung anzunehmen. Doch leistete er ihr Folge: er überquerte den Kanal, wurde ein Mitglied von Harthacnuts Hofstaat und wurde anscheinend zumindest von einer Partei als Nachfolger für den englischen Thron anerkannt.[26] Andererseits gab es skandinavische Prinzen, deren Ansprüche nicht einfach übergangen werden konnten. Obwohl

Sweyn Estrithson von Dänemark noch ziemlich jung war, konnte er doch als Cnuts Neffe Erbansprüche anmelden, während König Magnus von Norwegen im Jahre 1038 oder 1039 offenbar mit Harthacnut einen Vertrag darüber geschlossen hatte, daß, im Falle einer von ihnen ohne direkte Nachkommenschaft sterben würde, der Überlebende das Königreich des anderen erhalten sollte.[27] Daher entstand eine kritische Lage, als Harthacnut am 8. Juni 1042 im Alter von dreiundzwanzig Jahren ›als er stand und trank‹ plötzlich starb.[28]

Es ist nicht genau erwiesen, ob sich der Atheling Edward beim Tode Harthacnuts in der Normandie oder in England befand, doch wurde er sofort von einer starken Partei in England zum König ausgerufen ›wie es sein natürliches Recht war‹.[29] Einige Monate lang schien seine Stellung zweifelhaft zu sein, doch wurde er schließlich voll anerkannt und am Ostertag des Jahres 1043 gekrönt.[30] Dieses Ereignis war nicht nur für England, sondern auch für die Normandie von größter Bedeutung. Natürlich verdankte Edward seine Ernennung der Tatsache, daß er der Vertreter der alten und hochangesehenen westsächsischen Dynastie war; noch dazu aber war er in einem besonderen Sinne der ›protégé‹ der Normandie, wo er so viele Jahre seiner Verbannung verbracht hatte; das normannische Herzogsgeschlecht fühlte sich bis zu einem gewissen Grade mit seiner Sache durchaus verbunden. Zwar war Herzog Wilhelm zu dieser Zeit erst an die vierzehn Jahre alt und seine Lage äußerst bedenklich, doch sollte die so entstandene Bindung für die spätere Entwicklung seiner Englandpolitik besondere Folgen haben.

Die Normandie war also von Anfang an am Schicksal des neuen Königs von England beteiligt, der sich in einer unsicheren Lage befand. Trotz der Ansprüche skandinavischer Fürsten war Edward König geworden; an seinem Hof blieb ein starkes skandinavisches Element;[31] die Danelaw-Bezirke in England besaßen große skandinavische Sympathien. Es ist daher nicht erstaunlich, daß der Beginn der Herrschaft Edward des Bekenners von einer unmittelbaren skandinavischen Drohung überschattet und durch seinen Widerstand gegen sie gekennzeichnet wurde. Beispielsweise bemächtigte sich Edward im Jahre 1043 mit Hilfe der Grafen von Wessex, Northumbria und Mercia der Person seiner Mutter Emma, die anscheinend zugunsten von Magnus intrigierte, und konfiszierte ihre Besitztümer. Im Jahre 1045 plante Magnus einen groß angelegten Überfall auf England, doch konnte die Flotte wegen seines Krieges mit Sweyn Estrithson von Dänemark nicht in See stechen. In der Tat bat Sweyn Edward um Hilfe, die jedoch abgeschlagen wurde, und die Bedrohung Englands wurde akuter, als

Magnus, der ihn aus Dänemark vertrieben hatte, zu einem erneuten Überfall auf England bereit war. In der Tat dürfte der plötzliche Tod Magnus' Edward vor einer Katastrophe bewahrt haben, doch blieb die Drohung nichtsdestoweniger bestehen. Im Jahre 1048 wurden die südöstlichen ›shires‹ oder Grafschaften von einer großen skandinavischen Streitmacht verwüstet; zwar mochten bei dieser Gelegenheit Plünderungen bezweckt worden sein, doch ist trotzdem klar, daß das Streben nach einer politischen Wiedereroberung Englands von den Fürstenhöfen des Nordens begünstigt wurde.[32]

Edwards Aussicht auf eine Bekämpfung dieser Drohung hing von der Unterstützung ab, die er von seinen Feudalherren erreichen konnte, doch befand er sich auch in diesem Falle in einer schwierigen Lage, da die von Cnut zu Verwaltungsprovinzen gemachten Grafschaften nun in die Hände von mächtigen Familien gelangt waren, die die Gerichtsbarkeit über den größten Teil Englands untereinander ausübten. Um eine übereinstimmende Politik bewerkstelligen zu können, mußte Edward daher in erster Linie die erbitterte Nebenbuhlerschaft zwischen seinen mächtigen Grafen Siward von Northumbria, Leofric von Mercia und Godwine von Wessex beilegen und sie womöglich zu seinem Vorteil benutzen. Daher waren die zwischen ihnen stattfindenden Kämpfe und vor allem der Aufstieg zur Macht des Grafen Godwine von Wessex für den englischen König und infolgedessen auch für die Normandie von höchstem Interesse. Im Jahre 1045 hatte Graf Godwine – vermutlich als Preis für seine Vasallentreue – den König gezwungen, seine Tochter Edith [33] zu heiraten; von diesem Zeitpunkt an war das Wachsen der Macht Godwines zwar nicht unangefochten, aber doch beständig. Wohl mußte er dabei den erheblichen Widerstand der anderen Grafen überwinden, was – wie beispielsweise im Jahre 1049 – zu heftigen Unruhen führte; doch war die Familie Godwines im Jahre 1050 auf dem englischen Schauplatz vorherrschend geworden. Der Graf selbst besaß ganz Südengland von Cornwall bis Kent; sein ältester Sohn Sweyn, dessen Laufbahn rücksichtslos und verrufen war, besaß fünf Grafschaften in den südwestlichen Midlands, während sich sein zweiter Sohn Harald in Essex, East Anglia, Cambridgeshire und Huntingdonshire als Graf niedergelassen hatte. Innerhalb einer einzelnen Familie stellte dies eine Machtzusammenballung dar, die an und für sich schon eine Bedrohung der königlichen Macht bedeutete und dem König besonders widerwärtig war, da sie von dem Manne ausging, dem der Mord an seinem Bruder zur Last gelegt wurde.[34]

Unter diesen Umständen war es unvermeidlich, daß der König versuchte, eine eigene Partei zu bilden, wobei er natürlich auf die während seiner Verbannung entstandenen Verbindungen zurückgriff und sich vor allem an den normannischen Herzog wandte, der ihm so lange Zeit Schutz und Gastfreundschaft gewährt hatte.[35] So begannen normannische Geistliche am königlichen Hof zu erscheinen; außerdem wurden auf dem Lande zugunsten der Normannen Gebietsübertragungen vorgenommen. Beispielsweise wurde der damalige Hafen Steyning in Sussex der Abtei Fécamp überlassen,[36] und Osbern, der Bruder Wilhelm FitzOsberns, der selbst Geistlicher war, ließ sich in Bosham nieder, das den Hafen von Chichester beherrschte.[37] Im Westen fand in Verbindung mit dem Aufstieg Ralphs des ›Schüchternen‹, Sohn jenes Grafen Dreux von Vexin, der die Schwester Edwards geheiratet hatte, eine noch bedeutsamere Entwicklung statt. Dieser Mann war im Jahre 1041 mit dem König nach England gekommen und hatte in Herefordshire, Worcestershire und Gloucestershire ausgedehnte Ländereien erhalten. Er wurde zu seiner Zeit Graf von Herefordshire, und unter ihm fand die Gründung einer normannischen Kolonie statt. Richard, Sohn des Normannen Scrob, siedelte sich vor 1052 in Herefordshire an; ungefähr gleichzeitig erwarb ein anderer Normanne mit dem Spitznamen ›Pentecost‹ die wichtigen Rittergüter Burghill und Hope. Beide Männer errichteten kurz vor oder nach 1050 Burgen: ›Richards Burg‹ bei Hereford und die berühmtere Festung Ewias Harold, die das ›Golden Valley‹ beherrschte.[38] Noch wichtiger jedoch war der Erfolg des Königs, normannische Prälaten in die Kirche einzuführen. Um 1044 etwa wurde Abt Robert von Jumièges Bischof von London;[39] im Jahre 1049 wurde Ulf, ebenfalls ein Normanne, Bischof von Dorchester, ein Bistum, das sich quer über England erstreckte und Lincoln einschloß;[40] nachdem Robert von Jumièges nach Canterbury versetzt worden war, wurde im Jahre 1051 ein dem königlichen Hofstaat zugehöriger normannischer Geistlicher namens Wilhelm zum Bischof von London ernannt.[41]

Die während dieser Jahre stattfindende normannische Unterwanderung Englands hat viele Kommentare nach sich gezogen, doch wäre es zu einfach, die diesbezügliche Politik des Königs zu überschätzen. Es besteht Grund zu glauben, daß zur Zeit der Heirat Emmas mit Ethelred II. eine Gruppe Männer der Mutter Edwards von der Normandie nach England gefolgt waren, und obgleich sie nach deren Heirat mit Cnut in den Hintergrund traten, können sie doch als die Vorboten jener Männer betrachtet werden, die der Einladung ihres Sohnes Folge leisteten.[42] Edwards normannische Politik wurde nur teilweise von seiner persönlichen Vorliebe diktiert: vielmehr ergab sie sich auf natürliche Weise aus den vorhergehenden Beziehungen zwischen der Normandie und England. Auch zog sie – mit Ausnahme der Kirche – zu Beginn keine weitreichenden Folgen nach sich. Man erinnere sich daran, daß Edward während dieser Jahre von Herzog Wilhelm keinerlei persönliche Unterstützung zu erwarten hatte, da sich der junge Herzog in einen Kampf um die eigene Existenz verwickelt sah. Auch waren die mächtigen Männer der Normandie zu sehr mit ihrer eigenen Etablierung im Herzogtum beschäftigt, als daß sie England irgendeine Aufmerksamkeit gezollt hätten. Unter den Laien, die während dieser Jahre über den Kanal nach England zogen, waren außer Graf Ralph dem Schüchternen nur wenige von hohem Rang; auch scheint während dieser Zeit in England kein normannischer Laie größere Besitzungen erhalten zu haben. Doch brachte die Zähigkeit, mit der der König zwischen 1042 und 1051 seine normannische Politik gegen Graf Godwine durchsetzte, die Angelegenheiten des Herzogtums und des Königreichs einander immer näher. Als Edward im Jahre 1051 endlich imstande war, dem Grafen Godwine in einer entscheidenden politischen Streitfrage Widerstand zu leisten, kam es in den Beziehungen zwischen der Normandie und England zu einer Krisis.

Die Schilderungen dieser Krisis widersprechen einander und es fanden hinsichtlich ihrer unmittelbaren Ursachen und Konsequenzen viele Kontroversen statt.[43] Jedoch ist erwiesen, daß Robert von Jumièges, der damalige Bischof von London, zu Beginn des Jahres 1051 zum Erzbischof von Canterbury ernannt wurde, und daß kurz darauf die Einwohner von Dover im gleichen Jahr mit dem Gefolge des königlichen Schwagers, Eustace von Boulogne, der sich nach einem Besuch bei König Edward auf der Rückreise nach Frankreich befand, in Kämpfe verwickelt waren. Edward forderte Graf Godwine zu einer Bestrafung der Einwohner auf, doch weigerte sich der durch die Ernennung Roberts von Jumièges wohl schon erbitterte Graf und hob sofort Truppen in all jenen Grafschaften aus, die unter der Herrschaft seiner Familie standen, um so dem König Widerstand zu leisten. Der König appellierte seinerseits an die Treue seiner Untertanen und wandte sich an die von ihm erschaffene normannische Partei um Unterstützung, wobei es ihm auch noch gelang, den Beistand der Grafen Siward und Leofric gegen den aufständischen Grafen von Wessex zu erhalten. So trafen die beiden von Norden kommenden Grafen bei Gloucester mit dem König zusammen, wo auch Graf Ralph zu ihnen stieß; von dort aus ließen sie aus ihren Grafschaften weitere Verstärkung kommen. Es war eine Kraftprobe, bei der Edward den Sieg davontrug. Die feindlichen Truppen wurden mit beiderseitigem Einverständnis aufgelöst, doch wurden Godwine und seine Söhne vor den königlichen Gerichtshof in London befohlen, um für ihr Vergehen Rede und Antwort zu stehen. Da sie sich weigerten, wurden sie als Rebellen zur Verbannung verurteilt und gezwungen, das Land zu verlassen. Für den König war dies ein bemerkenswerter Sieg. Ein Zeitgenosse bemerkte dazu: ›Jedem in England wäre es unglaublich erschienen, wenn man ihm erzählt hätte, daß dies geschehen war, denn er (Godwine) war so hoch gestiegen, daß er sogar den König und ganz England beherrschte; seine Söhne waren Grafen und standen in der Gunst des Königs, und seine Tochter war mit dem König verheiratet.‹[44] Schon lange hatte Edward auf diese Erlösung gewartet, aber nun, gegen Ende des Jahres 1051, schien sie endgültig erreicht.

Die Ereignisse des Jahres 1051 sind in diesem Zusammenhang von großer Bedeutung, da sie die früheren anglo-normannischen Beziehungen, die hier einer Prüfung unterzogen wurden, zu einem logischen Abschluß brachten. Edward war kinderlos; ein Merkmal seines Sieges im Jahre 1051 war, daß er seine Gemahlin, die Tochter Godwines, verstieß;[45] und es kann kein Zweifel daran bestehen, daß er Wilhelm von Normandie vor Ende des Jahres 1051 als seinen Erben eingesetzt hatte.[46] Eine Autorität vermutet anscheinend sogar, daß der Herzog im Jahre 1051 nach England kam, um dort die Verleihung persönlich in Empfang zu nehmen.[47] Doch ist dies, obzwar allgemein geglaubt, höchst unwahrscheinlich,[48] und sei es auch nur auf Grund der Tatsache, daß Wilhelm sich während dieses Jahres in der Normandie verzweifelt mit eigenen Angelegenheiten befaßte.[49] Jedoch ist die Darstellung eines anderen Berichtes wahrscheinlicher,[50] daß nämlich Robert von Jumièges zum Herzog gesandt wurde, um ihm das Vermächtnis mitzuteilen, und daß dies zwischen Mitte Frühjahr und dem 21. Juni 1051 geschah, als er sich auf dem Wege nach Rom befand, um dort als Erzbischof von Canterbury sein ›pallium‹ entgegenzunehmen. Vielleicht war der Aufstand des Grafen von Wessex sogar durch sein Wissen um diesen Handel verursacht worden; in diesem Falle müßte man das Geschehen in Dover als eine zweitrangige Ursache der darauffolgenden Rebellion betrachten. Auf alle Fälle aber waren Godwine und seine Söhne gegen Ende des Jahres 1051 aus England verbannt; der König, der lange Zeit normannische Unterstützung erhalten hatte, war Herr in seinem Königreich und Herzog Wilhelm von Normandie zu seinem Erben ernannt.

Falls die in England gegen Ende des Jahres 1051 herrschenden Umstände fortgedauert hätten, wäre es sogar möglich gewesen, daß die politische Vereinigung Englands und der Normandie unter der Königsherrschaft eines normannischen Herzogs auf friedliche Art zustande gekommen wäre. Doch sollten die Ereignisse beiderseits des Kanals die Lage sofort verändern. Im Jahre 1052 erlebte England die Wiedereinsetzung Godwines und seiner Söhne durch Waffengewalt. Der mächtige Graf hatte in Flandern Zuflucht gefunden, während seine Söhne Harold und Leofwine nach Irland geflohen waren. Von diesen Ländern aus unternahmen sie auf dem Seewege einen gemeinsamen und hervorragend organisierten Angriff auf England. Sein Erfolg war überwältigend und der König gezwungen, sich zu unterwerfen. Er sah sich genötigt, Godwine und seine Söhne erneut in deren englische Würden einzusetzen und Godwines Tochter Edith wieder in Gnaden als seine Gemahlin aufzunehmen. Einigen kontinentalen Ratgebern des Königs, wie beispielsweise Ralph dem Schüchternen und Bischof Wilhelm von London, wurde gestattet, in England zu bleiben, doch wurden die meisten Mitglieder der normannischen Partei schimpflich des Landes verwiesen; unter ihnen befand sich auch der Erzbischof von Canterbury. Es hatte eine Gegenrevolution stattgefunden, deren Folgen erheblich sein sollten.[51]

So erhob sich beispielsweise durch die Verbannung Roberts von Jumièges die Frage, wer nun das Erzbistum von Canterbury übernehmen sollte.

Als dieses wichtige Amt sofort auf Stigand, den Bischof von Winchester, überging, trat ein neues Element in die anglo-normannische Politik ein.[52] Dieser Mann, dessen Ruf als Geistlicher befleckt war,[53] war ein starker Anhänger Godwines gewesen und hatte seine Beförderung offensichtlich dem siegreichen Grafen zu verdanken. Doch stellte die mit derartigen Mitteln erfolgte Einsetzung eines solchen Prälaten anstelle eines Erzbischofs, der nach kanonischem Recht nicht abgesetzt war, für die kirchliche Reformbewegung, die zu eben jener Zeit vom Papst begünstigt wurde, eine Herausforderung dar. In der Tat sollte Stigand exkommuniziert und von nicht weniger als fünf aufeinanderfolgenden Päpsten für abgesetzt erklärt werden; seine Stellung wurde sogar in England für so zweifelhaft gehalten, daß Prälaten zögerten, sich von ihm weihen zu lassen.[54] Daher war die reformatorische Partei der Kirche vom Jahre 1052 an gegen die Familie Godwines, was bewirkte, daß diese sich den ständigen Widerstand des Papsttums zuzog. Im Gegensatz dazu konnte Wilhelm in der Normandie aus dieser Lage beträchtliche Vorteile ziehen, die er in der Folge nutzen sollte. Tatsächlich war die Unterstützung, die er im Jahre 1066 vom Papsttum erhielt, teilweise nicht allein auf die reformierte Kirche der Provinz Rouen, sondern auch auf die zwölf Jahre zuvor in England entstandene Lage zurückzuführen. Eine der unvermeidlichen Folgen der normannischen Eroberung bestand in der endgültigen Absetzung Stigands.

Doch lag im Jahre 1052 der Sieg in den Händen der Familie Godwines. In England war die königliche Autorität herausgefordert und besiegt worden, und die normannische Politik des Königs war gescheitert. Die endgültigen Folgen dieser Ereignisse konnten sich für die zukünftige Entwicklung der anglo-normannischen Beziehungen nur als katastrophal erweisen. Die Geschehnisse des Jahres 1052 – so wurde klug bemerkt – ›festigten das Haus Godwines in seiner Macht so sehr, daß weder der König noch irgendeine andere feindlich gesinnte Familie imstande war, sie je wieder zu verdrängen. Sie verringerten den politischen Einfluß der Normandie auf ein Mindestmaß und entschieden dadurch, daß der Herzog, falls er je König von England werden sollte, dies nur durch einen Krieg erreichen konnte.‹[55]

Im Jahre 1052 war es jedoch noch äußerst zweifelhaft, ob der Herzog der Normandie je mächtig genug sein würde, um seine Ansprüche auf England durchsetzen zu können. Zwischen 1052 und 1054 sah sich der Herzog einer der bedeutendsten Krisen seiner normannischen Herrschaft gegenüber, die erst nach der Schlacht von Mortemer abgeschlossen werden sollte. Bis zum Jahre 1060 befand er sich nie völlig außer Gefahr. Doch war jedes Stadium der äußerst unruhigen Geschichte Englands während dieser Jahre für seine Zukunft lebensnotwendig; wahrscheinlich beobachtete er mit großem Interesse, auf welche Art und Weise der Tod das Schema der englischen Politik während dieser Zeit umwandelte. Im Jahre 1053 starb Graf Godwine,[56] und da sein ältester Sohn Sweyn im Jahre 1052 auf einer Pilgerfahrt gestorben war, wurde sein zweiter Sohn Harold zum Oberhaupt der Familie. Zwei Jahre später starb Graf Siward, und die Grafschaft Northumbria gelangte an Harolds Bruder Tosti, wodurch die Macht der Familie noch mehr zunahm.[57] Schließlich fanden im Jahre 1057 zwei weitere Todesfälle statt, die für die Zukunft wichtige Konsequenzen nach sich zogen. In diesem Jahre verließ Graf Leofric den Schauplatz und hinterließ die Grafschaft seinem Sohn Ælfgar; am 21. Dezember 1057 starb Graf Ralph der Schüchterne,[58] der durch seine Mutter Goda ein Enkel Ethelred II. und daher einer der möglichen Anwärter auf den englischen Thron war. Seine Ansprüche gingen auf seinen Bruder Walter, Graf von Vexin, über.

Vor diesem schnell sich verändernden Hintergrund wurde zwischen 1053 und 1057 der Plan gefaßt, der Normandie die englische Thronanwärterschaft zu entziehen und anstelle Herzog Wilhelms ein Mitglied des westsächsischen Königshauses einzusetzen. Es handelte sich um Edward, den Sohn Edmunds ›Eisenseiten‹, der seit dem Jahre 1016 in Ungarn in der Verbannung lebte. Er war in England ziemlich unbekannt, doch wurden bezüglich seiner Rückkehr Verhandlungen eingeleitet;[59] schließlich traf er im Jahre 1057 in England ein, wobei er anscheinend von seiner Gemahlin Agatha und seinen drei Kindern Margarete, Edgar und Christina begleitet wurde.[60] Es war ein wichtiges Ereignis, da er unter großem Gepränge und mit der Unterstützung des Kaisers kam und als mächtiger und reicher Edelmann auftrat. Ebenso wie es im Jahre 1036 bei Alfred der Fall gewesen war, wurde auch seiner Ankunft eine tiefe politische Bedeutung zugesprochen, und auch hier wurde seine Ankunft, wie im Falle Alfreds, zum Vorspiel einer großen Tragödie. Er starb unter geheimnisvollen Umständen, bevor er noch den königlichen Hof erreichen konnte. ›Wir wissen nicht‹, schrieb ein Zeitgenosse, ›warum es geschah, daß es ihm nicht vergönnt war, seinen Verwandten König Edward zu besuchen. Es war ein erbärmliches und für alle Leute schmerzliches Schicksal, daß er nach seiner Ankunft in England so schnell sein Leben lassen mußte.‹[61] Zwar mangelt diesen Worten jegliche besondere Anklage unredlicher Machenschaften, doch scheinen diese Sätze dazu bestimmt, Verdacht zu erregen; außerdem gab es in England viele mächtige Männer, denen Edwards Ankunft – wie jene Alfreds fünfzehn Jahre zuvor – unwillkommen sein mußte. Auch war seine Beseitigung für einige von ihnen mit Vorteilen verbunden. Jedenfalls hat Graf Harold von Wessex anscheinend von dieser Zeit an begonnen, bei der Thronfolge an sich selbst zu denken.

Die überlegene Stellung Graf Harolds in England wurde nach 1057 immer offensichtlicher. Kein königlicher Atheling, der seine Macht hätte überschatten können, war im Lande geblieben, und der Tod der Grafen Leofric und Ralph versetzte ihn in die Lage, den Landbesitz seiner Familie noch mehr zu erweitern. Er selbst eignete sich Herefordshire an; Ostanglia kam in die Hände seines Bruders Gyrth, und sein zweiter Bruder Leofwine erhielt eine Grafschaft, die sich von Buckinghamshire bis nach Kent erstreckte.[62] Infolge dieser Anordnungen beherrschten Harold und seine Brüder Gyrth, Tosti und Leofwine unter König Edward ganz England; die einzige Ausnahme bildete die Grafschaft Mercia unter Ælfgar, deren Umfang jedoch verringert worden war. Daß sich Ælfgar bedroht fühlte, ist wohl kein Wunder. Er befand sich während dieser Jahre in ständigem Aufruhr und suchte von König Griffith von Nordwales, ja sogar von skandinavischen Plünderern Hilfe zu erhalten. Zeitweise in der Verbannung und zeitweise im unsicheren Besitz Mercias, lebte er bis zum Jahre 1062.[63] Nach seinem Tode ging die Grafschaft auf seinen jungen Sohn Edwin über, der dem mächtigen Grafen von Wessex keinen wirksamen Widerstand leisten konnte. Daher hatte Harold um 1064 den Höhepunkt seiner Macht erreicht und es ist kaum verwunderlich, daß ein Chronist ihn als ›Unterkönig‹ (›sub-regulus‹) bezeichnete.[64] Auch war nicht länger daran zu zweifeln, daß er darauf hoffte, sich im Laufe der Zeit die Königswürde anzueignen.

So tauchte in der ungeklärten Frage der englischen Thronfolge ein neuer Faktor auf. Es handelte sich nicht nur um eine Bedrohung der Interessen des normannischen Herzogs. Als Enkel Ethelred II. konnte sich Graf Walter von Vexin betroffen fühlen; desgleichen Graf Eustace von Boulogne, der als zweiter Gatte Godas ein Schwager Edward des Bekenners war.[65] Jedoch waren stärkere Reaktionen auf Harolds Aufstieg aus Skandinavien zu erwarten, da das Königreich Norwegen nach dem Tode Magnus' in die Hände Harold des ›Harten‹, Halbbruder des heiligen Olaf, gelangt war; er war ein Mann, dessen Ehrgeiz grenzenlos und dessen Abenteuer bereits legendär geworden waren. Sicher nahm er an, daß der zwischen Harthacnut und Magnus geschlossene Pakt ihm ein Anrecht auf den englischen Thron verleihe, und er war durchaus bereit, jede Gelegenheit zu ergreifen, um es zu erzwingen. Daher stellte der wachsende Ehrgeiz des Grafen von Wessex für Harold Hadraada (›den Harten‹) eine Herausforderung dar, die er schwerlich übergehen konnte. Es ist bezeichnend, daß sein Sohn im Jahre 1058 im Namen seines Vaters England mit einer mächtigen, von den Hebriden und Dublin stammenden Flotte angriff.[66] Obgleich dieser Versuch erfolglos blieb, kündigte er doch den großen Einfall an, den Harold Hadraada selbst im Jahre 1066 unternehmen sollte.

Jedoch betrafen diese Entwicklungen in England Herzog Wilhelm von Normandie am meisten. In Nordeuropa waren wenige Verbindungen enger als die, die während der ersten Hälfte des 11. Jahrhunderts zwischen England und der Normandie entstanden waren; diese Beziehungen wurden durch die Umstände von Edwards Thronfolge und vor allem durch das dem Herzog gemachte Versprechen der englischen Thronfolge verstärkt. Dazu errang Wilhelm zu dieser Zeit eine Machtstellung, die es ihm gestattete, die ihm seiner Ansicht nach zukommenden Rechte wirksam durchzusetzen. Die feudale und kirchliche Konsolidierung der Normandie unter ihrem Herzog war nun sehr weit fortgeschritten; dazu kam, daß sich Wilhelms Stellung in Frankreich sehr gebessert hatte. Die Schlacht bei Mortemer im Jahre 1054 war die letzte große Krisis in Wilhelms normannischer Herrschaft, und der Tod Geoffreys von Anjou und König Heinrichs von Frankreich im Jahre 1060 befreite ihn von seinen gefährlichsten Feinden. Dieselben Jahre, die in England Zeuge des Aufstiegs Graf Harolds wurden, sahen in Nordfrankreich Herzog Wilhelm eine Vormachtstellung erringen. Im Jahre 1062 bot sich ihm die Möglichkeit, diese Vormachtstellung in einen praktischen Vorteil umzuwandeln. Der darauffolgende Krieg von Maine war tatsächlich von höchster Wichtigkeit, da er die Vorbedingungen schuf, die für den Erfolg seines vier Jahre später stattfindenden englischen Unternehmens notwendig waren.

Man erinnere sich, daß Herzog Wilhelm nach der Besetzung von Le Mans durch Geoffrey Martel im Jahre 1051 die Sache des vertriebenen Grafen Herbert II. von Maine gefördert hatte und daß zwischen ihnen ein Pakt geschlossen wurde, der die Übereinkunft enthielt, daß Maine in den Besitz des normannischen Herzogs übergehen würde, falls Herbert kinderlos stürbe.[67] Gleichzeitig verpflichtete Herbert sich, eine Tochter des Herzogs zu heiraten, während der Sohn des Herzogs, Robert, mit Margarete, der jüngeren Schwester Herberts, verlobt wurde. Diese Anordnungen waren zu Lebzeiten Geoffrey Martels lediglich von geringer Bedeutung, doch begannen sie nach 1066 wichtig zu werden, und als Herbert am 9. März 1062 starb,[68] führten sie eine Krisis herbei. Sofort beanspruchte Herzog Wilhelm Maine für seinen Sohn, während eine starke Gruppe in Maine unter der Führung des Grenzherrn Geoffrey von Mayenne beschloß, ihm Widerstand zu leisten; dies geschah dadurch, daß sie Graf Walter von Vexin, der Herberts Tante Biota [69] geheiratet hatte, als Kandidaten aufstellten. Die Situation war von besonderem Interesse, da zwei der am härtesten umstrittenen Lehen Frankreichs durch eine Herausforderung in Frage gestellt wurden: Maine, das lange Zeit zwischen Anjou und der Normandie zu Kriegen geführt hatte, und das Gebiet Vexin, das zwischen dem Herzog der Normandie und dem König von Frankreich ebenfalls ein Streitobjekt gewesen war. Daher war Wilhelms Antwort auf diese Herausforderung verständlicherweise außerordentlich energisch. Normannische Truppen begannen das Vexin zu verwüsten, während Wilhelm selbst in Maine einfiel. Der Krieg zog sich hin, doch begann der Herzog nach seiner Einnahme von Le Mans gegen Ende des Jahres 1063 die von ihm eroberte Grafschaft zu festigen. Die Festung Le Mans wurde verstärkt; Mayenne erobert und geplündert; außerdem baute der Herzog wahrscheinlich zu dieser Zeit seine Burgen bei Mont Barbet und Ambrières wieder auf. Zu Beginn des Jahres 1064 war er der unbedingte Herr über Maine.[70]

Dadurch, daß Maine in normannischen Besitz überging, verschob sich das Gleichgewicht der Kräfte in Gallien derart, daß der Lauf der Ereignisse während der nächsten kritischen Jahrzehnte dadurch wesentlich bestimmt wurde. Nun brauchte der Herzog bei keinem jenseits des Kanals von ihm geführten Unternehmen länger Furcht vor einer Einmischung Nordfrankreichs zu hegen. Graf Walter und seine Gemahlin Biota, die nach der Einnahme Le Mans' in Haft genommen worden waren, starben kurz darauf unter verdächtigen Umständen;[71] das seiner wichtigsten Mitglieder beraubte Grafengeschlecht von Vexin geriet unter die Führung einer Seitenlinie. Der Nachfolger Walters war sein Vetter Ralph von Crépi oder Valois, dessen Politik der Normandie gegenüber sich noch erweisen sollte. Die erforderlichen Feldzüge der Jahre 1062 – 1063 hatten Wilhelm endlich von der angevinischen Gefahr befreit. Nach dem Tode Geoffrey Martels entwickelte sich ein Streit um die angevinische Nachfolge; im Gegensatz zu früher war während des folgenden Jahrzehnts kein Graf von Anjou dazu imstande, Maine als Ausgangspunkt gegen die Normandie gerichteter kriegerischer Unternehmen zu benutzen. Noch dazu war Wilhelms Machtposition hinsichtlich des französischen Königshauses gestärkt worden. Seit 1060 war der junge, selbst noch minderjährige König Philipp I. Mündel des Grafen von Flandern [72] und aus diesem Grunde noch nicht in der Lage, irgendeinen persönlichen Einfluß auf die Angelegenheiten seines Landes auszuüben. Genau zu der Zeit, während der die kapetingische Macht im Sinken war, hatte der Herzog der Normandie sein Ansehen vergrößert und seine Hilfsmittel durch die Eroberung von Maine vervielfacht.

Daher dürfte Herzog Wilhelm im Jahre 1064 gespürt haben, daß sich seine Aussicht, das lang versprochene Königreich England zu gewinnen, wesentlich verbessert hatte, daß aber das glückliche Geschick des mächtigen Grafen von Wessex gleichzeitig auf diesem Weg zu einem großen Hindernis geworden war. Die neue Sicherheit des Herzogs innerhalb Galliens war während derselben Jahre gewonnen worden, in denen der Graf seine Macht in England so offensichtlich erweiterte. Nun, da das Leben Edward des Bekenners seinem Ende zuging, standen sich die beiden durch den Kanal getrennten Männer als mögliche Rivalen in der Nachfolge des kinderlosen Königs gegenüber. Dies war eine Situation, die nach einer dramatischen Behandlung geradezu schrie, und bald sollte sie in der berühmten Stickerei des Teppichs von Bayeux ein angemessenes Denkmal erhalten. Die hier dargestellte Geschichte war natürlich nur ein Faktor der sich entwickelnden Krisis, die ganz Nordeuropa heimsuchen sollte; immerhin aber war sie ein wesentliches Merkmal dieser Krisis. Die Verbindung, die sich seit dem Jahre 1035 ununterbrochen zwischen der Normandie und England entwickelt hatte, kristallisierte sich bereits im Jahre 1064 zu einer persönlichen Opposition zwischen zwei Männern, die im 11. Jahrhundert zu den bemerkenswertesten Persönlichkeiten Europas gehörten.

Die Beziehungen zwischen Herzog Wilhelm und Graf Harold und deren Veränderung während der letzten zwei Jahre der Herrschaft des Bekenners, wie auch das persönliche, mit einer der malerischsten und widersprüchlichsten Episoden der Geschichte verbundene Interesse, sind daher von allgemeiner Wichtigkeit. Im Jahre 1064 [73] stach Graf Harold von Bosham in Sussex aus in See, um in Europa einige Aufgaben zu erfüllen. Fast jede Einzelheit seiner daraufffolgenden Abenteuer und deren Auswirkungen bildeten das Thema von Kontroversen, wobei keine einzige der auf ihnen aufgebauten Interpretationen eine abschließende Darstellung gibt. [74] Nach den drei frühesten, noch existierenden Berichten [75] dieser Ereignisse scheint jedoch die Annahme gerechtfertigt, daß dem Grafen von Wessex bei dieser Gelegenheit von Edward dem Bekenner befohlen worden war, sich in die Normandie zu begeben, um dort im Beisein Wilhelms das Vermächtnis der englischen Thronfolge zu bestätigen, das der König vordem dem Herzog gemacht hatte. Zweifellos lag Graf Harold diese Aufgabe nicht im geringsten, doch mochte er eine Mißachtung des königlichen Befehls als unklug erachten und sich gleichzeitig aus der Erfüllung dieser Aufgabe persönliche Vorteile erhofft haben. [76] Jedenfalls ging er unter Segel, doch wurde er durch einen heftigen Wind von seinem Kurs abgetrieben und gezwungen, an der Küste der Grafschaft Ponthieu nahe bei der Sommemündung zu landen. [77] Dort wurde er ›nach der barbarischen Sitte des Landes‹ von dem regierenden Grafen Guy ›wie ein schiffbrüchiger Seemann‹ gefangengenommen und in der ungefähr zehn Meilen von Montreuil entfernten Burg Beaurain in den Kerker geworfen. [78] Für Herzog Wilhelm ergab diese Lage eine günstige Gelegenheit, die er sofort ergriff. Vielleicht wußte der Herzog, daß Harolds Reise mit dem Versprechen zusammenhing, das Edward ihm vor einiger Zeit gegeben hatte. Jedenfalls erkannte er sofort die Vorteile, die er unter diesen für ihn selbst äußerst günstigen Umständen aus einem persönlichen Kontakt mit dem Grafen von Wessex ziehen konnte. Er verlor daher keine Zeit und verlangte die Auslieferung Harolds von Graf Guy, der seit dem Jahre 1054 gewissermaßen ein Vasall der Normandie war [79] und dem der Herzog möglicherweise Lösegeld zahlte. Graf Guy empfand es seinerseits entweder als klug oder aber als vorteilhaft, auf das Ansinnen des Herzogs sofort einzugehen. Er brachte Harold nach Eu, wo ihn der

Herzog mit einer Truppe bewaffneter Reiter empfing. Danach wurde Graf Harold in Ehren nach Rouen geleitet.[80] Er wurde entweder in Rouen[81] oder in Bayeux[82], wahrscheinlich aber in Bonneville-sur-Touques[83] im Beisein einer Versammlung von Feudalherren dazu veranlaßt, dem Herzog seinen berühmten Eid der Lehnstreue zu schwören, der sich im besonderen auf die ungeklärte Frage der englischen Thronfolge bezog. Wilhelm von Jumièges bemerkt sachlich, daß der Graf ›hinsichtlich des Königreiches unter vielen Eiden seine Lehnstreue schwor‹;[84] der Wandteppich von Bayeux zeigt den feierlichen Charakter dieser Handlung und hebt nachdrücklich die Reliquien hervor, auf die dieser Eid abgelegt wurde.[85] Wilhelm von Poitiers dagegen verzeichnet den Wortlaut dieser feierlich abgegebenen Erklärungen.[86] Der Graf schwor, am Hofe Edward des Bekenners als Vertreter (›vicarius‹) des Herzogs zu wirken, und verpflichtete sich, alles was in seiner Macht stand zu unternehmen, um dem Herzog nach dem Tode des Bekenners die englische Thronfolge zu sichern. Für die Zwischenzeit versprach er, in gewissen Festungen, vor allem aber in Dover, eigene Garnisonen zu unterhalten. Zu diesem Übereinkommen gehörte ferner, daß der Herzog ungefähr zur gleichen Zeit den Grafen als seinen Vasallen zum normannischen Ritter schlug; außerdem verpflichtete er sich anscheinend, eine der Töchter des Herzogs zu heiraten.

Derart sind die einzigen Fakten, die aus den frühesten Berichten über diese berühmte Handlung überliefert sind; jedoch sollte die Legende an dieser Geschichte bald viele Verschönerungen anbringen. Ob Harold, wie Eadmer nahelegt,[87] bei dieser Gelegenheit unter Zwang handelte, oder das Opfer eines Betruges[88] war, bleibt zweifelhaft. Sicher war die Lage des englischen Grafen in der Normandie sehr schwierig. Bestimmt zögerte er, ob er den Anordnungen seines Königs und den eindringlichen Wünschen des Herzogs, der zu dieser Zeit sein Gastgeber und sein Beschützer war, trotzen sollte oder nicht. Es ist jedoch andererseits nicht unmöglich, daß er den Ereignissen bereitwillig zustimmte, ja sogar (wie Wilhelm von Malmesbury behauptet) aus eigenem Antrieb handelte.[89] Die mit seinen eigenen Absichten auf den englischen Thron verbundenen Gefahren lagen auf der Hand: ein derartiger Versuch konnte nur dann erfolgreich sein, wenn er sich in England die nötige Unterstützung verschaffen konnte, um die Rechte der überlebenden Mitglieder des englischen Königshauses und die Ansprüche mächtiger skandinavischer Fürsten zu übergehen. Im Falle eines eigenen Mißerfolgs oder eines Erfolges des Herzogs hatte daher der Graf vielleicht die Sicherheit der eigenen Zukunft erwogen. Außerdem glaubte er wohl, daß er den Eid später immer noch ableugnen oder aber geltend machen könnte, daß er erzwungen worden war.

Welcherart auch immer die diesbezüglichen Beweggründe Harolds gewesen sein mögen, so besteht doch kein Zweifel daran, daß Wilhelms Politik eindeutig festgelegt war; das zwischen den beiden Männern neu entstandene Verhältnis erwies sich deutlich vor Harolds Rückkehr nach England,[90] als der Herzog den Grafen als seinen Vasallen auf einen Feldzug mit sich nahm, der die Macht Wilhelms am Vorabend der englischen Krise weiterhin verstärken sollte. Die im Jahre 1064 vollendete Eroberung Maines hatte die Westgrenze des Herzogtums gefestigt. Jedoch blieb die Bretagne eine mögliche Bedrohung, die ausgeschaltet werden mußte. Nach dem Tode Alan III. im Jahre 1040 war dessen junger Sohn Conan II. rechtmäßiger Herrscher über die Bretagne; doch konnten seine Machtansprüche von seiner Mutter Bertha nur unter großen Schwierigkeiten gewahrt werden, da sich ihnen sein Onkel Eudo von Penthièvre entgegenstellte.[91] Daraus ergaben sich ständige Unruhen, und erst im Jahre 1057 war Conan in der Lage, seine Stellung als Alleinherrscher geltend zu machen. Trotzdem hing er von der zweifelhaften Treue eines Feudaladels ab, der in der Bretagne an die Macht gelangt war.[92] Hier also bot sich Herzog Wilhelm eine zweite günstige Gelegenheit. Im Jahre 1064 war Conan nahe der Festung Saint-Jacques-de-Beuvron in einen Kampf mit den bretonischen Rebellen verwickelt. Diese Festung hatte Wilhelm nahe der normannischen Grenze bauen lassen.[93] Daraufhin wandten sich einige der Rebellen, vor allem Riwallon von Dol, an den normannischen Herzog um Hilfe, der unter Mitwirkung des Grafen von Wessex sofort in die Bretagne einfiel. Er überquerte die Mündung des Cuesnon unter einigen Schwierigkeiten und rückte zur Unterstützung Riwallons vor, der in Dol belagert wurde. Die Stadt fiel beim Angriff der Normannen, und Conan zog sich nach Rennes zurück. Daraufhin zog Wilhelm nach Dinant und eroberte es. Dann begab er sich auf den Rückzug und überließ Conan die Rache an Riwallon, der später verbannt werden sollte.[94]

Die Einzelheiten über Wilhelms bretonischen Feldzug im Jahre 1064 sind äußerst undurchsichtig; doch waren die Ergebnisse dieses zweifelhaften Kampfes bemerkenswert. Eine mächtige und feindliche Bretagne an der westlichen Grenze seines Landes hätte im Jahre 1066 zu einer gefährlichen Bedrohung Herzog Wilhelms werden können – eine Gefahr, die schon im Jahre 1064 keinesfalls übergangen werden durfte. Der angeblich von Conan stammende Ausspruch, daß er sich jedem gegen England gerichteten Feldzug Wilhelms widersetzen würde, kann ruhig als zweifelhaft angesehen werden,[95] doch konnte die Bretagne für die Entwicklung der damaligen normannischen Politik leicht zu einem störenden Faktor werden. Es war daher von Wilhelm ein schlauer Schachzug gewesen, unter den bretonischen Feudalherren eine gegen Conan gerichtete Opposition zu fördern. So dienten seine im Jahre 1064 in der Bretagne unternommenen Raubzüge dazu, während der darauffolgenden entscheidenden Jahre die Aufmerksamkeit Conans von der Normandie abzulenken. Im Jahre 1065 befand sich Conan in Blois, wo er ein Bündnis gegen Anjou suchte; während des ganzen Jahres 1066 war er auf angevinischem Gebiet in Kämpfe verwickelt, bis er im Dezember desselben Jahres bei der Belagerung von Château-Gonthier plötzlich starb.[96] Für den Herzog bedeutete sein Tod einen glücklichen Zufall, doch war die Tatsache, daß sich der Herzog in der Bretagne bereits eine eigene mächtige Partei geschaffen hatte, noch gewichtiger. Nicht weniger als vier Söhne Graf Eudos von Penthièvre sollten Wilhelm über den Kanal folgen und zusammen mit vielen anderen Bretonen später in England ausgedehnte Ländereien erhalten.

Es ist unmöglich, der hohen Staatskunst Herzog Wilhelms zwischen 1063 und 1064 oder der Art und Weise, mit der sie unablässig auf die Erfüllung seiner englischen Pläne gerichtet war, keine Bewunderung zu zollen. Er hatte aus der Schwäche der kapetingischen und angevinischen Dynastien alle nur möglichen Vorteile gezogen, Maine seinen Hilfsquellen hinzugefügt und in der Bretagne eine starke Partei seinen Zielen günstig gestimmt. Schließlich hatte einer seiner gefährlichsten und mächtigsten Feinde eine öffentliche Zusicherung geleistet, die nach der kirchlichen und feudalen Ansicht Europas unverletzlich war, nämlich die, den Anspruch des Herzogs auf England zu unterstützen, oder aber sich ihm zumindest nicht zu widersetzen. Im selben Jahr hatte der englische Graf als Vasall des Herzogs an dessen Feldzug teilgenommen, eine Tatsache, die den späteren Aufmarsch der normannischen Truppen in England mittelbar erleichtern sollte. Als Graf Harold vor Ende des Jahres 1064, mit Geschenken von Rouen überhäuft,[97] nach England zurückkehrte, war seine Stellung als möglicher Nebenbuhler Herzog Wilhelms um den englischen Thron nach der öffentlichen Meinung Europas unwiederbringlich kompromittiert.

Der Vorteil, den Herzog Wilhelm im Jahre 1064 über den Grafen von Wessex gewonnen hatte, sollte bald durch die in England selbst erfolgenden Geschehnisse wachsen. Im Herbst des Jahres 1065 erhob sich in Northumbria ein Aufstand gegen Graf Harolds Bruder Tosti, der seit 1055 Graf gewesen war.[98] Die Rebellion breitete sich rasch aus, und die Aufständischen, die im Norden des Landes viele Anhänger des Grafen niedergemetzelt hatten, erklärten Tosti für vogelfrei. Daraufhin boten sie seine Grafschaft dem Bruder Graf Edwins von Mercia, Morcar, an und zogen südwärts nach Northampton, um vom König eine Bestätigung ihrer Beschlüsse zu erzwingen. Graf Harold versuchte zugunsten seines Bruders einen Kompromiß zu schließen, was jedoch mißlang, König Edward sah sich gezwungen, Morcar als Grafen von Northumbria anzuerkennen. Tosti und seine Gemahlin Judith flohen aus England, um bei Judiths Halbbruder, Graf Baldwin V., Zuflucht zu finden.[99] So wurde Graf Harolds Stellung in England durch diese Ereignisse ernstlich geschwächt, die seinen Bruder aus einer mächtigen Grafschaft vertrieben und an seine Stelle, entgegen den Wünschen des Grafen von Wessex, einen Verwandten Leofrics aus dem Hause Mercia setzten, der keinerlei Grund hatte, irgendeinem Mitglied der Familie Godwines freundschaftlich gesinnt zu sein.

Der dem Herzog unmittelbar daraus erwachsende Vorteil ist offensichtlich, doch war eine zweite Auswirkung des northumbrischen Aufstandes entscheidend. Es ist recht bemerkenswert, daß die Aufständischen trotz der erbitterten Streitigkeiten im Jahre 1065 anscheinend nicht den Wunsch gehegt hatten, nördlich des Humber ein unabhängiges Königreich zu gründen.[100] König Edward war gezwungen worden, einen Grafen anzuerkennen, den er selber mißbilligte; auch blieb sein Rang als rechtmäßiger Alleinherrscher über ganz England seinem Nachfolger vorbehalten. Obgleich England zwei Kirchenprovinzen und drei große Grafschaften umfaßte, war es doch offensichtlich als ein einziges Königreich gedacht, dessen politische Eigenart sich über die Verschiedenheit der den einzelnen Gebieten eigenen Traditionen hinwegsetzen mußte. Während sich die Hilfsquellen des Grafen von Wessex vermindert hatten, war gleichzeitig die Einheit des Erbes, das Edward der Bekenner seinem Nachfolger hinterlassen sollte, aufrechterhalten und erneut betont worden. Zwar sollte bald um diese Beute gekämpft werden, doch blieb ihre Einheit unversehrt.

In den zwischen der Normandie und England seit langem sich entwickelnden Beziehungen hatte sich nun eine Situation ergeben, durch die im Mittelalter das Schicksal eines Großteils von Nordeuropa bestimmt werden sollte. Der alte und kinderlose König, der sehr verehrt und später heilig gesprochen werden sollte, stand vor seinen letzten Aufgaben. Zwar war Graf Harold durch die Ereignisse von 1064 – 1065 geschwächt, doch blieb er immer noch mächtig und konnte in England vielleicht sogar genügend Unterstützung aufbringen, um die von ihm begehrte Krone zu erringen. Im Norden vertrat Harold Hadraada hartnäckig die Ansicht, daß die wahren Bindungen Englands die zu den baltischen Ländern wären. Er hatte den Höhepunkt seiner Macht als König von Norwegen erreicht und sollte bald seinen lange geäußerten Anspruch auf den englischen Thron erheben. Diese Männer stellten für den Herzog der Normandie keine geringen Gegner dar, für jenen Herzog, der eine einzigartige Provinz zu einer politischen Einheit zusammengeschweißt hatte, und dessen Schicksal nun, zu Beginn des Jahres 1066, eine endgültige Krisis erfahren sollte.

VIII

DIE EROBERUNG ENGLANDS

JANUAR 1066 — MÄRZ 1067

Am 5. Januar 1066 starb Edward der Bekenner ohne Nachkommen zu hinterlassen. Sofort trat die Frage der englischen Thronfolge, die sich in Nordeuropa so lange abgezeichnet hatte, in ihre letzte Phase. Auch konnte kein Zweifel daran bestehen, daß sie nur durch Krieg zu lösen war und daß Herzog Wilhelm, dessen Politik England gegenüber sich während der vergangenen fünfzehn Jahre unablässig entwickelt hatte, in diesem Konflikt eine große Rolle spielen mußte. Die Hauptakteure dieses Dramas standen bereits auf der Bühne: Graf Harold von Wessex, König Harold Hadraada von Norwegen, der verbannte Graf Tosti von Northumbria und Herzog Wilhelm selbst. Darüber hinaus spiegelten sich in der Rivalität dieser Männer jene großen politischen Probleme erstaunlich genau wider, die — wie bereits erwähnt — durch die Beziehungen zwischen Skandinavien, England und der Normandie entstanden waren. Sowohl die Zukunft als auch der Charakter der englischen Monarchie waren nur einer der Punkte, die auf dem Spiele stehen sollten. Auch mußte die Stellung Englands hinsichtlich Skandinaviens und Lateineuropas für die letzte Spanne des Mittelalters geklärt werden; gleichermaßen sollte sich die politische und kirchliche Struktur der gesamten westlichen Christenheit wesentlich verändern. Zeitgenössische Beobachter waren sich voll bewußt, daß eine Krisis nahe bevorstand, und es ist wohl kaum verwunderlich, daß viele in jenem Kometen, der am Himmel Westeuropas aufzuleuchten begann, ein unheilvolles Omen erblickten.[1]
Schon seit einigen Wochen mußte Herzog Wilhelm gewußt haben, daß

der englische König im Sterben lag, doch scheint die unmittelbar danach an ihn ergangene Herausforderung trotzdem ein Überraschungsmoment für ihn enthalten zu haben. Einen Tag nach dem Tode des Bekenners, das heißt also am Tage seiner Beerdigung [2], hatte sich Graf Harold Godwineson mit der Unterstützung einer in London anwesenden Gruppe von Feudalherren selbst zum König krönen lassen [3]; anscheinend geschah dies durch Erzbischof Alfred von York [4] in des Bekenners neuer Abtei Sankt Peter von Westminster. Die unangemessene Hast dieser Vorgänge weist darauf hin, daß der Graf diesen Plan von vornherein gefaßt hatte und eine mögliche Opposition befürchtete. Es ist jedoch durchaus möglich, daß der Bekenner auf seinem Sterbebett den Grafen entweder aus freiem Willen oder aber auf Grund von Überredung zu seinem Nachfolger ernannt hatte.[5] Die feierliche Krönung durch einen Erzbischof mochte seiner neuen Würde die kirchliche Sanktion hinzufügen. Schließlich ließe sich dazu noch bemerken, daß die Umstände jener Zeit schnelles Handeln erforderten. Man wußte, daß von Skandinavien her ein erneuter Angriff auf England bevorstand, und daß ein Bruder des Grafen, Tosti, dem im Jahre 1052 von seiner Familie gegebenen Beispiel folgen und nur allzu bald versuchen könnte, von Flandern mit Waffengewalt nach England zurückzukehren. Unter diesen Umständen war eine harte Führung notwendig, die wohl am besten vom Grafen von Wessex, der bereits der mächtigste Mann in ganz England war, übernommen werden konnte. Aus diesen Gründen überging man Edgar, das wichtigste Mitglied des alten Königshauses und Sohn des Athelings Edward, der zu dieser Zeit noch ein Knabe war; an seiner Stelle wurde einem Grafen, der keinerlei königliche Abkunft nachweisen konnte, gestattet, den englischen Thron zu besteigen. Dies war an sich eine Art Revolution mit den Zügen eines »coup d'état«, der mit äußerster Schnelligkeit und größter Entschiedenheit ausgeführt wurde.

Harold Godwineson wußte, daß er sein Geschick auf Gewalt aufbaute, doch konnte er dringende Notwendigkeit als Grund anführen und Unterstützung fordern. Ein Chronist der darauffolgenden Generation zögerte nicht, ihn als den in jeder Hinsicht rechtmäßigen König von England zu betrachten. Er war von Edward dem Bekenner ernannt worden — so schrieb »Florence von Worcester« [6] —, er war von den bedeutendsten Feudalherren ganz Englands gewählt und formell geweiht worden. Dazu sollte er sich als gerechter König erweisen und sich für die Verteidigung des Königreiches einsetzen. Dies war ein bemerkenswerter Tribut, der einem besiegten König nach seinem Tode gezollt wurde, einem König, der sich selbst als außergewöhnlicher Krieger und tapferer Mann erwiesen hatte. Diese Annahme wird weiterhin durch die Tatsache bestätigt, daß das königliche Verwaltungssystem unter seiner Führung ohne Unterbrechung weitergeführt wurde.[7] Alles in allem aber haftete Harold Godwinesons Stellung als König immer etwas Zweideutiges an. Eines der ältesten Königsgeschlechter Europas war von dem Mitglied einer Familie beiseitegeschoben worden, die ihre Machtbestrebungen in der Vergangenheit rücksichtslos verfolgt hatte. Seine Thronbesteigung rief in vielen Teilen Englands Empörung hervor.[8] Es war nicht nur auf Grund von jenseits des Kanals kommenden Drohungen, daß Harold — wie ein zeitgenössischer Beobachter schrieb — »während seiner ganzen Herrschaft nur wenig Ruhe fand.« [9]

Zu Beginn seiner Herrschaft war es sogar zweifelhaft, ob er außerhalb seiner Grafschaft Wessex überhaupt je anerkannt würde. Über die Zusammensetzung der Versammlung, die Harold nach des Bekenners Tod in London als König begrüßte, ist kaum etwas bekannt. Jedoch läßt die Tatsache, daß sie so hastig einberufen wurde, darauf schließen, daß sie lediglich aus lokalen Persönlichkeiten bestand, die man eiligst versammelt hatte, um einer von dem mächtigen Grafen bereits getroffenen Entscheidung ihre Zustimmung zu geben. Andererseits ist es jedoch möglich, daß die Krankheit des Bekenners wichtige Persönlichkeiten von außerhalb Wessex nach London geführt hatte. Inwieweit — wie später behauptet wurde [10] — es diese Anwesenden wagten, dem Grafen Widerstand zu leisten, ist ebenfalls zweifelhaft: jedenfalls konnte das Ergebnis später als einstimmige Zustimmung geschildert werden.[11] Doch muß bei vielen, vor allem im Falle Graf Edwins von Mercia und Graf Morcars von Northumbria, die Zustimmung lau gewesen sein; auch erhob sich in der nördlichen Provinz sofort Unzufriedenheit.[12] Infolgedessen zog Harold ganz zu Anfang seiner Herrschaft nach York, wo es ihm mit der Unterstützung Bischof Wulfstans von Worcester und zweifellos auch mit Hilfe des Erzbischofs Alfred gelang, den Aufruhr zu ersticken. Jedoch war dies lediglich als eine vorübergehende Maßnahme zu werten, und daher stimmte Harold, um sich die Treue Edwins und Morcars zu erhalten, wahrscheinlich während der ersten Monate seiner Herrschaft dem Projekt zu, deren Schwester Edith, die Witwe Griffith's von Wales, zu heiraten.[13] In dieser Lage war die Stellung eines Königs, der jederzeit den Angriffen seines verbannten Bruders oder des mächtigen Königs von Norwegen ausgeliefert war und ihnen Widerstand leisten mußte, äußerst unsicher. Eine zugunsten Harold Godwinesons, des letzten angelsächsischen Königs gehaltene Verteidigungsrede darf sicher nicht auf späteren patriotischen Erwägungen (die ihm wahrscheinlich fremd waren) oder konstitutionellen Argumenten (die der späteren Whig-Doktrin entsprangen) in bezug auf die zweifelhafte Rechtmäßigkeit seines Königstitels basieren – sie sollte sich vielmehr auf die Art und Weise beziehen, mit der ein mächtiger Krieger und tapferer Mann neun Monate lang gegen eine ihm feindlich gesinnte Welt kämpfte, die ihn schließlich (und letztlich zum Wohle Englands) überwältigte.

Für Herzog Wilhelm bedeutete Harolds Machtergreifung sowohl eine persönliche Beleidigung als auch eine politische Herausforderung. Er erinnerte sich sehr wohl an Edwards ursprüngliches Vermächtnis der englischen Krone sowie an Harolds erst kürzlich abgelegten Eid und sein Vasallentum. Seine Reaktion auf die Neuigkeiten aus England war daher blitzartig. Sofort sandte er einen Protest an den englischen Hof,[14] was jedoch eine reine Formalität war, da der Herzog von Anfang an wußte, daß seine ganze politische Zukunft jetzt von seiner Fähigkeit abhing, seine Ansprüche mit Gewalt durchzusetzen. Der zeitliche Ablauf der während der ersten Hälfte des Jahres 1066 vom Herzog getroffenen Maßnahmen ist etwas verworren, doch sind deren Zweck und Ziel ebenso klar wie der Abschluß, auf den sie so unverwandt zusteuerten. Während dieser kritischen Zwischenzeit sicherte sich Herzog Wilhelm von Normandie die Unterstützung seiner Vasallen und förderte die Spaltungen zwischen seinen Rivalen. Er wandte sich mit Erfolg an die öffentliche Meinung Europas. Außerdem traf er wesentliche Vorbereitungen zur Rüstung des Heeres, das ihm schließlich jenseits des Kanals zum Sieg verhelfen sollte.

Nachdem er die Nachricht von Harolds Krönung erhalten hatte, bestand eine seiner ersten Taten darin, sich mit seinen Feudalherren, vor allem aber mit jenen zu beraten, die dem inneren Kreis des neuen normannischen Adels angehörten, der an seinem Aufstieg zur Macht teilgenommen hatte. Viele dieser Männer schienen zuerst wegen der Risiken eines Angriffs auf England Zweifel gehegt zu haben, und eine spätere Überlieferung behauptet, daß Wilhelm FitzOsbern sie von der Durchführbarkeit dieses Unternehmens überzeugte.[15] Jedenfalls wurde schon sehr bald eine erstaunliche Einigkeit in bezug auf das Ziel erreicht und vom Herzog durch eine Reihe von Versammlungen absichtlich gefördert. Wilhelm von Malmesbury bestätigt, daß in Lillebonne eine große Ratsversammlung stattfand, und auch Wace erzählt — wenn auch ohne Bezeichnung eines Ortes — eingehend von einer großen Versammlung, die begeistert für eine Unterstützung der Ziele Herzog Wilhelms stimmte.[16] Als er den Bau seiner Schiffe an der Dives überwachte, hielt der Herzog anscheinend mit einigen seiner Feudalherren in Bonneville-sur-Touques eine Ratsversammlung ab; auf dem großen Treffen kirchlicher und weltlicher Adliger der Normandie, das im Juni 1066 anläßlich der Einweihung der Abtei Heilige Dreifaltigkeit in Caen stattfand [17] wurde die geplante Invasion Englands sicher diskutiert. Weder kann die Anzahl noch der genaue Charakter dieser Versammlungen festgestellt werden, doch besteht kein Zweifel daran, daß der Herzog während dieser Monate keine Gelegenheit außer acht ließ, seine Feudalherren mit seinen Plänen vertraut zu machen und seine Autorität im Hinblick auf seine früheren Kämpfe zu festigen. Die von ihm erreichte Unterstützung war bemerkenswert.

Wenn dieses gewagte Abenteuer irgendeine Aussicht auf Erfolg haben sollte, war eine derartige Zusammenarbeit unbedingt notwendig. Doch schien es gefährlich, das Herzogtum ohne seinen Herrscher und vom Großteil seiner Heeresmacht entblößt zurückzulassen. Daher ergriff der Herzog besondere Maßnahmen, um während seiner Abwesenheit für die Verwaltung seines Herzogtums vorzusorgen. So nahm die Herzogin Mathilda gemeinsam mit ihrem zu dem Zeitpunkt ungefähr vierzehnjährigen Sohn Robert während dieser kritischen Monate besondere Verantwortungen auf sich.[18] Robert war bereits neben seiner Mutter als Zeuge auf herzoglichen Urkunden erschienen, und im Jahre 1063 wird der noch nicht ganz Zwölfjährige in einer für Saint-Ouen ausgestellten Urkunde als der vorläufig ernannte Erbe seiner Eltern bezeichnet. Als sein Vater im Jahre 1066 einen Feldzug unternahm, von dem er vielleicht nicht zurückkehren würde, wurde Roberts Stellung als zukünftiger Herrscher der Normandie entscheidend. Noch dazu hatte Herzog Wilhelm im Frühling oder Sommer dieses Jahres Robert anläßlich einer Versammlung seiner Feudalherren feierlich als Erben des Herzogtums eingesetzt und von den wichtigsten Männern der Normandie den Treueid seinem Sohn gegenüber gefordert.[19] Roberts besondere Stellung zu dieser Zeit scheint sogar außerhalb des Herzogtums anerkannt worden zu sein: beispielsweise sandte Bartolomäus, Abt von Marmoutier, einen seiner Mönche mit dem Anliegen nach Rouen, die dem Kloster von Herzog Wilhelm gemachten Schenkungen bestätigen zu lassen; »auf den Wunsch seines Vaters hin, der sich darauf vorbereitete, in See zu stechen und gegen die Engländer Krieg zu führen«[20], stellte Robert diese Bestätigung aus.

Doch war sich der Herzog anhand seiner eigenen Jugenderfahrungen sicher bewußt, wie unsicher derartige Treueide in einer Krisenzeit, vor allem aber in einer Provinz waren, die jederzeit der Anarchie offen stand und daher nicht nur der schwachen Führung einer Frau und eines Knaben überlassen werden konnte. Deshalb wurden für die Abwesenheit des Herzogs bewährte Mitglieder des neuen Adels unmittelbar mit der Verwaltung der Normandie beauftragt. Der wichtigste unter ihnen war Roger von Beaumont, schon ein älterer Mann, der bei Hastings durch seinen Sohn Robert vertreten werden sollte, der später Graf von Meulan und Graf von Leicester wurde.[21] Außer ihm blieb Roger von Montgomery, der der Herzogin ebenfalls Beistand leisten sollte, in der Normandie zurück.[22] In dieser Gesellschaft befanden sich noch andere vertrauenswürdige Persönlichkeiten, beispielsweise Hugo, Sohn des mächtigen Vicomte Richard von Avranchin, dem späteren Grafen von Chester.[23] Diese an sich schon sehr interessanten Vorkehrungen sind insofern bezeichnend, als sie nocheinmal die zwischen der normannischen Aristokratie und dem normannischen Herzog bestehende enge Verbindung jener Zeit veranschaulicht. Die Tatsache, daß für die Dauer des englischen Abenteuers in der Normandie kein Aufstand stattfand, ist jedenfalls bemerkenswert. Der Großteil des neuen normannischen Adels war im Gegenteil durchaus bereit, ein äußerst waghalsiges Unternehmen zu unterstützen und für dessen Gelingen sogar sein persönliches Geschick aufs Spiel zu setzen.

Während dieser Krisis wurde auch die normannische Kirche nicht außer acht gelassen. Vielleicht war es natürlich, daß die normannischen Prälaten danach strebten, ihre Schenkungen noch vor der Abreise des Herzogs bestätigen zu lassen; andererseits wünschten der Herzog und seine Gefolgsleute zweifellos, ihre Beziehungen zu den normannischen Klöstern vor ihrem Weggang zu regeln. Jedenfalls weisen in diesem Zusammenhang viele noch vorhandene Urkunden auf die Dringlichkeit der Lage hin. Im Jahre 1063 wurde Lanfranc nach Saint-Stephan in Caen berufen, und am 18. Juni 1066 bot die Einweihung der Heiligen Dreifaltigkeit in derselben Stadt den Anlaß, die großzügige Dotierung der neuen Gründung Matildas zu bestätigen.[24] Ungefähr gleichzeitig bestätigte der Herzog dem Kloster Fécamp den Besitz einiger bei Steyning in Sussex gelegener Ländereien. Diese Schenkung sollte jedoch nur dann Gültigkeit haben, wenn Gott ihm den Sieg über England verleihen würde.[25] Gleichermaßen wurden im Juni die Ansprüche des Bistums Avranches auf gewisse umstrittene Ländereien in einer wichtigen Urkunde [26] vom Herzog vollkommen bestätigt. Viele Gefolgsleute des Herzogs unternahmen — oft in dessen Beisein und mit Genehmigung seines Hofes — ähnliche Schritte. So wurde verzeichnet, daß Roger von Montgomery mit der Billigung des Herzogs der Heiligen Dreifaltigkeit in Rouen Land bei Giverville überlassen hatte, und daß dies zu jener Zeit geschah, als »der Herzog der Normannen mit seiner Flotte über das Meer segelte«.[27] Geringere Männer folgten diesem Beispiel. Roger, Sohn Turolds, »der bald mit dem Herzog in See stechen sollte«, überließ der Heiligen Dreifaltigkeit ein kleines, bei Sotteville-lès-Rouen gelegenes Landgut; unter denselben Umständen wurden ähnliche Schenkungen von Erchembald, Sohn des Vicomte Erchembald, sowie von einem »gewissen Ritter« namens Osmund de Bodes gemacht, der auf dem Feldzug umkommen sollte.[28] Diese Urkunden sind wohl nur ein Bruchteil gleichartiger, jedoch verlorengegangener Schriftstücke und dienen dazu, die allgemeine, am Vorabend des gegen England gerichteten Feldzuges in der Normandie herrschende Stimmung von einem neuen Blickwinkel aus zu veranschaulichen.

Doch befaßte sich der Herzog zu dieser Zeit nicht allein mit seinem Herzogtum. Er war vielmehr ebenso sehr darum bemüht, seine Sache vor dem öffentlichen Gewissen Europas zu rechtfertigen. Während der ersten acht Monate des Jahres 1066 wandte er sich zu einem unbestimmten Zeitpunkt an den Papst: unter der Führung des Archidiakon Gilbert von Lisieux schickte er eine Gesandtschaft aus, die vom Papst Alexander II. zugunsten des Herzogs ein Urteil erbitten sollte.[29] Leider existieren keine Berichte darüber, wie diese Sache in Rom aufgenommen wurde. Auch fehlt jegliches Zeugnismaterial über eine eventuell an Harold Godwineson ergangene Aufforderung, zu seiner eigenen Verteidigung zu erscheinen. Andererseits lassen sich die Argumente der Vertreter des Herzogs mit Sicherheit vermuten. Das erste war vermutlich Harolds Eid und dessen durch die Thronbesteigung des Grafen erfolgter Bruch; auch mochten sie in bezug auf die Ermordung des Athelings Alfred im Jahre 1036 und die Gegenrevolution des Jahres 1052 einiges gegen die Familie Godwines vorgebracht haben. Noch dazu konnte der Herzog auf die vor kurzem entstandene, bemerkenswerte kirchliche Erneuerung der Provinz Rouen sowie auf seinen starken Anteil an dieser Entwicklung hinweisen. Aus diesen Gründen konnte sich das reformbestrebte Papsttum von einem Sieg Wilhelms über Harold zu Recht einige Vorteile erwarten. Dies setzte den Herzog in die Lage, als der bewaffnete Vertreter einer Kirchenreform zu erscheinen, und zwar einem Fürsten gegenüber, der sich durch seine Verbindung mit Stigand zu Verhältnissen bekannt hatte, die von der reformbestrebten Partei innerhalb der Kirche abgelehnt wurden. Daher setzte sich der Archidiakon Hildebrand mit aller Kraft für

Herzog Wilhelm ein und veranlaßte Papst Alexander dazu, das Unternehmen Herzog Wilhelms öffentlich anzuerkennen.[30]
Die förmliche Billigung des herzoglichen Planes durch das höchste Kirchengericht Europas zog weitreichende Konsequenzen nach sich, und ihre Bedeutung läßt sich nur im Zusammenhang mit jenem Ideenkomplex ermessen, der zu jener Zeit in der westlichen Christenheit Gestalt anzunehmen begann. In der Tat war Herzog Wilhelms Propaganda nicht allein bewundernswert auf die päpstliche Politik, sondern auch auf die Gefühlsströmungen abgestimmt, die im dritten Viertel des 11. Jahrhunderts die selbstbewußte normannische Welt zu durchdringen begann. Bereits seit der Schlacht von Civitate (1053) und der Synode von Melfi (1059) war das Papsttum von einem Bündnis mit den Normannen, denen es nicht entkommen konnte, in wachsendem Maße abhängig geworden, und die Normannen erkannten ihrerseits sehr schnell die Vorteile, die sie als Kämpfer in einem Heiligen Krieg entweder in Spanien, Italien oder Sizilien erringen konnten. Da diese Ideen den Charakter von Wilhelms Königtum sowie seinen und der Normannen Einfluß auf Europa und England gestalten halfen, wird ihre volle Tragweite später noch im einzelnen behandelt werden.[31]
Sie mußten bereits im Jahre 1066 zu dem Ergebnis der einschneidenden Verhandlungen zwischen dem Papst und dem normannischen Herzog beigetragen haben. Jedenfalls stimmte es mit der hauptsächlichen Wesensart der päpstlichen und normannischen Bestrebungen jenes Zeitalters überein, daß Wilhelm bei Hastings unter einem päpstlichen Banner focht und geweihte Reliquien um seinen Hals trug.[32] Dieser Feldzug sollte als eine Art Kreuzzug erscheinen und wurde in Westeuropa weitgehend als solcher angesehen.
Es war ein Triumph der Diplomatie. Von nun an sollte der Angriff auf Harold keineswegs als ein reiner Überfall angesehen werden, wodurch man dem möglichen Widerstand anderer europäischer Fürsten bis zu einem gewissen Grade zuvorkam. Darüber hinaus ergriff der Herzog weitere Maßnahmen, um diesen Vorteil zu nutzen. Es ist schwierig, die Beziehungen zwischen Herzog Wilhelm und dem jungen König Philipp I. von Frankreich, der sich zu dieser Zeit noch unter der Vormundschaft Baldwin V. von Flandern befand, genau zu bestimmen. Spätere Überlieferungen behaupten, daß zwischen beiden eine Unterredung stattgefunden hatte; auch legten frühere Autoren die Vermutung nahe, daß die förmliche Anerkennung Roberts als Erbe des Herzogs in Gegenwart des Königs mit dessen Zustimmung stattfand.[33] Sei es, wie es wolle: jedenfalls steht fest, daß seinerzeit viele Männer aus Frankreich und Flandern am englischen Feldzug

teilnehmen sollten. Auch zögerte Wilhelm nicht, von anderen Fürsten Unterstützung, zumindest aber Neutralität zu verlangen. An den kaiserlichen Hof wurden Gesandte geschickt, und Heinrich IV. bzw. die Ratgeber, von denen der junge Kaiser abhängig war, dazu bewegt, eine öffentliche Erklärung zugunsten des normannischen Herzogs abzugeben.[34]

Auf Grund der päpstlichen und kaiserlichen Billigung und auch der in Frankreich herrschenden Umstände konnte sich Herzog Wilhelm mit einiger Zuversicht außerhalb des Herzogtums um Freiwillige bemühen, wobei der Wortlaut des Aufrufs so abgefaßt war, daß das rohe Versprechen eines Raubzuges durch die höheren Beweggründe eines moralischen Rechts gestützt wurde. Wie sich später erweisen wird, wurde diesem Aufruf in großem Maße Folge geleistet, so daß das Heer, das dem Herzog nach England folgte, zum Teil aus Männern bestand, die außerhalb des normannischen Herzogtums rekrutiert worden waren. Das war jedoch nicht alles. Infolge seiner früheren erfolgreichen Politik besaß Wilhelm an diesem Wendepunkt durchwegs positive Beziehungen zu seinen näheren Nachbarn. Seit dem Jahre 1054 stand Ponthieu unter seiner Lehnsherrschaft.[35] Weiter im Nordwesten war Graf Eustace von Boulogne zunächst bereit, seinem Freunde beizustehen. Des Herzogs frühere Kriege hatten ihm nicht nur eine starke Unterstützung seitens der bretonischen Feudalherren, sondern auch den unmittelbaren Beistand Maines gesichert. Daher befand er sich hinsichtlich seines Unternehmens in einer äußerst günstigen Lage, zumal er auf Grund seiner Machtstellung in Nordgallien im Jahre 1066 eigentlich jeden französischen Hafen an der vom Cuesnon bis an die Grenze von Flandern reichenden Küste beherrschte.[36]

Für die Sicherheit des Invasionsheeres war eine Kontrolle über diese Häfen außerordentlich wichtig, jedoch war der Bau von Schiffen eine noch größere Notwendigkeit. Zwar existierte schon zur Zeit Herzog Robert I. eine ständige normannische Flotte[37], doch war sie anscheinend sehr klein und daher im Jahre 1066 zur Beförderung eines großen Heeres völlig unzureichend. Deshalb wurden im Frühjahr 1066 für den Bau von Schiffen in der Normandie aktive Schritte unternommen[38], auch ist über ihre Herstellung einiges bekannt. Von den Feudalherren der Normandie wurde jeder einzelne zu seinem Anteil an diesem Schiffsbau verpflichtet; infolgedessen war er erheblich. Die Zeugnisse über einige Privatkontingente sind späteren Datums und nicht ganz zufriedenstellend, doch ist klar, daß sie verschieden groß und in ihrer Art den später in England angewandten »servitia debita« der normannischen Hauptpächter ähnlich waren.[39] In ihrer Gesamtheit genügten sie, um eine Flotte der verschiedensten Schiffstypen zu erstellen, deren Anzahl zwar unterschiedlich veranschlagt wird, jedoch sicher groß war.[40] Auch besteht kein Grund, die spätere Überlieferung anzuzweifeln, daß nämlich das auf dem Wandteppich von Bayeux dargestellte geschmückte Schiff, das den Herzog nach England bringt, *wichtig* von dessen Gemahlin Matilda geschenkt wurde und den Namen »Mora« trug.[41] Der Bau dieser Schiffe wurde in den normannischen Häfen mit äußerster Eile vorangetrieben. Nach dem Monat Mai begann man die neuen Schiffe in der Flußmündung der Dives zusammenzuziehen, wo die Arbeit ununterbrochen fortdauerte. Trotz des in diesem ganzen Unternehmen entfalteten Eifers ist es wahrscheinlich, daß es, wenn überhaupt, frühestens Anfang August abgeschlossen wurde.[42] Selbst dann ist es eine erstaunliche Leistung.

Die Ereignisse bewiesen Herzog Wilhelm, daß große Eile vonnöten war. Anfang Mai des Jahres 1066 unternahm der Bruder Harold Godwinesons, Tosti, der nach seiner Verbannung bei seinem Verwandten, dem Grafen von Flandern, Zuflucht gefunden hatte, den erwarteten Versuch, mit Waffengewalt nach England zurückzukehren. Er verwüstete die Insel Wight und besetzte dann Sandwich, wo er eingeborene Seeleute in seinen Dienst nahm; daraufhin segelte er mit einer sechzig Schiffe starken Flotte an der Ostküste entlang bis zur Mündung des Humber. Als er jedoch im nördlichen Lincolnshire Raubzüge unternahm, wurde sein Heer durch Truppen vernichtet, die vom Grafen Edwin von Mercia aufgestellt waren, woraufhin viele seiner überlebenden Gefolgsleute fahnenflüchtig wurden.[43] Daraufhin segelte Tosti mit einer auf zwölf Schiffe reduzierten Flotte nordwärts und nahm bei König Malcolm von Schottland Zuflucht, mit dem er bereits ein festes Bündnis geschlossen hatte.[44] Sein mißglückter Angriff auf England ist ein wesentlicher Hinweis auf das größere Problem der englischen Thronfolge, das sich von Tag zu Tag immer deutlicher als die Hauptstreitfrage der nordeuropäischen Politik erwies. Tosti hatte bereits mit Harold Hadraada Verbindung aufgenommen. Ob er persönlich nach Norwegen reiste, ist ungewiß, doch war der norwegische König seiner Sache so günstig gesonnen, daß er ihm von den Orkney-Inseln aus, die damals unter Harolds Herrschaft standen, zu seiner Hilfe siebzehn Schiffe sandte.[45] Herzog Wilhelm hatte an diesem Feldzug, der seinem englischen Widersacher vermutlich unangenehm war, ebenfalls aktives Interesse genommen. Eine spätere Überlieferung behauptet, daß Tosti die Normandie besuchte, um den Beistand des Herzogs zu erbitten [46], wobei anzunehmen ist, daß er schließlich von seiten des Herzogtums eine begrenzte Unterstützung erhielt. Harold Godwineson, dessen Königsherrschaft unsicher war, hielt Tostis Angriff sicher für das Vorspiel einer größeren normannischen Invasion. Daher begab er sich auf die Insel Wight, wo er die Verteidigung der Südküste gegen den normannischen Herzog zu organisieren begann.[47]

Während der Monate Juni, Juli und August konnte Wilhelm die schnelle Entwicklung der Lage beobachten. Von Harold Hadraada von Norwegen wußte man bereits, daß er für eine Invasion Englands intensive Vorbereitungen traf und sich nicht nur mit seinen eigenen Feudalherren auf den Orkney-Inseln, sondern auch mit Tosti in Verbindung befand, der sich am Hofe des Königs von Schottland abwartend verhielt. Dies stellte für den englischen König eine schwere Bedrohung dar, doch konzentrierte sich die Aufmerksamkeit Harold Godwinesons in erster Linie auf die Normandie. Für die Zusammenziehung der Streitkräfte an der Südküste gab es zwei Gründe: entweder glaubte er, daß der normannische Angriff zuerst erfolgen würde, oder aber wollte er seine ganze Macht zur Verteidigung seiner eigenen Grafschaft Wessex einsetzen. Die schlagkräftigste Truppe seines Heeres setzte sich aus seinen augebildeten »housecarls« zusammen, doch hob er auch in den südlichen Grafschaften lokale Truppen aus und sammelte sämtliche Schiffe, die ihm zur Verfügung standen.[48] Es war ein großes Heer, das sich abwartend verhielt, indessen jenseits des Kanals Wilhelms eigene Vorbereitungen vorangetrieben wurden.

Wilhelm verlor keine Zeit. Seine mächtigen Vasallen versammelten sich mit ihren eigenen im Kriegsdienst stehenden Pächtern, um den Kern seines Heeres zu bilden, indessen aus anderen Ländern Freiwillige ins Herzogtum strömten — vor allem aus Maine, der Bretagne, der Picardie und dem Poitou, wahrscheinlich aber auch aus Burgund, Anjou und sogar aus Süditalien.[49] Wahrscheinlich fühlten sich einige dieser Männer zu dem kreuzzugähnlichen Unternehmen getrieben, zu dem es durch die Propaganda gemacht wurde, doch wurde der größere Teil von der Aussicht auf Beute gelockt, die im Falle eines Erfolges ihre Belohnung darstellen würde. Jedoch waren die meisten unter ihnen einfache Söldner.[50] Wilhelm von Poitiers erwähnt die Geschenke, mit denen sich der Eroberer ihre Dienste erkaufte[51]; das »Penitentiary« (oder Bußbuch), das angeblich im Jahre 1070 von Ermenfried, Bischof von Sitten, herausgegeben wurde, stellt im Hinblick auf den Krieg des Jahres 1066 eindeutig fest, daß sich unter den Truppen, die den Herzog bei dieser Gelegenheit unterstützten, nicht nur Feudaltruppen, sondern auch gedungene Söldner befanden.[52] Deshalb war es im Frühling und Frühsommer des Jahres 1066 des Herzogs dringlichste

Aufgabe, aus diesen gemischten Kontingenten eine disziplinierte Streitmacht zu schaffen und sicherzustellen, daß sie untereinander, bzw. mit
den Feudaltruppen übereinstimmend handeln konnten. Gleichzeitig
trieb er die Fertigstellung der Schiffe voran, die an der Dives zusammengezogen worden waren. Endlich, am 12. August [53], war die Flotte
bereit, und nur durch den schmalen Kanal voneinander getrennt standen die Rivalen einander gegenüber.

Das erste kritsche Stadium des nachfolgenden Kampfes war erreicht
und mit dem 8. September des Jahres 1066 [54] überschritten — ein
Datum, das in der Geschichte der normannischen Eroberung Englands
von entscheidender Bedeutung ist. Das Problem der beiden Befehlshaber Wilhelm und Harold Godwineson bestand in der Unterhaltung
eines großen Heeres für die Dauer der Vorbereitungszeit, und zwar
ohne daß das jeweilige Heer die Gegend, in der es einquartiert war,
verwüstete. In diesem Punkt trug der normannische Herzog seinen ersten Vorteil über seinen Widersacher davon. Einen ganzen Monat
lang, so erzählt Wilhelm von Poitiers, »untersagte der Herzog streng-
stens jegliche Plünderung«. Das Ausmaß, in dem seine Befehle befolgt
wurden, liefert einen eindrucksvollen Hinweis auf seine überlegene
Persönlichkeit sowie auf die zuchtvolle Führung, mit der er das unter
seinem Befehl stehende sehr gemischte Heer in der Hand hatte.

»Er versorgte seine eigenen Ritter und die der anderen Teile des
Heeres auf großzügige Art und Weise, doch erlaubte er keinem unter
ihnen, sich seine Nahrung gewaltsam zu verschaffen. In der ganzen
Provinz weideten die Vieh- und Schafherden der Bauern ungestört.
Das Getreide reifte heran und wartete auf die Sichel, ohne daß es von
hochmütigen Rittern niedergetrampelt oder von gierigen Plünderern
verwüstet wurde. Ein schwacher und unbewaffneter Mann konnte den
Söldnerschwarm furchtlos betrachten und singend seinem Pferd folgen, wohin er wollte.« [55]

Natürlich enthält diese Darstellung gewisse Übertreibungen, doch
sollten die Ereignisse den Grad ihres Wahrheitsgehalts erweisen. Im
Gegensatz dazu war Harold Godwineson jenseits des Kanals unfähig,
einen ähnlichen Erfolg zu erzielen. Nach langen Wochen des Wartens
wurde es klar, daß er sein Heer weder länger versorgen noch zusam-
menhalten konnte. Daher sah er sich am 8. September gezwungen, es
aufzulösen. Die Wessex-Miliz wurde entlassen, und der König zog
sich mit seinen »housecarls« nach London zurück. Auch die Schiffe
erhielten den Befehl, sich in die Hauptstadt zu begeben, und viele
gingen auf der Reise dorthin unter.[56] Somit war die Südküste unver-
teidigt, worauf Herzog Wilhelm, der darauf brannte, diese günstige

Gelegenheit zu ergreifen, mit seiner Flotte die Dives abwärts und zur Mündung der Somme segelte, um von dort aus den Vorteil einer kürzeren Kanalüberquerung zu nutzen. Nachdem sie unterwegs einigen Schaden erlitten hatte, kam sie in Saint-Valéry an. Sie wurde schnell wieder instandgesetzt, und da nun endlich alles bereit war, wartete der Herzog nur noch auf einen günstigen Wind, um die Segel setzen zu können.[57]

Doch blies der Wind weiterhin von Norden, so daß der Herzog mit seiner Flotte die Mündung der Somme nicht verlassen konnte. Während dieser Wochen begann sich die Situation, der der Herzog gegenüberstand, zu verändern. Da Harold Hadraada seine eigenen Vorbereitungen nun endlich abgeschlossen hatte, begann er seinen Angriff auf England — ein Feldzug, der den großen Wikingerüberfällen unter Cnut vergleichbar war. Es ist möglich, doch unwahrscheinlich, daß er sich zuerst nach den Orkney-Inseln begab, um dort frische Verstärkung zu holen; es ist jedoch sicher, daß der norwegische König mit nicht weniger als dreihundert Schiffen auf dem Tyne Fluß eintraf, indessen Wilhelm immer noch in Saint-Valéry wartete.[58] Anscheinend stieß Tosti mit aller Unterstützung, die er in Schottland hatte aufbringen können, an diesem Punkt zu ihm. Für den norwegischen König war Tosti der geeignete Mann, und am 18. September war die gesamte Streitmacht bis zur Mündung des Humber vorgestoßen und landete bei Riccal am Yorkshire Ouse. Daraufhin zogen sie gen York, doch fanden sie ihren Weg außerhalb der Stadt bei Gate Fulford durch Edwin und Morcar versperrt, die in Mercia und im Norden ein großes Heer ausgehoben hatten. Dort fand am 20. September die erste der drei großen englischen Schlachten des Jahres 1066 statt. Es war ein langer und äußerst blutiger Kampf, aus dem schließlich Harold Hadraada als unbestrittener Sieger hervorging. Über das vernichtete Heer der Grafen hinweg zog er seinem nächsten Operationsziel entgegen. York empfing ihn begeistert, und nachdem er Anordnungen zur Unterwerfung der Stadt getroffen hatte, zog er sich mit seinen Truppen zu den Schiffen zurück, die sich immer noch in Riccall befanden.[59]

Im Süden müssen diese Nachrichten Harold Godwineson als überwältigender Schock erreicht haben. Doch erfolgte seine Reaktion auf diese Drohung sehr schnell. In der Tat war das Problem für ihn äußerst klar. Bestand für ihn die Möglichkeit, nach Norden zu marschieren, den norwegischen Feind zu besiegen und danach in den Süden zurückzukehren, bevor der Wind im Kanal genügend umschlug und Herzog Wilhelm in See stechen konnte? Er ging dieses große Wagnis ein, und der darauffolgende Feldzug liefert den endgültigen Beweis seiner Tatkraft. Sofort brach er mit seinem gesamten Heer gen Norden auf. Er konnte vor Harold Hadraadas Landung bei Riccall kaum verläßliche Nachrichten über den norwegischen Angriff erhalten haben, doch erreichte er in Gewaltmärschen vier Tage nach der Schlacht von Fulford bereits Tadcaster. Am darauffolgenden Tage marschierte er durch York und stieß auf den norwegischen Feind, der von Riccall nach Stamford am Derwent gezogen war.[60] Sein Angriff erfolgte unmittelbar, und noch vor Einbruch der Nacht hatte er am 25. September einen der größten Siege des ganzen Mittelalters errungen.[61] Unter den Erschlagenen befanden sich Harold Hadraada und Tosti, und die zersplitterten Überreste des besiegten Feindes zogen sich zu ihren Schiffen in Riccall zurück. Harold Godwineson hatte seine Herrschaft über den Norden zurückgewonnen.

Die Schlacht von Stamford Bridge kennzeichnet Harold Godwineson als einen bemerkenswerten Befehlshaber. Zwar hatte der norwegische Feind bei Fulford zweifellos schwere Verluste erlitten, doch war das Heer unter der Führung eines der berühmtesten Krieger jener Zeit nichtsdestoweniger furchtbar. Überdies war das Heer, das Harold Godwineson zur Verfügung stand, in höchster Eile gesammelt worden und hatte unter der Belastung eines mehrere Tage dauernden Gewaltmarsches gekämpft. Was jedoch diesen Feldzug so außergewöhnlich macht, ist die Tatsache, daß ein von London aus operierender Feldherr fähig war, einen Feind zu überraschen, dessen Bewegungen sich seit dem 20. September auf einen fünfundzwanzig Meilen großen Umkreis innerhalb Yorks beschränkten. Zwar hatte sich der norwegische König nach der Schlacht von Fulford mit Anordnungen hinsichtlich der Unterwerfung Yorks befaßt, indem er nämlich seine siegreichen Truppen nach Riccall zurückzog und sie dann wieder an die Straßenkreuzung bei Stamford Bridge führte, das er wahrscheinlich nicht vor dem 24. September erreichte. Doch bleibt selbst dann die Leistung Harold Godwinesons, ihn mit einem hastig von Süden heraufgebrachten Heer überraschend anzugreifen, ein bemerkenswerter Erfolg. Sein Sieg war ebenso verdient wie vollständig, doch kam es nun darauf an, ob er rechtzeitig in den Süden gelangen konnte, um dort der bevorstehenden Landung des Herzogs der Normandie entgegenzutreten.

Der Wind auf dem Kanal war ein ungewisser Faktor. Dessen war sich Herzog Wilhelm genau bewußt, und zeitgenössische Autoren schilderten seine flehentlichen Bitten um einen Wetterwechsel, und wie er während dieser verhängnisvollen Tage ununterbrochen nach der Wetterfahne des Kirchturms von Saint-Valéry ausspähte.[62] Die Ereignisse sollten seine Sorge rechtfertigen. Während Harold zwei Tage nach Stamford Bridge seine erschöpften Truppen in York rasten ließ, kam über dem Kanal ein günstiger Wind auf. Die Hast, mit der Herzog Wilhelm seine Truppen sofort einschiffte, wird auf dem Wandteppich von Bayeux bildlich dargestellt.[63] Am 27. September stach die Flotte bei Einbruch der Nacht in See, angeführt von der Galeere des Herzogs, die an ihrer Mastspitze eine Laterne trug.[64] Auf halbem Wege verlor dieses Schiff die Verbindung zu den anderen, und wieder einmal sah sich der Herzog einem jener persönlichen Fährnisse seines abenteuerlichen Lebens ausgesetzt. Er erstickte die aufsteigende Panik seiner Mannschaft, indem er, »als befände er sich daheim in einem Zimmer seines Hauses«, mit Muße und guter Laune zu Abend speiste[65]; nach einiger Zeit stieß die restliche Flotte wieder zu ihnen. Der übrige Teil der Reise verlief ohne Zwischenfälle, und der Herzog landete am frühen Morgen des 28. September mit seinen Truppen bei Pevensey, wo er fast keinen Widerstand fand. Damit schloß er ein Unternehmen ab, das, seinen Ergebnissen nach beurteilt, als eine der wichtigsten Operationen zur See in der Kriegsgeschichte betrachtet werden kann.

Ihr Erfolg war teilweise durch glückliche Umstände bedingt, denn es stellte für den Herzog einen eindeutigen Vorteil dar, daß Harold Godwineson während dieser kritischen Tage im Norden Englands in Kämpfe verwickelt war. Doch hätte diese Überfahrt nie stattfinden können, wenn der Herzog nicht zumindest einige Stunden lang die Herrschaft über den Kanal besessen hätte; daher muß sein anfänglicher Erfolg sowohl auf die im Jahre 1049 und 1050 erfolgte fortschreitende Reduzierung der englischen Flotte[66], als auch auf die Herrschaft zurückgeführt werden, die er über die an der Südseite des Kanals liegenden Häfen erlangt hatte. Gleichwohl hätte das volle Ergebnis nicht erreicht werden können, wenn Herzog Wilhelm seine Truppen diesseits des Kanals nicht länger hätte in Bereitschaft halten können, als es Harold an der Südküste Englands vermochte. Daß Wilhelm in der Nacht vom 27. auf den 28. September den Kanal ungestört überqueren und am Morgen an einem unverteidigten Ufer landen konnte, war vor allem der Tatsache zu verdanken, daß Harold Godwineson am 8. September gezwungen worden war, sein Heer aufzulösen und seine Schiffe auf ihre unglückselige Reise nach London zu schicken. Schließlich muß noch erwähnt werden, daß Herzog Wilhelm, als er unverzüglich in See stach, sehr kühn ein gefährliches Wagnis unternahm: er konnte, als er am 27. September Saint-

Valéry bei Einbruch der Nacht verließ, schwerlich das Ergebnis der Schlacht bei Stamford Bridge gekannt haben, die erst am Abend des 25. September entschieden worden war. Mit anderen Worten: als er ausfuhr, um sein großes Abenteuer zu unternehmen, wußte er aller Wahrscheinlichkeit nach nicht, welcher von den beiden Harolds sein Gegner sein würde; es konnte sowohl der norwegische König mit seinem skandinavischen Heer und seinen Helfern aus dem Norden Englands, als auch Harold Godwineson an der Spitze seiner vornehmlich aus Wessex stammenden Truppen sein.

Er hatte sein Geschick dem Zufall anheimgestellt und mußte in der Zwischenzeit Schritte unternehmen, um sein Heer während der gefährlichen Tage nach der Landung in einem feindlichen Land zu schützen. Eilig errichtete er innerhalb der alten römischen Festung Pevensey einen inneren Wall.[67] Dann versuchte er die Struktur der damals andersartigen Küste zu seinem Vorteil zu nutzen.[68] Es war wesentlich, daß er bis zu der entscheidenden Schlacht mit seinen Schiffen die Verbindung aufrecht erhielt, und er wußte, daß Hastings einen hervorragenden Hafen besaß, der ihm als geeigneter Anlegeplatz dienen konnte. Außerdem befand sich Hastings damals an der Basis einer kleinen Halbinsel, die von einer Deckungstruppe verteidigt werden konnte, falls er dazu gezwungen sein würde, sein Heer wieder einzuschiffen. Sie wurde im Osten und Westen von den seichten Flußmündungen der Brede und des Bulverhythe, zwei heute versandeten Flüssen, geschützt, und im Norden von der Landenge bewacht, die von den Hügeln rund um Telham Hill beherrscht wurde. Jenseits erstreckte sich eine dicht bewaldete Hügellandschaft, die ein Heer nur unter gewissen Schwierigkeiten durchqueren konnte. Daher verlegte Herzog Wilhelm seine Truppen und Schiffe nach Hastings. Er errichtete innerhalb der Stadt eine Festung und wartete dort das Ergebnis seines gewagten Unternehmens ab. Inzwischen verwüstete er das umliegende Land, um seinen Feind nach Möglichkeit zu einem Angriff zu reizen, bevor seine eigenen Hilfsmittel zu sehr erschöpft waren.[69]

Es war ein gut durchdachter Plan, doch sollte der Herzog seinen endgültigen Erfolg vor allem dem Ungestüm seines Gegners verdanken.[70] Es ist sehr schwer, Harolds damalige Manöver mit Sicherheit zu erläutern.[71] Allgemein wird angenommen, daß er sich zu dem Zeitpunkt, als er die Landung Herzog Wilhelms erfuhr, in York aufhielt, doch ist nicht ausgeschlossen, daß er sich bereits auf dem Weg nach Süden befand. Jedenfalls erreichte er London anscheinend am oder um den 6. Oktober. Dort hielt er sich einige Tage auf und wartete auf die von ihm angeforderten Verstärkungen. Am 11. Oktober zog er mit seinem Heer, das vor allem aus Fußvolk bestand, südwärts nach Hastings. Seine mutige Reaktion auf die normannische Herausforderung ist achtunggebietend; zweifellos war sie durch den Wunsch angeregt, der Verwüstung seiner Grafschaft ein Ende zu bereiten, was Wilhelm ja gehofft hatte, doch handelte er in diesem Falle zweifellos unklug. Er hatte einen Großteil der ihm zur Verfügung stehenden Streitmacht mit nach Norden genommen [72], aber bei seiner Rückkehr nach Süden war die Hast so groß gewesen, daß er sich gezwungen sah, einen Großteil seiner Infanterie und seiner Bogenschützen zurückzulassen. Auch hielt er sich in London nicht lange genug auf, um sie entsprechend zu ersetzen. Da Wilhelm durch einen Aufschub der Schlacht alle seine Vorteile eingebüßt, Harold aber gewonnen hätte, wäre eine Verzögerung seinen Absichten dienlich gewesen. Statt dessen entschloß er sich zu einem unmittelbaren Angriff und spielte dadurch seinem Gegner alle Vorteile in die Hand, indem er mit erschöpften Truppen einen verfrühten Kampf begann.

Offensichtlich wollte er die bei Stamford Bridge so erfolgreich angewandte Strategie wiederholen, nämlich Wilhelm durch einen Überraschungsangriff zu überrumpeln, um ihn dadurch möglichst von seinen Schiffen abzuschneiden. Doch war der achtundfünfzig Meilen lange Marsch von London in die Sussex Downs für sein Fußvolk eine zu große Anstrengung. Anscheinend hatte er die Downs in der Nacht vom 13. auf den 14. Oktober [73] erreicht und dort in der Nähe der heutigen Stadt Battle Stellung bezogen. Augenscheinlich befanden sich seine Truppen in einem Zustand großer Erschöpfung und benötigten daher dringend eine Rast. Als diese Nachrichten Wilhelm erreichten, erkannte er, daß ihm hier eine einmalige Gelegenheit geboten wurde, die er sofort ergriff. Am 14. Oktober verließ er Hastings früh morgens [74] und entdeckte, nachdem er den Gipfel von Telham Hill erreicht hatte, daß Harold auf dem benachbarten Gipfel Stellung bezogen hatte. Es war 9 Uhr morgens;[75] unverzüglich durchquerte er das dazwischenliegende Tal und ging dann zum Angriff über.[76] Der Zeitpunkt dieser Schlacht entsprach seinen Wünschen vollkommen. Und schließlich gelang ihm und nicht Harold die Überrumpelung. Der angelsächsische Chronist berichtet, daß »Wilhelm Harold mit einem Überraschungsangriff überfiel, bevor sich dessen Heer in Schlachtordnung aufgestellt hatte«.[77]

Dieser Erfolg sollte für den Ausgang der Schlacht so entscheidend sein, daß er einer gewissen Erläuterung bedarf. Er kann zum Teil dadurch erklärt werden, daß Harolds Heer das Schlachtfeld erst in der

Nacht des 13. Oktober, oder vielleicht sogar erst in den Morgenstunden des folgenden Tages, erreicht hatte [78], und daß seine erschöpften Truppen, von denen einige möglicherweise erst nach ihrem Führer eintrafen, nach ihrem Gewaltmarsch zu lange schliefen [79]; anders läßt sich die Tatsache, daß sie sich erst um 9 Uhr morgens in Schlachtordnung befanden, nicht erklären. Doch lagen die Zusammenhänge tiefer. Es ist unwahrscheinlich, daß Harold beim Verlassen Londons je daran gedacht hatte, eine Verteidigungsschlacht zu liefern, da durch sie wenig zu gewinnen war; falls er in einem derartigen Kampf nur einen Teilsieg erringen würde, wäre er außerstande, Wilhelm zu einer Einschiffung zu zwingen. Natürlich ist es einfach, einen Mann zu kritisieren, der nach einem Feldzug am anderen Ende Englands unter einem fürchterlichen Druck handelte. Außerdem ist erwiesen, daß die englischen Verluste bei Fulford und Stamford Bridge erheblich gewesen waren. Doch besaß Harold immer noch Reserven, von denen sein Gegner nichts ahnte [80], und seine größte Erfolgschance hätte darin bestanden, den Zeitpunkt abzuwarten, an dem er seinen Gegner, der auf feindlichem Gebiet operierte, mit überwältigender Macht angreifen konnte. Doch war er gleichsam dazu gezwungen, einem Feind, der sich keinen Aufschub mehr leisten konnte, mit erschöpften Truppen eine verfrühte Verteidigungsschlacht zu liefern. Seine Strategie war übertroffen worden.

Nichtsdestoweniger befand er sich in einer taktisch günstigen Lage, die es ihm ermöglichte, das ihm aufgezwungene Verteidigungsgefecht zu führen. Die Stärke des unter seinem Befehl stehenden Heeres ist sehr unterschiedlich eingeschätzt worden, doch belief sie sich wahrscheinlich auf 7000 Mann.[81] Viele waren jedoch schlecht ausgerüstet, und Harolds eigentliche Stärke lag daher in den schwer bewaffneten »housecarls«, hochberühmten Berufssoldaten, die Harold und seinen Brüdern Leofwine und Gyrth nach Sussex gefolgt waren. Ob bei Stamford Bridge alle oder aber nur einige von ihnen zu Pferde gekämpft hatten, ist umstritten worden; doch war die Lage nun ganz anders. Einen Großteil der Infanterie und der Bogenschützen, die Harold bei dem Sieg über einen der größten Krieger jener Zeit befehligt hatte, war im Norden zurückgelassen worden. Nun war es unbedingt notwendig, das hastig an ihrer Stelle eingezogene Aufgebot durch erfahrene Truppen zu verstärken. Daher wurden die vorher berittenen »housecarls« nunmehr als Fußvolk verwandt und, mit Wurfspeeren und den althergebrachten Streitäxten bewaffnet, auf dem Hügel eingesetzt.[82] Derart setzte sich das Heer, das Harold auf dem Gipfel um sich hatte, zusammen. Seine genaue Aufstellung ist häufig diskutiert worden.[83] Die Überlieferung berichtet, daß er seine beiden Standarten — den Drachen von Wessex sowie sein eigenes Banner mit dem »Kämpfenden Mann« — an jener Stelle aufpflanzte, die später der Hochaltar der Battle-Abtei einnahm. Es ist wohl anzunehmen, daß sich die Front von diesem Punkt aus je dreihundert Yards nach Osten und Westen hin erstreckte, wo das Gelände steil abzufallen begann.[84] Innerhalb dieses begrenzten Gebietes auf dem Gipfel war sein Heer in einer sehr geschlossenen Formation gruppiert und sowohl an der Front, als auch an den Flanken von den Schilden der »housecarls« gedeckt.[85] Ein dergestalt aufgestelltes Heer konnte offensichtlich nur sehr schwer vertrieben werden. Darüber hinaus versperrte es den Weg nach London.

Wilhelm mußte also gegen eine starke und hervorragend verteidigte Position vorrücken.[86] Vermutlich war sein Heer um ein Geringes schwächer als das Harolds, doch setzte es sich aus einem größeren Anteil an Berufskriegern und einem wesentlich stärkeren Kontingent Bogenschützen zusammen. Wilhelms Streitmacht rückte in drei Hauptgruppen vor. Zur Linken befanden sich die bretonischen Hilfstruppen, vielleicht unter Graf Brian. Die Rechte war eine mehr gemischte Abteilung, in der sich Robert von Beaumont sowie zweifellos viele Ritter von den Beaumont'schen Rittergütern an der Risle befanden. Den Kern bildete das normannische Hauptkontingent mit dem Herzog, der das päpstliche Banner über seinem Haupt und Reliquien um seinen Hals trug.[87] So rückten sie in einer regulären Schlachtordnung vor. Die Vorhut bestand aus leichtbewaffneten Fußtruppen mit Schleudern und Speeren, sowie möglicherweise den Bogenschützen. Ihr folgte der zweite, schwerer bewaffnete Teil der Infanterie und schließlich kamen die Schwadronen der Ritter zu Pferde, die mit Panzerhemden und Helmen, Schwertern und Wurfspießen ausgerüstet waren.[88]

Die Schlacht [89] begann, als Wilhelms leicht bewaffnete Infanterie in Reichweite der auf dem Hügel liegenden Verteidiger geriet. Sie schossen ihre eigenen Wurfgeschosse ab und empfingen ihrerseits einen Hagel von Waffen aller Art: Wurfspeere, Streitäxte und an Holzstielen befestigte Steine. Derart attakiert, begann ihr Angriff zu wanken, da die Engländer auf vorteilhafterem Gelände standen. Wenn Wilhelms Bogenschützen nun eingesetzt worden wären, hätten ihre Pfeile entweder die Schilde der »housecarls« getroffen, oder aber sie wären über deren Köpfe hinweggeflogen. Deshalb schickte Herzog Wilhelm seine Ritter vor in der Hoffnung, daß seine Berittenen ihre Schwerter handhaben könnten. Es entbrannte ein harter Kampf Mann gegen

Mann, der vor allem aus Einzelgefechten bestand; vielleicht wurden Harolds Brüder Leofwine und Gyrth während dieser Phase des Kampfes getötet. Doch wurde es mit der Zeit offenbar, daß dieser Angriff, der die Front von Harolds Heer durchbrechen sollte, seinen Zweck verfehlt hatte. Wilhelms vorstoßende Infanterie war zurückgeschlagen worden, und nun wankte die Reiterei, die schließlich in einer solchen Unordnung den Abhang hinuntergetrieben wurde, daß ihr Rückzug einer wilden Flucht glich.[90]

Es war die Krisis dieser Schlacht, denn es schien, daß Herzog Wilhelms Heer bis zu einem gewissen Grade demoralisiert war. Ein Bildnis auf dem Wandteppich von Bayeux stellt Bischof Odo bei dem Versuch dar, die fliehenden Reiter wieder zu sammeln; außerdem verbreitete sich das Gerücht, Herzog Wilhelm sei gefallen.[91] Wahrscheinlich bot sich Harold in diesem Moment die letzte günstige Gelegenheit Wenn er jetzt einen allgemeinen Vorstoß befohlen und unter Kontrolle behalten hätte, so hätte er die sich auflösenden Feindestruppen wohl in die Flucht schlagen können.[92] Tatsache aber war, daß er weder einen derartigen Vorstoß befahl noch die für eine fortgeführte Verteidigungsoperation notwendige Disziplin erzwingen konnte. Ein Großteil seiner Männer hielt den Sieg für gewiß, verließ den Haupttruppenteil auf dem Hügel und begann mit der Verfolgung. Dies war ein verhängnisvoller Schritt, da die Ritter zu Pferde nun ihre ganze überlegene Beweglichkeit gegen die einzelnen Gruppen ihrer Verfolger ausspielen konnten. Sie schwenkten herum und hieben sie in Stücke.[93] In der Tat war dieses Manöver so erfolgreich, daß es anscheinend mindestens zweimal wiederholt wurde: die Ritter täuschten Flucht vor und lockten so Gruppen von Verteidigern vom Hügel herab, die sie dann erschlugen.[94]

Auf jeden Fall bot sich den Angreifern nun die Möglichkeit, aufzuholen. Herzog Wilhelm nahm seinen Helm ab und konnte, nachdem er seinen Männern bewiesen hatte, daß er sich noch am Leben befand, wieder Ordnung unter ihnen herstellen. Trotzdem blieb der Ausgang der Schlacht immer noch ungewiß. Harolds Position war geschwächt, jedoch immer noch stark genug, und beide Seiten waren erschöpft. Offensichtlich geschah es zu diesem Zeitpunkt, daß Herzog Wilhelm ein neues, strategisches Element in diese Schlacht einführte. Bis dahin waren die Angriffe seiner Reiterei nicht mit denen des Fußvolkes koordiniert gewesen: jetzt verband er beide miteinander. Wilhelm, so wird berichtet, befahl seinen Bogenschützen, aus der Entfernung hoch in die Luft zu schießen, so daß ihre Pfeile auf die Köpfe der Verteidiger fielen; gleichzeitig jagte er seine erschöpften Reiter zu einem erneuten Angriff den Hügel hinauf.[95] Diesmal waren sie erfolgreich, und vielleicht wurde Harold bei dieser Gelegenheit getötet.[96] Jedenfalls wurden die Verteidiger überwältigt und die Gipfelposition eingenommen. Einer Gruppe von »housecarls« gelang es, sich für einige Zeit im Rücken der Hauptposition zu sammeln, da dieser Punkt für die Reiterei unerreichbar war, und ihren Verfolgern von dort aus Verluste zuzufügen.[97] Doch stand der Ausgang der Schlacht fest. Die Flucht wurde allgemein und verwandelte sich bald in ein Gemetzel, bis der Herzog bei Einbruch der Nacht schließlich die Verfolgung einstellen ließ und sein Heer auf dem Hügel sammelte. Für diese Nacht schlug er sein Lager inmitten des mit Leichen übersäten Schlachtfeldes auf.[98]

Die Schlacht von Hastings wurde als »Sieg, der von der Reiterei mit Unterstützung der Fernkampfwaffen der Bogenschützen über die Infanterie davongetragen wurde« [99] beschrieben. Dieses Urteil scheint im wesentlichen richtig, doch muß es näher bestimmt werden. Beispielsweise wäre der Schluß falsch, daß Harold zu keinem Zeitpunkt seiner Herrschaft bei Kriegshandlungen bewaffnete Reiter einsetzte, oder daß er bei einem langsameren Marsch gen Süden bei Hastings nicht über mehr Bogenschützen hätte verfügen können. Auch kann Hastings keinesfalls als eine typische Kampfhandlung zwischen Kavallerie und Infanterie betrachtet werden.[100] In dem vorliegenden Beweismaterial existiert kein Hinweis auf den sogenannten »klassischen« Einsatz der Kavallerie — das heißt, ein geballter Angriff Knie an Knie reitender, schwerbewaffneter Reiter, die ihre Pferde dazu benützen, ihre Feinde zu überrennen und sie dann mit Lanzen und Schwertern anzugreifen. Auch existiert kein Hinweis auf die seitens der Infanterie wirksamste Erwiderung eines solchen Angriffs: nämlich vermittels einer Blockformation einen festen Widerstand zu bieten und diesen Block mit einem aus Speeren gebildeten Schutzwall zu umgeben, um die Pferde zum »Scheuen« zu bringen. Anscheinend machten beide Seiten zu Beginn der Schlacht im Gegensatz dazu reichlichen Gebrauch von Wurfgeschossen, die gewöhnlich weder der angreifenden Kavallerie noch der sich verteidigenden Infanterie zugeordnet waren. Die »housecarls« besaßen ihre Wurfspieße, und viele Ritter benutzten ihre Speere sowohl als Wurfspieße, als auch — der Kavallerietaktik gemäß — als Lanzen.

Obgleich Wilhelm stark auf die Söldnertruppen baute, waren es im wesentlichen doch die normannischen Ritter, die gemeinsam mit den Bogenschützen den Sieg errungen hatten; ihr Erfolg war unmittelbar auf die Tatsache zurückzuführen, daß sie, trotz ihrer vermutlich sehr

rudimentären Kenntnisse der Kavallerietaktik, in Wahrheit Berufs-
krieger und im Kampf zu Pferde ausgebildet waren. In Hinsicht auf
ihre Durchschlagskraft waren ihre Pferde so wichtig, daß sie in kleinen Schiffen übergesetzt wurden.[101] Die Wikingervorfahren der Normannen hatten bei ihren Raubzügen Pferde benutzt, doch hatten sie
sich im allgemeinen darauf verlassen, sie in den von ihnen überfalle-
nen Ländern vorzufinden. Auch hatten anläßlich der früheren gegen
die englische Küste gerichteten Wikingerfeldzüge offenbar keine Pfer-
detransporte stattgefunden. Andererseits ist die Mitführung von Pferden in den Schiffen, die im Jahre 1066 den Kanal überquerten, auf
dem Wandteppich von Bayeux als ein charakteristisches Merkmal dieser Überfahrt besonders deutlich dargestellt. Doch ist ein Pferdetrans-
port in kleinen Schiffen mit großen Schwierigkeiten verbunden; es
dreht sich dabei um eine Kunst, die gelernt sein will. Es ist daher
bedeutsam, daß ein derartiger Transport zwischen 1060 und 1061 von
den Normannen in Sizilien durchgeführt wurde, der vielleicht auf
Grund byzantinischer Instruktionen möglich war: von einem frühen
Zeitpunkt an waren nämlich auf dem Seewege erfolgende Pferde-
transporte für die Strategie des östlichen Kaiserreiches kennzeichnend gewesen. [102] Es ist daher durchaus möglich, daß sich Herzog
Wilhelm im Jahre 1066 eine Erfahrung zunutze machte, die erst vor
kurzem von seinen am Mittelmeer lebenden Landsleuten gewonnen
worden war, und die von den an diesem Feldzug teilnehmenden apu-
lischen und sizilianischen Rittern in die Praxis umgesetzt wurde.

Sicher setzte der Herzog besonderes Vertrauen in seine Berittenen, die
sich in der entscheidenden Schlacht von Hastings auch ihrerseits zwei-
fellos bis zu einem gewissen Grade auf die Durchschlagskraft ihres
Angriffs verließen. Auch besteht kein Zweifel daran, daß sie, den
Gesetzen der Kavallerietaktik gemäß, in geschlossenen Formationen
vorgingen.[103] Sie waren die Gefährten und Gefolgsleute der neuen
Aristokratie, deren kürzlicher Aufstieg zur Macht ein Merkmal jenes
Herzogtums war, aus dem sie stammten. Die Anwesenheit mächtiger
Persönlichkeiten dieses Adels — wie Graf Robert von Eu, Hugo von
Montfort-sur-Risle, Wilhelm von Warenne und Robert von Beau-
mont — bei Hastings wird in den Berichten besonders hervorgeho-
ben.[104] Es ist bekannt, daß sie ihre eigenen Ritter mit sich brachten.
Da sie jeweils aus Angehörigen eines Lehens bestanden, Gefolgsleute
am Hofe desselben Herren und daran gewöhnt waren, unter dessen
Führung gemeinsam zu kämpfen, muß sich jede dieser Gruppen ihrer
Einheit bewußt gewesen sein. Vielleicht hatte gerade die daraus entstandene Zusammengehörigkeit es den Rittern ermöglicht, ihren sich

hinziehenden Angriff bei Hastings während jener langen und widrigen Stunden aufrechtzuerhalten, als der Ausgang der Schlacht noch ungewiß war. Vor allem trug diese Zusammengehörigkeit zum endgültigen Sieg bei. Eine vorgetäuschte Flucht stellt auf dem Höhepunkt eines Kampfes eines der gefährlichsten Manöver dar, da nämlich eine scheinbare Panik leicht in echte Verwirrung ausarten kann. Wenn man jedoch der frühesten Schilderung dieser Schlacht Glauben schenken will, so wurde diese gefährliche Taktik oft wiederholt und erfolgreich ausgespielt. Ihre Ausführung wäre mit Truppen, die weder gemeinsam, noch mit einer gewissen Disziplin vorgingen, nie möglich gewesen.

Jedoch hängt Disziplin letzten Endes von einer unmittelbaren Führung ab, und je mehr man die Schlacht von Hastings betrachtet, desto offenbarer wird der persönliche Anteil Herzog Wilhelms an dem Endergebnis dieses Kampfes. Seine hervorragende Führung hatte sich wahrlich schon zu Beginn des Krieges erwiesen. Die Zurückhaltung, die er seinen Truppen während der langen Wartezeit in der Normandie auferlegt hatte, setzte ihn in die Lage, sein Heer zusammenzuhalten, indessen Harold gezwungen worden war, seine »fyrd« und seine Flotte aufzulösen. Gerade dieses Faktum hatte es dem Herzog einige Wochen später ermöglicht, den Kanal erfolgreich zu überqueren. In der Zwischenzeit hatte der Herzog die verschiedenartigen Kontingente gesammelt und in ein Heer verwandelt, so daß er die sich ihm mit dem Wetterwechsel vom 27. September bietende günstige Gelegenheit unverzüglich ergreifen konnte. Zwischen dem 28. September und 13. Oktober bewies er nocheinmal seine Überlegenheit über den Feind, indem er ihn — mit einem Minimum an eigenem Risiko — erfolgreich zu der frühen Kampfhandlung provozierte, die im Hinblick auf sein eigenes Überleben wesentlich war. Das Endergebnis der Entscheidungsschlacht, die er mit dem Vorteil eines Überraschungsangriffs begann und deren Ausgang so lange unsicher blieb, zeigte sich zuerst bei dem Versagen Harolds in der Auferlegung jener Disziplin, die seinen ersten Erfolg in einen Sieg hätte verwandeln können, während Wilhelm sein Heer nach dessen erster Schlappe wieder sammeln konnte. Nach voller Anerkennung des Glücks, das ihn begleitete, und nach Abzug all der Übertreibungen seiner Lobredner, — die, wie Wilhelm von Poitiers, immer dazu bereit waren, den Lorbeerkranz siegreicher Feldherren auch noch zu vergolden —, besteht doch kein Zweifel daran, daß Herzog Wilhelm durch seine Fähigkeiten und seine Persönlichkeit das Schlachtfeld von Hastings sowie den Feldzug, der in dieser Schlacht seinen Höhepunkt erreichte, beherrschte.

Als er am Abend des 14. Oktober auf der Stätte seines Sieges rastete, befand er sich auf dem Höhepunkt seiner Laufbahn. Hervorragende Intelligenz hatte ihn aus der Anonymität herausgehoben und zu der zentralen Figur einer Krisis der europäischen Geschichte gemacht: Wille und Zähigkeit, die schon lange seine Begleiter gewesen waren, hatten in diesem härtesten aller Konflikte das Überdauern seiner Sache ermöglicht.

Nach seinem Sieg kehrte der Herzog nach Hastings zurück, um seine Truppen dort rasten zu lassen und die hinsichtlich der Unterwerfung eintreffenden Angebote abzuwarten; doch wurden keine derartigen Vorschläge gemacht. Edwin und Morcar befanden sich in der Hauptstadt; sowohl von diesen beiden Männern, als auch von Stigand, ja sogar von Alfred, Erzbischof von York, wurden Schritte unternommen, deren Ziel die Anerkennung Edgar Athelings als König war.[105] Doch offenbar waren die nördlichen Grafen von diesem Plan nicht begeistert; ebenso stieß er bei einigen Bischöfen auf Widerstand.[106] Tatsächlich dauerte es nicht lange, bis sich Edwin und Morcar in ihre eigenen Grafschaften zurückzogen und den mit der Lösung seiner Probleme beschäftigten Süden sich selbst überließen.[107] Nocheinmal offenbarte sich die politische Uneinigkeit Englands, und fünf Tage später hielt Herzog Wilhelm den Aufbruch für angebracht. Sein Vormarsch zeichnete sich durch jene Mischung aus Unbarmherzigkeit und Versöhnlichkeit aus, die ihm bereits in Frankreich so dienlich gewesen war. So wurde ein Angriff auf eins seiner Kontingente durch grausame, gegen Romney gerichtete Vergeltungsmaßnahmen bestraft; diese Strenge veranlaßte Dover, sich ihm widerstandslos zu unterwerfen. Von Dover zog der Herzog in Richtung Canterbury, das ihm seine Unterwerfung anbot, noch ehe er die Tore dieser Stadt erreicht hatte.[108] Offenbar fanden all diese Geschehnisse vor Ende Oktober statt, doch geriet der normannische Vormarsch dann ins Stocken. Der fünf Wochen dauernde gefährliche Aufenthalt im Feindesland gestaltete eine Versorgung der Truppen äußerst schwierig, und es war daher kein Wunder, daß allgemein die Ruhr ausbrach. Auch Wilhelm wurde von ihr befallen und sah sich daher zu einem fast einen Monat lang währenden Aufenthalt in der Nähe der Stadt Canterbury gezwungen.[109] Jedoch bot ihm diese Pause gewisse Vorteile. Die volle Bedeutung der Schlacht bei Hastings war nun fast überall erkannt worden, und die Gebiete von Kent begannen sich nacheinander zu ergeben. Doch sollte bald darauf ein noch bemerkenswerterer Erfolg erzielt werden. Zu dieser Zeit gehörte Winchester, die alte Hauptstadt der westsächsischen Könige, zur Mitgift Ediths, der Witwe des Bekenners, die dem Herzog nun, vielleicht als Erwiderung auf eine förmliche Forderung, die Unterwerfung der Stadt anbot.[110] Daher konnte sich Herzog Wilhelm gegen Ende November als Herr über Südostengland betrachten. Sussex, Kent und ein Teil von Hampshire befanden sich unter seiner Herrschaft. Doch blieb die Haltung des Nordens immer noch ungewiß, und London lag rätselhaft und gefährlich auf seinem Weg.

Der Schlüssel zu Wilhelms Erfolg bei seinem Feldzug im Herbst 1066 liegt in der Tatsache, daß er die strategische Bedeutung Londons genau erkannte. London beherrschte die Verbindungswege des Landes insofern, als es den Knotenpunkt darstellte, an dem sich die von Yorkshire, den Midlands und Ostanglia kommenden römischen Straßen trafen, dort die Themse überquerten und mit jenen Straßen zusammenstießen, die den Zugang zu den Häfen des Ärmelkanals bildeten, die wiederum im Hinblick auf die Verbindung Wilhelms mit seinem Herzogtum wesentlich waren. Andererseits jedoch war London bezüglich seiner Ausdehnung und seiner Bevölkerung zu groß, als daß Wilhelm daran denken konnte, die Stadt mit dem ihm verfügbaren Heer im Sturmangriff zu nehmen. Er beschloß daher, die Hauptstadt zu isolieren. Er zog bis zum Südende von London Bridge, wo er einen Teil der Truppen Edgar Athelings, die einen Ausfall unternommen hatten, um ihn zu überfallen, in die Flucht schlug. Nachdem er Southwark in Brand gesteckt hatte, zog er westwärts, verwüstete das nördliche Hampshire und fiel in Berkshire ein. Von dort aus wandte er sich nach Norden, überquerte bei Wallingford die Themse und erreichte, da er einen Kreis geschlagen hatte, schließlich Berkhampstead.[111] Es war ein Gewaltmarsch, doch hatte Wilhelm sein militärisches Ziel erreicht: die Hauptstadt war isoliert worden, und die Ergebnisse sollten sich sofort offenbaren.

Als sich der Herzog bei Wallingford befand, verließ Stigand die Stadt, um Wilhelm den Treueid zu leisten[112]; später, bei Berkhampstead »kamen ihm — Wilhelm — der Erzbischof Aldred, der Atheling Edgar, Graf Edwin und Graf Morcar, sowie alle wichtigen Männer Londons entgegen. Und sie unterwarfen sich, nachdem soviel Schaden angerichtet worden war. . . . und sie stellten Geiseln, und er versprach, daß er ein gnädiger Lehnsherr sein würde«.[113] Dies stellte die formelle Anerkennung der bedeutendsten Männer Englands dar, und alles, was zu tun übrig blieb, war lediglich, daß die normannischen Feudalherren ihrerseits in Wilhelms Thronbesteigung einwilligten. Nach einer gewissen Zeit wurde auch diese Zustimmung erteilt, und so befand sich Wilhelm endlich in der Lage, mit Hilfe der führenden

Männer Englands und der Normandie einen direkten Vorstoß auf London zu unternehmen. Ob die Stadt noch irgendeinen Widerstand leistete, ist ungewiß.[114] Jedenfalls war, auf die Dauer gesehen, jeder Widerstand aussichtslos, und wenige Tage vor Weihnachten zog Wilhelm in seiner neuen Hauptstadt ein.

Sofort wurden Vorkehrungen zu seiner Krönung getroffen. Endlich, am Weihnachtstag des Jahres 1066, wurde Wilhelm, Herzog der Normandie, in der Westminsterabtei des Bekenners nach altem englischem Brauch zum König der Engländer gekrönt. Die Salbung erfolgte durch Erzbischof Aldred von York, der anstelle des schismatischen Stigand stand. Jedoch war dem Ritus eine Neuerung hinzugefügt worden: der neue König wurde dem Volk von Erzbischof Aldred, der eine englische Ansprache hielt, sowie von Bischof Geoffrey von Coutances, der eine französische Rede hielt, vorgestellt. Doch verursachten diese Reden einen unglücklichen Zwischenfall: die zur Bewachung des Münsters aufgestellten Söldnertruppen hatten die Schreie, mit denen das Volk den König begrüßte, mißverstanden, glaubten daraufhin, daß ein Aufruhr ausbrechen würde und legten an die benachbarten Häuser Feuer.[115] Es war ein unheilvolles Ereignis und rief in der Abtei selbst einige Zeit lang Unruhe und Bestürzung hervor. Doch konnte nichts mehr die Konsequenz des Geschehenen rückgängig machen. Nun war Herzog Wilhelm von Normandie König der Engländer.

Die volle Bedeutung der Krönung Wilhelms wird später behandelt werden.[116] Auf einmal sah er sich in der Lage, alle Rechte und Verantwortungen eines altenglischen Königs zu übernehmen, den Dienst der lokalen Beamten zu beanspruchen und, obwohl er erst einen Teil des Landes in Besitz genommen hatte, ganz England den Landfrieden zu verkünden. Bevor jedoch derartige Ansprüche in die Praxis umgesetzt werden konnten, blieb noch viel zu tun. Im Augenblick erforderte die militärische Lage die vornehmlichste Aufmerksamkeit des Königs. Sofort begann er mit dem Bau der Festung, die später der Tower von London werden sollte, um die Hauptstadt überwachen zu können. Er selbst zog mit seinem Heer nach Barking, ein Manöver, das die Einkreisung der Hauptstadt vervollständigte.[117] In Barking berief er eine Versammlung englischer Feudalherren ein, von denen er Unterwerfung und Anerkennung seiner Person forderte; als Gegenleistung versprach er ihnen eine gnädige Herrschaft. Dies also war der endgültige Abschluß jenes Feldzuges, den er, als er mit so vielen Zweifeln beladen von Saint-Valéry aus in See stach, ungefähr vier Monate zuvor begonnen hatte.

Der durch die Krönung so aufsehenerregend demonstrierte Erfolg dieses Feldzuges war dergestalt, daß sich Wilhelm Anfang März, drei Monate nach seiner Krönung also, sicher genug fühlte, um in die Normandie zurückzukehren, wobei er England einigen treuen normannischen Feudalherren anvertraute. Sein Haushofmeister Wilhelm FitzOsbern wurde in Norwich, oder vielleicht in Winchester eingesetzt, während Bischof Odo von Bayeux, der Halbbruder des Königs, vor allem mit der Festung Dover und dem Gebiet Kent betraut wurde.[118] Unter diesen Magnaten befanden sich auch Hugo von Grandmesnil aus der Nachbarschaft von Lisieux, sowie Hugo von Montfort-sur-Risle.[119] Nachdem der König diese Vorkehrungen getroffen hatte, begab er sich auf den Weg nach Süden, wobei er eine große Gruppe der bedeutendsten Männer Englands als Geiseln mit sich führte, vor allem aber jene, die früher seine Widersacher gewesen waren. Dieser Zug, der sich von London aus auf die Küste von Sussex zubewegte, führte durch die Downs, wo erst kürzlich jene große Schlacht stattgefunden hatte; er bestand nicht nur aus dem persönlichen Gefolge des Königs, sondern auch aus dem Atheling Edgar, den Grafen Edwin und Morcar, Waltheof und Bischof Stigand.[120] Während der Abwesenheit des Königs blieb kein einziger Führer zurück, der den Kernpunkt eines Aufstandes hätte bilden können.

Dies lag in der Natur eines Siegeszuges, und als solcher wurde er auch gewertet. Als geeigneter Hafen für die Einschiffung war Pevensey gewählt worden; weiße Segel wurden gesetzt, die Sieg und Frieden versinnbildlichten. So überquerte der König die ruhige See und kehrte in sein heimatliches Herzogtum zurück. In der Tat war diese Gelegenheit dazu angetan, die normannische Einbildungskraft zu entzünden. Der merkwürdige und detaillierte Vergleich, den Wilhelm von Poitiers zwischen der englischen Invasion Wilhelms und der Julius Caesars zog, veranschaulicht die Stärke des Eindrucks, der in der Gedankenwelt eines normannischen Gelehrten jener Zeit entstand. Doch erhielten weniger phantasiebegabte Personen andere und überzeugendere Beweise der vollbrachten Leistung. Sie konnten den vor ihnen ausgebreiteten Schatz an Geld und Waren sehen, der von England mitgebracht worden war, und entdeckten im neuen Hofstaat des Königs berühmte und mächtige Männer, die ihm noch vor kurzem Widerstand geleistet hatten. Es ist daher kein Wunder, daß der siegreiche Herrscher der Normandie bei seiner Rückkehr mit der größten Begeisterung empfangen wurde, und daß die Einwohner von Rouen in Scharen die Stadt verließen, um ihm entgegenzueilen. Einige ältere Leute unter ihnen konnten sich noch daran erinnern, wie er sechzehn

Jahre zuvor, nach einem langen Krieg, den er kaum überlebte, seine Hauptstadt zurückgewonnen, und welche erstaunliche Umwälzung in der Zwischenzeit stattgefunden hatte. Daß in den Kirchen von Rouen Michaelis gefeiert wurde, war nun sieben Monate her; zu jenem Zeitpunkt war der Ausgang des englischen Feldzuges noch ungewiß gewesen. Nun war Fastenzeit. Dem Herzogtum Normandie war ein großes Königreich hinzugefügt worden, und es schien mehr als angemessen, sofort mit den Vorbereitungen zum Osterfest zu beginnen.[121] Es stimmte sowohl mit dem Anlaß als auch mit der früheren normannischen Politik überein, daß der Siegeszug Wilhelms durch die Normandie nicht zuletzt den normannischen Kirchen galt. Im Jahre 1067 feierte der neue König das Osterfest im herzoglichen Kloster Fécamp. Anläßlich dieser Feier wurde der gesamte Prunk der Eroberung entfaltet, und der Hofstaat war blendend. Diesem Fest wohnten kirchliche und weltliche Feudalherren der Normandie sowie auch französische Adlige bei, die, wie beispielsweise Ralph von Mondidier, der Stiefvater des jungen Königs von Frankreich, zu Besuch in der Normandie weilten. Eine große Versammlung bewunderte Wuchs und Benehmen der englischen Adligen, deren Gefangenschaft quasi vergoldet war; die Besucher staunten über den Reichtum an Gold- und Silbergeräten, an Schmiedekunst und Stickereien, mit denen die Festtafel geschmückt war.[122] Es war wahrscheinlich der Höhepunkt der normannischen Siegesfeier, die sich natürlich auch durch großzügige, dem Kloster gemachte Geschenke auszeichnete: schon seit langem hatte sich Fécamp für das englische Unternehmen interessiert, und zwar vor allem deshalb, weil es in Sussex bereits Besitzungen erworben hatte, die nun zweifellos bestätigt wurden. Doch war Fécamp keineswegs das einzige normannische Kloster, das Geschenke erhielt. Die Chronisten betonen ausdrücklich, wie großzügig und zahlreich die königlichen Geschenke waren, und eine gewisse Vorstellung von ihrem Ausmaß ermöglichen die Urkunden der Heiligen Dreifaltigkeit in Rouen.[123] Am ersten Mai zog Wilhelm weiter nach Saint-Pierre-sur-Dives, in dessen Nähe er im vergangenen Herbst so viele sorgenvolle Wochen lang gewartet hatte. Dort befand sich die Abtei Sainte-Marie, die von der Gräfin Lesceline von Eu, deren Sohn Robert bei Hastings gekämpft hatte, gegründet worden war; diese Kirche wurde nun in aller Form eingeweiht.[124] Danach setzte der König seine Rundreise fort. Ende Juni erreichte er Jumièges, wo er mit dem betagten Erzbischof Maurilius von Rouen zusammentraf; Maurilius war gerade zur rechten Zeit eingetroffen, um die letzte öffentliche Handlung seines so außergewöhnlichen Werdeganges zu vollziehen. In Gegenwart einer großen Gesellschaft, in der sich auch die Bischöfe von Lisieux, Avranches und Evreux befanden, weihte Maurilius am 1. Juli feierlich die Klosterkirche ein, mit deren Bau Abt Robert, der spätere Erzbischof von Canterbury, zwanzig Jahre zuvor begonnen hatte.[125] Auch der König nahm an dieser Feier teil. Es geschah ungefähr zur gleichen Zeit, daß er diesem mächtigen, normannischen Kloster in einer königlichen Urkunde die Insel Hayling vermachte.[126]

Über die während dieser festlichen Monate gefaßten Beschlüsse Wilhelms in seinem Herzogtum ist nur wenig bekannt; es steht lediglich fest, daß er zu dieser Zeit zwei wichtige kirchliche Ernennungen unterstützte, deren eine das Erzbistum Rouen, und deren zweite das Bistum Avranches betraf.[127] Doch existieren genügend Zeugnisse über die Art und Weise, mit der sein Sieg in der Normandie aufgenommen wurde bzw. darüber, daß sich das Herzogtum bewußt war, daß es durch den größten seiner Herzöge den Höhepunkt seiner Erfolge erreicht hatte. Wahrheit und Bewunderung drücken sich in den Erklärungen der Chronisten aus, die bestätigen, daß sich Wilhelm während dieser Zeit in bezug auf den Erlaß neuer Gesetze und auf die Aufrechterhaltung der Ordnung besonders eifrig betätigte [128]: immerhin hatte er einen neuen Höhepunkt seiner Autorität erreicht und sah sich durch seine Königswürde neuen Möglichkeiten und Verpflichtungen gegenüber. Inmitten des begeisterten Empfanges in Rouen und des glänzenden Festes in Fécamp, während der Feiern an der Dives und in Jumièges, mochte Wilhelm oft über seine erstaunliche Laufbahn nachgedacht haben, die ihn auf den Gipfel seiner Macht geführt hatte. Doch war er sich wohl zugleich brennend bewußt, daß ihn die Größe seines Erfolges vor neue und schwierige Probleme stellte. Das anglo-normannische Königreich war gegründet worden, doch es war ungewiß, ob es von Dauer sein würde.

IX

DIE VERTEIDIGUNG DES ANGLO-NORMANNISCHEN KÖNIGREICHES

März 1067–November 1085

Als Wilhelm im Sommer des Jahres 1067 im Triumph von Rouen nach Fécamp und von der Dives nach Jumièges zog, war er nicht nur, wie einige seiner Vorgänger, der absolute Herr über die Normandie, sondern noch dazu der gesalbte und anerkannte König der Engländer. Trotzdem war seine Stellung immer noch nicht gesichert. In Frankreich, Maine und der Bretagne war man unruhig geworden, und die französische Monarchie, deren Thronfolger jetzt zum Manne heranwuchs, war dem mächtigsten ihrer Vasallen übel gesinnt. In England stand bis jetzt lediglich ein Teil des Landes unter normannischer Herrschaft, und jenseits der nur undeutlich bestimmten englischen Grenzen standen aufmerksam die walisischen Fürsten und der schottische König. Und schließlich gab es noch den seit langem existierenden Widerstand Skandinaviens, der sich gegen jegliche Herrschaft der Normandie über England richtete. Die Niederlage Harold Hadraadas bei Stamford Bridge hatte den Sieg Wilhelms vorbereitet; doch würden die anderen nördlichen Herrscher ihre alten Ansprüche auf ein Land, das noch vor kurzem einen Teil der politischen skandinavischen Welt bildete, nicht ohne weiteres aufgeben.

So war die Entscheidung des Jahres 1066, die eine Epoche der Geschichte kennzeichnen sollte, in sich selbst kein Abschluß und mußte noch bestätigt werden. In der Tat hing ihre Vollendung von drei wesentlichen Bedingungen ab. Wichtig war, daß die während der letzten fünfzig Jahre entstandene normannische Macht aufrechterhalten wurde, so daß das Herzogtum seine Vormachtstellung unter den Mächtigen Nordgalliens beibehalten konnte. Zweitens mußte die Eroberung Englands abgeschlossen und die Überreste des Widerstandes gegen die neue Herrschaft in Gehorsam verwandelt werden. Drittens war der anhaltenden skandinavischen Bedrohung des anglo-normannischen Staates Widerstand zu leisten. Noch dazu waren diese drei Probleme sehr eng miteinander verknüpft. Der Grad, in dem das eine oder andere während irgendeiner Periode der Herrschaft vorherrschend war, läßt sich ungefähr aus den Beschlüssen Wilhelms ersehen. Vom Ende des Jahres 1067 an war er bis zum Jahre 1072 hauptsächlich damit beschäftigt, englische Aufstände zu unterdrücken und seine Macht zu festigen. Von 1073 bis 1085 verbrachte er den größten Teil der Zeit in der Normandie. Während dieser Zeitspanne mußte er beständig skandinavische Angriffe abwehren. Sie fanden beispielsweise im Jahre 1069 und 1070 statt; im Jahre 1075 trat diese Drohung noch einmal auf; und im Jahre 1085 kehrte der Eroberer auf Grund eines weiteren und sehr bedrohlichen Angriffs schließlich nach England zurück. Zwischen den Monaten Dezember 1085 und September 1087 sollte er seinen in Hinsicht auf die zukünftige Entwicklung Englands wesentlichsten Beitrag liefern. Nichtsdestoweniger verbrachte er seine letzten Tage in einem Verteidigungskrieg an den normannischen Grenzen, und sollte beim Klang der Kirchenglocken von Rouen sterben.

Jedoch war im Jahre 1067 die englische Lage am bedenklichsten. Die Aufgabe der Regenten FitzOsbern und Bischof Odo war nicht einfach. Sie besaßen zwar die wesentliche Herrschaft über den Südosten des Landes, und die förmliche Unterwerfung der obersten englischen Feudalherren verlieh ihnen überall den Anspruch auf Gehorsam, doch gab es trotzdem viele, die bereit waren, aus diesen unsicheren Zuständen ihren eigenen Vorteil zu ziehen. Der Schlimmste unter ihnen war ein Feudalherr aus dem westlichen Teil des Landes namens Edric der Wilde; er stiftete in Herefordshire eine Revolte an und rief die walisischen Fürsten Bleddyn und Riwallon zu seiner Unterstützung herbei.[1] Sie richteten großen Schaden an, doch es mißlang ihnen, sich die Herrschaft über die Grafschaft anzueignen, woraufhin sie sich mit ihrer Kriegsbeute nach Wales zurückzogen und dort weitere Raubzüge vorbereiteten. In der Zwischenzeit fand eine besser organisierte Revolte in Kent statt, wo die Aufständischen den Grafen Eustace von Boulogne zu Hilfe riefen.[2] Es war eine merkwürdige Bitte, da Eustace ein Jahr zuvor bei Hastings auf der Seite Herzog Wilhelms gekämpft hatte. Doch wurde seine Haltung jetzt vielleicht durch den Tod seines Lehnsherren Graf Baldwin von Flandern, der am 1. September 1067 starb, beeinflußt; Graf Baldwin V. hatte sich im Jahre 1066 Wilhelm gegenüber freundschaftlich, oder doch zumindest neutral verhalten.[3] Jedenfalls überquerte Eustace, der sich zweifellos seiner im Jahre 1051 in Kent erlebten Abenteuer erinnerte, mit einem ziemlich starken Kontingent an Rittern den Kanal. Zu dieser Zeit befanden sich beide Regenten nördlich der Themse, so daß Eustace die Stadt Dover besetzen konnte. Es mißlang ihm jedoch, die neu errichtete Burg einzunehmen, und ein Ausfalltrupp ihrer Besatzung schlug sein Heer in Stücke. Daraufhin floh er schmachvoll über den Kanal zurück. In der Tat hatte bisher keine dieser Revolten die neue Regierung vor schwerwiegende Probleme gestellt, doch warf eine wesentlich größere Gefahr bereits ihre Schatten voraus. Laut Wilhelm von Poitiers wurden nun den Dänen Vorschläge gemacht [4], außerdem wurde eine Invasion Englands durch Sweyn Estrithson immer wahrscheinlicher. Es war vermutlich auf dieses Faktum zurückzuführen, daß Wilhelm am 6. Dezember nach England zurückkehrte.[5]

Bei seiner Rückkehr wurde seine Aufmerksamkeit sofort auf den Südwesten des Landes gerichtet. Die Stadt Exeter weigerte sich, das neue Regime anzuerkennen und versuchte mit den benachbarten Städten ein Widerstandsbündnis zu schließen. Wilhelms Erwiderung bestand darin, daß er sofort an der Spitze eines Heeres, dem viele englische Söldner angehörten, in Devonshire einmarschierte. Zwar hatten die »thegns« (ein Rittergrad, der später näher erläutert werden wird) von Devonshire den neuen König anscheinend anerkannt, doch leistete ihm Exeter selbst achtzehn Tage lang Widerstand und ergab sich schließlich unter der Bedingung, daß seine alten Privilegien anerkannt würden.[6] Darauf errichtete der König innerhalb der Stadt eine Burg und zog dann weiter nach Cornwall, wo bald darauf sein Halbbruder Robert, Graf von Mortain, eingesetzt werden sollte.[7] Tatsächlich brach der Widerstand im Südwesten des Landes immer mehr zusammen. In diese Periode fällt ebenfalls die Unterwerfung von Gloucester, auch hatte Bristol nun offenbar die neue Ordnung anerkannt.[8] Als im selben Sommer drei uneheliche Söhne Harolds von Irland herüberkamen, wurden sie tatsächlich von den Bewohnern Bristols zurückgeschlagen und ihr Heer bei ihrem Rückzug von den Thegns des nördlichen Somerset vernichtet.[9] Wilhelms »Blitzkrieg« im Südwesten war so erfolgreich gewesen, daß er nun ohne weiteres in die Hauptstadt zurückkehren konnte. Das Osterfest des Jahres 1068 feierte er in Winchester und hielt zu Pfingsten in Westminster großen Hof, der von vielen englischen Standespersonen besucht wurde. Dorthin kam auch seine Gemahlin Matilda, um feierlich zur Königin gekrönt zu werden.[10]

Diese Zeremonien waren eindrucksvoll, doch sollte die mit ihnen verbundene Ruhepause sehr kurz währen. Sehr bald schon begann eine bedeutsame Abwanderung vom neuen Königshof. Der Atheling Edgar hatte bereits bei König Malcolm von Schottland Zuflucht gesucht, und nun reisten die Grafen Edwin und Morcar in ihre Grafschaften zurück. Bisher hatte die normannische Herrschaft den Norden kaum berührt, wo trotz der Bemühungen Erzbischof Aldreds eine drohende Widerstandsbewegung im Wachsen war. Während der unmittelbar auf die Krönung König Wilhelms folgenden Periode war Northumbria zwischen Osulf, einem Schützling Graf Morcars, und Copsiges, einem früheren Gefolgsmann Tostis, zum Zankapfel geworden. Beide waren in dem daraus entstandenen Kampf umgekommen. Doch konzentrierte sich die lokale Widerstandsbewegung des Jahres 1068 nicht nur um Graf Morcar, sondern ebenso um Gospatric, den Nachkommen eines älteren northumbrischen Geschlechts. Sowohl Malcolm als auch Sweyn Estrithson wurden um Hilfe gebeten. Unter diesen Umständen hielt Wilhelm einen sofortigen Marsch nach Norden für unbedingt notwendig. Zuerst zog er nach Warwick, wo er Heinrich von Beaumont mit der Obhut über eine neuerrichtete Festung betraute; von dort aus marschierte er weiter nach Nottingham und dann in die Grafschaft Yorkshire, in deren Hauptstadt York er kampflos einziehen konnte. Nachdem er die Unterwerfung vieler ansässiger Feudalherren entgegengenommen hatte, schloß er mit dem schottischen König einen vorübergehenden Waffenstillstand und wandte sich, nachdem er an dem Ort des heutigen Clifford's Tower eine Burg errichtet hatte, wieder nach Süden, um die Unterwerfung Lincolns, Huntingdons und Cambridges zu erzwingen.[11]

Die außergewöhnliche Aktivität Wilhelms während der ersten Monate des Jahres 1068 verdient Beachtung, da er in dieser kurzen Zeitspanne eine fast ununterbrochene Reihe von Feldzügen unternahm, die ihn nacheinander nach Exeter, Warwick, York und anschließend durch einen großen Teil Ostenglands führten. Doch sollte die dadurch gewonnene Ruhepause von kurzer Dauer sein, da der Norden wieder einmal seine Anwesenheit erforderte. Gegen Ende des Jahres 1068 wurde ein Normanne namens Robert de Commines unter dem Titel eines englischen Grafen (earl) ausgesandt, um nördlich des Tees die Ordnung wiederherzustellen. Doch wurde er bei seiner Ankunft in Durham am 28. Januar 1069 in den Straßen der Stadt angegriffen und anschließend im Hause des Bischofs verbrannt.[12] Diese Nachrichten gelangten schnell nach York, wo die normannische Besatzung sofort von ortsansässigen Aufständischen angegriffen wurde. Bei Empfang dieser Nachrichten traf Edgar Atheling sofort Vorbereitungen, um von Schottland aus gen Süden zu ziehen. So sah sich Herzog Wilhelm zu einer eiligen Rückkehr in den Norden gezwungen, und dieser Marsch ist in gewisser Hinsicht dem Harolds nach Yorkshire im Jahre 1066 vergleichbar. Bevor seine Feinde ihn erwartet hatten, war der König bereits in York angelangt, verjagte die Belagerer der Burg und nahm so erneut Besitz von der Stadt. Bei dieser Gelegenheit nahm er schlimme Rache an den Rebellen und errichtete in der Nähe der Stadt eine neue Burg. Dann betraute er Gospatric mit der Obhut über die Grafschaft, doch war diese Maßnahme zweifellos nur vorübergehend. Aber er selbst konnte sich keinen Aufschub leisten und befand sich daher schon am 12. April 1069 wieder in Winchester.[13]

Vielleicht war das hervorstechendste Merkmal der wirren Ereignisse, die zwischen Beginn des Jahres 1067 und dem Frühjahr 1069 in England eintraten, jene verhältnismäßige Leichtigkeit, mit der der König und seine Statthalter, die in dem kürzlich eroberten Land über eine lediglich beschränkte Anzahl von Truppen verfügten, jeglichen Aufstand unterdrückten. Dies läßt sich teilweise auf die schweren Verluste zurückführen, die Englands Kriegerstand in den Schlachten des Jahres 1066 erlitten hatte, mehr jedoch auf den bei den Rebellen herrschenden Mangel an gemeinsamen Zielen und ihre Art, ihre Aktionen vereinzelt und ohne Fühlungnahme miteinander zu unternehmen. Dazu herrschte fast von Anfang an eine starke öffentliche Meinung, die dem neuen Regime günstig oder zumindest nicht unbedingt feindlich gesonnen war. Viele der während der Herrschaft Edward des Bekenners ernannten Geistlichen, wie beispielsweise Bischof Giso von Wells, Bischof Wilhelm von London, oder Baldwin, Abt von Bury St. Edmunds, fühlten sich der Sache des Königs verpflichtet. Doch ist die Tatsache noch bedeutsamer, daß angesehene englische Prälaten wie Wulfstan von Worcester und Aldred von York ebenfalls zur Unterstützung des Königs bereit waren. Ihr Beispiel konnte von geringeren Männern nicht unbeachtet bleiben. Die »Engländer«, die unter König Wilhelm im Jahre 1068 loszogen, um Exeter zu erstürmen, waren wahrscheinlich größtenteils gedungene Abenteurer, doch waren auch viele Lehnsmänner und Bezirksbeamte bereit, Wilhelm als ihren König anzuerkennen und die von ihm geleitete Verwaltung fortzusetzen. Die Thegns von Somerset hatten die Söhne Harolds zurückgeschlagen, und einheimische »sheriffs« erklärten sich gemeinsam mit den

Bischöfen Giso und Wulfstan bereit, die Erlasse des neuen Königs auszuführen.[14]

Wilhelms Leistung bestand darin, daß er diese günstigen Umstände
ausnützte, indem er nämlich die Vorteile, die sich aus seiner überlegenen Taktik ergaben, weiter entwickelte. Die ausgebildeten berittenen Truppen, die ihm bei Hastings so hervorragende Dienste geleistet hatten, konnten nun dazu verwendet werden, die innerhalb des
feindlichen Landes verstreuten Heere rasch zu vernichten, doch waren
sie bei militärischen Operationen gegen Städte von geringem Nutzen;
auch waren sie ungeeignet, einzelne Gebiete, deren Unterwerfung nur
unter Gefahren stattgefunden hatte, zu überwachen. Zu diesem Zweck
war die Errichtung befestigter Stützpunkte notwendig, und daher
waren sich viele seiner Zeitgenossen darüber einig, daß ein Großteil
der Erfolge Wilhelms in diesen Feldzügen auf seine Heranziehung
der Burg[15] zurückzuführen war, die in der Normandie, wie bereits
erwähnt, sowohl von den Herzögen, als auch von der neuen Aristokratie ständig weiterentwickelt worden war.

Der Einsatz der Burg nicht nur als befestigtes Zentrum der Verwaltung, sondern auch als ein Mittel der Kriegsführung, war bereits
vor 1066 zu einem Merkmal der normannischen Kriegführung geworden. Hingegen war von ihr in England — außer im normannisierten
Herefordshire — kaum je Gebrauch gemacht worden, und so wurde
sie vielmehr als eine zweifelhafte Neuerung des Festlandes betrachtet.
Tatsächlich führen Ordericus Vitalis und Wilhelm von Poitiers die geringen Kriegserfolge der Widersacher König Wilhelms einmütig auf
den in England herrschenden Mangel an Burgen zurück.[16] Derart also
war die englische Lage. Im Gegensatz dazu verwandte Wilhelm in
seinen englischen Feldzügen offenbar die gleichen Vorrichtungen wie
vordem in Frankreich: auf dem Wandteppich von Bayeux läßt sich
kein wesentlicher Unterschied zwischen den Burgen von Dol, Rennes
und Dinant und jener im Jahre 1066 bei Hastings errichteten Festung
erkennen.[17] Diese Burg entspricht genau dem in der Normandie bereits üblichen Typ eines Erdhügels, der von einem Graben umgeben
und von einem Schutzwall aus Palisaden überragt wurde, über dem
sich wiederum ein Holzturm erhob. Eine derartige Festung ließ sich
schnell erbauen und erwies sich als höchst wirksam. Deshalb wurden
in Pevensey, Hastings und sogar London sofort derartige Burgen errichtet; die zur Zeit der Krönung in der Hauptstadt erbaute Burg
war die Vorläuferin jener steinernen Festung, die später der Tower
von London werden sollte.[18] In England wurden die normannischen
Burgen während der Feldzüge des Jahres 1067, vor allem aber der

des Jahres 1068, zum ersten Mal als Werkzeuge der Kriegführung eingesetzt. Die Kapitulation der Stadt Exeter wurde durch den Baubeginn der Festung »Rougemont Castle« gekennzeichnet, und als Wilhelm weiter nach Norden zog, wurde derselbe Plan in Warwick und Nottingham fortgeführt. Zu dieser Zeit erhielt York seine erste Burg, und auf dem Rückmarsch Wilhelms wurden in Lincoln, Huntingdon und Cambridge Burgen errichtet.[19]

Eine Vorstellung von der diesen Burgen beigemessenen Wichtigkeit ergibt sich bei der Betrachtung jener Männer, deren Obhut sie anvertraut wurden. Sie wurden nämlich unter den wichtigsten normannischen Feudalherren ausgewählt. Beispielsweise wurde Dover, das in der Provinz Bischof Odos lag, Hugo von Montfort-sur-Risle unterstellt.[20] Die zuerst Humphrey von Tilleul anvertraute Burg von Hastings wurde bald darauf der Verantwortung des Grafen von Eu übertragen.[21] Die Burg Exeter erhielt Baldwin von Meules, Bruder Richard FitzGilberts, später von Clare, und Sohn des Grafen Gilbert von Brionne. Warwick wurde Heinrich von Beaumont anvertraut, dem Bruder Roberts und Sohn jenes erfahrenen Roger von Beaumont, der im Jahre 1066 als einer der Regenten in der Normandie zurückgelassen worden war.[22] Wilhelm Malet von Graville-Sainte-Honorine, das in der Nähe von Le Havre lag, wurde mit der ersten Festung von York betraut[23], indessen Wilhelm FitzOsbern die zweite Burg von York erhielt.[24] Bald sollten sich die normannischen Burgen in England vervielfachen, und was im Jahre 1066 in erster Linie als Kriegswerkzeug gedient hatte, sollte zu einem ständigen Merkmal des von den Normannen gegründeten neuen Verwaltungs- und Lehnswesens werden. In der Tat waren vor Ende des 11. Jahrhunderts in England mindestens vierundsechzig Burgen errichtet worden, von denen einige bereits Steinbauten waren.[25] Schon zu Beginn des Jahres 1069 erwies sich dieser normannische Burgtypus unter der Obhut eines treuen Statthalters des Königs als ein wesentliches und äußerst wirksames Mittel zur Vollendung der Eroberung Englands.

Doch muß alles in allem ein Großteil des zwischen Januar 1068 und Sommer 1069 von Wilhelm errungenen Erfolges seiner unglaublichen Tatkraft zugeschrieben werden, die er während dieser Zeit entfaltete. Um die Art dieser erstaunlichen Aktivität einschätzen zu können, muß man sich vor Augen halten, daß er während dieser Monate — möglicherweise gegen Ende des Jahres 1068[26] wahrscheinlich aber im Frühsommer des Jahres 1069[27] — eine Rückkehr in die Normandie für notwendig erachtete. Vielleicht hielt er es an diesem hinsichtlich seiner Angelegenheiten so kritischem Zeitpunkt für angebracht, dem

Herzogtum seine Macht vor Augen zu führen, und es steht jedenfalls fest, daß Matilda ungefähr zu dieser Zeit in die Normandie
zurückkehrte und dort mit königlichen Ehren empfangen wurde.[28]
Jedoch muß sein Aufenthalt, im Falle er wirklich stattfand, ziemlich
kurz gewesen sein [29], da die Lage in England seine ununterbrochene
Wachsamkeit erforderte. Man konnte im Sommer des Jahres 1069
von Wilhelm behaupten, daß er südlich des Humber fast ganz England unter seine wirksame Herrschaft gestellt hatte. Doch nun sollte
die gesamte normannische Stellung innerhalb Englands stärker denn
je auf die Probe gestellt werden.

Im Sommer 1069 begann Sweyn Estrithson seinen schon seit langem
erwarteten Angriff auf England. Er wurde in einem Maßstab geplant,
der dem jener drei Jahre zuvor erfolgten Invasion Harold Hadraadas von Norwegen vergleichbar war. Unter der Führung der Söhne
König Sweyns, Harold und Cnut, sowie seines Bruders Osbern, stach
eine 240 Schiffe starke Flotte in See. Sie brachte ein Heer ausgebildeter Krieger nach England, unter denen sich viele Vornehme Däne-
marks befanden. Die Drohung dieses Feldzuges wurde noch durch die
Tatsache verstärkt, daß er innerhalb der Gebiete Englands, die skandinavische Verwandtschaften besaßen, mit einer beträchtlichen Unterstützung rechnen konnte. Die Schiffe erschienen zuerst auf der Höhe
von Kent und setzten dann ihre Fahrt entlang der Ostküste fort. Es
wurden kleinere Raubzüge unternommen, die jedoch zurückgeschlagen
wurden, bis die Flotte schließlich den sicheren Ankerplatz am Humber erreichte. Ihre Ankunft gab das Zeichen zu einem allgemeinen
Aufstand in Yorkshire. Der Atheling Edgar, Gospatric und Waltheof
sammelten ein beträchtliches Heer und stießen sofort zu den Dänen.
Daraufhin marschierte die gesamte Streitmacht gegen York. Die normannischen Garnisonen waren nicht fähig, die Burgen zu halten
und machten am 19. September einen Ausfall, wobei sie begannen,
die Stadt in Brand zu stecken. Nach einem langen Kampf kamen sie
um, und York fiel am 20. September. Daraufhin kehrten die Dänen
zu ihren Schiffen zurück, segelten an das südliche Ufer des Humber
und befestigten die Insel Axholme. Viele ihrer Truppen zerstreuten
sich über das nördliche Lincolnshire, wo sie von den Bauern willkommen geheißen und auf den Dorffesten von ihnen bewirtet wurden.[30]
Da der Widerstand gegen Wilhelm nun eine geballte Form annahm,
die ihm bisher gefehlt hatte, schwebte das gesamte normannische Unternehmen in Gefahr. Ein starkes skandinavisches Heer befand sich
in England und wurde von einer beträchtlichen Armee unterstützt,
die unter der Führung mächtiger, sächsischer Feudalherren stand.Es ist

wohl keineswegs überraschend, daß sich die Nachrichten von diesen Ereignissen schnell über ganz England verbreiteten und, wie in Dorset, Somerset, Staffordshire und South Cheshire, weitere Aufstände verursachten.[31] Doch lag der Kernpunkt dieser Krisis im Norden. Yorkshire war verloren und jenseits von Yorkshire, im nördlich des Tees liegenden »Saint-Cuthberts Land«, setzte ein Chaos ein, das die Macht König Malcolms von Schottland aufzeigte. Es hatte sich nun der schottische König auf Gedeih und Verderb mit den englischen Feinden Wilhelms verbunden, und wahrscheinlich fällt in diese Zeit eine der einflußreichsten Heiraten der englischen Geschichte, nämlich seine Eheschließung mit Margarete, der Schwester des Atheling Edgar.[32] Tatsächlich waren die in dieser Entwicklung der Situation liegenden Möglichkeiten unberechenbar, und so muß es im Herbst des Jahres 1069 durchaus möglich erschienen sein, daß in Nordengland nocheinmal ein skandinavisches Königreich gegründet würde, oder daß der Atheling Edgar mit der Unterstützung Malcolms und Sweyns eine Herrschaft erhielt, die vielleicht sogar vom Erzbischof der Kirchenprovinz York sanktioniert würde.

Die Größe dieser Krisis weist auf die Notwendigkeit des darauffolgenden Feldzuges hin und erklärt — entschuldigt aber nicht — dessen entsetzliche Folgen. Nie handelte Wilhelm mit größerer Tatkraft, aber auch unter größerer Gefahr. Sofort zog er nordwärts nach Axholme, wo sein Vormarsch bewirkte, daß die Dänen wieder über den Humber nach Yorkshire zogen. Der Eroberer ließ die Grafen von Mortain und Eu in Lindsey zurück, damit sie dort die Lage überwachen konnten und wandte sich selbst westwärts, um die unter Edric dem Wilden und den walisischen Fürsten ausgebrochene Rebellion zu unterdrücken. Offenbar gelang ihm dies ohne große Schwierigkeiten. Danach zog er sofort nach Lincolnshire und ließ dort Bischof Geoffrey von Coutances zurück, der den Aufstand von Dorset niederschlagen sollte, welcher die neu errichtete Burg Montacute bedrohte. Als jedoch der König Nottingham erreichte, erfuhr er, daß die Dänen Vorbereitungen trafen, um York erneut zu besetzen; daraufhin wandte er sich sofort wieder nach Norden. In der Aire-Schlucht traf er auf Widerstand, doch gelang es ihm, sie nach einer gewissen Verzögerung zu überqueren. Daraufhin marschierte er direkt auf die nördliche Hauptstadt zu, die nocheinmal von den Dänen geräumt wurde. Unterwegs verwüstete er unbarmherzig das Land, durch das er zog, verschonte keinen Mann und ließ hinter sich nichts zurück, was Leben erhalten konnte.

Kurz vor Weihnachten erreichte er wieder York und feierte in der eingeäscherten und von verwüstetem Land umgebenen Stadt das Fest der Geburt Christi.[33]

Die Verwüstung, die der König auf seinem Marsch angerichtet hatte, war ein Teil des schnellen und bedenklichen Feldzuges gewesen. Was er von nun an anordnete, wurde von einem kaltblütigen Plan diktiert. Die normannischen Truppen teilten sich in kleinere Gruppen auf und führten eine systematische Verwüstung Yorkshires durch. Diese Heimsuchung war so furchtbar, daß sogar noch zwanzig Jahre später ihre Folgen sichtbar waren. Doch durfte sich der König nicht allzu lange in Yorkshire aufhalten. Bei schrecklichem Wetter zog er auf einem eiligen und gewagten Raubzug bis zum Tees und begab sich dann ohne Pause auf einen Marsch, der wahrscheinlich der schwierigste seines ganzen Lebens war. Er erkannte, daß der Aufstand im Westen nur mit Mühe unterdrückt werden konnte, und daß Chester immer noch der starke Mittelpunkt des Widerstandes war, und zog deshalb geradewegs über die Penninische Kette. Es war tiefer Winter, und die Entbehrungen des Marsches veranlaßten sogar seine abgehärteten Truppen, mit Meuterei zu drohen. Er drängte jedoch vorwärts, verwüstete unterwegs das Land und erreichte Chester, bevor seine Feinde kampfbereit waren. Unbehindert besetzte er die Stadt und errichtete sowohl dort als auch in Stafford eine Burg. Der Widerstand, dem er um ein Haar erlegen wäre, war zerbrochen, und die dänische Flotte ließ sich angesichts der Niederlage ihrer englischen Verbündeten dazu bestechen, den Humber zu verlassen. Der König selber kehrte in den Süden zurück. Er erreichte Winchester noch vor Ostern.[34]

Der zwischen 1069 und 1070 erfolgte Feldzug König Wilhelms muß zu den außergewöhnlichsten Leistungen dieses Zeitalters gerechnet werden; er sollte sich im Hinblick auf die Sicherstellung der normannischen Herrschaft über England als entscheidend erweisen. Doch muß bei jeglicher Beurteilung des normannischen Angriffs auf England und des Charakters Wilhelm des Eroberers auch der Preis dieses Erfolges und seine Konsequenzen berücksichtigt werden. Im 11. Jahrhundert ließ sich Grausamkeit bei einem Feldzug nicht vermeiden, doch wurde die in diesem Falle angewandte Methode fast überall für außergewöhnlich und unentschuldbar angesehen [35], sogar von denjenigen, die sonst zu den glühenden Bewunderern des normannischen Königs zählten. »Bei vielen Gelegenheiten« — so schreibt einer von ihnen — »habe ich Wilhelm für seine Verdienste gepriesen. Doch ich wage es nicht, ihn für eine Tat zu loben, durch die die Guten wie die Schlechten unterschiedslos einer fürchterlichen Hungersnot ausgeliefert wurden. . . .

... Ich bin eher bereit, den Kummer und die Qualen des unglücklichen Volkes zu bemitleiden, als mich der aussichtslosen Aufgabe zuzuwenden, mich mit lügnerischen Schmeicheleien vor einen Mann zu stellen, der an diesem Massenblutbad die Schuld trug. Zudem behaupte ich, daß ein solcher barbarischer Menschenmord nicht ungestraft durchgehen sollte.«[36]

Dies war die Ansicht eines Mönchs aus der Normandie. Ein Autor aus Nordengland liefert genauere Einzelheiten dieser entsetzlichen Zerstörung und erinnert an die verfaulenden und verwesenden Leichen, die auf den Straßen der betroffenen Provinz herumlagen. Die Pest war eine unvermeidliche Folge. Ein Chronist aus Evesham berichtet, wie Flüchtlinge im Zustand des äußersten und bittersten Elends in die kleine Stadt strömten. Es ist unmöglich, diese Schilderungen als rhetorische Übertreibungen zu werten, da das Domesday Book zwanzig Jahre später die immer noch anhaltenden Nachwirkungen dieser schrecklichen Heimsuchung aufzeigt. Noch dazu existieren Zeugnisse darüber, daß diese Folgen bis zur Herrschaft Stephens andauerten. Außerdem war Yorkshire, dessen Wohlstand auf diese Weise für mehr als nur die Dauer einer Generation zerstört worden war, nicht das einzige Gebiet, das unter der Verwüstung zu leiden hatte: sie erstreckte sich, wenn auch in geringerem Maße, westlich bis nach Merseyside und südlich bis nach Derby.[37]

Nie wieder sollte sich Wilhelm in England solchen Gefahren gegenübersehen wie jenen, die zwischen 1069 und 1070 seine Herrschaft bedrohten; die darauffolgende Opposition ihm gegenüber war das Nachspiel des Sturmes, der zuvor das Land verwüstet hatte. Der ständige Mittelpunkt der Unruhen war nach wie vor die dänische Flotte, die zum Humber zurückgekehrt war. Zu ihr stieß im Jahre 1070 König Sweyn persönlich, woraufhin das dänische Heer unter seiner Führung südwärts nach Wash segelte.[38] Die Soldaten drangen in Ostanglia ein und verschanzten sich auf der Insel Ely, wo Männer aus dieser Gegend und vor allem ein Thegn aus Lincolnshire namens Hereward zu ihnen stießen.[39] Die Abtei Peterborough stellte das erste Angriffsziel dieser zusammengesetzten Streitmacht dar.[40] Ihr Abt Brand, der die Sache Harolds unterstützt hatte, war kürzlich gestorben, worauf die Abtei einem gewissen Turold übergeben worden war, der sich dort mit einem beträchtlichen Heeresteil niederließ und hoffte, mit Hilfe dieser Armee in der Gegend die Ordnung aufrechterhalten zu können. Jedoch drang am 2. Juni ein gemischtes Heer, das aus Dänen und Engländern bestand und von einem Chronisten vage als »Hereward und seine Gesellschaft« bezeichnet wurde, in Peterborough ein und überließ die Abtei der Plünderung und den Flammen. Dies war eine Gewalttat, die die bestehende Ordnung dieses Gebietes bedrohte, doch ging Wilhelm zu Beginn nur so weit, daß er mit den Dänen verhandelte. Es gelang ihm — zweifellos mittels einer weiteren Bestechung — König Sweyn zu einem Friedensvertrag zu überreden, und schließlich ging die große dänische Flotte unter Segel und zog mit Kriegsbeute beladen heimwärts. Sie hatte fast zwei Jahre lang vor den Küsten Englands gelegen. Ihr Abzug kennzeichnete eine endgültige Phase in der Sicherung Englands.[41]

Der Rückzug der dänischen Flotte sollte sich vor allem für Hereward als verhängnisvoll erweisen. Da Wilhelm zu dieser Zeit mit der wesentlich gefährlicheren, vom Festland kommenden Bedrohung seiner Macht beschäftigt war, hielt er es zuerst nicht für notwendig, gegen den Geächteten vorzugehen. Doch verschlimmerte sein zögerndes Verhalten die Lage in den Fens mehr als notwendig gewesen wäre, da nun in der Abwesenheit des Königs andere einflußreiche Männer zu Hereward stießen, unter denen sich unter anderem Graf Morcar befand. Doch war der Aufstand in den Fens ohne skandinavische Unterstützung zum Scheitern verurteilt, und so ergaben sich die Rebellen bedingungslos, als Wilhelm persönlich gegen Ely vorrückte. Graf Morcar wurde gefangengenommen, und Hereward, der unter Schwierigkeiten entkommen war, wurde von einer historischen zu einer legendären Gestalt.[42]

So hatte das normannische Regime in England die ersten Rebellionen überlebt, die seiner Einsetzung gefolgt waren. Die wichtigsten englischen Städte hatten sich unterworfen, der Norden war besiegt und die Fenland-Rebellion unterdrückt worden; Graf Morcar war in Haft und sollte bald sterben; Graf Edwin wurde zu dieser Zeit auf der Flucht nach Schottland von seinen eigenen Gefolgsleuten umgebracht. Doch waren dadurch die Probleme des Königs nur teilweise gelöst und sollten sich sogar in mancher Hinsicht vermehren. Falls man den Widerstand, der seiner Herrschaft in England entgegengesetzt wurde, als ein gesondertes Geschehen betrachten wollte, entspräche das einer falschen Vorstellung von jenem Reich, das er gegründet hatte. Es handelte sich um ein Doppelreich, das sich über den Kanal erstreckte und politisch unter einer Herrschaft stand. Jeder aus einer x-beliebigen Richtung auf seine beiden Teile erfolgende Angriff stellte eine Bedrohung seiner Existenz dar, eine Tatsache, der sich sowohl seine Feinde wie auch seine Verteidiger klar bewußt waren. Die Ausnützung dieser Situation sollte ein wesentliches Merkmal der Politik König Philipp I. von Frankreich sein. Vielleicht verdient aus diesem

Grunde die enge Verbindung zwischen der englischen und der kontinentalen Politik in der Zeit von 1067 bis 1085 stärkere Betonung als ihr für gewöhnlich zugebilligt wird. Die Unterdrückung der Aufstände in England verband sich immer mit der drohenden Gefahr skandinavischer, schottischer, aber auch angevinischer und aus Maine erfolgender Angriffe; außerdem ließ sich während dieser ganzen Periode die Aufrechterhaltung der jenseits von Yorkshire verlaufenden nördlichen Grenze nie von gleichzeitigen Bedrohungen seitens Frankreichs, Flanderns oder der baltischen Länder trennen. Das anglo-normannische Königreich konnte unter der Herrschaft Wilhelm des Eroberers lediglich durch eine weitgespannte und zusammenhängende Verteidigungsaktion fortbestehen.

Die Tatsache, daß die Normandie während des Vollzugs der englischen Eroberung keinerlei feindliche Angriffe abzuwehren hatte, stellte für das Gelingen dieses Unternehmens den wichtigsten Faktor dar, doch konnte diese Ungestörtheit nicht als ein anhaltender Zustand vorausgesetzt werden und sollte nun eine Unterbrechung erfahren. Als der König im Jahre 1069 im Norden Englands seinen verzweifelten Feldzug unternahm, empörte sich die Stadt Le Mans gegen die normannische Herrschaft.[43] Zwar war ein derartiges Ereignis zweifelsohne zu erwarten gewesen, trat jedoch nichtsdestoweniger plötzlich ein. Arnold, der im Jahre 1065 seinem Vorgänger Vougrin als Bischof von Le Mans folgte, war ein Kandidat und Parteigänger König Wilhelms. Einer im Jahre 1068 für die Abtei La Couture ausgestellten Urkunde zufolge war in Maine während dieses Jahres die normannische Verwaltung noch in Betrieb.[44] Doch nun unterstützte eine mächtige Partei Maines die Einwohner von Le Mans, und zwar im Interesse von Azzo, dem Herrn von Este in Ligurien, der der Gemahl von Gersendis, der Schwester Graf Hugo IV. war. Azzo traf vor dem 2. April des Jahres 1069 in Maine ein; es gelang ihm, viele Anhänger um sich zu sammeln und vor allem den mächtigen Grenzherrn Geoffrey von Mayenne, dessen Einfluß sich auf die Politik der Grafschaft so oft entscheidend ausgewirkt hatte, für seine Sache zu gewinnen. Für die normannischen Herren der Grafschaft Maine erwies sich dieses Bündnis als zu stark, um ihm Widerstand leisten zu können. Ein gewisser Humphrey, der als der »senescallus« König Wilhelms bezeichnet wird, wurde getötet und die normannischen Ritter, unter denen sich Wilhelm von La Ferté-Macé, ein Schwager Bischof Odos von Bayeux, befand, des Landes verwiesen. Nach diesem Erfolg zog sich Azzo auf sein italienisches Herrschaftsgebiet zurück und ließ Maine in der Obhut von Gersendis und ihrer beider jungem Sohn

Hugo, der als Graf anerkannt wurde. Geoffrey von Mayenne, der Gersendis sofort als seine Herrin anerkannte, blieb in dieser Partnerschaft die beherrschende Gestalt.[45]

Es war eine von Anfang an ungefestigte Herrschaft. Im März 1070 empörten sich die Einwohner von Le Mans zum zweiten Mal, diesmal aber gegen Geoffrey, und bildeten unter sich eine sogenannte »commune«.[46] Sie zwangen Geoffrey, ihre Ansprüche auf besondere Vorrechte anzuerkennen, waren jedoch nicht in der Lage, ihre Stellung aufrechtzuerhalten. Nachdem sie in Begleitung ihres Bischofs ausgezogen waren, um die gegnerische Burg Sillé zu zerstören, wurden sie von Geoffrey verraten und niedergemacht. Jedoch hielt Geoffrey ein nochmaliges Betreten der Stadt und die Rettung der Gräfin für zu gefährlich. Daher suchte er in Chateau-du-Loir Zuflucht, während der junge Hugo bei seinem Vater in Italien in Sicherheit gebracht wurde. Doch wurde die Rebellion noch vor Ende des Jahres niedergeschlagen, und die Gräfin und Geoffrey waren wieder Herren von Le Mans.[47]

In England müssen diese Ereignisse König Wilhelm größte Sorgen bereitet haben. Innerhalb weniger Monate war die seit 1063 bestehende normannische Herrschaft über Maine zusammengebrochen. Auch konnten die Unruhen in Maine eine größere Macht zum Eingreifen veranlassen mit dem Ziel, von der Grafschaft aus einen Angriff auf das Herzogtum zu unternehmen. Dazu hatte vor Ende des Jahres 1070 auf dem Festland eine weitere Revolution stattgefunden, die für die Normandie einen Gefahrenherd darstellte. Am 16. Juli 1070, fünf Wochen nach Abfahrt der Flotte Sweyns von Ostanglia, starb Baldwin VI., Graf von Flandern und Schwager König Wilhelms. Sofort erhob sich die Frage der Nachfolge, die für die Normandie von größtem Interesse war. Die beiden jungen Söhne Baldwin VI., Arnulf und Baldwin, erhielten Flandern bzw. den Hennegau, doch übernahm angesichts ihrer Jugend ihre Mutter Richildis die Herrschaft. Ihr wurde vor allem in Flandern starker Widerstand entgegengesetzt, an dessen Spitze ein Sohn Baldwin V., Robert »Frison«, stand. Daraufhin wandte sich Richildis sofort an König Philipp I. um Hilfe; doch suchte sie auch an anderer Stelle um Beistand nach und setzte sich aus diesem Grunde mit Wilhelm FitzOsbern in Verbindung, der zu dieser Zeit der engste Vertraute König Wilhelms war. Zu Beginn des Jahres 1071 hatte der König den Grafen in die Normandie gesandt, um die von Maine her drohende Gefahr im Auge zu behalten. Nun erbot sich Richildis, Wilhelm FitzOsbern zu ehelichen und setzte ihn zum Vormund über ihren Sohn Arnulf ein.

Er nahm das Angebot an und eilte zur Unterstützung seines Mündels und der ihm bestimmten Gemahlin »wie zu einem Spiel« nach Flandern, wobei er, wie erzählt wurde, nur von zehn Rittern begleitet wurde. Die Entscheidungsschlacht fand am 22. Februar 1071 bei Cassel statt und endete mit der Niederlage Richildis, dem Tode Wilhelm FitzOsberns und der Einsetzung Roberts le Frison als Graf von Flandern.[48] So verlor König Wilhelm in England seinen mächtigsten weltlichen Anhänger und beobachtete, wie sich, wenige Wochen nachdem sich Maine seiner Herrschaft entzogen hatte, eine feindliche Macht in den Niederlanden festsetzte.

Wahrscheinlich beunruhigten die Ereignisse, die zwischen 1070 und 1071 in Flandern und Maine stattfanden, Wilhelm wesentlich mehr als der anhaltende Widerstand Herewards in den Fens, und auch in Britannien drängten sich jetzt andere dringlichere Angelegenheiten seiner Aufmerksamkeit auf. Die in England errichtete normannische Herrschaft bedrohte nun sowohl das keltische Wales als auch das keltische Schottland. Um diese Zeit wurden an der Grenze von Wales die großen normannischen Pfalzgebiete gegründet [49], und die Niederlage Bleddyns und Riwallons leitete eine neue, westwärts gerichtete normannische Bewegung ein. Doch sah sich im Jahre 1070 in erster Linie Schottland bedroht. Schon von 1066 an hatte Schottland als Zuflucht für enteignete englische Feudalherren gedient: der Atheling Edgar war ein hochangesehener Gast an Malcolms Hof; außerdem hatte der schottische König seine Schwester Margarete geheiratet. Unter diesen Umständen sollten die im Winter 1069-1070 in Nordengland durchgeführten siegreichen Feldzüge König Wilhelms zwangsläufig eine unmittelbare Reaktion Schottlands herausfordern, die sich zu einer neuen und äußerst gefährlichen Bedrohung des anglo-normannischen Königreiches auswachsen konnte.

Die Lage war tatsächlich bedeutsamer als aus diesen Tatsachen zu schließen wäre. Den Mittelpunkt von Malcoms Herrschaftsgebiet bildete das Königreich Alban, das auf Pertshire basierte und im Norden von skandinavischen Siedlungen, im Süden von den Provinzen Cumbria und Lothian flankiert wurde: Cumbria erstreckte sich vom Clyde bis zu den Westmoreland Fells und Lothian vom Forth aus südwärts. Die Südgrenzen beider Provinzen waren noch nicht klar festgelegt. Sowohl für Malcolm als auch für Wilhelm waren beide lebenswichtig, da sich auch in ihnen die Auswirkungen der Feldzüge von 1069-1070 unmittelbar bemerkbar machten. Auf diese Weise erhob sich sofort die Frage, die die anglo-schottischen Beziehungen während des folgenden Vierteljahrhunderts beherrschen sollte: Wie sollten von nun an die politischen Abhängigkeitsverhältnisse der Provinzen Cumbria und Lothian aussehen, oder — anders ausgedrückt — was sollte die nördliche Grenze des neu gegründeten anglo-normannischen Staates sein?[50] Vor dem Jahre 1095 sollte diese Frage nicht einmal teilweise gelöst werden, doch war sie schon im Jahre 1070 sehr dringlich. Die Verwüstung des Nordens hatte in dem umstrittenen Gebiet ein Vakuum politischer Autorität bewirkt. Kurz bevor Wilhelm Winchester erreichte, richtete Malcolm schon im Frühjahr 1070 in Durham und Cleveland fürchterliche Verwüstungen an, indessen Graf Gospatric an seinem ehemaligen schottischen Verbündeten in Cumbria Vergeltungsmaßnahmen übte.[51] Dies war ein Maßstab der Gefahr, die Wilhelm von Norden drohte.

Das Problem, das sich dem Eroberer vor Ende des Jahres 1071 auftat, war in seinen wesentlichen Zügen jenem nicht ganz unähnlich, dem sich Harold Godwineson im Herbst des Jahres 1066 gegenüber gesehen hatte. Der anglo-normannische Staat wurde an zwei einander entgegengesetzten Grenzen bedroht, wobei sich die Frage erhob, welcher Gefahr er sich zuerst zuwenden sollte. Wie dringlich dieses Problem war, und wie sehr seine beiden Seiten zusammenhingen, läßt sich aus der erstaunlichen Schnelligkeit ersehen, mit der Wilhelm während der folgenden Monate seine militärischen Bewegungen abwickelte. Im Winter 1071-1072 reiste er, mit der Drohung des Nordens im Rücken, in sein Herzogtum.[52] Seine zu diesem kritischen Zeitpunkt in der Normandie getätigten Aktionen sind nur spärlich verzeichnet, es ist jedoch anzunehmen, daß sich der von ihm sofort einberufene herzogliche Hof mit der Lage in Maine befaßte, und es ist bedeutsam, daß sein Halbbruder Odo von Bayeux zu dieser Zeit ebenfalls in der Normandie weilte.[53] Doch konnte sich der König nicht lange aufhalten und traf vor Ostern 1072 wieder in England ein. [54] Dort bestand seine erste Handlung in einer umfassenden Vorbereitung, die zur Überwindung der schottischen Drohung wesentlich war. In der Tat sollten die von ihm ergriffenen Maßnahmen einen beträchtlichen Einfluß auf die Etablierung des normannischen Adelsregimes in England haben: durch sie wurden nicht nur den normannischen Feudalherren, sondern auch den Bistümern und Abteien Englands Verpflichtungen auferlegt.[55] Diese Maßnahmen wurden in der größten Eile durchgeführt und im Laufe des Sommers abgeschlossen, und so war Wilhelm im Frühherbst zum Handeln bereit und »führte sofort ein Landheer und eine Seestreitmacht nach Schottland«.[56]

Damit nahm unter den vielen militärischen Wagnissen des Eroberers eines der bemerkenswertesten seinen Anfang. Es war ein Vorstoß sowohl vom Land als auch vom Meer aus in das Zentrum von Malcolms Königreich geplant. Das Heer, das sich in erster Linie aus Reitern zusammensetzte, zog auf der östlichen Straße zuerst durch Durham und dann durch Lothian, wo es den Forth mittels der nahe bei Stirling liegenden Furt überquerte, um sich dann ostwärts nach Perth und dem oberen Lauf des Tay zu wenden. Die Flotte, die Hand in Hand mit dem Heer operierte, segelte die Ostküste von Britannien entlang und in die Mündung des Tay, um mit dem Landheer Kontakt aufzunehmen. Es war ein kühner Plan und er erzielte einen zufälligen Erfolg. Zweifellos erhoffte sich der Eroberer eine Schlacht irgendwo in Lothian, wo sich seine Reiter von Vorteil erweisen konnten, doch war Malcolm keineswegs bereit, ihm eine derart günstige Gelegenheit zu bieten. Auch hatte ihn diese Invasion so sehr entmutigt, daß er sich zu Verhandlungen bereit erklärte. Die beiden Könige trafen sich in dem nur wenige Meilen von den normannischen Schiffen entfernt liegenden Abernethy. Das Ergebnis war, daß Malcolm König Wilhelm Geiseln stellte und sein Lehnsmann wurde.[57] Ob sich dieser Lehnseid nur auf Cumbria und Lothian oder aber auch auf das Königreich Alban erstreckte, bleibt ungewiß. Außerdem war dem keine große Bedeutung beizumessen. Wichtig allein war die Tatsache, daß der schottische König das neue Regime in England anerkannte. Ein Beweis dieser neuen Haltung war die Vertreibung Edgar Athelings vom schottischen Hof.

Dieser Feldzug muß als eine der bizarrsten normannischen Kriegstaten im 11. Jahrhundert angesehen werden, denn das Risiko, das sich mit dem Einsatz von Rittern im Hochland verband, die von der Risle und der Seine sowie aus dem Bessin und dem Hiémois stammten, war sehr erheblich. Die Jahreszeit war für einen Feldzug schon sehr fortgeschritten, und Wilhelm operierte gefährlich weit von seiner strategischen Basis entfernt, so daß die Schiffe, die im Notfall als Hilfsmittel zum Rückzug dienen konnten, die Gefahr seiner Isolierung kaum verminderten. Durch den mit Malcolm abgeschlossenen, für ihn selbst so günstigen Pakt hatte er für die Verteidigung des anglo-normannischen Staates einen wesentlichen Beitrag geleistet: Die Existenz dieses Staates war im Norden förmlich anerkannt, der Kernpunkt einer ihm feindlichen Organisation neutralisiert und seine nördliche Grenze bestätigt, wenn nicht sogar festgelegt worden.

Jedoch muß Wilhelms Feldzug nach Schottland darüber hinaus als Teil einer umfassenderen politischen Strategie betrachtet werden, und hier stellte die Zeit hinsichtlich seiner Aufgabe einen wesentlichen Faktor dar. Die Sicherheit des von ihm geschaffenen Reiches setzte nun eine

einheitliche Verteidigung voraus, die sich von Abernethey bis Nonancourt und von Flandern bis an die Grenzen Britanniens erstreckte. Ereignisse, die im Herbst des Jahres 1072 auf dem Festlande stattfanden,
bedingten nicht nur die Notwendigkeit, im Norden die Probleme zu
bewältigen, sondern auch, daß ihre Beilegung so schnell wie möglich
erfolgte. Maine rebellierte, Flandern war Feindesland geworden, und
in der Normandie war die Anwesenheit Wilhelms dringend notwendig. In der Tat war die Erhaltung des anglo-normannischen Reiches
ein einziges Problem geworden: im großen und ganzen blieb es sich
völlig gleich, ob nun diese Verteidigung in England oder in Frankreich
stattfand, und jedes Ereignis in einem der beiden Länder wirkte sich
unmittelbar auch auf das andere aus. Daher zog Wilhelm sofort nach
Abschluß seines Paktes mit Malcolm gen Süden. Am 1. November
des Jahres 1073 befand er sich in Durham.[58] Wo er die Weihnachtsmesse hörte, ist unbekannt — doch befand er sich zu Beginn des Jahres
1073 an der Spitze eines Heeres, das von England aus übergesetzt
war, wieder in der Normandie.

Da sich seine Stellung in Frankreich im Laufe seines schottischen Feldzuges weiterhin verschlechtert hatte, erwies sich seine Rückkehr als
keineswegs verfrüht. Die mangelnde Stabilität der Herrschaft Geoff-
freys von Mayenne forderte hinsichtlich Maines die Intervention einer
größeren Macht heraus; außerdem erfuhr irgendwann im Laufe des
Jahres 1072 diese Lage eine neue Wendung, als nämlich die Bürger
von Le Mans Fulk le Rechin, Graf von Anjou, um Hilfe baten. Zwar
stellte Anjou nun keineswegs mehr die gleiche Macht dar wie unter
Geoffrey Martel, doch hatte der abstoßende Fulk le Rechin im Jahre
1072 die größtenteils von ihm selbst hervorgerufene Anarchie soweit
überwunden, daß seine Gegnerschaft durchaus nicht mehr zu unterschätzen war. Die an den Grafen gerichtete Bitte war deshalb so bedeutsam, weil sie einen früheren politischen Vorgang erneut ins Gedächtnis rief. Auch zögerte Fulk nicht, dieser Bitte nachzukommen.
Er drang sofort in Maine ein und rückte auf Le Mans vor. Die Einwohner der Stadt empörten sich zu seinen Gunsten, und so wurde
Geoffrey von Mayenne mit Hilfe des Grafen verbannt. Wieder einmal war ein Graf von Anjou auf dem Wege, sich an der Grenze der
Normandie niederzulassen.[59]

Das war die Situation, die den Eroberer mit solcher Hast von Schottland herbeigeführt hatte. Der einheitliche Charakter der von ihm
geführten Verteidigungskriege läßt sich aus der Zusammensetzung des
Heeres ersehen, das ihn begleitete. Genauso wie normannische Ritter
am schottischen Feldzug teilgenommen hatten, so befanden sich nun

bei dem französischen Feldzug englische Truppen, deren Teilnahme an den darauffolgenden Kämpfen beachtlich war und auch beachtet wurde.[60] Wieder einmal war das Hauptmerkmal von Wilhelms Plan die Schnelligkeit, mit der er ihn durchführte. Zu dieser Zeit hatte Fulk anscheinend Anjou verlassen, und Wilhelm wartete seine Rückkehr durchaus nicht ab. Obgleich die Jahreszeit für die Kriegsführung noch nicht sehr günstig war, drang er durch das Tal der Sarthe in Maine ein und griff Fresnay an. Diese Festung ergab sich, wie die Burg Beaumont, ohne großen Widerstand; danach rückte Wilhelm auf Sillé vor, das sich ebenfalls ergab.[61] Somit war der Weg nach Le Mans frei, das von Wilhelm belagert und eingenommen wurde. Die Eroberung der Hauptstadt zog die Unterwerfung der gesamten Grafschaft nach sich.[62] Am 30. März war der Feldzug anscheinend beendet und Wilhelm der Eroberer kehrte, nachdem er die normannische Herrschaft über Maine zurückgewonnen hatte, wieder nach Bonneville-sur-Touques zurück.[63]

Die Schnelligkeit, mit der der erfolgreiche Feldzug von Maine auf jenen von Schottland folgte, ermöglichte es dem Eroberer zweifellos, einer für seine Angelegenheiten gefährlichen Krisis zu entgehen. Im Sommer des Jahres 1073 war seine Stellung wesentlich stärker als zwölf Monate zuvor. Doch durfte die Verteidigung seines zusammengewürfelten Reiches keinesfalls erschlaffen, zumal ein neuer Faktor das Problem zu komplizieren begann. Die französische Monarchie überwand nun den Tiefpunkt, den sie während der Minderjährigkeit Philipp I. erreicht hatte. Im Jahre 1067 endete die Vormundschaft des Grafen von Flandern über Philipp I.[64], und nun begann der junge König von sich aus eine aktive, gegen die Normandie gerichtete Politik zu entwickeln. Zu diesem Zweck suchte er Bundesgenossen, und deren gab es genug. In erster Linie wandte er sich dabei anscheinend nach Flandern. Zwar hatte er sich im Jahre 1071 gegen Robert le Frison gestellt, doch wurde es nach dessen Etablierung offenkundig, daß die Interessen des flämischen Grafen mit denen des französischen Königs übereinstimmten. Zu Recht betrachtete Robert den normannischen Herzog als seinen gefährlichsten Rivalen; dazu hatte er den Eingriff Wilhelm FitzOsberns in die flämischen Angelegenheiten keineswegs vergessen, und es ist daher bedeutsam, daß er kurz nach Abschluß des Vertrages zwischen Wilhelm und Malcolm dem Atheling Edgar in Flandern Asyl gewährte.[65] Philipp hatte seinerseits im Hinblick auf seinen übermächtigen normannischen Vasallen durch eine Freundschaft mit dem Grafen von Flandern viel zu gewinnen. Daher ergab sich zwischen ihnen sehr bald ein »rapprochement«, das in der

Heirat Philipps mit Berta von Hennegau, einer Halbschwester Roberts, im oder kurz vor dem Jahre 1072 seinen Ausdruck fand.[66]
Doch war Flandern nicht das einzige Land, an das sich der französische König um Unterstützung gegen die Normandie wenden konnte. Da war auch noch Anjou. Er hatte bereits im Jahre 1068 aus dem zwischen Fulk und seinem Bruder Geoffrey um das angevinische Erbe entbrannten Krieg seinen Vorteil gezogen, indem er nämlich mit Fulk einen Vertrag schloß, durch den er das Gâtinais erhielt; auch existieren Zeugnisse darüber, daß die Beziehungen zwischen Philipp und dem Grafen im Jahre 1069 freundschaftlich waren.[67] Aus diesem Grunde war der im Jahre 1072 stattfindende feindliche Einfall Fulks in Maine dem französischen König durchaus willkommen, da die Situation weiter entwickelt werden konnte. Damit hatte sich der grundlegendste Charakterzug der Politik Philipp I., die er im Laufe der folgenden zwanzig Jahre durchführen sollte, enthüllt. Er sollte aus einer ununterbrochenen, gegen die Normandie gerichteten Opposition bestehen, an der Flandern und Anjou als Verbündete teilnahmen. Tatsächlich wurde diese Politik derart konsequent verfolgt, daß Wilhelm von da an gezwungen war, den größten Teil seiner Zeit in der Normandie zu verbringen. Für den Rest seiner Herrschaft sollte sich die Verteidigung seines Königreiches vor allem in Frankreich abspielen, obgleich sich — wie im Jahre 1075 und 1085 — dadurch ständige Rückwirkungen auf England ergaben.

Im Jahre 1074 geschah es wirklich, daß Wilhelms Widersacher beiderseits des Kanals merklich gemeinsam zu handeln begannen. So kehrte Edgar Atheling im Laufe dieses Jahres von Flandern nach Schottland zurück, wo er in Ehren empfangen wurde.[68] Der französische König erkannte sofort, wie Edgar als Mittelpunkt eines gegen die Normandie gerichteten Bündnisses eingesetzt werden konnte. Daher bot er ihm die wichtige Burg Montreuil-sur-Mer an, die strategisch besonders günstig lag [69]: Montreuil war der wichtigste kapetingische Ausgang auf den Ärmelkanal, konnte von Flandern aus leicht erreicht werden und war zugleich ein östlicher Stützpunkt. Es hatte in der Tat den Anschein, daß Edgar wieder einmal zum Mittelpunkt aller Feinde des anglo-normannischen Königreiches werden sollte, und Wilhelm empfand diese Drohung als so schwerwiegend, daß er mit dem Atheling verhandelte und einwilligte, ihn wieder an seinem Hofe aufzunehmen.[70] Daher mußte sich der französische König ein anderes gegen Wilhelm gerichtetes Widerstandszentrum auftun; er fand es in der Bretagne, wo eine politische Lage im Entstehen war, die für die Normandie äußerst gefährlich werden konnte. In der Tat sollte sich nun durch die Bretagne zwischen 1075 und 1077 eine politische Bewegung entwickeln, in der sich alle englischen, französischen und skandinavischen Feinde Wilhelms einige Zeit lang verbündeten.

Der bretonische Feldzug Wilhelms vom Jahre 1064 hatte, wie bereits erwähnt, für die Dauer der Eroberung Englands die Errichtung eines feindlichen Staates an der Grenze der Normandie verhindert. Dazu kam noch, daß der Tod Conans im Dezember 1066 die Macht des bretonischen Herrscherhauses noch mehr verringert hatte. Sein Schwiegersohn Hoel, Graf von Cornouailles, war sein Nachfolger. Der neue Herrscher erbte alle Schwierigkeiten, die Conan bei seinem Kampf um die Vormachtstellung mit den bretonischen Feudalherren erlebt hatte. Unter diesen Magnaten befand sich eine äußerst einflußreiche Gruppe, die sich im nördlichen und östlichen Teil der Bretagne, gegenüber der Normandie, niedergelassen hatte. Die Hervorragendsten unter ihnen waren die Mitglieder einer jüngeren Linie des Herrscherhauses, nämlich Eudo von Penthièvre und seine Söhne, von denen die meisten ihre Laufbahn bereits unter König Wilhelm in England begonnen hatten.[71] Doch war der Älteste, nämlich Geoffrey Boterel I., dessen Herrschaftsgebiet sich über die ganze nördliche Küste erstreckte und in den Diözesen Dol, Saint-Malo und Saint-Brieuc große Ländereien einschloß, in der Bretagne geblieben.[72] Noch dazu existierte Geoffrey »Granon«, ein unehelicher Sohn Alan III., dessen Landbesitz sich ebenfalls auf die Diözese Dol konzentrierte.[73] Schließlich befand sich im Süden dieser Lehnsgüter das große Herrschaftsgebiet Gael, eine festgefügte Baronie, die sich unmittelbar im Westen und Nordwesten von Rennes befand, sowohl Montfort als auch Montauban einbeschloß und sich westwärts bis Tremorel und Penpont erstreckte: sie umfaßte nicht weniger als vierzig Gemeinden.[74] Im Jahre 1074 befand sich dieses Herrschaftsgebiet im Besitz Ralphs »de Gael«, der sich mit vielen anderen bretonischen Herren in England niedergelassen hatte und ungefähr um 1069 Graf von Norfolk geworden war.

Dieser Ralph de Gael [75] sollte in der nun folgenden Krisis die Hauptfigur abgeben. Von seinem Vater, der ebenfalls Ralph hieß und am Hofe des Bekenners als Stallmeister gedient und später dem Eroberer bei der Besiedlung geholfen hatte, hatte er sowohl dessen bretonische Ländereien als auch dessen englische Grafschaft geerbt. Daher besaß Ralph de Gael sowohl bretonische als auch englische Beziehungen und zeigte sich besonders stark als der geborene Führer all jener Bretonen des Mittelstandes, die im Kielwasser des Eroberers gefolgt waren, um in England Land zu erhalten. Als Ralph im Jahre 1075 den Plan faßte, gegen den Eroberer zu rebellieren, wandte er sich in der Tat zuerst an diese, und es gelang ihm, in diesem Aufstand keinen Geringeren als Roger »von Breteuil«, den zweiten Sohn Wilhelm FitzOsberns und Grafen von Hereford, zum Bundesgenossen zu gewinnen. Die genauen Ursachen dieser Rebellion sind unklar, doch war ihr Anlaß die Hochzeit Ralphs mit der Tochter Rogers, und die Verschwörung wurde auf dem in Exning bei Newmarket stattfindenden Hochzeitsfest ausgeheckt.[76] Die Revolte erhielt noch mehr Gewicht durch die Tatsache, daß Waltheof, Sohn Graf Siwards von Northumbria und nun Graf von Huntingdon, der hoch in der Gunst des Eroberers stand, sich ihr zugesellte.[77] So verbündete sich der englische und bretonische Widerstand gegen den Eroberer und Ralph wandte sich — als wollte er diese Bewegung logisch vervollständigen — an Dänemark um Hilfe.[78] Unterdessen waren Ralphs Mitfeudalherren in der Bretagne bereit, sich gegen Hoel zu empören oder in der Normandie Raubzüge zu unternehmen, während Graf Robert von Flandern, Fulk le Rechin von Anjou und König Philipp von Frankreich die Entwicklung der Lage aufmerksam beobachteten.

Als die Rebellion in England ausbrach, hielt sich Wilhelm noch in der Normandie auf, und es ist bedeutsam, daß Erzbischof Lanfranc, in dessen Obhut er die Verwaltung Englands gelassen hatte, dem König sofort einen Brief schrieb, um ihm von einer Rückkehr abzuraten.[79] Zu diesem Zeitpunkt war der Platz des Königs in der Normandie, und es wäre schimpflich gewesen, wenn seine Getreuen mit dem Aufstand in England nicht selbst fertig geworden wären. Wie sich zeigen sollte, waren sie dessen ohne große Schwierigkeiten fähig. Die beiden einheimischen Prälaten Bischof Wulfstan von Worcester und Abt Aethelwig von Evesham taten sich mit den in den westlichen Midlands bereits etablierten normannischen Herren zusammen, um Graf Roger daran zu hindern, Herefordshire zu verlassen und zu seinen aufrührerischen Genossen zu stoßen; gleichermaßen hielten Bischof Odo von Bayeux, Geoffrey von Coutances, Richard, Sohn des Grafen Gilbert und Wilhelm von Warenne den westwärts gerichteten Vorstoß Graf Ralphs von Norfolk auf.[80] Daraufhin zog sich Ralph nach Norwich zurück und verließ, nachdem er seiner Gemahlin die Verteidigung der Burg anvertraut hatte, England auf dem Seewege. Vielleicht ging er nach Dänemark, um seine skandinavischen Bundesgenossen zur Tat anzuspornen; später traf er in der Bretagne ein.[81] Norwich wurde sofort belagert und ergab sich nach einigem Widerstand auf Grund von Bedingungen, die der Gräfin und vielen Mitgliedern der Besatzung eine Ausreise in die Bretagne gestatteten. Mittlerweile war von Dänemark aus ein Heer unter Segel gegangen. Sweyn Estrithson war kürzlich gestorben, doch führte nun sein Sohn Cnut in Begleitung vieler dänischer Feudalherren die über zweihundert Kriegsschiffe starke Flotte gen England. Sie kamen zu spät. Norwich war bereits von den Männern des Königs erobert worden, woraufhin sich die Dänen damit begnügten, nach Norden zu segeln und die Küstengebiete sowie York zu plündern. Danach kehrten sie mit ihrer Beute über Flandern nach Dänemark zurück, so daß Lanfranc seinem in der Normandie weilenden König die Nachricht zukommen lassen konnte, daß der Süden nun ruhiger war als zu irgendeinem anderen Zeitpunkt seit des Königs letzter Abreise.[82] So konnte Wilhelm zu Weihnachten des Jahres 1075 in ein befriedetes Land zurückkehren, um die Rebellen ihrer Strafe zuzuführen.[83] Die Bretonen wurden hart behandelt, Graf Roger gefangengenommen und Graf Waltheof sofort in den Kerker geworfen, wo er einige Monate lang schmachtete, bis er am 31. Mai 1076 außerhalb von Winchester auf dem Saint-Giles-Berg enthauptet wurde.[84] Jedoch befand sich Wilhelm zu diesem Zeitpunkt bereits wieder diesseits des Kanals und zum Krieg gegen die Bretagne bereit.

Die Rebellion der Grafen ist insofern von großem Interesse, als sie die aus der Gründung des normannischen Feudalismus in England entstandenen Probleme veranschaulicht; die Teilnahme Graf Waltheofs — sowie seine Hinrichtung — ermöglicht einen tiefen Einblick in die Politik des Eroberers, die er seinen englischen Untertanen gegenüber anwandte. Was jedoch die Verteidigung des anglo-normannischen Königreiches angeht, so liegt die größte Bedeutung der Rebellion des Jahres 1075 in ihrer Verbindung mit dem politischen Leben des Festlandes. Das Ersuchen um skandinavische Hilfe verlieh dem englischen Aufstand ein noch größeres Schwergewicht, und in der Tat bereitete gerade dieser Aspekt der Lage dem König die heftigsten Sorgen; infolgedessen schrieb er noch während seines Aufenthaltes in der Normandie dringend an Lanfranc und befahl, die Ostküste in Verteidigungszustand zu versetzen.[85] Auch darf dieser Aufstand nicht allein mit Skandinavien in Zusammenhang gebracht werden. Es drehte sich dabei vielmehr ebenso um eine bretonische, wie um eine englische Revolte; in England wurde im besonderen an den Bretonen Vergeltung geübt, und in diesem Zusammenhang wurden vor allem Wilhelms französische Feinde betroffen. Sofort setzte Graf Ralph von seinen bretonischen Besitzungen aus den Krieg fort, und es war, falls sich seine Rebellion als erfolgreich erweisen sollte, eindeutig, daß Wilhelm an der Westgrenze seines Landes eine feindliche Macht vorfinden würde. Eine derartige Lage, die konstante Gelegenheiten zu weiteren Angriffen bot, würde zum Vorteil König Philipps und seiner Bundesgenossen gereichen. Wilhelm war seinerseits ebensosehr daran interessiert, dies zu verhindern.

Daher war der im Jahre 1076 folgende Krieg von umfassender Bedeutung, und es ist wohl kein Wunder, daß er nicht nur die Aufmerksamkeit normannischer und bretonischer Autoren, sondern ebensosehr das Interesse englischer und angevinischer Chronisten auf sich zog. Ihre Zeugnisse stimmen nicht völlig überein und lassen sich nur schwer interpretieren, doch läßt sich der Verlauf der Ereignisse mit einem angemessenen Wahrscheinlichkeitsgrad erkennen.[86] Als Graf Ralph in die Bretagne zurückkehrte, führte Graf Hoel bereits Krieg mit Geoffrey Granon. Anscheinend verbündete sich Graf Ralph mit Geoffrey Granon, woraufhin sich die beiden Feudalherren in der Burg Dol verschanzten.[87] Dies war eine Situation, die König Wilhelm nicht unbeachtet lassen konnte. Dol lag nahe der normannischen Grenze und sein Hauptverteidiger war der aufrührerische Graf von Norfolk. Diese ganze Operation konnte ebensosehr gegen Wilhelm, als auch gegen Graf Hoel gerichtet betrachtet werden. Aus diesem Grund erhielten die Verteidiger von Dol zur Verstärkung rechtzeitig ein aus Anjou stammendes Truppenkontingent.[88] Im September rückte Wilhelm gegen Dol vor und handelte — laut den Berichten bretonischer Autoren — im Verlauf des folgenden Krieges in enger Verbindung mit Hoel. Doch hielt Dol trotz aller Belagerungskünste stand.[89] In diesem Augenblick ergriff der französische König die für ihn so günstige Gelegenheit. Philipp befand sich Anfang Oktober im Poitou und bat Graf Geoffrey von Aquitanien[90] dringend um Unterstützung. Schließlich machte er sich gegen Ende dieses Monats an der Spitze eines großen Heeres zur Befreiung der Burg Dol auf. Sein Dazwischentreten erfolgte zu einem günstigen Zeitpunkt und erzielte einen vollen Erfolg. Dol wurde befreit, und Wilhelm, der schwere Truppen- und Materialverluste erlitten hatte, war zum Rückzug gezwungen.[91]

Die Niederlage Wilhelms bei Dol war der erste schwerwiegende militärische Rückschlag, den er nach mehr als zwanzig Jahren in Frankreich erlitten hatte; seine Bedeutung ist ungebührlich geschmälert worden.[92] In der Tat bildete sein Mißerfolg in der Bretagne im Jahre 1076 gewissermaßen das Gegengewicht zu seiner erfolgreichen Unterdrückung des im Jahr zuvor erfolgten Aufstandes der englischen Grafen. In der Bretagne blieb Ralph ein mächtiger Herr, der sich hinter seiner Stärke verschanzt hatte, und es ist bedeutsam, daß König Philipp im Laufe des Jahres 1077 seine Machtstellung im Vexin konsolidieren konnte, ohne dabei auf einen ernstlichen Widerstand Wilhelms zu stoßen. Wilhelms Verluste bei Dol waren schwerwiegend gewesen[93];

dazu hatte er beträchtlich an Ansehen eingebüßt, und schließlich bot sich seinen Gegnern die günstige Gelegenheit, ihren Erfolg weiterhin auszudehnen. Beispielsweise griff Fulk le Rechin vermutlich im Spätherbst des Jahres 1076, oder aber während der ersten Monate des Jahres 1077 mit Unterstützung angevinischer und bretonischer Truppen Johann von La Flêche an, der einer der stärksten Anhänger Wilhelms in Maine war.[94] Jedoch gelang es Johann, sich in seiner Burg solange zu halten, bis Wilhelm zu seinem Beistand herbeieilte, und so mußte der im Laufe der Belagerung anscheinend verwundete Fulk le Rechin den Rückzug antreten.[95] Daraufhin wurde ein unsicherer Waffenstillstand geschlossen. Sein Kennzeichen war ein (mit Sicherheit im Jahre 1077 bestätigter)[96] Pakt zwischen Wilhelm und Philipp, und zweitens ein zwischen Wilhelm und Fulk geschlossener Pakt, dessen Abschluß vielleicht zur selben Zeit stattfand und der jedenfalls kaum in ein anderes Jahr als 1077 oder 1078 verlegt werden kann.[97]

Der eigentliche Sieger in den französischen Feldzügen dieser Jahre war letzten Endes der französische König, der mit seiner Politik sein erstes Ziel erreicht hatte. Die Niederlage Wilhelms bei Dol war auf Philipps Diplomatie und Eingreifen zurückzuführen, und Wilhelm war schließlich dazu gezwungen, zu seinem eigenen Nachteil zu verhandeln. Philipp nutzte die Gelegenheit, die sich ihm im Vexin bot, schnell zu seinem eigenen Vorteil. Dort hatte Simon die Nachfolge seines Vaters Ralph von Crépi angetreten und seine Stellung gegen den französischen König trotz einiger Schwierigkeiten behauptet. Doch wurde er nun von einem jener tiefgreifenden Impulse ergriffen, die für das 11. Jahrhundert so charakteristisch waren. Nachdem er Judith, die Tochter Robert II., Graf von Auvergne, zur Ehe erhalten hatte, wählte er ausgerechnet ihre Hochzeitsnacht dazu, gemeinsam mit seiner Braut Enthaltsamkeit zu geloben; von da an entsagte er der Welt und zog sich in das Kloster Saint-Claude im Jura zurück. Dieses natürlich oft kommentierte Ereignis bot König Philipp die so lange von ihm angestrebte günstige Gelegenheit: er besetzte sofort den Vexin und erweiterte so seine Domäne bis zur normannischen Grenze an der Epte.[98] Dies bedeutete eine erneute Bedrohung der Normandie, doch konnte Herzog Wilhelm unter den gegebenen Umständen nichts zu ihrer Verhinderung unternehmen. Er sah sich gezwungen, der veränderten Lage zuzustimmen, doch sollte er bei seinem späteren Versuch, sie wieder zu wenden, den Tod finden.

Die Stellung Herzog Wilhelms in Frankreich war tatsächlich beeinträchtigt worden. Wohl mußte er keinerlei eigenes Gebiet abtreten; auch wurde die normannische Verwaltung in Maine unter Robert, dem

Sohn des Herzogs, fortgeführt, obgleich die Grafschaft nocheinmal unter die angevinische Oberlehnsherrschaft gefallen war. Doch stützte sich die im Jahre 1077—1078 getroffene Regelung eindeutig auf einen nur zeitweilig geschlossenen Kompromiß und kennzeichnete außerdem einen Umschwung in Wilhelms günstigem Geschick. Zum ersten Male seit 1054 war der normannischen Machterweiterung in Frankreich eine Grenze gesetzt worden, wobei man sich des Eindrucks nicht erwehren kann, daß die Initiative zum Kampf in Frankreich von nun an bis zum Tode des Eroberers vom französischen König ausging.

König Philipp konnte seiner gegen Wilhelm gerichteten Offensive sofort eine neue Wendung geben, indem er innerhalb der Normandie Spaltungen hervorrief. So nützte er beispielsweise die latenten Schwierigkeiten in den Beziehungen zwischen Wilhelm und seinem ältesten Sohn. Lange Zeit hatte Robert in der Politik des Eroberers als Faktor gedient. Im Jahre 1063 wurde ihm der Titel eines Grafen von Maine verliehen, was in den Abmachungen von 1077—1078 auch bestätigt wurde. Außerdem war er bei mehreren Anlässen förmlich als der Erbe seines Vaters anerkannt worden und wurde, als Wilhelm im Jahre 1067 nach England zurückkehrte, ständig zu der Regierung des Herzogtums hinzugezogen.[99] So geschah es, daß Robert, nach Matildas Abreise zu ihrer im Jahre 1068 in England stattfindenden Krönung, die Verantwortung für die normannische Verwaltung vor allen anderen übernahm.[100] Sein Einfluß wuchs ständig, und vielleicht wurde er im Laufe des folgenden Jahrzehnts sogar unter seinem Vater, dem König, als Herzog der Normandie anerkannt, da er in zwei aus dem Jahre 1096 stammenden Urkunden seine Belehnung mit dem Herzogtum anscheinend auf die Jahre 1077 oder 1078 zurückführte.[101]

Derartige Anordnungen konnten die Einheit des anglo-normannischen Königreiches leicht gefährden, falls sie nicht klug in die Praxis umgesetzt wurden. Dabei hing vieles von Robert selbst ab, doch unglücklicherweise erwies sich der Charakter des jungen Mannes als unzulänglich, um die heikle Lage, in die er sich versetzt sah, zu meistern. Vielleicht war Ordericus Vitalis in dieser Hinsicht ein scharfer Kritiker, doch wirkte seine ausführliche Beschreibung des jungen Grafen überzeugend.[102] Robert — schreibt er — war tapfer, äußerst abenteuerlustig, ein geistreicher Erzähler und anziehender Gesellschafter. Doch waren seine Handlungen oft unüberlegt. In Wort und Tat zeigte er sich zügellos, so daß er sein eigentliches Wesen zerstörte und mit Versprechen um sich warf, auf die man sich jedoch kaum verlassen konnte. »Da er jedermann zu gefallen wünschte, war er nur allzu bereit, leichtherzig jeder Bitte zu willfahren.« Dieses Bild schildert einen mit den unreifen Eigenschaften der Herren jener Zeit behafteten jungen Mann, und es ist daher wohl kein Wunder, daß er unter seinesgleichen sehr beliebt war. Noch dazu ist es sehr interessant, daß er schnell ein Freund Edgar Athelings wurde, den Ordericus ähnlich schildert. Außerdem läßt sich dem noch mit Sicherheit hinzufügen, daß es Robert sowohl an Diplomatie wie auch an Intelligenz fehlte. Eitel und stürmisch wie er war, gab er in den Händen von Männern, die weniger offenherzig und klüger waren als er, ein brauchbares Werkzeug ab.

Im Jahre 1077 war Robert nicht älter als fünfundzwanzig Jahre und hatte sich bis dahin seinem Vater gegenüber als treuer Sohn erwiesen. Doch hatte die verhängnisvolle Schwäche seines Charakters gegen Ende dieses Jahres, möglicherweise auch erst im Frühjahr 1078, bedauerliche Folgen. Er gab den Schmeicheleien seiner Gefährten nach und bat seinen Vater, ihm von nun an die unabhängige Gewalt über die Normandie und Maine zu übertragen.[103] Zu diesem Zeitpunkt hätte eine derartige Spaltung des anglo-normannischen Reiches eine große Gefahr dargestellt. Anscheinend schreckte Wilhelm vor jeder übereilten Handlung zurück, bis er gezwungen war, einen Streit zu ersticken, der bei Laigle zwischen den Anhängern Roberts und denen seiner anderen Söhne Wilhelm und Heinrich ausgebrochen war. Dieser Vorfall bewirkte einen offenen Bruch. Robert zog sich sofort vom Hofe seines Vaters zurück und versuchte in Begleitung eines großen Gefolges in unglaublicher Wut die Stadt Rouen in seinen Besitz zu bringen, doch gelang es dem Kellermeister des Königs, Roger d'Ivry, dem damals die Obhut über die Burg der Hauptstadt anvertraut war, dem Angriff standzuhalten. Wilhelm erkannte, daß die Lage einen unmittelbaren Eingriff erforderte. Er befahl die sofortige Gefangennahme der Aufständischen und drohte ihnen mit Enteignung. Daraufhin floh Robert mit einem Großteil seiner Bundesgenossen aus der Normandie.[104]

Jedoch sollten sich die weitreichenden Folgen der Tat Roberts noch erweisen. In der Normandie und Maine war die Stellung Roberts bereits anerkannt worden; außerdem wurde er von den jungen Adligen derart geschätzt, daß er einen Großteil der jüngeren Mitglieder der bedeutendsten normannischen Geschlechter zu seiner Unterstützung um sich scharen konnte.[105] Es handelte sich dabei in erster Linie um Robert von Bellême, Sohn Rogers von Montgomery, Graf von Shrewsbury; mit diesem Robert hatte sich dessen Schwager Hugo von Châteauneuf-en-Thimerais verbündet, dessen Burgen Châteauneuf, Sorel und Rémalard den Flüchtlingen als außerhalb der Normandie gelegene Stützpunkte dienen, und von denen aus sie Operationen gegen das

Herzogtum führen konnten. Um diese Zeit, vielleicht auch etwas später, stieß Wilhelm von Breteuil, der älteste Sohn Wilhelm FitzOsberns, zu den Rebellen; sein Bruder Roger hatte nach dem Aufstand vom Jahre 1075 seine englische Grafschaft verwirkt und schmachtete immer noch im Kerker. Auch gehörten Yves und Aubrey, die Söhne Hugos von Grandmesnil, sowie Roger, Sohn Richard FitzGilberts, des Herrn von Tonbridge und Clare, diesem Kreise an. Alle waren junge Männer, deren Einstellung bei den Oberhäuptern der mächtigen Familien, denen sie angehörten, Abscheu erregte — bei jenen Männern also, die die Eroberung Englands ausgeführt hatten und die auch jetzt noch die Besiedelung des eroberten Königreiches organisierten. Doch hatte sich nun eine Bedrohung der normannischen Einheit entwickelt, die seit dem Jahre 1060 die Hauptquelle der normannischen Stärke war.

Natürlich zog eine derartige Situation die Aufmerksamkeit der Feinde Wilhelms in Europa auf sich; es ist daher wohl kein Wunder, daß das Verhalten Roberts sofort zu einem Wiederaufleben jener Koalition führte, die schon einmal das anglo-normannische Königreich bedroht hatte. Beispielsweise besuchte Robert ungefähr zu dieser Zeit den Grafen von Flandern; vielleicht suchte er sogar den Erzbischof von Trier auf, um dessen Hilfe zu erbitten.[106] Doch hegte der König von Frankreich an dieser Angelegenheit das größte Interesse; hier entdeckte er eine großartige Gelegenheit, Wilhelm gegenüber jene Politik fortzuführen, durch die er bereits viele Erfolge erzielt hatte. Offenbar ersuchte Robert ihn um Hilfe, die er auch erhielt: von einem ungenannten Haushofmeister des Königs von Frankreich ist bekannt, daß er zu jener Zeit mit den Rebellen Kontakt aufrechterhielt. Die Folge davon war, daß aus Frankreich, der Bretagne, Maine und Anjou Truppenkontingente zu Robert stießen.[107] Damit war das frühere Bündnis der Feinde Wilhelms wiedererstanden, doch war diesmal sein Mittelpunkt der Erbe des Eroberers.

Wilhelm durfte keine Zeit verlieren. Offenbar kämpfte er zum Zeitpunkt des Ausbruchs der Rebellion gegen Robert I. von Mortagne, doch brach er die Feindseligkeiten sofort ab und griff die in Rémalard versammelten Aufständischen an.[108] Bei diesem Kampf wurde zumindest einer der wichtigsten Anhänger Roberts getötet[109], worauf die Rebellen von der südwestlichen Grenze der Normandie bis zu ihrer östlichen Grenze eine Schwenkung vollführten und sich in der Burg Gerberoi verschanzten, die nahe bei Beauvais lag und ihnen vom französischen König zur Verfügung gestellt worden war. Dort strömten nicht nur neue Anhänger aus der Normandie, sondern auch viele Ritter aus Frankreich zu Robert.[110] Eine neue Krisis war entstanden, und

Wilhelm sah sich zu einem sofortigen Vormarsch auf die Festung gezwungen. Die Belagerung von Gerberoi, die kurz nach Weihnachten 1078 begonnen hatte [111], dauerte ungefähr drei Wochen und endete erst, als die Rebellen einen Ausfall unternahmen und eine offene Feldschlacht wagten. Sie hatten unerwarteterweise Erfolg. Wilhelm selbst wurde — möglicherweise von seinem Sohn — aus dem Sattel gehoben und am Arm verwundet. Tatsächlich wurde ihm das Leben von einem seiner englischen Gefolgsleute namens Toki, Sohn Wigots, gerettet, der jedoch selbst getötet wurde.[112] Danach wurde das Heer des Königs in die Flucht geschlagen, und Robert blieb als Sieger auf dem Schlachtfeld zurück. Diese Niederlage war der des Jahres 1076 bei Dol vergleichbar, nur daß sie Wilhelms Ansehen noch mehr schadete. Tatsächlich geht Wilhelm von Malmesbury so weit, sie als die größte Demütigung zu bezeichnen, die der Eroberer im Laufe seiner ganzen Laufbahn erlitt.[113]

Nach seiner Niederlage bei Gerberoi kehrte Wilhelm nach Rouen zurück, wo er dazu genötigt wurde, mit seinen Gegnern in Unterhandlungen zu treten. Eine einflußreiche Gruppe älterer Mitglieder der normannischen Aristokratie, in der sich Roger von Montgomery (jetzt Graf von Shrewsbury), Hugo von Grandmesnil und der alte Krieger Roger von Beaumont befanden,[114] versuchte sofort zugunsten Roberts und seiner jungen Bundesgenossen eine friedliche Beilegung zu erreichen, da viele der jungen Leute Söhne oder jüngere Brüder jener verhandelnden Feudalherren waren. Da König Philipp diese Sache gewissermaßen zu seiner eigenen gemacht hatte, unterstützte er sie [115], so daß Wilhelm schließlich zu Unterhandlungen gezwungen war. Die Versöhnung Roberts mit seinem Vater fand vielleicht vor Ende des Jahres 1079, jedoch mit Bestimmtheit vor April des Jahres 1080 statt; bei diesem Anlaß bestätigte Wilhelm nocheinmal feierlich die Nachfolge Roberts im Herzogtum.[116] Jedoch war sein Einfluß auf seinen Sohn wesentlich geschwächt worden, und König Philipp hatte allen Grund, mit den Ergebnissen von Roberts erster Rebellion zufrieden zu sein. Die Trennung der Normandie von England — die schon immer ein Hauptziel der Politik des französischen Königs gewesen war — war nun um einen Schritt näher gerückt. Es ist daher wohl nicht allzu erstaunlich, daß sie kurze Zeit nach dem Tode des Eroberers tatsächlich erreicht wurde.

Bei der Verteidigung seines Herrschaftsgebietes mußte Wilhelm ständig mit der Bedrohung all seiner Grenzen rechnen, da ein an einem Punkt erlittener Rückschlag fast immer an einem anderen Ort einen Angriff auslöste. Sobald die Nachricht über den Kampf bei Gerberoi bis in den

Norden vorgedrungen war, nahm König Malcolm von Schottland sofort seinen aus der Niederlage Wilhelms in Frankreich entstandenen Vorteil wahr.[117] Zwischen dem 15. August und dem 8. September 1079 verwüstete er das ganze Gebiet vom Tweed bis an den Tees. Es war ein fürchterlicher Raubzug, der dem schottischen König große Beute einbrachte, und die Tatsache, daß er einige Zeit lang ungestraft blieb, verstärkte die schwelende Opposition gegen die normannische Herrschaft in Northumbria. Anscheinend wuchsen die Unruhen im Laufe des folgenden Winters, so daß im Frühling des Jahres 1080 ein Aufstand ausbrach, der alle normannischen Siedler und Herren im Norden bedrohte und in einem der grauenhaftesten Gewaltverbrechen, das dieses Zeitalter entehrte, seinen Höhepunkt fand.

Im Jahre 1071 war ein lothringischer Geistlicher namens Walcher als Bischof von Durham eingesetzt worden. Er war in gewisser Hinsicht ein bemerkenswerter Mann und spielte in der Erneuerung des Klosterwesens, die zu dieser Zeit in seiner Diözese stattfand, eine wichtige Rolle. Außerdem neigte er seiner ganzen Einstellung nach dazu, mit den einheimischen Feudalherren bis zu einem gewissen Grade zusammenzuarbeiten. Beispielsweise ist bekannt, daß er mit Graf Waltheof in gutem Einvernehmen stand. In der Tat war Walchers Ansehen im Jahre 1075 so sehr gestiegen, daß sich der König, nachdem Graf Waltheof sich empört und durch seinen Verrat seine Besitzungen verwirkt hatte, dazu verleiten ließ, dem Bischof die Grafschaft Northumbria anzuvertrauen. Jedoch genügten Walchers Fähigkeiten nicht, um in einer äußerst unruhigen Provinz die Ordnung aufrechtzuerhalten. Anscheinend schloß er von Anfang an Kompromisse, indem er einen großen Teil der Verwaltung seinem Verwandten Gilbert überließ und gleichzeitig die öffentliche Meinung zu beschwichtigen suchte, indem er einen gewissen Ligulf begünstigte, der ein junges Mitglied des gräflichen Hauses Siwards war. Eine derartige Politik konnte kaum gelingen, und der unvermeidliche Zusammenstoß fand statt. Im Frühling des Jahres 1080 überwältigte und tötete Gilbert den jungen Ligulf; dies geschah mit Hilfe der Hofritter des Bischofs und der Zustimmung des bischöflichen Kaplans Leobwin. Daraufhin wurde Walcher, den man vermutlich nur der Nachlässigkeit zeihen konnte, der Mittäterschaft an diesem Verbrechen beschuldigt; mit mehr Aufrichtigkeit denn Klugheit erbot sich Walcher, vor einer von ihm in Gateshead einberufenen Versammlung seine Unschuld zu beschwören. Die Torheit seiner Handlung erwies sich sofort, als nämlich die Anhänger Ligulfs auf dieser Versammlung in Waffen erschienen und Bischof Walcher zusammen mit Gilbert, Leobwin und einigen ihrer Ritter in die daneben liegende Kirche trieben. Sie wurde sofort in Brand gesteckt, und als der Bischof und seine Gefolgsleute das brennende Gebäude verließen, wurden sie einzeln niedergemacht. Danach rückten die Aufständischen gegen Durham vor. Zwar mißlang ihnen die Einnahme der Burg, doch veranlaßte das entstandene Chaos den feindlichen König von Schottland zu einem neuerlichen Angriff.[118]

Das an Bischof Walcher und seinem Gefolge geübte Massaker fand am 14. Mai 1080 statt. Zu diesem Zeitpunkt hielt Wilhelm sich noch in der Normandie auf und konnte tatsächlich erst im Juli nach England zurückkehren.[119] Jedoch wurde in der Zwischenzeit Bischof Odo von Bayeux auf eine Strafexpedition nach Norden gesandt. Im Herbst desselben Jahres zog der nunmehr wieder mit seinem Vater versöhnte Robert mit einem großen Heer nach Schottland.[120] Er stieß im Norden bis Falkirk vor, verwüstete unterwegs Lothian und zwang Malcolm zu einem Vertrag, der die meisten Bedingungen des früheren Übereinkommens von Abernethy enthielt.[121] Danach wandte er sich wieder nach Süden und errichtete an dem später unter dem Namen Newcastle-on-Tyne bekannten Ort eine Festung.[122] Obwohl ein bemerkenswerter Feldzug, wurde durch ihn doch keine endgültige Lösung des Grenzproblems erreicht. Daß Robert in Newcastle eine Festung errichtete, weist darauf hin, daß das Land nördlich des Tyne immer noch umstrittenes Gebiet darstellte. Dazu kam noch, daß sich das Herrschaftsgebiet des schottischen Königs im Westen bis zu dem südlichen Stainmoor erstreckte.[123] Zwar ließ sich das zukünftige Abhängigkeitsverhältnis Lothians und Cumbrias bereits vorausahnen, doch war es beim Tode des Eroberers immer noch unbestimmt. Die nördliche Grenze seines Königreiches hörte nicht auf, ihm Sorgen zu bereiten.

Die Bedrohung, die Wilhelm ständig vom Norden erfuhr, bildete einen gewissen Gegensatz zu der verhältnismäßigen Immunität gegen Wales. Im Laufe der Herrschaft Edward des Bekenners war Wales von Griffith ap Llewellyn, dem Fürsten von Nordwales, regiert worden, der aus der zwischen den englischen Grafen herrschenden Rivalität seinen Vorteil zog.[124] Jedoch war er im August des Jahres 1063 im Laufe eines gegen Harold Godwineson unternommenen Feldzuges umgekommen. Während der folgenden zwei Jahrzehnte gab es in Wales keinen geeigneten Nachfolger. Infolgedessen »wurde auf die Waliser nicht mehr achtgegeben« [125], und die Grenze von Wales stellte für König Wilhelm nicht so sehr ein Verteidigungsproblem als vielmehr eine Gelegenheit zur Erweiterung des normannischen Herrschaftsgebietes dar. Die Gründung der Grenzgrafschaften Chester, Shrewsbury und Hereford — ein Merkmal der normannischen Besiedelung Englands [126] — kennzeichnete den Beginn eines ständigen normannischen Vordringens in Wales. Beispielsweise gründete Wilhelm FitzOsbern, Graf von Hereford, vor seinem Tode in Chepstow und Monmouth Kolonien; Hugo von Avranches, Graf von Chester, erweiterte sein Herrschaftsgebiet bis zum Fluß Clwyd und stellte seinem Cousin Robert von Rhuddlan Mittel zu einem weiteren Vordringen zur Verfügung; Roger II. von Montgomery, Graf von Shrewsbury, hatte vor 1086 einen Großteil des Landes erworben, das später seinen Namen tragen sollte.

Jedoch solltens ich in Wales die Auswirkungen der normannischen Eroberung Englands erst nach dem Tode des Eroberers in vollem Maße zeigen.[127] Hinsichtlich seiner Verteidigung des anglo-normannischen Königreiches bereitete ihm Wales im Laufe seiner Herrschaft nur wenig Schwierigkeiten.

In bezug auf Schottland lag die Sache anders. Während der Herrschaft des Eroberers erfolgte aus dem Norden eine ständige Bedrohung, die — wie bereits erwähnt — zu den Angriffen auf seine Besitzungen in Frankreich immer in einer gewissen Beziehung standen. Wilhelm konnte sich glücklich schätzen, daß es ihm der Feldzug Roberts im Jahre 1080 erlaubte, seine Aufmerksamkeit auf die Lage diesseits des Kanals zu konzentrieren, da Graf Fulk von Anjou zu Beginn des folgenden Jahres einen von Maine ausgehenden erneuten Angriff auf die Normandie unternahm.[128] Von Graf Hoel von Bretagne unterstützt, rückte er gegen La Flèche vor; diesmal eroberte er die Festung und brannte sie nieder.[129] Wilhelm sah sich daher wieder einmal gezwungen, eilig den Kanal zu überqueren, und zog kurz nach dem Fall von La Flèche mit einem großen, aus normannischen und englischen Truppen zusammengesetzten Heer durch Maine. Ein Bericht erzählt, daß eine große Schlacht bevorstand, die jedoch von einigen Geistlichen, die sich in der Nähe befanden, verhütet wurde.[130] Daraufhin wurde zwischen dem König und dem Grafen ein Pakt geschlossen. Er war das Abbild des im Jahre 1077 entstandenen Kompromisses und wurde anscheinend an einem Ort bestätigt, der von einem späteren Chronisten unklar mit »Blancalanda« oder »Brueria« bezeichnet wurde.[131] Trotzdem blieb Maine nach wie vor ein Gefahrenherd. Die Ernennung Bischof Hoels, der die Sympathien der Normandie besaß, zum Nachfolger Arnolds in Le Mans im Jahre 1081 fand erst nach einem Streit und mit der Unterstützung des Papstes statt. Als Vicomte Hubert von Beaumont einige Jahre später gegen die normannische Herrschaft revoltierte, erwies es sich sogar nach einer längeren Belagerung als unmöglich, ihn aus seiner Burg Saint-Suzanne zu verjagen, worauf schließlich er die Bedingungen stellte.[132]

Darüber hinaus wurde die Stellung des Eroberers zu dieser Zeit von einer neuen Gefahr bedroht, die ihm aus seiner eigenen Familie erwuchs. Im Jahre 1082, in dessen Verlauf auch der zweite Angriff Fulks auf La Flèche erfolgte, brach zwischen Wilhelm und seinem Halbbruder Odo, Bischof von Bayeux und Graf von Kent, jener berühmte Zwist aus. Im Jahre 1080 hatte Odo, wie bereits erwähnt, an der Unterstützung des Königs aktiv teilgenommen; anscheinend war er in England geblieben, als Wilhelm sich im Jahre 1081 in der Normandie aufhielt. Doch wurde er im Jahre 1082 vom König in den Kerker geworfen.[133] Die Umstände dieses wichtigen Ereignisses sind unklar, doch scheint Odo, einer späteren Chronik zufolge, nach der Papstkrone gestrebt und versucht zu haben, einige der wichtigsten Vasallen des Königs dazu zu überreden, ihm zu neuen Abenteuern nach Italien zu folgen.[134] Sicherlich konnte sich kein mittelalterlicher Monarch die Begünstigung eines derartigen Vorhabens leisten, und es wurde berichtet, daß Wilhelm sofort nach England reiste, den Grafen von Kent trotz des Widerstandes vieler seiner Ratgeber festnahm und ihn als Gefangenen in die Normandie brachte. Anscheinend wurde Odo von da an bis zum Tode des Eroberers im Jahre 1087 tatsächlich gefangengehalten, doch war er nicht enteignet worden, da er im Domesday Book nach dem König als der größte Landbesitzer in England erscheint.[135]

Die Abtrünnigkeit Odos bedeutete für die normannische Dynastie eine große Gefahr, die sich noch vor Ende des Jahres 1083 verstärkte. Kurz nach dem 18. Juli dieses Jahres entschloß sich Robert, dessen persönliches Ansehen in der Normandie infolge seiner ersten Revolte gestiegen war, zum zweiten Mal zu rebellieren und verließ das Herzogtum. Seine Unternehmen im Laufe der folgenden vier Jahre sind ungewiß, doch blieb er der vorbildliche Mittelsmann des französischen Königs, der ihm volle Unterstützung gewährte, so daß er zum Mittelpunkt einer jeden gegen den Eroberer gerichteten Widerstandsbewegung in Frankreich wurde.[136] Daher schien sich die Herrschaft König Wilhelms im Laufe des Jahres 1084 einer neuen Periode der Gefahr zu nähern; da sich die beiden mächtigsten Mitglieder seiner Familie offen gegen ihn gestellt hatten, muß sich der König zu dieser Zeit wohl sehr vereinsamt gefühlt haben. Gegen Ende dieses Jahres wurde seine Lage noch unglücklicher, da seine Gemahlin, die er der weitverbreiteten Meinung seiner Zeitgenossen nach über alles geliebt hatte, zu dieser Zeit starb. Königin Matilda verschied am 2. November 1083 und wurde in dem von ihr errichteten Nonnenkloster zu Caen begraben, wo eine der schönsten Grabschriften des 11. Jahrhunderts an sie erinnert.[137]

So war zu Beginn des Jahres 1085 die anglo-normannische Herrschaft immer noch nicht gesichert, und tatsächlich sollte die letzte Krisis in der Regierung des Eroberers noch bevorstehen.[138] Trotzdem darf der Erfolg Wilhelms in der ständigen Absicherung seines Reiches zwischen 1067 und 1084 nicht verkleinert werden. Sie kam trotz der Niederlagen durch seine unermüdliche persönliche Tatkraft zustande, die er während zweier Jahrzehnte über weite Gebiete erstrecken und gegen zahlreiche Feinde richten mußte. Wenn man auf diese Periode der Verteidigung zurückblickt, so erkennt man, daß ihr wesentlichstes Merkmal wohl darin bestand, daß alle Teile dieser Verteidigung zueinander in engster Beziehung standen. Tatsächlich muß die Verteidigung des anglo-normannischen Königreiches im Laufe der englischen Herrschaft des Eroberers als eine Einheit angesehen werden; auch unterlagen die irgendwie miteinander verbundenen Feldzüge Wilhelms und seiner Statthalter einer gemeinsamen Absicht, gleichgültig, ob sie in Northumbria oder Maine geführt wurden, ob sie sich gegen Sweyn Estrithson, Fulk le Rechin, König Malcolm von Schottland oder König Philipp von Frankreich richteten. Und schließlich muß man noch die erstaunliche Energie hervorheben, mit der König Wilhelm diese Verteidigung durchführte, da der umfassende Erfolg des Eroberers nur so verstanden werden kann. Das zwischen 1067 und 1087 von König Wilhelm vollbrachte lebendig-schöpferische Werk (das im nächsten Kapitel behandelt werden wird) führte er inmitten eines ununterbrochenen Kriegslebens und in einem Reich zu Ende, dessen Herrscher ständig Angriffen ausgesetzt war.

4. TEIL

DER KÖNIG UND SEIN KÖNIGREICH

X

WILLELMUS REX

Die Krönung Herzog Wilhelms von Normandie zum König der Engländer am Weihnachtstage des Jahres 1066 war das bedeutendste Ereignis in der Laufbahn des Eroberers. Außerdem kennzeichnete sie einen Wendepunkt in der Geschichte Englands und der Normandie, sowie eine Phase in der Entwicklung des mittelalterlichen Europas. Durch sie erfuhr England eine Aufklärung seiner dauernden Eigenart und eine Neuorientierung seiner Politik; indessen waren ihre Folgen hinsichtlich der Normandie kaum weniger schwerwiegend; kein westeuropäisches Königreich sollte von dieser politischen Umgruppierung unbeeinflußt bleiben. Dazu bedeutete die Krönung ein entscheidendes Ereignis innerhalb des Fortschritts normannischer Bestrebungen, die sich im Verlauf eines Jahrhunderts von Spanien bis Sizilien, von Apulien bis Konstantinopel und von dort bis Palästina erstreckten. Auch betrafen die Auswirkungen dieser Krönung nicht nur weltliche Angelegenheiten. Sie war in sich selbst eine religiöse Handlung und fand zu einem Zeitpunkt statt, als das Papsttum innerhalb der Struktur des christlichen Abendlandes eine radikale Umwälzung vornahm und neue Begriffe einer politischen Theologie geprägt wurden, deren praktische Folgen sich mehr und mehr auswirkten. Es ist deshalb wohl kein Wunder, daß Wilhelms Krönung Aufmerksamkeit erregte. Anscheinend durch übernatürliche Vorzeichen angekündigt, durch eine bemerkenswerte kriegerische Heldentat ermöglicht und mit dem Segen der Kirche versehen, entzündete sie die Vorstellungswelt der damaligen Zeitgenossen.

Natürlich offenbarte sich ihre volle Tragweite nicht sofort, und ein Großteil der Bedeutung von Wilhelms Krönung sollte von den ihr später zuerkannten Auslegungen abhängen. Im Dezember 1066 wird diese Zeremonie wohl als die einfache Anerkennung einer bestehenden Tatsache betrachtet worden sein, nämlich als das unerbittliche Ergebnis einer Eroberung, die mit außerordentlicher Kriegskunst, überlegener Diplomatie und einem hervorragenden Heer ausgeführt worden war. Dies war wahrscheinlich das vorherrschende Gefühl jener bekümmerten englischen Feudalherren, die, bevor sich der Eroberer nach Westminster begab, als tief bewegte Besiegte nach Berkhamstead zogen, um ihre Unterwerfung anzubieten, und die, wie erzählt wird, von Wilhelm freundlich empfangen wurden und sein Versprechen erhielten, daß er ihnen ein guter Herr sein wolle.[1] Immerhin lassen die angeblich nachher erfolgten Debatten kompliziertere Gefühle vermuten. Von den Engländern wird berichtet, daß sie Wilhelm zur Annahme der Krone drängten, weil sie es gewohnt waren, einen König zum Herrn zu haben [2], und dies bedeutete, wie sich später zeigen wird, wesentlich mehr als nur die Umänderung eines Titels: es zog einen Komplex von Treueverhältnissen nach sich, die teilweise religiös und teilweise traditionsbedingt, jedoch alle gefühlsmäßig zwingend waren.

Natürlich war die Lage für die Normannen aus der Umgebung Wilhelms völlig andersartig. Diese rücksichtslosen und schlauen Männer waren selbstverständlich auf einen Abschluß der Eroberung bedacht; doch gab es unter ihnen zweifellos einige, die besorgt sein mochten, daß es Wilhelm durch sein Königtum möglich sein würde, seine herzoglichen Rechte in der Normandie über Gebühr zu erweitern. Jedenfalls hielt Wilhelm es für angebracht, in dieser Angelegenheit ein gewisses Zögern an den Tag zu legen, und es ist vielleicht bedeutsam, daß im Laufe der darauffolgenden Debatte das eifrigste Argument zugunsten einer sofortigen Krönung nicht von einem normannischen Feudalherren, sondern von dem aus dem Poitou stammenden Vicomte Haimo von Thouars erstellt wurde.[3] In Wirklichkeit muß die Entscheidung als eine unwiderrufliche Folge der tatsächlichen Lage erschienen sein. Im Grunde war ein anderer Verlauf ausgeschlossen. So wurde Wilhelm schließlich mit der offiziellen Unterstützung führender Normannen und Engländer in Westminster zum König gekrönt, jedoch in erster Linie zum König der Engländer.

Die dann vollzogene Zeremonie ist von ungewöhnlichem Interesse, und es ist ein Glücksfall, daß nicht nur zeitgenössische Schilderungen des Ereignisses, sondern auch ein Text des »Ordo« [4] überliefert worden sind, der mit großer Wahrscheinlichkeit die bei diesem Anlaß beachteten Bräuche widerspiegelt.[5] Von besonderer Bedeutung ist darüber hinaus die Tatsache, daß die Handlung den überlieferten englischen Bräuchen entsprechend vollzogen wurde, so daß Wilhelm einem Ritus gemäß geweiht wurde, der im wesentlichen demjenigen entsprach, der zumindest seit der Zeit Edgars bei der Krönung englischer Könige angewandt wurde.[6] Auf diese Weise wurde bei der feierlichen Krönungsweihe alles getan, um die Kontinuität der englischen Königsherrschaft nachdrücklich zu betonen. Es waren die »Anglo-Saxonici«, der »Populus Anglicus«, die dem Ritual entsprechend aufgerufen wurden, um den König bei seiner Weihe zum Herrscher »über das Königreich der Angeln und Sachsen« zu begrüßen.[7] So wurde zu Beginn der englischen Herrschaft Wilhelms sein Anspruch, der Erbe einer ununterbrochenen königlichen Thronfolge zu sein, nachdrücklich betont. Dieser Anspruch sollte seine Politik bis zu seinem Tode beherrschen.

Trotzdem wurden bei diesem Anlaß bedeutsame Änderungen vorgenommen. Offenbar erforderten die im Jahre 1066 herrschenden Umstände eine besondere Anerkennung des neuen Herrschers, die dann auch stattfand. Bischof Geoffrey von Coutances hielt eine französische und der Erzbischof Aldred von York eine englische Ansprache, wobei sie die anwesende Gemeinde in aller Form befragten, ob sie den neuen König anerkennen wollten.[8] Dies war eine aus Frankreich stammende Neuerung[9], die im Laufe der Zeit zu einem wesentlichen Bestandteil des englischen Krönungsritus werden sollte. Eine zweite interessante Änderung erfuhr das Gebet »Sta et Retine«. In früheren Zeiten hatte es einen Hinweis auf den Vater des neuen Königs enthalten, der im Jahre 1066 jedoch augenscheinlich unangebracht war: aus diesem Grunde wurde der Satz »durch erbliches Recht« durch einen anderen ersetzt. Die Stellung der Königin mußte ebensosehr erwogen werden. Zwar wurde Matilda erst im Jahre 1068 gekrönt, doch dann empfing sie wesentlich höhere Ehrungen als vorher üblich gewesen waren. Sie wurde als die von Gott über das Volk eingesetzte Königin begrüßt und zur Mitregentin des Königreiches gesalbt.[10]

Jedoch liegt die bedeutsamste durch die Normannen erfolgte Erweiterung des Krönungsrituals in jener Litanei, die die unter dem Namen »Laudes Regia« bekannte liturgische Begrüßung enthielt.[11] Diese bei der Krönung Karls des Großen gesungenen »Laudes« waren vor der Eroberung in der Normandie anläßlich der wichtigsten Kirchenfeste gesungen worden und Wilhelm wurde, wie bereits erwähnt, in seiner Eigenschaft als Herzog die außergewöhnliche Ehrung zuteil, namentlich in ihnen genannt zu werden.[12] Andererseits ist nicht genau bekannt, inwieweit — wenn überhaupt — diese »Laudes« vor der Eroberung in England angewandt worden waren.[13] Es hat jedoch den

Anschein, daß sie bei der zu Pfingsten des Jahres 1068 in Westminster erfolgten Krönung der Königin Matilda [14] gesungen und im Laufe der Zeit als ein Bestandteil des englischen Krönungsrituals anerkannt wurden. Es ist weiterhin sehr wahrscheinlich, daß sie auch anläßlich der Krönung Wilhelms im Jahre 1066 gesungen wurden; mit größerer Sicherheit steht jedoch fest, daß sie zu den regelmäßig zu Weihnachten, Ostern und Pfingsten stattfindenden Messen, denen der König im vollen Krönungsornat beiwohnte, gesungen wurden; diese Tatsache wurde als eines der kennzeichnenden Merkmale seiner Herrschaft verzeichnet.[15]

Insoweit sie Wilhelm selbst betrafen, war die Form dieser »Laudes« nun wesentlich geändert worden. In den vor der Eroberung Englands gesungenen normannischen »Laudes« war der Herzog erst nach dem König von Frankreich genannt worden. Die zugunsten des Herzogs angerufenen Heiligen wurden erst gegen Ende der Litanei genannt [16] und der ihm bestimmte Gruß lautete folgendermaßen: »Wilhelm, dem Herzog der Normannen, seien Gesundheit und dauernder Friede beschieden.«[17] Im Gegensatz dazu wird der französische König in den nach 1066 gesungenen »Laudes« nicht erwähnt,[18] und die nunmehr angerufenen Heiligen waren die Muttergottes, der heilige Michael und der heilige Raphael. Nun lautete die Begrüßung Wilhelms folgendermaßen: »Dem durchlauchtigsten Wilhelm, dem mächtigsten und friedenspendenden König, der durch Gott gekrönt wurde, sei Leben und Sieg beschieden.«[19] Diese Änderung ist in jeglicher Hinsicht bemerkenswert. »Vita et Victoria« ist eine alte kaiserliche Formel, und »serenissimus« eine sehr alte kaiserliche Bezeichnung.[20] Darüber hinaus wurde der gesamte Gruß in der Mitte des 11. Jahrhunderts in ganz Westeuropa keinem anderen weltlichen Herrscher als dem König von Frankreich und dem Kaiser zugestanden. Die Auswirkung ist daher eindeutig. Nun war Herzog Wilhelm von Normandie von der Kirchenliturgie als »rex« anerkannt worden. Er wurde als gleichrangig mit dem französischen König begrüßt, das heißt, als einer der bedeutendsten weltlichen Herrscher des christlichen Abendlandes.

Die Krönung Wilhelms sanktionierte seine mit Waffengewalt erworbene Königswürde und verherrlichte das von ihm angetretene Königsamt. Es war natürlich wahr und überall offenbar, daß eine Revolution stattgefunden hatte, die durch eine Invasion und eine Schlacht zustandegekommen war. Doch gaben sich Wilhelm und seine Anhänger nicht damit zufrieden, es dabei zu belassen. Ganz im Gegenteil wurde immer wieder darauf hingewiesen, daß Wilhelm nach einer durch Usurpation entstandenen Zwischenregierung der legitime Nachfolger

Edwards des Bekenners und (nicht nur de facto, sondern auch de jure) König von England war. Daher sind die in dieser Hinsicht gestellten Ansprüche Wilhelms keinesfalls als Scheinargumente abzutun, die dazu bestimmt waren, eine kriegerische Gewalttat nachträglich zu rechtfertigen. Vielmehr verlangen sie sowohl hinsichtlich ihrer Wirkung auf damalige Zeitgenossen, als auch in Verbindung mit den Erfolgen Wilhelms zwischen 1066 und 1087, eingehende Erwägung.

Daher erfordern die von Wilhelm angeführten Argumente, mit denen er die normalerweise für die englische Thronfolge ausschlaggebenden Faktoren auf seine eigene Lage anwandte, unsere besondere Aufmerksamkeit. Das wohl merkwürdigste Argument war seine ausdrückliche Geltendmachung des Erbrechts. Tatsächlich stellte Wilhelm von Poitiers hinsichtlich der Rechtfertigung Wilhelms das sogenannte »Blutrecht« (»jus sanguinis«) in den Vordergrund; er unterstützte seine Beweisführung damit, daß er auf die Verwandtschaft des Eroberers mit Emma, der Tochter Herzog Richard I. und Mutter Edward des Bekenners, hinwies.[21] Dieses Argument war ziemlich schwach, doch schien es vermutlich im 11. Jahrhundert weniger trügerisch als heute. Das anglo-sächsische Königtum basierte auf dem Erbrecht, doch drehte es sich dabei nicht um das Erbrecht eines einzelnen Mitgliedes der königlichen Familie, sondern vielmehr um das Recht des ganzen Geschlechtes.[22] Indem Wilhelm das »jus sanguinis« für sich selbst beanspruchte, zollte er einer alten angelsächsischen — ja sogar germanischen — Überlieferung seine Achtung, jedoch ohne dabei seine Stellung Männern wie Edgar Atheling gegenüber zu schwächen — Männern nämlich, die der heutigen Theorie gemäß der Thronfolge wesentlich näherstanden.

Das Anrecht der königlichen Familie auf den Thron war genauso unverletzlich, wie das Erbfolgerecht eines einzelnen Prinzen schwach war. Die Zugehörigkeit zur königlichen Familie (»stirps regia«) war die unerläßliche Voraussetzung eines rechtmäßigen Königtums. Folglich sah sich Wilhelm bei jeder Gelegenheit dazu veranlaßt, seine Verwandtschaft mit dem englischen Königshaus, das sich anscheinend von Wotan selbst herleitete, nachdrücklich zu betonen. Aus diesem Grunde erscheint der so merkwürdig anmutende Satz vom »Erbrecht« in seinem Krönungsritual. Und aus demselben Grunde wurde dieser Anspruch in einigen der frühesten, von ihm als König ausgestellten Akten wiederholt. In einem zwischen 1066 und 1070 in der Landessprache abgefaßten Schriftstück bestätigte der neue König der Abtei Bury St. Edmunds jene Rechte, die sie zur Zeit »Edwards, meines Verwandten«, erhalten hatte.[23] In einer ungefähr gleichzeitig für Jumièges ausgestellten Urkunde benutzte Wilhelm einen aus dem östlichen Kaiserreich stammenden Titel und erklärte feierlich: »Ich, Wilhelm, Herr der Normandie, wurde durch das Erbrecht König (»Basileus«) über das Vaterland der Engländer.«[24]

In allen sich auf das Verwandtschaftsrecht stützenden primitiven Monarchien war es natürlich notwendig, gewisse Mittel zu finden, durch die der unbestrittene Thronanspruch einer Familie in das besondere Erbfolgerecht eines ihrer Mitglieder verwandelt werden konnte. In dieser Hinsicht scheinen im angelsächsischen England vor allem zwei Vorstellungen besonders einflußreich gewesen zu sein: die eine bestand in dem ausdrücklichen Wunsch des regierenden Königs, daß sein Nachfolger aus der königlichen Familie stammen möge; die zweite bestand aus der seitens der Feudalherren erfolgten Billigung eines ebenfalls aus dieser Familie stammenden Mitgliedes und der Anerkennung beiderseitiger Rechte und Pflichten, die durch einen Eid bestätigt wurden. Beide Ansichten bezogen sich in gewissem Maße auf die Rechtmäßigkeit der Königswürde Wilhelms, und offensichtlich achtete er beide.

Es gibt keinen vernünftigen Einwand gegen die Annahme, daß Wilhelm, wie bereits erwähnt, in oder um das Jahr 1051 von Edward dem Bekenner in aller Form als dessen Nachfolger eingesetzt wurde; doch war die Frage, die sich seinen Zeitgenossen stellte, die, ob eine derartige Ernennung jemals in aller Form aufgehoben worden war. Wenige Jahre nach dem Tode des Bekenners wurde behauptet, daß er auf seinem Sterbebett Harold Godwineson zu seinem Nachfolger eingesetzt hatte, wobei als Bestätigung dieser Annahme ziemlich überzeugendes Beweismaterial existiert. Jedoch ist diese Angelegenheit nicht völlig zweifelsfrei; auch darf die Möglichkeit nicht außer acht gelassen werden, daß dieses Versprechen einem Sterbenden während der letzten wirren Augenblicke seines Lebens von der daran interessierten Gruppe gewaltsam abgenötigt wurde, die erwiesenermaßen das Sterbebett umgab.[25] Dazu ist unsicher, welches Gewicht die Zeitgenossen einem Vermächtnis beimessen, das zu jener Zeit an einen Mann erging, der der »stirps regia« nicht angehörte, oder ob dies allgemein als Ungültigkeitserklärung des Wilhelm früher gegebenen Versprechens betrachtet wurde. Was jedoch auch immer am 5. Januar 1065 am Sterbebett des Bekenners geschehen sein mag, so gab Wilhelm seinen Anspruch, daß er von Edward dem Bekenner in aller Form als dessen königlicher Nachfolger bezeichnet worden war, niemals auf.

Jedoch befand er sich bezüglich seiner eidlichen Anerkennung in einer etwas fragwürdigen Lage. Die Billigung seines Königtums seitens der normannischen Adligen in Berkhamstead geschah einem anerkannten Brauch gemäß, doch war es im Falle der englischen Feudalherren offenbar, daß er zwangsweise mit Männern verhandelte, die er vor kurzem auf dem Schlachtfeld besiegt hatte. Trotzdem schworen die englischen Adligen Wilhelm sowohl in Berkhamstead als auch in Barking den Treueid, wofür sie das Versprechen einer guten Herrschaft erhielten.

Diese Handlungen könnten — wenn auch nur mit einiger Schwierigkeit — als der englischen Tradition gemäß aufgefaßt werden, die beispielsweise durch die zwischen 940 und 946 von Edmund abgelegten und geforderten Eide veranschaulicht wird. Außerdem ist das bei der Krönung sehr bewußt angewandte Verfahren in diesem Zusammenhang von großer Bedeutung. Die bemerkenswerte Neuerung der von den Prälaten gestellten Fragen war sicher als ein Zugeständnis an die Überlieferung eingeführt worden; diesen Fragen ging der vom Eroberer geleistete Krönungseid voraus, fast derselbe wie jener, der seit dem 10. Jahrhundert bei der Krönung der englischen Könige abgelegt worden war. Offenbar wurde er mit »lauter Stimme« geleistet.[26]

Jedoch hing das Gepräge von Wilhelms Königtum nicht allein von der Ehrerbietung ab, die er den englischen Überlieferungen zollte, sondern ebenso von den kirchlichen Sanktionen, die er für seine Königswürde fordern konnte. Die im Jahre 1066 erfolgte Krönung muß in den ihr eigenen Rahmen der damaligen politischen Theologie gesetzt werden. Im Europa des 11. Jahrhunderts wurde das Gottesgnadentum eines Königs allgemein anerkannt.[27] So wurde Otto II. im Aachener Evangelium (um 990) hoch über andere Sterbliche und in direkte Beziehung zu Gottvater gesetzt, indessen Konrad II. später als der Stellvertreter Christi auf Erden begrüßt wurde. Doch beschränkten sich diese aus der Zeit Karls des Großen stammenden und von da an entwickelten Attribute nicht allein auf den Kaiser. In Frankreich paßte sich das kapetingische Geschlecht der karolingischen Überlieferung gleichermaßen an und erhob daher in aller Form den Anspruch, durch »die Gnade Gottes« zu herrschen, wobei seine heilige Mission weithin geltend gemacht wurde.[28] Derartige Ansichten waren um 1066 so weit verbreitet, daß Wilhelm seinen Titel »dux« durch den Titel »rex« ersetzen und dadurch eine Erhöhung seiner Autorität beanspruchen konnte.

Tatsächlich war das göttliche Recht des Königtums nirgends stärker betont worden als in England. Falls Wilhelm als rechtmäßiger König anerkannt werden sollte, so nur als der wahre Nachfolger Edward des Bekenners, wobei der sakrale Charakter von Edwards Königtum in seiner ersten Lebensbeschreibung nachdrücklich betont wird. Beispielsweise wird dort vermerkt, daß Edward »durch die Gnade Gottes und durch sein Erbrecht« regierte; außerdem wird die von ihm getragene Krone als »die Krone des Königreiches Christi« [29] bezeichnet. »Laßt den König sich nicht bekümmern, selbst wenn er keinen Sohn hat, da Gott nach Seinem Ermessen sicher einen Nachfolger bestimmen wird.« In der Tat war Edward »schon vor seiner Geburt von Gott zum König auserwählt, und deshalb nicht von den Menschen, sondern von Gott für sein Königreich geweiht«.[30] Derartige Feststellungen dürfen keinesfalls als rein rhetorisch abgetan werden. Sie stellen dem Königtum gegenüber eine Einstellung dar, die zwar bald in Frage gestellt werden sollte, jedoch in der Mitte des 11. Jahrhunderts weitgehend anerkannt und in politischer Hinsicht sehr einflußreich war. Als Wilhelm im Jahre 1066 die englische Königswürde erlangte, erhob er tatsächlich Anspruch auf eine Stellung, die allgemein in dem Sinne anerkannt wurde, daß sie von Gott selbst übertragene Attribute besaß.

Ferner konnte das von ihm angestrebte Ansehen durch die den Königen des 11. Jahrhunderts beigemessenen wundertätigen Fähigkeiten veranschaulicht werden.[31] Es besteht kein Zweifel daran, daß Robert II. von Frankreich übernatürliche Heilkräfte zugesprochen wurden, und die »Vita Edwardi« berichtet von verschiedenen durch Edward den Bekenner geschehenen wunderbaren Heilungen.[32] Später schrieb man Philipp I. von Frankreich die begrenzte Fähigkeit zu, Skrofeln lediglich durch Berührung heilen zu können; im übrigen scheint auch Heinrich I. von England diese übernatürliche Kraft beigemessen worden zu sein.[33] Allerdings wurde die genaue Beschaffenheit dieser Fähigkeiten nur unklar bestimmt. In der ersten Hälfte des 12. Jahrhunderts wurde die Wirksamkeit der heilenden Berührung Ludwig des IV. von Frankreich der Tatsache zugeschrieben, daß er der erbliche König von Frankreich war; daß diese Kraft dem Königtum innewohnte, wurde später sowohl in Frankreich als auch in England anerkannt.[34] Jedoch waren andererseits während des Investiturstreites viele Geistliche mit der Leugnung der dem Königsamte beigemessenen übernatürlichen Attribute rasch zur Hand und infolgedessen bereit, die Wunderheilungen Edward des Bekenners und Robert I. nicht auf deren Königtum, sondern vielmehr auf ihre persönliche Heiligkeit zurückzuführen.[35] Allerdings existierten in der Volksmeinung keine derartigen Unterschiede; der Autor einer aufgeklärten Leserschaft, Wilhelm von Malmesbury, sah sich um 1125 dazu gezwungen, das breite Publikum auszuschelten, da es glaubte, daß Edward der Bekenner seine übernatürlichen Heilungen vor allem auf Grund seiner Eigenschaft als König zu vollbringen vermochte.[36]

Der nun von Wilhelm erreichte königliche Rang wurde von einer merkwürdigen Atmosphäre der Verehrung umgeben. Ob auch er gegen Skrofulose seine »Hand auflegte«, bleibt ungewiß, doch da er der Nachfolger Edward des Bekenners und der Vorgänger Heinrich I. war, (beiden Königen wurden später übernatürliche Kräfte zugeschrieben), ist es nicht unmöglich, daß auch er Wunder wirkte.[37] Es existieren in der Tat indirekte Zeugnisse, die — wenn auch zweifelhaft — auf diese Schlußfolgerung hinweisen. Um 1080 schrieb Goscelin, ein Mönch aus Saint-Bertin, der im Jahre 1059 nach England kam, eine Lanfranc gewidmete Biographie über die heilige Edith, eine Tochter König Edgars. In diesem Werk schildert er ein posthumes Wunder der königlichen Heiligen, durch das die dem Kloster Wilton von 1065 bis 1067 vorstehende Äbtissin Ælviva von einer Augenkrankheit, (ein Anzeichen von Skrofulose) geheilt wurde. Diese Krankheit wurde dabei als die »königliche Krankheit« bezeichnet.[38] Offenbar wurde diese vor allem auf die Berührung des Königs reagierende Krankheit gegen Ende der Herrschaft Wilhelm des Eroberers in England bereits als das »Königsübel« bezeichnet. An den regelmäßigen Hoftagen, die seine englische Herrschaft kennzeichnen und zu denen Wilhelm im vollen Königsornat erschien und die »Laudes« gesungen wurden, mochte sich die passende Gelegenheit bieten, derartige feierliche Heilungen zu vollziehen.

Was für ein Platz Wilhelm auch immer in der merkwürdigen Geschichte königlicher Heilungen zugewiesen werden mag, so standen die ihm nun zugehörigen religiösen Attribute seiner Königswürde außer Frage. Daher konnte er sich nun unvermeidlich darauf berufen, daß ihm sein Königreich als ein Geschenk Gottes zugekommen sei. Zugunsten einer derartigen Ansicht läßt sich auch die kirchliche Unterstützung, die ihm anläßlich seiner Feldzüge zuteil wurde, anführen; Hastings selbst mochte einem Kampf ähneln, in dem Gott sein gerechtes Urteil fällte. Wilhelm von Poitiers erweiterte diese Vorstellung [39], und wenn man ihn auch als voreingenommenen Zeugen betrachten muß, kann man von Eadmer keinesfalls das Gleiche behaupten. Doch kommentiert Eadmer die Schlacht bei Hastings in genau dem gleichen Sinne. Die den Normannen zugefügten Verluste waren so schwerwiegend, schreibt er, daß Wilhelm der Meinung von Augenzeugen nach unterlegen wäre, wenn nicht Gott selber eingegriffen hätte. Deshalb — so schließt Eadmer — muß Wilhelms Sieg »ganz und gar als ein Gotteswunder betrachtet werden«, da Gott nicht willens war, Harolds

Meineid ungestraft zu lassen.[40] Diese Vorstellung konnte erweitert werden. Bereits im Jahre 1067 wird Wilhelm in einer für Peterborough ausgestellten Urkunde formell als »König der Engländer von Gottes Gnaden« bezeichnet.[41] Der Anspruch Wilhelms, daß ihm seine Königswürde in besonderem Maße von Gott selbst verliehen worden war, sollte nicht untergehen.

An diesem Punkt wurde die ihm bei seiner Krönung zuteilgewordene Salbung bedeutungsvoll, da sie die religiöse Beschaffenheit seines Amtes betonte und zugleich die Art und Weise anzeigte, mit der seine Macht zukünftig umrissen werden konnte. Die Salbung war ausschließlich für Priester und Könige bestimmt. Bis dahin war kein normannischer Herzog je gesalbt worden. Daher kennzeichnete die Salbung Wilhelms ein Anwachsen seiner Autorität und zog somit die Aufmerksamkeit seiner Zeitgenossen auf sich. Der angelsächsische Chronist begnügte sich mit der Feststellung, daß Wilhelm geweiht wurde, doch Eadmer betonte ausdrücklich die Salbung, und Wilhelm von Poitiers besteht darauf, daß sie von einem Geistlichen, der einen untadeligen Ruf genoß, ausgeführt wurde.[42] Später sollte das »Carmen« diese Handlung in glühenden Versen verherrlichen [43], doch war wahrscheinlich unter den damaligen Zeitgenossen Wilhelm von Jumièges derjenige, welcher das Geschehen am besten zusammenfaßte. Wilhelm — so berichtet er — wurde nicht nur von den normannischen und englischen Feudalherren anerkannt und mit dem königlichen Diadem gekrönt; »noch dazu wurde er von den Bischöfen des Königreiches mit geweihtem Öl gesalbt«.[44] Auf diese Weise wurde der Dynastiewechsel in England durch einen der feierlichsten Kirchenriten in aller Form legitimiert.

Außerdem wurde der Salbung Wilhelms im Jahre 1066 noch eine besondere Bedeutung beigemessen. Da im 11. Jahrhundert die Salbung als das Hauptmerkmal einer jeglichen Königsweihe angesehen wurde, war sie zu einem Zeitpunkt des Dynastiewechsels ganz besonders angemessen, zumal sie einen Bestandteil der Kirchendoktrin bildete, die besagte, daß letztlich eher die Eignung zur Herrschaft als das strikte Erbrecht zu der von der Kirche durch das Sakrament erteilten Sanktion berechtigte.[45] Es wird berichtet, daß Papst Zacharias zum Zeitpunkt der Krönung Pippins im 8. Jahrhundert erklärte, daß eher derjenige König genannt werden solle, der die Macht besäße, als jener, dem sie nicht zueignete; so läßt sich auch in diesem Falle zwischen Edgar Atheling und Childerich III. eine vorteilhafte Parallele ziehen. In der Zwischenzeit hatte Adémar von Chabannes zugunsten Hugo Kapets weitgehend dasselbe Prinzip vertreten [46], und Gregor VII. sollte diese

Doktrin eindeutig bestätigen.[47] So konnte die Vorstellung, daß ein Dynastiewechsel feierlich durch die Weihe, vor allem aber durch die Salbung bestätigt werden konnte, im besonderen auf die englische Lage im Jahre 1066 angewandt werden.

Jedoch war man über die Auswirkungen der Salbung geteilter Meinung, und später sollten sie den Bestandteil einer großen Kontroverse bilden. In der Tat läßt sich die Salbung auf zwei Arten auslegen.[48] Einerseits kann sie als die Anerkennung jener der göttlichen Institution des Königtums zugehörigen Rechte, andererseits jedoch als der Ursprung dieser Rechte angesehen werden. Sie räumte dem König außerhalb des Laienstandes eine Stellung ein und verlieh ihm sogar priesterliche Vorrechte. Doch konnte sie auch unter dem Gesichtspunkt betrachtet werden, daß seine Königswürde durch sie von der vom Klerus vollzogenen religiösen Handlung abhängig war. Diese Argumente sollten in den Streitfragen hinsichtlich der zwischen der weltlichen und der kirchlichen Macht herrschenden Beziehungen in Westeuropa einen wichtigen Platz einnehmen — Streitfragen, die vor Ende der englischen Herrschaft Wilhelms begonnen hatten und während des Investiturstreites erweitert werden sollten. Daher ist die Erwägung angebracht, welcherart die Lage Wilhelms in dieser Hinsicht an jenem Tage war, als er am Weihnachtstag des Jahres 1066 [49] in der Westminsterabtei feierlich »am Grabe Edward des Bekenners« gesalbt wurde.

Es war unvermeidlich, daß jene Geistlichen, die die weltliche Macht der Kirche unterordnen wollten, im Laufe des Investiturstreites die Tatsache abzuleugnen suchten, daß die königliche Salbung ein untilgbares Sakrament war, durch das dem König Priesterrang verliehen wurde; obgleich die diesbezügliche päpstliche Einstellung erst zur Zeit Innozenz' III. klar dargelegt werden sollte, war jedoch ein Großteil der von ihm überprüften Argumente bereits im Laufe des vorhergehenden Jahrhunderts von Autoren der Schule Hildebrands vorgebracht worden.[50] Tatsächlich war in dem Anspruch Gregor VII., gesalbte Könige absetzen zu können, bereits die Leugnung enthalten, daß die königliche Salbung ein Sakrament darstellte. Es ist daher nicht erstaunlich, daß die königliche Salbung unter den im Laufe des 12. Jahrhunderts neu bestimmten, abgestuften und auf sieben beschränkten Kirchensakramenten fehlte, obwohl die Priesterweihe natürlich erhalten blieb. Infolgedessen wurde gegen Ende des 12. Jahrhunderts ständig der Versuch unternommen, hinsichtlich der Könige das Schwergewicht der Salbungszeremonie zu vermindern. Derartige Behauptungen offenbaren die Stärke der späteren kirchlichen Opposition dem Begriff des Priesterkönigs gegenüber, dessen Bedeutung im Laufe des

12. Jahrhunderts tatsächlich abnehmen sollte. Doch lassen diese Streitigkeiten ebenso sehr darauf schließen, wie allgemein die Unterstützung dieses Ranges im vorhergegangenen Jahrhundert gewesen sein mußte.[51]

Es kann über die Stärke dieser zur Zeit König Wilhelms in England herrschenden Vorstellungen kaum Zweifel geben. In erster Linie waren es die normannischen Autoren, die in ganz Europa zugunsten der anglo-normannischen Monarchie den Begriff des Priesterkönigs befürworteten. Von den berühmten, früher dem normannischen »Anonymus von York« [52] zugeschriebenen Traktaten wird heute allgemein angenommen, daß sie gegen Ende des 11. Jahrhunderts in Rouen abgefaßt wurden, wobei es keinesfalls unmöglich ist, daß ihr Autor der im Jahre 1079 mit der Zustimmung des Eroberers zum Erzbischof von Rouen ernannte Wilhelm Bonne-Ame war.[53] Es ist allgemein bekannt, daß das königliche Amt in diesen Traktaten außerordentlich hochgestellt wurde. Dort wird behauptet, daß der König durch das Sakrament der Salbung einer Wandlung unterliege, daß er zu einem »Christus domini«, ja sogar zu einem »sanctus« wird, und daß sich in seinem Amt die göttliche Macht widerspiegelt. Natürlich darf dabei nicht vergessen werden, daß diese Traktate zu Beginn des Investiturstreites entstanden, und daß ihr Autor mit der Leidenschaft eines die weltliche Macht unterstützenden Polemikers schrieb. Doch wird allgemein angenommen, daß seine Vorstellungen traditionsbedingt waren [54]; noch dazu spiegelten sie — wie bereits erwähnt — Gefühle wider, die zu einem früheren Zeitpunkt, und vor allem in der ersten Biographie Edward des Bekenners, weitverbreitet waren. Daher können sie ruhig als stellvertretend für die allgemeine Einstellung dem englischen Königtum gegenüber, das der normannische Herzog im Jahre 1066 erwarb, angesehen werden. Die Wirkung derartiger Vorstellungen auf das normannische und englische Volksempfinden muß beträchtlich gewesen sein. Es wird berichtet, daß sich Lanfranc einem Geistlichen gegenüber zu einem Tadel veranlaßt sah, da jener, als er Wilhelm anläßlich eines Hoftages in der ganzen Pracht seines Königsornates erblickte, in den Ruf ausbrach: »Ich sehe Gott!« [55]

Es wäre natürlich schwierig, die Auswirkung derartiger Gefühle auf die Autorität Wilhelms abschätzen zu wollen, doch kann man sie nur allzu leicht unterschätzen. Sicherlich trugen sie während der ersten Jahre seiner englischen Herrschaft zur Festigung seiner Macht bei, und von Anfang an versuchte Wilhelm, sie praktisch umzusetzen. Dadurch, daß er die der englischen Königswürde zugehörige Treue forderte, begann er seine Regierung in erster Linie als englischer König. Es existieren einige ganz zu Beginn seiner Herrschaft ausgestellte Urkunden. Die berühmteste unter ihnen wurde für die Stadt London ausgefertigt [56], doch waren andere an verschiedene Kirchen gerichtet: beispielsweise an Westminster, an die Abtei Chertsey und an die Abtei des Heiligen Augustinus in Canterbury; noch dazu an Bischof Giso von Wells und Abt Baldwin von Bury St. Edmunds.[57] Dem sei hinzugefügt, daß all diese Urkunden südenglischen Kirchen erteilt wurden, da die Macht des neuen Königs sich nur über dieses Gebiet erstreckte. Sie beinhalteten, daß die unter Edward dem Bekenner maßgeblichen Bräuche weiterhin aufrechterhalten werden sollten. Die Herrschaft Harold Godwinesons wird als Zwischenherrschaft behandelt, und der Eroberer erscheint in ihnen als der direkte Nachfolger des Bekenners: als der rechtmäßige und geweihte Inhaber aller königlichen Rechte der alten englischen Dynastie.

Auch steht außer Frage, daß sich die besonderen Eigenschaften der von ihm beanspruchten Königswürde auf seine Kirchenpolitik auswirken würden, und zwar zu einem Zeitpunkt, als die Beziehungen zwischen der weltlichen und der kirchlichen Macht in ganz Westeuropa immer mehr umstritten waren. Viele seiner englischen Vorgänger hatten in erster Linie durch »Gottesgnaden« geherrscht [58], und die meisten, Edward der Bekenner einbeschlossen, hatten in die Verwaltung kirchlicher Belange eingegriffen [59]; und tatsächlich war einer von ihnen mit dem Guten Hirten verglichen worden, dessen heilige Aufgabe es war, die Herde der Gläubigen zu hüten. Bei der im Jahre 1066 gesungenen Krönungs-»Ordo« war nocheinmal darum gebetet worden, daß dieser neue normannische König »die Kirche des ihm anvertrauten gesamten Königreiches der Angelsachsen hegen, belehren und stärken, sowie gegen alle sichtbaren und unsichtbaren Feinde verteidigen möge«.[60] Eine in diesem Zeitalter der Gewalttat und des Umbruchs derartig erneuerte Stellung wurde durch die Tradition gestärkt. Sie zog ihre Kraft nicht nur aus den kirchlichen Sanktionen des altenglischen Königtums, sondern stimmte auch mit den langgehegten Ansprüchen Canterburys auf eine Führung über die gesamte »ecclesia Anglicana« überein — ein Begriff, der nicht nur die Provinzen Canterbury und York umfaßte, sondern sich sogar über Schottland oder Irland erstrecken konnte. In dieser Angelegenheit waren der mächtige König Wilhelm und der mächtige Erzbischof Lanfranc einer Meinung.[61] Auch waren die Einwirkungen dieser Vorstellungen auf einem weiteren Gebiet zu verspüren. Sie boten ein Gegengewicht zu jenen im Entstehen begriffenen Theorien, die einerseits die Heiligkeit des Königtums zu verringern suchten und andererseits hinsichtlich der Kirche deren völlige Unabhängigkeit von jeglicher weltlicher Macht forderten. Einer der größten, praktischen Vorteile, der einer auf christlichen Prinzipien aufgebauten Monarchie zufiel, bestand darin, daß der König innerhalb seines gesamten Herrschaftsgebietes rechtmäßig über die Kirche herrschen konnte.

Natürlich waren die hauptsächlichen Auswirkungen der Krönung Wilhelms in ganz England zu spüren, doch machten sich ihre Folgen auch in der Normandie bemerkbar. Es drehte sich dabei nicht nur darum, daß sein persönlicher Rang so sehr erhöht worden war, daß ihn nun auch von dem mächtigsten normannischen Adligen eine weite Kluft trennte, oder daß die feudalen Einrichtungen in der Normandie infolge der Eroberung Englands nun zugunsten Wilhelms verändert wurden. Es war ebensosehr eine Prestigefrage. Kein normannischer Herzog war je gesalbt worden.[62] Kein normannischer Herzog war je mit derart eindrucksvollen »Laudes« begrüßt worden, und sicher hatten die normannischen Gläubigen nie vernommen, daß ihr Herzog — wie Wilhelm — in jedem Messegesang namentlich in seiner Eigenschaft als König begrüßt wurde.[63] Wilhelm verlieh der normannischen herzoglichen Dynastie den Glanz mittelalterlichen Königtums, wodurch sich sein Ansehen in der Normandie unweigerlich steigerte.

Darüber hinaus gab es noch einen besonderen Grund, warum die Königswürde Wilhelms zu dieser Zeit in der Normandie besonders einflußreich gewesen sein muß. Die Art und Weise, mit der der englische Feldzug von der Kirche gesegnet worden war, bildete lediglich einen Teil jener Entwicklung, die während dieser kritischen Jahrzehnte den Normannen die Vorstellung eines Heiligen Krieges vermittelt hatte, die sie letztlich zu ihrem eigenen Vorteil nutzte. Dasselbe Motiv war immer wieder nachdrücklich betont worden. Im Jahre 1062—1063 hatte Papst Alexander II. den in Sizilien kämpfenden normannischen Rittern seinen Segen erteilt und ihnen ein Banner geschenkt. Im Jahre 1064 taten sich die Normannen in dem »Kreuzzug« bei Barbastro hervor.[64] Im Jahre 1066 kämpfte Wilhelm in Sussex unter dem päpstlichen Banner und trug dabei geweihte Reliquien um den Hals. Im Jahre 1068 fochten normannische Ritter wie beispielsweise Roussel von Bailleul und Roger Crispin, deren Heldentaten Wilhelm von Poitiers anscheinend bekannt waren[65], zusammen mit dem Kaiser Ostroms gegen die Türken.[66] Im Jahre 1070 wurde in Windsor der religiöse Charakter von Wilhelms Feldzug noch einmal betont, und im Jahre 1071 kämpften normannischen Krieger mit dem Kaiser bei Manzikiert.[67] Während Wilhelms Einmarsch in Schottland entriß Roger, der Sohn Tankreds, den Sarazenen im Jahre 1072 Palermo[68]; wie unterschiedlich die Motive auch immer gewesen sein mögen, so stellte die normannische Eroberung Siziliens im 11. Jahrhundert doch einen der bedeutendsten Siege der Christen über die Moslems dar. Diese zeitlich so eng miteinander verbundenen Ereignisse waren auch im Geiste eng miteinander verknüpft, da sie — was nachdrücklich betont werden muß — durch Männer entstanden, die Brüder oder Vettern und sich ihrer Verwandtschaft voll bewußt waren; auch lagen ihnen die gemeinsam verfolgten militärischen Ziele deutlich vor Augen. Diese sich über so viele Länder erstreckenden Kreuzzüge wurden nun durch das dem normannischen Herzog von Gott bewilligte Königtum gekrönt.

Wie stark die Auswirkungen dieser Vorstellungen waren, läßt sich durch einen Vergleich zwischen literarischen und liturgischen Texten jener Zeit ersehen. Die ununterbrochene Kette von Ereignissen, deren einen Teil die normannische Eroberung Englands darstellte, hat nach allgemeiner Ansicht beispielsweise zur Entstehung des »Rolandsliedes« beigetragen, das seine endgültige Form vermutlich gegen Ende des 11. Jahrhunderts, jedenfalls aber vor dem Jahre 1124 [69] erhielt. Doch wurde im Rolandslied nicht nur der Heilige Krieg, sondern ebenso die Auffassung von dem Monarchen verherrlicht, der zugleich Priester und König war und von Gott selbst geschützt wurde. In diesem Lied wird der legendäre Karl der Große als Abkömmling eines übernatürlichen Geschlechts und mit übernatürlicher Heiligkeit begabt geschildert; der Heilige Gabriel bewacht seinen Schlaf, und während der Schlacht begleitet ihn der Engel Gottes. Darüber hinaus ist er gewiß ein Priesterkönig. Er erteilt den priesterlichen Segen und unterzeichnet wie ein Priester mit dem Kreuz; außerdem erteilt er — was nur ein Priester vermag — die Absolution.[70] Es ist möglich, daß das Rolandslied seine jetzige Form unter normannischem Einfluß annahm [71], doch wie dem auch immer sei, so war seine Bedeutung hinsichtlich der von den Normannen ausgenutzten damaligen Vorstellung vom Heiligen Krieg, sowie auch in bezug auf die von Wilhelm angestrebte Monarchie von Gottesgnaden, klar ersichtlich. Tatsächlich kann man bezüglich dieser Auffassung von der Monarchie in den Traktaten des Anonymus von Rouen (oder von York) eine äußerst enge Parallele zum Rolandslied entdecken; diese Schriften, die sicher normannischen Ursprungs waren, spiegelten dieselben Vorstellungen vom Königtum wider.

Die unmittelbare Bedeutung dieser Tatsache hinsichtlich der Königswürde Wilhelms kann durch eine erneute Bezugnahme auf jene »Laudes« unterstrichen werden, die in seiner Gegenwart und höchst wahrscheinlich bei seiner Krönung, aber ganz gewiß anläßlich seiner späteren Hoftage gesungen wurden. Im Jahre 1068 enthielten diese »Laudes« den Gruß: »Allen Herren der Engländer und dem ganzen Heer der Christen sei Leben und Wohlergehen beschieden.« [72] Diese Huldigung an das »Heer der Christen« läßt sich vollkommen auf den legendären Karl den Großen aus dem Rolandslied des 11. Jahrhunderts anwenden und wurde vielleicht sogar von den Normannen in England eingeführt. Darüber hinaus wurde die besondere Bedeutung dieser Huldigung hinsichtlich der im Jahre 1066 herrschenden Umstände, wie sie die Normannen betrachteten, durch die spätere Geschichte der »Laudes« in England geklärt. Während sie zumindest bis zu Beginn des frühen 13. Jahrhunderts zu Ehren der englischen Könige gesungen wurden, wurde bereits in der Mitte des 12. Jahrhunderts der Satz »Heer der Christen« durch »Heer der Engländer« ersetzt.[73] Die besonders auf Kreuzzüge ausgerichtete Gefühlswelt, die für die Normannen des 11. Jahrhunderts so charakteristisch war, war untergegangen; ihr Verschwinden zeigt auf, wie stark diese Gefühle zur Zeit der Krönung Wilhelms gewesen sein müssen.[74]

Diese Erwägungen weisen von einem neuen Blickwinkel aus auf die Wirkung der Krönung Wilhelms, die sich nicht nur auf die Normandie, sondern auf die gesamte normannische Welt erstreckte. Tatsächlich stellte diese Welt gegen Ende des 11. Jahrhunderts eine Einheit dar. Normannische Geistliche wie Geoffrey von Coutances und Odo von Bayeux erhielten von ihren Verwandten in Italien Zuschüsse, um daheim Kathedralen bauen zu können. Die in England nach 1066 eingeführten normannischen »Laudes« verbreiteten sich auch in Apulien [75], und man war nicht wenig stolz darauf, daß die Kirchenlieder von Saint-Evroul zu Ehren Gottes sogar in den Klöstern Siziliens erklangen. Nicht umsonst sollte Rouen bald als kaiserliche Stadt und zweites Rom begrüßt werden, da — wie behauptet wurde — das normannische Volk von dort aus ausgezogen war, um viele andere Länder zu erobern.[76] Diese Empfindungswelt stammte aus der Mitte des 12. Jahrhunderts, doch spiegelte sie eine frühere Überlieferung wider. Es wird berichtet, daß der Eroberer, indem er sich die Heldentaten Robert Guiscards zurückrief [77], seine Tapferkeit erhöhte, und einer seiner zeitgenössischen Biographen hob rühmend hervor, daß das von ihm nach England geführte Heer demselben Volk angehörte, das Apulien eroberte, in Sizilien und Konstantinopel gekämpft und bis zu den Toren »Babylons« [78] Schrecken verbreitet hatte. Die normannische Welt dieses Zeitalters stellte eine Realität dar; sie war stolz auf ihre christliche Mission, sowie auch auf ihre Waffengewalt, die sich im Jahre 1072 von Abernethy bis Syrakus, von Barbastro bis Byzanz und von der Bretagne bis an den Taurus erstreckte. Innerhalb dieses weiten, von einem Bestreben gelenkten Gebietes nahm Wilhelm zwischen 1066 und 1087 einen besonderen Platz ein. Er war der einzige normannische »rex«; er war der einzige normannische »Christus Domini« und konnte kraft dieser Eigenschaften in der gesamten normannischen Welt des 11. Jahrhunderts ein einzigartiges Ansehen beanspruchen, das ihm auch oft zuteil wurde.[79]

Hierin lag hinsichtlich der Normandie und der Normannen die besondere Bedeutung der im Jahre 1066 vollzogenen Handlung, durch die Wilhelm, indem er alle altenglischen Bräuche zu seiner Unterstützung einsetzte, einen Anspruch auf das Königtum von Gottesgnaden erheben konnte. Aus denselben Gründen sollte diese Handlung in beiden Teilen seines Reiches ein gemeinsames Ziel fördern. In England konnte er sich auf die Treue berufen, die bisher dem alten Herrscherhause zugestanden war. In der Normandie hingegen konnte er sich als der zum Königtum aufgestiegene Herzog an den besonderen Patriotismus einer einzigartigen Provinz sowie auch an den normannischen Stolz wenden, der auf den weitreichenden militärischen Bestrebungen beruhte, die einer selbstbewußten christlichen Aufgabe dienten. Diese in England und der Normandie durchaus verschieden gelagerten Empfindungen waren durch die am Weihnachtstage des Jahres 1066 vollzogene zentrale kirchliche Handlung gewissermaßen zusammengeschweißt worden.

Es ist in diesem Sinne durchaus angemessen, den Begriff des »anglonormannischen Königreiches«[80] auf die beiderseits des Kanals liegenden Herrschaftsgebiete anzuwenden, die zwischen 1066 und 1087 unter der Herrschaft König Wilhelms vereinigt wurden. Doch sind in dieser Hinsicht wichtige Einschränkungen notwendig. Wilhelm war nicht nur König: er war in erster Linie der König der Engländer, doch vor wie nach dem Jahre 1066 Herzog der Normannen. In einigen zwischen 1066 und 1087 entstandenen Urkunden normannischer Herkunft benutzte er gewöhnlich beide Titel[81], und wenn auch die herzogliche Würde der königlichen den Vorrang ließ, so blieben doch beide Titel bestehen; die Auswirkungen dieser Tatsache waren keineswegs nebensächlich. Ihre Tragweite sollte sich nach dem Tode Wilhelms erweisen, als nämlich das Reich des Eroberers für die Dauer von neunzehn Jahren aufgeteilt wurde; erst nach dieser Zeitspanne sollte es unter der Herrschaft eines seiner Söhne wieder zusammengeführt werden.[82]

Abgesehen von diesen Einschränkungen ist es jedoch richtig, daß die Herrschaftsgebiete König Wilhelms zwischen 1066 und 1087 ein einziges Reich und eine politische Einheit darstellten. Herzog Wilhelm II. von Normandie war König Wilhelm I. von England geworden, wodurch sich das normannische Herzogtum nun unter der Herrschaft eines Königs befand. In der Normandie sollte diese Tatsache seine Stellung kaum weniger beeinflussen als in England. Beiderseits des Kanals hielt er als König einen Hof, der zumeist aus denselben Persönlichkeiten bestand. Als König besuchte und beherrschte er — und zwar er allein — zwischen 1066 und 1087 die Kirchenkonzile, die sowohl in England als auch in der Normandie abgehalten wurden. Eine einzige, vor allem aus Normannen bestehende Aristokratie beherrschte unter einem König die Verwaltung seines vereinigten Königreiches. Infolgedessen übten England und die Normandie während dieser Zeitspanne einen ständigen und gegenseitigen Einfluß aufeinander aus. Die damals stattfindenden Umwälzungen hingen immer noch von jenem Herzog ab, der nun König geworden und dessen königlicher Rang für seine späteren Erfolge wesentlich war. So geschah es, daß Wilhelms Krönung im Jahre 1066 viele der zukünftigen und besonderen Merkmale seiner Herrschaft bestimmen und einen Großteil der zukünftigen Geschichte des Reiches von vornherein umreißen sollte.

XI

DAS FEUDALSYSTEM

Die Krönung Wilhelm des Eroberers kennzeichnete den Beginn einer schöpferischen Periode, in deren Verlauf beide Teile seines Reiches bedeutsamen Umwälzungen unterworfen wurden, wobei es jedoch unvermeidlich war, daß England von ihnen unmittelbarer und tiefgehender betroffen wurde. In der Tat sollte der normannische Einfluß auf England durch einen normannischen König jetzt seinen Höhepunkt erfahren, was nach sehr besonderen Richtlinien geschah. Die frühe Entwicklung normannischer Macht und Politik offenbarte bereits deutlich die hauptsächliche Richtung, in der dieser Einfluß am stärksten fühlbar werden sollte. Die normannische Macht basierte auf einem neuen, feudalen Adel, der nun seine Belohnung für die Eroberung verlangte. Das Rückgrat der normannischen Politik war durch die kirchliche Erneuerung in der Provinz Rouen verstärkt worden. Daher war zu erwarten, daß die auf England bezogenen Folgen der normannischen Eroberung in erster Linie aristokratischer und kirchlicher Natur sein würden. Dies war auch tatsächlich der Fall. Doch so wie Wilhelm in seinem Herzogtum die kürzlich stattgefundene Entwicklung dadurch beherrscht hatte, daß er althergebrachte Institutionen für seine Zwecke benutzte, war auch zu erwarten, daß er sowohl die überlieferte Gewalt der englischen Monarchie als auch die Institutionen des von ihm eroberten Landes voll ausnützen würde. Auch dies sollte geschehen, und zwar mit dem Ergebnis, daß der normannische Einfluß in England durch die englische Überlieferung unter der Führung des normannischen Königs auf drastische Weise umgewandelt wurde. Die politische Vereinigung Englands und der Normandie und die Art wie sie vollzogen wurde, bewirkten in den höheren Ständen der Sozialordnung beider Länder unerbittlich radikale Umwälzungen. Zwischen 1066 und 1087 gelangten England und die Normandie nicht nur unter die Herrschaft eines normannischen Königs; ebensosehr wurden sie in wachsendem Maße der Herrschaft der normannischen Aristokratie unterworfen. Die Folgen sollten weitreichend sein. Hinsichtlich der Normandie bedeutete dies die ungeheure Bereicherung einer neu ge- bildeten aristokratischen Gruppe, sowie eine genauere Bestimmung der zwischen ihr und dem nun König gewordenen Herzog herrschenden Beziehungen. Für England bedeutete derselbe Prozeß nicht weniger als eine Zerstörung seines alteingesessenen Adels, an dessen Stelle eine neue, von jenseits des Kanals stammende Aristokratie eingesetzt wurde. Es war dies vielleicht die größte soziale Umwälzung, die im Verlauf der Herrschaft des Eroberers in England stattfand und unter seiner Führung in größtem Maße ausgeführt werden sollte.

Das Schicksal des altenglischen Adels war während dieser Jahre tat- sächlich katastrophal und sein Niedergang eine der bestdokumentierten sozialen Veränderungen des 11. Jahrhunderts.[1] Die drei großen eng- lischen Schlachten des Jahres 1066 hatten von diesem Stand schwere Opfer verlangt, und diejenigen, die dem Blutbad bei Fulford, Stam- ford Bridge und Hastings entkommen waren, sahen als unterlegene Anhänger einer verlorenen Sache einer unter Umständen harten und freudlosen Zukunft entgegen. Zumindest war ihre Lage nach der Krö- nung Wilhelms unsicher und sollte sich nur allzu bald verschlechtern. Zuerst war der König es zufrieden, englische Beamte in seiner Verwal- tung einzusetzen und seinem Hofstaat Feudalherren wie Morcar, Ed- win und Waltheof zuzuführen. Doch sollten diese Grafen bald von der politischen Bühne verschwinden; auch brachten die zwischen 1068 und 1071 erfolgenden Ereignisse ihren Schützlingen erneut Unglück. Die ersten Kriege König Wilhelms in England zogen eine weitere Zerstö- rung von Leben und Vermögen des altenglischen Adels nach sich und beendeten gleichzeitig die ihnen gegenüber vorher vielleicht ange- wandte Kompromißpolitik des Königs. Dies wirkte sich auf das Ge- schick des Adels verhängnisvoll aus. Viele gingen nach Schottland, Flandern oder Byzanz ins Exil; die ihrer Führer und Besitzungen be- raubten Zurückgebliebenen standen dieser neuen Aristokratie, die nun an ihre Stelle getreten war, völlig machtlos gegenüber. Ihr Untergang war vollkommen. Das Domesday Book verzeichnete alle größeren Landbesitzer Englands im Jahre 1086, doch taucht unter ihnen nur selten ein englischer Name auf. Man hat errechnet, daß gegen Ende der Herrschaft des Eroberers nur rund acht Prozent der englischen Ländereien im Besitz dieses Standes geblieben waren.[2] Er hatte aufgehört, den vorherrschenden Bestandteil der englischen Gesellschaft zu bilden.

Die ihn verdrängende neue Aristokratie war zwar in erster Linie, doch nicht ausschließlich, normannisch. Viele Teilnehmer an der Eroberung Englands stammten aus anderen Provinzen Europas, und einige von ihnen ließen sich in dem Lande nieder, zu dessen Unterwerfung sie beigetragen hatten. Beispielsweise stammte eine wichtige Gruppe von Männern aus östlich der Normandie gelegenen Gebieten; unter diesen befanden sich wiederum einige, die entweder flämischen Ursprungs waren, oder aber aus den Herrschaftsgebieten der Grafen von Flandern stammten. Trotz seiner im Jahre 1067 geführten Feldzüge sollte Graf Eustace von Boulogne seine Familie in England ansiedeln; auch stammten viele der im Jahre 1086 verzeichneten geringeren Landbesitzer ebenfalls aus dem Boulonnais.[3] So zum Beispiel Gunfrid und Sigar aus Chocques im Hennegau, die sich in Northamptonshire niedergelassen hatten, sowie die Familie Cuinchy, aus der später Grafen von Winchester hervorgehen sollten.[4] Desgleichen Arnulf, der aus dem im Pas-de-Calais liegenden Hesdin stammte und im Jahre 1086 in vielen Grafschaften Hauptpächter war. Gilbert »de Gand«, der in England ebenfalls große Güter erhielt, war der Sohn eines Grafen von Alost.[5]

Doch stach unter dieser in erster Linie flämischen Gruppe ein gewisser Gerbod, der möglicherweise ein »advocatus« der Abtei Saint-Bertin war, am meisten hervor. Er wurde als »Flandrensis« bezeichnet und war offenbar der Sohn eines anderen, gleichnamigen »advocatus«; im Jahre 1070 wurde er mit der Grafschaft Chester betraut.[6] Ungefähr um dieselbe Zeit erhielt sein Bruder Frederic Land in Ostanglia, indessen seine Schwester Gundrada Wilhelm von Warenne heiratete.[7] Die derart entstandene Verbindung war sehr wichtig; auch hätte die Familie, falls sie ständig in England geblieben wäre, das flämische Element bei der Besiedlung in größerem Maße verstärken können, als es tatsächlich der Fall war. Doch kehrte Gerbod nach seiner nicht einmal ein Jahr während Herrschaft über die Grafschaft wieder nach Flandern zurück, und nachdem er dort — vielleicht bei der Schlacht von Cassel — in die Hände seiner Feinde gefallen war, blieb sein weiteres Geschick im Dunkel. Hingegen wurde Frederic anscheinend im Jahre 1079 von den Anhängern Herewards getötet.[8] Jedoch bildeten die Flamen nach wie vor einen wichtigen Bestandteil des neuen Adels, und als Wilhelm vor Ende des Jahres 1069 den Landbesitz Erzbischof Aldreds von York unter seinen Schutz stellte, geschah dies mit einem in der Landessprache verfaßten Schreiben, das eine an alle

»Normannen, Flamen und Engländer« gerichtete feierliche Warnung enthielt.[9]

Doch waren die Bretonen zahlreicher als die Flamen. Die berühmtesten unter ihnen waren die Söhne Graf Eudos von Penthièvre, dessen zweiter Sohn Brian im Südwesten ausgedehnte Ländereien erhielt und vielleicht Graf von Cornwall wurde. Er bestätigte eine im Jahre 1069 für Exeter ausgestellte Urkunde des Eroberers und stand im selben Jahr Wilhelm bei der Abwehr des seitens der Söhne Harolds erfolgten Angriffs bei.[10] Doch war sein Aufenthalt in England anscheinend nur kurz. Bald sollte seine Stellung in Cornwall von Graf Robert von Mortain übernommen werden; auch war nicht Brian, sondern sein Bruder Alan I. »der Rote«, der eigentliche Begründer des englischen Aufstieges der Familie. Dieser Alan, der bei Hastings in dem bretonischen Kontingent kämpfte, befand sich ständig in der Nähe Wilhelms und erhielt in elf Grafschaften mehr als vierhundert Rittergüter, wobei sich seine Besitzungen in erster Linie auf Yorkshire, Lincolnshire, Ostanglia und den Südwesten konzentrierten.[11] Bei Richmond erbaute er eine große Burg, die den Swale beherrschte und seiner Baronie den Namen gab. Nach seinem ungefähr im Jahre 1093 erfolgten Tode ging das ausgedehnte »Lehen von Richmond« zuerst auf seinen Bruder Alan II., auch der »Schwarze« genannt, und danach auf Stephan über, der die bretonischen und englischen Besitzungen der Familie schließlich unter sich vereinigte.[12]

Die Ansiedlung dieses jungen Zweiges des bretonischen Herrscherhauses weist auf die Wichtigkeit des bretonischen Elements in der feudalen Besiedelung Englands hin. Daß Ralph von Gael während der ersten Jahre der Herrschaft des Eroberers Graf von Norfolk war, ist ein weiterer Beweis für den bretonischen Einfluß; und es gab tatsächlich kaum eine Grafschaft, die nicht von ihm berührt wurde.[13] Bald lief ein Großteil der dem Richmondlehen zugehörigen Ländereien hauptsächlich unter bretonischen Namen, deren einige sehr bedeutend waren. Im Jahre 1086 besaß Judhael von Totnes ein großes Lehen im Südwesten; Oger, »der Bretone«, Alfred von Lincoln und Eudo, der Sohn Spirewics, hatten sich in Lincolnshire angesiedelt, indessen Tihel von Helléan in Essex seinen Namen dem Helion Bumpstead für immer verlieh.[14] Tatsächlich sollte die Assimilierung der Bretonen in der neuen feudalen Aristokratie Englands vor dem Tode des Eroberers noch nicht abgeschlossen sein. Auch kam sie nur unter Schwierigkeiten zustande. Die zwischen dem Aufstieg Ralphs de Gael und den Belangen der Bretagne herrschende enge Verbindung ist bereits erwähnt worden; die Unterdrückung dieses Aufstandes führte dazu, daß einigen in England angesiedelten Bretonen harte Strafen auferlegt wurden.[15] Es ist nicht unmöglich, daß die Einsetzung Graf Roberts von Mortain in Cornwall anstelle Graf Brians eine Folge dieser Maßnahmen war.

Doch bestand das Gros der neuen Aristokratie trotz der aus Flandern oder der Bretagne stammenden einflußreichen Gruppen aus dem Adel, der im Verlauf der ersten Hälfte des 11. Jahrhunderts in der Normandie an die Macht gelangt war und sich nun unter Wilhelm dem Eroberer in England angesiedelt hatte. Er wurde ungeheuer belohnt. Von dem gesamten englischen Land, über das im Domesday Book ein Überblick geschaffen wurde, besaß der König selbst ungefähr ein Fünftel; ein Viertel gehörte der Kirche; fast die Hälfte befand sich jedoch im Besitz der mächtigen Gefolgsleute des Königs.[16] Darüber hinaus war diese weltliche Aristokratie nicht nur in erster Linie normannischen Ursprungs und äußerst mächtig: noch dazu war die Anzahl ihrer Mitglieder sehr gering. Die im Domesday Book verzeichneten direkten Pächter des Königs stellen zwar eine sehr große und unterschiedliche Gesellschaftsklasse dar, doch behaupteten unter ihnen nur wenige eine vorherrschende Stellung. Die Hälfte des Landes, das unter Wilhelm dem Eroberer in England als weltliches Lehen vergeben wurde, gehörte nur elf Männern. Es waren: Odo, Bischof von Bayeux und Graf von Kent; Graf Robert von Mortain; Wilhelm FitzOsbern; Roger von Montgomery; Wilhelm von Warenne; Hugo, der Sohn des Vicomte Richard von Avranchin; Graf Eustace von Boulogne; Graf Alan der Rote; Richard, der Sohn Graf Gilberts von Brionne; Bischof Geoffrey von Coutances, der in England eine ausgedehnte weltliche Baronie besaß, und Geoffrey von Manneville im Bessin.[17] Vermutlich ruft diese Namensliste Aufmerksamkeit hervor, da alle diese Männer mit Ausnahme der Grafen Eustace und Alan Normannen waren und, außer Geoffrey von Manneville und Graf Alan, zwischen 1040 und 1066 in der Geschichte der Normandie eine wichtige Rolle gespielt hatten. Sie erhielten fast ein Viertel ganz Englands zu Lehen.

Auch wurden die Reste des noch verfügbaren Landes, die unter den weltlichen Gefolgsleuten Wilhelms aufgeteilt werden sollten, von relativ wenigen Männern erworben. Beispielsweise befanden sich unter den reichlich belehnten Persönlichkeiten die Vertreter der gräflichen Dynastien von Evreux und Eu; Roger Bigot aus Calvados; Robert Malet aus der Umgebung von Le Havre; Hugo von Grandmesnil und Robert und Heinrich, beide Söhne Rogers von Beaumont. Ihnen könnte man noch Walter Giffard aus Longueville-sur-Scie, Hugo von Montfort-sur-Risle und Ralph III. von Tosny hinzufügen.[18] Obgleich sie in mancher Hinsicht durch Namen ergänzt werden könnte, die in der europäischen und englischen Geschichte später berühmt werden sollten, läßt sich diese eindrucksvolle Liste doch nicht übermäßig erweitern. Es muß nachdrücklich betont werden, daß das Domesday Book nicht weniger als hundertundachtzig Hauptpächter verzeichnet, die sich im Besitz englischer Güter befanden, deren jeweiliger, jährlicher Wert auf mehr als hundert Pfund geschätzt wurde.[19] Unter ihnen ragen die mächtigen Männer — und die mächtigen Familien — hervor, was die Art und Weise aufzeigt, wie unter der Führung des Eroberers zwischen 1070 und 1087 der Landreichtum Englands in den Besitz weniger mächtiger Persönlichkeiten gelangte.

Dieser anzahlmäßig geringe, herrschende Adel bewahrte den vordem in der Normandie geschaffenen Zusammenhalt auch in England. Zu einer weiteren Festigung der Bande dienten nicht nur Heiraten zwischen den mächtigen Familien; noch dazu waren die Feudalherren fähig, die engen Lehensverhältnisse, die sie in der Normandie zwischen sich und ihren Vasallen geschaffen hatten, auch in England aufrechtzuerhalten. Tatsächlich war dieses Element in der normannischen Besiedelung Englands so wesentlich, daß es wahrscheinlich größere Beachtung verdient, als ihm gewöhnlich zugebilligt wird. Es ist bekannt, daß die großen normannischen Lehen weit über England verstreut lagen, doch waren die zwischen ihren Mitgliedern herrschenden Pachtverhältnisse häufig das Ergebnis der territorialen Verhältnisse, die vordem zwischen ihnen in der Normandie bestanden hatten. Mit anderen Worten: die Hauptpächter eines normannischen Feudalherren mochten, da ihre Ländereien in verschiedenen Grafschaften lagen, noch so weit von einander entfernt sein — sie trugen trotzdem Gebietsnamen, die beweisen, daß ihre Familien in der Normandie in enger Nachbarschaft gelebt hatten. Beispielsweise zeigt das Domesday Book auf, daß die Pächter Robert Malets Männer waren, die erwiesenermaßen aus Claville, Colleville, Conteville und Emalleville stammten; diese Orte lagen sämtlich in der Nähe von Graville-Sainte-Honorine, das in der Normandie der Hauptsitz der Familie Malet war.[20] Darüber hinaus läßt sich ersehen, daß die Pächter Richard FitzGilberts oder seines Sohnes in England nach den Orten Abenon, Saint-le-Campagne, La Cressonnière, Fervaques, Nassandres und La Vespière benannt wurden, die sämtlich in der Nähe von Orbec lagen, das der Hauptsitz der normannischen Baronie Richard FitzGilberts war.[21] Derartige Beispiele gibt es übergenug. Wie bereits erwähnt, setzte sich das früh zwischen Pantulf und Montgomery entstandene Lehnsverhältnis im Laufe des 11. Jahrhunderts in Shropshire fort; die seit langem bestehende Abhängigkeit Clères' von Tosny wurde in Yorkshire fortgesetzt, wo Angehörige der Familie Clères um die Mitte des 12. Jahrhunderts Land besaßen, das vor dem Tode des Eroberers einem gewissen Berengar »de Tosny« von Belvoir gehört hatte.[22] Desgleichen befanden sich unter den Pächtern Graf Roberts von Eu Leute, deren Namen auf ihre Herkunft aus Creil-sur-Mer, Floques, Normanville, Ricarville, Sept-Meules und Mesnières schließen lassen; auch diese Orte lagen im Umkreis von Eu.[23]

Die Art und Weise, mit der der Eroberer der normannischen Aristokratie in England zur Macht verhalf, liefert einen überzeugenden Beweis für seine konstruktive staatsmännische Kunst. Hier stellten sich ihm zwei dringliche Aufgaben: Einerseits war es notwendig, daß die Etablierung dieses stark rivalisierenden Adels in einem erst kürzlich eroberten Land stattfand, ohne daß eine allgemeine Anarchie entstand. Andererseits war es unbedingt erforderlich, daß die Bereicherung der normannischen Feudalherren dazu diente, sowohl in England als auch in der Normandie Macht und Ansehen des Königs nicht zu verringern, sondern vielmehr zu steigern. Diese Probleme waren beachtlich, und von ihrer Lösung sollte die Existenz des anglo-normannischen Reiches in hohem Maße abhängen.

In England erwies sich der Anspruch Wilhelms, nämlich der rechtmäßige und geweihte Nachfolger Edwards des Bekenners zu sein, für ihn selbst als äußerst vorteilhaft. Trotzdem konnte er nur auf Grund seiner persönlichen Meisterung einer schwierigen Situation die Forderung erheben, daß seine Feudalherren nicht nur die Rechte, sondern auch die Pflichten ihrer englischen Vorgänger übernahmen. Es war daher gewöhnlich so, daß ein normannischer Herr in England innerhalb einer Grafschaft nicht nur mit verschiedenen Rittergütern, sondern vielmehr mit all den Ländereien dotiert wurde, die vor der Eroberung einem oder mehreren Landbesitzern gehört hatten. Die daraus entstehenden Folgen waren tiefgreifend. In dieser Hinsicht wurde häufig die Ansicht vertreten, daß die den Gefolgsleuten des Königs verliehenen Ländereien — mit gewissen Ausnahmen — in der Regel nicht beieinander, sondern über das ganze Land verstreut lagen. Dieses Faktum wurde teils der politischen Einstellung des Königs, teils der Tatsache zugeschrieben, daß die Landverteilung wie die Eroberung schrittweise stattfand und zwar in dem Maße, in dem der Eroberer seiner Herrschaft neue Gebiete unterstellte. Da beide Standpunkte nur teilweise eine Erklärung des eigentlichen Geschehens liefern, verdienen sie unsere Beachtung. In erster Linie dürfte eine »Verstreuung der Rittergüter« übertrieben sein: obgleich ein Gefolgsmann Wilhelms gewöhnlich in vielen verschiedenen Grafschaften Land erhielt, war es durchaus üblich, daß er seinen Landbesitz auf ein bestimmtes Gebiet konzentrierte, in dem er eine Vormachtstellung innehatte.[24] Auch waren in England unter der Herrschaft des Bekenners große und weitverstreute Besitzungen keine Seltenheit und zwar auf Grund dessen, daß damals viele mächtige Adlige ausgedehnte Ländereien besaßen, die, wie später bei ihren normannischen Nachfolgern, mittels eines auf Grundkapital und Pachtverhältnissen basierenden Systems im Großen bewirtschaftet wurden.[25] Aus diesem Grunde war es für die neue Aristokratie zumeist einfach, sich unter der Leitung des Königs früheren Bedingungen anzupassen.

Obgleich diese Besitzübertragungen manchmal mit Gewalttaten verbunden waren, gingen sie doch zumeist ohne Schwierigkeiten vor sich, wobei sehr bemerkenswert ist, wie oft derartige Streitfälle auf Befehl des Königs durch traditionelle Gerichtsverfahren beigelegt wurden. In den großen Gerichtsverhandlungen, die ein wesentliches Merkmal der Herrschaft des Eroberers darstellten, wurde gewöhnlich das angelsächsische Recht angewandt[26], und eines der Ziele des Domesday Book war, nicht nur die zur Zeit Edwards des Bekenners herrschenden Umstände zu verzeichnen, sondern auch Beweise für die Rechtmäßigkeit der seit seinem Tode geschehenen Umwälzungen zu erbringen. Auch in diesem Falle war Wilhelm darauf bedacht, die Rechtmäßigkeit seiner englischen Thronfolge herauszustreichen. Daher fand die Neuverteilung des englischen Landbesitzes unter dem Deckmantel eines klugen Konservatismus statt. So durchzog paradoxerweise offenkundiger Respekt vor dem Gesetz den gesamten Vorgang, durch den England innerhalb der kurzen Zeitspanne von zwanzig Jahren einen neuen Adel erhielt; diese Tatsache erklärt teilweise den Erfolg Wilhelms, der darin bestand, daß eine derart umfassende Neuverteilung der Ländereien keine nie wieder gutzumachende Unordnung auslöste.

Jedoch hing das Fortbestehen seines Reiches in noch stärkerem Maße von seiner Fähigkeit ab, durch die Etablierung dieses Adels seine militärische Stärke zu fördern. Tatsächlich verfolgte er dieses wichtige Ziel seit den frühesten Anfängen seiner Herrschaft. Jene seiner Sache am meisten ergebenen Mitglieder des normannischen Adels belehnte er an den strategischen Punkten seines Reiches mit blockartig zusammengefügten Gebieten. So erhielt sein Halbbruder Odo das gesamte Gebiet von Kent; die Grafen von Eu und Mortain, Wilhelm von Warenne, Roger von Montgomery und Wilhelm von Briouze wurden mit den fünf Sussex-Gauen Hastings, Pevensey, Lewes, Arundel und Bramber belehnt.[27] Im Jahre 1067 war Wilhelm FitzOsbern mit der Obhut über die Insel Wight betraut worden, indessen sich Cornwall nach 1076 unter der Herrschaft Graf Roberts von Mortain befand.[28] Schließlich entstanden noch dazu die großen Grenzgrafschaften Hereford, Shrewsbury und Chester, mit denen Wilhelm FitzOsbern, Roger von Montgomery und Hugo, der Sohn des Vicomte Richard von Avranches, belehnt wurden.[29] So also wurden zu ihrer Zeit die wichtigsten Verteidigungsgebiete zwischen Kent und Chester den Halbbrüdern des Königs, Wilhelm FitzOsbern, Wilhelm von Warenne, dem Grafen von Eu, Roger von Montgomery und Hugo von Avranches erteilt — genau der Gruppe normannischer Feudalherren also, die Wilhelm in der Normandie am stärksten unterstützt hatte und nun den größten Anteil an dem Landbesitz Englands erhalten sollte.

Von noch größerer Bedeutung war jedoch die Tatsache, daß die normannische Aristokratie in ganz England unter Bedingungen Land erhielt, auf Grund derer Wilhelms königliche Macht noch erhöht wurde. Es war bezeichnend für seine persönliche Autorität, daß er diese Männer von Anfang an zu seinen Hauptpächtern zu machen vermochte; dies geschah derart, daß sie ihre Ländereien nicht als absolutes, aus der Eroberungsbeute stammendes Eigentum, sondern vielmehr als Gegenleistung für die Stellung einer gewissen Anzahl von Rittern für den königlichen Kriegsdienst erhielten.[30] Auch bestimmte der König die jeweilig erforderliche Anzahl von Rittern — was das »servitium debitum« genannt wurde — und zwar auf Grund von individuellen Abmachungen, die weder durch den Umfang noch durch den Wert des verliehenen Landes bedingt waren.[31] Diese Anordnungen, die erwiesenermaßen die Errichtung des militärischen Feudalismus in England nach sich zogen, waren das Ergebnis eines königlichen Plans, den König Wilhelm während der unmittelbar auf die Eroberung folgenden Jahre gefaßt und durchgeführt hatte. Frühe Berichte lassen vermuten, daß er bereits vor 1072 zur Aushebung von Truppen hinsichtlich des schottischen Feldzuges benutzt wurde[32]; ein Schreiben des Königs an den Abt von Evesham beweist, daß dieses System bereits vor 1077 in Gebrauch war[33]; kurz darauf ausgestellte Urkunden zeigen auf, daß viele seiner Einzelheiten vor Ende der Herrschaft Wilhelms ausgearbeitet worden waren.[34]

Diese bei seinen Magnaten in bezug auf deren englischen Grundbesitz erfolgreich durchgeführte Pacht als Gegenleistung für Kriegsdienste muß als einer der größten Erfolge des Eroberers betrachtet werden. Damit etablierte er seine Gefolgsleute nicht nur in Form einer beherrschenden Aristokratie in England, sondern machte sich noch dazu ihre Belehnung in Hinsicht auf die notwendige Verteidigung seines Reiches zunutze. Die Bedingungen, unter denen diese Männer ihre Ländereien erhielten, versahen den König mit vier- bis fünftausend ausgebildeten Kriegern [35], und die Tatsache, daß die Bereitstellung dieser Truppen in den Händen relativ weniger Männer lag, die mit dem König durchwegs eng verbündet waren, machte diese Einrichtung um so wirksamer. Auch bestand an ihrer Notwendigkeit kein Zweifel. Zu keinem Zeitpunkt war das anglo-normannische Reich vor Angriffen sicher. Wie bereits erwähnt, war seine Erhaltung das Ergebnis zweier Jahrzehnte fast ununterbrochener Kriegführung.[36] Die Feudalpolitik des Eroberers war also letztlich die Reaktion auf unbedingte militärische Notwendigkeiten. Der anglo-normannische Staat bestand vor allem aus einer Aristokratie, die für den Krieg organisiert war. Nur so konnte er fortbestehen.

Der Erfolg dieser Einrichtungen hing in großem Maße von der Art ihrer Durchführung ab. Ihre Einsetzung vollzog sich in zwei Stadien. Das erste bestand in der Auferlegung der »servitia debita« auf die Hauptpächter — eine Reihe von Beschlüssen, die der König kurz nach der Eroberung in die Tat umgesetzt hatte, und die mit der an seine bedeutendsten Gefolgsleute erfolgten Verteilung des englischen Landbesitzes Hand in Hand gingen. Das zweite Stadium dieser Entwicklung betraf die von den Hauptpächtern ergriffenen Mittel, um den ihnen auferlegten militärischen Verpflichtungen nachkommen zu können. Zu Beginn des anglo-normannischen Feudalismus besaßen viele der dem König von seinen Hauptpächtern gestellten Ritter selbst kein Land, doch leisteten sie ihren Kriegsdienst als Angehörige des Hofgefolges ihrer Herren.[37] Zu ihnen gehörten beispielsweise die »bewaffneten und berittenen Männer«, die während der Krönung des Eroberers außerhalb der Westminster Abtei jenen Tumult verursacht hatten, sowie auch die normannischen Gefolgsleute des Abts Thurstan, die im Jahre 1083 »in voller Wehr« mit den Mönchen von Glastonbury in deren Abteikirche so grausam verfuhren.[38] Sie stellten einen gefährlichen Stand dar. Ungefähr um 1070 verheerte das Rittergefolge des Abtes von Ely die Ländereien dieser Abtei; die dem Hofstaat Bischof Walchers von Durham zugehörigen Ritter lösten im Jahre 1080 den Aufstand im Norden aus.[39] In der Tat gehörte der Hofritter einer Gesellschaft an, die zwischen 1066 und 1072 noch nicht völlig gefestigt war. Als es für englische Herren nicht länger notwendig war, sofort einsatzbereite Ritter zur Hand zu haben, begann sich die Anzahl der Hofritter in England rasch zu verringern; allerdings bestanden sie in Gebieten wie Lincolnshire und Ostanglia fort, da man dort überraschender skandinavischer Angriffe gewärtig sein mußte.[40] Der König

278

hegte sicher keinesfalls den Wunsch, Truppen zu erhalten, die einen ständigen Unruheherd darstellten, und riet aus diesem Grund seinen Hauptpächtern von einer Beibehaltung dieser Männer ab.

Es wurde daher im Laufe der Herrschaft des Eroberers in wachsendem Maße üblich, daß seine Hauptpächter jene Ritter, deren Dienst dem König zustand, auf ihren eigenen Ländereien versorgten. Zwar sind frühe Lehnsurkunden aus England selten und nicht immer eindeutig, doch existieren einige aus dem 11. Jahrhundert.[41] Zur Zeit des Domesday Book war der belehnte Ritter bereits zu einem charakteristischen Merkmal der englischen Gesellschaft geworden.[42] Um die Mitte des 12. Jahrhunderts war der typische englische Ritter ein Mann, der auf Grund seiner Erstgeburt eine Erbpacht besaß, für die er gewisse Pflichten und Zahlungen zu leisten hatte. Seine hauptsächliche Verpflichtung bestand nach wie vor in der Leistung oder Finanzierung eines bestimmten Kriegsdienstes, sowie in der Zugehörigkeit zum Hofstaat seines Herrn. Seine wichtigsten Zahlungen waren in den »Lehnsgeldern« enthalten — Beträge, die er seinem Herrn bei bestimmten Anlässen zu entrichten hatte.[43] Innerhalb eines Jahrhunderts nach der normannischen Eroberung wurde das Rittertum in England nicht nur als das Zeichen militärischer Eignung, sondern auch als das Kennzeichen einer sozialen Schicht anerkannt, die sich durch eine privilegierte Form der Landpacht auszeichnete.

Diese Bedingungen waren nicht für das 11. Jahrhundert, sondern für eine voll entwickelte Lehnsgesellschaft kennzeichnend. Doch lag der Vorgang, der zu diesem Ergebnis führen sollte, bereits den militärischen Einrichtungen Wilhelms zugrunde und begann somit im Verlauf von dessen Herrschaft. Er unterstützte die seitens seiner Hauptpächter erfolgende Belehnung der Ritter, wobei er gelegentlich in die von ihnen getroffenen Anordnungen persönlich eingriff.[44] Es handelte sich jedoch um eine schrittweise Entwicklung, die zum Zeitpunkt seines Todes noch keineswegs abgeschlossen war. Die Belehnung von Rittern geschah sporadisch, und vor dem 12. Jahrhundert wurde kein Versuch unternommen, die »Lehnsgelder« einheitlich festzulegen.[45] Während der Herrschaft des Eroberers bildeten die Ritter in England eine sehr verschiedenartige Gesellschaftsklasse. Neben den geringen Gefolgsleuten, die am Hofe ihrer Herren lebten, gab es bereits als »Ritter« bezeichnete wichtige Männer, die ausgedehnte Güter besaßen, ihren Herren in sozialer Hinsicht durchaus ebenbürtig waren und überall Land besitzen konnten, das ihnen direkt vom König verliehen worden war. Zu ihnen gehörten wahrscheinlich jene »angesehenen Grundbesitzer«, die im Jahre 1086 an der berühmten Versammlung in Salisbury teilnahmen und dort dem König unmittelbare Untertanentreue schworen.[46]

Die von König Wilhelm durchgeführte größte soziale Umwälzung in England war die Etablierung der neuen Aristokratie auf der Basis einer vertraglich festgelegten Pacht, die als Gegenleistung für Kriegsdienste erteilt wurde. Kein Thema hat wohl mehr Kontroversen hervorgerufen als die Frage, ob Wilhelm der Eroberer und seine Gefolgsleute die grundlegenden Einrichtungen eines militärischen Feudalismus als erste in England einführten. Grob gesagt wurde bis gegen Ende des 19. Jahrhunderts allgemein angenommen, daß die von König Wilhelm geschaffenen militärischen Einrichtungen aus der altenglischen Vergangenheit stammten, die er in dieser Hinsicht seinen eigenen Zielen angepaßt hatte, da es während jener Zeit viele Formen von Pachtverhältnissen gegeben hatte. In der Folge waren Wissenschaftler, die der Ansicht J. H. Round's folgten und durch das Wissen Sir Frank Stenton's bestärkt wurden[47], der Meinung, daß in diesem Falle der Zusammenhang einen Bruch erfahren hatte, und daß eine neue Phase der sozialen Entwicklung zu dem Zeitpunkt begann, als jeder mächtige Herr seinen Landbesitz als Gegenleistung für die direkte Verpflichtung erhielt, einen gewissen, genau festgelegten Kriegsdienst zu leisten. Die zugunsten dieser Auslegung angeführten Argumente sind absolut überzeugend, und es ist wahrscheinlich, daß die meisten heutigen Studenten in diesem Punkt derselben Ansicht sind; dies vor allem auf Grund der Schwierigkeiten, im angelsächsischen England irgendeine wesentliche Tendenz hinsichtlich eines organisierten militärischen Feudalismus zu entdecken; deshalb dürften sie die in England etablierten feudalen Einrichtungen und Praktiken im wesentlichen als eine von Wilhelm dem Eroberer eingeführte Neuerung betrachten. Andererseits wurde diese Ansicht im Laufe der letzten Jahre hart bekämpft, und zwar von Wissenschaftlern, die die frühere Meinung vertraten, daß der anglo-normannische Feudalismus den Einrichtungen des angelsächsischen Englands sehr viel verdankte.[48]

Hier ist sicherlich nicht der geeignete Platz, um auf die Einzelheiten dieser Debatte einzugehen, doch sollen einige derjenigen Punkte, die vor der endgültigen Lösung dieser Probleme einer näheren Erwägung bedürfen, kurz und neutral berührt werden, sofern sie den persönlichen Werdegang Wilhelm des Eroberers betreffen. Es ist in dieser Hinsicht unbedingt notwendig, zwischen der Auferlegung der »servitia debita« und den späteren Belehnungen zu unterscheiden. Trotz gegenteiliger Argumente[49] existiert anscheinend nur wenig Beweismaterial, das die Ansicht entkräften könnte, daß die Zuteilung dieser Kontingente eine Neuerung darstellte, die der erste normannische König in England eingeführt hatte, und die daher nur wenig oder sogar nichts mit den angelsächsischen Präzedenzfällen zu tun hatte. Jedoch tauchen hinsichtlich der Belehnungen umfassendere Fragen auf. Im England des Bekenners war der typische Krieger der »Thegn«, an dessen Stelle zum Zeitpunkt von Wilhelms Tod der »knight« oder »Ritter« getreten war. Daher war der Unterschied zwischen dem Ritter und dem Thegn das wesentliche Kennzeichen aller Theorien, die den militärischen Feudalismus in England vor allem als ein Ergebnis der Herrschaft des Eroberers betrachteten. Es wird behauptet, daß der belehnte Ritter, dessen Gut jeweils verschieden groß war, als Gegenleistung für das erhaltene Land seinen Kriegsdienst leistete, daß er vor allem dazu ausgebildet war, zu Pferde zu kämpfen und die dafür notwendige Ausrüstung besaß. Dem wird hinzugefügt, daß im Gegensatz dazu der Thegn gewöhnlich der Besitzer eines fünf Hufen großen Gutes war, dessen Verpflichtung zum Kriegsdienst nicht durch sein Lehen, sondern vielmehr durch seinen Rang bedingt war; außerdem kämpfte er zu Fuß.[50]

Inwieweit diese allgemein für glaubhaft gehaltenen Unterscheidungen tatsächlich gültig sind, ist Ansichtssache, da sie heute von Experten sowohl verteidigt als auch abgeleugnet werden.[51] Trotzdem dürfte es nützlich sein, zwischen dem Thegn und dem Ritter zu unterscheiden. Beispielsweise wurde vermutet, daß zur Zeit Edward des Bekenners mancher Thegn als Gegenleistung für das ihm erteilte Land Kriegsdienste leistete; dem wurde Beweismaterial darüber hinzugefügt, daß die während der Herrschaft des Eroberers auf dem Gebiet des Bischofs von Worcester entstandenen Ritterlehen aus den fünf Hufen großen Gütern bestanden, die vordem den Thegns gehört hatten.[52] Derartige Zeugnisse verdienen genaue Beachtung, doch muß in dieser Hinsicht einbezogen werden, daß sie sich nur auf ein Gebiet Englands beziehen, und daß andererorts keine gleichgearteten Fälle existieren.[53] Daher muß diese Angelegenheit vorläufig unentschieden bleiben. Doch besteht guter Grund zu der Annahme, daß der theoretische Unterschied zwischen Thegn und Ritter den damaligen Zeitgenossen in der Praxis weniger bedeutsam erschien als den späteren Kommentatoren. Zur Zeit Wilhelm des Eroberers war es durchaus nicht unüblich, denselben Mann sowohl als Thegn (»tainus«), wie auch als Ritter (»miles«) zu bezeichnen[54]; in einer der größten Baronien Englands treten kurz nach der Eroberung neben normannischen Feudalherren, von denen einige erwiesenermaßen bei Hastings kämpften, militärische Pächter auf, die einheimischer Abstammung waren und deren verwandtschaftliche Beziehungen bis in die Zeit vor der normannischen Eroberung zurückreichten.[55]

Vielleicht wurde der Unterschied zwischen dem berittenen Ritter und dem nicht berittenen Thegn ein wenig überbetont. Es ist zwar richtig, daß die aus Herefordshire stammenden Thegns, die Graf Ralph der Schüchterne im Jahre 1055 den Kriegsmethoden des Festlandes gemäß zu Pferde kämpfen ließ, eine fürchterliche Niederlage erlitten,[56] und daß die normannischen Ritter im Jahre 1066 ihre eigenen Pferde mit sich führten und bei Hastings wirkungsvoll einsetzten. Doch ist ebenso gut möglich, daß Harold bei Stamford Bridge über berittene Truppen verfügte und im Laufe der Schlacht einige von ihnen als Reiterei einsetzte. Auch ist die Auffassung, daß es sich bei einem normannischen Ritter in jedem Falle um einen berittenen Krieger handelte, nicht länger stichhaltig, wenn man seine späteren Leistungen in Betracht zieht. Im Jahre 1106 ließ König Heinrich seine Barone bei Tinchebrai zu Fuß kämpfen; in der Schlacht von Brémule im Jahre 1119 wurden ähnliche Methoden angewandt; in der Schlacht am Standard im Jahre 1138 kämpften die Ritter zu Fuß und in voller Rüstung in engen Kolonnen; in der Schlacht von Lincoln im Jahre 1141 befahl König Stephen seinen Rittern abzusitzen und stellte sie in enger Formation als Infanterie auf.[57] Diese Männer waren die direkten Nachkommen jener, die die normannische Eroberung Englands ausgeführt hatten und bestimmten die aus ihr hervorgegangene militärische Organisation. Sicher hatten sie viel aus jenen von ihren Vätern in England vorgefundenen militärischen Praktiken gelernt, doch verdient das Ausmaß, in dem sie zu Fuß kämpften, hinsichtlich einer Einschätzung der von dem Eroberer in England eingeführten Kampftechniken volle Beachtung. Schließlich hatte ein Großteil der Feldzüge, die er vor 1066 als Herzog unternahm, aus Angriffen auf befestigte Burgen wie Brionne, Domfront und Arques bestanden; wahrscheinlich hatten die berittenen Truppen bei derartigen militärischen Operationen nur eine geringe Rolle gespielt. Es ist tatsächlich ein Merkmal der Geschichte des Kriegswesens in der zweiten Hälfte des 11. Jahrhunderts, daß Infanterie und Kavallerie in militärischen Operationen in steigendem Maße und teilweise mit erstaunlichem taktischen Geschick kombiniert wurden.[58] Wilhelm selbst hatte bewiesen, wie erfolgreich man diese Kriegstechnik anwenden konnte. Es genügt nicht, seinen Sieg bei Hastings allein darauf zurückzuführen, daß er eine Anzahl der verschiedenartigsten Kontingente in ein diszipliniertes Heer verwandelte; er war vielmehr der Geschicklichkeit zu verdanken, mit der Wilhelm den Angriff seiner berittenen Krieger mit dem Einsatz seiner Bogenschützen verband.

Darüber hinaus konnte das von seinen mächtigen Gefolgsleuten in England gestellte, rund fünftausend Ritter starke Feudalheer an sich kaum ausgereicht haben, um dem König während einer ungefähr zwanzig Jahre währenden Periode die Verteidigung seines Reiches zu ermöglichen. Er sah sich daher gezwungen, es auf andere Weise zu ergänzen, und es besteht kein Zweifel daran, daß er sich in dieser Angelegenheit an eine militärische Organisation wandte, die schon vor seiner Ankunft bestanden hatte.[59] Er fand in diesem Land eine königliche Armee vor — das sogenannte »fyrd«; außerdem existierten die in den Grafschaften Englands organisierten Streitkräfte zur örtlichen Verteidigung. In beiden Fällen scheint die Kriegsdienstverpflichtung auf Grund der Hufen, die ein Mann besaß, eingeschätzt worden zu sein; hinsichtlich dieses Systems waren daher die Thegns unentbehrlich, da sie die charakteristischen Krieger des königlichen Heeres und die naturgegebenen Führer der lokalen Truppenaushebungen waren.[60] Vieles an diesen Einrichtungen bleibt unklar, doch steht außer Frage, daß sie auch nach der Eroberung fortbestanden und für den normannischen König ein Werkzeug darstellten, das er sehr bald benutzen sollte. Als er im Jahre 1068 gegen Exeter vorrückte, berief er englische Truppen in seinen Dienst [61]; im selben Jahr schlugen die Männer von Bristol aus eigenem Entschluß den Angriff der Söhne Harolds zurück, so wie die Thegns aus Nordsomerset im Jahre 1052 Harold selbst vertrieben hatten.[62] Im Jahre 1073 nahm Wilhelm ein großes englisches Heer mit nach Maine, und im Jahre 1075 rief Lanfranc lokale Truppen erfolgreich zum Kampf gegen die aufständischen Grafen auf.[63] Im Jahre 1079 befand sich in Wilhelms Heer bei Gerberoi ein starkes englisches Kontingent; auch rettete in dieser Schlacht ein englischer Thegn dem König das Leben.[64] Diese Ereignisse sind insofern von Bedeutung, als sie den Mythos zerstören, daß die normannische Eroberung in nationalistischen Begriffen ausgelegt werden kann.[65] Kaum weniger bedeutsam sind sie in bezug auf die Schilderung der Art und Weise, mit der der Eroberer die vor der Eroberung in England entstandenen militärischen Einrichtungen im Verlauf jener Jahrzehnte zu seinem eigenen Vorteil nutzte, während derer er in diesem Land die förmlichen Einrichtungen des militärischen Feudalismus gründete.

Doch verließ er sich nicht nur auf die vor der Eroberung in England entstandene militärische Organisation, um sein Heer zu ergänzen. Vor kurzem ist nachdrücklich darauf hingewiesen worden, in welchem Ausmaß er auf Söldnertruppen angewiesen war.[66] Wie bereits erwähnt setzte er bei seinem Feldzug im Jahre 1066 besoldete Truppen ein, und obwohl er im Jahre 1068 einen Teil von ihnen entließ, nahm er zwischen 1069 und 1070 einen Großteil wieder in seine Dienste auf.[67] Die im Jahre 1070 angeblich beschlagnahmten Schätze der englischen Kirchen waren zweifellos für die Finanzierung der in den folgenden Jahren geführten Kriege bestimmt. Im Jahre 1078 benutzte Wilhelm den Gewinn, der ihm aus den konfiszierten Besitzungen seiner Feinde auf dem Festland erwuchs, zu einer Vergrößerung der Anzahl seiner eigenen Söldnertruppen.[68] In dieser Hinsicht ist es daher nicht bedeutungslos, daß während der kriegerischen Periode des Eroberers in der Normandie eine vorübergehend einflußreiche Geldgesellschaft entstand, die ihren Wohlstand der Verwaltung seiner Einkünfte verdankte[69]; dieselben Umstände müssen in Verbindung mit der Entwicklung, durch die die Struktur der englischen Feudalgesellschaft gebildet wurde, in Erwägung gezogen werden. In England ist das »Geldlehen« bis zu der Herrschaft des Eroberers zurückverfolgt worden.[70] Dasselbe geschah mit der Lehnsdiensttaxe — die Umwandlung von Kriegsdienst in Geldzahlungen —, wobei darauf hingewiesen wird, daß ihre Einschätzung nach einem System erfolgte, das dem alten »Hufensystem« in etwa ähnlich war.[71] Wie dem auch sei, so steht doch jedenfalls fest, daß sich der Eroberer ständig ein großes Söldnerheer hielt, eine Tatsache, die auch seine schwere Besteuerung Englands erklärt. Als er im Jahre 1085 mit einem außergewöhnlich großen Heer nach England zurückkehrte, tat sich das Problem auf, mit welchen Mitteln es unterhalten werden sollte — dieses Problem war eine der Ursachen der Domesday-Untersuchung hinsichtlich der steuerlichen Leistungsfähigkeit Englands.[72]

Abzüglich dieser Einschränkungen kann jedoch kein Zweifel mehr bestehen, daß die Zerstörung der altenglischen Aristokratie und die Einsetzung einer anderen, die ihre Ländereien auf Grund von Pacht und Kriegsdienst erhielt, eine enorme Umwälzung darstellte. Doch konnten die so entstandenen feudalen Einrichtungen nicht allen Bedürfnissen des Eroberers genügen; daher hatten alle am Aufbau dieser neuen Ordnung Beteiligten in diesem Falle der starken einheimischen Verwaltungstradition Konzessionen zu machen, da diese Verwaltung nicht einfach von einem Herrscher aufgegeben werden konnte, der alle Rechte eines angelsächsischen Königs beanspruchte. Immerhin bleibt bestehen, daß gegen Ende der Herrschaft Wilhelms die gesamte Adelsstruktur Englands durch die Handlungen eines normannischen Königs zugunsten der normannischen Feudalherren umgeändert worden war. Das Lehen des Hauptpächters, das der Eroberer durch Verleihung geschaffen hatte, und das gewöhnlich in vielen Grafschaften liegende Ländereien einbeschloß, war vor 1087 zu einer grundlegenden Einheit des englischen Soziallebens geworden.[73] Es besaß sein Zentrum — sein »caput« — das die Hauptresidenz, ja vielleicht sogar eine Burg war. Es besaß einen Hof — dem die militärischen Pächter des Lehens Dienste schuldeten. Es war hervorragend organisiert.[74] Ein mächtiger normannischer Herr in England konnte sogar ein »corps« von Beamten um sich haben, das dem des Königs vergleichbar war: er konnte seinen Haushofmeister, seinen Kämmerer usw., ja sogar seine Richter und seine Sheriffs um sich haben. Sein zwar kleinerer und weniger differenzierter Hofstaat war von demselben Muster wie der des Königs. Seine militärischen Pächter nannten sich zuweilen »peers«[75] dieses Lehens und nahmen am Hofe ihres Herrn an dessen Angelegenheiten teil, indem sie die Zwiste zwischen seinen Pächtern schlichteten und ihm gewöhnlich mit Rat und Unterstützung zur Seite standen. Ihre Zusammenarbeit war ziemlich eng. Der Lehnseid, den ein Mann dem Herrn schuldete, von dem er seine Hauptpacht erhalten hatte, stellte in der feudalen Welt das stärkste Band dar; genau dasselbe Band verband die Hauptpächter mit dem König.[76] Demnach bildeten die vom Eroberer in England gegründeten Lehen der Hauptpächter Mikrokosmen in dem Feudalstaat, über den er herrschte.

Die in England zwischen 1070 und 1087 eingeführten feudalen Praktiken zogen somit für dieses Land nicht nur ständige Folgen nach sich, sondern verbanden noch dazu England und die Normandie kraft eines einzigen Feudalsystems, das einem König und einer Aristokratie unterstand. Jedoch sollte die Feudalstruktur Englands nie mit jener der Normandie identisch werden, was in großem Maße auf die Probleme zurückzuführen war, die sich dem Eroberer im Laufe seiner englischen Herrschaft stellten, wie auch auf die Art und Weise, mit der er sie zu lösen versuchte. In England befaßte er sich damit, mittels Verwaltungsbeschlüssen eine vollständige feudale Organisation zu gründen, während er in der Normandie der Erbe eines feudalen Systems war, dessen Entwicklung schrittweise vor sich gegangen und im Jahre 1066 noch nicht voll ausgebildet war. Daher sah sich der Eroberer in der Lage, in England von Anfang an stärkere herrscherliche Maßnahmen zu ergreifen, als es vordem hinsichtlich der im Entstehen begriffenen Feudaleinrichtungen der Normandie möglich gewesen war. Dies offenbarte sich eindeutig in der wichtigen Angelegenheit der »servitia debita«. Die ursprünglichen englischen Steuern lassen sich mit einiger Sicherheit aus den Einkünften des Jahres 1166 ersehen, die ihrerseits genauestens die vor 1135 herrschenden Zustände widerspiegeln.[77] Die normannischen Steuern lassen sich — zumindest annähernd — auf Grund der im Jahre 1172 für Heinrich II. von England zusammenge-

stellten Liste [78] der normannischen Lehen bestimmen, desgleichen durch
eine zwischen 1204 und 1208 [79] für Philipp Augustus zusammenge-
stellte Liste normannischer Lehen, die teilweise durch früheres Beweismaterial ergänzt werden kann.[80] Der Gegensatz, der sich hier auftut,
ist bemerkenswert. Es gibt in der Normandie nichts, was den schweren
Lehnsverpflichtungen Englands vergleichbar wäre. In der Normandie
ist es tatsächlich selten, daß man einen weltlichen oder kirchlichen
Pächter antrifft, der mehr als zehn Ritter stellen mußte. Hingegen
schuldeten in England vor 1135 nicht weniger als elf weltliche Herren
den Dienst von sechzig oder noch mehr Rittern, mindestens siebenund-
zwanzig den von fünfundzwanzig Rittern oder mehr, indessen sechs
Bistümer und drei Abteien mehr als vierzig Ritter stellen mußten.
Die Auferlegung dieser außergewöhnlich hohen Kriegsdienstverpflichtungen in England weist auf die Macht Wilhelms in seiner Eigenschaft
als Feudalherrscher hin. Kaum weniger bedeutsam war in England
die Beziehung zwischen dem Kriegsdienst, den ihm seine Feudalherren schuldig waren, und der Anzahl von Rittern, die sie tatsächlich
belehnten. Man erinnere sich daran, daß derartige Belehnungen, wenn
auch nicht immer in der Praxis, so doch zumindest theoretisch, die Angelegenheit des Hauptpächters war, der auf seinen Ländereien eine
genügend große, bzw. geringere oder größere Anzahl von Rittern
etablieren konnte. Falls die Anzahl unzureichend war, sah sich der
Hauptpächter gezwungen, Ritter zu dingen, um dem König gegenüber
seiner Lehnspflicht nachzukommen. Jedoch verfügte er im Falle eines
Überschusses, abgesehen von den für den Dienst des Königs bestimmten Rittern, über ein privates Heer. Es lag also im Interesse eines jeden Königs, der zugleich über ein schlagkräftiges Heer verfügen und
die Ordnung in seinem Reich aufrechtzuerhalten bemüht war, daß die
Anzahl der für den königlichen Kriegsdienst bestimmten Ritter und
die Anzahl der von seinen Feudalherren belehnten Ritter sich soweit
wie möglich die Waage hielt. Kurz vor Ende seiner Herrschaft scheint
der Eroberer diesem Idealfall in England auf bemerkenswerte Weise
nahegekommen zu sein.
Das Ausmaß seines Erfolges in dieser wichtigen Angelegenheit läßt
sich am besten aus einem weiteren Vergleich zwischen England und
der Normandie ersehen. In der Normandie bestand immer schon ein
erhebliches Mißverhältnis zwischen der Anzahl der zu stellenden
dienstpflichtigen, und der Anzahl der belehnten Ritter. Im Jahre 1172
hatte beispielsweise der Bischof von Bayeux, dessen normannisches
Lehen mindestens bis in die Zeit Bischof Odos zurückverfolgt werden
kann, in der Normandie ein »servitium debitum« von zwanzig Rit-

tern zu leisten, doch belief sich die Anzahl der von ihm auf seinen Ländereien belehnten Ritter auf nicht weniger als hundertundzwanzig. Der Kämmerer von Tancarville, dessen Posten im Jahre 1066 von Ralph von Tancarville eingenommen wurde, hatte vierundneunzig Ritterlehen erstellt, doch schuldete er dem König lediglich den Dienst von zehn. Im übrigen waren diese Fälle nicht ungewöhnlich. Auf den meisten größeren normannischen Lehen war die Anzahl der belehnten Ritter gewöhnlich fünf mal so hoch wie die der zu Kriegsdienst verpflichteten Ritter; daß die Anzahl weniger als dreimal so hoch war, kam relativ selten vor.[81] Hingegen variierte in England die Belehnung und der zu leistende Kriegsdienst nur in geringerem Maße; auch wurde diese Differenz mit der fortschreitenden Entlassung besoldeter Ritter zwischen 1070 und 1087 immer geringer. Nie existierten im feudalen England auch nur annähernd derartige Zustände wie in Frankreich, wo beispielsweise Graf John von Alençon lediglich zwanzig Ritter für den Kriegsdienst stellen mußte, gleichzeitig aber hundertundelf Ritter belehnt hatte; oder der Graf von Neulan mit dreiundsiebzig Rittern im Gegensatz zu fünfzehn; und schließlich Robert III. von Montfort-sur-Risle mit vierundvierzig im Gegensatz zu sieben. In der Tat sind derartige Einzelheiten von großer und allgemeiner Bedeutung. Sie liefern eine ausreichende Erklärung für den Erfolg des Eroberers, der in England Privatkriege als Grund zur Enteignung benutzte, wohingegen es in der Normandie nach wie vor zu den Pflichten eines Ritters gehörte, in den Privatkriegen seines Herrn mitzukämpfen.[82]

Jedoch darf man trotz dieser bedeutsamen und wichtigen Gegensätze den wechselseitigen Einfluß zwischen Königreich und Herzogtum hinsichtlich der Entstehung der Feudalstruktur im anglo-normannischen Staat keineswegs beiseite lassen. Zwar war das englische Feudalsystem im wesentlichen normannisch, doch ebenso war das normannische Feudalsystem gegen Ende des 11. Jahrhunderts in gewisser Hinsicht englisch geworden. Sogar im Jahre 1066 waren die schrittweise entstandenen feudalen Einrichtungen in der Normandie noch nicht völlig unter der herzoglichen Kontrolle, auch wurde — wie bereits erwähnt — das in der Normandie natürlich schon übliche Hauptprinzip des »servitium debitum« den größeren normannischen Baronien noch nicht allgemein auferlegt. Hingegen wurde nun in England zwischen 1070 und 1087 eine Feudalordnung gegründet, in der die Vorrechte des Fürsten von Anfang an rechtlich anerkannt und unbarmherzig durchgesetzt wurden. Jedoch wurden beiderseits des Kanals dieselben Familien von diesen Feudaleinrichtungen betroffen, und auch ihr oberster Lehnsherr war jeweils derselbe. Wenn daher in England die Rechte des Königs in dessen Eigenschaft als oberster Lehnsherr besonders nachdrücklich durchgesetzt wurden, so wurden dieselben Rechte zwangsläufig auch in der Normandie anerkannt. Genauso war es. Wie auch immer die Ansicht des Herzogs im Jahre 1050 gewesen sein mochte, so wäre es doch zumindest zweifelhaft gewesen, ob sich derart mächtige Familien wie Beaumont, Tosny und Montgomery dazu bereit erklärt hätten, ihre Ländereien lediglich unter der Bedingung eines Pachtabkommens mit dem Herzog zu halten. Jedoch wurden diese drei, ebenso wie viele andere Familien im Laufe der Herrschaft des Eroberers in England, zu Hauptpächtern und unterwarfen sich somit den erheblichen »servitia debita«. Im Jahre 1087 hätte kein normannischer Herr zu behaupten gewagt, daß sein Landbesitz nicht durch gewisse Dienstleistungen bedingt sei, obgleich derartige Dienstleistungen in der Normandie weniger drückend waren als in England. Einerseits brachten die Normannen wesentliche Bestandteile einer feudalen Organisation nach England, doch war andererseits die Vollendung der feudalen Organisation in der Normandie letztlich eine Folge der Eroberung Englands.

Die feudale Einheit des anglo-normannischen Staates wurde also durch den wechselseitigen Einfluß zwischen Herzogtum und Königreich bedingt; dies geschah unter der Führung eines Königs, der in dieser von ihm beherrschten feudalen Organisation besondere Rechte besaß und der noch dazu alle Vorrechte der von ihm erlangten Königswürde für sich in Anspruch nahm. Darüber hinaus basierte diese feudale Einheit auf der Interessengemeinschaft zwischen König und Aristokratie, die Wilhelm vor 1066 mit großem Erfolg in der Normandie geschaffen hatte. So wie das Feudalsystem im anglo-normannischen Königreich von den für den König selbst günstigen Bedingungen abhing, unter denen die Ansiedelung der normannischen Aristokratie in England stattfand, genauso sollte auch die Herrschaft über England in erster Linie von den zwischen diesem Adel und dem Eroberer herrschenden Beziehungen abhängen.

Die zentrale Einrichtung der Regierung Wilhelms war sein Hof — doch konnte der königliche Hof oder die »curia regis« von einem bestimmten Gesichtspunkt aus einfach als der Hof des größten Feudallehens im Lande betrachtet werden. Zu den Pflichten eines feudalen Vasallen gehörte überall die Aufwartung am Hofe seines Herrn, eine Pflicht, der auch die Pächter des Königs nachkommen mußten. Als der König den geistlichen und weltlichen Herrn die »servitia debita« auferlegte, prägte sich der feudale Wesenszug seiner Hofhaltung in noch stärkerem Maße aus, und obgleich dieses Prinzip nie ausschließlich angewandt wurde, konnte die »curia regis« doch ohne allzu große Verzerrung als eine Versammlung von Männern betrachtet werden, die mit dem König auf Grund von Bedingungen verbunden waren, unter denen die normannische Aristokratie sowohl im Herzogtum als auch im Königreich ihre Ländereien erhalten hatte. Somit unterschied sich die unter Wilhelm regelmäßig zusammentretende »curia regis« im wesentlichen kaum von der »curia ducis«, die ihn vor 1066 in seiner Eigenschaft als Herzog umgeben hatte. An beiden Höfen traf man Angehörige seiner Familie — beispielsweise seine Gemahlin oder seine Söhne — sowie die mächtigsten geistlichen oder weltlichen Feudalherren an. Der große Hof, der gegen Ende der Herrschaft des Eroberers in Laycock zusammentrat [83] war zwar größer, doch im wesentlichen jenem Hof sehr ähnlich, der im Jahre 1051 die Vorrechte Saint-Wandrilles bestätigt hatte [84], oder jenem, der sich vor 1066 im Fécamp zusammenfand, um die Rechte von Saint-Florent von Saumur festzulegen [85], bzw. jenem Hof, der im Jahre 1063 für Saint-Ouen in Rouen eine bemerkenswerte Urkunde ausstellte.[86]

Jedoch stellten die zwischen 1066 und 1087 unter König Wilhelm stattfindenden Sitzungen dieses feudalen Hofes durchaus keinen unmittelbaren Übergang zu englischen Bräuchen dar, wie es vielleicht vorstellbar wäre. Und dies auf Grund dessen, daß Wilhelm in England bereits einen von alters her eingesetzten königlichen Rat vorfand, der sich zwar nach anderen Prinzipien aufbaute, jedoch aus einer Gruppe von Feudalherren bestand, die jener, welche ihn in der Normandie als Herzog umgeben hatte, nicht unähnlich war. Denn auch der »witan« oder königliche Hof Edward des Bekenners hatte sich bei seinen vollständigen Sitzungen aus den mächtigsten kirchlichen und weltlichen Herren — im letzteren Falle vor allem aus den Grafen — zusammengesetzt; hinzu kamen noch andere Standespersonen, die der König vielleicht zur Aufwartung befohlen hatte.[87] Genauso wie bei dem herzoglichen Hofe Wilhelms in der Normandie vor der Eroberung handelte es sich hierbei um eine Versammlung von Feudalherren, die von einem Herrscher, der ihrer ständigen Unterstützung bedurfte, einberufen wurde. Es ist daher wohl kaum verwunderlich, daß der Eroberer diese Einrichtung von Anfang an akzeptierte. Daher waren die Ratsversammlungen, die zwischen 1068 und 1069 seine bedeutenden englischen Urkunden bezeugten, den größeren »witans«, die unter der Herrschaft Edward des Bekenners zusammengetreten waren, sehr ähnlich.

Zu ihren Teilnehmern gehörten beispielsweise Wilhelm FitzOsbern, Roger von Montgomery, sowie auch Edwin, Morcar und Waltheof;

außerdem sächsische und normannische Geistliche sowie Beamte, von denen einige schon unter dem Bekenner gedient hatten.[88]

Die im Laufe von Wilhelms englischer Herrschaft erfolgten frühen Hofversammlungen sind von besonderem Interesse, da sie eine Schilderung der Politik ergeben, durch die sich jene grundlegende Umwälzung der Verfassung ergab, die gleichzeitig reibungslos und wirksam vor sich ging. Die Zusammensetzung dieser »curia« veränderte sich erst nach 1070 radikal. Dann jedoch ging der Vorgang sehr schnell vonstatten, und die Ersetzung der altenglischen Aristokratie durch eine neue spiegelte sich zweifellos in der Zusammensetzung der neuen »curia« wider. Gegen Ende der Herrschaft des Eroberers ist anläßlich seiner größeren Hofversammlungen kaum mehr ein wichtiger englischer Name zu entdecken, was darauf schließen läßt, daß diese Umwälzung anscheinend vollständig gewesen war. Doch muß ihre Bedeutung hinsichtlich der Verfassung eingehend überprüft werden. Trotz der Einführung neuer Männer und neuer feudaler Ideen war der Hof Wilhelm des Eroberers gegen Ende seiner Herrschaft in gewissem Sinne immer noch dem »witan« des Bekenners vergleichbar: wie im Jahre 1050, so bestand auch im Jahre 1080 dieser Hof aus dem Monarchen und den Angehörigen seiner Familie, aus den mächtigsten geistlichen und weltlichen Herren, sowie gewissen Beamten. Der Eroberer, der sich ständig als der rechtmäßige Nachfolger des Bekenners hinstellte, vergaß noch dazu niemals die ihm kraft seines englischen Königtums eigene, besondere Stellung. Andererseits besteht jedoch die Tatsache, daß die »curia regis« zum Zeitpunkt seines Todes hinsichtlich ihrer Teilnehmer normannisch geworden war; ebenso normannisch war sie in bezug darauf, daß jedes Mitglied dieses Hofes auf Grund von Kriegsdienstverpflichtungen anwesend war, die die Normannen zu einem üblichen Merkmal des englischen Adelswesens gemacht hatten.

Diese »curia« trat außerordentlich häufig zusammen. Doch bestand schon 1087 die Tendenz, ihre Sitzungen jeweils zu Weihnachten, Ostern und Pfingsten abzuhalten, wobei zu diesem Anlaß prächtige Zeremonien und verschwenderische Lustbarkeiten stattfanden. In der Tat gibt es keine wirksamere Darstellung des Gepräges der anglonormannischen Monarchie oder ihrer Beziehung zu den Männern, von deren Unterstützung sie abhing, als die Schilderung einer Vollversammlung von Wilhelms Hof anläßlich der großen Feste des Kirchenjahres. Beispielsweise trug er bei dieser Gelegenheit die Krone sowie das Krönungsornat, die beide im 11. Jahrhundert einen so wesentlichen Bestandteil der Manifestation des Königstums hinsichtlich seiner geistlichen und weltlichen Würde bildeten. Angetan mit allen

Krönungsinsignien und umgeben von den geistlichen und weltlichen Würdenträgern seines Reiches, thronte er dort in seiner ganzen Majestät und entfaltete so seine ganze königliche Autorität und die letzte Bestätigung seiner Macht. Zugleich aber wurden die zwischen dem König und seinen unmittelbaren Vasallen herrschenden engen Beziehungen, sowie auch ihre gemeinsamen Interessen zur Geltung gebracht. Diese Versammlungen ermöglichten den eigentlichen Herren Englands und der Normandie die Aufrechterhaltung des gegenseitigen persönlichen Kontakts und setzten den König in die Lage, sich durch den Umgang mit diesen Männern, die für die Verwaltung seines Landes unmittelbar verantwortlich waren, mit allen Teilen seines Reiches vertraut zu machen. Dies war zum Beispiel die Atmosphäre, in der sich die anläßlich der Planung des Domesday-Unternehmens gehaltene »eindringliche Rede« des Eroberers zu Weihnachten des Jahres 1085 in Gloucester abspielte. Eine derartige Versammlung mochte ohne weiteres all jene Feudalherren umfassen, deren Interessen sich über ganz England erstreckten.[89]

Doch hielt Wilhelm nicht nur bei derart prächtigen Anlässen mit seinen Feudalherren Rat. Oft war seine »curia« kleiner und setzte sich dann nur aus solchen Männern zusammen, auf deren Rat sich der König in besonderem Maße verließ. So scheinen Erzbischof Lanfranc, die Halbbrüder des Königs, Odo und Robert, Richard FitzGilbert, Roger von Montgomery und Wilhelm von Warenne einen engen Kreis von Beratern gebildet zu haben, deren Gegenwart der König häufig erbat. Auch in diesem Falle läßt sich wieder ein Vergleich zwischen englischen und normannischen Gepflogenheiten ziehen, da sich die »curia« Wilhelms in der Normandie sowohl vor wie nach der Eroberung auf dieselbe Art entweder vergrößerte oder verkleinerte. Außerdem waren nach 1070 die wichtigsten Persönlichkeiten an Wilhelms Hof beiderseits des Kanals im wesentlichen dieselben. Natürlich waren die örtlichen Beamten jeweils verschieden; auch wurden die Sonderbeauftragten aus den jeweils von diesen Angelegenheiten am meisten betroffenen Gebieten herangezogen. Doch folgten die mächtigeren Feudalherren dem König. Vasallen wie Graf Robert von Mortain, Robert und Heinrich von Beaumont, Roger von Montgomery und Richard FitzGilbert — alles große Landbesitzer in England — erscheinen zumindest ebenso oft an normannischen wie an englischen Höfen.[90] Sie begleiteten den König bei seinen Reisen über den Kanal, wodurch die königliche »curia«, gleichgültig ob sie nun in der Normandie oder in England zusammentrat, im wesentlichen denselben Charakter beibehielt.

Auch waren die Aufgaben, mit denen sich der Hof des Eroberers in England beschäftigte, im wesentlichen jenen gleich, die zumindest seit 1054 seinen Hof in der Normandie betrafen. Wie es in der Normandie während der Jahrzehnte, die der Eroberung vorausgegangen waren, der Fall gewesen war, so befaßte sich nun ein Großteil der zwischen 1070 und 1087 von der englischen »curia« ausgestellten Urkunden mit Bestätigungen von Land oder Privilegien und infolgedessen natürlich auch mit richterlichen Entscheidungen, die sich mit der Schlichtung von Klageverfahren befaßten. In England verliehen die durch die Eroberung und die anschließende Ansiedlung entstandenen Umstände dieser Aufgabe besondere Bedeutung und so wurden zur Handhabung dieser Probleme besondere Verfahren angewandt, die wir später erläutern werden. Doch blieb die übliche Tätigkeit des Feudalhofes des Eroberers sowohl in der Normandie als auch in England nach wie vor dieselbe. Die im Beisein einer vollständigen königlichen »curia« abgehaltene Gerichtsverhandlung in Laycock,[91] die vom frühen Morgen bis in die Abendstunden währte, könnte als Beispiel für die in England geübte Praktik gelten, doch finden sich ähnliche Beispiele auch in der Normandie. Vor versammeltem Hofe wohnte der König zwischen 1072 und 1079 in Rouen einem zwischen Ralph Tesson und der Abtei Fontenay geführten Prozeß bei [92]; auch fällte ein im Jahre 1080 zusammengetretener Hof zugunsten der Heiligen Dreifaltigkeit in Rouen ein Urteil gegen den Bischof von Evreux.[93] Es existieren viele derartige Beispiele. In der Normandie und in England war kein Hof bemerkenswerter als jener, der im Jahre 1080 zwischen der Familie Creully und der Abtei Fécamp [94] Recht sprach, oder jener, der am 5. September 1082 in Oissel die rechtlichen Privilegien des Abtes von Saint-Wandrille gegen Erzbischof Wilhelm von Rouen verteidigte.[95]

Es wäre jedoch unklug, die Aufgaben dieses Hofes zu ausführlich zu behandeln. Das Wesen seiner Regierung bestand in einer Personalmonarchie, deren Macht sich über England und die Normandie erstreckte. Der König regierte sein Reich und berief daher jene Mitglieder der geistlichen oder weltlichen anglo-normannischen Aristokratie ein, die ihm bei dieser Aufgabe den größten Beistand leisten konnten. Deshalb bestand die Pflicht seines Rates vor allen Dingen in der Beratung des Königs; seinerseits mochte der König ständig darum bemüht gewesen sein, sich die Unterstützung jener Männer zu sichern, die allein seiner Regierung die nötige Gewalt verleihen konnten. In dieser Regierung gab es noch keine differenzierten Verwaltungsfunktionen, und erst nach dem Tode Wilhelms sollten sich aus seinem Hof spezialisierte Körperschaften entwickeln, die sich aus mit fiskalischen oder richterlichen Aufgaben betrauten Männern zusammensetzten. Es ist bekannt, daß der Fiskus, die späteren Gerichtshöfe und auch das genau umrissene Amt des Kanzlers aus der »curia« entstanden waren. Hingegen wurde im Laufe der Herrschaft des Eroberers die Regierung auf einfachere Art in Angriff genommen. Der König regierte das Land, und seine Vasallen waren dazu da, ihm bei dieser Aufgabe beizustehen, das heißt, ihn zu beraten und den Vollzug seiner Beschlüsse zu unterstützen.

So diente die feudale Organisation von König Wilhelms Reich dazu, England und die Normandie eng miteinander zu verbinden, sowie auch den anglo-normannischen König und die anglo-normannische Aristokratie durch ein gemeinsames Ziel zusammenzuschweißen. Vor allem in England, wo dieser Adel eine kleine Minderheit darstellte, hing sein Fortbestand in erster Linie von einer engen Zusammenarbeit zwischen seinen Mitgliedern und dem König ab. Es lag also im beiderseitigen Interesse, derartige unvermeidliche Rebellionen wie die des Jahres 1075 so schnell wie möglich zu unterdrücken. Die Geschichte der Normannen in England kann also besonders während der Herrschaft des Eroberers keinesfalls durch eine zwischen dem König und den Feudalherren herrschende angeborene Gegnerschaft erklärt werden. Vielmehr ist sie als die Geschichte der unter feudalen Prinzipien erfolgten Besiedelung eines neu eroberten Landes zu betrachten, die von einer außergewöhnlich fähigen Gruppe von Männern unter der Führung des Königs ausgeführt wurde. Ihre Vorstellung von einer Regierung war in allen Hauptpunkten gleichgeartet. Alle gehörten sie einer feudalen Welt an, die sie in England zum größten Teil selbst geschaffen hatten, und sie glaubten daran, daß es in dieser Welt für jedermann, den König einbeschlossen, vorteilhaft war, die eigenen Rechte zu wahren und die des anderen nicht zu schmälern. Sicherlich war die Bestimmung feudaler Rechte und Pflichten sehr umstritten, doch wurde ihre endgültige Bestätigung hingenommen. Es handelte sich beim König und den Magnaten sowohl in England als auch in der Normandie um die gemeinsame Anerkennung eines Feudalprinzips, durch die das anglo-normannische Königreich fortbestehen konnte und die sein Gepräge weitgehend bestimmte. Diese Anerkennung sollte in jeder Hinsicht die Tätigkeit der örtlichen Regierung und das Geschick des einfachen Volkes umändern, dessen Leben überall durch die Zwischenverbindungen der mächtigen Familien beeinflußt wurde. Auch sollte sie den wesentlichen Hintergrund für die Verwaltung eines großen Königs bilden, die sich langsam entwickelte und die königliche Macht erhöhte.

XII

DIE KÖNIGLICHE VERWALTUNG

Es liegt nicht in der Absicht dieses Buches, die Geschichte der englischen Verfassung zwischen 1066 und 1087 nocheinmal aufzurollen, doch kann sich eine Studie über Wilhelm den Eroberer nicht ganz der Aufgabe entziehen, den normannischen Faktor in den damals stattfindenden Umwälzungen herauszuschälen, bzw. den persönlichen Anteil Wilhelms an ihrem Zustandekommen einzuschätzen. Obgleich das Problem auf diese Weise stark abgegrenzt wird, ist es dennoch nicht einfach, in dieser Hinsicht zu einer Lösung zu gelangen. Die im Laufe dieser Jahre stattfindende verfassungsmäßige Entwicklung ist samt ihren sozialen Konsequenzen auf eine verwirrende Wechselwirkung normannischen und englischen Einflusses zurückzuführen. In der Herrschaft über sein Doppelreich sah sich Wilhelm verschiedenen und häufig gegensätzlichen Überlieferungen ausgesetzt; hinzu kam noch, daß er sich den Folgen starker sozialer und wirtschaftlicher Umwälzungen stellen mußte, die durch die Eroberung entweder verursacht oder in ihrer Entwicklung beschleunigt worden waren.

Trotzdem wäre es voreilig, den Einfluß des Königs hinsichtlich der Förderung oder Minderung der folgenden Entwicklung zu verringern. Sein Regime bestand in einer Personalmonarchie, innerhalb derer sein persönlicher Einfluß immer stark und manchmal entscheidend war. Er war der feudale Oberherr mit unmittelbaren und zwingenden Rechten über seine Vasallen: er war der geweihte König, der das Ansehen der altenglischen Monarchie ererbt hatte und über die von dieser Monarchie geschaffenen Verwaltungsinstrumente verfügte. Er stand im Zentrum der Macht, und es ist unvorstellbar, daß ein mit einem derart beherrschenden Willen und einem derart ausgeprägten politischen Genie begabter König die Gelegenheiten, die sich ihm hier boten, hätte vorübergehen lassen. Daher muß jede Erwägung seiner Verwaltung und des von ihm persönlich auf die sozialen Umwälzungen geübten Einflusses mit dem König selbst und seinen Beamten beginnen, die die wichtigsten ausführenden Organe hinsichtlich seiner Beschlüsse waren. Die engsten und vertrautesten Diener des Königs befanden sich in seinem königlichen Hofstaat. Es ist daher ein glücklicher Umstand, daß eine etwas später ausgestellte Urkunde über die »Gründung der königlichen Hofhaltung« [1] heute noch existiert; sie spiegelt das wider, was die Organisation der königlichen Hofhaltung gewesen sein muß und enthüllt die zu jener Zeit noch bestehenden primitiven Vorstellungen von der Regierung. Es war einer Personalmonarchie eigentümlich, daß die persönlichen Diener des Königs für dessen Verwaltung verantwortlich waren. In der in diesem Text beschriebenen Hofhaltung ist der Kanzler in Gesellschaft persönlicher Diener des Königs, wie beispielsweise dessen Jägern, anzutreffen, indessen wichtige Beamte Titel wie »Haushofmeister«, »Kellermeister« oder »Kämmerer« führen. Die Inhaber dieser Ämter gehörten zu den bedeutendsten Männern des ganzen Landes. Sie ließen einen Großteil, wenn nicht sogar alle privaten Pflichten von Stellvertretern erfüllen und waren selbst für die königliche Verwaltung unmittelbar verantwortlich. Die Entwicklung der königlichen Hofhaltung unter dem Eroberer ist daher aus dem Grunde bedeutsam, weil sie zur Leistungsfähigkeit seiner Herrschaft wesentlich beitrug und in der Zukunft hinsichtlich der Verfassung weitreichende Folgen nach sich zog. Dieser Vorgang offenbart nocheinmal die Politik des Eroberers, die es ihm ermöglichte, mittels der geringsten Abwandlung englischer Bräuche eine bedeutende Umwälzung hervorzurufen.

In England hatte Wilhelm einen königlichen Hofstaat vorgefunden, der sich von dem herzoglichen Hofstaat in der Normandie nicht sonderlich unterschied, doch besaßen die Männer aus der Umgebung des Bekenners Titel, die in Lateineuropa unbekannt waren; der weitverbreitete Gebrauch des dänischen Begriffes »staller«, der jeden »Dienstmann« einbezog, macht eine genaue Unterscheidung der königlichen Beamten unmöglich.[2] Außerdem existierten am Hofe des Bekenners Männer von hohem Rang, die sich mit dem Besitz von Hoftiteln als Ehrenbezeichnungen begnügten, und so existierten die jeweiligen Äquivalente für Kellermeister, Kämmerer und Zeremonienmeister in England schon vor dem Jahre 1066. Es war Wilhelm möglich, während der ersten Jahre seiner Herrschaft einige weltliche Herren in seinem Hofstaat zu behalten, die am Hofe des Bekenners Beamte gewesen waren.

Der »staller« Bundi war einer von ihnen, desgleichen der »staller« Ednoth, sicher aber Robert »FitzWimarc«, ein Mann bretonischer Herkunft und vielleicht sogar königlichen Geblüts, der sowohl dem Bekenner als auch dem Eroberer diente.[3] Doch sollte Wilhelm schon sehr bald damit beginnen, die Männer englischer Herkunft an seinem Hof durch Angehörige der normannischen Aristokratie zu ersetzen, die im Laufe seiner herzoglichen Herrschaft an die Macht gelangt waren. Der bereits im Jahre 1069 in England als Haushofmeister amtierende Haimo war der Sohn jenes bei Val-ès-Dunes gefallenen Haimo »dentatus«; der schon vor 1064 im Contentin hochangesehene Roger Bigod erwarb möglicherweise unter der Herrschaft Wilhelm des Eroberers das Amt des Haushofmeisters, das er später innehaben sollte; der »dapifer« Eudo, der bereits von 1072 an in England Haushofmeister war, war der Sohn Huberts von Ryes, der dem jungen Herzog Wilhelm im Jahre 1047 Asyl geboten hatte.[4] Der Aufstieg dieser Männer kennzeichnete jene Politik, deren Endziele beim Tode des Eroberers fast erreicht waren. Im Jahre 1087 bestand der Hofstaat des Königs von England ausschließlich aus Normannen.

Diese aus dem normannischen Adel stammenden Männer führten in ihren Ämtern jene Tradition ein, die ihnen vom normannischen Hof her vertraut waren. Tatsächlich hatten viele von ihnen bereits am herzoglichen Hof ein Amt bekleidet. Der bedeutendste unter ihnen war Wilhelm FitzOsbern, der bereits vor 1066 Haushofmeister geworden war und dieses Amt sogar nach der Erwerbung seiner englischen Grafschaft beibehielt.[5] Trotz seiner außergewöhnlichen Macht vertrat er jedoch eine aristokratische Gruppe, die sowohl vor als auch nach der Eroberung am Hofe Wilhelms Dienste leistete. Ebenso trat Hugo von Ivry vor 1066 das Amt eines Kellermeisters an und bekleidete es bis nach 1082.[6] Außerdem existierte noch das Amt des Konnetabel, das in dieser Hinsicht sehr aufschlußreich ist.[7] Der Konnetabel war nämlich hauptsächlich mit der Sorge für die Hofritter seines Herrn betraut, wobei die militärische Organisation Englands zur Zeit des Bekenners bisher keinerlei Gelegenheit für die Etablierung eines derartigen Beamten am Hofe geboten hatte. Doch existierte dieses Amt bereits in der Normandie, wo es von Hugo von Montfort-sur-Risle bekleidet wurde; dieser Mann, der bei Hastings kämpfte, behielt dieses Amt auch nach der Eroberung bei und empfing für seine Dienste die »Würde des Konnetabel«.[8]

Außerdem wäre die Annahme voreilig, daß während der Herrschaft des Eroberers zwischen seinem englischen und seinem normannischen Hof eine scharfe Trennung vorlag.[9] In dieser Hinsicht ist das Kämmereramt interessant. Wie bereits erwähnt, bestand dieses Amt in der Normandie bereits vor 1034 und wurde damals von einem gewissen Ralph bekleidet; dessen Sohn, Ralph von Tancarville, war vor und nach 1066 der Kämmerer Wilhelms und übertrug nach seinem Tode im Jahre 1079 dieses Amt seiner mächtigen, von ihm gegründeten Familie.[10] Doch scheint sich Ralph von Tancarville nie in England aufgehalten zu haben, so daß in diesem Falle eine gewisse Trennung der beiden Höfe anzunehmen ist. Jedoch scheint andererseits während der Herrschaft Wilhelms in England kein Oberkämmerer ernannt worden zu sein, was vermuten läßt, daß Ralphs Pflichten in England von einem Stellvertreter übernommen wurden.[11] Doch bildete sein Fall in gewisser Hinsicht eine Ausnahme, und es hat allgemein den Anschein, daß die Hofbeamten des Eroberers dem König überall dienten. Ob es unter ihnen bereits eine bestimmte Rangordnung gab, ist ungewiß. Jedoch behielten der Haushofmeister, der Kellermeister, der Kämmerer und der Konnetabel anscheinend in verschiedenen Graden das Ansehen bei, das sie schon vor 1066 genossen hatten; die zwischen diesen Ämtern bestehenden Unterschiede waren vermutlich aus früheren normannischen Traditionen entstanden. So gab es in der Normandie zwischen 1070 und 1087 — wie vor der Eroberung — gewöhnlich gleichzeitig zwei oder mehrere Haushofmeister, desgleichen auch zwei oder mehrere Konnetabeln; die Ämter eines Kellermeisters oder Kämmerers hingegen waren nicht so aufgeteilt, so daß die Titel »Oberkämmerer« und »Oberkellermeister« angewandt wurden, um diese Beamten von ihren Untergebenen zu unterscheiden.[12]

Auch ähnelte der Hof König Wilhelms hinsichtlich seiner Organisation, seiner Bediensteten und seiner wichtigsten Beamten gegen Ende seiner Herrschaft in allen wesentlichen Punkten dem früheren herzoglichen Hof. Doch war eine wichtige Entwicklung dieses Hofes aus dem früheren englischen entstanden. Niemand hatte in der Normandie zwischen 1035 und 1066 das Amt eines Kanzlers inne, obwohl es zwischen 1060 und 1067 am Hofe König Philipps offiziell eingeführt wurde.[13] Auch bildeten die herzoglichen Kapläne während dieser Jahre noch kein gründlich organisiertes »scriptorium«. In England lag der Fall jedoch anders. Die kurzen, gesiegelten Schriftstücke, die ihrer Form nach einheitlich waren und von Edward dem Bekenner häufig ausgestellt wurden[14], setzen eine königliche Beamtenschaft voraus, die feste Formen einer Verwaltungspraktik entwickelt hatte. Auch besteht kaum ein Zweifel daran, daß einer der dieser Beamtenschaft zugehörenden Kapläne innerhalb des königlichen »scriptorium« von Zeit zu Zeit eine Vorrangstellung einnahm, und daß er daraufhin vielleicht mit dem Großsiegel betraut wurde, das der Bekenner erwiesenermaßen besaß.[15] Daß irgendeiner der Kapläne Edwards je als Kanzler betitelt wurde, ist jedoch zweifelhaft, obgleich ein gewisser Regenbald, der die Eroberung überlebte und von König Wilhelm belehnt wurde, später mit diesem Titel bezeichnet wurde und letzten Endes vielleicht sogar einige der Pflichten des Kanzleramtes erfüllte.[16]

Der erste erwiesene Kanzler in England war Herfast, dessen Laufbahn als Kaplan Herzog Wilhelms bereits erwähnt, und der im Jahre 1069 in einer für Exeter ausgestellten Urkunde als Kanzler bezeichnet wurde.[17] Jedoch ergaben sich anfänglich in dem »scriptorium«, dem er vorstand, nur geringfügige Veränderungen, da zwischen 1066 und 1070 Schriftstücke weiterhin in der Landessprache ausgefertigt wurden, die sich von jenen des Bekenners kaum unterschieden und keiner der zuvor bzw. zu diesem Zeitpunkt in der Normandie ausgestellten Urkunden glichen.[18] Als Herfast im Jahre 1070 über das Bistum von Elham eingesetzt wurde, wurde dieses Brauchtum nicht wesentlich unterbrochen; jedoch begannen unter seinem ebenfalls mit Kanzler [19] betitelten Nachfolger Osmund einige bedeutsame Umänderungen stattzufinden.[20] Von da an wurden die Schriftstücke des Eroberers nicht mehr in der Landessprache, sondern in Latein abgefaßt und in wachsendem Maße dazu benutzt, die verschiedenartigsten Regierungsangelegenheiten abzuwickeln. Gewöhnlich verzeichneten die Dokumente des Bekenners die Übertragung von Land bzw. von Vorrechten, während die späteren Schriften des Eroberers in wachsendem Maße Befehle oder Verbote ankündigten. Sie wurden kurzum zum wesentlichen Ausdrucksmittel der königlichen Verwaltungserlasse; das nun endgültig begründete Kanzleramt wurde im Laufe seiner Herrschaft ununterbrochen ausgefüllt.[21] So wurde Herfast nach seiner im Jahre 1070 erfolgten Ernennung zum Bischof von Elham von Osmund ersetzt, der im Jahre 1078 das Bistum Salisbury erhielt; ihm folgte Maurice, der im Jahre 1085 Bischof von London wurde, und dessen Nachfolger Gerard auch gegen Ende der Herrschaft noch Kanzler war. Jedoch blieben diese Kanzler einfache Beamte des königlichen Hofstaates, deren Dienste gewöhnlich nach einigen Jahren mit einem Bistum belohnt wurden. Die Trennung der Kanzlei vom Hofstaat fand ebenso wie ihre Entwicklung zu einem bedeutenden richterlichen Amt erst zu einem späteren Zeitpunkt statt.

Unter dem Eroberer leiteten die königlichen Hofbeamten die gesamte königliche Verwaltung, doch lag die Durchführung dieser Verwaltung im ganzen Königreich in anderen Händen; der entscheidende Punkt in der Verschmelzung normannischer und englischer Überlieferungen ergab sich im Bereich der Innenpolitik. Hier standen dem Eroberer nicht nur die von ihm in England etablierten mächtigen Feudalfamilien zur Verfügung, sondern ebenso die bestehenden Einheiten der inneren Verwaltung, die Grafschaften und Amtsbezirke (»hundreds«) nämlich, deren Tätigkeit schon vor der Eroberung sehr ausgeprägt gewesen war. Dadurch, daß diese Elemente einer Sozialordnung miteinander in Einklang gebracht wurden, und daß dies unter einer mit beiden direkt verbundenen Monarchie geschah, sollten später einige der größten Erfolge der anglo-normannischen Dynastie zustande kommen. Diese Entwicklung, die derart schwerwiegende Folgen nach sich ziehen sollte, begann bereits unter dem Eroberer, dessen Initiative sie später einen Großteil ihrer Erfolge verdankte.

Das Gepräge der in England hinsichtlich der Macht des Adels stattfindenden Umwälzung kann, ebenso wie ihre Auswirkungen auf die innere Verwaltung, die unter der Leitung des ersten normannischen Königs stand, kaum besser veranschaulicht werden als durch die merkwürdige Geschichte der englischen Grafschaften und Sheriffsämter jener Zeit. Vor dem Jahre 1066 waren in England Grafen (earls) und Sheriffs, hingegen in der Normandie Grafen (comtes) und Vicomtes üblich gewesen. Gegen Ende der Herrschaft Wilhelms wurden diese Ämter durchwegs von Mitgliedern derselben Aristokratie bekleidet, die auch in den lateinischen Urkunden jener Zeit mit gleichlautenden Begriffen bezeichnet wurden. In ihnen wurde sowohl der englische Earl als auch der normannische Comte als »comes« bezeichnet, desgleichen wurden Sheriff und Vicomte dort »vicecomes« genannt. Diese Tatsache verdient nachdrückliche Betonung. König Wilhelm verhielt sich den englischen Überlieferungen gegenüber nie gleichgültig, und auch den Geistlichen, die seine offiziellen Erlasse zu Papier brachten, mangelte es keineswegs an Wissen bzw. dem Wunsch nach Genauigkeit. Daß sie Ämter, deren vorhergehende Geschichte verschieden war, ohne zu zögern mit dem gleichen Namen bezeichneten, verleitet zu einer Betrachtung darüber, inwieweit die Grafen und Sheriffs in England infolge der normannischen Besiedelung dem Stand und dem Aufgabenbereich der normannischen Grafen und Vicomtes angeglichen wurden.

Diese Frage wird bei einer Bezugnahme auf die von diesem Übergang unmittelbar betroffenen Persönlichkeiten noch interessanter. Normannische Grafen hatten einen großen Anteil an der Eroberung und erhielten einen großen Anteil an der Beute. Doch wurde, abgesehen von einer zweifelhaften Ausnahme, im Laufe der Herrschaft Wilhelms kein normannischer Comte (»comes«) in England ein Earl (»comes«). Weder Graf Robert von Eu, noch Graf Richard von Evreux erhielten eine englische Grafschaft (Earldom). Auch ist es — obwohl nicht unmöglich — so doch unwahrscheinlich, daß Graf Robert von Mortain Graf (Earl) von Cornwall wurde.[22] Im Gegensatz dazu wurde im Jahre 1067 ein Bischof von Bayeux Graf (Earl) von Kent. Auch war Wilhelm FitzOsbern, der ungefähr zur gleichen Zeit Graf (Earl) von Hereford wurde, in der Normandie niemals Graf (Comte) gewesen. Eine ebenso bemerkenswerte Lage offenbart sich hinsichtlich der Sheriffswürde. Auch von diesem Amt sollte die normannische Aristokratie Besitz ergreifen, doch wurde kein normannischer Vicomte (»vicecomes«) je zum Sheriff (ebenfalls »vicecomes«) ernannt, wohingegen zwei Angehörige bedeutender vizegräflicher Dynastien, nämlich Hugo von Avranches und Roger II. von Montgomery, in England zu Grafen (Earls) ernannt wurden.[23]

Während der Herrschaft des Eroberers wurde die Stellung des Grafen oder Earl innerhalb der englischen Politik so umgewandelt, daß sie eher der Stellung des normannischen Grafen als der des englischen Grafen oder Earl vor der Eroberung ähnelte. Zur Zeit Edward des Bekenners war fast ganz England in Grafschaften aufgeteilt worden, und obwohl die Behauptung, daß der englische Graf ein königlicher Beamter war, nie ausgestorben ist, wurde die Politik dieser Herrschaftsperiode nichtsdestoweniger von den gleichsam unabhängigen Rivalitäten der mächtigen Grafengeschlechter beherrscht. Jedoch waren die Ereignisse des Jahres 1066 für diese mächtigen Familien verhängnisvoll. Nach der Schlacht von Hastings sollte kein Mitglied der Familie Godwines je wieder Macht gewinnen bzw. Graf von Wessex werden. Edwin und Morcar, die Grafen von Mercia und Northumbria, wurden ebenfalls enterbt, um nach einigen Jahren politischer Bedeutungslosigkeit endgültig von der Bühne zu verschwinden: der eine starb, der andere wurde eingekerkert. Im hohen Norden war Gospatric nur für kurze Zeit dem Namen nach Graf einer verstümmelten northumbrischen Grafschaft; auch sollte Waltheof, der Sohn Graf Siwards, nur kurze Zeit leben: seine wegen Verrats erfolgte Hinrichtung im Jahre 1076 beendete die Tradition altenglischer Grafschaften.

Wilhelm war durchaus nicht geneigt, sie wieder aufleben zu lassen. Er hegte keineswegs den Wunsch, sein Königreich nocheinmal in fast unabhängige Fürstentümer aufgeteilt zu sehen und griff stattdessen in seiner englischen Politik mit äußerster Vorsicht auf die Erfahrungen zurück, die er mit der normannischen »comté« gemacht hatte. Vor der Eroberung hatten die normannischen Grafen zu der herzoglichen Dynastie in enger Verbindung gestanden; auch lagen ihre »comtés«, die dem Umfang nach kleiner waren als die englischen Grafschaften, in Gebieten, die hinsichtlich der Verteidigung des Herzogtums besonders wichtig waren. Ähnlich gestaltete sich nun die Lage in England. So war die Belehnung von Wilhelms Halbbruder Odo im Jahre 1067 mit der Grafschaft Kent, sowie auch die im selben Jahre erfolgte Belehnung Wilhelm FitzOsberns mit der Grafschaft Hereford eindeutig als Verteidigungsmaßnahme gedacht; sicherlich war auch die frühzeitige Gründung der Grafschaft Norfolk von dem Gedanken an eine notwendige Verteidigung gegen die Dänen eingegeben. Desgleichen waren die Grafschaften Chester und Shrewsbury, mit denen Hugo von Avranches und Roger II. von Montgomery vor 1077 belehnt wurden [24], dazu bestimmt, einen gegen die Grenze von Wales gerichteten Schirm zu bilden. Jedoch beanspruchten diese Neugründungen, so wichtig sie auch waren, nur einen Bruchteil des Gebietes, das unter der Herrschaft des Bekenners den mächtigen Grafen gehört hatte und sollten bald weiterhin verkleinert werden. Nach der Enteignung Ralph de Gaels im Jahre 1075 sollte das Amt der Grafen von Norfolk für die Dauer der Herrschaft des Eroberers unbesetzt bleiben; auch wurde die Grafschaft Kent, nachdem Odo im Jahre 1082 in Ungnade gefallen war, aufgelöst. Somit hatte gegen Ende der Herrschaft des Eroberers eine bemerkenswerte Umwälzung stattgefunden. Während im Jahre 1065 fast ganz England unter der Herrschaft von Grafen gestanden hatte, die aus drei herrschenden Familien stammten, bestanden die einzigen, im Jahre 1087 noch vorhandenen Grafschaften aus einem kleinen Gebiet im hohen Norden, mit dessen Obhut Robert von Montbrai im Jahre 1080 oder 1081 betraut worden war, sowie aus den drei Pfalzgrafschaften Chester, Shrewsbury und Hereford, deren einer Inhaber, Roger von Breteuil, seit dem Jahre 1075 im Kerker schmachtete.[25] Die im England des Jahres 1065 als Einheit der inneren Verwaltung anerkannte Grafschaft war im Jahre 1087 zu einem Gerichtsbezirk geworden, der — wie die normannischen »comtés« — an gewissen Grenzen zum Zweck der Sicherheit und der Verteidigung gegründet wurde.

Einerseits zog die Angleichung englischer und normannischer Überlieferungen eine Verringerung des gräflichen Einflusses innerhalb der englischen Politik nach sich, doch erzielte eine ähnliche, hinsichtlich der Sheriffs erfolgte Angleichung ein völlig entgegengesetztes Ergebnis.[26] Vor der Eroberung besaß in England kein Sheriff das Ansehen oder die Macht, die den mächtigen erblichen Vicomtés der Normandie, dem Cotentin, Avranchin und Bessin nämlich, innewohnten. Unter Edward dem Bekenner war der Sheriff ein zweitrangiger Landbesitzer, dessen

Stellung davon abhing, daß er der Mittler des Königs war. Gegen Ende der Herrschaft Wilhelms wurde dieses Amt von Männern bekleidet, die, wie die ersten normannischen Vicomtes, zu den mächtigsten Mitgliedern des Adels zählten. Und genauso, wie der normannische Vicomte nicht den ortsansässigen Grafen, sondern unmittelbar dem Herzog, der auch Graf von Rouen war, unterstellt war, genauso nahmen diese Sheriffs ihren Platz innerhalb der veränderten politischen Struktur ein, in der sie, im Gegensatz zu ihren englischen Vorgängern, kaum je einem Grafen unterstellt waren. Es ist daher wohl kaum verwunderlich, daß »zwischen dem englischen Sheriff und dem normannischen Vicomte eine starke Ähnlichkeit entstand«, wobei damalige Zeitgenossen tatsächlich keinen Hinderungsgrund sahen und die englische Grafschaft als »vicomté« bezeichneten.[27] Natürlich war die Vorgeschichte dieser beiden Ämter verschieden, doch entsprachen sich Stand und Aufgabenbereich ihrer Inhaber im anglo-normannischen Königreich bis zu einem gewissen Grade; auch bleibt abzüglich aller Einschränkungen bestehen, daß »die Sheriffs des halben Jahrhunderts nach der Eroberung viel mehr ihren französischen Zeitgenossen ähnelten als irgendeinem ihrer englischen Nachfolger oder den Vögten der angelsächsischen Periode«.[28]

Die Verschmelzung der beiden Ämter — die jedoch nie vollständig sein sollte — ging schrittweise vor sich. Natürlich benutzte Wilhelm während der ersten Jahre seiner englischen Herrschaft die Sheriffs als die wichtigsten ausführenden Organe der königlichen Macht, und daher richten sich einige seiner frühesten Erlasse in der Landessprache an Sheriffs wie Edric von Wiltshire oder Tofi von Somerset, die dieses Amt schon unter der vorhergehenden Regierung bekleidet hatten.[29] Erst nach 1070 wurde der konsequente Versuch gemacht, die einheimischen Sheriffs durch andersartige, aus der Normandie stammende Männer zu ersetzen. Jedoch ging nun die Entwicklung ziemlich schnell vor sich, und es wurde ein wesentliches Kennzeichen der Politik Wilhelms, mächtige Männer des neuen Adels mit diesem Amt zu betrauen, das derart große Möglichkeiten bot, um den Willen des Königs auszuführen. So war beispielsweise Haimo, Sohn jenes Haimo, »dentatus«, der bei Val-ès-Dunes gekämpft hatte, Sheriff von Kent, desgleichen war Baldwin von Meules, der Sohn Graf Gilberts von Brionne, Sheriff von Devon.[30] Außerdem war Hugo von Port-en-Bessin Sheriff von Hampshire, Urse von Abetôt Sheriff von Worcester und Robert Malet, der in der Normandie Herr über das Lehen Graville-Sainte-Honorine[31] war, Sheriff von Suffolk. Der Einfluß Geoffreys von Manneville, Sheriff von Middlesex, Roger Bigots, Sheriff von Norfolk, Edwards »von Salisbury«, Sheriff von Wiltshire, sowie auch Durands, Sheriff von Gloucestershire, offenbart sich durch die Tatsache, daß die Erben all dieser Männer innerhalb zweier Generationen in England Grafen wurden.[32]

Daß derart einflußreiche Männer mit dem Sheriffsamt betraut wurden, konnte dem König nur dann zum Vorteil gereichen, wenn sie seiner Kontrolle unterstanden und, wie ihre einfacheren sächsischen Vorgänger, als Beauftragte des Königs dienten. Es war nicht einfach, dieses Ziel zu erreichen. Dieses Amt versah seine Inhaber mit mannigfaltigen Möglichkeiten zur eigenen Bereicherung, und viele der damaligen Sheriffs waren für ihre Plünderungen berüchtigt. Kirchen und Klöster hatten in erster Linie Anlaß zu Klagen: Urse von Abetôt hatte die Kirchen von Worcestershire, Pershore und Evesham ausgeraubt, indessen Ely durch Sheriff Picot von Cambridgeshire große Verluste erlitt.[33] Doch konnten sich nur die Mächtigen und Einflußreichen derartige Proteste erlauben. Es war daher sehr wichtig, daß der König selbst diesen Mißbrauch der großen Macht, welche seine Sheriffs genossen, einschränkte. Im Jahre 1076 oder 1077 ernannte er einen Untersuchungsausschuß, dem Lanfranc, Graf Robert von Eu und Richard FitzGilbert angehörten; die Aufgabe dieser Kommission bestand darin, in ganz England das Verhalten der Sheriffs zu prüfen, wobei der König insbesondere befahl, daß der Kirche alle ihre geraubten Güter zurückerstattet werden sollten. Heute noch existierende Schriftstücke offenbaren den Versuch, diesen Beschluß in die Tat umzusetzen.[34] In vielen der großen Gerichtsverhandlungen jener Zeit wurde Gericht über die Sheriffs gehalten. Auch hatte die Domesday-Untersuchung unter anderem zur Folge, daß viele Güter, die sich die Sheriffs unrechtmäßig angeeignet hatten, zurückerstattet wurden.[35] Jedoch hing die wesentliche Rolle der Sheriffs des Eroberers bei der Besiedelung Englands weniger von einer derartigen Kontrolle als vielmehr von der Treue ab, die sie ihrem König normalerweise erwiesen. Somit trug die normannische Aristokratie, die die Sheriffswürde erworben hatte, wesentlich zur Politik des Eroberers bei, die unter anderem darin bestand, die Einsetzung dieser Aristokratie in seinem Königreich ohne zu große Verletzung der bestehenden Einrichtungen der inneren Verwaltung durchzuführen.

Denn die anglo-normannischen Sheriffs übernahmen alle Aufgaben ihrer angelsächsischen Vorgänger.[36] Sie waren für die Eintreibung der königlichen Einkünfte verantwortlich; sie waren die Vollstrecker des königlichen Rechts und beaufsichtigten die lokalen Gerichtshöfe der Grafschaften und Amtsbezirke. Außerdem fielen ihnen noch einige der

Aufgaben zu, die in der Normandie dem Vicomte oblagen, indem sie nämlich beispielsweise mit der Obhut über eine Burg betraut wurden. Ebenso wie die normannischen Vicomtes waren viele von ihnen eng mit dem königlichen Hof verbunden. In England verliehen sie ihrer Stellung das Ansehen, das den mächtigen Feudalherren in der Normandie eigen gewesen war, und dies gab ihnen, zusammen mit der von ihnen vertretenen königlichen Autorität, die nötige Gewalt, die Befehle des Königs durchzuführen, und das sogar dann, wenn sie den mächtigsten Mann im Lande betrafen. Durch sie war der König imstande, diesem altenglischen Amt neues Leben einzuflößen und die in den angelsächsischen lokalen Einrichtungen latent vorhandene Kraft in den Dienst der von ihm gegründeten Feudalpolitik zu stellen.

Dies sollte sich nirgends wichtiger erweisen als auf dem wirtschaftlichen Gebiet, und auch hier bestand die Politik Wilhelms darin, das Beste der herzoglichen und königlichen Traditionen zu übernehmen. Die Entwicklung des Finanzsystems der Normandie vor der Eroberung ist bereits erwähnt worden. Seine Organisation verschaffte dem Herzog vor 1066 ein Einkommen, das höher war als das seiner meisten Nachbarn in Gallien.[37] Seine beiden besonderen Merkmale bestanden in einer eher auf Verwaltungsdistrikte als auf Privatgüter auferlegten Besteuerung einerseits und der Belehnung der Vicomtes mit den Vicomtés andererseits. Gleichzeitig wurde die herzogliche »camera« mit der Verwaltung der herzoglichen Einkünfte betraut; das Bestehen dieser »camera« läßt sich bis in die Zeit Herzog Richard II. zurückverfolgen und unterstand während der Herrschaft Herzog Wilhelms der Kontrolle des Kämmerers. Viele Einzelheiten der Finanzeinrichtungen in der Normandie vor der Eroberung sind unklar, doch hatten sie zweifellos vor 1066 Herzog Wilhelm mit den außergewöhnlich großen Mitteln versehen, die für die in jenem Jahr stattfindende Eroberung Englands notwendig waren. Nun mochten sie dazu dienen, dem Eroberer hinsichtlich seiner ihm als König erwachsenden Aufgaben die unentbehrliche finanzielle Unterstützung zu geben.

In England übernahm Wilhelm ein Finanzsystem, das in vieler Hinsicht einzigartig war. Der englische König hatte, wie der normannische Herzog, seine Einkünfte aus vielen Quellen bezogen. Er erhielt die üblichen Steuern; er profitierte von den Münzstätten und den Rechtsverfahren und besaß außerdem noch die Einkünfte, die ihm aus seinen häufig an Sheriffs verpachteten Gütern zuflossen. Dazu kam jedoch noch, daß der englische König schon seit langem das Recht ausübte, das ganze Land mit einer allgemeinen Steuer zu belegen, die unter dem Namen »geld« bekannt war; dieses »geld« basierte auf einem vermutlich von Gegend zu Gegend verschiedenen Steuertarif, wurde jedoch überall nach denselben Prinzipien gehandhabt.[38] Jede Grafschaft wurde nach einer runden Anzahl von »geld«-Einheiten eingeschätzt, die in Wessex und den südlichen Midlands »hides« oder Hufen genannt wurden. Diese Steuerveranlagung wurde dann innerhalb jeder Grafschaft auf die Amtsbezirke oder Hundertschaften verteilt; der Anteil des jeweiligen Amtsbezirks wurde nocheinmal in Partikeln von fünf oder zehn Hufen auf die Dörfer verteilt. Dieses System war zweifellos schwerfällig, doch setzte es den König in die Lage, seinem gesamten Reich eine in etwa einheitliche Steuer aufzuerlegen, die später als »das erste System nationaler Besteuerung in Westeuropa« bezeichnet wurde.[39]

Wilhelm verwandte es sofort zu seinem Nutzen. Die in der Landessprache abgefaßte »Geld Roll«, eine Art — anscheinend zwischen 1072 und 1078 [40] ausgestellte — Steuerurkunde, beweist, daß der Eroberer das altenglische »geld«-System bereits für seine eigenen Zwecke benutzte. Darüber hinaus existiert eine Gruppe lateinischer Urkunden, die in ihrer Gesamtheit unter dem Namen »Inquisitio Geldi« bekannt sind und die Art und Weise beschreiben, mit der innerhalb der fünf westlichen Grafschaften eine Steuer erhoben wurde.[41] In der Tat erhob der Eroberer während seiner Herrschaft diese »gelds« in ziemlich regelmäßigen Abständen; auch tritt die Wichtigkeit, die er ihnen beimaß, in dem großartigen Domesday Book, das das Ende seiner Herrschaft bezeichnete, eindeutig zutage. Dieses Domesday Book war nicht nur ein »geld«-Buch, doch bestand eines seiner wichtigsten Ziele darin, in ganz England die jeweiligen Zahlungsverpflichtungen der »geld«-Steuer zu verzeichnen. Aus dieser vom ersten normannischen König geschaffenen Übersicht stammt der größte Teil des heutigen Wissens über das »geld«-System im angelsächsischen England.[42]

In der Tat unterstellte Wilhelm einer einzigen politischen Herrschaft zwei Länder, deren Finanzsysteme verhältnismäßig weit entwickelt waren; daher ist wohl die Erwägung interessant, inwieweit sie sich unter seiner Leitung wechselseitig beeinflußten. Es existieren keine Zeugnisse darüber, daß die englische Methode der »geld«-Besteuerung zu seiner Zeit je in der Normandie angewandt wurde. Andererseits oblag die Oberaufsicht über die herzoglichen und königlichen Einkünfte nach wie vor der »camera«, die auch nach wie vor der Eroberung dem Oberkämmerer aus dem Hause Tancarville unterstand. Es ist jedoch ungewiß, ob im Laufe der Herrschaft des Eroberers jener Vorgang begonnen hatte, durch den die Schatzkammer unter einem unabhängigen Schatzmeister als ein von der »camera« losgelöstes Amt eingerichtet wurde, bzw. inwieweit sich diese Entwicklung vor 1066 in England oder der Normandie bereits abgezeichnet hatte.[43] Ein gewisser Heinrich, Landbesitzer in Hampshire, wurde im Domesday Book im Jahre 1086 als Schatzmeister bezeichnet; auch wird dieser Mann — wenn auch ohne diesen Titel — unabhängig davon als Landbesitzer in Winchester vermerkt, wo sich seit der Zeit Cnuts der königliche Schatz teilweise oder ganz befand.[44] Auch läßt sich die Familie Mauduit, die zu einem späteren Zeitpunkt eines der Schatzmeisterämter innehatte, gleichermaßen bis ins Jahr 1086 nach Winchester zurückverfolgen.[45] Es wäre jedoch voreilig, aus diesen Zeugnissen eine allzu genaue Schlußfolgerung zu ziehen. Es muß dabei zwischen einer Schatzkammer im wahren Sinne des Wortes, und der Schatzkammer als Amt unterschieden werden, das sich mit den Geschäften zwischen dem König und seinen Gläubigern sowie mit der Rechtsprechung in Finanzprozessen befaßte.[46] Was in dieser Hinsicht mit Sicherheit behauptet werden kann, ist lediglich, daß innerhalb der fünfundzwanzig auf den Tod des Eroberers folgenden Jahre hinsichtlich der letzteren Auffassung dieses Amtes ein gewisser Fortschritt gemacht wurde. Das Domesday Book oder Reichsgrundbuch wurde schon von einem frühen Zeitpunkt an in der Schatzkammer geführt; auch wurde zwischen 1108 und 1113 in »der Schatzkammer zu Winchester« [47] eine wichtige Gerichtsverhandlung abgehalten.

Es gehört daher nicht zu den Aufgaben dieses Buches, den Versuch zu wagen, eine genaue Antwort auf die vielumstrittene Frage zu geben, inwieweit nämlich — oder ob überhaupt — das Amt des Exchequer oder Schatzmeisters bis zur Herrschaft des Eroberers zurückverfolgt werden kann. Es ist bekannt, daß die Schatzkammer des 12. Jahrhunderts aus zwei miteinander verbundenen Abteilungen bestand: einerseits aus der Oberschatzkammer, einem Hof, dem die Kontrolle über die Finanzpolitik oblag, und andererseits aus der Unterschatzkammer, die sich mit den Geldeinnahmen und -ausgaben befaßte. Das Amt des Unterexchequer war aus der Schatzkammer entstanden, die sich während der Herrschaft des Eroberers, ja vielleicht schon zur Zeit des Bekenners in einigen Punkten von der »camera« unterschied. Einige der späteren Aufgaben des Exchequer, beispielsweise die des Münzwardeins, hatten offenbar bereits zur Zeit des Bekenners existiert und wurden während der Herrschaft des Eroberers erweitert. Auch wurde die Wichtigkeit der Schatzämter als anerkannte königliche Schatzkammern — vor allem in Winchester und Rouen — unter Wilhelm verstärkt. Schließlich waren die später in der Schatzkammer gebräuchlichen Buchführungsmethoden (der Abakus und die sorgfältig geführten Rechnungsverzeichnisse nämlich), wahrscheinlich ausländischer Herkunft und verdankten vielleicht einiges den vom Eroberer in England eingeführten normannischen Methoden und Beamten.[48] Welche Schlußfolgerungen hinsichtlich des Ursprungs der normannischen und englischen Schatzkammern im 12. Jahrhundert auch immer gezogen werden mögen, so ist doch das allgemeine Gepräge der Finanzpolitik Wilhelms klar ersichtlich; ebenso deutlich ist die Art und Weise, mit der er die verschiedenen Traditionen seines Herzogtums und seines Königreiches miteinander verschmolz, indem er sie nämlich in einem praktischen System wirksam zusammenschloß. Was England anbelangte, so hing dieses Ergebnis unmittelbar von der Tatsache ab, daß das Sheriffsamt im Laufe seiner Herrschaft vollständig von der normannischen Aristokratie übernommen wurde. Dies ist insofern bedeutsam, als der Sheriff vor wie nach 1066 der wichtigste königliche Finanzbeamte blieb.[49] Er trieb die königlichen Steuern ein; er kassierte Gebühren wie das »murdrum« und half an jeder Michaelismesse, die Entrichtung des Peterspfennigs zu beaufsichtigen. Er trieb die dem König aus den Gerichtsverfahren zustehenden Gewinne ein und war vermutlich dafür verantwortlich, daß die Pächter des Königs ihren Lehnsverpflichtungen ordnungsgemäß nachkamen. Innerhalb seiner Grafschaft machte er die königlichen Güter nutzbar und betreute die Güter, die von ihren ursprünglichen Besitzern verwirkt worden und damit dem König zugefallen waren. Außerdem war unter Wilhelm der Sheriff ausschließlich für die Eintreibung des »geld« verantwortlich. Inwieweit der spätere Brauch, daß der Sheriff seine Grafschaft pachtete, von Wilhelm entwickelt wurde, ist ungewiß. Zwar wurde in einem Falle vor 1066 von einem Sheriff eine Grafschaft gepachtet, doch wäre die Behauptung voreilig, daß dieser Brauch infolgedessen in England allgemein üblich war; ebenso voreilig wäre die Schlußfolgerung, daß dieses System um 1087 bereits ausgebaut und in vollem Gange war.[50] Jedoch war dieser Brauch vor dem Tode des Eroberers bereits ziemlich erweitert worden, ein Vorgang, der vielleicht durch das Beispiel der Verpachtung normannischer Vicomtés an die Vicomtes beeinflußt wurde.

An der Leistungsfähigkeit der königlichen Finanzverwaltung und deren Erfolg besteht kein Zweifel. Die Einkünfte, die er als Herzog aus seinem Herzogtum bezogen hatte, waren für eine gallische Provinz außergewöhnlich hoch und sollten sich nach 1066 weiterhin steigern. Ihm gehörte gemeinsam mit seinen Halbbrüdern fast die Hälfte ganz Englands, aus dem er durch seine Sheriffs außerdem noch erhebliche jährliche Einnahmen zog. Dazu hatten ihm die Umstände, unter denen die neuen Lehen gegründet worden waren, nicht nur äußerst vorteilhafte Rechte hinsichtlich der englischen Lehnsgelder verschafft — sie versetzten ihn außerdem in die Lage, im Zusammenhang mit den normannischen Lehen, die sich ja im Besitz derselben Männer befanden, eine striktere Entrichtung dieser Gebühren durchsetzen zu können. Die Gewinne aus den Gerichtsverfahren hatten für den Herzog immer schon eine wichtige Einnahmequelle dargestellt; nun bezog er diese Einnahme noch dazu aus ganz England. Noch wichtiger aber war die englische »geld«-Steuer, die wohl in seinen Augen eins der wertvollsten Vermächtnisse darstellte, das ihm von seinen angelsächsischen Vorgängern hinterlassen wurde. Es steht fest, daß er diese Steuer in ganz England zumindest viermal erhob, und daß diese Auferlegung drückend war. Der späteren Gewohnheit nach zu urteilen bestand sie gewöhnlich aus zwei Schillingen pro Hufe, doch war der Satz, wenn auch selten, manchmal höher; die berüchtigte »geld«-Steuer des Jahres 1083 betrug sechs Schillinge pro Hufe.[51] Zwar waren viele Güter, vor allem die der Kirche, von dieser harten Steuer ausgenommen, doch müssen die aus ihr resultierenden Einkünfte nichtsdestoweniger enorm gewesen sein.

Doch waren dies nicht die einzigen Einnahmequellen Wilhelms. Vor der Eroberung hatte er aus den normannischen Handelssteuern ein großes Einkommen bezogen, das er nach Erlangung der Königswürde durch eine ähnliche Besteuerung Englands bedeutend erhöhen konnte. Durch die Eroberung gelangte er in den Besitz eines Landes, dessen Wohlstand nicht nur auf seinem Landbesitz, sondern auch auf seinem Handel beruhte.[52] In erster Linie war London ein bedeutendes Handelszentrum. Es wurde zur Zeit des Bekenners von Kaufleuten aus der Normandie und Nordfrankreich, aus den Niederlanden und dem Rheinland besucht. Von York, Winchester und Lincoln aus wurde mit Schweden Handel getrieben, was vielleicht auch, wenngleich in geringerem Maße, von Stamford, Thetford, Leicester und Norwich aus geschah. Chester war für den Fellhandel berühmt; englischer Käse wurde nach Flandern exportiert; Droitwich und Norwich waren wichtige Salzmärkte. Diese ganze Aktivität geriet nun unter die Kontrolle des normannischen Königs und konnte zu seinem Vorteil besteuert werden. Zwar hatte die Eroberung den englischen Überseehandel in mancher Hinsicht unterbrochen, doch müssen die daher stammenden Einkünfte Wilhelms trotzdem sehr reichlich gewesen sein. Weiterhin bezog er große Einnahmen aus den Städten, auf die sich dieser Handel im wesentlichen konzentrierte. Im angelsächsischen England waren jedoch die Stadtbezirke oder »boroughs« zu verschieden, als daß in diesem Falle eine Verallgemeinerung stattfinden dürfte. Diese »boroughs« waren im angelsächsischen England Ortschaften, die alle Rechte einer Gemeinde besaßen. Dem König standen von einer derartigen größeren Gemeinde normalerweise zwei Drittel des Gewinnertrages zu; diese Einkünfte stammten vielleicht aus einer Münzstätte, wahrscheinlicher aber aus Marktzöllen und dem städtischen Pachtzins und konnten sehr hoch sein.[53] Zweifellos trugen sie zu Macht und Reichtum des Eroberers wesentlich bei.

Doch muß auch daran erinnert werden, daß die wirtschaftlichen Verluste, die England als unmittelbare Folge der Eroberung erlitt, häufig zugunsten der Normandie ausfielen und somit die Hilfsquellen Wilhelms noch vergrößerten. Der im Jahre 1067 von England in die Normandie überführte Schatz hat Aufmerksamkeit erregt[54], und zweifellos wurde ein Großteil der Entwicklung, die die Normandie während der folgenden Jahrzehnte nahm, mit den aus England stammenden Reichtümern finanziert. In mancher Hinsicht wurde England zugunsten der Normandie geradezu ausgebeutet, doch fand das Anwachsen des normannischen Reichtums nach 1066 im allgemeinen auf indirekteren Wegen statt. Normannische Abteien und normannische Herren waren in den Besitz englischer Ländereien gelangt und schufen durch ihre Nutzbarmachung eine Basis für die Ausweitung des normannischen Handels. Der materielle Wohlstand der Abtei Fécamp unter der klugen Leitung ihres Abtes John ist erwiesen[55], und überall existieren Zeugnisse über die große Erweiterung des normannischen Handels. Die von Bischof Geoffrey von Coutances eingetriebenen Steuergelder steigerten sich zwischen 1049 und 1093 um das Vierzehnfache; außerdem wurde geschätzt, daß die Steuergelder Caens und vielleicht auch Bayeux' im selben Maße stiegen.[56] Was Rouen anbelangt, so war dort die Entwicklung noch ausgeprägter. Der Wohlstand dieser Stadt als Handelshafen steigerte sich nun noch mehr mit dem Ergebnis, daß der Reichtum ihrer Händler berühmt wurde und sich außerdem ein Geldadel zu bilden begann.[57] Im Jahre 1091 war ein gewisser Conan, ein Angehöriger der mächtigen Bürgerfamilie Pilatin, berühmt für seine Reichtümer, die in der Tat so groß waren, daß er zur Unterstützung Wilhelm Rufus' aus eigenen Mitteln ein beträchtliches Söldnerheer anwerben konnte.[58]

Diese Regsamkeit beiderseits des Kanals wirkte sich für den König durchaus vorteilhaft aus, vor allem im Hinblick auf den dadurch gesteigerten Geldumlauf. Als Herzog hatte Wilhelm für sich das Münzmonopol beansprucht und es als König beibehalten. Es gab im Herzogtum lediglich zwei Münzstätten, jeweils eine in Bayeux und Rouen, deren Wichtigkeit sich nun natürlich stark vergrößerte. In dieser Hinsicht fand Wilhelm in England eine noch bemerkenswertere Einnahmequelle vor. Dort besaß nämlich jeder Stadbezirk seine eigene Münzstätte, und es ist erwiesen, daß nicht weniger als vierundvierzig Münzstätten für König Harold während dessen kurzer Herrschaft Münzen prägten.[59] Das ausschließlich Wilhelm zustehende Münzrecht gewann daher nach der Eroberung höchste Bedeutung; auch waren die normannischen Münzer des Königs bedeutende Männer, die sich durch die Verwaltung der königlichen Finanzen in der Lage sahen, für sich selbst erhebliche Reichtümer anzusammeln. Die Tätigkeit des Münzers Rannulf in der Normandie vor der Eroberung ist bereits erwähnt worden. Seine Söhne erbten und vermehrten den Reichtum ihres Vaters; auch erweiterte einer von ihnen, der Münzer Waleran, seine Tätigkeit bis nach England und zwar mit einem derartigen Erfolg, daß er sich in Cambridgeshire, Suffolk, Essex und Hertfordshire Ländereien sowie ein Haus in der Woodstreet in London erwarb.[60]

Es ist unmöglich, den genauen Betrag der jährlichen aus England und der Normandie bezogenen Einkünfte Wilhelms einzuschätzen. Diesbezügliche Zahlenangaben sind schwer zu erhalten und lassen sich, falls sie vorhanden sind, nur schwer in heutigen Geldbegriffen ausdrücken. Doch war die Gesamtsumme für die damaligen Verhältnisse außerordentlich hoch. Wilhelm war ein für seinen Reichtum bekannter Fürst, und vielleicht war seine finanzielle Lage bei seinem Tode wesentlich stärker als die irgendeines anderen Herrschers in Westeuropa. Auch hatte er es, obwohl er seinen Nachfolgern einen Schatz hinterließ, nie nötig, selbst mit Geld zu geizen.[61] Die Pracht seines Hofes und die Großzügigkeit seiner Spenden waren berühmt. Sein Schwiegersohn wies seiner Freigebigkeit nach der des Kaisers von Byzanz den zweiten Platz an, und seine Hoftage waren, laut Wilhelm von Malmesbury, so kostspielig, daß Heinrich I. große Ersparnisse machte, als er diesen Brauch nicht mehr fortsetzte.[62] Vor allem konnten die ständigen Kriege, die er zur Verteidigung seines Königreiches unternehmen mußte, nur aus großen Einkünften finanziert werden. In beiden Teilen seines Reiches hatte er eine äußerst wirksame Finanzorganisation geerbt und entwickelte sie nun in dem Sinne, daß die Einnahmen Englands und der Normandie dazu benutzt wurden, die politischen Bedürfnisse des anglo-normannischen Königreiches zu unterstützen. In der Tat sollte das Fortbestehen seines Königreiches in großem Maße von dem Reichtum abhängen, der sich unter ihm entwickelte.

Doch bestand der wichtigste Prüfstein eines mittelalterlichen Königs vor allem in seiner Gerichtsverwaltung; in diesem Punkt entfaltete sich die Staatskunst des Eroberers beiderseits des Kanals mit besonderer Klarheit. Die »curia regis« war — wie bereits erwähnt — wie vordem die »curia ducis« im wesentlichen ein Feudalhof, der sich mit Feudalgesetzen und -bräuchen befaßte; seine Tätigkeit zwischen 1066 und 1087 ist bereits beschrieben worden.[63] So wie Wilhelm in der Normandie seine Vicomtés als Einheiten einer lokalen Gerichtsbarkeit benutzt hatte, fand er nun auch in England in den Grafschaften und Amtsbezirken althergebrachte lokale Gerichtshöfe vor, die er sofort dazu benutzte, seine Gerichtsbarkeit in dem gesamten von ihm eroberten Königreich durchzusetzen. Tatsächlich sollte die Vermischung normannischer Feudalvorstellungen und vor-feudaler englischer Traditionen in England nirgends offensichtlicher sein als in der Art und Weise, mit der er sich diese Gerichtshöfe zunutze machte, um die Rechtsprechung seiner eigenen »curia« durchzusetzen.

Zweifellos war der Sheriff das hauptsächliche Werkzeug, mit dessen Hilfe der Eroberer diese für seine Innenpolitik so wesentliche Entwicklung zustandebrachte. Noch vor Ende der Herrschaft Wilhelms war der Sheriff zu einem mächtigen Feudalherren geworden und als solcher persönlich mit richterlichen Rechten ausgestattet. Doch sah er sich kraft dieses Amtes ebenso in eine besondere Beziehung zu den Gerichtshöfen der Grafschaft und der Amtsbezirke gesetzt, wobei er natürlich gleich seinen sächsischen Vorgängern den Prozessen vorstand, die an diesen Gerichtshöfen den König und das Königreich betrafen.[64] Vielleicht teilte er diese Pflichten mit anderen. In England wurde das Amt eines Gerichtshalters [65] vor Ende der Herrschaft Wilhelm Rufus' errichtet, und es ist nicht unmöglich, daß es in England während der Herrschaft des Eroberers zeitweise existierte. Abt Æthelwig von Evesham hatte im Jahre 1072 innerhalb der westlichen Grafschaften eindeutig eine gewisse richterliche Stellung inne, und das gleiche war zu einem späteren Zeitpunkt der Herrschaft bei anderen Männern der Fall, obgleich sie selten als Gerichtshalter einzelner Grafschaften bezeichnet wurden. Welche anderen Hilfskräfte Wilhelm auch immer eingesetzt haben mochte, um seine Gerichtsbarkeit an den Grafschaftsgerichten durchzusetzen, so blieb doch der Sheriff nach wie vor der Vollstrecker des königlichen Willens; auch richteten sich die Erlasse des Königs, in denen er eine besondere Gerichtsverhandlung befahl, immer an den Sheriff. Gleichzeitig griff Wilhelm jedoch unmittelbar in die örtliche Gerichtsbarkeit ein, indem er Mitglieder seines eigenen Hofes aussandte, um besonders wichtige örtliche Gerichtsverhandlungen zu führen. Es wird später aufgezeigt werden, daß viele der mächtigsten geistlichen und weltlichen Mitglieder des normannischen Adels vom König in dieser Hinsicht als umherreisende Gerichtshalter eingesetzt wurden; diesbezüglich war Bischof Geoffrey von Coutances am tätigsten.

Der Erfolg, mit dem die althergebrachten lokalen Gerichtshöfe Englands in den Dienst des ersten normannischen Königs gestellt wurden, sowie der Grad, in dem sie in einer Umbruchzeit die Überlieferungen aufrechterhielten, gehören wohl zu den größten Leistungen des Eroberers. In keiner anderen Angelegenheit sollte sich seine Staatskunst derart einflußreich auf die englische Nachwelt auswirken. Seine Politik verdient daher in dieser Hinsicht eine genauere Darlegung, und zwar kann sie nicht besser veranschaulicht werden als durch eine Bezugnahme auf einige der großen Gerichtsverhandlungen, die ein auffallendes Merkmal seiner englischen Herrschaft waren.[66] So kam es zu seiner Zeit zu einigen Verhandlungen über gewisse Güter, die angeblich der Abtei Ely [67] unrechtmäßig genommen worden waren. Beispielsweise wurde zwischen 1071 und 1074 in Gegenwart der versammelten Gerichtshöfe der benachbarten Grafschaften eine große Untersuchung abgehalten, die von den Bischöfen von Coutances und Lincoln, sowie von Graf Waltheof und den Sheriffs Picot und Ilbert geführt wurde. Das Urteil wurde zugunsten der Abtei gefällt, doch folgten während der Herrschaft des Eroberers dieser Verhandlung zumindest noch ein, wahrscheinlich aber zwei weitere Prozesse, die die Ländereien Ely's betrafen. Beispielsweise führte Bischof Geoffrey zwischen 1080 und 1084 in Kentford in Gegenwart vieler der Hauptpächter des Königs, sowie des aus den Höfen der drei benachbarten Grafschaften zusammengesetzten Gerichtshofes eine Gerichtsverhandlung, in der das Urteil wiederum zugunsten der Abtei gefällt wurde. Tatsächlich waren diese Ely-Prozesse bemerkenswerte Anlässe; noch aufsehenerregender war vielleicht jedoch die entweder im Jahre 1072 oder aber zwischen 1075 und 1076 in Pinnenden Heath in Kent abgehaltene Gerichtsverhandlung, die hinsichtlich einiger angeblich dem Bistum Canterbury von Bischof Odo geraubten Ländereien zwischen Erzbischof Lanfranc und Odo von Bayeux entscheiden sollte.[68] Auch dieser Prozeß wurde unter dem Vorsitz von Bischof Geoffrey von Coutances geführt, und zwar im Beisein der Hauptpächter des Königs, die sich diesmal am Grafschaftsgericht von Kent zusammengefunden hatten. Das Urteil lautete zugunsten Lanfrancs, doch scheint sich eine Vollstreckung hinausgezögert zu haben, da sich viele der strittigen Güter im Jahre 1086 immer noch im Besitz Odos befanden.[69] Abschließend sei noch der Prozeß erwähnt, der sich auf einen Rechtsstreit zwischen Bischof Wulfstan von Worcester und Abt Walter von Evesham bezog und ihre Ansprüche auf die Rittergüter Bengeworth und Great Hampton betraf.[70] Auch dieses Mal führte Bischof Geoffrey von Coutances den Vorsitz über die Gerichtsverhandlung, die im Beisein benachbarter Grafschaftsgerichte abgehalten wurde.

Dies sind die am ausführlichsten überlieferten Prozesse aus der Zeit König Wilhelms, doch können sie sicherlich als Muster für viele andere gelten, so daß sie als Veranschaulichung der allgemeinen Prinzipien der königlichen Rechtsprechung dienen können. Das unmittelbare Interesse des Eroberers in dieser Hinsicht ist offensichtlich. Diese Prozesse wurden durch königliche Erlasse anberaumt, und der ihnen vorsitzende Richter war in jedem Fall eine Beauftragter des Königs.[71] In Pinnenden Heath wurde Geoffrey von Coutances als Vertreter des Königs bezeichnet; auch erhielt er anläßlich des Prozesses von Worcestershire vom König den Befehl, »in meo loco« [72] zu handeln. Odo von Bayeux führte eine spätere Evesham-Verhandlung, in der er dieselbe Stellung einnahm; auch führte er anstelle des Königs bei einer Gerichtsverhandlung den Vorsitz, die anläßlich eines zwischen Bischof Gundolf von Rochester und dem Sheriff Picot ausgebrochenen Rechtsstreites betreffs einiger bei Freckenham in Norfolk gelegenen Ländereien abgehalten wurde.[73] Die Anwesenheit dieser Männer als königliche »missi« oder Beauftragte machte diese Verhandlungen zu Prozessen vor dem königlichen Gerichtshof; an diesen Hof kamen auch — wie es die Lehnspflicht verlangte — die Hauptpächter des königlichen Oberlehnsherrn, Männer, die manchmal sogar aus anderen Gebieten herbeigezogen wurden als den eigentlich betroffenen Grafschaften.[74] Doch wurde in diesen Prozessen auch von den typisch englischen Einrichtungen Gebrauch gemacht. Diese Verhandlungen wurden vor der Vollversammlung der Grafschaftsgerichte abgehalten; auch kamen zu diesen Zusammenkünften nicht nur die »francigenae« der Grafschaft, sondern auch Engländer. Die Grafschaftsgerichte spielten zusammen mit den Sheriffs in diesen Verhandlungen eine große Rolle. Der Worcestershire-Prozeß wurde unter dem Vorsitz der Barone und mit der gesamten Grafschaft als Zeuge abgehalten; in Kentford wurde der richterliche Entscheid auch in aller Form als Urteil der Grafschaften bezeichnet.[75] So wie anläßlich des Ely-Prozesses der königliche Befehl lautete, daß er »von verschiedenen Grafschaftsgerichten vor meinen Baronen abgehalten werden sollte«, wurde auch die Freckenham-Verhandlung auf Befehl des Königs vor einer »aus vier Grafschaftsgerichten bestehenden Versammlung in Gegenwart des Bischofs von Bayeux, sowie anderer meiner Barone« geführt.[76] Dadurch, daß Wilhelm seine Feudalgerichte vor den Versammlungen der englischen Grafschaften abhielt, verband er die Rechte eines normannischen Königs von England mit den althergebrachten Einrichtungen des von ihm eroberten Landes.

Auch handelte es sich in diesem Falle nicht nur um bloße Berechnung. Hinsichtlich dieser Gerichtsverhandlungen ist wohl nichts bemerkenswerter als der Wunsch des Königs, die traditionelle Rechtsprechung Englands beizubehalten. Der Bischof von Worcester durfte einheimische Zeugen stellen, um seine begründeten Rechte zu bestätigen; auch nahmen die Engländer an der Untersuchung in Kentford in bedeutendem Maße teil.[77] In Pinnenden Heath bestand ihre Versammlung »nicht nur aus allen Franzosen der Grafschaft, sondern ebenso — und vor allem — aus jenen Engländern, die mit den Gesetzen und Bräuchen des Landes wohlvertraut waren«.[78] Insbesondere war bei dieser Gerichtsverhandlung ein früherer Bischof von Selsey, Ætheling, zugegen, »ein hochbetagter Mann und in den Gesetzen des Landes sehr bewandert, der auf Befehl des Königs in einem Wagen zu der Gerichtsverhandlung gebracht wurde, um dort die alten Gesetzesbräuche auszulegen und zu erläutern«.[79] Derartige Beschlüsse sind nicht nur hinsichtlich ihrer Altertümlichkeit interessant. Erzbischof Lanfranc von Canterbury war des Königs hauptsächlicher Ratgeber, und Odo, Bischof von Bayeux, war des Königs Halbbruder und einer seiner mächtigsten Untertanen. Ein zwischen diesen beiden ausgebrochener Streit konnte durchaus das ganze Gefüge des neugegründeten anglo-normannischen Staates bedrohen. Es ist daher bemerkenswert, daß zu jener Zeit ein derartiger Rechtsstreit auf Befehl des Königs mittels des überlieferten englischen Rechts beigelegt werden konnte. Nur wenige mittelalterliche oder neuzeitliche Eroberer haben mehr staatsmännisches Empfinden hinsichtlich der Tradition eines kürzlich von ihnen durch Waffengewalt eroberten Landes bewiesen.

Auch fordert das in diesen Prozessen angewandte Verfahren eine Erläuterung. Die immer noch gebräuchliche Methode des Gottesurteils war seit langer Zeit beiderseits des Kanals üblich gewesen, desgleichen aber auch die mittels Zeugen oder der Anführung von Urkunden stattfindenden Untersuchungen.[80] Andererseits stellte die Gewohnheit des Eroberers, Beauftragte auszusenden, die seinen lokalen Gerichtshöfen präsidierten, in England eine grundlegende Neuerung dar, die sich unter seinen Nachfolgern als wirksames Werkzeug für die Erweiterung der königlichen Macht erweisen sollte. Nicht nur führten diese Männer die königliche Autorität unmittelbar in die Grafschaftsgerichte ein — auch machten sie bei der Führung der Prozesse, denen sie vorstanden, von einer Methode der Beweisaufnahme Gebrauch, die auf die spätere englische Rechtspraxis einen weitreichenden Einfluß ausüben sollte. Im Laufe dieser Prozesse geschah es nämlich zum ersten Male, daß konsequent von einem Geschworenengericht Gebrauch gemacht wurde, »das aus einer Gruppe von Männern bestand, die vom Gerichtshof dazu ernannt worden waren, unter Eid ein gemeinsames Urteil zu fällen«.[81]

Der Ursprung dieser Einrichtung ist häufig diskutiert worden. Diesbezügliche Spuren wurden in den dänischen Distrikten Englands vor dessen normannischer Eroberung gefunden [82], doch wurde sie nach der Ansicht vieler Wissenschaftler in England von den Normannen eingeführt, die sie aus den aus der Zeit der karolingischen Könige stammenden Schwurgerichten entwickelt hatten.[83] Doch kann diese Frage beiseite gelassen werden. Es steht jedoch fest, daß Wilhelm in England derartige Geschworenengerichte konsequent und mit größerer Rechtswirkung benutzte, als dies je zuvor der Fall gewesen war, und daß ihre Anwendung zwischen 1066 und 1087 zu einem charakteristischen Merkmal seiner Rechtsprechung wurde. Wahrscheinlich fand ein derartiges Geschworenengericht in Kentford statt, indessen Bischof Odo von Bayeux im Freckenham-Prozeß zwei Geschworenengerichte benutzte, um die umstrittenen Tatbestände zu klären.[84] Desgleichen wurden in der Normandie in einem zwischen 1072 und 1079 vor dem König geführten Prozeß die Ansprüche der Priorei Bellême durch ein Urteil gebilligt, das anscheinend von einer Geschworenenbank ausgesprochen wurde, die sich aus hochbetagten Männern zusammensetzte.[85] Offenbar war dieser Brauch immer allgemeiner geworden und sollte sich bald erstaunlich erweitern. Die Domesday-Untersuchung, die mit der früheren Prozeßführung in einem gewissen Zusammenhang stand, wurde im Jahre 1086 in großem Maße auf Grund von Wahrsprüchen der im ganzen Land zusammengerufenen Geschworenengerichte durchgeführt.[86] Derart wurde ganz England mit dieser Einrichtung vertraut gemacht, die der Eroberer als rechtmäßigen Bestandteil seiner königlichen Verwaltung eingeführt hatte. Im übrigen stellte sie durchaus nicht den geringsten Anteil dar, den er an der zukünftigen Entwicklung der englischen Gerichtsbarkeit trug.

Die von König Wilhelm geleitete königliche Verwaltung zog viele Folgen nach sich, deren volle Tragweite sich erst nach seinem Tode erweisen sollte. Ihre unmittelbaren Folgen für das tägliche Leben des von ihm beherrschten Volkes sind schwer zu bestimmen. Hinsichtlich der Bauernschaft bewirkte die Gründung des anglo-normannischen Königreiches durchaus nicht die Umwälzungen, die in den höheren Ständen stattgefunden hatten. Anscheinend veränderten sich die in der

Normandie herrschenden ländlichen Verhältnisse während des dritten
Viertels des 11. Jahrhunderts nicht grundlegend [87]; und obgleich die
Eroberung und die ihr folgenden Unruhen viele englische Ortschaften
verwüstet und zerstört hatten, unterschied sich die englische Agrar-
struktur gegen Ende der Herrschaft des Eroberers nicht wesentlich von
der des Jahres 1066.[88] Offensichtlich waren die neuen englischen Herrscher abgeneigt oder aber unfähig, die unterschiedlichen Bauernschaften
des vornormannischen Englands umzuwandeln, wobei während dieser
Jahrzehnte vor allem das Fortbestehen der von Provinz zu Provinz
verschiedenen Traditionen bemerkenswert ist. Beispielsweise sollten
sich die Bräuche der Ortschaften in Kent und Northumbria unver-
mischt erhalten, und es existieren reichliche Zeugnisse darüber, daß
die Bauernschaften Ostanglias und des North Mercian Danelaw auch
nach zwanzig Jahren normannischer Herrschaft immer noch eine
außergewöhnlich große persönliche Freiheit besaßen.

Die Landorganisation im England des 11. Jahrhunderts ist von einer
langen Reihe von Wissenschaftlern erschöpfend behandelt worden [89];
es ist daher an dieser Stelle lediglich erforderlich, diese Verhältnisse in
ihrem Zusammenhang mit der persönlichen Verwaltung König Wilhelms zu behandeln. In dieser Hinsicht ist bedeutsam, daß die heutigen
Kenntnisse über das Landleben zur Zeit Edward des Bekenners aus
der großangelegten Übersicht stammen, die sein normannischer Nachfolger erstellt hatte; ebenso interessant ist jedoch, daß die Männer, die
diese Übersicht verfaßten, sowohl für die englische als auch für die
normannische Bauernschaft dieselben Begriffe benutzten. Die im Domesday Book verwandten lateinischen Ausdrücke sind zweifellos
ungenau, doch offenbaren sie eine bäuerliche Gesellschaftsschicht, die
sich grundsätzlich nicht von jener unterschied, die in den vor der Eroberung in der Landessprache abgefaßten Schriftstücken geschildert
wurde; ein derartiger Text ist beispielsweise die unter dem Titel
»Rights and Ranks of People« bekannte Abhandlung über die Gutsver-
waltung.[90] Die im Domesday Book auftretenden Kategorien der
Bauernschaften sind weder genau bestimmt, noch schließen sie sich ge-
genseitig aus; sie reichen, wie in früheren Aufzeichnungen, von Männern, deren Verpflichtungen zwar mannigfaltig, mit der persönlichen
Freiheit jedoch durchaus vereinbar waren, bis zu den schwer belaste-
ten Häuslern und jenen Sklaven, die als eine Art bewegliche Habe
betrachtet wurden. Zwischen diesen beiden Gruppen stand der zins-
pflichtige Bauer oder Hintersasse — die zentrale Gestalt der bäuerlichen Gesellschaft. Er war der Bauer, der an den freien Feldern der
Ortschaft einen Anteil besaß, und der trotz einer gewissen Freiheit

schweren Dienstleistungen unterworfen war. An bestimmten Wochentagen leistete er auf dem Land seines Herrn Frondienste und war außerdem zur Entrichtung von Zahlungen in Form von Geld oder Naturprodukten gezwungen. Bei seinem Tode fielen seine Besitzungen rechtmäßig seinem Herrn zu.

Das grundsätzliche Fortbestehen des englischen Bauernlebens während der zweiten Hälfte des 11. Jahrhunderts ist seit langem anerkannt worden, und alles, was über die Verwaltung Wilhelms geschrieben worden ist, weist darauf hin, daß dieser seinen Einfluß für die Aufrechterhaltung dieser Kontinuität verwandte. Die in dieser Hinsicht unter seiner Herrschaft stattfindenden Veränderungen lassen sich vielleicht in zwei Hauptzügen kurz zusammenfassen: der erste bestand in einer zwischen 1066 und 1086 erfolgten rapiden Verringerung des Sklaventums. In der Zeit Edward des Bekenners war die Sklaverei ein charakteristisches Merkmal des englischen Landlebens gewesen; dazu ist die, wenn auch ein wenig ungewisse Rechnung aufgestellt worden, daß am Vorabend der normannischen Eroberung in England auf elf Menschen ein Sklave kam.[91] Um 1086 hatte sich dieses Verhältnis so grundlegend geändert, daß ein neuzeitlicher Kommentator darin »den lebendigsten Beweis für die im Domesday Book aufgezeigte Umwälzung« erblickte.[92] Eine Erklärung dieses Sachverhaltes ist nicht einfach. Zweifellos spielten dabei wirtschaftliche Faktoren eine Rolle; auch mochten es die neuen, geizigen und habgierigen Landbesitzer für vorteilhaft gehalten haben, ihre Ländereien mittels der Fronarbeit einer abhängigen Bauernschaft und nicht durch Sklaven zu bebauen, für deren Unterhalt sie vermutlich aufkommen mußten. Auch darf in dieser Hinsicht der Einfluß einer grundlegend reformierten Kirche keinesfalls außer acht gelassen werden. Abzüglich dieser Punkte war jedoch ein Teil dieser Entwicklung der Verwaltung Wilhelms zu verdanken. Eine zumindest teilweise auf Wahrheit beruhende Überlieferung bestätigt, daß in der Normandie vor der Eroberung kaum etwas existierte, was der weitverbreiteten Sklaverei und dem Sklavenhandel des vornormannischen Englands vergleichbar war.[93] Vielleicht wurde Wilhelm davon beeinflußt. Beispielsweise ist es erwiesen, daß er sich, wenn auch ohne rechten Erfolg, um eine Unterdrükkung des Sklavenhandels in Bristol bemühte[94]; außerdem untersagte eines der ihm später zugeschriebenen Gesetze ausdrücklich den Verkauf eines Mannes durch einen anderen außerhalb des Landes.[95] Welche Gründe dem auch immer zugrunde lagen, so verdient doch die Tatsache Beachtung, daß die Sklaverei in England während der Herrschaft Wilhelm des Eroberers sehr schnell abnahm und ein halbes

Jahrhundert nach seinem Tode aus dem englischen Landleben im wesentlichen verschwunden war.[96]

Die zweite bedeutende Umwälzung des bäuerlichen Lebens in England, die für diese Jahre kennzeichnend war, ging in die entgegengesetzte Richtung. Die unabhängigeren unter den englischen Bauern, die im Domesday Book gewöhnlich als »freeman« (Freie) oder »sokeman« (soke = Gerichtsbezirk) bezeichnet wurden, erfuhren innerhalb der sozialen Rangordnung einen rapiden Abstieg. Die Folgen jener organisierten Verwüstung, die zwischen 1069 und 1070 im Norden stattfand, sind leicht vorstellbar, und es war selbst in den nicht so furchtbar betroffenen Gebieten nicht ungewöhnlich, daß sich die wirtschaftliche Lage ganzer Dörfer zwischen 1066 und 1086 verschlechtert hatte. Es wäre natürlich voreilig, Einzelbeispiele einfach zu verallgemeinern, da jede Ortschaft wirtschaftlichen Schwankungen unterworfen war. Doch wurden die Bauern von den während dieser Jahre unter den Landbesitzern stattfindenden Umwälzungen sicher häufig betroffen. Die neue Aristokratie, die ausgedehnte und weitverstreute Ländereien besaß, an deren Auswertung sie interessiert war, setzte sich aus harten Gutsherren zusammen, deren Haushofmeister von Besitz zu Besitz reisten und eine allgemeine Unterwerfung zu erzwingen versuchten, die sich natürlich zum Nachteil der reicheren Dorfbewohner auswirkte.[97] Nicht nur hatten diese Männer die Rechte ihrer sächsischen Vorgänger übernommen, sie besaßen auch die feudalen Vorrechte, die sie vom König erworben hatten. Gleichzeitig griff die normannische Rechtstheorie, daß nämlich der soziale Rang des Bauern nicht durch das ererbte Staatsrecht, sondern in Verbindung mit den geleisteten Diensten bestimmt wurde, die Wurzel jener persönlichen Freiheit an, die die unabhängigeren Bauern auf gefahrvolle Weise immer noch behaupteten. Während die Sklaverei aus dem von Normannen beherrschten England zu verschwinden begann, nahm die Grunddienstbarkeit immer mehr zu.

Zweifellos war die Herrschaft Wilhelm des Eroberers Zeuge eines sehr großen Elends der Landbevölkerung, die ungefähr neun Zehntel der englischen Bevölkerung ausmachte. Da sie nur über wenige materielle Hilfsmittel verfügte, war ihr Dasein im besten Falle ungewiß. Eine Mißernte konnte eine sofortige Lebensmittelknappheit bewirken, indessen zwei aufeinanderfolgende Mißernten eine jener furchtbaren, infolge der Hungersnot entstandenen Pestilenzen hervorrufen konnten, die ein so typisches Merkmal dieser Zeit waren.[98] Doch waren diese elenden Lebensbedingungen, unter denen sich Leben und Gesundheit kaum erhalten ließen, keineswegs das Ergebnis der normannischen

Eroberung, und es ist sogar zweifelhaft, ob sie durch die Eroberung wesentlich verschlechtert wurden. Es war unvermeidlich, daß sich die ärmeren Schichten während dieser politischen Umbruchzeit Härten ausgesetzt sahen, doch bleibt nach wie vor bestehen, daß das englische Landleben durch die Verwaltung Wilhelm des Eroberers keinen grundlegenden Bruch erfuhr.

Auch unterschieden sich die Auswirkungen seiner Herrschaft auf die Einwohner der englischen Städte nicht sonderlich von jenen, die die Landbevölkerung betrafen.[99] Das Interesse des Königs am englischen Handel und an den Handelsstädten ist bereits erwähnt worden, doch war die Zeit für die Bewohner dieser Orte höchst unsicher. Manchmal kam es zu furchtbarer Not. Beispielsweise zogen die aufeinanderfolgenden Plünderungen Yorks entsetzliches Elend nach sich; auch bewirkte der Brauch, in den wichtigsten Städten Englands Burgen zu errichten, häufig eine Katastrophe. So wurden zum Beispiel in Lincoln nicht weniger als hundertundsechzig Häuser zerstört, um für die neue Festung Platz zu schaffen.[100] Aus diesen und anderen Gründen erhielt das Stadtproletariat während dieser Jahre ständigen Zuwachs an erst kürzlich verarmten Menschen. Trotzdem aber wurde das Wachstum des englischen Stadtlebens nicht grundlegend unterbrochen. Während der Herrschaft des Eroberers litt es nach wie vor unter dem Schock und den Unruhen der Eroberung, und seine Wiederherstellung war auch im Jahre 1086 noch nicht vollständig.[101] Doch erlebten die englischen Städte bereits sechzig Jahre nach dem Tode des Eroberers eine größere Blüte als je zuvor, wobei diese Entwicklung vermutlich der normannischen Leitung und der konservativen Politik Wilhelms einiges zu verdanken hatte.[102] Ein Großteil der für das England des 12. Jahrhunderts kennzeichnenden städtischen Organisation hatte zur Zeit des Bekenners bereits als Keimzelle existiert, die Wilhelm seinerseits bewahrte und weiter entwickelte. Es ist bemerkenswert, wie viele der für die englischen Städte ausgestellten anglo-normannischen Urkunden sich auf die Vergangenheit beziehen.

Anscheinend hatte sich die Zusammensetzung der englischen Stadtbevölkerung als unmittelbare Folge der normannischen Eroberung nicht wesentlich verändert. Doch lassen sich die Anfänge einer bestimmten Entwicklung, die für die Zukunft weitläufige Folgen nach sich ziehen sollte, vielleicht auf die Beschlüsse des Eroberers zurückführen.[103] Es ist zweifelhaft, ob im vornormannischen England feste jüdische Niederlassungen bestanden, doch ist die Existenz einer jüdischen Gemeinde während der mittleren Jahrzehnte des 11. Jahrhunderts in Rouen erwiesen. Auch bestehen kaum Zweifel daran, daß eine

Kolonie dieser Juden aus Rouen unmittelbar nach dem Eroberer in England eintraf, wo sie auf sein Betreiben hin angesiedelt wurde.[104] Sie sollte schnell an Bedeutung gewinnen und hatte sich im Jahre 1130 offensichtlich in eine fest ansässige und wohlhabende Gemeinschaft verwandelt.[105] Andererseits wäre es jedoch ein Irrtum, im England des 11. Jahrhunderts eine Aktivität vorauszusetzen, die der weitverbreiteten jüdischen Aktivität, die für das angevinische England so kennzeichnend war, auch nur in etwa vergleichbar wäre. Die Folgen der diesbezüglichen Beschlüsse Wilhelms sollten sich also auf die Zukunft beziehen. Er erleichterte den Juden die Einreise nach England; auch sollte das Judentum in England während des ganzen 12. Jahrhunderts nicht nur einen vorwiegend französischen Charakter bewahren, sondern auch mit der anglo-normannischen Monarchie besondere Verbindungen aufrechterhalten.[106] Falls dieser Vorgang unter der Herrschaft des Eroberers und dessen Verwaltung begann, so machte er doch zeit seines Lebens keine sonderlichen Fortschritte. Außerdem ist es zweifelhaft, ob zu jener Zeit in irgend einer anderen englischen Stadt außer London eine jüdische Niederlassung existierte.[107]

Im 11. Jahrhundert hing der Alltag des englischen Volkes in hohem Maße von den Traditionen und Bräuchen ab, für deren Bewahrung sich Wilhelm unablässig einsetzte. Aus diesem Grunde half seine zwar harte und brutale Verwaltung vielleicht ein wenig, das Elend zu mildern, das seine geringeren Untertanen in dieser Umbruchzeit heimsuchte. Die englische Landbevölkerung hatte allen Grund, dafür dankbar zu sein, daß die Etablierung des neuen Adels ohne Massenunruhen vor sich ging. Darüber hinaus zeigen die im Domesday Book aufgezeichneten Prozesse viele Fälle auf, in denen den einheimischen Pächtern, die von den neuen Landbesitzern oder habgierigen Sheriffs ausgeplündert worden waren, ihre Ländereien zurückerstattet wurden. Auch sollte gerade diese Landbevölkerung auf die Dauer durch die scharfe Überwachung der lokalen Verwaltung seitens Wilhelms gewinnen.[108] Auch hier folgte er seiner Gewohnheit, die bereits vorhandenen Einrichtungen zu seinem Zweck zu benutzen. Beispielsweise erließ er die berühmte Bestimmung, daß die gesamte Friedensbürgschaft eines »hundred« oder Amtsbezirks für die Ermordung irgendeines seiner Gefolgsleute verantwortlich sei: er befahl nämlich, daß — falls der Mörder nicht innerhalb von fünf Tagen von seinem Herrn gefaßt wurde — die Friedensbürgschaft, in deren Amtsbezirk das Verbrechen begangen worden war, den Anteil an dem äußerst schweren, sechsundvierzig Silbermark betragenden »murdrum«-Bußgeld bezahlen mußte, falls der Herr diese Summe nicht entrichten konnte.[109] Zweifellos war eine solcherart erhaltene Ordnung teuer erkauft, doch wurden die daraus entstehenden Vorteile von den Zeitgenossen Wilhelms beiderseits des Kanals wohl vermerkt. Ein Engländer äußerte sich dankbar über die von Wilhelm hergestellte Ordnung [110], und die normannischen Chronisten beklagten einstimmig, daß sich nach seinem Tode die öffentliche Sicherheit im Herzogtum auflöste.[111]

Die Verwaltung des Doppelreiches durch Wilhelm den Eroberer war in jeder Hinsicht bemerkenswert. Sie war zwar unbarmherzig und brutal, doch niemals unbesonnen tyrannisch. Die Rohheit ihrer Anwendung war häufig abstoßend, doch war sie den normannischen und englischen Verhältnissen angepaßt und sollte vor allem auf dem Gebiet des Rechts und der Finanzen dauerhafte Folgen nach sich ziehen. Auch darf nicht vergessen werden, daß sich ihre Tätigkeit einheitlich über sein gesamtes Herrschaftsgebiet erstreckte. Der Hofstaat begleitete den König auf jeder seiner Reisen, und die Entwicklung der königlichen Gerichtsbarkeit folgte in vieler Hinsicht sowohl in der Normandie als auch in England dem gleichen Schema. Der Aufgabenbereich der Kanzler Wilhelms erstreckte sich über beide Teile seines Reiches, und sie begleiteten daher den König häufig bei seinen Reisen über den Kanal. Herfast tritt sowohl in Urkunden auf, die für die Normandie als auch für England ausgestellt sind.[112] Oswald weilte in seiner Eigenschaft als Beamter oft im Herzogtum [113], desgleichen Maurice.[114] Zwischen 1066 und 1087 war jedes Gebiet der englischen Verwaltung vom normannischen Einfluß betroffen, doch wurden ihrerseits englische Verwaltungsbräuche häufig in der Normandie eingeführt. Die unmittelbar nach dem Tode Wilhelms in der Normandie beginnende Unordnung beweist deutlich, daß die im Herzogtum zwischen 1066 und 1087 herrschenden stabileren Zustände in großem Maße auf die Wirksamkeit seiner Herrschaft zurückzuführen waren.

Es war unvermeidlich, daß die Ankunft eines normannischen Königs in dem von ihm eroberten England größere administrative Umwälzungen bewirkte als in der Normandie, aus der er kam. Doch erfordert in erster Linie die Beschaffenheit dieser Umwälzungen unsere Aufmerksamkeit, da sich in England das Genie des Eroberers sowohl in seinen Neuerungen als auch in seiner Verwendung der alten Einrichtungen entfaltete. Ihm allein war es zu verdanken, daß er inmitten all der auf die Eroberung folgenden Wirren niemals das administrative Rahmenwerk des von ihm eroberten Königreiches zerriß. Dies dürfte zum Teil eine Erklärung dafür sein, warum die von ihm geförderte Entwicklung der Verwaltung auch während der langen Abwesenheiten des Königs von England ohne wesentliche Unterbrechung fortschritt. Zwischen 1066 und 1087 verbrachte Wilhelm mehr Zeit in Frankreich als in England, und es beweist den Grad seines Ansehens, daß er andere mit der Führung der von ihm geschaffenen höchst eigenen Politik betrauen konnte. Wie bereits erwähnt, ließ er die Normandie im Jahre 1066 unter der Obhut seiner Gemahlin Matilda, Rogers von Montgomery und Rogers von Beaumont zurück; hingegen wurden im Jahre 1067 Odo von Bayeux, Wilhelm FitzOsbern und Hugo von Montfort-sur-Risle mit der Sorge für England betraut.[115] Später handelte vor allem Erzbischof Lanfranc in England als Stellvertreter des Königs, doch wurden auch Odo [116], sowie viele andere weltliche Herren, die aus den mächtigen normannischen Geschlechtern stammten, erfolgreich mit dieser Aufgabe betraut: dies war beispielsweise bei Wilhelm von Warenne und Richard FitzGilbert der Fall.[117]

Auch hier trat die Einheit der vom Eroberer geschaffenen anglo-normannischen Feudalpolitik deutlich zutage, desgleichen auch das Ausmaß des von ihm geförderten wechselseitigen Einflusses zwischen England und der Normandie. Als England und die Normandie nach dem Tode Wilhelms getrennt wurden, sollten sich die administrativen Folgen für beide Teile als unglücklich erweisen. Als jedoch diese beiden Länder nach 1106 wieder vereinigt wurden, wurde das alte Verwaltungssystem des Eroberers wiederhergestellt, woraufhin sich unter der Herrschaft Heinrich I. auf dem Gebiet des Rechts und der Finanzen beiderseits des Kanals bedeutende Entwicklungen ergaben.

XIII

DER KÖNIG UND DIE KIRCHE

Kein Aspekt des Werdegangs Wilhelm des Eroberers ist interessanter oder bedeutsamer als die Rolle, die er zwischen 1066 und 1087 in der Kirchengeschichte des Abendlandes spielte. Daher erfordert seine diesbezügliche Politik besondere Aufmerksamkeit. Falls man jedoch seinen persönlichen Anteil am kirchlichen Leben jenes Zeitalters einschätzen will, so muß man ihn in seiner Gesamtheit und im Rahmen jener Zeit sehen. Beispielsweise lassen sich die bleibenden Folgen seiner Politik der englischen Kirche gegenüber nur im Zusammenhang mit der früheren kirchlichen Entwicklung der Normandie erklären; dem kommt noch hinzu, daß sowohl die englische als auch die normannische Kirche jener Zeit nur unter dem Gesichtspunkt richtig gesehen werden kann, daß sie einen wesentlichen Bestandteil der europäischen Kirche ausmachte. Wilhelms Sieg im Jahre 1066 vereinigte die drei Kirchenprovinzen Rouen, Canterbury und York unter einer einzigen weltlichen Herrschaft; desgleichen aber auch die beiden Teile der abendländischen Kirche, die in England und der Normandie bisher verschiedenen Einflüssen unterlegen waren. Derart sollte also die Eroberung das politische Gleichgewicht der westlichen Christenheit verändern, die unter der päpstlichen Führung zur selben Zeit eine Krise durchmachte. Daher sollten die auf die Kirche bezogenen Folgen der normannischen Eroberung weitläufig sein; auch müssen sie vor dem Hintergrund entgegengesetzter Treueverhältnisse betrachtet werden. Die Kirchenprovinz Rouen beeinflußte zwischen 1066 und 1087 in England eine Kirche, die an ihren eigenen, individuellen Überlieferungen festhielt. Seinerseits zeigte Wilhelm sich entschlossen, innerhalb dieser Kirche nicht nur seine eigenen königlichen Rechte zu wahren, sondern auch das zu erfüllen, was er für seine kirchlichen Pflichten hielt. Dies tat er zu einer Zeit, als das Papsttum als der Förderer jener Reformen, die die Kirchenprovinz Rouen bereits durchdrungen hatten, versuchte, die Kirche von jeder weltlichen Kontrolle zu befreien. Und schließlich muß noch betont werden, daß derselbe normannische König von England und seine englischen und normannischen Untertanen in einer Welt lebten, in der die Kirche als allumfassende Einheit und ihre Ansprüche auf geistliche Macht als unbestritten anerkannt wurden. Für Wilhelm und seine Zeitgenossen bedeutete diese Auffassung von der christlichen Welt weder frommes Streben noch die Bedrohung einer nationalen Unabhängigkeit. Sie war ganz einfach ein Faktor der praktischen Politik.

Diese entgegengesetzten Treueverhältnisse wurden ernsthaft gehalten und tapfer verteidigt und stellten in der Kirchenpolitik jener Zeit einen wichtigen Faktor dar; auch wird das Interesse an der diesbezüglichen Politik Wilhelms noch durch eine Bezugnahme auf die in sie verwickelten wichtigsten Persönlichkeiten verstärkt. Nachdem das Papsttum seit dem Jahre 1049 einen Tiefpunkt überwunden hatte, wurde dieses Amt während jener Jahre von zwei Männern bekleidet, die durchaus Beachtung verdienen. Der von 1061 bis 1073 amtierende Alexander II. war ein energischer und weithin tätiger Papst; hingegen muß Gregor VII., der von 1073 bis 1086 den päpstlichen Stuhl einnahm, in jeder Hinsicht als eine der größten Persönlichkeiten bezeichnet werden, die je das Amt des heiligen Petrus versah. Im Jahre 1066 erhielt Bischof John von Avranches das Erzbistum Rouen; er war ein junges Mitglied des normannischen Herzogsgeschlechts und hatte sich bereits vorher durch seine Laufbahn ausgezeichnet; er sollte sowohl der Politik als auch der Literatur seiner Epoche seinen Stempel aufdrücken.[1] Es war eine unvermeidliche Folge der Eroberung, daß der Schismatiker Stigand im Jahre 1070 seines Amtes als Erzbischof von Canterbury enthoben wurde und daß Lanfranc an seine Stelle trat, der zu dieser Zeit Abt von Saint-Stephan zu Caen war und durch seinen vorherigen Werdegang in Le Bec und an anderen Orten bereits einen anerkannten Ruf als eine der außergewöhnlichen kirchlichen Persönlichkeiten seiner Zeit genoß. Kurz zuvor hatte er das Amt eines Erzbischofs von Rouen abgelehnt. Seine Ernennung zum Erzbischof von Canterbury war sicherlich in erster Linie Wilhelm selbst zu verdanken.[2] Von da an war ihre Zusammenarbeit derart eng, daß es durchwegs schwierig, manchmal aber unmöglich ist, zu entscheiden, ob die von ihnen in England gemeinsam verfolgte Politik von dem einen oder dem anderen stammte.

So verband sich mit einem großen König ein ebenso großer Erzbischof.[3] Als er in Canterbury eintraf, war Lanfranc fünfundzwanzig Jahre alt und als Rechtsgelehrter, Polemiker, Diplomat und Lehrer berühmt. Seine größten Leistungen sollte er jedoch erst vollbringen. Sein Charakter läßt sich am ehesten aus seinen Handlungen ersehen, doch offenbaren seine Briefe, die ihrer Art nach Meisterwerke sind, einiges von dem Menschen, der sie schrieb.[4] Sie waren knapp und entschieden gehalten, von großer Autorität durchdrungen und zeichneten sich durch ein gesundes Urteil aus. Obgleich Zartgefühl und Zuneigung in diesen Briefen nicht fehlen, bestehen sie doch häufiger aus vorsichtigen Ratschlägen, strengen Ermahnungen und unbedingten Befehlen. Hier offenbart sich ein angesehener und unglaublich fähiger Mann, ein mächtiger Prälat, der trotz seines Wissens über die Führung von Menschen selbst ehrlich geblieben war. Auch stellt das öffentliche Leben Lanfrancs in seiner Gesamtheit diesen Eindruck nicht in Frage. Zweifellos war seine Berufung zum Klosterleben echt, und es besteht kein Grund daran zu zweifeln, daß er zögerte, das Amt eines Erzbischofs zu übernehmen. Obwohl immer noch Mönch und Freund der Mönche, tat er sich nach 1070 vor allem als Staatsmann hervor. Seine Zeitgenossen wurden von seiner Klugheit, seinem politischen Instinkt und seiner Führernatur beeindruckt. Er konnte politische Rebellen und widerspenstige Mönche [5] unbarmherzig strafen, doch war sein Gerechtigkeitssinn genau so konstant wie seine Aufopferung für die Kirche. Zwar vermochte er seine Politik den wechselnden Umständen anzupassen, doch verfolgte er sie nichtsdestoweniger mit unbeugsamer Zielstrebigkeit. So sollte seine Zusammenarbeit mit Wilhelm dem Eroberer unter den damaligen Bedingungen weitreichende Folgen nach sich ziehen. »Es dürfte zweifelhaft sein — so schrieb eine heutige Kapazität auf diesem Gebiet — ob irgendeiner jener hervorragenden Männer, die zwischen Augustinus und Cranmer dem Erzbistum Canterbury vorstanden, mit Ausnahme des Theodor von Tarsus, einen größeren Beitrag zur Organisation der Kirche dieses Landes leisteten als Lanfranc.« [6]

Die Politik, die er gemeinsam mit dem König in England verwirklichen sollte, hing unmittelbar von der Entwicklung der normannischen Kirche ab, die während der normannischen Herrschaft des Eroberers stattgefunden hatte. Das besondere Gepräge der Kirchenprovinz Rouen war bereits vor der Eroberung festgelegt worden, und als dieser Kirche im Jahre 1066 jenseits des Kanals mit Waffengewalt Einfluß verschafft wurde, unterlag sie keinen wesentlichen Veränderungen. Beispielsweise wurde das normannische Episkopat während des größten

Teils dieser neuen Periode von denselben Männern beherrscht, die schon vor der Eroberung an die Macht gelangt waren. Die im Jahre 1067 erfolgte Ernennung Johns von Avranches zum Erzbischof von Rouen erweiterte lediglich das Tätigkeitsfeld eines berühmten Prälaten; ferner lagen die beiden Bistümer Bayeux und Coutances bis nach dem Tode des Eroberers in den Händen von Odo und Geoffrey, obwohl diese beiden außergewöhnlichen Männer den größten Teil ihrer Tatkraft nun den weltlichen Angelegenheiten Englands widmeten. Hugo von Lisieux lebte hochangesehen und geehrt bis 1072; sein Nachfolger war Gilbert Maminot von Courbépine, ein Angehöriger einer bedeutenden, normannischen Familie des Mittelstandes. Nach dem Tode Yves' wurde das Bistum Sées endlich der Familie Bellême entrissen und ging auf den Bruder des Haushofmeisters Eudo über.[7] Die im Jahre 1066 erfolgte Ernennung Baldwins, eines der Kapläne des Herzogs, zum Bischof von Evreux, war eine durch englische Beispiele eingegebene Neuerung, doch war der im Jahre 1071 erstellte Nachfolger Baldwins seinerseits wiederum ein Mann mit berühmten normannischen Verwandten.[8] Kurzum, das normannische Episkopat bestand auch nach 1066 in erster Linie aus Angehörigen der normannischen Säkulararistokratie.[9] Wilhelm Bonne Ame, der im Jahre 1079 das Kloster verließ, um ein bewundernswerter Erzbischof von Rouen zu werden, war ein Neffe Gerard Flaitels und Sohn eines früheren Bischofs von Sées.[10]

Auch läßt sich hinsichtlich des Klosterlebens, das die normannische Kirche nach wie vor am meisten auszeichnete, ein ähnlicher Zusammenhang entdecken. Zwar fanden nun weniger Neugründungen statt, und auch die Ernennungen von Äbten waren nicht immer glücklich. Doch lebten noch einige große Persönlichkeiten der Vergangenheit. Erst um 1079 schloß John von Fécamp seine erstaunliche Laufbahn ab, und Le Bec sollte seinen Höhepunkt erst unter dem heiligen Anselm erreichen. Außerdem existierten in der Provinz auch andere Klöster, die teilweise sogar mit Le Bec vergleichbar waren. Die Schilderung, die Ordericus Vitalis' von Saint-Evroul als einer Stätte der Frömmigkeit und des Wissens gibt, wirkt sowohl überzeugend als auch anziehend. Kurzum: obwohl es in der Normandie zwischen 1066 und 1087 — wie überall in der abendländischen Kirche — zu bischöflichen und klösterlichen Skandalen kam, und obgleich Reformen notwendig waren, die dann auch unternommen wurden, läßt sich doch ohne weiteres behaupten, daß sich das hohe Ansehen der Provinz Rouen im Laufe dieser Jahre nicht verringerte, sondern steigerte. Die Bischöfe setzten eine energische Verwaltung durch, die sich zugunsten ihrer Bistümer auswirkte. Die Tätigkeit der Konzile war kraftvoll und regelmäßig. Die fortdauernde Wirkung der erstaunlichen klösterlichen Erneuerung, die ein Merkmal der herzoglichen Herrschaft Wilhelms gewesen war, offenbarte sich in der Tatsache, daß normannische Klöster zwischen 1066 und 1087 für England nicht weniger als zweiundzwanzig Äbte und fünf Bischöfe stellten.[11]

Die Eroberung hatte auch die Provinz Rouen beeinflußt. Ihre Geldquellen hatten sich wesentlich vermehrt. Beispielsweise besteht kein Zweifel daran, daß die Bischöfe Odo und Geoffrey aus England Reichtümer mit sich brachten, um ihre normannischen Bistümer zu bereichern; auch hatten vor 1086 mehr als zwanzig vom Herzog oder von Privatleuten gegründete Klöster in fünfundzwanzig englischen Grafschaften Ländereien erhalten.[12] Einige dieser Dotierungen waren klein, doch war der englische Landbesitz, den beispielsweise Fécamp, Grestain, Saint-Wandrille, Saint-Evroul, Troarn und die beiden Klöster von Caen erworben hatten, sehr ausgedehnt. Gleichzeitig wuchs die kirchliche Macht Wilhelms als weltlicher Herrscher über die normannische Kirche, da er sie nun als geweihter König ausübte. Zwischen 1066 und 1087 hing in der Normandie jegliche Ernennung zum Bischof unmittelbar von der Entscheidung Wilhelms ab. In allen kanonischen Vorschriften des Lillebonner Konzils im Jahre 1080 stößt man auf die unbedingte Autorität des Herzogs, der nun König geworden war.[13] Obgleich die Umstände in England andersartig waren, blieb die Lage trotzdem dieselbe. Kirchliche Ernennungen blieben dem König vorbehalten, noch dazu brachte er den von ihm in dem eroberten Land etablierten Klerus immer stärker unter seine Kontrolle, da sich die Geistlichkeit nun den von Wilhelm auferlegten Lehnspflichten unterworfen sah. In England entwickelte der König seine Herrschaft über die Kirche in engster Zusammenarbeit mit Lanfranc. Die wesentliche Vorbedingung ihrer gemeinsamen, nach normannischem Vorbild angewandten Innenpolitik war das Primat Lanfrancs über die gesamte englische Kirche. Und damit begann vier Jahre nach der Schlacht bei Hastings zwischen Canterbury und York jene berühmte Kontroverse, bei der es sich um die Bestätigung jenes Primats handelte.[14] Da das Erzbistum York nach dem Tode Aldreds frei geworden war, ernannte der König im Mai 1070 Thomas, einen Domherren aus Bayeux, unter der Bedingung, daß er später von Lanfranc die Weihe erhalten sollte, zum Nachfolger in diesem Amt. Die Weihe Lanfrancs zum Erzbischof von Canterbury fand am 29. August 1070 statt, doch als Thomas in den Süden reiste, um dort seine Weihe zu empfangen, wollte Lanfranc diesen Ritus nur unter der Bedingung vollziehen, daß Thomas das schriftliche Versprechen seiner Obedienz gab.[15] Thomas jedoch führte die Vorrechte seiner eigenen Kirche an und verweigerte dieses Versprechen zuerst. Späteren Berichten nach wandte er sich daraufhin an den König, der nach kurzem Zögern Lanfranc unterstützte.[16] Jedenfalls gab Thomas schließlich, wenn auch mit einigen Vorbehalten, nach und wurde daraufhin in aller Form geweiht. Damit war diese Angelegenheit jedoch noch nicht abgeschlossen. Im Herbst des Jahres 1071 reisten beide Erzbischöfe nach Rom, um dort ihre »pallia« in Empfang zu nehmen; am päpstlichen Hof kam Thomas jedoch nicht nur auf die umstrittene Frage des Primats zurück, sondern forderte noch dazu, daß die Bistümer Worcester, Dorchester und Lichfield der nördlichen Kirchenprovinz zugehören sollten. Der Papst übergab diese Angelegenheit einem englischen Konzil, woraufhin sie im Jahre 1072 in Winchester in aller Form diskutiert wurde. Schließlich wurde ein in allen wesentlichen Punkten zugunsten des Erzbischof von Canterbury lautendes Urteil gefällt.[17] Die umstrittenen Bistümer wurden der südlichen Kirchenprovinz zugesprochen, das Recht des Erzbischofs von Canterbury auf ein Obedienzgelübde seitens des Erzbischofs von York genau festgelegt und Lanfranc als Primas von England anerkannt. Somit hatte Lanfranc seine Ansprüche durchgesetzt, und es fehlte lediglich die offizielle Bestätigung seitens des Papstes, um seinen Sieg vollständig zu machen. Es wird sich jedoch später erweisen, daß er sie nie erhalten sollte.

Die Einzelheiten dieser hier nur kurz zusammengefaßten bemerkenswerten Kontroverse sind jedoch wesentlich unbedeutender als die dabei verfolgten Endziele sowie die Art, in der der Fall Lanfrancs vorgebracht und unterstützt wurde. Das Interesse des Königs an dieser Angelegenheit trat bereits ziemlich früh zutage. Als Herzog hatte Wilhelm die Erfahrung gemacht, was für ein Vorteil es war, über ein Land zu herrschen, das aus einer einzigen Kirchenprovinz bestand; daher konnte er eine Teilung Englands in zwei derartige Provinzen nur als eine Zersplitterung seiner Macht betrachten. Es ist sicher nicht unmöglich, daß seine Unterstützung Lanfrancs unter den im Jahre 1070 herrschenden Umständen teilweise auf seiner Erkenntnis beruhte, daß nämlich der Erzbischof von York als Oberhaupt einer noch nicht vollständig unter normannischer Kontrolle stehenden Provinz seine Stellung dadurch festigen konnte, daß er z. B. einen Rivalen Wilhelms — vielleicht einen skandinavischen Fürsten oder aber ein Mitglied des altenglischen Königshauses — als rechtmäßigen Herrscher von Nordengland zum König krönte.

Doch berührten derartige Erwägungen, so gewichtig sie auch scheinen mögen, das Problem lediglich am Rande. Wesentlich bedeutsamer war, daß Lanfranc, vom König unterstützt, hier die Gelegenheit erblickte, seine Sache auf das Fundament englischer Tradition zu stützen. Durch sein Amt als Erzbischof von Canterbury entdeckte er die Möglichkeit, starke Ansprüche auf das Primat zu erheben und berief sich daher auf Präzedenzfälle, indem er zu seinen Gunsten die Schriften Bede's, die Beschlüsse früherer englischer Kirchenkonzile und eine lange Reihe früherer päpstlicher Briefe zitierte. Einige dieser Dokumente waren zweifellos gefälscht, und es ist häufig umstritten worden, inwieweit Lanfranc an ihrer Entstehung mitschuldig war.[18] Heute würden ihn die meisten Wissenschaftler von dieser Schuld freisprechen, da es wahrscheinlicher ist, daß er sich vielleicht zu voreilig auf eine Zusammenfassung des Materials verließ, das die Mönche seiner Domkirche von Canterbury zusammengestellt hatten. Es ist unnötig, diese Angelegenheit an dieser Stelle nocheinmal zu erörtern. Es kommt in diesem Falle lediglich auf die Argumente Lanfrancs und die Art und Weise an, mit der sie von Wilhelm unterstützt wurden. Um eine im wesentlichen normannische Politik in die Tat umzusetzen, benutzte dieser normannische Prälat italienischer Abstammung eine englische Überlieferung, der er selbst neue Lebenskraft verlieh. Das Gepräge des normannischen Einflusses auf England kann wohl kaum durch ein besseres Beispiel dargestellt werden.

Die gesamte westliche Christenheit war in dieses Problem verwickelt. Lanfrancs Geltendmachung der Primatialrechte zog Rechtsansprüche nach sich, die jenen in ferner Vergangenheit von den Bistümern Mailand, Karthago und Toledo gestellten vergleichbar waren. Doch war die gesamte auf Zentralisierung bedachte päpstliche Politik während der zweiten Hälfte des 11. Jahrhunderts gegen derartige Machtstellungen gerichtet. Zwar versuchte Gregor VII. im Jahre 1079 das Erzbistum Lyon zu einem Primatialbistum zu erheben, dessen Gerichtsbarkeit Sens und Rouen einbeschloß.[19] Doch hatte dieser Plan, dem man sich erfolgreich widersetzte, mit jener Richtung päpstlicher Politik eigentlich nichts mehr gemein, da er ja zugunsten eines einzelnen gefaßt wurde, und zwar unter der Voraussetzung, daß ihn der Papst jederzeit widerrufen konnte. Hingegen waren die Ansprüche Lanfrancs völlig anders geartet, da sie den Kernpunkt der päpstlichen Politik bedrohten, deren Ziel darin bestand, nicht das Königreich, sondern die Kirchenprovinz zu einer grundlegenden Einheit der Kirche zu gestalten. Es überrascht daher wohl kaum, daß Wilhelm und sein Erzbischof bei dem Versuch, von Rom eine formelle Anerkennung des Canterbury-Primats zu erhalten, scheiterten. Das Wesen dieser Situation sollte sich im Laufe der Zeit eindeutig herausschälen. Es handelte sich bei diesem Gesuch an den Papst nicht um eine Bitte um die Bewilligung eines neuen Rechts, sondern vielmehr um die Anerkennung eines bereits existierenden Rechtsanspruches; als daher die Bestätigung verweigert wurde, wurde dieses Recht nichtsdestoweniger ständig ausgeübt. Dadurch, daß Lanfranc seine Stellung mit der altenglischen Monarchie und deren unumschränkten imperialen Ansprüchen verband, machte er eine Autorität geltend, die sich über ganz England und vielleicht sogar über seine Grenzen hinaus erstrecken konnte.[20] Er war daher durchaus berechtigt, später in die kirchlichen Angelegenheiten Irlands und, was noch bemerkenswerter ist, durch die heilige Margarete, die Königin von Schottland, in die Belange ihres Landes einzugreifen.[21]

Durch seine Mittlerschaft kam unter diesen Umständen der normannische Einfluß auf die englische Kirche zustande — ein Einfluß, dessen Wesen und Macht unmißverständlich waren. Unter der Herrschaft Wilhelm des Eroberers unterlag die englische Kirche Veränderungen, deren Auswirkungen anhielten. Zwar wurden die Folgen dieses Wandels unterschiedlich beurteilt, doch steht außer Frage, welchem Geist sie entstammten. In diesem Falle bestand die Politik des Eroberers darin, »in England dieselben Gesetze und Bräuche aufrechtzuerhalten, die er und seine Ahnen in der Normandie auszuüben pflegten«[22]; dieser Satz faßt geschickt die gesamte damals stattfindende Wandlung zusammen. Wie bereits erwähnt, geschahen die früheren Entwicklungen der normannischen Kirche unter der Kontrolle des Herzogs; die Wandlungen, die die englische Kirche während seiner Herrschaft als König durchmachte, waren normannischen Gepräges und standen unter der königlichen Leitung.

Dieser Vorgang zeichnete sich in erster Linie durch einen Wandel innerhalb der englischen Geistlichkeit aus und war durchaus dem vergleichbar, der innerhalb der weltlichen Aristokratie stattgefunden hatte. Natürlich wurde Stigand, der sowohl dem Bistum Canterbury als auch dem von Winchester vorgestanden hatte, abgesetzt, und die im Jahre 1070 erfolgte Ernennung seines Nachfolgers Lanfranc zum Erzbischof von Canterbury kann als eine unvermeidliche Folge der normannischen Eroberung betrachtet werden. Doch befanden sich die meisten anderen englischen Bischöfe in keiner besseren Lage. Æthelmaer von Elham war Stigands Bruder; Æthelric von Selsey hatte mit ihm in enger Verbindung gestanden, und der verheiratete Bischof von Lichfield, Leofwine, sollte von Lanfranc verurteilt werden.[23] Es überrascht daher wohl kaum, daß alle drei vor 1070 ihre Bischofsämter niederlegen mußten. Æthelric und Æthelmaer wurden ihres Amtes formell enthoben, indessen Leofwine freiwillig verzichtete.[24] Im Norden war Aldred von York ein Prälat ganz anderer Art, doch starb er am 11. September 1069, wodurch eine neue Ernennung notwendig wurde, während die Wirren des Bistums Durham ein sofortiges drastisches Eingreifen erforderten. Daher sah sich Wilhelm von den ersten Jahren seiner Herrschaft an bereits in der Lage, das englische Episkopat zu normannisieren, eine Politik, die er unablässig weiterverfolgen sollte. Im Jahre 1080 war Wulfstan von Worcester in England der einzige noch amtierende englische Bischof; alle anderen Bischöfe waren mit Ausnahme von einem[25] entweder normannischer Herkunft oder aber in der Normandie ausgebildet.

Dieselbe Politik wurde hinsichtlich der englischen Abteien angewandt. Im Jahre 1066 existierten in England fünfunddreißig unabhängige Benediktinerklöster, und ein Großteil der bedeutenderen Äbte verhielt sich Wilhelm gegenüber von Anfang an feindlich. Ælfwig von New Minster, ein Onkel Harolds, fiel bei Hastings; Leofric von Peterborough, ein Cousin Edwins und Morcars, starb an den Folgen der Verwundungen, die er im Laufe dieser Schlacht erhalten hatte. Sein Nachfolger Brand, ein Onkel Hereward »des Wachen«, schlug sich sofort nach seiner Ernennung auf die Seite Edgar Athelings.[26] Æthelsige von Saint-Augustin, Canterbury, half den Widerstand in Kent zu organisieren. Auch bei Æthelnot von Glastonbury, Godric von Winchcombe, Sithric von Tavistock und dem Nachfolger Ælfwigs in New Minster, Wulfric, hatte Wilhelm allen Grund, eine gewisse Abneigung vorauszusetzen.[27] Es war daher verständlich, daß all diese Männer sechs Jahre nach der Krönung Wilhelms ihrer Ämter enthoben worden und von jenseits des Kanals stammende Männer an ihre Stelle getreten waren.[28] Derartige Handlungen bildeten ebenfalls einen Bestandteil der allgemeinen Politik des Eroberers. Von den einundzwanzig Äbten, die im Jahre 1075 dem Londoner Konzil beiwohnten, waren nur dreizehn Engländer, von denen wiederum beim Tode Wilhelms nur mehr drei im Amt geblieben waren.[29]

Die Normannisierung der Geistlichkeit in England war eines der Hauptmerkmale der Herrschaft des Eroberers, wobei es kaum schwierig sein dürfte, seine diesbezüglichen Motive herauszuarbeiten. Die Prälaten Englands gehörten zu Recht zu den engsten Ratgebern des Königs. Die Bischöfe waren auf Grund ihres Amtes mächtige Diener des Staates; auch waren die Klöster, obgleich ihr Einfluß verschieden stark war, vielfach ungeheuer reich und besaßen zusammen ungefähr ein Sechstel des gesamten englischen Landbesitzes.[30] Darüber hinaus

sollten die Geistlichen selbst schon sehr bald zu den wichtigten Hauptpächtern des Königs gehören und in dieser Eigenschaft für einen Großteil der Feudalordnung verantwortlich sein. Wie bereits erwähnt,
hatte Wilhelm schon vor 1066 viele, wenn nicht sogar alle normannischen Klöster zu Ritterdiensten verpflichtet, nun erlegte er im Jahre
1070 oder kurz darauf den Bistümern und meisten Abteien Englands
dieselben Lehnspflichten auf, wobei er dieselben Methoden anwandte
wie vordem bei seinen weltlichen Feudalherren. Natürlich waren die
zu leistenden Anteile unterschiedlich. Beispielsweise mußten die Bistümer Canterbury und Winchester sowie die Abteien Glastonbury
und Peterborough jeweils sechzig Ritter stellen, während das Bistum
Chichester nur zwei und die reiche Abtei Ramsey lediglich vier Ritter
stellen mußte. Außerdem sollten sich diese Bestimmungen als endgültig erweisen, das heißt, daß sie später im allgemeinen nicht abgeändert
wurden. Es ist jedoch noch bemerkenswerter, daß die nach der Herrschaft des Eroberers gegründeten Abteien anscheinend überhaupt keiner derartigen Verpflichtung unterworfen waren.[31]
Offenbar war also Wilhelm selbst für die der Kirche auferlegten Lehnspflichten verantwortlich, eine Last, die sich in ihrer Gesamtheit als
sehr drückend erweisen sollte. Dem Beispiel vieler weltlicher Herren
folgend, kam man diesen Verpflichtungen durch eine Stellung besoldeter Ritter nach; doch setzte sehr schnell eine Unterbelehnung ein, die
weitreichende Folgen nach sich zog. Durch sie wurden Bischöfe und
Äbte stärker denn je in weltliche Angelegenheiten verwickelt, was so
weit ging, daß im Falle der Abteien gewöhnlich zwischen dem Landbesitz des Abtes und dem des Klosters unterschieden wurde, und sich
der Abt als mächtiger Feudalherr dadurch dem Leben seiner Mönche
entfremdete.[32] Die eigentlichen Folgen dieser Entwicklung sollten aber
erst nach dem Tode des Eroberers zutagetreten, doch muß seine Einrichtung, nämlich eine Pacht nur auf Grund von Kriegsdiensten erwerben zu können und dieses System den Bistümern und Abteien auf-
zuzwingen, als eines der wichtigsten, ja vielleicht sogar gefährlichsten
Ergebnisse der englischen Kirchenpolitik Wilhelms betrachtet werden.
Für Wilhelm war es unter diesen Umständen natürlich vollkommen
unmöglich, in den hohen Kirchenämtern Männer beizubehalten, die
dem von ihm verdrängten Regime gedient hatten oder ihm persönlich
feindlich gesinnt waren. Es war daher nur allzu natürlich, daß er sich
hinsichtlich ihrer Nachfolger an die Provinz wandte, aus der er selber
kam. Doch wäre die Schlußfolgerung falsch, daß der Eroberer in diesem Falle allein von Motiven politischer Zweckmäßigkeit bestimmt

wurde. Wilhelms Glaube, daß eine Überführung normannischer Elemente, vor allem aber der geistlichen Strömungen normannischer Klöster für die englische Kirche von Vorteil sein würde, macht jedoch seine Handlungsweise bis zu einem gewissen Grade entschuldbar. Erwiesenermaßen holte er in dieser Hinsicht von hochangesehenen Prälaten wie Abt Hugo von Cluny und Abt John von Fécamp Rat ein.[33] Auch handelte er in dieser Angelegenheit nicht ohne ein gewisses Unterscheidungsvermögen. Zu Beginn seiner Herrschaft waren die bemerkenswertesten Inhaber englischer Bistümer der Lothringer Giso von Wells, der in Lothringen erzogene Leofric von Exeter und die bedeutenderen Prälaten englischer Herkunft wie Erzbischof Aldred von York und Bischof Wulfstan von Worcester. Sie alle hatten ihr Amt bis zu ihrem Tode inne, und es waren insbesonders die Engländer, die in hohem Maße die Gunst des Eroberers erfuhren. Es wäre außerdem durchaus nicht einfach, die von ihm erfolgten Ernennungen von Normannen zu Bischöfen englischer Bistümer streng zu kritisieren. Die Ernennung Remigius' von Fécamp zum Bischof von Lincoln geschah als Gegenleistung für dessen politische Dienste; außerdem sollte Wilhelm den früheren englischen Brauch beibehalten, daß Geistliche des königlichen »scriptorium« [34] mit Bistümern belohnt wurden. Dazu kommt noch, daß Remigius dem Bistum Lincoln hervorragende Dienste leistete, und daß unter den Beamten des Hofstaates allein Herfast als ein übel beleumundeter Bischof galt. Alle anderen vom Eroberer in England eingesetzten Bischöfe waren fleißige Männer, gute Verwalter und oft hervorragende Baumeister: viele von ihnen hinterließen einen sehr guten Ruf. Oswald von Salisbury, der später heiliggesprochen werden sollte, sowie Gundulf von Rochester und Walcher von Durham lebten wegen ihrer persönlichen Heiligkeit in der Erinnerung fort, indessen Robert von Hereford durch seine Gelehrsamkeit berühmt war. Sie alle drückten den von ihnen beherrschten Bistümern für immer ihren Stempel auf.

Ähnliche Schlußfolgerungen lassen sich hinsichtlich der klösterlichen Ernennungen des Eroberers ziehen. Mit Ausnahme Abt Æthelwigs von Evesham, der von Wilhelm geehrt und bis zu seinem Tode im Jahre 1077 in seinem Amt blieb [35], zeichneten sich die englischen Äbte zu Beginn der Herrschaft Wilhelms in ihrer Gesamtheit nicht aus [36], einige waren sogar, wie beispielsweise Sithric von Tavistock, übel beleumdet [37], so daß die Tatsache, daß sie von Mönchen aus den reformierten normannischen Klöstern ersetzt wurden, sowohl aus kirchlichen als auch aus politischen Gründen verteidigt werden kann. Natürlich wurden auch hier einige schwere Fehler begangen. Beispielsweise war

Turold von Fécamp, der zuerst Abt von Malmesbury, dann von Peterborough war, viel mehr Krieger als Mönch und durchaus kein Freund der Klöster, deren Vorsteher er war; Thurstan von Caen, der zum Abt von Glastonbury ernannt wurde, behandelte seine Mönche mit derart grausamer Härte, daß er einen Skandal verursachte.[38] Hierbei handelte es sich jedoch um Ausnahmefälle, und der größte Teil der Äbte Wilhelms kam in England der Erfüllung seiner Pflichten hervorragend nach. Der zukünftige Ruhm Saint-Albans rührte aus der Zeit Abt Pauls aus Caen her, einem Neffen Lanfrancs. Simon aus Saint-Ouen, der zum Abt von Ely ernannt wurde, gewann durch seine Verwaltung ihrer Angelegenheiten während der schweren Zeit die Bewunderung seiner Mönche. Serlo, der von Le Mont-Saint-Michel nach Gloucester ging, baute dort nicht nur die Klosterkirche wieder auf, sondern führte darüber hinaus in der Abtei einen neuen Geist der Frömmigkeit ein. Doch tat sich zu jener Zeit vielleicht keine Abtei mehr hervor als das von Edward dem Bekenner gegründete Westminster; von Vitalis, der im Jahre 1075 von Bernay nach Westminster berufen wurde, ist nur Gutes bekannt, doch muß sein Nachfolger Gilbert Crispin, der Angehörige eines mächtigen normannischen Geschlechts, der im Jahre 1085 aus Le Bec kam, in jeder Hinsicht als einer der hervorragendsten Äbte dieses Zeitalters beurteilt werden.[39]

Diese normannischen Äbte brachten England »eine neue Disziplin und eine neue, zumindest aber neu belebte Observanz«[40]; das Wesen ihres Einflusses läßt sich aus den »Statuten« ersehen, die Lanfranc zur Führung seiner Mönche der Christuskirche von Canterbury aufgestellt hatte.[41] In diesen »consuetudines« faßte der Mönch-Erzbischof alles zusammen, was ihm an der reformierten normannischen und an der Kirche des Festlandes als das Wertvollste erschien und paßte es den besonderen Bedürfnissen Englands an. Die »consuetudines« Lanfrancs wurden nie als Ordensregel oder dergleichen auferlegt, doch beeinflußten sie in England in höchstem Maße die Tätigkeit der normannischen Äbte. In diesem Falle wirkte sich also der normannische Einfluß eher auf das allgemeine Wesen des damaligen englischen Klosterlebens als auf eine Vervielfältigung der Klöster aus.[42] Zwar gründete Wilhelm zur Erinnerung an seinen Sieg die Abtei Battle, deren Mönche er aus Marmoutier kommen ließ; auch errichtete Wilhelm von Warenne zwischen 1078 und 1080 in Lewes das erste Kloster cluny'scher Prägung in diesem Lande.[43] Doch fanden abgesehen davon zu jener Zeit in England nur wenige bedeutende Neugründungen statt. Andererseits besteht kaum ein Grund, die allgemeine Ansicht damaliger Zeitgenossen anzuzweifeln, daß sich während dieser Jahre der Pulsschlag des englischen Klosterlebens belebte. Diese Ansicht wird durch die Tatsache unterstützt, daß im Laufe der Herrschaft des Eroberers im Norden eine bemerkenswerte klösterliche Erneuerung stattfand. Dies war in erster Linie Reinfrid, einem normannischen Ritter, der in Evesham Mönch geworden war, und dem englischen Mönch Eadwine aus Winchcombe zu verdanken. Sie siedelten sich mit einigen Gefolgsleuten bei der zerstörten Kirche Bede's in Jarrow an, und im Jahre 1083 wurde ihre Gemeinschaft, die jetzt dreiundzwanzig Personen zählte, nach verschiedenen Erfahrungen von Bischof Wilhelm von Saint-Calais nach Durham versetzt, um dort die Obhut über seine Domkirche zu übernehmen.[44]

Kaum weniger eindrucksvoll war der normannische Einfluß auf die englischen Bistümer. Sein bedeutendstes Merkmal war die Verlegung der englischen Bischofssitze in die Städte, in denen sie jahrhundertelang bleiben sollten. Bereits im Jahre 1050 hatte Leofric seinen Bischofssitz von Crediton nach Exeter verlegt; auch gestattete das Londoner Konzil im Jahre 1075 die Verlegung der Bistümer Lichfield, Selsey und Sherborne nach Chester, Chichester und Salisbury.[45] Einige Jahre zuvor hatte Herfast das Bistum Elham nach Thetford verlegt, von wo aus es bald nach Norwich versetzt werden sollte; Remigius aber verlegte seinen Bischofssitz von Dorchester nach Lincoln.[46] Kaum weniger bedeutend war die Neugestaltung der Domverfassung von England. Hier stieß Lanfranc auf zwei Haupttypen der Organisation. Einerseits wurden vier englische Dome — Canterbury, Winchester, Worcester und Sherborne — auf Grund einer fast einmaligen Einrichtung von Mönchen verwaltet.[47] Andererseits wurde in verschiedenen anderen Kathedralen, in die Mönche im eigentlichen Sinne noch nicht eingeführt worden waren, der Versuch gemacht, die Domherren zu einem Gemeinschaftsleben zu zwingen, das nicht nur das Zölibat, sondern auch gemeinsame Dormitorien und Refektorien einbeschloß. Inwieweit dieser Plan verwirklicht wurde, ist nicht klar ersichtlich; doch hatten ihn verschiedene englische Dome schon um 1066 teilweise übernommen.[48]

Obwohl sich diese Praktiken von allem unterschieden, was er in der Normandie kennengelernt hatte, hegte Lanfranc für deren erste doch große Neigungen. Da er selbst Mönch war, billigte er die Ernennung von Mönchen zu englischen Bischöfen; auch sollte nun die Anzahl der von Mönchen verwalteten Dome in England wachsen. Zu seiner Zeit erhielten Norwich unter Herfast, Rochester unter Gundulf und Durham unter Wilhelm klösterliche Verfassungen.[49] Im Gegensatz dazu befreite sich das Bistum Sherborne nach seiner Verlegung nach Salisbury von seiner klösterlichen Verfassung, indessen Winchester nach einem kurzen Streit klösterlich blieb. Somit standen gegen Ende der Herrschaft Wilhelms in England sechs Dome unter der Verwaltung von Mönchen.[50] Hinsichtlich der weltlich verwalteten Dome war die Entwicklung genauso erstaunlich. Die Art und Weise, mit der in der Normandie vor der Eroberung die Domkapitel und die ihnen zugehörigen Domherren eingesetzt wurden, ist bereits ausführlich behandelt worden.[51] Nun sollte dieselbe Form der Organisation in England eingeführt werden, und sie ersetzte im Falle der weltlich verwalteten Kirchen alle bereits vor diesem Zeitpunkt geschaffenen Kommunaleinrichtungen. Somit geschah es, daß einige Zeit später neun englische Kathedralen unter der weltlichen Verwaltung von Kapiteln und Domherren standen, die denen der Normandie vor der Eroberung vergleichbar waren. Es handelte sich dabei um Salisbury, London, Lincoln, York, Exeter, Hereford, Lichfield, Chichester und Wells; sie sollten später als die Kathedralen der »Old Foundation« bekannt werden.[52] Das Entstehen dieser Einrichtung ist etwas unklar. Es wurde geglaubt, daß die für die englischen Säkularkirchen charakteristische Verfassung, die auf vier bedeutenden Prälaten, nämlich dem Domdechanten, dem Kantor oder Praezentor, dem Kanzler und dem Schatzmeister fußte, von Bayeux aus, wo Erzbischof Thomas I. von York Domherr gewesen war [53], nach England gelangte. Es mutet jedoch unwahrscheinan, daß Bayeux oder Rouen im 11. Jahrhundert imstande waren, das genaue Muster für diese Verfassung zu liefern.[54] Dennoch waren die grundlegenden Richtlinien der Verfassung der englischen Säkularkirche im Mittelalter auf Wandlungen zurückzuführen, die durch die normannische Eroberung entstanden waren. Zwar stammt das früheste eindeutige Zeugnismaterial erst aus den Jahren 1090—1091, einem Zeitpunkt, zu dem Osmund von Salisbury, Remigius von Lincoln und Thomas von York ihre Domkapitel neu bildeten; doch waren all diese Prälaten von Wilhelm ernannt worden und hatten infolgedessen ihre diesbezüglichen Allgemeinvorstellungen vermutlich aus dem Herzogtum gewonnen, aus dem sie kamen. Jedenfalls waren die Folgen der Herrschaft Wilhelm des Eroberers die, daß die Organisation der weltlich und klösterlich verwalteten Bistümer Englands eine Generation nach dem Tode Wilhelms die Form annahm, die sie bis zur Reformation beibehalten sollte.

Somit hatte sich die Stellung des Bischofs innerhalb der englischen Staatsordnung unter dem Eroberer in entscheidendem Maße verändert. Er war der Kontrolle seines Erzbischofs direkt unterstellt und als mächtiger Feudalherr in den militärischen Aufbau des Landes einbeschlossen worden. Gleichzeitig hatte die Neuverteilung der Bistümer und die Reorganisation der Kapitel einen großen Spielraum für seine eigene Verwaltung geschaffen. Ein Kennzeichen dessen war beispielsweise das zu diesem Zeitpunkt in England, wie schon vordem in der Normandie vor der Eroberung einsetzende Auftreten des Archidiakon als anerkannter Mittelsmann des Bischofs in allen rechtlichen und disziplinaren Angelegenheiten. Sechs Jahre nach der Schlacht von Hastings befahl ein in Winchester abgehaltenes Konzil sämtlichen Bischöfen, Archidiakone zu ernennen [55], ein Befehl, der angesichts der früheren normannischen Entwicklung bezeichnend ist. Er kennzeichnete eine Umwälzung. Zwar waren unter der Herrschaft Edward des Bekenners Archidiakone nicht unbekannt [56], doch existieren nur wenig Hinweise auf dieses Amt. Erst nach der Eroberung wurden sie in England wie zuvor in der Normandie zu einem normalen Bestandteil der administrativen Kirchenhierarchie. Diese Tatsache kann als eine weitere Veranschaulichung der Einführung normannischer Einrichtungen in England gelten. Durch diese Tendenz entstanden natürlich noch andere Umwälzungen, die die Kirchenjustiz betrafen. Der berühmte im Jahre 1072 oder kurz danach entstandene Erlaß Wilhelms, nach dem die Kirchenprozesse den Gerichtshöfen der Hundertschaften entzogen wurden, war erwiesenermaßen aus seiner Überzeugung entstanden, daß nämlich die in die Zuständigkeit der Bischöfe fallende Rechtsprechung vordem in England nicht richtig gehandhabt worden war.[57] Von da an sollten Kirchenprozesse nicht mehr vor den Bezirksgerichten der Hundertschaften, sondern vor den Gerichtshöfen der Bischöfe selbst und deren Archidiakonen stattfinden. Die daraus sich ergebenden Umstände sind durchaus jenen vergleichbar, die man hinsichtlich der bischöflichen Gerichtsbarkeit in den kanonischen Satzungen des Konzils von Lillebonne (1080) ins Auge gefaßt hatte.[58] Tatsächlich kann die Ausweitung des normannischen Einflusses auf die Kirche der gesamten Herrschaftsgebiete Wilhelms sowie die Art ihrer Auswirkungen auf England am besten durch die Kirchenkonzile veranschaulicht werden, die in der Normandie und in England zu jener Zeit abgehalten wurden. Jedoch wird eine gültige Geschichte der Konzile jener Zeit erst dann geschrieben werden können, wenn die zur Zeit laufenden Untersuchungen des diesbezüglichen Urkundenmaterials abgeschlossen sind. Vor allem bedürfen einige der Daten, die allgemein diesen Konzilen zugeschrieben werden, einer gründlichen Revision. In der Zwischenzeit lassen sich jedoch vielleicht anhand eines Vergleichs zwischen dem von Bessin [59] für die Normandie und von Wilkins [60] für England gedruckten historischen Materials einige interessante Schlußfolgerungen ziehen. Es ist möglich, daß im England des Bekenners Konzile abgehalten wurden, doch existieren keine Beweise für eine derartige Tätigkeit. Außerdem war zu jener Zeit der Machteinfluß des Erzbischofs von Canterbury außerordentlich gering. Hingegen existiert reichliches Beweismaterial darüber, daß zwischen 1040 und 1080 in der Normandie regelmäßig Konzile abgehalten wurden. Nach 1066 wurden auch in England Provinzialkonzile zu einem üblichen Merkmal des englischen Kirchenlebens. Dieser Punkt ist so wesentlich, daß er einer kurzen Erläuterung bedarf. Konzile wurden im Jahre 1046 in Rouen, im Jahre 1047 in Caen, im Jahre 1054 oder 1055 in Lisieux, im Jahre 1063 nocheinmal in Rouen und im Jahre 1064 erneut in Lisieux abgehalten — dies geschah zu einer Zeit, als von England nichts berichtet werden konnte, was dieser Aktivität vergleichbar wäre.[61] Nach 1066 wurden die normannischen Kirchenkonzile ebenso regelmäßig fortgesetzt; beispielsweise fanden zwischen 1069 und 1070, dann im Jahre 1072 und anscheinend auch im Jahre 1074 in Rouen Konzile statt; in Lillebonne wurde im Jahre 1080 ein Konzil abgehalten.[62] Doch spiegelte sich zu dieser Zeit die normannische Tätigkeit bereits in England wider. In den Jahren 1070 und 1072 traten in Winchester Konzile zusammen, desgleichen im Jahre 1075 in London und im Jahre 1076 erneut in Winchester. Obgleich keine diesbezüglichen Berichte existieren, ist doch erwiesen, daß Lanfranc vor Ende der Herrschaft Wilhelms zumindest drei weitere Konzile abhielt, und zwar zwischen 1077 und 1078 in London, zwischen 1080 und 1081, sowie im Jahre 1085 jeweils in Gloucester.[63] Wenn man alles noch nicht entdeckte oder aber erst neuerdings wahrgenommene Beweismaterial in Rechnung zieht, kann man sich der Schlußfolgerung unmöglich entziehen, daß in England nach 1066 unter normannischem Einfluß eine bemerkenswerte Erneuerung der Konziltätigkeit einsetzte.

Diese Schlußfolgerung gewinnt weitere Bedeutung angesichts der Probleme, die auf diesen Konzilen zur Sprache kamen. Hier muß, nachdrücklicher als es normalerweise geschieht, betont werden, daß in dieser Hinsicht in der Provinz Rouen im Jahre 1066 kein Bruch entstand. Es ist sicherlich wichtig, daß Erzbischof Mauger, ein wegen seines weltlichen Lebenswandels allgemein verdammter Prälat, in Rouen ein reformbestrebtes Konzil einberief, und dies zumindest sieben Jahre bevor Leo IX. auf dem Konzil von Reims sein eigenes Reformprogramm verkündete. Dieselbe die Kirchenreform betreffende Haupttätigkeit wurde in der Normandie ununterbrochen weitergeführt. Die im Jahre 1072 auf dem Konzil von Rouen erlassenen kanonischen Bestimmungen beziehen sich ausdrücklich auf die Verordnungen des im

Jahre 1064 in Lisieux abgehaltenen Konzils; das Konzil von Lisieux im Jahre 1080 bezog sich ausdrücklich auf Verhältnisse, die zur Zeit Herzog Wilhelms geschaffen worden waren.[64]

In dieser Hinsicht war die enge Beziehung zwischen den Erlassen der englischen und normannischen Konzile während der Herrschaft Wilhelms als König ebenso bezeichnend. Zwischen 1066 und 1087 standen die englische und die normannische Kirche hinsichtlich der Reformen den gleichen Problemen gegenüber wie das übrige Westeuropa; auch wandten sie zu ihrer Lösung dieselben Maßnahmen an. Unter den Mißbräuchen, die beseitigt werden mußten, stand die Simonie, das heißt die Verschacherung von Kirchenämtern, an erster Stelle. In diesem Falle läßt sich zwischen der Normandie und England eine erwähnenswerte Parallele herstellen. In der Normandie wurde die Simonie bereits zur Zeit des Erzbischofs Mauger angegriffen, und nun wurden zwischen 1072 und 1074 in Rouen, sowie im Jahre 1075 in London unbarmherzige Gesetze gegen sie erlassen.[65] Dieselbe einheitliche Zielsetzung offenbarte sich bei der brennenden Frage des kirchlichen Zölibats, eine Frage, die die Aufmerksamkeit der Reformpartei sehr stark beanspruchte und sowohl in England als auch in der Normandie auf starken Widerstand stieß.[66] Das allgemein dem Jahre 1072 zugeschriebene Konzil von Rouen wiederholte und verschärfte die Zölibatsgesetze, die im Jahre 1064 auf dem Konzil von Lisieux erlassen worden waren.[67] Im Jahre 1076 traf das Konzil von Winchester wichtige Anordnungen hinsichtlich dieser Frage in England.[68] Dort wurden offenbar früheren Bräuchen gegenüber gewisse Zugeständnisse gemacht. Diese Anordnung sollte sowohl bei den Domherren als auch beim höheren Klerus streng durchgeführt werden, und es wurde befohlen, daß künftig kein Priester ohne das Gelöbnis des Zölibats ernannt werden sollte. Jedoch wurden bereits verheiratete Gemeindepriester nicht dazu gezwungen, ihre Frauen zu verstoßen. Zweifellos lag in diesem Falle ein Kompromißversuch vor, doch blieb der eigentliche Geist dieser Erlasse in England und der Normandie trotzdem derselbe. Der Versuch einer strikten Durchführung dieser Regel wurde bisweilen sogar in England gemacht. Die starre Alternative, vor die Bischof Wulfstan den verheirateten Klerus der Diözese Worcester stellte, nämlich zwischen ihrer Kirche und ihren Frauen zu wählen, entspricht genau der dreizehnten kanonischen Vorschrift des im Jahre 1072 in Rouen abgehaltenen Konzils.[69]

Auch erfordert das weite Wirkungsfeld der kirchlichen Gesetzgebung beiderseits des Kanals im Laufe der Herrschaft Wilhelms notwendig einen Kommentar. Wie bereits erwähnt, wurde die richterliche Gewalt der Bischöfe im Jahre 1076 in Winchester und im Jahre 1080 in Lillebonne in vielen ähnlichen Punkten revidiert. Hingegen befaßte sich die Gesetzgebung der Konzile während der mittleren Jahre der Herrschaft vor allem mit den unteren Stufen der Hierarchie und sogar mit dem Laienstand. Die zwischen 1072 und 1074 in Rouen öffentlich angeklagten Simoniepraktiken bezogen sich nicht auf die Bistümer, sondern auf die Archidiakonate und die Pfarrkirchen; auch befaßte sich ungefähr die Hälfte der während dieser Jahre abgehaltenen Konzile in erster Linie mit den Pfarrgeistlichen.[70] Gleichermaßen stellte das Konzil von Winchester im Jahre 1076, das sich mit dem Konkubinat der Gemeindepriester befaßte, wiederum einen Teil jener Politik dar, die danach strebte, die Organisation der Pfarrbezirke der englischen Kirche zu straffen. Daß der Gemeindepriester vor seinem Herrn, dessen Rechte an den Einkünften der Kirche des Rittergutes anerkannt waren, geschützt werden mußte, war in einer Zeit unbedingt notwendig, in der eine neue weltliche Aristokratie in diesem Lande die Macht ergriff; es war in dieser Umbruchzeit aber ebenso notwendig, den Gemeindepriester gegen jene zu schützen, die vielleicht in seinen geistlichen Aufgabenbereich eindringen wollten.[71] Doch müssen diese gesetzlichen Verfügungen vor einem weitläufigeren Hintergrund betrachtet werden. In vielen Teilen Englands wurden weite Gebiete von Priestergemeinschaften verwaltet, die den alten Domkirchen angeschlossen waren. Doch wurde im Laufe dieser Jahre ein weiterer Fortschritt gemacht, dieses System durch Sprengel zu ersetzen, die jeweils einem einzigen Priester unterstanden, mit den Einkünften einer einzigen Kirche unterhalten wurden und gewöhnlich mit den Ortschaften identisch waren, deren kirchliche Ergänzung sie darstellten.[72] Infolgedessen wurde die Herrschaft Wilhelm des Eroberers Zeuge eines wichtigen Stadiums in der Entwicklung des englischen Sprengels.

Die wechselseitigen Verbindungen zwischen den kirchlichen Angelegenheiten Englands und der Normandie, die während dieser Jahre die Kirchenreform betrafen, lassen sich zum Teil auf die berühmten Reformerlasse zurückführen, die zu dieser Zeit von Rom ausgingen und die sich, vor allem nach 1073, in der kirchlichen Gesetzgebung beiderseits des Kanals widerspiegelten. Doch wurde diese ununterbrochene Tätigkeit, die sich Jahr für Jahr entweder in der Normandie oder in England auswirkte, natürlich auch durch die gemeinsamen Belange einer Kirche ausgelöst, die sich nun unter einer einzigen weltlichen Herrschaft befand und von einer vorwiegend normannischen Hierarchie verwaltet wurde. Abgesehen von ihrer gemeinsamen Billigung derselben Doktrinen und der päpstlichen Führung war zu dieser Zeit das wichtigste Bindeglied zwischen der normannischen und der englischen Kirche Wilhelm selbst. Jeder Einblick in die damaligen Konzile weist darauf hin, in welch unmittelbarer und enger Beziehung der Eroberer zu ihrer Tätigkeit stand. Er wohnte ihren Zusammenkünften bei, gleichgültig, ob sie in England oder in der Normandie abgehalten wurden. So spielte er im Jahre 1072 auf dem Konzil von Winchester eine große Rolle. Im Jahre 1072 führte er — wiederum in Winchester — den Vorsitz über eine Versammlung, die den Streit zwischen Lanfranc und Thomas beilegte.[73] Auch wird von dem auf das Jahr 1074 verlegten Konzil von Rouen ausdrücklich behauptet, daß es unter seinem Vorsitz zusammentrat; bei dem Konzil von Winchester im Jahre 1076 war er ebenfalls anwesend.[74] Vielleicht entfaltete sich jedoch sein Interesse an den Angelegenheiten der Kirche seines Doppelreiches im Jahre 1080 am erstaunlichsten: zu Pfingsten dieses Jahres führte er den Vorsitz über das große Konzil von Lillebonne. Sieben Monate später trat das Konzil von Gloucester in Verbindung mit der Weihnachtssitzung seines Hofes zusammen. Im Jahre 1085 wurde schließlich das Konzil von Gloucester in Verbindung mit der Sitzung jenes königlichen Hofes abgehalten, der das Domesday Book plante.[75] Wilhelms persönliche Leitung der normannischen und englischen Konzile jener Zeit ist in jeder Hinsicht erstaunlich. Er allein war bei den beiderseits des Kanals abgehaltenen Zusammenkünften zugegen. Lanfranc selbst wohnte nach seiner Ernennung zum Erzbischof keinem normannischen Provinzialkonzil mehr bei; auch existiert kein Beweismaterial dafür, daß sich ein Erzbischof von Rouen während der Herrschaft des Eroberers je in der Normandie aufhielt. Odo von Bayeux und Geoffrey von Coutances, die viel mit der weltlichen Verwaltung des Königs zu tun hatten, begleiteten ihn häufig auf seinen Reisen zwischen England und der Normandie, doch ist nichts bekannt, was darauf schließen ließe, daß ein anderer normannischer Bischof zwischen 1070 und 1087 [76] in England eine königliche Urkunde bezeugte, auch wohnte während dieser Jahre kein englischer Bischof einem normannischen Konzil bei. Die beiden vorwiegend normannischen Hierarchien blieben, was Konzile anbelangte, durchaus getrennt. Als Bischof Geoffrey von Coutances im Jahre 1075 dem Konzil von London beiwohnte, wurde er ausdrücklich als »ausländischer Bischof« bezeichnet; vermutlich war seine Anwesenheit bei dieser Zusammenkunft der Tatsache zuzuschreiben, daß er der anerkannte Mittelsmann des Königs und damit beauftragt war, jede bei dieser Gelegenheit vereinbarte Landübertragung zu überwachen.[77]

Es war der König — und nur der König —, der sowohl in der Normandie als auch in England an dieser Reihenfolge von Kirchenkonzilen teilnahm, auf denen das Reformprogramm in kanonischen Bestimmungen erlassen wurde, die demselben Geist entstammten und oft sogar im gleichen Wortlaut abgefaßt waren. Tatsächlich war Wilhelm bei der Förderung und Durchführung dieser Reformen innerhalb der Kirche seines Doppelreiches ein aktiver und ständig koordinierender Mittler. Er nahm die Verantwortung für das Wohlergehen der Kirche seines gesamten Reiches auf sich und forderte bei der Führung ihrer Angelegenheiten die volle Anerkennung seiner königlichen Autorität.

Der von Wilhelm sowohl in England als auch in der Normandie geübte Einfluß war durchdringend. Im Herzogtum entsprang er früheren Verhältnissen, die die Eroberung — wenn überhaupt, so nur im Interesse Wilhelms verändert hatte. Im Königreich stützte sich dieser Einfluß nicht nur auf das frühere Beispiel der Normandie, sondern ebenso darauf, daß Wilhelm als der rechtmäßige Nachfolger des Bekenners zum König geweiht worden war. Ab dem Jahre 1070 waren ihm die Geistlichen beiderseits des Kanals als Feudalherren unterworfen, und kein Bischof oder bedeutender Abt wurde während seiner Herrschaft ohne seinen Befehl, zumindest aber ohne seine Zustimmung ernannt. Als die richterliche Gewalt der Bischöfe wie beispielsweise im Jahre 1076 in Winchester, oder im Jahre 1080 in Lillebonne verstärkt wurde, geschah dies unter der Voraussetzung, daß sie kraft der königlichen »concession« [78] oder Erlaubnis ausgeübt werden durfte. Es war der König, der zu einem Eingriff berechtigt war, falls sich die bischöfliche Rechtsprechung als nachlässig oder wirkungslos erweisen sollte, und es war wiederum der König, der das Recht besaß — und es auch ausübte — an seinem eigenen Hofgericht in Streitfällen zwischen Prälaten oder zwischen Prälaten und Laien eine Entscheidung zu fällen.[79] Als im Jahre 1073 zwischen Erzbischof John von Rouen und Abt Nicholas von Saint-Ouen ein Rechtsstreit ausbrach, wurden beide Prälaten vor den königlichen Hof befohlen. Die daraus entstehenden Unruhen in der Stadt wurden vom Vicomte unterdrückt.[80] Gleichermaßen wurde im Jahre 1079 vor dem königlichen Hofgericht unter Vorsitz von Wilhelm und Matilda in erster Instanz ein Rechtsstreit zwischen Bischof Robert von Sées und den Domherren von Bellême entschieden. Einige Jahre später wurde der Prozeß zwischen Abt Wilhelm von Fécamp und Wilhelm von Briouze, bei dem es um Ländereien in Sussex ging, bei einer Versammlung des königlichen Hofes in Laycok ausgetragen.[81]

Die beherrschende Stellung, die Wilhelm innerhalb der Kirche seines

Doppelreiches einnahm, sowie das Ausmaß, mit dem er sie zur Durchführung der Reformen einsetzte, tragen beide wesentlich zu einer Erläuterung seiner zwischen 1066 und 1087 bestehenden Beziehungen zum Papsttum bei. Diese Beziehungen entsprangen natürlich aus der früheren normannischen Politik und deren späterer Anwendung auf England. In der Auffassung, daß das Papsttum der anerkannte Führer der gesamten westlichen Christenheit sei, unterschied sich Wilhelm durchaus nicht von seinen Zeitgenossen. Außerdem hatte die wechselseitige Abhängigkeit der päpstlichen und normannischen Politik, die in weltlichen Angelegenheiten bereits zustande gekommen war, eine Situation geschaffen, der sich keine der beiden Parteien entziehen konnte. Seit 1054 verließ sich das Papsttum hinsichtlich seiner Beziehungen zum byzantinischen Kaiserreich auf die Unterstützung der Normannen, die ihrerseits als erklärte Streiter im Heiligen Kriege große Vorteile gewonnen hatten. Selbst der englische Feldzug war diesem Muster angepaßt worden, worauf der normannische Herzog in den Besitz eines Königreiches gelangte, das schon vordem zum Papsttum in enger Beziehung gestanden hatte und zusammen mit Polen und den skandinavischen Ländern jährlich den »Peterspfennig« entrichtete.[82] Es überrascht daher wohl kaum, daß sich zwischen dem nun König gewordenen normannischen Herzog und dem Papsttum unmittelbar nach der Eroberung ein enges Einverständnis ergab. Der neue, durch die Königsweihe erlangte Rang Wilhelms wurde insbesondere von den päpstlichen Gesandten verkündet. Im Jahre 1067 erteilte Alexander seine Zustimmung zur Beförderung Johns von Avranches zum Erzbischof von Rouen, und im Jahre 1070 fand nicht allein die Absetzung Stigands in vollständiger Übereinstimmung mit dem Papst statt — auch Lanfranc wurde mit dessen Unterstützung von Caen nach Canterbury versetzt. Als der neue Erzbischof gegen Ende des Jahres 1071 nach Rom reiste, um dort sein »pallium« in Empfang zu nehmen, wurde er mit außergewöhnlichen Ehren empfangen.[83]

Diese zugrunde liegende Eintracht, die aus der früheren normannischen Politik entstanden und in den Umständen der Eroberung einbegriffen war, verdient einigen Nachdruck, da sie fortbestehen und während der Herrschaft des Eroberers nie unterbrochen werden sollte, obwohl ihr später noch eine Zerreißprobe bevorstand. Der entscheidende Berührungspunkt lag in den Reformen; daher war der Anspruch des neuen normannischen Königs bis zu einem gewissen Grade durchaus berechtigt, daß nämlich er nach 1066 der geeignete Mittler zur Förderung jener Reformen war, die er vorher bereits in der Normandie unterstützt hatte und die das Papsttum nun unablässig im gesamten christlichen Abendland durchzusetzen versuchte. Jedoch bestanden im Laufe der Zeit die Päpste — und vor allem Gregor VII. — immer hartnäckiger darauf, daß diese Reformen nur dann wirksam seien, wenn die Kirche hinsichtlich der geistlichen Ernennungen von jeglicher weltlichen Kontrolle befreit wäre und die Hierarchie in allen kirchlichen und in vielen weltlichen Angelegenheiten unmittelbar dem Papsttum unterstünde. Die grundlegenden Vorzüge dieser Politik bedürfen keiner Erläuterung. Jedoch muß dazu bemerkt werden, daß sie im dritten Viertel des 11. Jahrhunderts innerhalb der bestehenden Bräuche eine Neuerung darstellte. Zwischen 1066 und 1087 beanspruchte Wilhelm keinerlei kirchliche Vorrechte, die er nicht schon zuvor in der Normandie zugunsten der Kirche ausgeübt hatte; auch in England bestand er lediglich auf Rechten, die schon Heinrich III. als Kaiser oder Edward der Bekenner behauptet hatten. Sicherlich bestand in diesem Falle Grund zu Kontroversen, doch sollten die Folgen derartiger Streitfälle klar ins Auge gefaßt werden. Vor 1089 betrafen die Meinungsverschiedenheiten zwischen dem normannischen König und dem Papst zum größten Teil die Mittel, mit denen man das bei beiden Parteien in allen wesentlichen Punkten übereinstimmende Reformprogramm durchsetzen konnte.

So sollten sich die latenten Spannungen erst nach und nach offenbaren. Als Gregor im Jahre 1073 den päpstlichen Stuhl übernahm, wurden die Richtlinien der päpstlichen Politik genauer festgelegt; auch wurde bald offenbar, daß Rom das Primat Canterburys nicht anerkennen würde. Die daraus entstehenden Folgen sollten im Zusammenhang mit den kommenden politischen Ereignissen betrachtet werden. Über Canossa gelangte Gregor VII. zwischen 1076 und 1080 auf den Gipfel seiner politischen Macht. Und eben während dieser Jahre erlitt Wilhelm seine größten Niederlagen. Wenige Wochen nach der Niederlage Wilhelms vor Dol [84] entstand ein Rechtsstreit um das gleichnamige Bistum; seine unnachgiebigsten Forderungen stellte Gregor während der Monate, die auf die Niederlage des Eroberers bei Gerberoi folgten. Tatsächlich erreichten die Spannungen zwischen Papst und König zwischen 1079 und 1081 ihren Höhepunkt. Wilhelm war entschlossen, über die Kirche innerhalb seiner Herrschaftsgebiete die Verantwortung auch weiterhin zu behaupten und zu verhindern, daß seine Bischöfe einem doppelten Treueverhältnis unterworfen würden. Der Papst war ebenso entschlossen, die Zersplitterung seiner Kirche zu beseitigen und unmittelbar, bzw. durch seine Legaten, eine detaillierte Überwachung der kirchlichen Disziplin und der Ernennungen durchzuführen. Daher unternahm Gregor während der dreißig Monate, in denen er den Gipfel seiner Macht erreicht hatte, einen mehrgleisigen Angriff auf die Schutzmauern, mit denen Wilhelm die anglo-normannische Kirche umgeben hatte. Dieser Angriff verlief in drei Hauptrichtungen. Gregor versuchte, einen regelmäßigen Besuch der englischen und normannischen Prälaten in Rom zu erzwingen. Er war bestrebt, die Macht des Erzbistums Rouen zu verringern. Schließlich versuchte er, Wilhelm zu einem Lehnseid dem Papsttum gegenüber zu zwingen. Diese dreifachen Bestrebungen waren Bestandteile einer gezielten Politik, der sich Wilhelm erfolgreich zu widersetzen bemühte.

Die Forderung regelmäßiger Besuche der anglo-normannischen Prälaten in Rom wurde in einer Reihe von Briefen gestellt, die am 25. März 1079 begannen und deren Ton in wachsendem Maße schärfer wurde, bis der Papst schließlich Lanfranc selbst mit einer Amtsenthebung drohte.[85] Obwohl auf diese Briefe keine Reaktion erfolgte, wurde der Bruch zwischen König und Papst dennoch vermieden. Zwar blieb Wilhelm bei seiner Weigerung, doch handelte er mit großer Vorsicht, und der Papst schreckte — obgleich empört — doch davor zurück, seine Drohung wahrzumachen. Eine ähnliche Situation ergab sich im Zusammenhang mit der Absicht des Papstes, die richterliche Gewalt des Erzbistums Rouen zu verringern. Wie schon erwähnt, versuchte Gregor, der den merkwürdigen Anspruch erhob, die Institutionen des kaiserlichen Rom neu zu beleben, im April 1079 Erzbischof Gebuin von Lyon das Primat über die drei alten römischen Provinzen des Lyonnais — nämlich Lyon, Rouen und Sens — zu verleihen.[86] Die diesbezüglichen Beweggründe des Papstes waren verwickelt, und der Plan vermutlich ebenso unpraktisch wie ehrgeizig. Jedoch gefährdete das Zustandekommen dieses Plans die Machtstellung Wilhelms in der Normandie, da er die Struktur der normannischen Kirche bedrohte, die unter der Herrschaft des Herzogs und des Erzbistums immer fest gefügt gewesen war. Es überrascht daher wohl kaum, daß Wilhelm den Plan des Papstes sofort verwarf, wobei es ihm natürlich nicht schwer fiel, die normannischen Bischöfe von einer Zustimmung zu diesem Projekt abzuhalten. Tatsächlich sollte der Plan nie ausgeführt werden.[87]

Doch erzielte er ein unmittelbares Ergebnis. Kraft seiner Primatstellung sah sich Erzbischof Gebuin von Lyon im Jahre 1079 dazu berechtigt, Bischof Arnold von Le Mans und Abt Juhel von La Couture aus derselben Stadt auf Grund eines zwischen diesen beiden Männern ausgebrochenen Streites abzusetzen.[88] Es bestand kein Zweifel, daß die damaligen Umstände in Le Mans dieses Eingreifen rechtfertigten; auch konnte man sich ihm aus allgemeinen Gründen kaum widersetzen.

Dennoch handelte es sich um eine Herausforderung Wilhelms. Daß ein Erzbischof von Lyon mit oder ohne Zustimmung des Papstes, zumindest aber ohne seine eigene Zustimmung, einen Prälaten seines Reiches absetzte, konnte er nicht ohne weiteres hinnehmen. Außerdem wurde diese Angelegenheit auch dadurch kompliziert, daß Arnold ursprünglich gegen den Willen Anjous als normannischer Anwärter ernannt worden war und sich außerdem immer als einer der eifrigsten Anhänger Wilhelms erwiesen hatte.[89] Daher mußte diese Sache mit dem größten Takt behandelt werden. Weiterhin wurde die Lage dadurch verschärft, daß Erzbischof John von Rouen im Jahre 1078 an Paralyse erkrankte und somit unfähig war, seine Amtspflichten zu erfüllen.[90] Dies bot dem Papst einigen Anlaß zu Klagen, und so zögerte er nach dem Tode Johns am 9. September 1079, den vom König zum Erzbischof von Rouen vorgeschlagenen Wilhelm Bonne-Ame anzuerkennen.[91] Die ganze Entwicklung schien in eine Sackgasse geraten zu sein, doch fand auch diesmal kein offener Bruch statt. Zu Beginn des Jahres 1080 entsandte Wilhelm eine Gesandtschaft nach Rom, um eine Versöhnung mit dem Papst herbeizuführen, und der Papst hielt es offenbar nicht für ratsam, mit dem reformbestrebten König von England zu brechen. Auf päpstlichen Befehl wurden Bischof und Abt aus Le Mans wieder in ihre Ämter eingesetzt und Wilhelm Bonne-Ame als Erzbischof von Rouen anerkannt.[92]

Schließlich stellte — oder wiederholte — Gregor im Jahre 1080 seine berühmte Forderung, daß Wilhelm ihm auf sein Königreich England den Lehnseid leisten sollte.[93] Offenbar wurde Wilhelm diese Forderung mündlich von dem päpstlichen Legaten Hubert von Die überbracht; auch wurde sie nicht eigentlich auf Grund der geistlichen Autorität des Papstes gestellt, die, wie überall, auch in England anerkannt wurde, sondern aus anderen Gründen, die angeblich insbesondere England betrafen. Vielleicht wurde den »falschen Dekretalien« und vor allem der »Konstantinischen Schenkung«, die beide heute in Rom immer mehr Aufmerksamkeit erregen, in dieser Hinsicht besondere Bedeutung zugemessen. Noch größeres Gewicht wurde jedoch vermutlich dem Peterspfennig zugesprochen, der — wie man behauptete — eine Steuerabgabe darstellte, in Wirklichkeit aber Abhängigkeit bedeutete. Doch verband sich der Hauptgrund dieser Forderung zweifellos mit Wilhelms eigener Bitte um päpstliche Unterstützung im Jahre 1066.[94] Zu diesem letzten Punkt stellte der König fest, daß er bei diesem Anlaß dem Papst im Falle seines Sieges keineswegs den Treueid versprochen hatte, doch wurde dieser Widerruf in Rom nicht anerkannt; hier ist die Feststellung wichtig, daß der Anspruch Gregors nicht neu war, da anscheinend schon Alexander II. früher eine ähnliche Forderung gestellt hatte.[95] Jedoch brachte die Handlung Gregors diese umstrittene Frage zu einem Abschluß: die Antwort Wilhelms war deutlich, bündig und endgültig. Er erklärte sich mit dem Peterspfennig einverstanden und versprach dessen regelmäßige Entrichtung. Doch stellte er in Abrede, daß diese Bezahlung ein weltliches Abhängigkeitsverhältnis bedeute und schloß mit den Worten:

»Euer Legat ... hat mich dazu ermahnt, Euch und Euren Nachfolgern den Treueid zu leisten und mehr an das Geld zu denken, das meine Vorgänger der Kirche von Rom zu senden pflegten. Dem einen habe ich zugestimmt, dem anderen jedoch nicht. Ich habe nicht zugestimmt, einen Lehnseid zu leisten, noch will ich es jetzt tun, weil ich es nie versprochen habe und nicht wüßte, daß meine Vorgänger einen solchen Eid Euren Vorgängern jemals geleistet hätten.« [96]

Dies war eindeutig und endgültig. Auch sollten diese Probleme während der restlichen Herrschaft nie wieder auftreten. Tatsächlich war Gregor nach 1081 kaum mehr in der Lage, diese Angelegenheit wieder aufzurollen, selbst wenn er es gewollt hätte. Im Januar 1081 widerrief er die von seinen Legaten auf dem Konzil von Saintes gefällten Urteile gegen die normannischen Bischöfe, die deren Amtsenthebung hatten bewirken sollen. Danach war er zu sehr in seinen immer unglückseligeren Kampf mit dem Kaiser verwickelt, der bis zu seinem Tode andauerte; er starb im Jahre 1085 in der Verbannung.[97]

So interessant sie sind, sollten die zwischen 1079 und 1080 entstandenen Streitfragen doch nicht als typisch für die zwischen König und Papst herrschenden Beziehungen betrachtet werden: im allgemeinen waren sie durchaus aufbauend und kooperativ. In dem Verhältnis zwischen Wilhelm und Alexander II. entstand auch nach der Eroberung keinerlei Trübung, und es war Wilhelm im Jahre 1073 leicht gefallen, Gregor zu seiner päpstlichen Nachfolge sofort seine Glückwünsche zu übermitteln. Hierbei muß daran erinnert werden, daß Hildebrand im Jahre 1066 als Archidiakon zu Wilhelms Erfolg persönlich beigetragen hatte; wenn er auch geneigt war, die moralische Schuld des Königs zu übertreiben, so scheint er doch seine bei dieser Gelegenheit geleistete Hilfe niemals für unangebracht gehalten zu haben. Sein erster Brief, den er als Papst im Jahre 1074 an Wilhelm schrieb, war herzlich gehalten und sogar noch im Jahre 1080, auf dem Höhepunkt ihrer Meinungsverschiedenheiten also, sprach er von dem Eroberer als einem »Juwel unter den Fürsten«. [98] Er hielt seine Legaten mindestens bei zwei Gelegenheiten von ihren gegen den König von England gerichteten Aktionen zurück und hob Wilhelm rühmend wegen seiner Klugheit, Redlichkeit und Gerechtigkeit im Vergleich zu den anderen europäischen Herrschern hervor. Einen authentischen Beweis seiner Haltung Wilhelm gegenüber und der Art ihrer Beziehung ist in einem vertraulichen Brief enthalten, den der Papst ein Jahr nach Wilhelms Verweigerung des Lehnseides zweien seiner Legaten sandte. An diesem Sendschreiben sind sowohl Datum als auch Wortlaut zu beachten:

»Obwohl sich der König der Engländer in gewissen Angelegenheiten nicht so fromm verhält, wie es zu wünschen wäre, so hat er dennoch die Kirchen Gottes weder zerstört noch verkauft; er hat Mühen auf sich genommen, um seine Untertanen in Frieden und Gerechtigkeit zu regieren; er hat allem, was der Kirche von Schaden war, die Zustimmung verweigert, sogar dann, wenn er von gewissen Feinden des Kreuzes Christi beraten wurde; er zwang die Priester unter Eid dazu, ihre Frauen zu verlassen, und die Weltlichkeit, den Zehnten, den sie uns schuldete, zu entrichten. An allen diesen Punkten hat er sich der Anerkennung und der Ehre würdiger erwiesen als andere Könige ...« [99]

Es war dies eine genaue Zusammenfassung des verborgenen Einklangs, der trotz ihrer Schwierigkeiten zwischen dem reformbestrebten Papst und dem reformbestrebten König fortbestand.

Unter ihren Zeitgenossen ragen Wilhelm der Eroberer und Papst Gregor VII. als die beiden großen schöpferischen Staatsmänner ihres Zeitalters hervor. Beide zeichneten sich durch eiserne Entschlußkraft aus; beide waren aufrichtig und beide gehörten zu den Gestaltern des mittelalterlichen Europa. Daß es zwischen diesen beiden beherrschenden Persönlichkeiten zu einem Zusammenstoß kam, ist wohl kaum verwunderlich; viel erstaunlicher ist, daß sie so sehr auf ein gemeinsames Ziel hinarbeiteten. Der Grad ihrer Zusammenarbeit machte beiden alle Ehre, und vielleicht ist die Behauptung nicht übertrieben, daß der eine die Größe des anderen inmitten der sie umgebenden Schar mittelmäßiger Herrscher erkannte. Wilhelm befaßte sich ununterbrochen mit den Reformen, die im besonderen Interesse des Papsttums lagen, und noch im Jahre 1082 bat er Gregor wegen der Angelegenheiten des Bistums Durham um Rat.[100] Mindestens zweimal machte Gregor die gegen Wilhelm gerichteten Beschlüsse seiner Legaten rückgängig. Wieviele Kontroversen tatsächlich vermieden wurden, läßt sich aus einem Vergleich zwischen dem anglo-normannischen Königreich und dem übrigen Westeuropa ersehen. Der päpstliche Erlaß gegen die Laien-Investitur, der im Jahre 1074 in Rom erging, kam erst gegen Ende des 11. Jahrhunderts nach England, obwohl jeder zwischen

1070 und 1087 in England oder der Normandie ernannte Bischof — mit Ausnahme von Ernost und Gundolf von Rochester — seinen Bischofsstab vom König erhielt.[101] Während der ganzen Herrschaft Wilhelm des Eroberers gab es im anglo-normannischen Königreich keinen Investiturstreit.

Die Auffassung Wilhelms von seinen königlichen Rechten innerhalb der Kirche sollte in den »customs« (Bräuchen) zusammengefaßt werden, die ihm ein Autor der folgenden Generation zuschrieb.[102] Als König hatte er die Pflicht, für die Wohlfahrt der Kirche seines Reiches zu sorgen, und als König würde er sich jeglicher Spaltung der Treueverhältnisse seiner Untertanen widersetzen. So konnte bei einer umstrittenen Papstwahl in seinem Herrschaftsgebiet kein Papst ohne seine Zustimmung anerkannt werden; ohne seine Erlaubnis durfte kein päpstliches Schreiben empfangen werden; ohne seine Billigung durfte innerhalb seines Königreiches kein Kirchenkonzil Gesetze erlassen; und ohne seine Zustimmung durfte kein Bischof einen seiner Beamten oder seiner Hauptpächter exkommunizieren. Damit hatte er sich eine eindeutige Position geschaffen, die jedoch eher durch die Überlieferung als durch eine anti-päpstliche Einstellung bedingt war. Als Lanfranc im Jahre 1081 in einem Brief an Gregor schrieb: »Ich bin bereit, mich nach dem Kirchenrecht Euren Befehlen zu unterwerfen«[103], meinte er dies vollkommen ehrlich und verlieh damit den Ansichten seines königlichen Herrn Ausdruck. Doch unterschied sich das Kirchenrecht, wie es von Wilhelm und Lanfranc ausgelegt wurde, in seinem Schwerpunkt von jenem, das Gregor VII. in Rom zu verfechten begann. Wilhelm ging von der Theorie der Königswürde und deren Verpflichtungen aus, die im vorhergehenden Jahrhundert gültig gewesen und bei seiner Krönung zum Ausdruck gebracht worden waren. Der König hatte der Kirche gegenüber besondere Pflichten, denen er auch nachkommen wollte. Somit war die Kirchenpolitik Wilhelms durchweg »naturgegeben und folgerichtig«[104], wie Professor Z. N. Brooke in einem bewundernswerten Satz zusammenfaßte.

In Anbetracht der Idee des Königtums, die er verkörperte, und in Anbetracht dessen, wie er sie im Hinblick auf die Kirche in die Tat umsetzte, muß Wilhelm in erster Linie für jene seine Herrschaft kennzeichnenden kirchlichen Umwälzungen verantwortlich gemacht werden. Wie schon erwähnt, fanden diese Umwälzungen in der Normandie bereits vor 1066 statt, während sie in England nach der Eroberung erfolgten, als nämlich die Politik des Königs durch Lanfranc beeinflußt und bisweilen sogar umgewandelt wurde. Doch wäre es falsch, zwischen der vor und der nach 1066 geübten Kirchenpolitik

Wilhelms zu unterscheiden. Sie war auch in dieser Hinsicht »folgerichtig«. In seinem Herzogtum war Wilhelm inmitten einer kirchlichen Erneuerung aufgewachsen, an deren Förderung er einen gewissen Anteil hatte. Deren Grundsätze führte er in England ein, und zwar dergestalt, daß die englische Kirche zwischen 1070 und 1087 immer mehr jenem auf dem Festland geschaffenen Muster entsprach und sich in wachsendem Maße den Reformbestrebungen unterwarf, die ganz Westeuropa durchdrangen. So löste Wilhelm, der »nie versucht hatte, eine nationale oder unabhängige Kirche zu schaffen«, »die englische Kirche aus ihrer Stagnation und brachte sie erneut in einen gleichmäßigen Fluß«.[105]

Es ist nicht die Aufgabe dieses Buches, über die Beschaffenheit der altenglischen Kirche zu urteilen, zumal die Ansichten der Wissenschaftler in dieser Hinsicht stark auseinandergehen. Einige Kommentatoren neigen immer noch dazu, zum Beispiel den negativen Kritiken eines Wilhelm von Malmesbury Glauben zu schenken[106], indessen andere, ohne die Kritiken für bare Münze zu nehmen, dennoch mit Lob äußerst sparsam sind.[107] Im Gegensatz dazu wurde gegen die Behauptung, daß die englische Kirche zwischen 950 und 1050 »dekadent« gewesen sei und dringend kontinentaler Reformen bedurfte, nachdrücklich und mit viel Gelehrsamkeit protestiert.[108]

Daher mag diese Angelegenheit hier in der Schwebe bleiben; es ist lediglich hinzuzufügen, daß aus den in diesem Kapitel behandelten Umwälzungen unvermeidlich Gewinne und Verluste resultierten. Die Feudalisierung der englischen Kirche sollte später unglückliche Folgen haben, und wie auch immer die Ansicht über die Disziplin, die Organisation und die Geistigkeit der altenglischen Kirche ausfallen mag, so steht zumindest fest, daß sie Kunst und Literatur wirksam gefördert hatte. Wenigstens in dieser Hinsicht war das England des Jahres 1050 ein keineswegs rückständiges Land. Seine Schmiedearbeit und seine Münzen waren wegen ihrer Schönheit berühmt. Englische Stickereien wurden besonders geschätzt, und die englische Buchkunst, vor allem die der Winchester-Schule, war von hervorragender Qualität.[109] Es wurde sogar manchmal behauptet, daß sich die normannische Eroberung hinsichtlich der Kleinkünste »fast zu einer Katastrophe« ausgewachsen hätte.

Wenn auch die Pracht der von den Normannen in England eingeführten Architektur jedem Reisenden ins Auge sticht, so sollte doch andererseits die kirchliche Baukunst der ersten Hälfte des 11. Jahrhunderts nicht herabgesetzt werden. Leider ist sie zum größten Teil vernichtet worden.[110] Schließlich braucht nicht nachdrücklich betont zu werden, daß England in den Jahrzehnten vor der Eroberung eine englische Literatur schuf, die im damaligen Europa nicht ihresgleichen fand.[111] Zwischen 1066 und 1087 erhielt diese einheimische Kultur einen tödlichen Schlag; sie wurde durch eine andere ersetzt, die ihre künstlerischen und literarischen Eingebungen aus den lebendigen geistigen Vorstellungen Lateineuropas bezog, Vorstellungen, die bereits die Provinz Rouen durchdrungen hatten. Von nun an wurde mit wenigen Ausnahmen alles, was Engländer dachten und schrieben, in Latein ausgedrückt; auch bildeten die englischen Beiträge zur Philosophie und Theologie Bestandteile jener Kontroversen, die auf dem Festland verbreitet waren. Zwar hatten die früheren einheimischen Bestrebungen einen unwiderbringlichen Schaden erlitten, doch war England dafür durch die politischen Ereignisse in einem besonderen Sinne in den Hauptstrom der europäischen Entwicklung geraten, und zwar zu einer Zeit der Erneuerung und Reformation. Damit war England in der näheren Zukunft in der Lage, an der Renaissance des 12. Jahrhunderts teilzunehmen, die zu Recht als eine der großartigsten Epochen europäischer Zivilisation beschrieben wurde, und es nahm einen bemerkenswerten und durch und durch eigenständigen Anteil an der hervorragenden Entwicklung der Kunst, der Literatur, der Wissenschaften und der Erziehung, die das christliche Abendland auf dem Höhepunkt seiner mittelalterlichen Großtaten kennzeichnen.

In diesem Falle ist ein endgültiges Abwägen von Gewinn und Verlust wohl unmöglich. Natürlich muß es dennoch unternommen werden. Doch besteht kein Zweifel, daß zwischen 1070 und 1080 sowohl die normannische als auch die englische Kirche in wachsendem Maße unter die Kontrolle eines Herrschers gebracht wurden, »der dazu entschlossen war, in seinem gesamten Reich die Kirchenzucht zu heben«.[112] Auch steht der Erfolg Wilhelms in dieser Hinsicht außer Frage. Im Laufe dieser Jahre brachte er die Erneuerung, die zuvor das normannische Herzogtum gekennzeichnet hatte, zu einem logischen Abschluß, und verlieh der englischen Kirche das Gepräge, das sie für den Rest des Mittelalters beibehalten sollte. Dazu handelte er in einer Zeit der revolutionären kirchlichen Wandlungen so umsichtig und mit einer derartigen Rücksichtnahme auf Überlieferungen, daß es zu seinen Lebzeiten in seinem Doppelreich zu keiner einzigen Krise zwischen der geistlichen und der weltlichen Macht kam. Auch muß seine Kirchenpolitik durchweg als ehrlich und schöpferisch bezeichnet werden. Obwohl er aus der Notwendigkeit heraus unablässig mit der Sicherung und Erweiterung seiner Macht beschäftigt war, gestattete er sich selbst jedoch niemals, vollständig in weltlichen Belangen unterzugehen.

Zweifellos waren seine Beweggründe unterschiedlich, doch trug er wesentlich und dauerhaft zu der Entwicklung der Kirchenreform bei, die dieses Zeitalter kennzeichnet und hinsichtlich der Gestaltung des mittelalterlichen Europa in sich selbst einen mächtigen Faktor darstellte.

XIV

DAS ENDE DER HERRSCHAFT

Weihnachten 1085 — 9. September 1087

Die beiden letzten Lebensjahre Wilhelms sind für seinen Biographen von besonderem Interesse. Einerseits stellen sie den Epilog einer großartigen Laufbahn dar, andererseits können sie als die Verkörperung der letzten Krisis seiner Herrschaft betrachtet werden, in der sich alle ihre Hauptmerkmale zusammen entfalteten. Die vierundzwanzig Monate, die zwischen dem Herbst des Jahres 1085 und dem Tode Wilhelms im September 1087 verstrichen, wurden Zeuge eines gegen das anglo-normannische Königreich gerichteten Bündnisses, das an die früheren Jahrzehnte erinnerte. Sie erlebten die Fortsetzung der vorangegangenen Verteidigung des Königreiches durch Wilhelm, die diesmal jedoch mit außergewöhnlichen Mitteln unternommen wurde. Ferner wurden sie Zeuge der größten administrativen Leistung des Eroberers. All diese Monate widmete er entweder der Kriegführung oder aber aktiven Kriegsvorbereitungen; darüber hinaus schlossen sie aber auch die Entstehung des Domesday Book ein, das wohl die denkwürdigste Erläuterung all dessen darstellt, was seine Regierung mit sich brachte. Jedoch dürfen diese Ereignisse nicht außerhalb ihres wechselseitigen Zusammenhangs betrachtet werden. Krieg und Existenzkampf hatten den Hintergrund seines ganzen Lebens, aber auch die wesentliche Voraussetzung für seine schöpferischen Leistungen gebildet. Beides sollte bis zu seinem Tode fortdauern.

Die angelsächsische Chronik verlegt den Beginn dieser Krisis auf das Jahr 1085: »In diesem Jahre erzählte sich das Volk als eine Tatsache, daß König Cnut von Dänemark, der Sohn König Sweyns, im Begriff sei, nach England aufzubrechen, um dieses Land mit Hilfe des Grafen Robert von Flandern zu erobern.«[1] So hatten sich all die alten Feinde des anglo-normannischen Königreiches erneut dagegen verbündet. Cnut der Heilige (Cnut IV.), Sohn Sweyn Estrithsons, erneuerte die skandinavischen Ansprüche auf England, die nicht nur sein Vater, sondern auch Harold Hadraada und Magnus mit solchem Nachdruck und auf Grund lange bestehender Forderungen behauptet hatten. Wie im Jahre 1074 befand sich Robert von Flandern, dessen Schwester den dänischen König geheiratet hatte, auch jetzt wieder im Krieg. In Frankreich unterstützte König Philipp im Gedenken an Dol und Gerberoi Robert, den Sohn Wilhelms, der mit seinem Vater nach wie vor in offener Feindschaft lebte. Obgleich Bischof Odo von Bayeux sich immer noch in Gefangenschaft befand, konnte er die englischen und normannischen Untertanen Wilhelms dennoch zum Verrat aufwiegeln. Malcolm schließlich stand als Feind an der schottischen Grenze, indessen Fulk Le Rechin von Anjou nur allzu bereit war, sich die Lage zunutze zu machen. Dergestalt war die Bedrohung, der Wilhelm nun begegnen mußte, wobei seine persönliche Angelegenheiten eine zusätzliche Belastung bedeuteten. Er alterte rasch; außerdem hatte er erst kürzlich seine Gemahlin verloren, die er sehr geliebt hatte. Er konnte sich nurmehr auf wenige Angehörige seiner eigenen Familie verlassen, und seine Gesundheit hatte sich insofern verschlechtert, als er in auffallender Weise ständig beleibter wurde. Die Energie, mit der er während der letzten Monate seiner Herrschaft dem Bündnis seiner Feinde entgegentrat, gibt nicht zuletzt ein bemerkenswertes Bild seiner Entschlossenheit und Willensstärke.

Sobald er von der drohenden Invasion Cnuts erfuhr, handelte er schnell und entschlossen. Er ließ gewisse Küstengebiete Englands verwüsten, um so dem einfallenden Heer jegliche Verproviantierung unmöglich zu machen. Die Verteidigung der Normandie überließ er anderen, indessen er selbst den Kanal »mit einem aus Fußvolk und Reiterei zusammengestellten Heer überquerte, das größer war als irgend eines, das jemals in dieses Land gekommen war.« Diese Schilderung eines englischen Autoren, der vielleicht sogar das Jahr 1066 erlebt haben mochte, ist außerordentlich interessant und bestätigt an sich das riesige Ausmaß der Vorbereitungen Wilhelms, die einer gewissen Erläuterung bedürfen. Es bestehen kaum Zweifel daran, daß sich dieses große Heer zum Großteil aus Söldnern zusammensetzte; daher muß Wilhelms Zahlungsfähigkeit beachtlich gewesen sein. Sie war sicherlich auf die erheblichen »geld«-Steuern zurückzuführen, die Wilhelm ein Jahr zuvor in England eingetrieben hatte. Dennoch brachte die Erhaltung eines derartigen Heeres Schwierigkeiten mit sich. »Die Leute staunten, wie das Land dieses ganze Heer unterhalten konnte.« Wilhelm verteilte es über die Güter seiner Lehnsleute und befahl ihnen, diese Abteilungen je nach dem Umfang ihrer Ländereien zu verpflegen. Dies war eine drastische Maßnahme, und es ist sogar zweifelhaft, ob sie an sich genügte, obwohl später einige Söldner entlassen wurden. Die nächsten beiden Annalen der einheimischen Chronik sind voller Klagen über die schwere Besteuerung des Landes.[2]

Unter diesen Umständen begab sich Wilhelm zu Weihnachten des Jahres 1085 nach Gloucester, um dort Hof zu halten. Dort »dachte er viel nach und führte mit seinen Ratgebern ernste Erörterungen über dieses Land — nämlich wie und von welcher Art Leuten es bewohnt war.«[3] Das Ergebnis dieser Beratungen war die Entstehung des Domesday Book.

Dieses gewaltige Unternehmen war so außerordentlich und sein Ergebnis derart bedeutsam, daß jede Einzelheit über die Durchführung dieser Untersuchung, das Wesen ihrer Beweggründe und der daraus entstandene Bericht der Gegenstand gelehrter und sehr widersprüchlicher Kommentare wurde.[4] Jedoch wurde der allgemeine Verlauf der Ereignisse von frühen Autoren mit Worten geschildert, die zwar bekannt sind, aber trotzdem zitiert werden müssen.[5] Der wichtigste unter diesen Berichten ist in einem berühmten Absatz der angelsächsischen Chronik enthalten:

Der König »sandte seine Leute über ganz England und in jede Grafschaft und ließ sie feststellen, wieviele hundert Hufen jede Grafschaft besaß, welches Land und Vieh der König selbst in diesem Reich besaß, und welche jährlichen Einkünfte ihm aus jeder Grafschaft zukamen. Auch ließ er verzeichnen, wieviel Land seine Erzbischöfe, seine Bischöfe, seine Äbte und seine Grafen besaßen und — obwohl ich vielleicht zu ausführlich erzähle — was oder wieviel jeder Grundbesitzer in England an Land und Vieh hatte und wieviel Geld dies wert war. So genau ließ er alles untersuchen, daß es keine einzige Hufe und keinen Yard Land, ja, daß es tatsächlich (wenn es auch beschämend ist, dies zu berichten, doch ihn beschämte es nicht) keinen einzigen Ochsen, keine einzige Kuh, kein einziges Schwein mehr gab, die nicht in diesem Verzeichnis festgehalten wurden. Und all diese Schriftstücke wurden ihm danach überbracht.«[6]

In vielen Einzelheiten ist dieser Bericht weniger genau als wünschenswert wäre, doch ist seine allgemeine Absicht eindeutig. Glücklicherweise besteht die Möglichkeit, ihn durch andere und ebenso wertvolle Berichte aus jener Zeit zu ergänzen. Das folgende Zitat entstammt einer Schrift Robert Losingas, der zwischen 1079 und 1095 Bischof von Hereford war und vermutlich jener wichtigen in Gloucester abgehaltenen Versammlung beigewohnt hatte:

»Im zwanzigsten Jahre seiner Herrschaft wurde auf Wilhelms, des Königs der Engländer, Geheiß eine Schätzung ganz Englands unternommen, das heißt, der Ländereien der verschiedenen Provinzen Englands und der Besitzungen aller und eines jeden Feudalherren. Dies wurde unternommen im Hinblick auf Ackerland und Wohnungen, auf freie und unfreie Männer, auf die, die in Häusern wohnten und jene, die ein Heim und einen Anteil an den Feldern hatten; ferner in Bezug auf Pflüge, Pferde und andere Tiere; ferner in Hinsicht auf die Dienste und Zahlungen, die jedermann im ganzen Lande entrichten mußte. Diesen Prüfern folgten andere; und Männer wurden in Provinzen gesandt, die sie nicht kannten, und wo sie selber unbekannt waren, damit sie Gelegenheit hätten, die erste Untersuchung zu überprüfen und wenn nötig ihre Urheber beim König für schuldig zu erklären. Und das Land wurde durch viele Gewalttaten geplagt, die aus der Eintreibung der königlichen Steuern entstanden.« [7]

Zum Zweck dieser Untersuchung wurde England anscheinend in sieben oder mehr Bezirke aufgeteilt, von denen jedem einzelnen ein Ausschuß aus königlichen Bevollmächtigten vorstand.[8] Methode und Umfang ihrer Untersuchungen werden kurz und bündig in einer Urkunde beschrieben, die unter dem Namen »Ely Inquiry« oder »Inquisitio Eliensis« bekannt ist. Die Domesday-Untersuchung — so wird hier bemerkt — war:

». . . eine Untersuchung über die Ländereien, die von den Baronen des Königs auf Grund des Eides des Sheriffs einer Grafschaft, und von allen Baronen und deren Franzosen sowie den Mitgliedern des gesamten Hundertschaftsgerichts — dem Priester, dem Vogt und sechs Männern aus jedem Dorf — durchgeführt wurde. Sie stellten fest, wie das Rittergut hieß, wer es zur Zeit König Edwards besessen hatte, wer es nun besaß, wieviel Hufen es zählte, wieviel Ackerland zur Domäne gehörte; wieviel davon den Männern gehörte; wieviele Leibeigene es gab, wieviele Hintersassen, wieviele Sklaven, wieviele Freie, wieviele »sokemen«, wieviel Waldland, wieviel Grasland, wieviel Weideland, wieviele Fischereien, wieviel dem Gut hinzugefügt, wieviel ihm weggenommen wurde, wieviel es wert gewesen und wieviel es nun wert war, wieviel jeder Freie und jeder »sokeman« früher und jetzt besaß. All dies mußte dreimal verzeichnet werden: nämlich wie es in der Zeit König Edwards war; wie es war als König Wilhelm das Gut zu Lehen gab und wie es sich jetzt verhielt. Auch wurde niedergeschrieben, ob von dem Gut mehr erhoben werden konnte als bisher.[9]

Das Ausmaß des Unternehmens braucht nicht weiter betont zu werden. Abzüglich gewisser Einschränkungen geben die so entstandenen Schriftstücke, die heute unter dem Sammelnamen »Domesday Book« bekannt sind, auf all diese Fragen eine ziemlich genaue Antwort.

Das Domesday Book besteht aus zwei verschiedenartigen Bänden und wird heute im »Public Record Office« in Chancery Lane, London, aufbewahrt.[10] Einer dieser Bände (Band II oder das »Kleine Domesday Book«) bezieht sich auf Norfolk, Suffolk und Essex. Der andere Band (Band I oder das »Große Domesday Book«) behandelt das übrige England, das dieser Untersuchung unterworfen wurde. Doch existieren weitere Texte, die ebenfalls anläßlich dieser Untersuchung entstanden: der wichtigste ist unter dem Namen »Exon Domesday Book« bekannt, das heute in der Dombibliothek von Exeter verwahrt wird; es bezieht sich auf die fünf südwestlichen Grafschaften.[11] Jeder dieser drei Bände besitzt seine eigenen Merkmale. Das Kleine Domesday Book und das Exon Domesday Book sind ihrer Form nach unvollständiger und enthalten detaillierteres Material als das Große Domesday Book. Andererseits entstammen alle drei Bände eindeutig derselben Untersuchung und stimmen in bezug auf den Grundplan miteinander überein. Ihre Gliederung erfolgte insofern nach Gebieten, als die in ihnen verzeichneten Berichte die einzelnen Grafschaften unabhängig voneinander behandeln; auch entsprechen sie in ihrer Anordnung dem Feudalsystem, da die Aufzeichnungen der innerhalb jeder Grafschaft befindlichen Ländereien nach den Besitzungen des Königs und seiner Hauptpächter vermerkt wurden.

Bei der Ermittlung der Art und Weise, mit der Wilhelm diese großangelegte Untersuchung in die Wege leitete, besteht die Hauptschwierigkeit darin, herauszufinden, wie die Masse an Informationsmaterial, das die Domesday-Beauftragten gewonnen hatten, in den »Büchern« eingeordnet wurde, die dann schließlich entstanden. Ein unter dem Namen »Cambridgeshire Inquest«[12] bekannter Bericht gibt an, daß in dieser Grafschaft vor Gericht eine Untersuchung stattfand, bei der die Geschworenen aus den verschiedenen Hundertschaften unter Eid Zeugnis ablegten. Es bestand die allgemeine Überzeugung, daß dieses Verfahren in ganz England angewandt wurde, daß die dem König zugestellten Aufzeichnungen die verlangten amtlichen Berichte darstellten, die dann in Winchester einem Feudalschema gemäß endgültig geordnet wurden.[13] Jedoch ist kürzlich die ausdrückliche Meinung vertreten worden[14], daß diese vor den Geschworenen der Hundertschaf-

357

ten abgehaltenen Untersuchungen nur einen Teil der gesamten Domesday-Untersuchung bildeten [15]; daß nämlich die ursprünglichen Berichte über die Grafschaften an Ort und Stelle nach einem Feudalschema zusammengestellt, und daß erst diese Dokumente (»breves«), die die Lehen des Königs und seiner Hauptpächter innerhalb jeder Grafschaft betrafen, anschließend nach Winchester gebracht wurden. Es wird behauptet, daß sich die Unterschiede wie auch die Ähnlichkeit der drei Domesday Books auf diese Weise am besten erklären lassen. Das Exon Domesday Book war die erste Zusammenstellung derartiger Feudal-»breves«, die dann später im Großen Domesday Book aufgenommen und eingeordnet wurden; hingegen stellte das Kleine Domesday Book eine andere solche Zusammenstellung dar, die aus unbekannten Gründen keine derartige Behandlung erfuhr und daher in ihrer ursprünglichen Form erhalten blieb.[16]

Jede Theorie über die Entstehung des Domesday Book ist mit Schwierigkeiten verbunden. Aber wie immer auch das Verfahren gewesen sein mag, mit dessen Hilfe die Zusammenstellung des Domesday Book ermöglicht wurde, so bleibt es dennoch ein erstaunliches Zeugnis der Verwaltung des Eroberers, das zugleich seine eigenen Probleme wie auch das Wesen seiner Herrschaft widerspiegelt. Es war für ihn unbedingt erforderlich, über die Hilfsquellen seines Königreiches genau Bescheid zu wissen, da er ja ständig und wohl nie dringender als im Jahre 1085 Geld benötigte. Er versuchte daher, die Steuerfähigkeit seines Landes genau abzuschätzen und zu erfahren, ob er noch mehr Abgaben fordern konnte. Die genaue Berechnung von Hufen und Karukaten (= die Fläche Land, die mit einem Pflug und acht Ochsen in einem Jahr bearbeitet werden konnte) als fiskalische Nebenbezeichnungen der »geld«-Steuer ist zusammen mit der Steuerveranlagung, die im Süden und Westen Englands nach dem Vielfachen von fünf Hufen festgelegt wurde, schon ein Beweis für diese Absicht Wilhelms.[17] Tatsächlich existieren im Domesday Book sichere Zeugnisse über die Art und Weise, mit der Wilhelm das Steuersystem des altenglischen Staates übernahm, um es dann zu seinem Vorteil zu nutzen. Es ist wohl kaum verwunderlich, daß gerade diese Seite der Angelegenheit die Zeitgenossen Wilhelms am stärksten beeindruckte – und bekümmerte. Der Begriff »descriptio« [18], den sie gewöhnlich bei einer Bezugnahme auf die Untersuchung anwandten, weist auf eine Veranschlagung der öffentlichen Besteuerung hin, und die Furcht vor deren Auswirkungen war überall offensichtlich. Tatsächlich war die gesamte Untersuchung sehr unpopulär und löste erbitterten Widerstand, ja sogar Blutvergießen aus.[19]

Obgleich die Notwendigkeit einer wirksameren Steuereintreibung bei diesen großen Unternehmen das Hauptmotiv König Wilhelms war, sollte doch die Absicht dieses Unterfangens nicht allzu negativ umrissen werden. Wilhelm war Herr über ein feudales Königreich, das von Angriffen bedroht wurde, und mußte daher seine feudalen Geldquellen zum größtmöglichen Vorteil nutzen. Der Hof, der über dieses große Unternehmen entschieden hatte, war ein Feudalhof, und die Anordnung der Untersuchung bezog sich auf die großen Lehen innerhalb jeder Grafschaft. Das war auch eigentlich zu erwarten gewesen. Wie »Florence von Worcester« [20] in seiner Beschreibung der Untersuchung bemerkte, war es für den König deshalb wichtig, genau festzustellen, wieviel Land ein jeder seiner Barone besaß, weil diese die Verantwortung für den Unterhalt der belehnten Ritter trugen, die zur Verteidigung des Reiches notwendig waren. Wenn auch das Domesday Book nur wenige Angaben über die Feudalorganisation als solche enthält — eine Angabe der Anzahl der Ritter, deren Kriegsdienst die Hauptpächter dem König schuldeten, fehlt größtenteils — so lieferte es Wilhelm doch genauere Informationen als dies seit seiner Ankunft in England je der Fall gewesen war. Zum ersten Male erhielt er einen umfassenden Bericht darüber, wie das Land unter seine mächtigen Gefolgsleute aufgeteilt worden war. Tatsächlich umfaßte das Domesday Book die gesamte neu erstellte Feudalordnung und die territoriale Grundlage, auf der sie sich aufbaute.

Jedoch war das Domesday Book nicht allein ein fiskalischer Bericht oder eine feudale Aufstellung, obwohl sein primärer Zweck darin bestand und obgleich es, wenn auch in geringerem Maße, als solche diente. Es war andererseits eine weitere Verdeutlichung der Autorität, die Wilhelm in dem von ihm eroberten Land beanspruchte. Seit seiner Krönung hatte er während seiner ganzen Herrschaft den Anspruch erhoben, als der rechtmäßige Nachfolger Edward des Bekenners zu gelten — dieser Anspruch spiegelte sich nun im gesamten Domesday Book wider. Nichts an dieser Untersuchung ist bezeichnender als die Absicht, nicht nur die um 1066 oder 1086 herrschenden Zustände zu verzeichnen, sondern auch jene, die zur Zeit des Bekenners geherrscht hatten. In diesem Zusammenhang könnte das Unternehmen gewissermaßen als Ergebnis einer gerichtlichen Untersuchung betrachtet und mit der früheren Prozeßführung während der Herrschaft des Eroberers in Verbindung gebracht werden. [21] In vielen Gebieten hatten ständig Prozesse stattgefunden, deren logische Konsequenz eigentlich die Domesday-Untersuchung war, denn die Domesday-Beauftragten, die, wie Geoffrey von Coutances, die früheren Gerichtsverhandlungen mittels eidesstattlicher Untersuchungen führten, hatten häufig mit immer noch strittigen Fällen zu tun. Da Wilhelm sich selbst als den Nachfolger des Bekenners ansah, wünschte er einen vollständigen Bericht über die englischen Zustände, die vor seiner Ankunft geherrscht hatten. Ebensosehr wünschte er die durch die Eroberung entstandenen großen Umwälzungen zu legalisieren. So weist das Domesday Book eindeutig darauf hin, daß es mit Kontroversen über das Eigentumsrecht und den Besitz verknüpft war, die die zwei vorhergehenden Jahrzehnte gekennzeichnet hatten. Besondere Eintragungen schildern häufig strittige Ansprüche und suchen sie durch Bezugnahme auf die Vergangenheit zu schlichten. Aufzeichnungen aus Yorkshire, Lincolnshire und Huntingdonshire verzeichnen jene »clamores« oder Streitfälle, die zur Zeit der Domesday-Untersuchung beigelegt werden sollten.[22]

Das Wesen des Domesday Book kann zusammen mit der Leistung, die es verkörperte, nur in bezug auf Wilhelm selbst richtig eingeschätzt werden. Wahrscheinlich besteht das erstaunlichste Faktum der Domesday-Untersuchung darin, daß sie je unternommen und sogar erfolgreich zu Ende geführt wurde. Professor Galbraith bemerkt hierzu: »Sie liefert den besten Beweis für den eisernen Willen des Eroberers und das Ausmaß des Unterschiedes zwischen seiner Autorität und der seiner mächtigsten Vorgänger.«[23] Jede Seite des Domesday Book spiegelt seine Persönlichkeit und seine Ziele wider. Ein Land war erobert worden, doch sah sich der König vom Zeitpunkt der Eroberung an gezwungen, sich größtenteils außerhalb Englands aufzuhalten. Vieles von dem, was England und dessen normannische Besiedelung betraf, blieb ihm vermutlich unbekannt, doch war die von ihm befohlene Information für seine Regierung und die Verteidigung des Reiches unbedingt erforderlich. Aus diesem Grunde wünschte er, alles Wissenswerte über sein Königreich, dessen Bewohner, dessen Reichtum, dessen Überlieferungen, Landessitten und Steuerfähigkeit zu erfahren. Die Folge davon ist, daß sich dieser Bericht, da er so vielen Absichten diente, trotz seines erstaunlichen Umfangs jeglicher Klassifizierung entzieht. Obgleich das Domesday Book einige Merkmale einer Steueruntersuchung, eines Berichts über die Feudalordnung oder einer gerichtlichen Aufstellung aufweist, darf seine besondere Beschaffenheit dennoch nicht vergessen werden. Dieser Bericht hat nicht seinesgleichen. Er ist nicht nur ein »geld«-Buch, da er anders ist als alle diese. Er ist eigentlich auch kein Werk über das Lehnswesen, da er sich auch von allen jenen unterscheidet. Er ist nicht nur das Ergebnis einer großen, gerichtlichen Untersuchung, da sein Rahmen wesentlich weiter gespannt war. Er war das einzigartige Ergebnis einer einzigartigen

Gelegenheit. Die Ereignisse des Jahres 1085 machten den Wunsch eines mächtigen Königs außerordentlich dringend: er mußte über das von ihm eroberte Königreich die größtmöglichen Informationen gewinnen. Die Folge davon war der bemerkenswerteste statistische Bericht, der je in einem mittelalterlichen Königreich hervorgebracht wurde.

Das Ansehen, das das Domesday Book bald genießen sollte, war derart, daß eine gewisse Gefahr besteht, seine Bedeutung vielleicht sogar zu überschätzen. Während des ganzen Mittelalters und darüber hinaus benutzte man das Domesday Book als eine Art Appellationsgericht, und sogar in neuerer Zeit suchten einige Gelehrte in ihm Informationen, die es wohl kaum enthalten konnte.[24] Natürlich war das Domesday Book nicht zu dem Zweck geschaffen worden, späteren Historikern für ihre Darstellung der Vergangenheit das notwendige Material zu liefern — vielmehr sollte es den Verwaltungszielen des Königs dienen, der sein Entstehen veranlaßt hatte. Hierbei muß daran erinnert werden, daß diese Untersuchung nicht ganz England einbeschloß, da ja die Beauftragten des Königs ihre Tätigkeit nicht nördlicher als bis zum Tees und den Westmorlandhügeln erstreckten. Auch war das Domesday Book nicht so unfehlbar, wie manchmal angenommen wurde; es befinden sich in ihm Verdoppelungen und Ungenauigkeiten, und da seine Autoren häufig eine »fremde Gesellschaft in einer fremden Sprache beschrieben« [25], kann man sich hinsichtlich der Klassifizierung von Besitzungen, Ständen und Pacht nicht immer darauf verlassen.

Doch bleibt nach Abzug all dessen die durch das Domesday Book verkörperte Leistung des Königs nach wie vor erstaunlich. Erst vor kurzem haben Wissenschaftler diesem Werk ihre Bewunderung gezollt. »Es findet als administrative Leistung in der ganzen mittelalterlichen Geschichte nicht seinesgleichen« [26], schreibt Sir Frank Stenton. Es stellt einen überragenden Beweis für die Tüchtigkeit der Diener des Königs und dessen Energie dar, mit der er noch gegen Ende seines Lebens die Ausführung eines derartigen Vorhabens durchzusetzen vermochte. Auch darf nicht vergessen werden, daß all dies trotz des Widerstandes eines widerstrebenden Landes geschah; das Endergebnis entsprach also der Willensstärke, die es erschaffen hatte. Eine andere Fachgröße bezeichnete das Domesday Book sehr treffend und genau als »Merkmal einer Epoche, in der das Schrifttum zu Regierungszwecken benutzt wurde«.[27] Es ist wohl kaum übertrieben, wenn man dem hinzufügt, daß es »seit der Zeit des römischen Kaiserreichs nichts gleichwertiges gegeben hatte«.[28]

Nachdem sein Hof zu Weihnachten des Jahres 1085 in Gloucester diese bedeutsamen Entscheidungen getroffen hatte, zog Wilhelm während der Monate, in deren Verlauf die Domesday-Untersuchung vonstatten ging, durch das südliche England. Die Ostermesse des Jahres 1086 hörte er in Winchester und zu Pfingsten hielt er sich in Westminster auf, wo er seinen Sohn Heinrich zum Ritter schlug. Dann —

».. . reiste er umher, bis er nach Salisbury bei Lammas kam, und dort kamen seine Ratgeber zu ihm, dazu all die Landbesitzer, die in England Ansehen genossen, gleichgültig wessen Vasallen sie waren; und sie alle unterwarfen sich ihm und schwuren ihm den Treueid, daß sie ihm gegen alle anderen Menschen die Treue halten würden.« [29]

Dies war die zweite große administrative Handlung innerhalb jener kritischen Monate.

Der Eid von Salisbury [30] ist zu Recht berühmt. Doch wurde versucht, ihm eine verfassungsmäßige Bedeutung zu verleihen, die ihm wohl kaum zukam. Es ist sogar behauptet worden, daß zu diesem Anlaß »nicht nur jeder Pächter des Königs, sondern auch jeder Freie und jeder Freisasse« [31] nach Salisbury kam. Es liegt jedoch vollkommen außerhalb der Möglichkeiten, daß im August 1086 eine derartige Versammlung in Salisbury zusammentrat, und zwar deshalb, weil allein schon die überall in England belehnten Ritter zu zahlreich und oft von zu geringer sozialer Bedeutung waren, als daß der König ihrer aller Anwesenheit bei dem Zusammentreten seines Hofes gewünscht haben konnte. Zweifellos war der Hof von Salisbury außerordentlich groß und prächtig, doch waren die »Landbesitzer von Ansehen« vermutlich Aftervasallen der großen Lehen, Männer desselben sozialen Ranges wie ihre Herren, die »peers« jener Lehen, deren besondere Rolle innerhalb der Feudalverwaltung Englands bereits erläutert wurde.[32] Eine derartige Versammlung wäre zwar groß und eindrucksvoll, jedoch von angemessenem Umfang gewesen und hätte somit der unmittelbaren Absicht des Königs genau entsprochen.

Es wäre eine falsche Annahme, daß Wilhelm bei dieser Gelegenheit seine Stellung als König innerhalb des Feudalstaates durch eine modernere Auffassung der Souveränität ersetzt hätte; dennoch waren seine auf diesem Treffen gefaßten Beschlüsse außergewöhnlich und bedeutsam. Die besondere Stellung des Königs innerhalb der Feudalordnung des anglo-normannischen England und die diesbezüglichen Gründe sind bereits analysiert worden. Die im Jahre 1086 in Salisbury getroffenen Maßnahmen bewirkten bis zu einem gewissen Grade eine Erhöhung der königlichen Autorität. Sie waren ohne Zweifel beispiellos und wurden auch so angesehen, doch waren sie ihrer Absicht nach nicht »anti-feudal«. Vielmehr waren diese Maßnahmen dazu bestimmt, jener Feudalorganisation Kraft zu verleihen, die in England bereits auf Grund der besonderen Umstände der Eroberung ihre besonderen Merkmale besaß. Der Eid von Salisbury und die Domesday-Untersuchung waren die Antwort des Königs auf eine Drohung — wobei das eine die Ergänzung des anderen darstellt. Das anglo-normannische Königreich stand vor einer Krisis, und es war daher unbedingt erforderlich, daß sein Herrscher zu den mächtigen Männern Englands eine enge Beziehung herstellte, um die militärische Organisation zu untermauern, auf die er baute. Die persönliche Autorität König Wilhelms entfaltete sich noch einmal.

Doch schien die Krisis vorübergehend zu sein. Zwar hatte Cnut im Limfjord ein großes Heer und eine mächtige Flotte zusammengezogen, die es nach England bringen sollte, doch stieß er während der ganzen Vorbereitungszeit bei seinen Untertanen auf Unzufriedenheit. In den darauffolgenden Unruhen wurde er selbst gefangengenommen und im Juli 1086 in der Kirche von Odensee ermordet.[33] Sein Tod bedeutete die Aufgabe des Feldzuges, und somit war die unmittelbare Drohung einer skandinavischen Invasion in England beseitigt. Doch blieb die Lage dennoch gefährdet. Der Sohn König Wilhelms, Robert, rebellierte, und sein Halbbruder Odo förderte die gegen den König gerichteten verräterischen Bewegungen. Graf Robert von Flandern war ein erklärter Feind, und in England zeigte sich Edgar Atheling so unzufrieden, daß der König es für klug hielt, ihn mit nicht weniger als zweihundert Gefolgsleuten nach Apulien ziehen zu lassen. Das frühere feindliche Bündnis gegen das anglo-normannische Königreich war nocheinmal entstanden. Im Laufe des Jahres 1086 hatte sich die Aufmerksamkeit König Wilhelms notgedrungen auf England konzentriert, wodurch sich für König Philipp die günstige Gelegenheit ergab, seine kriegerischen Operationen in Frankreich wieder aufzunehmen. Es ist daher nicht verwunderlich, daß Wilhelm kurz nach der Hofversammlung von Salisbury Vorbereitungen zu einer Rückkehr in die Normandie traf. Es wird berichtet, daß er sich auf die Insel Wight begab, und daß er nun unnachgiebig zusätzliche Steuern eintrieb, zweifellos um mehr Söldnertruppen bezahlen zu können. Gegen Ende des Jahres 1086 schiffte er sich nach Frankreich ein, doch ist unbekannt, wo er das letzte Weihnachtsfest seines Lebens verbrachte.[34] In der Tat sind die Reisen Wilhelms während der ersten Monate des Jahres 1087 sehr unklar. Die Chronisten schweigen über dieses Thema, und das Dokumentmaterial ist schwer deutbar. Zweifellos hatte Wilhelm während der Zusammenkunft des Hofes zu Salisbury für Maurice, den neu ernannten Bischof von London[35], zwei Urkunden ausgestellt, und vermutlich stellte er einige Zeit danach zwei weitere Urkunden für die Westminsterabtei aus [36], deren eine »nach der Untersuchung ganz Englands« datiert ist. Außerdem ist noch eine Bestätigungsurkunde vorhanden, die zu jener Zeit zugunsten des Nonnenklosters Saint-Amand in Rouen ausgestellt wurde.[37] Von diesem Schriftstück, das von vielen bedeutenden Zeugen unterzeichnet wurde, ist anzunehmen, daß es nach der Rückkehr des Königs in die Normandie ausgestellt wurde. Diese Urkunden sind außerordentlich interessant, da sie zu den letzten Dokumenten der Herrschaft des Eroberers gehören, doch geben sie nur geringen Aufschluß über seine Tätigkeit während der letzten Monate seiner Herrschaft.

Jedoch besteht kein Zweifel daran, daß er sich in erster Linie mit der Verteidigung befaßte, und es ist wohl kaum verwunderlich, daß sich seine Aufmerksamkeit nocheinmal auf die seit langem währende Bedrohung richtete, die in der von König Philipp über das Vexin geübten Kontrolle zu suchen war, zu deren Anerkennung Wilhelm im Jahre 1077 gezwungen wurde.[38] In der Zwischenzeit hatte jedoch in diesem Gebiet eine für Wilhelms Pläne vorteilhafte Veränderung stattgefunden. Irgendwann zwischen Juli 1080 und Weihnachten 1081 war die im Süden des Vexin liegende Grafschaft Meulan durch Heirat in den Besitz Roberts von Beaumont, eines der vertrautesten und mächtigsten Gefolgsleute des Königs, gelangt, so daß Wilhelm nun in diesem umstrittenen Gebiet einen mächtigen Bundesgenossen besaß.[39] Als daher im Spätsommer des Jahres 1087 die Besatzung des französischen Königs von Mantes in das Evreçin einfiel und die Normandie zu plündern begann, entschloß sich Wilhelm, Vergeltungsmaßnahmen zu ergreifen.[40] Vor dem 15. August unternahm er einen Feldzug mit der Absicht, das Vexin, vor allem aber die Städte Mantes, Chaumont und Pontoise für die Normandie zurückzugewinnen.[41]

Der folgende Feldzug war nicht nur der letzte, sondern auch einer der blutigsten des Eroberers. Er überquerte die Epte und verwüstete mit einem großen Heer das Land bis nach Mantes hin. Als die dortige Besatzung ohne die nötige Vorsicht einen Ausfall unternahm, überfiel er sie mit einem Überraschungsangriff. Völlig ungeordnet zog sie sich in die Stadt zurück, wobei sie von den Truppen Wilhelms hitzig verfolgt wurde; eine furchtbare Zerstörung folgte.[42] Mantes wurde so vollständig gebrandschatzt, daß es sogar heute kaum mehr möglich ist, dort Spuren von Bauten aus dem 11. Jahrhundert zu entdecken.[43] Eine derartige Grausamkeit war unentschuldbar, doch erhebt sich dabei die Frage, ob Wilhelm diese Unbarmherzigkeit wie bei früheren Anlässen als eine Vorbereitung für ausgedehntere Operationen gedacht hatte. Sein Feldzug des Jahres 1087 wird gewöhnlich vielleicht zu Recht als eine unwichtige Episode abgetan, die lediglich auf Grund ihrer tragischen persönlichen Folgen bemerkenswert war. Doch liegt Mantes nur rund dreißig Meilen von Paris entfernt, und daher wäre es vorstellbar, daß Wilhelm mittels seiner großen Hilfsquellen an Männern und Geld seinen Erfolg weiterhin und mit schwerwiegenden Folgen für die Zukunft der französischen Monarchie nutzen wollte. Da aber das Ende vollkommen anders war, sind derartige Erwägungen zwecklos. Die Einnahme von Mantes war die letzte militärische Handlung des Eroberers, da plötzlich das Unglück über ihn kam, als er durch die brennenden Straßen der Stadt ritt. Manche behaupteten, daß sein Pferd vor den Funken scheute und dadurch den beleibten König so heftig gegen den hohen Sattelknauf schleuderte, daß er sich einen tödlichen Bruch zuzog; andere bestätigten, daß er plötzlich von einem heftigen Schmerz in den Eingeweiden befallen wurde. Jedenfalls war er außer Gefecht gesetzt und zog in der Sommerhitze unter furchtbaren Qualen durch das verwüstete Vexin nach Rouen zurück. Dort hielt er Rast. Doch nahmen Krankheit und Schmerzen von Tag zu Tag zu, und er empfand den Lärm der Stadt als unerträglich. Er befahl daher nach einigen Tagen, ihn in die auf einem Hügel im westlichen Vorort der Stadt gelegene Priorei Saint-Gervais zu bringen. Er wurde mit dem Beistand des Bischofs Gilbert Maminot von Lisieux und des Abtes Gontard von Jumièges, die beide wegen ihres ärztlichen Geschicks berühmt waren, dorthin gebracht. Doch lag er offensichtlich im Sterben.[44]

Über das, was während der letzten Tage des Eroberers durchsickerte, sind zwei Berichte erhalten. Der eine stammt von einem unbekannten Mönch aus Caen, der ihn kurz nach dem Ereignis niederschrieb.[45] Der zweite entstand etwa fünfzig Jahre später, und zwar aus der begabten Feder Ordericus Vitalis'. Ordericus war darauf bedacht, eine genaue Schilderung dessen zu geben, was er zu Recht für einen denkwürdigen Anlaß hielt. Er verwandte dabei das Kunstmittel, daß er den sterbenden König sein Leben in einer langen Rede überschauen ließ, die schon an sich eine bemerkenswerte Zusammenfassung der Laufbahn des Eroberers darstellt.[46] Die Rede selbst ist eindeutig der Phantasie entsprungen, doch gibt sie vermutlich die Atmosphäre dieser Szene glaubwürdig wider, da der von Ordericus geschilderte Hintergrund alle Merkmale der Echtheit aufweist. Dieser Schriftsteller war ein scharfer Beobachter und mit den normannischen Überlieferungen vertraut; außerdem unterhielt er Beziehungen zu Menschen, die engstens mit den Ereignissen in Verbindung gestanden hatten.[47] Seine ausführlichen Schilderungen wurden in ihren wesentlichen Zügen häufig von den wortkargen Beschreibungen des Mönches von Caen bestätigt.

Um das Bett des sterbenden Königs hatte sich in der Priorei Saint-Gervais eine große Gesellschaft versammelt, doch waren die beiden wichtigsten Angehörigen seiner Familie bezeichnenderweise abwesend. Sein ältester Sohn Robert rebellierte und befand sich in der Gesellschaft von seines Vaters Hauptfeind König Philipp, indessen der mächtige Bischof Odo von Bayeux immer noch in Rouen gefangengehalten wurde. Auch Lanfranc war abwesend, da er, treu bis zum letzten, in England die Interessen des Königs vertrat. Jedoch waren die anderen Söhne des Königs da, außerdem sein Halbbruder Graf Robert von Mortain, Erzbischof Wilhelm Bonne-Ame von Rouen, sein Kanzler Gerard, die höchsten Beamten seines Hofes und viele andere. Der König starb langsam und unter großen Qualen, doch war er auf seinem Sterbebett von einer Gesellschaft umgeben, die sich nicht wesentlich von jener unterschied, die anläßlich der großen Hoftage so viele der wichtigsten Beschlüsse seiner Regierung unterstützt hatte. So konnte er einer Versammlung von Feudalherren, die zu seinem Werk beigetragen hatten, seine letzten Anweisungen erteilen, da er trotz ständig wachsender Schmerzen bis zuletzt die Klarheit des Geistes bewahrte und der Sprache mächtig blieb.[48] Auch als es zu Ende ging, fürchtete er sich nicht sonderlich vor dem Tode, und obwohl spätere Schriftsteller diese Szene aus Gründen der Erbaulichkeit übertrieben haben mochten, so besteht dennoch kein Anlaß, an der von ihm gezeigten Frömmigkeit oder an der Bußfertigkeit zu zweifeln, die er vor allem wegen des Blutvergießens, das der unumgängliche Preis seines Werkes gewesen war, an den Tag legte. Er beichtete und erhielt die Absolution. Dann befahl er eine großzügige Verteilung von Almosen und ließ die anwesenden Geistlichen genau aufzeichnen, wem seine Geschenke zukommen sollten. Insbesondere vermachte er der Geistlichkeit von Mantes eine besondere Spende, um das, was er eingeäschert hatte, wieder aufzubauen. Dann ermahnte er alle Anwesenden, nach seinem Tode für die Erhaltung des Rechts und die Bewahrung des Glaubens Sorge zu tragen. Und schließlich befahl er, all jene, die er gefangen hielt, freizulassen, mit der einzigen Ausnahme des Bischofs von Bayeux. Doch stieß er hierbei auf den Widerstand der Anwesenden, von denen vor allem Graf Robert von Mortain um die Freilassung seines Bruders bat. Die Erörterung dauerte lange, bis der König schließlich vollkommen erschöpft nachgab, nicht ohne jedoch auf die vermutlich daraus entstehenden schlimmen Folgen hinzuweisen. So wurde Odo freigelassen und sollte bald darauf bei der Bestattung des Eroberers zugegen sein.[49]

Die Übertragung des Reiches war eine höchst bedeutsame Angelegenheit. Wilhelm erklärte sich mit berechtigter Bitterkeit gegen seinen ältesten Sohn Robert, dessen Treulosigkeit das Alter seines Vaters entehrt hatte und den er für unfähig hielt, ohne ständige Ermahnungen und Aufsicht zu herrschen. Jedoch versuchten die Feudalherren diesen Bruch zwischen Vater und Sohn wie vormals im Jahre 1080 zu heilen, woraufhin sich der König schließlich, nachdem er seinem Sohn vergeben hatte, dazu bereit erklärte, seine früheren Versprechen einzulösen und seinen erstgeborenen Sohn Robert als Herzog über die Normandie einzusetzen. Im Falle Englands war die Sachlage jedoch anders. Die Beweggründe, die Ordericus Vitalis dem König hierbei später zuschrieb, sind sehr interessant. Laut der recht lebendigen Erzählung dieses Autors [50] war sich der König wohl bewußt, daß er seine Königswürde nicht ererbt, sondern durch Kriegsglück und auf Kosten zahlloser Leben erworben hatte. Daher wagte er nicht, das so gewonnene Königreich einem anderen zu hinterlassen als Gott. Doch hoffte er, daß Gott es seinem zweiten Sohn Wilhelm verleihen möge, dem er sein Zepter, sein Schwert und seine Krone überreichte.[51] Da er sich jedoch bewußt war, daß seinem Tode unvermeidliche Unruhen folgen würden, sandte er an Lanfranc in England einen versiegelten Brief, der die Bestätigung seiner Beschlüsse enthielt, und hieß Wilhelm unverzüglich damit abreisen. Der junge Mann verließ sofort das Sterbebett seines Vaters, ritt eiligst von dannen und hatte auf seinem Wege nach England bereits Wissant erreicht, als er den Tod seines Vaters erfuhr. Seinem Sohn Heinrich schließlich hinterließ Wilhelm eine beträchtliche Geldsumme, und auch er verließ Saint-Gervais augenblicklich, um diese Summe sicherzustellen.[52]

Diese Anordnungen, die sich unmittelbar auf die Zukunft auswirken sollten, erfordern einen gewissen Kommentar. Beispielsweise ist das Heinrich gemachte Geldgeschenk zeitweilig als gering und unangemessen betrachtet worden, obwohl es angesichts der Wertbegriffe des 11. Jahrhunderts in Wahrheit beträchtlich war.[53] Desgleichen könnte auch die Behandlung Roberts und Wilhelms mißverstanden werden. Die Beweggründe, die Ordericus Vitalis dem König hierbei zuschreibt, enthalten merkwürdige Anspielungen sowohl auf die diesbezügliche englische Einstellung, als auch auf das Königtum als eine von Gott verliehene Würde. Doch läßt sich die Handlung Wilhelms im Hinblick auf die damaligen Zustände erklären. Wie bereits erwähnt, war die Nachfolge Roberts durch eine lange Kette von Ereignissen vorbereitet worden; auch war seine englische Thronfolge nicht allein auf Grund seiner Unfähigkeit und Treulosigkeit verhindert worden. Der Eroberer folgte in diesem Falle einem neuen Brauch des normannischen Adels, daß nämlich alle normannischen Ländereien einer Familie, die Erbgüter also, dem ältesten Sohn zufielen, während die englischen Besitzungen, die eroberten Ländereien also, dem zweiten Sohn übertragen wurden. Dieser Brauch war allgemein anerkannt worden[54], und daher konnte Wilhelm ihn schwerlich außer acht lassen. Dennoch erwies sich das Ergebnis als ein Rückschlag für die Politik des Eroberers. Die Loslösung der Normandie von England war schon seit langem das Hauptziel König Philipps von Frankreich gewesen, dem sich Wilhelm ständig widersetzt hatte.[55] Nun schien das Ziel erreicht, und der sterbende König muß empfunden haben, daß er hier seine letzte Niederlage erlitt.

Nachdem Wilhelm seine Anordnungen getroffen hatte, empfing er die Letzte Ölung und das Abendmahl aus der Hand des Erzbischofs von Rouen.[56] Die letzten Augenblicke seines Lebens beschrieb Ordericus Vitalis in einem berühmten Absatz, der wohl zweifellos mit Gefühlen überladen ist, aber in seinen wesentlichen Grundzügen dennoch für glaubwürdig gelten kann. Die Nacht des 8. September verbrachte der König ruhig und erwachte bei Morgengrauen vom Klang der großen Glocke der Kathedrale von Rouen.

»Auf seine Frage, was dies bedeutete, antworteten seine Gefolgsleute: ›Herr, die Glocke läutet zur ersten Gebetsstunde in der Marienkirche.‹ Da hob der König seine Augen, streckte seine Hände empor und sagte: ›Ich empfehle meinen Geist Maria, der Heiligen Muttergottes, meiner himmlischen Gebieterin, auf daß ich durch ihre Fürbitte mit ihrem Sohn, unserem Herrn Jesus Christus, versöhnt werden möge.‹ Nach diesen Worten starb er.«

Seinem Hinscheiden folgte sofort große Verwirrung, und einige der Anwesenden gebärdeten sich so, als hätten sie den Verstand verloren. »Doch bestiegen die Reichsten von ihnen ihre Pferde und ritten eilig von hinnen, um ihre Güter zu schützen. Als aber die geringeren Hofbediensteten sahen, daß ihre Herren verschwunden waren, bemächtigten sie sich der Waffen, des Tafelgeschirrs, des Linnens und des königlichen Hausrats und eilten davon, nachdem sie den Leichnam fast nackt auf dem Boden der Zelle zurückgelassen hatten.«[57]

Wilhelm der Eroberer — Herzog Wilhelm II. von Normandie und König Wilhelm I. von England — starb in den frühen Morgenstunden am Donnerstag, dem 9. September 1087.[58]

Diese Mischung aus Irdischem und Erhabenem, die in den Schilderungen über den Tod des Eroberers enthalten ist, wird durch die Umstände seiner Bestattung noch augenscheinlicher. Es wurde beschlossen, ihn in dem von ihm gegründeten Kloster Saint-Stephan in Caen zu begraben, doch ergaben sich anfänglich anscheinend Schwierigkeiten bei den Vorbereitungen zu einer angemessenen Überführung der Leiche. Schließlich wurde sie zu Schiff die Seine abwärts gebracht und dann auf dem Landwege bis zum Stadtrand von Caen transportiert, wo sich eine vornehme Gesellschaft von Leidtragenden zu dem Zug gesellte. Doch wurde die prächtige Prozession durch ein zufällig in der Stadt ausgebrochenes Feuer gestört. Schließlich erreichte man dann aber doch die Kirche; dort hatte sich eine bedeutende Gesellschaft versammelt, um der Messe beizuwohnen und die Predigt Bischof Gilberts von Lisieux zu hören. Der Sohn des Königs, Heinrich, viele weltliche Feudalherren, alle normannischen Bischöfe und viele normannische Äbte — unter ihnen der betagte Nicholas von Saint-Ouen und Anselm von Le Bec — waren bei der Feier zugegen. So umgab den Eroberer bei seiner Beisetzung noch einmal ein normannischer Hof, der jenen berühmten Höfen in der Zeit seiner Herrschaft vergleichbar war.[59]

Die Erhabenheit der Feier wurde jedoch bald unterbrochen. Ein gewisser Ascelin, der in Caen ein angesehener Bürger war, protestierte dagegen, daß man ihn des Grundes beraubt hatte, auf dem der König begraben werden sollte und forderte eine Entschädigung, die er dann auch erhielt.[60] Und dann ereignete sich noch ein makaberer Vorfall: als die Diener den starren Körper in den Steinsarg zwängen wollten, verletzten sie den Leichnam, woraufhin sich ein so unerträglicher Gestank in der Kirche ausbreitete, daß sich die Priester gezwungen sahen, die Messe so schnell wie möglich zu Ende zu bringen.[61] Doch sollte dies nicht die letzte Entehrung des königlichen Toten sein. Sein Sohn Wilhelm ließ von dem Goldschmied Otto einen prächtigen Gedenkstein anfertigen, der, mit einer Inschrift Erzbischofs Thomas II. von York versehen, bis zum Jahre 1522 unangetastet bleiben sollte.[62] Doch wurde das Grab in diesem Jahr auf Anordnung von Rom wieder geöffnet und der Leichnam, nachdem er untersucht worden war, feierlich wieder beigesetzt.[63] Im Jahre 1562 verwüsteten die Kalvinisten die Grabstätte vollständig. Das Grab wurde geplündert, der Grabstein zerstört und die sterblichen Überreste mit Ausnahme eines Schenkelknochens in alle Winde verstreut.[64] Diese einzige erhaltene Reliquie wurde jedoch aufbewahrt und im Jahre 1642 unter einem neuen Grabmal beigesetzt, das rund hundert Jahre später durch ein kunstvolleres Denkmal ersetzt wurde. Doch sollte auch dieses nicht von Dauer sein.[65]

In den Revolutionskämpfen des Jahres 1793 wurde das Grab nocheinmal zerstört, und heute bezeichnet ein einfacher Grabstein mit einer Inschrift aus dem 19. Jahrhundert die letzte Ruhestätte Wilhelm des Eroberers.

EPILOG

So endete das Leben Wilhelm des Eroberers, »und dies war das Ende all dessen, was außer seinem Ruhm sterblich an ihm war«. [1] Ein Biograph ist immer bereit, die Bedeutung des von ihm geschilderten Menschen zu übertreiben. Auch liegt das wesentliche Gewicht der hier behandelten historischen Entwicklung außerhalb des Werdegangs einer Einzelpersönlichkeit, und sei sie noch so hervorragend. Die normannische Eroberung Englands war als das zentrale Geschehen dieser Entwicklung vielleicht das einschneidendste Ereignis in der englischen Geschichte zwischen der Bekehrung und der Reformation. Durch sie erhielt England eine neue Monarchie, eine besondere Feudalverfassung und eine reformierte Kirche; zugleich konzentrierte es sich auf eine neue Reihe geistiger und politischer Ideen. Doch sollte diese Entwicklung sich so vollziehen, daß die wesentliche Kontinuität des englischen Lebens bewahrt blieb. Dadurch, daß viele Neuerungen mit den alten Einrichtungen verschmolzen wurden, trug die Eroberung wesentlich zu dem höchst eigenständigen Gepräge des mittelalterlichen Englands bei.

Derart einschneidende Umwälzungen können nicht einer einzelnen Persönlichkeit allein zugeschrieben werden. Noch weniger kann sie jedoch auf Grund der Urteile späterer Epochen eingeschätzt werden, zumal diese oft von religiösen, politischen und sozialen Kriterien abhängen, die an sich schon anfechtbar sind. Mit welchem Maßstab könnte man also die Kirche Lanfrancs mit der Aldreds, die Geistigkeit Johns von Fécamp mit der Wulfstans, oder aber die Tugenden und Laster der anglo-normannischen Aristokratie mit denen ihrer englischen Vorgänger messen? Wie sollte man den relativen Wert der im Mittelalter herrschenden politischen Beziehungen Englands zu Frankreich und Skandinavien auch nur in etwa endgültig beurteilen können? Wie könnte man das literarische Werk Ælfrics dem des heiligen Anselm gegenüberstellen, oder den Wert der in der Landessprache abgefaßten Annalen des angelsächsischen Chronisten gegen den der großen lateinischen Geschichte des Ordericus Vitalis abwägen, der selbst ein Mönch aus Saint-Evroul und zugleich »Anglicanus« war? Um diese Umwälzungen in etwa richtig einschätzen zu können, betrachtet man sie am besten innerhalb ihres zeitgenössischen Rahmens. Die normannische Eroberung Englands wurde durch die vorhergehende Geschichte vorbereitet; sie hing von der wachsenden Macht und Politik einer einzigartigen Provinz ab; außerdem entsprang sie dem Zusammenwirken politischer Beziehungen, in die sich vor 1066 Frankreich, Skandinavien, Italien und der größte Teil Westeuropas mehr und mehr verstrickt hatten. Die daraus entstandenen positiven und negativen Folgen waren nicht nur politischer und weltlicher Natur, sondern ebenso sozialer, kirchlicher und kultureller Art. Auch waren sie sehr weitreichend. Die Gründung des anglo-normannischen Königreiches veränderte das politische Gleichgewicht Europas. Durch sie wurde ein Großteil der künftigen Geschichte Frankreichs bestimmt. Auch veränderte sie den inneren Aufbau und den nach außen gerichteten Einfluß des christlichen Abendlandes im Mittelalter.

Die Krisis, die sich während der mittleren Jahrzehnte des 11. Jahrhunderts hinzog und deren Ursachen so vielfältig und deren Folgen so weitreichend waren, reicht weit über die Bedeutung der Leistungen eines einzigen Mannes hinaus. Dennoch bleibt es auch ohne diese Einschränkungen nach wie vor schwierig, die damals eintretenden gewaltigen Entwicklungen ohne Bezug auf Wilhelms eigenen Einfluß auf die hier erläuterten politischen Strömungen zu erklären. Die Stellung eines Menschen in der Geschichte hängt von dem Grad ab, mit dem er die Ansprüche seiner Zeit befriedigen oder aber umwandeln kann. Jedoch hängt diese Fähigkeit von seinen eigenen Qualitäten ab, wobei seine diesbezüglichen Möglichkeiten in einem Zeitalter der durch die Persönlichkeit geprägten Regierung noch wesentlich verstärkt werden. Aus diesen Gründen — wenn nicht auch aus anderen — müssen der Charakter Wilhelms und seine Persönlichkeit Aufmerksamkeit erregen, da beide immerhin zu den Faktoren gehörten, durch die England und Europa gestaltet wurden.

Wie sah er aus — dieser Mann, der auf seine Zeitgenossen einen derart tiefen Eindruck machte? Die Darstellung Wilhelms auf dem Wandteppich von Bayeux, auf seinem englischen Siegel oder den für ihn als König geprägten Münzen sind zu stilisiert, als daß sie eine deutliche Vorstellung von seiner persönlichen Erscheinung geben könnten. Doch sind die schriftlichen Zeugnisse aufschlußreicher. Ein normannischer Mönch, der ihn vermutlich gesehen hatte, beschrieb ihn als einen kräftigen Krieger mit einer rauhen, gutturalen Stimme und von hohem, aber nicht plumpem Wuchs.[2] Englische Autoren berichteten, daß er »ob er saß oder stand«, einen majestätischen Eindruck erweckte, obwohl die außerordentliche Beleibtheit, die ihn später verunstaltete, zweifellos schon in mittleren Jahren begann.[3] Bis zum Ende seines Lebens erfreute er sich einer besonders guten Gesundheit, und seine außergewöhnliche Körperstärke wird häufig erwähnt. Wilhelm von Poitiers und Wilhelm von Jumièges verbreiteten sich gern über seine Tapferkeit auf dem Schlachtfeld, und es existieren eine Unzahl Beispiele für seine Fähigkeit, große körperliche Anstrengungen auszuhalten.[4] Es handelt sich in diesem Falle um eine aus den verschiedensten Quellen zusammengefaßte Darstellung, die durchaus glaubwürdig ist.

Darüber hinaus kann sie durch Beweismaterial besonderer Art ergänzt werden. Als das Grab Wilhelms im Jahre 1522 zum ersten Male geöffnet wurde, fand man den Körper in seinem ursprünglichen Steinsarg und in verhältnismäßig gut erhaltenem Zustand vor; einem frühen Bericht zufolge war er der eines großen Mannes mit auffallend langen Armen und Beinen.[5] Auch diese Einzelheit kann bestätigt werden. Der Oberschenkelknochen, der der späteren Zerstörung der Kalvinisten entging, wurde gemessen, wobei sich herausstellte, daß dieser Mann ungefähr ein Meter und fünfundsiebzig Zentimeter groß war.[6] Schließlich existiert noch ein letztes Beweisstück. Als das Grab im Jahre 1522 zum ersten Male geöffnet wurde, barg man aus den Überresten ein auf Holz gemaltes Portrait, das man dann an die Decke der Gruft hängte. Zwar wurde auch dieses Bildnis später zerstört, doch überdauerte in Caen ein außergewöhnliches Gemälde, das zu Beginn des 18. Jahrhunderts entstand und durchaus eine Kopie jenes Bildnisses aus dem 16. Jahrhundert sein kann.[7] Es zeigt einen bedeutenden und dominierenden Monarchen von kräftiger Statur, mit vollfleischigem Gesicht und rotbraunem Haar. Er ist nach der Art eines Königs aus dem 16. Jahrhundert gekleidet und ähnelt stark jenen berühmten zeitgenössischen Portraits Heinrich VIII. von England. Offensichtlich darf man sich auf ein derartiges und zu jener Zeit entstandenes Bild nicht allzu sehr verlassen.[8] Wenn es jedoch zusammen mit dem übrigen Beweismaterial betrachtet wird, erscheint die Annahme nicht unberechtigt, daß es in gewisser Hinsicht tatsächlich die persönliche Erscheinung Wilhelm des Eroberers widerspiegelt.

Dieser stattliche Krieger kann, robust und beherrschend wie er war, seiner äußeren Erscheinung nach kaum mit seiner Gemahlin verglichen werden, die er unter solchen Schwierigkeiten gewonnen hatte und der er so innig verbunden war. Zeitgenossen, die sich ihres Einflusses voll bewußt waren, schildern häufig ihre Tugenden, ihre äußere Erscheinung jedoch nur selten; doch ist es auch in diesem Falle möglich, besonderes Beweismaterial heranzuziehen. Matildas Grab in der Dreifaltigkeitskirche zu Caen wurde auf ähnliche Art verwüstet wie die Gruft ihres Gemahls in Saint-Stephan. Der ursprüngliche Sarg wurde zerstört, doch blieben in ihrem Falle die Gebeine erhalten; nachdem sie in einen kleinen Sarg gelegt worden waren, wurden sie wieder unter dem ursprünglichen und prächtigen Grabstein beerdigt, der samt seiner Inschrift in dieser Kirche nach wie vor vorhanden ist.[9] Dieser kleine Sarg wurde im Jahre 1961 nocheinmal ausgegraben und sein Inhalt mit erstaunlichen Ergebnissen untersucht.[10] Die Gebeine wiesen auf eine äußerst kleine Frau hin, die sicher nicht größer als rund ein Meter und fünfundzwanzig Zentimeter war. Das Bild, das sich auf diese Weise ergibt, ruft sicherlich Einwände hervor. Auch ist die Überlegung nicht uninteressant, daß die berühmte Herzogin und Königin, die als einer der Regenten Wilhelms in der Normandie tätig war und sich dem Willen ihres großartigen Gemahls zumindest einmal widersetzte, eine Frau von derart winzigem Wuchs gewesen sein soll. Wenn Wilhelm und seine Gemahlin an einem ihrer feierlichen Hoftage im vollen Krönungsornat und umgeben von den mächtigen normannischen Geistlichen und dem normannischen Kriegeradel auf ihren Thronen saßen, mochten sie wohl ein merkwürdiges Paar abgegeben haben.

Was den persönlichen Charakter Wilhelms anbelangt, so ist es wohl unnötig, die im Laufe der Jahrhunderte entstandenen, erstaunlich unterschiedlichen Urteile zu wiederholen.[11] Glücklicherweise blieben zwei zeitgenössische Schilderungen erhalten, die von Männern stammen, die ihn kannten. Eine von ihnen wurde kurz nach seinem Tode von einem Mönch aus Caen verfaßt und verdient, zitiert zu werden:

»An Wissen übertraf der König alle Fürsten seiner Generation und tat sich unter ihnen durch die Großzügigkeit seines Geistes hervor. Nie ließ er sich von der Ausführung eines Unternehmens abhalten, weil es vielleicht Mühen nach sich zog, und immer sah er jeder Gefahr unerschrocken ins Auge. Die wahre Bedeutung eines Ereignisses vermochte er so genau zu bestimmen, daß er es mit jedem Feind aufnehmen und in glücklichen Zeiten seinen vollen Nutzen aus den trügerischen Versprechen des Geschicks ziehen konnte. Er war von mächtiger und kräftiger Statur, hochgewachsen, aber nicht plump. Auch war er beim Essen und Trinken mäßig. Er war vor allem beim Trinken enthaltsam, da er Trunkenheit bei allen Männern verabscheute, doch war ihm dies

374

vor allem an sich selbst und an seinem Hofstaat verhaßt. Er trank so wenig Wein oder andere Getränke, daß er nach seinem Mahl kaum mehr als dreimal getrunken hatte. Seine Rede war flüssig und überzeugend; auch war er jederzeit geschickt, seinen Willen durchzusetzen. Zwar war seine Stimme barsch, doch entsprachen seine Worte immer dem jeweiligen Anlaß. Er folgte der christlichen Erziehung, die er von Kindheit an genossen hatte und wohnte, wenn seine Gesundheit es gestattete, regelmäßig und mit großer Frömmigkeit jeden Morgen und Abend dem christlichen Gottesdienst sowie der Zelebrierung der Messe bei.« [12]

Diese interessante Beschreibung erinnert an eine frühere Schilderung Karls des Großen, die auf Suetonius zurückzuführen ist. Natürlich muß sie mit dem notwendigen Unterscheidungsvermögen beurteilt werden [13], doch darf man sie dennoch nicht außer Acht lassen. Sie muß als eindrucksvoller Beitrag eines Mannes betrachtet werden, der sich in der Lage befand, sein Wissen aus Tatsachen zu beziehen.

Dennoch ist es notwendig, sie mit einer zur selben Zeit entstandenen Beurteilung des Eroberers durch einen Engländer zu vergleichen, der »zu ihm aufsah und einmal an seinem Hofe lebte«. [14] Auch hier erscheint Wilhelm als »ein sehr kluger und mächtiger Mann, der frömmer und willensstärker als jeder seiner Vorgänger gewesen war«. Doch wird er auch als ein harter und gewalttätiger Unterdrücker, als brutal, geizig und grausam geschildert. Die Ausgewogenheit dieser bedeutenden Beurteilung tritt im Schluß zutage: »Was wir über ihn geschrieben haben, ist Gutes und Schlechtes.«

Diese frühen Berichte über Wilhelm den Eroberer sind hochinteressant, doch ist die Erwägung wichtig, inwieweit sie bestätigt werden können. Beispielsweise besteht kein Zweifel daran, daß Wilhelm, was die so vielen weltlichen Herrschern seiner Zeit eigene Barbarei anbelangte, durchaus keine Ausnahme bildete, und in einem Falle hielt man ihn in England für außerordentlich leichtfertig menschlichem Leiden gegenüber. Es besteht kein Grund, an der Überlieferung zu zweifeln, daß der »New Forest« auf sein Betreiben hin entstand, und Autoren des 12. Jahrhunderts fiel die Behauptung leicht, daß die göttliche Vergeltung für dieses Verbrechen den Untergang so vieler Angehöriger seiner Familie in jener Gegend verursachte: dort kam sein zweiter Sohn Richard ungefähr um 1075 um; sein dritter Sohn Wilhelm im Jahre 1100 und sein Enkel Richard, ein unehelicher Sohn Roberts, zu einem anderen Zeitpunkt. [15] Der mit diesem Unternehmen verbundene Grad der Verwüstung ist vielleicht übertrieben worden [16], doch wurden sicher viele Ortschaften entvölkert und zweifellos auch einiges Kirchengut zerstört.[17] Noch beklagenswerter waren jedoch die grausamen Strafen, mit denen jene bedroht wurden, die königliches Wild stahlen. An diesem Punkt macht der angelsächsische Chronist seiner Empörung in einem Knüttelvers Luft:

> »Er schützte in großem Maße das Wild
> und erließ Gesetze, die waren nicht mild;
> durch wessen Schuld Hirsch und Hindin verendet,
> der wurde geblendet.
> Die Hirsche und Eber beschützte er
> und liebt' sie als ob er ihr Vater wär.«[18]

Dies ist wahrlich eine traurige Anklage; auch besteht kein Zweifel daran, daß das »forest law« oder Forstgesetz, das zu einem typischen Merkmal des mittelalterlichen England werden sollte, in seinen wesentlichen Punkten von der Normandie eingeführt worden war.[19] Dennoch darf diese Angelegenheit nicht aus ihrem Zusammenhang gerissen werden. Wilhelm stammte aus einer damals — und auch heute — sehr waldreichen Provinz. Auch werden die herzoglichen Forstrechte durch Urkunden des 11. Jahrhunderts bestätigt.[20] Doch waren im vornormannischen England die Wälder künstlich angelegt und wurden als eine Einrichtung der königlichen Familie grimmig geschützt.[21] Cnut belegte diejenigen, die in seinen Wäldern jagten, mit harten Strafen, und auch Edward der Bekenner war von der Jagdleidenschaft besessen. Zweifellos erweiterte der Eroberer in England die königlichen Forste mit fühlloser Grausamkeit, doch waren die Bedingungen, die derartige Handlungen ermöglichten, nicht von ihm geschaffen, auch beging er sie nicht allein.

Schwerere Anklage gegen Wilhelm läßt sich wegen der Grausamkeit erheben, die so viele seiner Feldzüge kennzeichnete. Den Schrecknissen von Alençon im Jahre 1051 entsprachen jene von Mantes im Jahre 1087, und sein Marsch um London war von totaler Verwüstung begleitet. Wenn diese Handlungen auch nicht zu beschönigen sind, so geschahen sie doch weder leichtfertig noch zwecklos. Die Plünderung Alençons brach den Widerstand Domfronts; die Zerstörung Romneys im Jahre 1066 ermöglichte eine unblutige Einnahme Dovers; die im selben Jahre durchgeführte Abschnürung Londons ist als strategische Maßnahme entschuldbar; und nach der Kapitulation Exeters im Jahre 1068 verhinderte Wilhelm mit Erfolg eine Plünderung der Stadt durch seine Truppen. Natürlich trug die zwischen 1069 und 1070 stattfindende Verwüstung Nordenglands todbringendere und furchtbarere Züge und war selbst im Hinblick auf die dem anglo-normannischen

Königreich damals von Northumbria, Schottland, Norwegen und Maine drohende Krisis kaum entschuldbar. Zweifellos war Wilhelm zuweilen bestialisch grausam, doch wäre auch in diesem Falle ein selbstgefälliges Urteil allzu einfach. Er war nicht der erste und nicht der letzte König von England, der einen Landstrich verwüsten ließ, um seiner Leidenschaft zu frönen. Auch besitzt das 20. Jahrhundert wohl kaum das Recht, das 11. Jahrhundert wegen seiner gnadenlosen Kriegführung zu verdammen.

Wilhelm war blutbesudelt, doch war seine Habsucht zumindest genauso abstoßend. Sie wird in den meisten Berichten geschildert, und natürlich war England ihr Hauptopfer. Zwar entstand seine Habgier in erster Linie aus seinem Bedarf an Söldnertruppen, doch war sie deshalb nicht weniger schändlich; das durch sie verursachte Elend war erheblich. Die Unbarmherzigkeit, mit der er Geld aus England herauspreßte, muß seiner tüchtigen Verwaltung gegenübergestellt werden. Seine Steuern waren hart und wurden mitleidlos und oft sogar ungerecht auferlegt:

> »Er hat Burgen gebaut
> und die Leut unterdrückt,
> der König selbst war furchtbar stark,
> dem Volk entriß er manche Mark,
> pfundweis er Gold und Silber barg,
> Gerechtigkeit hat ihm gefehlt,
> sein armes Volk hat er gequält,
> der Habgier war er untertan.« [22]

Kein Wunder also, daß die Domesday-Untersuchung im Jahre 1086 einen Volksaufruhr hervorrief, da er »seiner Gewohnheit gemäß handelte, das heißt, daß er sich, wo immer er einen Vorwand fand und ob dieser nun gerecht oder ungerecht war, eine große Summe Geldes verschaffte.« [23]

Jedoch darf auch die Kehrseite nicht außer acht gelassen werden. Derselbe Engländer beschreibt nach seiner Schilderung der Härte von Wilhelms Herrschaft dessen Patronatsstellung gegenüber der Kirche; die Majestät seiner Hoftage; seine königliche Würde und die Hochachtung, die sie einflößte; vor allem aber die ausgezeichnete Ordnung, die durch seine unnachgiebige Verwaltung entstanden war. »Keiner, und war er noch so mächtig, wagte gegen seinen Willen zu handeln«, und infolgedessen »konnte jeder ehrliche Mann ohne Schaden mit seiner goldgefüllten Geldkatze durch sein Königreich reisen, und kein Mann wagte, einen anderen zu schlagen [? oder töten]«. Er war ein strenger und mitleidloser König. Doch war er kein selbstsüchtiger Tyrann schlechthin und wurde auch von seinen Untertanen nicht als solcher angesehen. Zwar hatten sie die Härte seiner Verwaltung am eigenen Leibe verspürt, doch da sie ebenso »die gute Sicherheit, die er in seinem Lande geschaffen«, erfahren hatten, überließen sie Gott das Urteil über seine mitleidlose Unterdrückung der Unordnung.[24]

Dies war ein mildes Urteil, da das so entstandene Bild zweifellos abstoßend ist. Immerhin war es eine dem mittelalterlichen Königtum eigene Pflicht, eine strenge Gerichtsbarkeit zu erstellen, und jeder König des 11. Jahrhunderst hatte vermutlich viel zu tun, um seine Seele zu retten. Auch ist es bei der Betrachtung von Wilhelms Werdegang unmöglich, die Bewunderung, die seine Zeitgenossen seinem Mut und seiner Entschlossenheit zollten, nicht bis zu einem gewissen Grade zu teilen. Wilhelm entfaltete die unumgänglich notwendige Verbindung zwischen Eigenpersönlichkeit und Macht und bewies, daß bei der Gestaltung von Ereignissen Mut und Entschlossenheit von größerer Bedeutung sein konnten als materielle Hilfsquellen, bzw. daß ein unverrückbares Ziel schließlich ausschlaggebend war. Zweifellos war sein Charakter während seiner furchtbaren Kindheit, aber auch während seiner Jugendjahre schmerzhaft geprägt worden, als sich nämlich bei seinem Kampf um die Existenz alles gegen ihn zu richten schien. Diesem Manne muß eine wunderbare Kraft innegewohnt haben, die ihn dazu befähigte, von seinem ursprünglichen Rang eines Bastards zur Fülle der Macht emporzusteigen und von den harten und nüchternen Männern seiner Umgebung die Unterstützung zu erhalten, die allein seinen Erfolg ermöglichen konnte. Nur so erreichte der normannische Herzog innerhalb jener Krise, die das christliche Abendland zu seiner Zeit durchmachte, eine beherrschende Stellung, durch die er einen eigenen Beitrag zu der Verkettung der Schicksale des mittelalterlichen England und Lateineuropas leisten konnte und zwar zu einem Zeitpunkt, als sich der teilweise durch ihn gestaltete kirchliche und politische Aufbau Europas immer mehr auf die charakteristischen Merkmale des hohen Mittelalters hin zu entwickeln begann.

Auch seine Tatkraft verdient ein gewisses Andenken. Als er noch keine dreißig Jahre alt war, führte er beispielsweise zwischen 1051 und 1054 Krieg in Maine; er nahm Rouen ein; er eroberte Arques; er unterdrückte einen großen Aufstand in der Obernormandie; er organisierte die Verteidigung seines Herzogtums gegen die geballte Macht des französischen Königs; er berief das Konzil von Lisieux ein und setzte einen Erzbischof von Rouen ab. Während seines ganzen Lebens blieb seine Tatkraft die gleiche, und war er ständig in Bewegung. So folgte sein großer Feldzug des Jahres 1073 in Maine fast unmittelbar auf jenen, den er gegen Ende des vorhergehenden Jahres an der Grenze des Hochlandes geführt hatte, und seine häufigen Reisen von England in die Normandie und umgekehrt waren vermutlich zahlreicher als die besonders verzeichneten. Es besteht wohl kein Zweifel an seiner hervorragenden Eignung zum Führer, deren Wesen sich anläßlich vieler Ereignisse seines Lebens offenbart. So zum Beispiel, als er ein großes undiszipliniertes Söldnerheer an der Plünderung des normannischen Landes hinderte, oder als er in jener schicksalhaften Nacht des 27. September 1066 jegliche Verbindung mit seiner Flotte verloren hatte, sich inmitten des Kanals allein vor einem ungewissen Geschick sah und dann, »als befände er sich zu Hause« zu Abend speiste, um so seinen Männern wieder Mut einzuflößen.[25] Die ihm angeborene Autorität ließ ihn die Menschen beherrschen.

Er war sicherlich ein furchteinflößender Mann. »In seinen Kerkern lagen Grafen; Bischöfe verstieß er aus ihren Bistümern und Äbte aus ihren Abteien; er warf Ritter ins Gefängnis und machte schließlich nicht einmal vor seinem eigenen Bruder Odo halt.«[26] Jedoch wurden andererseits Feudalherren — mit Ausnahme von Waltheof, dessen Verurteilung immer noch umstritten ist — nachdem sie sich ihm vor oder nach 1066 in England oder in der Normandie erfolglos widersetzt hatten, nach ihrer Gefangennahme, wenn überhaupt, so nur selten zum Tode verurteilt. Die später umlaufenden Geschichten, daß er zu Gift griff, sind äußerst zweifelhaft[27], auch war kein Mord, der Wilhelm zugeschrieben wurde, je so grauenerregend wie die Abschlachtung Alfred Athelings im Jahre 1036, oder aber jener widerliche Mord an Beorn auf den Schiffen Sweyns im Jahre 1049.[28] Auch zeigte sich der Eroberer gelegentlich erstaunlich nachsichtig gegenüber Widersachern, die in seine Gewalt gefallen waren. Seine Behandlung Nigels von Saint-Sauveur, des Grafen Wilhelm von Arques oder des Athelings Edgar kann sogar großzügig genannt werden.

Tatsächlich war sein Charakter in gewisser Hinsicht paradox. Seine Brutalität, seine Habgier und seine Unterdrückungsmethoden sprechen eine deutliche Sprache und sind beklagenswert, doch wäre es vollkommen falsch, ihn deshalb als einen groben Raufbold oder als blutrünstiges Scheusal schlechthin zu betrachten. Er gewann nicht nur auf Grund seines offenkundigen Patronats der Kirche die Hochachtung seiner berühmten Zeitgenossen. Seine kirchlichen Ernennungen waren im allgemeinen richtig getroffen; seine Zusammenarbeit mit Lanfranc gereichte beiden zur Ehre, und der Papst, dem er sich widersetzte, anerkannte seinen Respekt vor religiösen Einrichtungen; seine persönliche Frömmigkeit war zweifellos echt; beim Essen und Trinken war er enthaltsam, und seine Mäßigkeit galt als außergewöhnlich. Er war liebesfähig und konnte manchmal auch bei anderen Zuneigung erwecken; zuzeiten konnte er sogar großzügig und freundlich sein. Tatsächlich drängte sich vor allem dieser erstaunliche Charakterzug in die Gedanken jener kleinen Gruppe von Menschen, die sich nach seinem Begräbnis in Caen zusammenfand, um über die Wechselfälle seines außergewöhnlichen Lebens nachzudenken.[29] Auch heute noch ist er in manchem ein Rätsel: bewundernswert, doch nicht liebenswert, beherrschend und eigenartig.

Sein persönlicher Charakter spiegelte sich in seiner Politik wider. Nur wenige Studenten des hier behandelten geschichtlichen Abschnitts sind wohl versucht, seinen persönlichen Beitrag zu der Geschichte seines Zeitalters zu unterschätzen. Die Konzentrierung der normannischen Macht und die Entwicklung der normannischen Politik hatten seiner herzoglichen Führung viel zu verdanken. Im Jahre 1066 waren seine Diplomatie und seine strategischen Fähigkeiten gleich bewundernswert. Als König von England errichtete er eine neue Feudalordnung, die zwar Plünderungen, jedoch keine Anarchie nach sich zog. Er trug zur Umgestaltung des englischen Kirchenlebens bei. Und schließlich bewahrte er nicht nur das von ihm eroberte Königreich, sondern belebte darüber hinaus dessen althergebrachte Einrichtungen. Er drückte all seinen Herrschaftsgebieten seinen Stempel auf, und sein Tod wurde allgemein für ein Vorzeichen kommenden Unglücks gehalten. Es geschah nicht umsonst, daß viele seiner mächtigen Gefolgsleute daraufhin der Welt entsagten, um ihre letzten Tage in klösterlicher Abgeschiedenheit zu verbringen, oder daß sich unter dem niedrigen Volk, das die seinem Tode folgenden Unruhen voraussahnen mochte, große Furcht verbreitete.

Er war natürlich ein Produkt seiner Zeit, und sein Erfolg sollte von den Entwicklungen in der Normandie, Frankreich, England und Italien abhängen, über die er nur wenig Kontrolle besaß. Doch war es ein Kennzeichen seiner schöpferischen Staatskunst, daß er sein Ziel den Umständen seines kritischen Zeitalters anpaßte. Er wuchs über seine Generation hinaus, diente ihr jedoch gleichzeitig. Er schuf und ergriff die sich bietenden günstigen Gelegenheiten. Wenn er auch die normannische Macht verherrlichte, so war er selbst ein Produkt der normannischen Vergangenheit, und als er England eroberte, erweckte er viele englische Traditionen zu neuem Leben. Seine wesentliche Größe spiegelt sich in der Beständigkeit seines Werkes. Ohne ihn wäre die normannische Eroberung unmöglich gewesen, auch wären ihre Ergebnisse ohne ihn völlig anders ausgefallen. Die zukünftige Geschichte Englands

und Europas war durch seine Taten grundlegend gewandelt worden:
»Wahrlich, er war ein großer Fürst: voll der Hoffnung, Großes zu
unternehmen, voll des Mutes, es zu vollenden: die meisten seiner
Handlungen waren vorbildlich, alle jedoch entschuldbar. Es gereicht
ihm nicht zuletzt zur besonderen Ehre, daß die nachfolgenden Könige
von England ihre Berufung durch ihn empfingen: nicht durch seinen
Sieg in England, sondern durch seine Tugend und Tapferkeit.[30]
So schrieb John Hayward im Jahre 1613 über Wilhelm den Eroberer.
Seine Worte — die Worte eines Zeitgenossen Shakespeares — mögen
diesem Buch als ein gültiger Schlußstein dienen.

ANHANG

A

DIE GEBURT WILHELM DES EROBERERS UND DIE VERWANDTSCHAFTLICHEN BEZIEHUNGEN HERLEVES

Wilhelm der Eroberer war der uneheliche Sohn Robert I., Herzog der Normandie. Er wurde in Falaise geboren, und seine Mutter war Herleve, ein Mädchen aus dieser Stadt.

Den hier nüchtern verzeichneten Tatsachen über Wilhelms Geburt muß man jedoch hinzufügen, daß alle mit diesem Ereignis verbundenen Umstände undurchsichtig sind, und daß das betreffende Beweismaterial dürftig und widersprüchlich ist. Wilhelm von Poitiers zum Beispiel verzeichnet keine genauen Angaben; Wilhelm von Jumièges spricht lediglich von Roberts Vaterschaft; Wilhelm von Malmesbury hinterließ wohl eine anschauliche Schilderung über Roberts erste Begegnung mit Wilhelms Mutter, verzeichnet jedoch weder ihren Namen noch den Ort, wo diese stattfand.[1] Anscheinend war es Ordericus Vitalis, der zuerst Herleves Namen nannte;[2] die Tatsache jedoch, daß Wilhelm in Falaise geboren wurde, taucht kategorisch erst bei Schriftstellern des zwölften Jahrhunderts auf.[3] Tatsächlich gab es noch eine spätere Legende, die besagte, daß Herleve flämischer Abstammung war, und daß Wilhelm in Rouen geboren wurde.[4] Der Wahrheitsgehalt dieser Berichte ist jedoch gering.[5] Die Überlieferung, daß Wilhelm in Falaise geboren wurde, ist äußerst glaubwürdig und kann — wie man sehen wird — durch Indizienbeweise erhärtet werden. Man kann sie ohne große Bedenken anerkennen.

Herleve stammte aus einfachen Verhältnissen. Chronisten aus jener Zeit schweigen diskret über ihren Vater. Ordericus Vitalis jedoch nennt ihn Fulbert und erzählte, daß später, bei der Belagerung von Alençon, die Verteidiger dieser Burg Wilhelm von den Mauern herab mit Fellen und Häuten zuwinkten, um damit den Herzog mit der Tatsache zu verhöhnen, daß die Verwandten seiner Mutter »polinctores« waren.[6] So wird die Überlieferung, daß Herleves Vater von Beruf Gerber war, bestätigt. Außerdem waren die Gerbereien von Falaise berühmt. Dazu muß jedoch noch bemerkt werden, daß das Wort »polinctor« besser mit »Einbalsamierer« übersetzt werden würde.[7] Schlußfolgerung wäre also die, daß Herleves Vater höchstwahrscheinlich Fulbert hieß, und daß er ebenso wahrscheinlich von Beruf Gerber, vielleicht aber auch ein Mann war, der Leichen für ihr Begräbnis präparierte.

Wilhelms Geburtsdatum ist bereits erschöpfend diskutiert worden. Ich habe mich in dieser Hinsicht den Folgerungen M. Henri Prentout's angeschlossen, die noch durch Zeugnisse untermauert werden, welche von Mr L. C. Loyd und Mr G. H. White in dem Werk »Complete Peerage« überprüft wurden.[8] Doch ist das Beweismaterial nicht so überzeugend wie zu wünschen wäre. In der Rede auf dem Sterbebett, die Ordericus Vitalis Wilhelm dem Eroberer in den Mund legt, wird behauptet, daß Wilhelm zu dieser Zeit — das heißt am 9. September 1087 — vierundsechzig Jahre alt war, was seine Geburt auf oder um das Jahr 1023 verlegen würde.[9] Auf Grund von anderem Beweismaterial kann man dieses Datum getrost beiseite lassen. Wilhelm von Malmesbury bemerkt, daß der Eroberer im Januar 1035 oder frühestens Ende 1034, als nämlich Robert I. seine Pilgerreise antrat, sieben Jahre alt war[10], und Ordericus behauptet, daß er damals ein Knabe von acht Jahren war.[11] Dadurch würde Wilhelms Geburt auf das Jahr 1027 oder Anfang 1028 fallen. Ebenso wird erzählt, daß Wilhelm, als Robert im Juli 1035 starb, acht Jahre alt war.[12]

Es wird sich herausstellen, daß es äußerst schwierig ist, solche Äußerungen genau zu bestimmen, denn viele von ihnen können sowohl mit »in seinem siebenten (oder achten) Jahr« als auch mit »sieben (oder acht) Jahre alt« übersetzt werden. Darüber hinaus widersprechen sich Ordericus und in der Tat auch Wace. »De Obitu Willelmi«[13], der frühe Bericht eines Mönches aus Caen, der Ende des elften Jahrhunderts entstand, verzeichnet, daß Wilhelm im September 1087 neunundfünfzig Jahre alt war.[14] Diese Behauptung zeichnet sich durch größere Glaubwürdigkeit aus als die vorher zitierten. Genau genommen würde sie Wilhelms Geburt zwischen den 9. September 1028 und den 9. September 1029 verlegen. Angesichts anderen Beweismaterials jedoch, das einen früheren Zeitpunkt annimmt, neige ich selbst dazu, die Geburt des Eroberers auf einen frühen Zeitpunkt innerhalb der genannten Zeitspanne zu verlegen. Deshalb wurde hier ein Zeitpunkt im Herbst

1028 als Geburtsdatum angenommen, doch kann dieses Problem noch nicht als endgültig gelöst betrachtet werden.

Obgleich nicht erwiesen, so ist es doch wahrscheinlich, daß Herleve Robert noch ein zweites Kind gebar, nämlich ein Mädchen namens Adelaide, das zuerst Enguerrand, den Grafen von Ponthieu, dann Lambert von Lens und schließlich Odo, den Grafen von Champagne [15] heiratete. Es ist sicher, daß der Eroberer eine Schwester oder Halbschwester dieses Namens und mit diesem Lebenslauf hatte, und ebenso gewiß ist, daß diese nicht die Tochter von Herluin, dem Vicomte von Conteville und Gemahl Herleves war. Möglich ist jedoch, daß sie nicht Herleves Tochter, sondern die einer anderen Geliebten Roberts war. Aber wahrscheinlich war sie keine Halbschwester, sondern eine richtige Schwester des Eroberers.

Herleves Werdegang brachte auch ihren Verwandten viel Glück. Anscheinend wurde jener unbekannte Fulbert später ein »cubicularius« am herzoglichen Hof.[16] Auch von Herleves Brüdern ist uns einiges bekannt. Im Urkundenmaterial treten sie als Osbern und Walter auf.[17] Von Walter wird erzählt, daß er während der gefahrvollen Kindheit des Eroberers über dessen Leben wachte, und daß er Wilhelm einmal rettete, indem er das Kind aus seinem Bett riß und es in den »Behausungen der Armen« in Sicherheit brachte.[18] Dieser Walter besaß mindestens zwei Töchter. Die eine von ihnen hieß Clara und wurde Nonne in Montivilliers.[19] Die zweite namens Matilda heiratete Ralph Tesson.[20] Die Tessons waren eine äußerst bemerkenswerte Familie in der Mittelnormandie — diese Heirat veranschaulicht also noch mehr, wie das Geschick der Verwandtschaft Herleves begünstigt wurde.

Einige Zeit nach der Geburt des Eroberers wurde Herleve mit Herluin, dem Vicomte von Conteville, verheiratet. Diesem gebar sie zwei berühmte Söhne, nämlich Odo, den Bischof von Bayeux und Robert, den Grafen von Mortain, sowie mindestens eine Tochter, die Wilhelm, den Herrn von La Ferté-Macé, heiratete.[21] Ordericus bemerkt, daß Herluins Heirat mit Herleve nach 1035 stattfand [22], doch obgleich dieser Behauptung Glauben geschenkt werden kann, sind gegen sie noch schwerwiegende Einwände zu erheben. Odo wurde in der Zeit zwischen Oktober 1049 und dem 23. April 1050 [23] zum Bischof von Bayeux ernannt. Wenn man also Ordericus' Behauptung anerkennen würde, wäre Odo zu diesem Zeitpunkt kaum vierzehn Jahre alt gewesen. Solch eine Ernennung jedoch wäre von Odos feindseligen Kritikern nicht unbeachtet geblieben, und ohne Zweifel hätten diese die Aufmerksamkeit auf einen derartigen Skandal zu Beginn seiner Laufbahn gelenkt. Deshalb ist die Bemerkung Wilhelms von Malmesbury außerordentlich interessant. Dieser behauptet nämlich, daß Herleve mit Herluin vor dem Tode Roberts verheiratet wurde.[24] Ich selbst zweifle kaum daran, daß diese Heirat ziemlich bald nach der Geburt des Eroberers stattfand, und daß Odo, der ungefähr um 1030 geboren wurde, an die neunzehn Jahre alt war, als er zum Bischof ernannt wurde.

Außer Herleve heiratete Herluin noch eine gewisse Fredesendis, wobei kaum ein Zweifel besteht, daß diese seine zweite Gemahlin war.[25] Aus dieser Ehe entstanden zumindest zwei Kinder, nämlich Ralph und John, von denen der erstere möglicherweise jener Radulfus de Contivilla war, der im Jahre 1086 in Somerset und Devon Land besaß.[26]

Was den Tod Herleves anbelangt, so gibt es mehrere Folgerungen. Gegen Ende seines Lebens gründete Herluin die Abtei Grestain[27], und Robert von Torigny behauptete, daß sowohl er als auch Herleve dort begraben wurden.[28] Es ist jedoch höchst unwahrscheinlich, daß Herleve in Grestain beigesetzt wurde.[29] Die Tatsache, daß nicht ihr Name sondern der Fredesendis'[30] in der Wohltäterliste dieser Abtei auftaucht, läßt uns mit größter Wahrscheinlichkeit vermuten, daß Herleve vor dem Zeitpunkt starb, als Herluin das Kloster gründete.[31] Außerdem wird die Zeit der Gründung von Grestain gewöhnlich in oder um das Jahr 1050 verlegt.[32]

Falls Herleve — wie wir hier vorschlagen — tatsächlich um das Jahr 1050 starb, dürfte sie kaum älter als vierzig Jahre geworden sein. Doch vieles hatte sie erreicht. Angesichts ihrer einfachen Herkunft, ihrer Laufbahn und ihrer verwandtschaftlichen Beziehungen[33] dürfte sie sogar heute noch Aufmerksamkeit erregen. Sie war eine bemerkenswerte Frau.

B

DIE CHRONOLOGIE DER KRIEGSZÜGE HERZOG WILHELMS ZWISCHEN 1047 UND 1054

Die schwierig zu handhabende Chronologie der Kriege Herzog Wilhelms während dieser Jahre wurde von verschiedenen Wissenschaftlern des Kontinents wie L. Halphen [1], R. Latouche [2] und J. Dhondt [3] mit großem Wissen und unterschiedlichen Ergebnissen behandelt. Vor allem bin ich Herrn Henri Prentout für seinen lobenswerten Anhang zu Dank verpflichtet, den er seinem Essay über die Jugendjahre Herzog Wilhelms hinzufügte — ein Essay, der posthum im Jahre 1936 erschien. [4] Wie man sehen wird, befand ich mich in der dankbaren Lage, die für dieses Thema bestimmten Schlußfolgerungen Henri Prentout's mit nur geringen Abänderungen zu übernehmen. Dieses Thema jedoch war oft und ist noch immer Gegenstand vieler Kontroversen, so daß es in diesem Fall notwendig ist, das Beweismaterial zu erläutern, auf Grund dessen ich die Datierung der in diesem Buch beschriebenen Ereignisse vornahm.

Glücklicherweise ist es nicht notwendig, die Tatsache, daß die Schlacht von Val-ès-Dunes im Jahre 1047 stattfand, in Zweifel zu ziehen. Dazu muß jedoch bemerkt werden, daß die Annalen von Caen und Lire, wie auch Robert von Torigny in seiner Ergänzung zur Chronik des Sigebert von Gembloux [5] diese Schlacht auf das Jahr 1046 verlegen. Es ist nicht ganz ausgeschlossen, daß diese Differenz auf die Jahresrechnung zurückzuführen ist, in der das Jahr mit dem Fest Mariä Verkündigung beginnt, zumal die Schlacht von Val-ès-Dunes, wie man sehen wird, offensichtlich vor dem 25. März stattfand. Wie immer sich das auch verhalten mag, so ist das Jahr 1047 als Datum erwiesen. Dieses Datum taucht zum Beispiel in den Annalen von Jumièges [6], von Saint-Evroul [7] und von Sainte-Colombe zu Sens auf.[8] Ordericus Vitalis nennt das Jahr 1047 nicht nur in den Ergänzungen, die er zu dem Werk Wilhelms von Jumièges machte, sondern wiederholt es in seinem eigenen Geschichtswerk, wo er es auf überzeugende Art zu anderen Ereignissen in Beziehung setzt.[9] Die Schlacht von Valès-Dunes kann man also ohne allzu großes Zögern auf das Jahr 1047 verlegen, das heißt, daß sie nach dem 25. Dezember 1046 stattfand, da es zu jener Zeit gebräuchlich war, den Jahresbeginn auf das Weihnachtsfest zu verlegen. Dazu ist es höchst wahrscheinlich, daß sie zu einem frühen Zeitpunkt in diesem Abschnitt stattfand. Das Hochwasser der Orne, das eine so wichtige Rolle für den Ausgang dieser Schlacht spielte, weist auf ein Datum im Winter oder im frühesten Vorfrühling hin.[10]

Obgleich Heinrich I. die Normandie nach dieser Schlacht verließ, dauerte der Krieg ohne Unterbrechung fort. Guy von Burgund verschanzte sich in Brionne, und die Belagerung dieser Burg nahm ihren Anfang. Sowohl Wilhelm von Poitiers als auch Wilhelm von Jumièges bestätigten, daß die Verteidigung äußerst hartnäckig war [11], wobei sie jedoch keine genauen Angaben über ihre Dauer machen. Ordericus Vitalis jedoch behauptet, daß die Belagerung »drei Jahre lang« oder »per triennium« [12] dauerte, und daß es sich dabei nicht nur um eine Floskel handelt, zeigt sich in einer anderen Passage seines historischen Werkes, in der er auf Robert II., den Sohn des Eroberers, zu sprechen kommt und schreibt: »Brionne ... das sein Vater mit Hilfe des französischen Königs in drei Jahren kaum bezwingen konnte, als Guy, der Sohn Rainalds von Burgund, diese Burg nach der Schlacht von Val-ès-Dunes verteidigte.« [13] Natürlich ist es möglich zu behaupten, daß es sich hier um eine Übertreibung handelt,[14] doch das hieße dem Beweismaterial einfach den Rücken zu kehren. In der Tat scheint es keinen Grund dafür zu geben, diese merkwürdig genauen Feststellungen eines gut unterrichteten Chronisten zu mißachten, so daß es unmöglich scheint, sich der Schlußfolgerung zu entziehen, daß die Belagerung von Brionne mindestens bis zum Ende des Jahres 1049 dauerte.

Diese Überlegungen sind für die wichtigsten und schwierigsten Fragen dieser Chronologie von Bedeutung: nämlich für die Daten von Wilhelms Kriegszügen in Maine. Eine starke Überlieferung vertritt die Ansicht, daß der Krieg zwischen dem Herzog und Geoffrey Martel um Domfront und Alençon in der Zeit von 1048 – 1049 stattfand. Dieses Datum wurde auch von Louis Halphen im Jahre 1906 in seinem erwähnenswerten Buch über die Geschichte Anjous im elften Jahrhundert und jenem brillant rekonstruierten Verlauf dieses Kriegszuges gutgeheißen.[15] In diesem Werk nimmt der Autor an, daß die Feindseligkeiten zwischen dem Grafen und dem Herzog kurz nach Geoffreys Angriff auf Château-du-Loir und der Gefangennahme von Gervais, dem Bischof von le Mans, eröffnet wurden, so daß »vor dem Herbst« des Jahres 1048 Herzog Wilhelm und König Heinrich zusammen Mouliherne im Anjou angriffen, und daß der Herzog nach dem Oktober allein Alençon eroberte und Domfront belagerte und auf diese Weise den Krieg in den ersten Monaten des Jahres 1049 abschloß. Obgleich es sich dabei um ein sehr frühes Werk dieses großen Gelehrten handelt — es wurde veröffentlicht, als der Autor erst sechsundzwanzig Jahre alt war — wurden die detaillierten Schlußfolgerungen aus dieser Chronologie von fast allen späteren Schriftstellern, die sich mit diesem Thema beschäftigten, anerkannt. Im Jahre 1936 jedoch griff Henri Prentout kühn diese anerkannte Ansicht an und verlegte die Kämpfe um Alençon und Domfront in den Winter von 1051—1052.[16] Prentout's Argumente — die in England anscheinend nicht allzu bekannt sind [17] — schienen uns so zwingend zu sein, daß sie eine neuerliche Behandlung dieser Angelegenheit erfordern.

Dazu muß sofort nachdrücklich betont werden, wie dürftig positives Beweismaterial für jene überlieferte Ansicht ist. Dieser Krieg wird von den angevinischen Chronisten nicht erwähnt und taucht auch in den frühen normannischen Annalen nicht auf. Deshalb wäre es notwendig, sich vor allem auf die Berichte Wilhelms von Jumièges und Wilhelms von Poitiers [18] zu verlassen, doch keiner dieser Schriftsteller gibt irgendein Datum an. Einen Unterschied jedoch kann man zwischen den beiden verzeichnen: Wilhelm von Poitiers mißt der Belagerung von Mouliherne durch König Heinrich, der von normannischen Truppen unterstützt wurde, einige Bedeutung bei, während Wilhelm von Jumièges diese Episode überhaupt nicht erwähnt. Doch eines haben diese Berichte gemeinsam: sie verlegen die Reihenfolge dieser Ereignisse zwischen die Einnahme von Brionne — die, wenn überhaupt, kaum vor Anfang des Jahres 1050 stattgefunden haben kann — und die Rebellion des Grafen Wilhelm von Arques, die, wie man sehen wird, im Laufe des Jahres 1052 begann. Während also die chronologische Einteilung, die Wilhelm von Jumièges und Wilhelm von Poitiers treffen, viel zu wünschen übrig läßt, scheint ihr Zeugnis im Hinblick auf diese Kriegszüge auf einen späteren Zeitpunkt hinzuweisen, als man der Überlieferung gemäß gewöhnlich annahm.

Auch ist das restliche Beweismaterial, das sich für das Datum 1048–1049 ausspricht, nicht eindeutig.[19] Die Annahme scheint durchaus vernünftig, daß nämlich die Einnahme von Gervaise bei Château-du-Loir Anfang des Jahres 1048 Feindseligkeiten zwischen dem König und dem Grafen von Anjou nach sich zog, doch ist die Schlußfolgerung nicht unbedingt notwendig, daß der Kriegszug des normannischen Herzogs gegen Domfront im selben Jahr stattfand. In seiner Beschreibung des Konzils von Reims (1049) schließlich weist der Mönch Anselm auf einen Krieg zwischen dem König von Frankreich und seinen Lehnsmännern hin. Daraus glaubte man auf den Krieg zwischen Heinrich und Geoffrey schließen zu können. Doch kann sich dieser Hinweis ebensogut auf fast jede andere Unruhe im Land dieses Königs zu jener Zeit beziehen. In der Tat fand im Jahre 1049 eine Belagerung von Neufchâtel-sur-Aisne in der Nähe von Reims statt, wo der Mönch seine Aufzeichnungen machte.[20] Auf alle Fälle scheint es sich bei der Theorie, die Wilhelms Kriegszüge gegen Domfront und Alençon in die Jahre 1048—1049 verlegt, höchstens um eine annehmbare Hypothese zu handeln, die von dem vorhandenen Beweismaterial nur ungenügend unterstützt wird.

Da sich die Sachlage so verhält, erscheint es zwingend, nach einer neuen Interpretation zu suchen, die den bekannten Tatsachen besser entspricht. In diesem Falle müßte die Blockade von Mouliherne einer gesonderten Betrachtung unterzogen werden, da sich Wissenschaftler in diesem Falle vielleicht zu voreilig verhielten und diese Blockade unter denselben Hut wie die Kämpfe um Domfront und Alençon brachten.[21] Denn bei Wilhelm von Poitiers stoßen wir in Wirklichkeit auf nichts, was diese Annahme unterstützen würde. Die Anordnung seiner Untersuchung verdient an diesem Punkt genau überprüft zu werden.[22] Der Passus über Mouliherne folgt sofort auf den Bericht über die Einnahme von Brionne. Dann erzählt er, wie die Feindschaft Geoffreys von Anjou gegen Herzog Wilhelm entstand. Darauf folgt eine lange Passage über Edward den Bekenner und seine Thronbesteigung in England, und erst danach beginnt er den Krieg um Alençon und Domfront zu beschreiben. Außerdem liegt Mouliherne von den beiden letztgenannten Kriegsschauplätzen ziemlich weit entfernt, nämlich außerhalb von Maine im Anjou. Deshalb ist es notwendig, die Zeit der Blockade von Mouliherne für sich zu behandeln. Es ist vorstellbar, daß sie im Jahre 1048 stattfand, da es nicht weit von Château-du-Loir entfernt liegt. Andererseits weist ein Brief Geoffreys von Anjou an Papst Leo IX., dessen Text, wenn auch in einer späteren Kopie, noch existiert [23], darauf hin, daß der Krieg des Königs gegen den Grafen im Jahre 1051 in eine neue Phase trat, so daß man die Mouliherne-Blockade in den Frühling dieses Jahres verlegen könnte. In diesem Falle würden die kriegerischen Operationen Herzog Wilhelms um Domfront — die nach der Mouliherne-Episode stattfanden — unvermeidlich auf das Jahr 1051 fallen. Doch obgleich es also möglich ist, daß die Mouliherne-Blockade im Frühling des Jahres 1051 stattfand, ist es andererseits nicht unmöglich, daß sie in eine andere Zeit fiel als Herzog Wilhelms späterer Krieg in Maine.

Hier sind einige Daten aus der angevinischen Geschichte, die als richtig anerkannt sind:

Anfang 1048 oder vielleicht Ende 1047	Geoffrey Martel greift Château-du-Loir an und nimmt Gervais gefangen [24].
Oktober 1049	Eröffnung des Konzils von Reims Geoffrey wird wegen seiner Behandlung des Bischofs Gervais mit Exkommunikation bedroht [25]
1050	Geoffrey wird exkommuniziert [26]
26. März 1051	Tod Hugos, des Grafen von Maine [27]
Kurz nach dem 26. März des Jahres 1051	Geoffrey Martel nimmt Le Mans ein [28] Bischof Gervais wird freigelassen und geht sofort an den normannischen Hof [29]
15. August 1052	Heinrich I. und Geoffrey, Graf von Anjou, sind, nachdem sie sich versöhnt haben, zusammen am königlichen Hof in Orléans anzutreffen [30]

Wenn diese Daten einer genauen Prüfung unterzogen werden, scheint es nur einen einzigen Zeitpunkt in dieser Folge der Ereignisse zu geben, an dem Geoffrey von Anjou — der jetzt seine Position im südlichen Maine verankert hatte — seine kriegerischen Operationen nach Norden gegen die normannische Grenze richtete: dieser Zeitpunkt muß der Periode seiner Etablierung in Le Mans (März—April 1051) folgen. Dazu existiert eine beträchtliche Anzahl von übereinstimmenden Zeugnissen, die diese Folge der Ereignisse bestätigen, indem sie den Vergeltungsschlag Herzog Wilhelms und den folgenden Krieg um die Grenzfestungen beschreiben. So steht zum Beispiel in dem bereits erwähnten Brief Geoffreys an Leo IX., daß um diese Zeit Bischof Gervais, der freigelassen worden war, sein Versprechen dem Grafen gegenüber gebrochen hatte und in die Normandie gezogen war, wo er den Herzog und auch den König dazu drängte, in Maine aktiv einzugreifen. Da Herzog Wilhelm um diese Zeit die Belagerung von Brionne beendet hatte, war er endlich in der Lage und zweifellos geneigt, darauf einzugehen. Da ihn das Bewußtsein, daß die inneren Unruhen der Normandie abgeschlossen waren, stark machte — so erzählt Wilhelm von Poitiers — tat er das denn auch [31] — dies jedoch ist eine Bemerkung, die der Autor nicht gemacht hätte, wenn Brionne immer noch standgehalten hätte.

Schließlich aber drängt sich dieselbe Schlußfolgerung auf, wenn man den Krieg um Domfront und Alençon mit der darauf folgenden Rebellion des Grafen Wilhelm von Arques in Beziehung setzt. Eines der wichtigsten Ereignisse des Krieges in Maine war, daß der Graf von Arques unvermutet aus der Streitmacht des Herzogs desertierte. Zu einem kritischen Zeitpunkt in der Belagerung von Domfront, so wird erzählt, sagte er sich von seinem Lehnseid los und zog ab, zweifellos um seine eigene Rebellion in der Ostnormandie zu organisieren.[32] Hier scheint sich eine bemerkenswerte chronologische Übereinstimmung zu ergeben, die wiederum darauf hinweist, daß der Krieg um Domfront mit Sicherheit in der Zeit von 1051—1052 stattgefunden haben muß. Denn bis zum Anfang des Jahres 1052 war der Graf von Arques noch im Besitz seines Titels und in einem anerkannt guten Einvernehmen mit dem Herzog, mit dem zusammen er Schenkungsurkunden für Saint-Wandrille ausstellte [33], so daß er seinen Lehnseid kaum vor 1051 gebrochen haben kann. Außerdem wäre die Fahnenflucht des Grafen bei Domfront im Winter von 1051—1052 das natürliche Vorspiel zu seiner eigenen Rebellion, die im Sommer oder Herbst des letztgenannten Jahres begonnen haben muß.

Die Rebellion des Grafen Wilhelm von Arques, die mit der Versöhnung zwischen König Heinrich und Geoffrey Martel zusammenhing [34], fand zwischen der Eroberung von Domfront durch Herzog Wilhelm und der Schlacht von Mortemer statt. Die Schlacht von Mortemer aber kann genau datiert werden. Weder Wilhelm von Poitiers noch Wilhelm von Jumièges verzeichnen ein Datum, doch Ordericus Vitalis, der das Werk des letzteren ergänzte, gibt dabei das Jahr 1054 an [35], und in seinem eigenen geschichtlichen Werk stellt er nicht nur fest, daß diese Schlacht im Jahre 1054, sondern daß sie »in hieme ante quadragesimam« [36] geschlagen wurde. Nun fiel aber der Aschermittwoch im Jahre 1054 auf den 16. Februar und der Quadragesima-Sonntag auf den 20. Februar. So muß die Schlacht von Mortemer im Jahre 1054 Anfang Februar stattgefunden haben.

Zwei weitere Ereignisse, die mit den der Schlacht von Mortemer vorausgehenden Feindseligkeiten in Beziehung stehen, können ebenfalls mit einiger Genauigkeit datiert werden. Da Heinrich und Geoffrey Martel am 15. August 1052 in freundschaftlichem Einvernehmen in Orléans anzutreffen sind, was durch eine datierte Urkunde erwiesen ist, muß ihre Versöhnung vor diesem Zeitpunkt stattgefunden haben.[37] Zweitens stimmen die Totenregister von Saint-Wulfram und Saint-Riquier darin überein, daß sie den Tod des Grafen Enguerrand von Ponthieu für den 25. Oktober[38] verzeichnen — der Tag des Gefechts bei Saint-Aubin also, in dem Enguerrand getötet wurde.[39] Wie man aus den vorhergehenden Argumenten ersehen kann, gibt es nur zwei Jahre, in denen dieser Todesfall stattgefunden haben kann, nämlich 1052 oder 1053. Das Jahr 1052 ist theoretisch nicht ausgeschlossen, sollte also nicht einfach verworfen werden. Andererseits ist das Jahr 1053 wesentlich wahrscheinlicher, da sich die Belagerung von Arques erwiesenermaßen lange hingezogen hatte und das Gefecht von Saint-Aubin offensichtlich zu einem späten Zeitpunkt in diesem kriegerischen Unternehmen stattfand. Es ist richtig, daß die verschiedenen Berichte über diesen Krieg einander zum Teil widersprechen. Nach Wilhelm von Poitiers[40] kam Herzog Wilhelm ursprünglich nach Arques, um dort seine eigene Besatzung zu etablieren; die Festung wurde später dem Grafen verraten; daraufhin zog Wilhelm nocheinmal nach Arques, kämpfte in einem Gefecht vor der Burg und ließ Walter Giffard zu ihrer Belagerung zurück; erst danach zogen König Heinrich und der Graf von Ponthieu zu ihrem Entsatz heran, wodurch der Kampf bei Saint-Aubin entbrannte. Andererseits gibt Wilhelm von Jumièges keinen einzigen Hinweis auf jenen Verrat dieser Burg, und Ordericus Vitalis erzählt lediglich von einem Kriegszug Herzog Wilhelms in das Talouland.[41] Welche Version dieser Ereignisse auch anerkannt werden mag, so steht jedenfalls fest, daß, bevor Arques sich ergab, Herzog Wilhelm mindestens einen und möglicherweise zwei Kriegszüge unternahm, wobei das Gefecht, in dem Hugo von Morimont umkam und der Kampf bei Saint Aubin — der vor dem 25. Oktober 1053 stattgefunden haben muß — nicht einberechnet werden. Deshalb scheint die Schlußfolgerung unumgänglich, daß die Rebellion Wilhelms von Arques im Jahre 1052 begonnen haben muß, und da sich die Rebellen an König Heinrich um Hilfe wandten[42], sollte man sie zeitlich auf die Versöhnung zwischen dem französischen König und Graf Geoffrey beziehen, die vor dem 15. August dieses Jahres stattgefunden hatte.

Nach einer neuerlichen Überprüfung des Beweismaterials und angesichts der Vorbehalte, die uns seine schwierige Natur auferlegt, habe ich schließlich für diese Ereignisse folgende Chronologie übernommen. Die Schlacht von Val-ès-Dunes fand zu Beginn des Jahres 1047 statt. Darauf folgte die Belagerung von Brionne, die bis Ende 1049 dauerte. In der Zwischenzeit, das heißt Ende 1047 oder Anfang 1048, hatte

Geoffrey von Anjou Château-du-Loir angegriffen und Bischof Gervais gefangengenommen. Es ist möglich, doch unwahrscheinlich, daß der König mit normannischer Unterstützung um diese Zeit Mouliherne blockierte. Wesentlich wahrscheinlicher ist, daß dieses Ereignis im Frühling des Jahres 1051 stattfand. Im März-April 1051 besetzte Geoffrey Martel Le Mans, darauf zog er nordwärts gegen die normannische Grenze. Herzog Wilhelm, von Bischof Gervais bedrängt, der sich jetzt nach seiner Gefangenschaft in der Normandie befand, eilte darauf im Herbst des Jahres 1051 zum Entsatz von Domfront und Alençon herbei. Die Belagerung von Domfront zog sich über die Wintermonate hin und wurde zu Beginn des Jahres 1052 abgeschlossen. Während dieser Belagerung sagte sich Graf Wilhelm von Arques von seinem Lehnseid los und zog westwärts, um seine eigene Rebellion vorzubereiten. Er wandte sich an den französischen König um Hilfe, der sich vor dem 15. August 1052 mit Geoffrey Martel versöhnte. Der Krieg, der die Belagerung von Arques einbeschloß, begann im Sommer oder Herbst des Jahres 1052 und hatte am 25. Oktober 1053 immer noch kein Ende gefunden. Die Burg ergab sich zu Ende des Jahres 1053, und zu Beginn des darauffolgenden Jahres unternahm König Heinrich seine doppelte Invasion in die Normandie, die mit der Schlacht von Mortemer im Februar des Jahres 1054 zurückgeschlagen wurde.

geb. 1032 (?!)
gestorben 1083

C

DIE EHESCHLIESSUNG ZWISCHEN WILHELM UND MATILDA

Wenige Episoden im Leben des Eroberers haben so viele Kontroversen ausgelöst wie seine Heirat mit Matilda, der Tochter Baldwin V., Graf von Flandern und Adelas, der Tochter Robert I., König von Frankreich. Sogar das genaue Datum dieser Heirat ist ungewiß. Sie war für oder vor 1049 geplant, doch da sie von Leo IX. zur Zeit des Konzils von Reims verboten wurde, fand sie im Herbst dieses Jahres nicht statt.[1] Andererseits hatte sie vor dem Abschluß des Jahres 1053 stattgefunden, da Matilda in diesem Jahr in einer datierten Urkunde für die Heilige Dreifaltigkeit zu Rouen [2] als Gemahlin des Herzogs erscheint. Innerhalb dieser Zeitspanne ist es jedoch äußerst schwierig, in dieser Hinsicht eine eingehende Darstellung zu geben. Die Annalen von Tours, die in dieser Beziehung unzuverlässig zusammengestellt sind, wurden von Freeman irrtümlicherweise zugunsten des Jahres 1053 zitiert.[3] Doch ist dieses Datum als solches nicht unbedingt falsch, weil die Gefangennahme Leos IX. nach der Schlacht von Civitate (Juni 1053) [4] durch die Normannen vielleicht die Gelegenheit ermöglichte, daß dieses päpstliche Heiratsverbot aufgehoben wurde. Andererseits gibt es jedoch Gründe, diese Eheschließung auf einen früheren Zeitpunkt zu verlegen und sie in Verbindung zu den Beziehungen zwischen dem normannischen Herzog und dem französischen König zu setzen, die in den Jahren 1051—1052 einer Wandlung unterworfen waren. Mlle. Foreville gibt für diese Heirat 1051—1052 an [5], und Professor de Bouard verlegt sie »sans doute en 1050 ou peu après«.[6] Diese beiden Ansichten sind überzeugend und werden durch einige Tatsachen aus der frühen Laufbahn Roberts, Wilhelms ältestem Sohn, untermauert. Robert war Matildas ältestes Kind und wurde bereits in der Ehe geboren. Seine Geburt wurde ungefähr auf 1054 verlegt, doch ist es nicht unmöglich, daß er früher geboren wurde.[7] Es wird vermerkt, daß er im Jahre 1066 »adolescens« war [8], und daß er in diesem Jahr eine Urkunde für Marmoutier bestätigte »quia scilicet maioris iam ille aetatis ad praebendum spontaneum auctoramentum idoneus esset«.[9] Obgleich natürlich in Hinsicht auf Matildas erste Schwangerschaft ihre große Jugend (siehe unten) in Rechnung gezogen werden muß, scheint es nicht unbillig, ihre Heirat auf 1050—1051 zu verlegen.[10] Ein endgültiger Beweis dafür ist jedoch noch nicht erbracht worden.

Die Ansicht, die vertreten wurde, daß Matilda, als Wilhelm um ihre Hand anhielt, bereits verheiratet und Mutter der späteren Gemahlin von Wilhelm von Warenne, Gundrada, war, wurde jetzt von den Nachforschungen Chester Waters' [11] und Sir Charles Clay's [12] widerlegt. Es besteht kein Grund zu der Annahme, daß Gundrada eine Tochter Wilhelms oder Matildas war. Darüber hinaus ist es unwahrscheinlich, daß Matilda im Jahre 1049, als das päpstliche Verbot erlassen wurde, alt genug war, um Mutter zu werden. Zwar ist ihr Alter nicht genau zu ermitteln, doch wurde die Heirat zwischen Baldwin V. und ihrer Mutter Adela offensichtlich nicht vor 1031 vollzogen, denn Wilhelm von Jumièges bemerkt, daß diese Heirat einer der Faktoren war, die zu Baldwin V. Rebellion gegen seinen Vater in diesem Jahr beitrug.[13] Daraus wäre zu schließen, daß Matilda im Jahre 1049 nicht älter als siebzehn Jahre gewesen sein kann, und daß sie vielleicht sogar jünger war, da sie in keinem Beweismaterial als ältestes der vier Kinder Adelas und Baldwins V. vermerkt wird.

Deshalb beziehen sich alle Auslegungen des päpstlichen Verbots der Eheschließung zwischen Wilhelm und Matilda auf den zu engen Verwandtschaftsgrad zwischen den beiden, auf den schon Ordericus Vitalis hinwies.[14] Die Wissenschaftler sind jedoch über die verwandtschaftlichen Beziehungen zwischen Wilhelm und Matilda sehr geteilter Meinung. Drei Auffassungen sollen kurz umrissen werden:

1) schlug man vor [15], daß dieses Verbot auf eine Heirat zwischen Herzog Richard III. der Normandie und Matildas Mutter, Adela von Frankreich, zurückzuführen sei. Dagegen sind jedoch Einwände zu erheben. Es ist zwar erwiesen, daß Richard III. eine Frau namens Adela heiratete, doch ist es zweifelhaft, ob es sich dabei um Adela von Frankreich handelte. Außerdem hätte eine Ehe zwischen Richard III. und Adela von Frankreich nicht vollzogen werden dürfen.[16]

2) schlug man vor [17], daß dieses Heiratsverbot auf Grund der gemein-

samen Abstammung Wilhelms und Matildas von Rolf dem Wikinger ausgesprochen wurde — eine Abstammung, die sie zum Cousin bzw. zur Cousine fünften Grades gemacht hätte. Ob diese, selbst ein wenig zweifelhafte Abstammung, falls sie in Rom bekannt war, ein ausreichender Grund für dieses Verbot gewesen wäre, ist jedoch unsicher.

3) bezog man sich auf Wilhelm von Jumièges [18], von dem sich die Behauptung herleitet, daß Baldwin IV. von Flandern nicht nur Ogiva, eine Tochter Herzog Richards von den Ardennen und Mutter Baldwins V., heiratete, sondern auch eine Tochter Richards II. von Normandie. Falls diese Heirat stattfand, konnte sie möglicherweise als Begründung dieses Verbots dienen.

Jede dieser Theorien ist anfechtbar, und obgleich sie von Gelehrten ausgiebig diskutiert wurden, kann diese Frage nicht als endgültig gelöst betrachtet werden.

Wie man weiß, war die Ehe Wilhelms und Matildas sehr glücklich und erwiesenermaßen fruchtbar. Matilda gebar ihrem Gemahl vier Söhne und zumindest fünf Töchter.[19] Die Söhne waren: Robert, der spätere Herzog der Normandie, Richard, Wilhelm und Heinrich — die beiden letztgenannten nacheinander Könige von England. Richard wurde in jungen Jahren bei einem Unfall im New Forest getötet [20], dessen genaues Datum nicht bekannt ist. Doch da er noch ziemlich jung und Matildas zweiter Sohn (wenn auch nicht unbedingt ihr zweites Kind) war, kann man seinen Tod billigerweise zwischen 1070 und 1080, ja sogar ungefähr auf 1075 verlegen.

Was die Töchter Wilhelms und Matildas angeht, so ist der Sachverhalt komplizierter. Das wesentliche Beweismaterial dazu sei kurz verzeichnet:

A. Wilhelm von Poitiers bemerkt [21]: (1.) daß eine (nicht benannte) Tochter Wilhelms mit Herbert, dem Grafen von Maine, verlobt wurde; (2.) daß zwei miteinander rivalisierende Könige von Spanien, die Brüder waren und von denen der eine höchstwahrscheinlich Alphons IV., der spätere König von Leon war, um die Hand einer (nicht benannten) Tochter Wilhelms anhielten; (3.) folgert der Autor stillschweigend, daß eine (nicht benannte) Tochter Wilhelms mit Harold von Wessex verlobt wurde.

B. Ordericus Vitalis [22] erwähnt fünf Töchter aus Wilhelms Ehe, die er folgendermaßen bezeichnet und beschreibt: (1.) Agatha, die zuerst mit Harold von Wessex und dann mit Alphons von Spanien verlobt wurde. Sie protestierte hartnäckig dagegen, nach Spanien zu gehen, starb als Jungfrau und wurde in Bayeux begraben; (2.) Adeliza, die in jungen Jahren den Schleier nahm, stand unter dem Schutz von Roger von Beaumont; (3.) Constance, die Alan IV. von Bretagne heiratete; (4.) Adela, die Stephen I., Graf von Blois, ehelichte; (5.) Cäcilie, die Äbtissin der Heiligen Dreifaltigkeit zu Caen wurde.

C. Wilhelm von Malmesbury [23] verzeichnet fünf Töchter, nämlich Cäcilie, Constance und Adela wie oben, und zwei nicht benannte Töchter, von denen eine — so erzählt er — mit Harold und die andere mit Alphons verlobt wurde.

D. Robert von Torigny [24] erzählt einige Zeit später von vier Töchtern, nämlich wie oben von Cäcilie, Constance, Adela, wie auch von »Adeliza«, die seiner Meinung nach mit Harold verlobt wurde.

E. Das Domesday Book [25] erwähnt eine Tochter Wilhelms namens Matilda.

Sowohl die Tatsache, daß sich diese Berichte sowohl ähneln als auch sich widersprechen, ist sehr interessant. Cäcilie, Constance und Adela sind wegen ihrer Lebensläufe bekannt geworden. Auf Grund des Beweismaterials hielt man Agatha und Adeliza für ein und dieselbe Person.[26] Vielleicht verhält es sich auch so, aber persönlich neige ich eher dazu, in diesem Falle Ordericus' merkwürdig genaues Argument über Adeliza anzuerkennen. Die Bemerkung Wilhelms von Poitiers bestätigt zumindest des anderen Behauptung, daß eine der Töchter mit Alphons von Spanien verlobt wurde, doch ob eine andere mit Herbert von Maine und eine dritte mit Harold von Wessex verlobt wurde, steht in Zweifel. Darüber hinaus muß noch bemerkt werden, daß keiner dieser Chronisten Matilda erwähnt, und wenn ihre Existenz im Domesday Book nicht durch die Tatsache bestätigt würde, daß ein Bericht aus Caen sie im Zusammenhang mit ihrer Mutter und ihrer Schwester Cäcilie erwähnt, könnte man sich versucht fühlen, ihre Existenz oder ihre legitime Geburt anzuzweifeln.[27] Man kann also abschließend folgern, daß Wilhelm und Matilda vier Söhne hatten, die in folgender Reihenfolge geboren wurden:

1. Robert, später Herzog der Normandie. Geboren um 1051—1054. Starb am 10. Februar 1134.

2. Richard. Geboren vor 1056. Starb ungefähr um 1075?

3. Wilhelm, später König von England. Geboren um 1056—1060. Starb am 2. August 1100.

4. Heinrich, später König von England. Geboren Ende 1068. Starb am 1. Dezember 1135.

Außerdem scheint es, daß Wilhelm und Matilda sechs Töchter gehabt haben, die ohne altersmäßige Reihenfolge folgende waren:

1. Agatha, die zuerst mit Harold, dem Grafen von Wessex, dann mit

Alphons von Leon (und möglicherweise vorher mit dem Grafen Herbert von Maine) verlobt war. Starb als Jungfrau.

2. Adeliza.

3. Cäcilie. Geboren vor 1066. Später Äbtissin der Heiligen Dreifaltigkeit zu Caen. Starb um 1127.

4. Adela, die im Jahre 1080 Stephen I., den Grafen von Blois, heiratete. Starb um 1137.

5. Constance, heiratete im Jahre 1086 den Grafen Alan IV. von Bretagne. Starb um 1090.

6. Matilda.

Es wäre jedoch falsch, diese Daten mit Bestimmtheit zu vertreten. Daß Agatha und Adeliza nicht miteinander identisch waren, ist nicht erwiesen. Auch ist das Beweismaterial über Matilda alles andere als zufriedenstellend.[28] Außerdem ist der Altersunterschied zwischen den Töchtern nicht bekannt. Zumindest eine von ihnen wurde jedoch vor Heinrich I. geboren. Schließlich aber dürfte die Tatsache gleichzeitig Überraschung und Bewunderung erregen, daß eine Frau von so kleinem Wuchs wie die Gemahlin Wilhelms[29] vor ihrem Tod im Jahre 1083 solch eine große Anzahl von Kindern in die Welt setzte.

D

DIE CHRONOLOGISCHE REIHENFOLGE DER EREIGNISSE VON 1066

Die Absicht dieser Zusammenstellung, das sei ausdrücklich betont, ist nicht, die anerkannte Chronologie der Ereignisse dieses kritischen Jahres in Zweifel zu ziehen. Der Zweck der folgenden Aufzeichnungen ist lediglich, auf das Beweismaterial, auf das sich diese Chronologie stützt, hinzuweisen und zwischen den Daten zu unterscheiden, die auf Grund des Urkundenmaterials folgerichtig scheinen und jenen, die alles andere als zufriedenstellend sind. Ohne eine derartige Erläuterung könnte es in Zukunft — wie in der Vergangenheit bereits geschehen — zu gefährlichen und unangemessen dogmatischen Einstellungen kommen.

Die Chronologie, die in diesem Buch verwandt wurde, lautet also folgendermaßen:

Donnerstag, 5. Januar. Tod König Edwards.[1]

Freitag, 6. Januar. Begräbnis König Edwards.[2] Krönung Harolds.[3]

Mai. Tosti greift die Insel Wight an.[4]

Sonntag, 18. Juni. Herzog Wilhelm in Caen.[5]

Samstag, 12. August. Wilhelms Flotte sammelt sich auf der Dives.

Freitag, 8. September. Harold entläßt seine »fyrd«.[6]

Dienstag, 12. September. Wilhelms Flotte bei Saint-Valéry.

Mittwoch, 20. September. Schlacht bei Fulford.[7]

Sonntag, 24. September. Harold in Tadcaster.[8]

Montag, 25. September. Schlacht bei Stamford Bridge.[9]

Mittwoch, 27. September. Der Wind auf dem Kanal wechselt. Die normannische Flotte schifft sich abends ein.

Donnerstag, 28. Dezember (früh morgens). Wilhelm landet in Pevensey.

Freitag, 29. September. Wilhelm besetzt Hastings.

Freitag, 6. Oktober. Harold in London.

Mittwoch, 11. Oktober. Harold verläßt London.

Freitag nachts, 13.—14. Oktober. Harold in den Sussex Downs.

Samstag, 14. Oktober. Schlacht bei Hastings.[10]

Sonntag, 15. Oktober — Freitag 20. Oktober. Wilhelm bei Hastings.

Freitag, 20. Oktober. Wilhelm erstürmt Romney.

Samstag, 21. Oktober. Einnahme von Dover.

Samstag, 21. Oktober — Samstag, 28. Oktober. Wilhelm bei Dover.

Sonntag, 29. Oktober. Einnahme von Canterbury.

Den ganzen November hält sich Wilhelm bei »Broken Tower« außerhalb von Canterbury auf.

Erste Dezemberhälfte. Wilhelms Marsch London — Surrey — North Hampshire – Wallingford – Berkhamstead.

Montag, 25. Dezember. Krönung Herzog Wilhelms zum König von England in London.[11]

Wie aus den vorhergehenden Daten zu ersehen ist, scheint es unnötig, viele von ihnen überhaupt nur anzuzweifeln. Für andere jedoch scheint das Beweismaterial weniger folgerichtig zu sein als zu wünschen wäre.

Sogar das wesentliche Datum von Wilhelms Kanalüberquerung ist schwierig zu behandeln. Diesbezüglich sind in der anglo-sächsischen Chronik folgende Bemerkungen verzeichnet [12]:

D	E
Dann kam Graf Wilhelm von der Normandie am Vorabend von Michaelis nach Pevensey, und sobald sie weiterziehen konnten, bauten sie eine Burg bei Hastings.	Graf Wilhelm landete bei Hastings am Michaelstag.

Beim ersten Blick scheint es sich hier um einen Widerspruch zu handeln. Einige hochangesehene Gelehrte schlossen — indem sie sich an »E« hielten – in der Tat daraus, daß Wilhelm am 28. (und nicht 27.) September nachts in See stach und am Michaelstag (nicht am Vorabend von Michaelis) landete.[13] Diese Schwierigkeit läßt sich höchstwahrscheinlich durch eine Bezugnahme auf Wilhelm von Jumièges beseitigen, der nämlich bemerkt, daß der Eroberer bei Pevensey landete, wo er den Bau einer Festung einleitete, mit deren Fertigstellung einige seiner Truppen betraute und selbst weiter nach Hastings eilte.[14]

Sowohl Freeman [15] als auch Stenton [16] verlegen die Landung bei Pevensey — indem sie »D« folgen — auf den Morgen des 28. September und die Besetzung von Hastings auf den 29. September. Es besteht wenig Zweifel daran, daß dies richtig ist. Trotzdem ist es zu verwundern, daß »E«, nämlich der Canterbury-Chronist, entweder (1.) über das richtige Datum der Kanalüberquerung nicht Bescheid wußte, oder (2.) die Landung bei Pevensey unbeachtet ließ und von einer Landung nur im Zusammenhang mit der darauf folgenden Besetzung von Hastings sprach.

Einige der Daten vor der Kanalüberquerung sind weniger eindeutig bestimmbar. Sie scheinen sich in erster Linie von einer Versstrophe aus dem »Carmen« herzuleiten, dessen Abfassung man dem Bischof Guy von Amiens zuschreibt. Diese Versstrophe bezieht sich auf die Zeit, die Wilhelms Flotte in Saint-Valéry zubrachte, und vermerkt einer Lesart gemäß, daß Wilhelm sich »dreimal fünf Tage« oder »ter quinque dies«[17] in Saint-Valéry aufhielt und auf einen günstigen Wind wartete. Falls man die Kanalüberquerung auf den 27. September abends verlegt, hieße das, daß die Flotte am 12. September in Saint-Valéry ankam, was sehr gut mit Harolds »fyrd«-Entlassung am 8. September übereinstimmen würde. Da sich nach Wilhelm von Poitiers die Flotte einen Monat lang auf der Dives aufhielt, wurde der 12. August für ihre Fertigstellung vorgeschlagen. Diese Daten besitzen einen hohen Wahrscheinlichkeitsgrad und sind — zumindest annähernd — richtig. Trotzdem ist das positive Beweismaterial schwach. Das »Carmen« wurde kürzlich als ursprüngliche Quelle für die Ereignisse des Jahres 1066 [18] angegriffen, und wenn man diese Kritik auch nicht ganz anerkennen würde, so entbehrt jene Versstrophe als solche nicht ihrer Zweideutigkeit, da jener Ausdruck »ter quinque« offensichtlich nur einer Lesart entspricht — zwei Herausgeber [19] vertreten die zweite Lesart »tum quinque«, wodurch natürlich für die Berechnung dieser Daten ein ganz anderer Ausgangspunkt entstehen würde. Dazu sei noch bemerkt, daß Wilhelm von Malmesbury behauptet, daß die Flotte bereits im August in Saint-Valéry ankam.[20]

Kein Teil dieser Chronologie des Jahres 1066 enthält größere Schwierigkeiten als die Reihenfolge von Harolds Operationen zwischen Stamford Bridge und Hastings. Dieses Problem läßt sich folgendermaßen zusammenfassen:

Die Schlacht bei Hastings begann am 14. Oktober ungefähr um neun Uhr vormittags.[21] Deshalb muß Harold die Downs am 13. Oktober oder in der Nacht vom 13.—14. Oktober erreicht haben. Das Schlachtfeld bei Hastings befindet sich ungefähr achtundfünfzig Meilen von London. Falls also Harold am 11. dieses Monats London mit einem Heer verließ, das hauptsächlich aus Fußtruppen bestand, so hätte er gerade genug Zeit gehabt, um diese Entfernung zurückzulegen. Darüber hinaus wird von Harold vermerkt, daß er sich sechs [22] oder möglicherweise sieben [23] Tage lang in London aufhielt, was seine Ankunft in der Hauptstadt auf den 5. oder 6. Oktober verlegen würde. Eine allgemein anerkannte Überlieferung behauptet jedoch, daß er erst dann südwärts zog, als er von Wilhelms Landung erfuhr, und daß ihn diese Neuigkeiten noch in York erreichten.[24] Diese Neuigkeiten jedoch können kaum vor dem Abend des 1. Oktobers nach York gelangt sein.[25] Falls er also London erst am 6. Oktober erreicht hätte, hätte er in fünf Tagen ungefähr hundertundneunzig Meilen zurücklegen müssen. Dies wäre wohl mit einer kleinen Streitmacht berittener Krieger möglich gewesen, jedoch gänzlich unmöglich für eine Armee, die aus Fußtruppen bestand.

So also sieht dieses Problem aus, und keine der vorgeschlagenen Lösungen kann volles Vertrauen erwecken. Der schwächste Punkt dieses Berichts ist wahrscheinlich, daß Harold die Neuigkeiten von Wilhelms Landung noch in York erfuhr. Die betreffende Überlieferung des zwölften Jahrhunderts ist ziemlich positiv, jedoch nicht unerschütterlich: immerhin enthält sie einige widersprüchliche Punkte.[26] So ist es zum Beispiel nicht unmöglich, daß sich Harold bereits auf seinem Weg nach dem Süden befand, als ihn die Neuigkeiten erreichten. In diesem Falle wären einige, wenn auch nicht alle, der Schwierigkeiten beseitigt. Auch wurde behauptet, daß Harold nicht am 11. Oktober, sondern am 12. Oktober London verließ.[27] Diese Behauptung wird noch durch eine Bemerkung Wilhelms von Jumièges kompliziert, die besagt, »daß Harold, nachdem er die ganze Nacht geritten, das Schlachtfeld früh am Morgen erreichte«.[28] Angesichts der Wegstrecke jedoch, die er zurückzulegen hatte, kann ich meinerseits nicht glauben, daß Harold London erst am 12. Oktober verließ, sogar dann nicht, wenn er einen Nachtmarsch einlegte, oder wenn man annähme [29], daß sich seine Infanterie auf dem Marsch durch Sussex so sehr auseinanderzog, daß ein Teil von ihr noch nicht einmal zu Beginn der Schlacht eingetroffen war.

Deshalb hielt ich folgende Auslegung, wenn auch unter großen Bedenken, für annehmbar: (1.) wo immer auch Harold die Neuigkeiten von Wilhelms Landung erfahren haben mag, erreichte er wahrscheinlich London mit einer kleinen Streitkraft berittener Männer am 6. Oktober; (2.) mit einer neuen Armee, die vor allem aus Fußvolk bestand, verließ er London am 11. Oktober! (3.) seine Kampfposition in den Downs erreichte er in der Nacht vom 13.—14. Oktober.[30] Jede Rekonstruktion dieser Ereignisse hängt jedoch teilweise von nicht erwiesenen Hypothesen ab, wobei noch betont werden muß, daß viele der weitgehend anerkannten Berichte über das, was während dieser beiden entscheidenden Wochen geschah, sich durch eine Sicherheit auszeichnen, die angesichts des zur Verfügung stehenden Beweismaterials nicht berechtigt ist.

Die Datierung der Ereignisse zwischen Hastings und der Krönung, die vorher angegeben wurde, stimmt mit den Daten von Freeman überein. Doch obgleich sie plausibel scheint und vielleicht richtig ist, wird auch sie nicht ganz durch das vorhandene Beweismaterial erhärtet. In dieser Hinsicht ist es bemerkenswert, daß Sir Frank Stenton in seinem klassischen geschichtlichen Werk [31] sich jeder genauen Information enthält. Wilhelm von Poitiers, dem man sich in diesem Fall vertrauensvoll anschließen kann, gibt die Reihenfolge Romney — Dover – Einnahme von Canterbury an.[32] Auch bemerkt er, daß Wilhelm acht Tage in Dover verbrachte.[33] Eine größere Genauigkeit dieser Daten kann man aus dem »Carmen« gewinnen. So stammt die Ansicht, daß Wilhelm nach der Schlacht fünf Tage bei Hastings verbrachte, aus dieser Quelle.[34] Dies scheint plausibel, und wenn man dem noch anderres Beweismaterial hinzufügt, hieße das, daß Wilhelm Anfang November in Canterbury anlangte. Dieses »Carmen« vermerkt darüber hinaus, daß Wilhelm einen Monat in der Umgebung dieser Stadt verbrachte [35] — eine Behauptung, die man berechtigterweise in Beziehung zu jener Krankheit setzen kann, von der laut Wilhelm von Poitiers die Truppen befallen wurden.[36] Falls man diese Ansicht anerkennt, würden die militärischen Operationen um London in die erste Hälfte des Monats Dezember fallen. Darauf folgten jene berühmten Verhandlungen und die Krönung Wilhelms am Weihnachtstage.

406

E

DIE CHRONOLOGIE
VON KÖNIG WILHELMS KRIEGSZÜGEN
ZWISCHEN 1073 UND 1081

Eine Chronologie von König Wilhelms Kriegszügen zwischen 1073 und 1081 birgt viele Schwierigkeiten. Sie hat die Aufmerksamkeit von vielen hervorragenden Gelehrten wie Freeman, Miss Norgate, Louis Halphen, Sir Frank Stenton, M. Latouche, A. Fliche und Professor C. W. David auf sich gezogen. Da sich jedoch unter diesen Wissenschaftlern beträchtliche Meinungsverschiedenheiten ergaben, soll diese Angelegenheit an dieser Stelle neu erörtert werden. Obgleich all den vorgenannten Persönlichkeiten zu Dank verpflichtet, neige ich — wenn auch mit einigen Abänderungen — doch zu der Erklärung, die im Jahre 1906 von Halphen vorgeschlagen [1] und später von Fliche [2] und Professor David [3] entwickelt wurde. Diese Angelegenheit ist so kompliziert, daß sie eine neue Erläuterung des Beweismaterials erfordert.

Einen wesentlichen Teil des Problems bildet die Frage, inwieweit (wenn überhaupt) die Aufzeichnungen Ordericus Vitalis' zu dieser Angelegenheit anerkannt werden können.

Abgesehen von zwei Anmerkungen über die Revolte Roberts und die Schlacht von Gerberoi [4] ist Ordericus' Schilderung dieser Kriegszüge im vierten Buch seines geschichtlichen Werkes, und zwar im siebten, achten, vierzehnten und siebzehnten Kapitel enthalten.[5] Das fünfzehnte und sechzehnte Kapitel besteht aus einer langen Abschweifung, deren Ausgangspunkt der Tod Graf Waltheofs am Ende des vierzehnten Kapitels ist. Das Ganze bildet also eine Einheit und beginnt kurz nach der Stelle, wo Ordericus nicht mehr von jenem verloren gegangenen Teil des geschichtlichen Werkes von Wilhelm von Poitiers unterstützt wird.

Ordericus Reihenfolge der Ereignisse ist folgende:

1. Wilhelms Krieg in Maine. Einzug in Le Mans.

2. Fulk le Rechin greift La Flèche an. (Nach Ordericus wird Fulk von »Graf Hoel« und einer starken bretonischen Streitmacht unterstützt. Wilhelm führt eine Armee aus Normannen und Engländern gegen ihn. Eine große Schlacht wird durch das Eingreifen von Geistlichen verhindert.)

3. Zwischen Wilhelm und dem Grafen von Anjou wird ein Vertrag geschlossen. (Nach Ordericus fanden die betreffenden Verhandlungen an einem Ort namens Blancalanda vel Brueria statt. Dem fügt der Autor noch hinzu, daß dieser Vertrag bis zum Tode des Eroberers nicht gebrochen wurde.)

4. Die Revolte der Grafen in England; der Tod Waltheofs.

5. Wilhelms Krieg in der Bretagne, der seinen Höhepunkt in seiner erfolglosen Belagerung von Dol fand. (Nach Ordericus wurde Dol von Alan Fergant, dem »Grafen der Bretagne«, befreit. Wilhelm sah sich zum Rückzug gezwungen. Alan Fergant heiratete Constance, die Tochter Wilhelms.)

Wilhelms Krieg in Maine (O. V. 1) kann genau datiert werden: er fand im Jahre 1073 und wahrscheinlich vor dem 30. März dieses Jahres statt.[6] Ebenso besteht kein Zweifel daran, daß die Rebellion der Grafen (O. V. 4) im Jahre 1075 stattfand.[7] Diese Behauptungen Ordericus' müssen also nicht näher erläutert werden. Die restlichen Punkte erfordern jedoch Kritik und genaue Überprüfung.

Zuerst muß der Krieg Wilhelms in der Bretagne einer Prüfung unterzogen werden. Die anglo-sächsischen, bretonischen und angevinischen Annalen lassen zusammen mit den Urkunden Philipps I. mit ziemlicher Gewißheit darauf schließen, daß dieser Kriegszug und Wilhelms Niederlage bei Dol im September oder Anfang November des Jahres 1076 stattfanden[8]: dieser Kriegszug war in der Tat eine logische Folge auf die Revolte des Grafen Ralph in England; außerdem stand er in Beziehung zu Graf Hoels Kampf gegen die rebellischen Feudalherren in der Bretagne.[9] Auf Grund dieser Tatsachen wird die Erzählung Ordericus' an dieser Stelle aus folgenden Gründen unverständlich:

1. Er vermerkt nicht die Intervention König Philipps bei Dol, die sicher stattfand und möglicherweise ausschlaggebend war.

2. Graf Hoel starb erst im Jahre 1084[10], und erst dann folgte ihm sein Sohn Alan Fergant. Falls Ordericus an dieser Stelle Alan den

Grafentitel nicht auf Grund seiner Geburt gab, sondern ihn als solchen in dem Geschehen des Jahres 1076 bezeichnete, müßte es sich um einen Irrtum handeln.

3. Es ist im höchsten Grade unwahrscheinlich, daß Constance im Jahre 1076 oder 1077 Alan Fergant heiratete. Ordericus selbst scheint an einer anderen Stelle stillschweigend vorauszusetzen, daß sie im Jahre 1081 noch unverheiratet war. Außerdem existiert positives Beweismaterial, das darauf hinweist, daß ihre Heirat mit Alan Fergant im Jahre 1086 stattfand.[11] Dazu sei noch bemerkt, daß sich Ordericus selbst über Alan Fergant im allgemeinen nicht ganz im klaren ist, da er ihn an einer anderen Stelle als Grafen von Nantes bezeichnete, obwohl er doch der Sohn Hoels, des Grafen von Cornouailles war.[12]

4. Falls – wie die bretonischen Annalen behaupten – Hoel bei der Belagerung von Dol zusammen mit Wilhelm handelte, wäre es — wenn auch nicht unmöglich — doch äußerst unwahrscheinlich, daß Alan Fergant in diesem Kriegszug gegen seinen Vater kämpfte. Diese unglaubwürdige Tatsache wird noch durch das Faktum verstärkt, daß Alan im Jahre 1077 seinen Vater aus den Händen der bretonischen Rebellen rettete.[13]

Einige dieser Schwierigkeiten wurden von Freeman in einem bemerkenswerten Anhang genau erkannt[14], dessen Wert jedoch zum Teil durch eine falsche Interpretation der Datierung angevinischer Annalen gemindert wird.[15] Seine Vermutung, daß sich Alan Fergant im Jahre 1077 mit Constance verlobte, und daß die beiden erst neun Jahre später heirateten[16], würde – selbst wenn sie plausibel erschiene — auch dann keine Übereinstimmung zwischen dem Bericht Ordericus' und den anderen Quellen herbeiführen. Freeman stellte in der Tat die — vorher schon von Lobineau gemachte[17] — kühne Behauptung auf, daß sich in diesem Falle Ordericus auf irgendeinen Krieg in der Bretagne zu einem späteren Zeitpunkt bezog. Entweder verhielt sich die ganze Angelegenheit wirklich so — doch gibt es kein Beweismaterial, das diese Annahme unterstützte — oder aber Ordericus verließ sich in diesem Falle auf falsche Informationen. Auf alle Fälle fügt sein Bericht unserer Kenntnis über den bretonischen Krieg im Jahre 1076 nichts Nennenswertes hinzu. Man kann ihn also beiseite lassen.

Weitere Schwierigkeiten ergeben sich in Verbindung mit Ordericus' Schilderungen von Fulks Angriff auf La Flèche. Aus Ordericus' Erzählung ist ersichtlich, daß er diesen Angriff auf die Zeit nach dem Krieg in Maine und nach der Einnahme von Le Mans[18] verlegte. Deshalb gaben Freeman, Stenton und mit einigem Zögern auch Miss Norgate den Angriff auf La Flèche für das Jahr 1073 an.[19] Es scheint jedoch, daß Ordericus keine Gewähr für eine derartige Schlußfolgerung gibt. Nach seiner Schilderung der Einnahme von Le Mans behauptet er, daß eine Zeitspanne bis zur Unterwerfung von Maine verstrich.[20] Auf alle Fälle aber schließt bei Ordericus der Vertrag zwischen Wilhelm und Fulk bei Blancalanda vel Brueria direkt an die Ereignisse von La Flèche an.[21] Auch wenn man in diesem Falle Ordericus Bericht bei seinem Nennwert nehmen würde, wäre es am vernünftigsten, die La Flèche-Episode auf irgendeinen Zeitpunkt zwischen der Einnahme von Le Mans (Frühling 1073) und dem Vertrag von Blancalanda vel Brueria (für den er keinen Zeitpunkt angibt) zu verlegen.

Angesichts derart unzulänglichen Beweismaterials ist es notwendig, sich anderem zuzuwenden.

Aus den angevinischen Annalen ist zu ersehen, daß um diese Zeit Fulk Rechin zwei Angriffe auf La Flèche unternahm. Der erste, der erfolglos verlief, fand entweder im Jahre 1076, 1077 oder möglicherweise 1078 statt.[22] Der zweite, der erfolgreich war und bei dem die Burg niedergebrannt wurde, fand im Jahre 1081 statt, das heißt nach der Rebellion Roberts und Wilhelms Niederlage bei Gerberoi.[23] Wenn Ordericus die beiden Angriffe nicht durcheinanderbrachte, was sehr wahrscheinlich ist, muß sich demnach sein Bericht auf einen der beiden beziehen. Darüber hinaus sei daran erinnert, daß er seine diesbezügliche Bemerkung unmittelbar vor und in Verbindung mit dem Vertrag zwischen Wilhelm und Fulk bei Blancalanda vel Brueria setzt. Das Datum dieses so umrissenen Vertrags müßte also genauer bestimmt werden. Ordericus' Beschreibung von Fulks Armee während des Angriffes auf La Flèche ist in dieser Hinsicht von großer Hilfe. Er bemerkt nämlich, daß Fulk bei dieser Gelegenheit von »Graf Hoel« und «einer sehr großen bretonischen Streitmacht« unterstützt wurde.[24] Nun ist es zwar sehr wahrscheinlich, daß bretonische Truppen ihre angevinischen Verbündeten in der Bretagne und bei ihrem Sieg von Dol unterstützten, doch muß es sich dabei um jene bretonischen Rebellen gehandelt haben, die im Jahre 1076 nicht nur gegen Wilhelm, sondern auch gegen Hoel gekämpft hatten.[25] Kurz, es scheint unvorstellbar, daß Hoel zusammen mit Fulk irgendwann im Jahre 1076 oder 1077 La Flèche und die Normannen in Maine angriff. Dazu kommt noch, daß Hoel selbst im Jahre 1077 von den bretonischen Rebellen gefangengenommen und von seinem Sohn Alan Fergant wieder befreit wurde.[26] Als Alternative gibt es also zwei Schlußfolgerungen. Entweder man läßt Hoel in Ordericus' Bericht unbeachtet, oder man setzt den von ihm geschilderten Vertrag zwischen Fulk und Wilhelm mit dem zweiten

Angriff auf La Flèche (das hieße also 1081) in Verbindung. Folglich ist es bedeutsam, daß die Annalen »von Renaud« im besonderen einen Vertrag zwischen Wilhelm und Fulk aus dem Jahre 1081 erwähnen und zwar in dem Sinne, daß sie Ordericus' Beschreibung zu ergänzen scheinen.[27] Es kam — wie Ordericus erzählt — nicht nur zu einer allgemeinen Amnestie und dazu, daß Robert Fulk »ut minor majori« einen Treueid leistete, sondern — so fügen die Annalen »von Renaud« hinzu — Wilhelm mußte Fulk auch noch Geiseln stellen.[28] Obgleich die Bemerkung Ordericus', daß dieser Vertrag bis zum Tode des Eroberers zwischen Anjou und Normandie den Frieden herstellte[29], in keinem Fall ausschließlich zutrifft, würde sie in Verbindung mit einem Vertrag aus dem Jahre 1081 plausibel erscheinen, doch würde sie im Zusammenhang mit dem zwischen 1076 und 1078 geschlossenen Pakt, als nämlich Roberts Rebellion, die Schlacht von Gerberoi und der zweite Angriff auf La Flèche noch ausstanden, vollkommen unverständlich bleiben. Es scheint also auf alle Fälle unmöglich oder zumindest sehr gefährlich, den sogenannten »Vertrag von Blanchelande« auf ein anderes Jahr als 1081 zu verlegen.

Doch wie entwickelten sich dann die Dinge zwischen Wilhelm und Fulk in der Zeit zwischen 1077 und 1078? Erwiesen ist, daß es im Jahre 1077 zwischen Wilhelm und König Philipp zu einem Vertrag kam, »der nicht von langer Dauer war«[30], wobei es unwahrscheinlich scheint, daß der französische König so kurze Zeit nach den Ereignissen vom Herbst 1076 in der Bretagne seine damaligen Beschlüsse ohne seinen angevinischen Vasallen und Verbündeten faßte. Demnach wäre es unglaubwürdig, daß Fulks erster Angriff auf La Flèche nach dem Vertrag zwischen Wilhelm und Philipp oder vor Abschluß des bretonischen Krieges Anfang November des Jahres 1076 stattfand. Es sei daran erinnert, daß die angevinischen Annalen für diesen Angriff drei Jahre angeben, nämlich 1076, 1077 oder 1078. Das Jahr 1078 taucht auch in den Annalen von Saint-Florent in Saumur auf, doch irren sich diese oft um ein Jahr[31], so daß ich wegen der weiter oben angegebenen Gründe geneigt bin, dieses Datum zu verwerfen.[32] MS. »D« von den Annalen von Saint-Aubin verzeichnet 1076, doch da dieses Datum in dem betreffenden Manuskript zweimal auftaucht, dürfte es sich um eine wiederholte Eintragung handeln. Außerdem verzeichnen die Teile MSS. »B«, »C« und »A« dieser Annalen das Jahr 1077, was auch einigermaßen den betreffenden Indizienbeweisen entspräche.[33] Deshalb verlegte ich den ersten Angriff Fulks auf La Flèche auf den Beginn des Jahres 1077 oder auf das Ende des Jahres 1076.[34] Diese erfolglose Operation Fulks kann durchaus zu einem vorübergehenden Abkommen zwischen ihm und Wilhelm geführt haben und zwar in Verbindung mit jenem Pakt, der im Jahre 1077 zwischen Wilhelm und König Philipp geschlossen wurde. In dieser Hinsicht ist es bedeutsam, daß eine für Saint-Vincent-du-Mans ausgestellte Urkunde aus dieser Zeit nach einem Vertrag zwischen König Wilhelm und Graf Fulk datiert ist, der an einem Ort namens »Castellum Vallium« geschlossen wurde.[35] Diese Urkunde wurde sicher vor dem 5. November 1080 ausgefertigt, da sie von Wilhelm als Abt von Saint-Vincent unterzeichnet und dieser Wilhelm um diese Zeit zum Bischof von Durham ernannt wurde. Wenn also jener »Vertrag von Blanchelande«, wie hier vorgeschlagen wurde, aus dem Jahre 1081 stammt, muß es sich bei dem vorher genannten Pakt um einen anderen handeln. Es wäre also angemessen, diesen Pakt in die Zeit von 1077—1078 zu verlegen und ihn in direkte Beziehung zu jenem im Jahre 1077 zwischen König Wilhelm und Philipp geschlossenen zu setzen.

So bleiben nur noch die Ereignisse zwischen 1077 und 1081, die erwogen werden müssen. Die angelsächsische Chronik berichtet, daß Malcolms Invasion in Nordengland zwischen dem 15. August und 8. September des Jahres 1079 stattfand.[36] Roberts Gegenangriff auf Schottland wird von »Simeon von Durham« eindeutig auf das Jahr 1080 verlegt. Da sich Robert und sein Vater am 14. Juli dieses Jahres noch in der Normandie befanden[37], muß er nach diesem Zeitpunkt stattgefunden haben. Die Daten über Roberts erste Rebellion gegen seinen Vater und über die Schlacht von Gerberoi sind jedoch schwierig zu bestimmen. Nach Freeman fand die Belagerung von Gerberoi im Winter 1079 auf 1080 statt.[38] Dies ist jedoch erwiesenermaßen falsch. Ordericus Vitalis bemerkt, daß die Belagerung, (die einige Zeit dauerte), unmittelbar nach Weihnachten begann, und die angelsächsische Chronik, (in der das Jahr gewöhnlich mit Weihnachten beginnt), verlegt sie in das Jahr 1079.[39] Die Wichtigkeit dieses miteinander verknüpften Beweismaterials wird darüber hinaus noch durch eine Urkunde König Philipp I. von Frankreich endgültig bestätigt[40] — eine Urkunde, die von Robert, dem Haushofmeister, bezeugt wurde und die nicht nur von der fortschreitenden Belagerung von Gerberoi spricht, sondern auch eine Zeitangabe[41] enthält, die sich auf Weihnachten 1078, aber unmöglich auf Weihnachten 1079 beziehen kann. Außerdem wurde Robert im Laufe des Jahres 1079 als Haushofmeister von einem gewissen Adam ersetzt.[42] So fand also die Belagerung von Gerberoi in den letzten Tagen des Jahres 1078 statt und wurde während der ersten Januarwochen 1079 abgeschlossen.

Roberts erster Streit mit seinem Vater fand offensichtlich einige Zeit zuvor, aber nach dem 13. September 1077 statt, als Robert mit seinem Vater an der Einweihung von Saint-Stephen zu Caen teilnahm.[43] Seine Rebellion muß also entweder Ende 1077 oder, was wahrscheinlicher ist, Anfang 1078 begonnen haben. Nach Gerberoi versöhnte er sich wieder mit Wilhelm, was sicher vor dem 12. April 1080 geschah, als er wieder am Hofe seines Vaters anzutreffen ist.[44]

Die Chronologie dieser Ereignisse ist in vielen Punkten immer noch nicht eindeutig geklärt, so daß es ganz offensichtlich zu voreilig wäre, sie vertrauensselig für gültig zu halten. Meine Bemerkungen dazu sollten lediglich erklären, warum und mit welchen Bedenken ich in diesem Buch die folgende Reihenfolge der Ereignisse verwandte:

1073 (vor dem 30. März?) Wilhelms Krieg in Maine. Einnahme von Le Mans

1073 (30. März) Wilhelm bei Bonneville-sur-Touques

1074 Edgar Atheling geht nach Schottland; Philipp bietet ihm Montreuil-sur-Mer an; versöhnt sich mit Wilhelm

1075 Rebellion der Grafen in England

1076 (September bis Anfang November) Krieg in der Bretagne; Wilhelms Niederlage bei Dol

1077 (Anfang dieses Jahres oder Ende 1076) Fulk le Rechin's erster, erfolgloser Angriff auf La Flèche

1077 Hoel wird von den bretonischen Rebellen gefangengenommen und von Alan Fergant befreit

1077 Wilhelms Vertrag mit Philipp I.

1077 (oder vielleicht 1078) Erster Vertrag zwischen Fulk und Wilhelm (möglicherweise bei »Castellum Vallium«)

1078 (Anfang dieses Jahres oder möglicherweise Ende 1077) Roberts Streit mit seinem Vater und seine erste Rebellion

1079 (Januar) Wilhelms Niederlage bei Gerberoi

1079 (15. August — 8. September) Malcolms Einfall in Nordengland

1079 (12. April 1080) Roberts Versöhnung mit seinem Vater

1080 (14. Juli) Wilhelm und Robert in Caen

1080 (Spätsommer oder Herbst) Roberts Invasion in Schottland; er errichtet »New Castle«

1081 (Frühling) Robert und Wilhelm befinden sich noch in England

1081 Zweiter Angriff Fulks auf La Flèche; dieser Angriff ist erfolgreich; die Burg wird in Brand gesteckt

1081 Zweiter Vertrag zwischen Wilhelm und Fulk (möglicherweise bei »Blancalanda vel Brueria«)

F

GIFTMORDE ALS POLITISCHES MITTEL IN DER NORMANDIE DES ELFTEN JAHRHUNDERTS

Keine Beurteilung der frühen normannischen Geschichte oder der Persönlichkeit Wilhelm des Eroberers dürfte die Möglichkeit außer acht lassen, daß um jene Zeit im Herzogtum Giftmorde weitverbreitet waren. In der Tat lenkte Steenstrup die Aufmerksamkeit auf diesen Punkt und überprüfte einiges von dem diesbezüglichen Beweismaterial.[1] Trotzdem aber drängt dieses Thema zu einer neuen Behandlung. Unter den Persönlichkeiten, die in enger Beziehung zur normannischen Geschichte stehen und von denen man behauptet, daß sie durch Gift starben, befinden sich die Herzöge Richard III. und Robert I., die bretonischen Grafen Alan III. und Conan II., Graf Walter von Vexin und seine Gemahlin Biota, Robert, der Sohn von Geré, Arnold von Echauffour und Gilbert, der Bruder Rogers II. von Montgomery. Dies ist in der Tat eine erstaunliche Liste, und falls sie sich als wahr erweisen würde, würde sie ein grausiges Licht auf die damaligen Zustände in der Normandie werfen. Deshalb ist dieses Thema an sich schon bedeutsam. Außerdem dürfte es ein gewisses Licht auf die Entwicklung der anglo-normannischen Chroniken werfen. Es verdient also, eingehend überprüft zu werden.

Wilhelm von Jumièges führt Herzog Richard III. Tod, wenn auch mit Vorbehalten, auf eine Vergiftung zurück: »Viele Leute sagen, daß er an Gift starb.«[2] Später arbeitete Wilhelm von Malmesbury diese Geschichte aus, indem er hinzufügte, daß der Anstifter des Verbrechens Herzog Robert I. gewesen sei: »Gewiß ist, daß ein weitverbreitetes Gerücht umläuft, daß er mit der wissentlichen Billigung seines Bruders

Robert vergiftet wurde.«[3] Das »Gesta Consulum Andegavorum« enthält dieselbe Geschichte.[4] Einmal — doch nur einmal — taucht sie auch unter den vielen Hinweisen auf Herzog Richard III. in der »Historia« von Ordericus Vitalis auf.[5] Die Zeugnisse, daß es sich dabei um ein Verbrechen handelt, sind also nicht übermäßig stark, und daß Herzog Robert der Schuldige war, ist noch weniger erwiesen. Andererseits muß hier betont werden, daß man in diesem Falle bereits zu einem sehr frühen Zeitpunkt an einen Giftmord glaubte, denn eine derartige Behauptung tritt bereits bei Adémar von Chabannes auf, der vor Wilhelm von Jumièges und in der Tat kurz nach diesem Todesfall schrieb. Nüchtern stellt er fest: »Richard trat seine Herrschaft — des Herzogtums der Normandie — an ... und nicht lange danach starb er an einer Vergiftung.«[6]

Herzog Robert I. starb an einem der ersten drei Tage des Juli 1035 im bythinischen Nicaea. Einige Zeit vor 1060 wurde erzählt, daß man ihn vergiftet hatte. Der Verfasser der »Miracula S. Wulframni« erzählt, wenn auch unter Vorbehalten; »Wie man uns erzählte, starb er vergiftet in Nicaea.«[7] Wilhelm von Malmesbury, der sich offensichtlich auf ein Gerücht verließ, das ihn überzeugte, wiederholte später diese Geschichte und fügte ihr eingehende Einzelheiten hinzu:

»Auf seiner Heimreise beendete Robert sein Leben in Nicaea, einer Stadt in Bythinien. Wie man erzählt, starb er durch Gift, das ihm von einem seiner Beamten namens Ralph Mowin eingegeben wurde. Dieser Ralph beging das Verbrechen in der Hoffnung, selbst Herzog zu werden. Doch bei seiner Heimkunft wurde sein Vergehen ruchbar, und nachdem er von allen gemieden wurde, ging er in die Verbannung.«[8]

Sowohl der Name des vorgebrachten Schuldigen wie das Motiv, das man ihm zuschrieb, erwecken größte Zweifel. In dieser Hinsicht ist noch bemerkenswert, daß Rudolf Glaber, der dieses Ereignis aus größerer Nähe erlebte und selbst bejammernswert skandallüstern war, im Zusammenhang mit dem Tod Herzog Robert I.[9] kein einziges Mal die Möglichkeit einer Vergiftung erwähnt. Erst Wace und seine Nachfolger sollten diese Geschichte entwickeln.[10]

Alan III., Graf von Bretagne, starb allem Anschein nach am 1. Oktober des Jahres 1040. Ordericus bemerkt in seiner »Historia« drei Mal, daß er vergiftet wurde.[11] Diese Erzählung sollte später wiederholt werden, doch fand ich keinen diesbezüglichen Hinweis, der aus der Zeit Ordericus' stammte. Die Glaubwürdigkeit dieser Behauptung scheint noch mehr durch Ordericus' Bericht über den Tod von Alans Sohn, Conan II., geschwächt zu werden. In diesem Falle behauptet er zweimal, daß auch Conan vergiftet wurde, und zwar auf das Betreiben Herzog Wilhelms. So legt er in seiner »Historia« den Rebellen von 1075 die Bemerkung in den Mund, daß Herzog Wilhelm »Conan, den tapferen Grafen vergiftete«[12], und in einer Textergänzung zu Wilhelm von Jumièges erweitert er diese Geschichte. Hier wird von Conan behauptet, daß er sich weigerte, an dem Kriegszug von 1066 teilzunehmen und zwar wegen der Vergiftung seines Vaters Alan durch die Normannen bei Vimoutiers, und »als Herzog Wilhelm dies hörte, war er sehr beunruhigt«:

»Doch Gott geruhte bald, ihn von der Bedrohung seiner Feinde zu befreien. Denn einer der bretonischen Herren, der zugleich ein Vasall Conans und Wilhelms war, und der als Vermittler zwischen den beiden diente, bestrich Conans Jagdhorn, die Zügel seines Pferdes und seine Handschuhe mit Gift. ... Um diese Zeit belagerte Conan gerade Château-Gonthier. ... Als er seine Handschuhe angezogen und die Zügel seines Pferdes berührt hatte, hob er unglücklicherweise seine Hände zu den Lippen und infizierte sich mit dem Gift. Bald danach starb er. ... Der Lehnsmann, der ihn verraten, sah, daß er seinen Zweck erreicht hatte, verließ Conans Streitmacht und ging, um Herzog Wilhelm von dessen Tod zu erzählen.«[13]

Diese Erzählung klingt kaum glaubwürdig und wird anscheinend von keinem diesbezüglichen Beweismaterial unterstützt. Außerdem starb Conan nicht vor dem 11. Dezember des Jahres 1066[14], das heißt, eine beträchtliche Zeitspanne nach der Invasion Englands. Im Totenregister der Kathedrale zu Chartres wird sein Tod sehr genau verzeichnet: »III Idus Decembris: Obit Conanus Britannorum comes.«[15]

Im Falle von Walter, dem Grafen von Vexin und seiner Gemahlin Biota stößt man auf ziemlich ähnliche Merkmale. Walter, ein Neffe Edward des Bekenners, heiratete eine Tochter Herbert »Wachhunds«, des Grafen von Maine, und erhob später gegen Herzog Wilhelm Ansprüche auf Maine.[16] Danach, so erzählt Ordericus, »... griff der edle Herzog die Rebellen an, und während das Kriegsglück mal dem einen, dann dem anderen wohlgesinnt war, starben Walter und seine Gemahlin an einem Gift, das, wie man erzählt, ihnen von ihren Feinden tückischerweise eingegeben wurde«.[17] Der vorsichtige Ausdruck »wie man erzählt« sollte dabei vermerkt werden. Außerdem unterläßt es Ordericus mit Feingefühl, dieses Verbrechen dem Herzog selbst zuzuschreiben. Doch legt er den rebellischen Grafen im Jahre 1075 die besondere Beschuldigung Herzog Wilhelms in den Mund, daß »er in ein und derselben Nacht Walter, den Grafen von Pontoise und Neffen König Edwards und dessen Gemahlin Biota, als sie beide in Falaise zu Gast waren, durch Gift ums Leben brachte«.[18] Obgleich M. Latouche diese Erzählung bei ihrem Nennwert nimmt [19], dürfte es zu bezweifeln sein, ob Ordericus selbst voll daran glaubte. Auf jeden Fall fällt diese Geschichte aus dem Rahmen und wird von anderer Stelle nicht bestätigt.

Bei einer einzelnen Betrachtung erregen all diese Berichte mehr oder weniger Zweifel. Viele von ihnen zeichnen sich durch ein gemeinsames Muster aus. Meistens wird die erste Beschuldigung einer Vergiftung von einem Gedanken begleitet, der auf ihre Ungewißheit hinweist. Es ist nicht ganz richtig, wenn Steenstrup [20] behauptet, daß all diese Berichte aus einer späteren Zeit stammen, denn das bereits erwähnte Beweismaterial, das uns Adémar von Chabannes und die »Miracula S. Wulframni« liefern, ist ziemlich frühen Ursprungs. Trotzdem aber entstanden die meisten der Geschichten über Vergiftungen in der Normandie des elften Jahrhunderts erst im zwölften Jahrhundert. Die Tatsache, daß Ordericus die Gedanken, die er seinen Charakteren in den Mund legte, wesentlich präziser faßt, als wenn er in eigener Person spricht, ist bedeutsam. Auch sollten im Hinblick auf die körperlichen Krankheiten jenes Zeitalters die beklagenswerte Hygiene und die schlechte Ernährung des elften Jahrhunderts nicht vergessen werden. Die Ruhr, von der die Armee Wilhelm des Eroberers nach Hastings befallen wurde, ist einfach zu erklären. So ist sicher zu vermuten, daß manchmal eine weniger verbrecherische Interpretation als die absichtlicher Giftmorde am Platze wäre. Die letzten Stunden König Heinrich I. wurden auf eine fast peinliche Art bis in die kleinsten Einzelheiten beschrieben.[21] Sein Tod war offensichtlich auf einen ganz gewöhnlichen Unglücksfall zurückzuführen: eine gewisse Dosis eines Abführmittels, in bester, wenn auch zu gut gemeinter Absicht verschrieben, achtlos zubereitet und unbesonnen eingegeben — ein Unglücksfall, der tatsächlich zu jeder Zeit und an jedem Krankenbett stattfinden konnte.

Doch obgleich es schwierig ist, in der Normandie des elften Jahrhunderts einen Giftmord zu entdecken, über den die Zeugnisse vollkommen überzeugend sind, ist andererseits die Tatsache nicht ohne Bedeutung, daß derartige Anschuldigungen durchaus nicht selten sind. Es scheint, daß jeder Schriftsteller, der über die damaligen normannischen Angelegenheiten schrieb, bei einem plötzlichen Tod, der nicht durch eine offenkundige Krankheit erklärt werden konnte, geneigt war, einen Giftmord anzunehmen. Die Regelmäßigkeit, mit der dies geschah, lädt zu eingehenderer Betrachtung ein.

In dieser Hinsicht läßt sich aus einem Vergleich mit dem damaligen England vieles ersehen. In England traten Giftmordanschuldigungen nur sehr selten auf. In der Zeit zwischen 1042 und 1057 gab es in England zumindest drei bemerkenswerte und plötzliche Todesfälle, die Verdächtigungen erregen konnten und dies in der Normandie sicher getan hätten. Es war der Tod Harthacnuts, des Atheling Edward und des Grafen Godwine. Was Harthacnut anbelangt, so bemerken zwei Darstellungen der anglo-sächsischen Chronik:

»Er — Harthacnut — stand dort und trank, und plötzlich stürzte er unter schrecklichen Krämpfen zu Boden, und die bei ihm standen, fingen ihn auf, und danach sprach er kein Wort mehr. Er starb am 8. Juni.« [22]

Wie man sieht, wurde hier nicht auf eine Vergiftung geschlossen. Vielmehr stimmt dieser Bericht mit früheren Schilderungen vom Festland überein, wie zum Beispiel mit der Richer's von Reims, der den Tod Herzog Richards I. von Normandie im Jahre 996 einem Schlaganfall (»apoplexia minoris«) zuschreibt.[23] Noch aufschlußreicher ist der Fall des Athelings Edward, dessen Tod im Jahre 1057 unvermutet nach seiner Rückkehr nach England stattfand und zwar unter Umständen, die zweifellos ein wenig mysteriös anmuten:

»Wir wissen nicht, warum es geschah, daß es ihm nicht vergönnt war, seinen Verwandten König Edward zu besuchen. Es war ein erbärmliches und für alle Leute schmerzliches Schicksal, daß er nach seiner Ankunft in England so schnell sein Leben lassen mußte — und das zum Unglück dieses unglückseligen Reiches.« [24]

Der Autor ist zwar bestürzt, widersteht jedoch in diesem Falle der Versuchung, von einem Giftmord zu sprechen, was an seiner Stelle nur wenige normannische Schriftsteller getan hätten.

Es bleibt noch der Fall Graf Godwines zu erläutern, dessen Tod im Jahre 1053 unter Umständen stattfand, die durchaus die Beschuldigung einer Vergiftung nach sich ziehen konnten. Doch die »Vita Edwardi Regis« bemerkt dazu lediglich: »Da starb der Graf seligen Angedenkens.« [25] Die anglo-sächsische Chronik jedoch verbreitet sich ein wenig mehr über diesen Vorfall:

»Am Ostermontag saß er mit dem König beim Mahle, und plötzlich sank er, der Sprache und seiner ganzen Kraft beraubt, über seiner Fußbank zusammen. Dann wurde er in des Königs eigenes Gemach gebracht, und sie dachten, daß er seine Seele aufgeben würde. Aber dem war nicht so. Im Gegenteil: der Sprache nicht mehr mächtig und kraftlos lebte er noch bis zum Donnerstag, dann gab er sein Leben auf.« [26]

Dies sind also die frühesten Berichte. Kein Verdacht unredlicher Handlungen wird in ihnen geäußert. Auch in der von Ailred von Rievaulx verfaßten Bearbeitung dieser Geschichte, die später, im zwölften Jahrhundert entstand, tritt keine derartige Verdächtigung auf. Der bemerkenswerte Passus, der nicht nur aus einem Grund die Aufmerksamkeit auf sich zieht, lautet folgendermaßen:

»Eines Tages wurde ein Volksfest abgehalten, der König saß beim Mahle, und Graf Godwine befand sich im königlichen Gefolge. Während des Mahles stieß einer der Bediensteten in seiner Eile gegen einen Gegenstand und stürzte um ein Haar. Doch indem er mit seinem anderen Fuß einen Schritt nach vorne tat, gewann er wieder sein Gleichgewicht, so daß er aufrecht stand und ihm nichts zustieß. Viele der Anwesenden bemerkten zu diesem Vorfall, wie richtig es wäre, daß ein Fuß dem anderen hülfe. Da rief der Graf scherzhaft aus: ›So sollte ein Bruder dem anderen helfen und sollte ein Mann seinem Freund in Zeiten der Not beistehen.‹ Darauf wandte sich ihm der König zu und antwortete sofort: ›So würde m e i n Bruder m i r geholfen haben, wenn Godwine es gestattet hätte.‹ Darauf erbleichte Godwine, und mit verzerrtem Gesicht rief er: ›Wohl weiß ich, oh König, daß Ihr mir die Schuld am Tode Eures Bruders gebt. Und genauso wohl weiß ich, daß Ihr denen Glauben schenkt, die behaupten, daß ich ihn und Euch verriet. Doch laßt Gott, der um alle Geheimnisse weiß, zu meinem Richter werden! Soll diese Kruste, die ich in der Hand halte und jetzt verschlucke, zeigen, daß sie mir nichts anhaben kann, und daß ich unschuldig am Verrat an Euch und unschuldig am Tode Eures Bruders bin!‹ So sprach er, steckte die Kruste in den Mund und schluckte sie hinunter. Er versuchte sie hinabzuwürgen, aber es gelang ihm nicht. Dann versuchte er, sie aus seiner Kehle zu ziehen, aber sie steckte fest. Bald darauf würgte ihm die Kruste den Atem ab, seine Augen verdrehten sich und seine Glieder wurden steif. Der König aber schaute ihm zu, wie er elend starb, und da er wußte, daß Gott seine Vergeltung vollzogen hatte, sagte er zu denen, die in der Nähe standen: ›Schafft den Hund hinaus.‹« [27]

Diese Schilderung, die auch in einer Übersetzung nicht ihren dramatischen Charakter zu verlieren scheint, wurde offensichtlich im Hinblick auf den sich entwickelnden Kult des Heiligen Edward ausgearbeitet.[28] Andererseits jedoch zeichnen sich gewisse Einzelheiten, wie die des strauchelnden Dieners und die scherzhaften Bemerkungen, die diesem Vorfall folgten, durch eine derartige Unmittelbarkeit aus, daß es schwerfällt, diese Schilderung ausschließlich der Einbildungskraft zuzuschreiben. Was jedoch im Zusammenhang mit all diesen Schilderungen wichtig ist, ist die Tatsache, daß vom Tod eines englischen Feudalherrn, der in ihm feindlicher Gesellschaft beim Mahle saß, nicht behauptet wurde, er sei durch Vergiftung eingetreten. In dieser Hinsicht ist der Unterschied zu normannischen Erzählungen auffallend.

Warum also war man in der Normandie des elften Jahrhunderts nur allzu schnell bereit, einen plötzlichen Todesfall mit einem Giftmord gleichzusetzen, während man in England offensichtlich kaum geneigt war, derartigen Beschuldigungen stattzugeben? Lag der Grund darin, daß im zwölften und elften Jahrhundert die Furcht, vergiftet zu werden, in der Normandie größer war als in England? Und gab es in der Normandie irgendwelche besondere Begründungen für derartige Befürchtungen?

Vielleicht enthalten gewisse Berichte von Ordericus Vitalis einige Hinweise, durch die man eine Beantwortung dieser Fragen versuchen könnte. So erzählte er von Robert, dem Sohne Geré's, der im Jahre 1060 starb:

»Er saß beim Mahle und nahm seiner Gemahlin einen Apfel aus der Hand. Er war vergiftet, und fünf Tage nachdem er ihn verspeist, starb er.« [29]

Später verbreitet sich Ordericus über die fatale Folge derart beklagenswerter Tischmanieren:

»Eines Tages, als er – Robert, Sohn des Geré – glücklich am Feuer saß, betrachtete er seine Gemahlin Adelaide, die in ihrer Hand vier Äpfel hielt. Mutwillig erhaschte er sich zwei, und da er nicht wußte, daß sie vergiftet waren, aß er sie trotz des Protests seiner Gemahlin. Das Gift tat bald seine Wirkung — nach fünf Tagen nämlich starb er.« [30]

Welcher Natur die betreffenden Anspielungen auch sein mögen, so ist es doch nicht unbedingt notwendig, aus einem Tod, der auf das gierige Hinunterschlingen verfaulter Äpfel folgte, die Schlußfolgerung zu ziehen, daß es sich dabei um üble Machenschaften handelte. Eine andere Geschichte, die uns Ordericus erzählt, ist noch grausiger. Mabel von Bellême, die Gemahlin Rogers II., so heißt es, plante einen Anschlag gegen den Feind ihres Gatten, nämlich Arnold von Echauffour. Sie bereitete das tödliche Mittel und hielt es bereit. Doch Gilbert, der Bruder ihres Gemahls, kehrte erhitzt von einem Ritt zurück, schüttete durstig den vergifteten Inhalt des Bechers hinunter und starb daran. Doch das war nicht alles. Nach diesem mißlungenen Versuch, der so verheerend endete, wird von Mabel erzählt, daß sie den Kämmerer (»cubicularius«) Arnolds bestach und ihm Gifte anvertraute, die dieser seinem Herrn eingeben sollte. Dieses Mal zeitigten ihre Pläne den entsprechenden Erfolg: »nach einigen Tagen« starb Arnold.[31]

Es wäre natürlich zu voreilig, derartige Erzählungen bei ihrem Nennwert zu nehmen, doch genauso falsch wäre es, ihre Wichtigkeit zu unterschätzen. Wenn Ordericus auch gutgläubig gewesen sein mag, so war er doch weder ein Lügner, noch sonst irgendwie Verleumdungen geneigt. Außerdem handelte es sich in diesen Berichten um Persönlichkeiten, über die er eingehend Bescheid wußte. Sowohl Arnold von Echauffour als Robert, der Sohn von Geré, spielten in der Geschichte von Saint-Evroul, wo Ordericus als Mönch lebte, eine wichtige Rolle. Außerdem war Ordericus am Hofe von Mabels Gemahl, Roger II. von Montgomery, erzogen worden, da sein Vater dort ein Vertrauensamt einnahm.[32] Ordericus dürfte, als er noch ein Junge war und in Shrewsbury lebte, Mabel von Bellême sogar von Angesicht zu Angesicht gesehen haben, da er von ihr ein derart überzeugendes Bild gibt. Aus diesem Grunde ist noch zu bemerken, daß er derartige Erzählungen über die Gemahlin und den Bruder des Herrn seines Vaters sicher nicht vermerkt hätte, wenn sie ihm unglaubhaft oder beleidigend erschienen wären. Offensichtlich hielten sie weder Ordericus noch seine Leser für zu scheußlich, als daß sie ihnen nicht Glauben geschenkt hätten.

In diesem Zusammenhang scheint es angebracht, eine weitere Geschichte zu verzeichnen, die sich auf die Familie Montgomery bezieht und in der ein Giftmord weder erwähnt noch stillschweigend einbeschlossen wird. Die Herrin Mabel, so wird uns erzählt, besuchte regelmäßig mit einem riesigen Gefolge die Abtei Saint-Evroul, wobei sie erwartete, daß dieses Gefolge reichlich bewirtet würde. Die Einwände des Abtes blieben unbeachtet und schließlich:

»warnte er sie, daß dieser Unsinn ein Ende haben müsse. Darauf erwiderte Mabel ärgerlich: ›Das nächste Mal, wenn ich komme, wird mein Gefolge noch größer sein.‹ Darauf sagte der Abt: ›Glaubt mir, wenn Ihr diese Gottlosigkeit nicht bereut, so wird Euch etwas zustoßen, was Euch überhaupt nicht gefallen wird.‹ Und so geschah es. Denn in derselben Nacht noch wurde Mabel plötzlich krank und erlitt große Schmerzen. Sofort ordnete sie an, daß man sie aus der Abtei brächte, und als sie so in aller Eile die Güter von Saint-Evroul verließ, kam sie an einem Haus vorbei, in dem ein gewisser Roger Suisnar wohnte. Sie befahl, daß man ihr kleines Mädchen an ihrer Brust trinken lassen solle, die sie besonders schmerzte. Dies geschah. Der Säugling nahm die Nahrung zu sich und starb bald darauf. ... Mabel jedoch ging es wieder besser und sie kehrte nach Hause zurück.«[33]

Diese Erzählung scheint zwar übertrieben, doch sind die medizinischen Einzelheiten zum Teil überzeugend. Es wäre sicher lieblos zu behaupten, daß der Abt das Abendessen der Herrin auf seine Art zubereitet hätte [34], doch kann diese Möglichkeit nicht gänzlich ausgeschlossen werden. Zusammenfassend kann man deshalb von dem vorhandenen Beweismaterial behaupten, daß in jedem Falle die Bemerkung, daß irgendein normannischer Feudalherr während der ersten Hälfte des elften Jahrhunderts durch vorsätzliche Vergiftung ums Leben gebracht wurde, mit äußerster Vorsicht zu genießen ist. Bei einer genauen Untersuchung einer jeden dieser Beschuldigungen ergibt sich mangelnde Überzeugungskraft. Andererseits jedoch ist bemerkenswert, wie ungewöhnlich oft derartige Anschuldigungen in der Normandie – im Gegensatz zu England zum Beispiel – erhoben wurden. Daraus könnte man schließen, daß man solche Verbrechen nicht nur für möglich hielt, sondern sogar mit ihnen rechnete. Geisterte die Vorstellung von Giftmorden durch die Hofhaltungen der normannischen Aristokratie, als die Normandie zwischen 1035 und 1066 im Zeitalter Wilhelm des Eroberers, Lanfrancs und des Heiligen Anselm zu ihrer Macht emporwuchs? [35]

ZEITTAFEL

In der folgenden Zeittafel wurden einige der wichtigsten Daten zusammengestellt, die in diesem Buch verwandt wurden. Datierungen, die im Text in Frage standen, wurden hier mit einem Fragezeichen versehen. Da eine Chronologie aus der Zeit Wilhelm des Eroberers ihre Schwierigkeiten aufweist, und da sogar in Hinsicht auf die wichtigsten Ereignisse das Beweismaterial zu wünschen übrig läßt, kann diese Zeittafel nicht als endgültig angesehen werden. Viele der Probleme, die in diesem Zusammenhang auftauchen, wurden in den Anhängen oben behandelt.

1028? (Herbst) (1) Geburt Wilhelm des Eroberers

1031 Herzog Robert I. der Normandie unterstützt König Heinrich I. von Frankreich in dessen Krieg um sein Königreich

1035 (Juli) Herzog Robert I. stirbt in Bythinien: Wilhelm wird Herzog der Normandie
(12. November) Tod Cnut des Großen

1036 Ermordung des Atheling Alfred (ein Bruder Edward des Bekenners)

1037 (16. März) Tod Erzbischof Robert I. von Rouen: Mauger, Wilhelms Onkel, wird zu seinem Nachfolger ernannt

1040 (23. Februar) Einweihung der Abteikirche zu Le Bec
Geoffrey II. (Martel) wird Graf von Anjou

1040? Graf Alan III. von Bretagne, Graf Gilbert von Brionne und Osbern, der Haushofmeister – alles Vormünder Wilhelms – kommen zu verschiedenen Zeitpunkten gewaltsam ums Leben

1041 (oder 1042) Erfolgloser Versuch, den Gottesfrieden in der Normandie einzuführen

1042 (nach Juni) Thronfolge Edward des Bekenners in England

1043 Krönung Edward des Bekenners

1044? Lanfranc wird Prior in Le Bec

1045 (Januar) Edward der Bekenner heiratet Edith, Tochter des Grafen Godwine von Wessex
Magnus, König von Norwegen, droht in England einzufallen

1046? Kirchenkonzil in Rouen

1046 (gegen Ende) Rebellion der westlichen Vicomtes und Guy von Burgunds in der Normandie. König Heinrich greift zugunsten Wilhelms ein

1047 (Januar) Schlacht bei Val-ès-Dunes
(Oktober) Kirchenkonzil in der Nähe von Caen (Wilhelm anwesend): der Gottesfriede wird in der Normandie eingeführt
(25. Oktober) Tod König Magnus' von Norwegen

1048 (gegen Ende) Leo IX. wird Papst

1049 (Oktober) Eröffnung des Konzils von Reims
(gegen Ende oder Anfang 1050) Wilhelm erobert wieder Brionne

1050 (Anfang) Wilhelm kehrt nach Rouen zurück

1051 (Januar?) Robert, einstmalig Abt von Jumièges, dann Bischof von London, wird zum Erzbischof von Canterbury ernannt
(26. März) Tod Graf Hugo IV. von Maine
(kurz nach dem 26. März) Le Mans ergibt sich Graf Geoffrey von Anjou
Erfolglose Rebellion Graf Godwines von Wessex und seiner Söhne gegen Edward den Bekenner: sie werden von England in die Verbannung geschickt; ungefähr um diese Zeit wird Wilhelm dem Eroberer die englische Thronfolge versprochen

(Sommer bis ? Februar 1052) (2) Krieg zwischen Wilhelm und Graf Geoffrey von Anjou um Domfront und Alençon

1051 (oder 1052?) (3) Wilhelm heiratet Matilda, Tochter Graf Baldwin V. von Flandern

1052 (Sommer) Beginn der Rebellion des Grafen Wilhelm von Arques

(15. August) Graf Geoffrey von Anjou und König Heinrich von Frankreich, die sich wieder versöhnt hatten, sind zusammen in Orléans anzutreffen

(vor September) Graf Godwine und seine Söhne Harold und Leofwine kehren mit Waffengewalt nach England zurück: sie werden wieder in ihren Grafschaften eingesetzt; viele Normannen werden aus England vertrieben, unter ihnen Robert, der Erzbischof von Canterbury; Stigand erhält das Erzbistum Canterbury

1053 (13. April) Tod Graf Godwines von Wessex

(Juni) Schlacht bei Civitate

(November oder Dezember) Wilhelms Einnahme von Arques

(Dezember bis Januar 1054) König Heinrich hebt in Frankreich Truppen aus; dem folgt die Invasion von Evreçin, während sein Bruder Odo und dessen Verbündete in die Ostnormandie einfallen

1054 (1. bis 20. Februar) Schlacht bei Mortemer

(danach) Kirchenkonzil in Lisieux (Wilhelm anwesend): Erzbischof Mauger von Rouen wird abgesetzt, an seiner Stelle wird Maurilius ernannt

1055 Tod des Grafen Siward von Northumbria

1056? Robert, Wilhelms Halbbruder, wird Graf von Mortain

1057 (Januar bis März) König Heinrich und Graf Geoffrey von Anjou verbünden sich

(August) König Heinrich fällt in die Normandie ein: Schlacht bei Varaville

Der Atheling Edward (Sohn von Edmund ›Eisenseiten‹) kehrt mit seinen Kindern Margaret, Edgar und Christina von Ungarn nach England zurück; kurz nach seiner Ankunft stirbt er

1057 (30. September) Tod des Grafen Leofric von Mercia

(22. Dezember) Tod Ralph ›des Schüchternen‹, Graf von Hereford

1058 (17. März) Malcolm III. (Canmore) wird König von Schottland

Wilhelm erobert Thimert; die Belagerung von Thimert durch König Heinrich beginnt

Magnus, Sohn Harold Hardraadas, König von Norwegen, greift England an

1059 Synode von Melfi

1060 (4. August) Tod König Heinrich I. von Frankreich; er wird von Philipp I., damals noch minderjährig, gefolgt

(14. November) Tod des Grafen Geoffrey von Anjou

1061 (Oktober) Alexander II. wird Papst

1062 (9. März) Tod des Grafen Herbert von Maine

1063 Wilhelm greift Maine an und erobert es; Tod des Grafen Walter von Maine und seiner Gemahlin Biota

1064 Harold Godwineson in der Normandie

Wilhelms Invasion der Bretagne

Kirchenkonzil in Lisieux (Wilhelm anwesend)

›Kreuzzug‹ von Barbastro

1065 (Herbst) Rebellion in Northumbria; Verbannung Graf Tosti Godwinesons

1066 (5. Januar) (4) Tod Edward des Bekenners

(6. Januar) Krönung Harold Godwinesons zum König

(Frühling) Normannische Gesandtschaft nach Rom unter Bischof Gilbert von Lisieux wegen päpstlicher Unterstützung

(Mai) Tosti greift die Insel Wight an
(Juli) Kirchenkonzil in Caen (Wilhelm anwesend)
(September) Wilhelms Flotte sammelt sich auf der Dives
(8. September) Harold Godwineson entläßt in Südengland sein Heer
(September) Wilhelms Flotte in Saint-Valéry-sur-Somme
(September) Invasion Nordenglands durch Harold Hardraada, König von Norwegen, mit der Unterstützung von Tosti Godwineson
(20. September) Schlacht bei Fulford
(25. September) Schlacht bei Stamford Bridge
(28. September) Wilhelm landet bei Pevensey
(29. September) Wilhelm besetzt Hastings
(6. Oktober) Harold Godwineson in London
(14. Oktober) Schlacht bei Hastings
(21. Oktober) Einnahme von Dover
(29. Oktober) Einnahme von Canterbury
(Fast den ganzen November) Wilhelm in der Umgebung von Canterbury
(erste Hälfte des Dezember) Wilhelms Marsch um London
(25. Dezember) Wilhelm wird in London zum König der Engländer gekrönt

1067 (ca. 1. März bis 6. Dezember) Wilhelm in der Normandie
(1. Juli) Tod von Maurilius, Erzbischof von Rouen; seine Nachfolge tritt John, Bischof von Avranches, an
(Herbst) Graf Eustace von Boulogne verwüstet Kent
Bischof Odo von Bayeux wird Graf von Kent
Wilhelm FitzOsbern wird Graf von Hereford

1068 (Anfang) Unterwerfung von Exeter
(Sommer) Wilhelm zum ersten Mal in York
Er läßt Warwick, Lincoln, Huntington, Chester usw. besetzen

1069 (Februar bis April) York rebelliert und wird von Wilhelm wieder erobert
Rebellion in Maine: Verlust von Le Mans
(Sommer) Sweyn Estrithson, König von Dänemark, fällt in Yorkshire ein; allgemeine Rebellion im Norden unterstützt von Malcolm III., König von Schottland
(20. September) York wird von den Rebellen besetzt
(vor Weihnachten) Wilhelm erobert wieder York

1069? König Malcolm heiratet Margaret, die Schwester Edgar Athelings
1069 (oder 1070) Kirchenkonzil in Rouen
1070 (Januar bis März) ›Verwüstung des Nordens‹; Wilhelms Kriegszug in Teesdale; sein Marsch über die Penninische Kette; Besetzung von Chester und Stafford
(4. April) Wilhelm in Winchester
(April) Kirchenkonzil in Winchester (Wilhelm anwesend); Stigand wird abgesetzt
(15. August) Lanfranc wird Erzbischof von Canterbury
(Sommer) König Malcolm verwüstet Nordengland

1071 (22. Februar) Schlacht bei Cassel: Tod von Wilhelm FitzOsbern
(16. April) Die Normannen erobern Bari
(19. August) Schlacht von Manzikiert
(Sommer) Die dänische Flotte verläßt die englische Küste
(Oktober) Der Widerstand Herewards in den Fens wird gebrochen

1072 (Januar) die Normannen erobern Palermo
(April) Kirchenkonzil in Winchester (Wilhelm anwesend)
(Herbst) Wilhelms Invasion in Schottland: Vertrag von Abernethy
(1. November) Wilhelm in Durham

1072? Kirchenkonzil in Rouen

1073   (möglicherweise vor dem 30. März) Wilhelm fällt in Maine ein und erobert es zurück
(30. März) Wilhelm in Bonneville-sur-Touques
(21. April) Tod Papst Alexander II.: er wird von Gregor VII. gefolgt
1074   König Philipp I. bietet Edgar Atheling Montreuil-sur-Mer an
Kirchenkonzil in Rouen (Wilhelm anwesend)
1075   Rebellion der Grafen in England
(August bis Oktober) Kirchenkonzil in London (Wilhelm anwesend)
1076   (April) Kirchenkonzil in Winchester (Wilhelm anwesend)
(31. Mai) Hinrichtung Waltheofs
(September bis Anfang November) Kriegszug in die Bretagne: Wilhelms Niederlage bei Dol
1077   (Anfang) Erster, erfolgloser Angriff Fulk le Rechin's, des Grafen von Anjou, auf La Flèche
Pakt zwischen Wilhelm und König Philipp
(Dezember) Roger II. von Montgomery wird Graf von Shrewsbury
1078   (Anfang oder vielleicht Ende 1077) Erster Vertrag (bei ›Castellum Vallium‹?) zwischen Fulk le Rechin und Wilhelm
Erste Rebellion Roberts, des ältesten Sohnes Wilhelms, gegen seinen Vater
1079   (Januar) Wilhelms Niederlage bei Gerberoi
(15. August bis 8. September) Malcolm, der König von Schottland, verwüset Nordengland
(9. September) Tod des Erzbischofs John von Rouen: im Jahr darauf tritt Wilhelm Bonne-Ame an seine Stelle
1080   (Anfang oder vielleicht Ende 1079) Robert wird mit seinem Vater versöhnt
(Pfingsten) Kirchenkonzil in Lillebonne (Wilhelm anwesend)
(Spätsommer oder Herbst) Roberts Invasion in Schottland: Gründung von ›New Castle‹
(Weihnachten) Kirchenkonzil in Gloucester (Wilhelm anwesend)
1080? Gregor VII. fordert zum ersten oder wiederholten Male von Wilhelm für das englische Königreich einen Lehnseid; dies wird abgelehnt
1081   Zweiter, erfolgreicher Angriff Fulk le Rechin's auf La Flèche
Zweiter Pakt zwischen Wilhelm und Fulk (vielleicht bei ›Blancalanda‹)
1082   Gefangennahme von Odo, dem Bischof von Bayeux und Grafen von Kent
1083   (nach dem 18. Juli) Eine erneute Rebellion Roberts gegen seinen Vater
(2. November) Tod Matildas, der Gemahlin Wilhelm des Eroberers
1084   (Pfingsten?) Wilhelm in Westminster
(19. Juni) Wilhelm in Rouen
1085   (25. Mai) Tod Papst Gregor VII.
König Cnut IV. von Dänemark trifft mit der Unterstützung Roberts, des Grafen von Flandern, und anderen, Vorbereitungen für eine Invasion Englands
(Dezember) Wilhelms weihnachtliche Hofversammlung in Gloucester, wo die Domesday-Untersuchung geplant wird
1086   (Juli) Ermordung König Cnut IV. von Dänemark
(August) Versammlung in Salisbury: ›Der Eid von Salisbury‹
(Danach) Wilhelm reist in die Normandie
1087   (Sommer) König Philipp verwüstet das Evreçin; Wilhelms Invasion des Vexin und Einnahme von Mantes
(9. September, früh morgens) Wilhelm der Eroberer stirbt in Saint-Gervais, außerhalb von Rouen.

FUSSNOTEN

Für die Fußnoten wurden die folgenden Abkürzungen benützt. Für einige andere Werke als die unten anstehenden wurden abgekürzte Titel benützt – die vollen Titel der betreffenden Werke sind in der Bibliographie anzutreffen.

AS. Chron.	Anglo-sächsische Chronik (die betreffende Fassung und das Erscheinungsjahr werden jeweils angegeben)
Bayeux, der Wandteppich von	Angeführt nach den Reproduktionen in der Ausgabe von F. M. Stenton (1957) und nach den Reproduktionen in den *E. H. D.*, Band 2
Cal. Doc. France.	J. H. Round, *Calendar of Documents preserved in France*, Band 1 (1899) (den Heften nach zitiert)
Carmen	*Carmen de Hastingae Proelio* (wird meistens ›Guy von Amiens‹ zugeschrieben)
Cart. Bayeux	*Antiquus Cartularius ecclesiae Baiocensis (Livre Noir)*, herausgegeben von V. Bourienne, 2 Bände (1902, 1903)
Cart. Iles Norm.	*Cartulaire des Iles normandes* (Soc. Jersiaise, 1918–1924)
Cart. S. Père Chartres	*Cartulaire de Saint-Père de Chartres*, erschienen bei Guerard (1840)
Cart. S. Trin. Roth.	*Chartularium Monasterii Sanctae Trinitatis de Monte Rothomagi*, erschienen bei A. Deville (1840)
Chartes de Jumièges	*Chartes de l'Abbaye de Jumièges*, erschienen bei J. J. Vernier, 2 Bände (1916)
D. B.	Domesday Book, 2 Bände (Record Comission, 1783)
E. H. D.	*English Historical Documents*, 2. Band, herausgegeben von D. C. Douglas und G. W. Greenaway (1953)
Eng. Hist. Rev.	*English Historical Review*
Flor. Worc.	Florence von Worcester (zitiert nach der Ausgabe von B. Thorpe, 2 Bände, 1848, 1849)
Gall. Christ.	*Gallia Christiana* (16 Bände zu verschiedenen Zeiten veröffentlicht)
Lanfranc. Epp.	*Lanfranci Epistolae* (nach der Bezifferung der Serien der ›Pat. Lat.‹, Band CL zitiert)
Le Prévost, *Eure*	*Mémoires et Notes de M. Auguste Le Prévost pour servir à l'histoire du Département de l'Eure*, 3 Bände (1862 bis 1869)
Lot, *Saint-Wandrille*	F. Lot, *Etudes critiques sur l'abbaye de Saint-Wandrille* (1912)
Mon. Ang.	W. Dugdale, *Monasticon Anglicanum*, 6 Bände in 8 (1817 bis 1830)
Ord. Vit.	Ordericus Vitalis, *Historia Ecclesiastica*, herausgegeben von A. Le Prévost und L. Delisle, 5 Bände (1838 bis 1855)
Pat. Lat.	*Patrologiae Latinae Cursus Completus*, herausgegeben von J. P. Migne

R. A. D. N.	*Receuil des Actes des Ducs de Normandie (911 bis 1066)* herausgegeben von M. Fauroux (1961). (Diese Urkunden wurden ihrer Bezifferung gemäß zitiert.)
Rec. Hist. Franc.	*Recueil des Historiens des Gaules et de la France* (›Dom Bouquet‹), 24 Bände zu verschiedenen Zeiten veröffentlicht
Regesta.	*Regesta Regum Anglo Normannorum,* Band 1, herausgegeben von H. W. C. Davis (1913); Band 2 (1956) herausgegeben von C. Johnson und H. A. Cronne
R. Hist. Soc.	*Royal Historical Society.* (Die *Transactions* wurden nach Serien und Bänden zitiert)
Will. Jum.	Wilhelm von Jumièges, *Gesta Normannorum Ducum,* herausgegeben von J. Marx (1914)
Will. Malms.	Wilhelm von Malmesbury. (Seine *Gesta Regum* wurde nach den Ausgaben von W. Stubbs, 2 Bände (1887, 1889) zitiert; seine *Gesta Pontificum* nach der Ausgabe von N. E. S. A. Hamilton (1870)
Will. Poit.	Wilhelm von Poitiers, *Gesta Guillelmi Ducis Normannorum et Regis Anglorum,* herausgegeben von R. Foreville (1952)

PROLOG

[1] Die meisten der älteren Werke wurden bei C. Gross, *Sources and Literature of English History* (ersch. 1915) und bei E. Frère, *Manuel de bibliographe normand* (1858, 1860) – ein wirklich großartiges Werk – zitiert. Vgl. auch Douglas, *Norman Conquest and British Historians* (1937) und die Bibliographie in diesem Buch.

[2] *Recueil des Actes des Ducs de Normandie (Mémoires de la Société des Antiquaires de Normandie),* Band XXXVI, 1961. Im Folgenden als *R. A. D. N.* zitiert.

[3] Douglas, *op. cit.,* s. a. *English Scholars,* Kapitel III und VI.

[4] J. A. Pocode, *Ancient Constitution and the Feudal Law* (1957); C. Hill, *Democracy and the Labour Movement* (1959).

[5] *Frederick the Great,* Band 1, S. 415; zitiert in Stubbs, *Constitutional History* (1891), Band 1, S. 236; vgl. J. Milton, *History of Britain,* 1695, ff. 356, 357.

[6] *Life and Letters* (ed. W. R. W. Stephens), Band 1, S. 125.

[7] Vgl. R. W. Southern, *Making of the Middle Ages,* bes. ff. 15 – 57.

[8] s. 1. Kapitel

[9] s. 2. Kapitel

[10] s. 3. Kapitel

[11] s. 4. Kapitel

[12] s. 5. Kapitel

[13] s. 6. Kapitel

[14] s. 7. Kapitel

[15] s. 8. Kapitel

[16] s. 9. Kapitel

[17] s. 10. Kapitel

[18] s. 11. Kapitel

[19] s. 12. Kapitel

[20] s. 13. Kapitel

[21] s. 14. Kapitel

[22] Vgl. die Sätze in AS. Chron. mit denen aus dem ›Chanson de Roland‹ (Verse 371 – 374 und Verse 2331, 2332). Vgl. Douglas, *French Studies*, Band XIV (1960), ff. 99 – 114.

[23] *Mon. Germ. Hist. Scriptores*, Band XXVI, ff. 489 – 495.

[24] J. Laporte, *Annales de Jumièges* (1954), ff. 7 – 23.

[25] *Rec. Hist. Franc.*, Band XI, ff. 70. Vgl. E. Vacandard, *Rev. catholique de Normandie*, Band III, S. 123.

[26] Die späteren Ergänzungen in der Ausgabe von J. Marx (1914) blieben unbeachtet. Von nun an als *Will. Jum.* zitiert.

[27] L. Delisle, *Bibliothèque de l'Ecole de Chartes*, Band LXXI (1910).

[28] *R. A. D. N.*, ff. 242 – 449.

[29] Aus diesem Grunde wurde das ursprüngliche Beweismaterial in den Fußnoten der folgenden Seiten fast durchwegs vollständig zitiert.

DER JUNGE HERZOG

I.

Geburt und Erbe

[1] S. u. Anhang A

[2] Andere Berufe wurden vorgeschlagen; z. B. daß er Leichen zur Beerdigung vorbereitete. Die Überlieferung, daß er Gerber war, ist jedoch ziemlich stark, außerdem waren die Gerbereien von Falaise berühmt.

[3] Ord. Vit., erg. v. Will. Jum., S. 157; R. A. D. N., Nr. 102, und vielleicht auch Lot, *Saint-Wandrille*, Nr. 20.

[4] S. u. Anhang A.

[5] Dies kann man aus der Heirat von Roberts Eltern schließen. Die überlieferte Datierung der Heirat Richard II. und Judiths für das Jahr 1008 ist kaum annehmbar. Doch auch wenn man diese Heirat fünf Jahre früher ansetzen würde, wäre dies immer noch bemerkenswert. In diesem Falle wäre Robert, der jünger als sein Bruder Richard III. war, frühestens vor 1005 geboren worden. Wenn man jedoch seine Geburt auf einen derart frühen Zeitpunkt verlegen würde, müßte man das Beweismaterial bis zur Grenze des Möglichen in Anspruch nehmen. Man müßte nämlich in diesem Falle annehmen, daß von den sechs Kindern Richard II. und Judiths die beiden älteren Söhne vor den drei Mädchen geboren wurden – eine Tatsache, die durch Beweismaterial nicht erhärtet werden kann. Vgl. Douglas in *Eng. Hist. Rev.*, Band LXV (1950), ff. 289 – 303.

[6] Douglas, *Rise of Normandy* (1949); getrennt erschienen wie auch in den *Proceedings* der Britischen Akademie desselben Jahres.

[7] Die polemische Literatur über ihn wurde von Douglas in *Eng. Hist. Rev.*, Band LVII (1942), ff. 417 – 436 behandelt. Der Name könnte in der Sprache der Wikinger ›Hraithulfr‹ oder im Schwedischen ›Hrithulf‹ heißen.

[8] *Rec. Actes – Charles III.*, ed. Lauer, Nr. XCII.

[9] Prentout, *Etude sur Dudon*, ff. 250 – 259.

[10] Douglas, *Rise of Normandy*, ff. 7 – 9.

[11] Vidal de la Blache, ›Tableau de la géographie de la France‹ (Lavisse, *Histoire de France*, Band I, 1. Teil, ff. 171 – 183).

[12] Powicke, *Loss of Normandy* (1913), ff. 14 und 15.

[13] So gehörte unter Solomon von Bretagne das Cotentin zu dessen Land, und machte man den Versuch, Dol in ein Erzbistum zu verwandeln. *(Chronique de Nantes,* ed Merlet, ff. 26 – 28).

[14] Stapleton, *Rot. Scacc. Norm.,* Band I, ff. XXXVII – XXXVIII.

[15] *Gall. Christ.,* Band XI, ff. 136; Prentout, *La Normandie* (1910), ff. 33.

[16] Über diese vieldiskutierte Frage vgl. M. de Bouard, *De la Neustrie carolingien à la Normandie féodale (Bull. Inst. Historical Research,* Band XXVIII [1955], ff. 1 – 14); J. Yver, *Le développement du pouvoir ducale en Normandie* (Atti del Congresso di Studi Ruggierani, Palermo, 1955); und L. Musset, *Les domaines de l'époque franque et les destinées du régime domainiale du IXe au XIe siècle (Bull. Soc. Antiq. Norm.,* Band XLIX (1942), ff. 9 – 98).

[17] Dudo, ed. Lair, ff. 129 – 131; Will. Jum., ff. 7 – 13; F. Lot, *La grande invasion normande 856 – 861, Bibliothèque de l'Ecole de Chartes,* Band LXIX, ff. 5 – 62).

[18] L. B. de Glanville, *Prieuré de Saint-Lô,* Band I (1890), ff. 21 – 24.

[19] Ord. Vit., erg. von Will. Jum., ff. 165 – 168.

[20] Flodoard, *Annales,* ed. Lauer, f. 63; Lauer, *Louis d'Outre Mer,* ff. 100, 287.

[21] F. Lot, *Les derniers Carolingiens* (1891), ff. 346 – 357.

[22] *Rec. Actes Lothaire et Louis V,* ed. Halven, Nr. XXIV; Prentout, *Etude sur Dodon,* ff. 447 – 451.

[23] Ed. Waitz (1877), f. 180.

[24] Will. Jum., ff. 85 – 87; ›Translatio S. Maglorii‹, Bibliothèque de l'Ecole de Chartes, Band LVI, ff. 247 - 248.

[25] Vgl. P. H. Sawyer, in *Birmingham Univ. Hist. Journal,* Band VI (1958), ff. 1 – 17.

[26] Vgl. die bemerkenswerten Artikelreihen von J. Adigard des Gautries in den *Annales de Normandie* (1947); vergl. a. Stenton, in *R. Hist. Soc., Transactions,* vierte Serie, Band XXVII, f. 6.

[27] Musset, *op. cit.*

[28] Dudo, ed. Lair, f. 221. Vgl. Adémar de Chabannes (ed. Chavanon, 1897), f. 148: „Viele von ihnen erhielten den christlichen Glauben, und indem sie die Sprache ihrer Väter aufgaben, gewöhnten sie sich an die lateinische Sprache."

[29] Douglas, *Rise of Normandy,* f. 13; J. G. Philpot, *Maistre Wace, a Pionneer in Two Literatures,* 1925, ff. 85 – 127.

[30] Jumièges; Saint-Wandrille; Le Mont-Saint-Michel; Saint-Ouen.

[31] Z. B. Fécamp; Bernay; Heilige Dreifaltigkeit zu Rouen; Cerisy-la-Forêt.

[32] R. A. D. N., Nr. 4.

[33] J. Yver, *op. cit.,* f. 186.

[34] R. A. D. N., Nr. 36, 53.

[35] Desgl. Nr. 14; ‚Origines Islandicae', ed. Vigfusson und York Powell, Band I, f. 187.

[36] Lair, *Guillaume Longue-Epée,* 1893, ff. 66 – 68. Vgl. Adémar de Chabannes, 1897, f. 189: „Ricardus Rothomagensis comes".

[37] R. A. D. N., Nr. 4 und Nr. 9, 17, 18, 22, 23, 29, 32, 44 und 46.

[38] Desgl. Nr. 64, 65, 73, 80 und ff. 239 – 454.

[39] Vgl. Fustel de Coulanges, *Transformations de la Royauté,* 1922, ff. 421 – 434.

[40] Yver, *op. cit.,* f. 186.

[41] Für die folgenden Seiten vgl. das historische Material in Douglas' *The earliest Norman Counts, (Eng. Hist. Rev.,* Band LXI, 1946, ff. 129 – 156.

[42] Wil. Jum., f. 119.

[43] S. u. Kap. 12.

[44] Rainald war bereits vor 1026 Vicomte von Arques (Chevreux et Vernier, *Archives de Normandie*, Tafel IX). Wilhelm wurde erst nach 1035 Graf von Arques.

[45] In den Urkunden zwischen 1015 und 1035 habe ich die folgenden Namen mit dem Titel eines Vicomte versehen angetroffen: Nigel; Tescelin (und sein Sohn Richard); Thurstan (Goz); Alfred der Riese; Richard: Wimund; Odo; Siric; Geoffrey; Rainald; Goscelin (Sohn von Hedo); Ersio; Aymon; Hugo; Rodulf; Anschetil; Gilbert, Erchembald; Gerard. Der Lebenslauf vieler von ihnen oder von ihren Nachfahren unter der Herrschaft Herzog Wilhelm II. wird weiter unten behandelt werden.

[46] Le Prévost, *Les anciennes divisions terrritoriales de la Normandie*, (*Soc. Antiq. Norm.*, *Mémoires*, Band XI, 1840, ff. 1 – 19). Was in diesem Absatz folgt, stammt aus jenem bemerkenswerten Artikel.

[47] J.-F. Lemarignier, in *Mélanges – Halphen*, 1951, ff. 401 – 410.

[48] *R. A. D. N.*, Nr. 58; *Chartes de Jumièges*, Band I, Nr. XX; Musset, *op. cit.*, f. 96.

[49] Flodoard (*Annales*, ed. Lauer, ff. 39, 55, 75) scheint dreimal von einer regelrechten Ehrenbezeigung zu sprechen, und Charle's Urkunden aus d. J. 918 (*Rcc. Actes Charles III*. ed. Lauer, Nr. XCII) vermerken, daß diese Landverleihung für die Verteidigung des Königreiches (pro Tutela regii) erfolgte. Andererseits spricht dieselbe Urkunde davon, daß diese Landverleihung ‚den Normannen von der Seine' gemacht wurde, nämlich ‚Normannis sequanensibus' – eine Pluralform, die einer Belehnung, so wie man sie später verstand, nicht entspricht.

[50] Flodoard, *Annales*, f. 84; Richer (ed. Waitz), f. 53; Dudo (ed. Lair), f. 209.

[51] *R. A. D. N.*, Nr. 3; Lot, *Fidèles ou Vasseaux?*, ff. 177 – 192.

[52] Douglas, *Rise of Normandy*, f. 12.

[53] Will. Jum., f. 105; Lot, *Saint-Wandrille*, Nr. 13.

[54] Siehe Seite 40 – 50.

[55] Will. Jum., f. 88; *Ann. S. Michel* (Delisle, *Robert de Torigni*, Band II, f. 231); Douglas, *Eng. Hist. Rev.*, Band LXV (1950), ff. 289 – 291.

[56] La Borderie, *Historie de Bretagne*, Band III, ff. 8 – 10.

[57] Siehe Seiten 34 – 43.

II.

AMTSANTRITT UND MINDERJÄHRIGKEIT

[1] Wilhelm von Malmesbury (*Gesta Regum*, Band II, f. 285) erzählte vor 1125, daß Robert Herleve zum erstenmal sah, als sie auf der Straße tanzte (als sie am Fluß Wäsche wusch, ist eine andere Version – vgl. Benoit [ed. Michel], Band II, ff. 555 – 557); daraufhin brachte er sie sofort in seine Burg. Und in dieser Nacht, nachdem sie Wilhelm empfangen hatte, träumte Herleve, daß ein Baum aus ihrem Körper wüchse, dessen Zweige die ganze Normandie und England überschatteten. Eine ausgezeichnete Geschichte.

[2] Ein frühes Beispiel findet man in Douglas, *E. H. D.*, Band II, Nr. 69.

[3] Freeman, *Norman Conquest*, Band II, Anmerkung T.

[4] Vgl. Douglas in *Eng. Hist. Rev.*, Band LXV (1950), ff. 289 – 303.

[5] Will. Jum., f. 88. Die Töchter waren (1) Adeliza, die Rainald von Burgund heiratete – ihr Sohn Guy sollte in der normannischen Geschichte

eine wichtige Rolle spielen; (2) Eleanor, die Baldwin IV. von Flandern heiratete; (3) eine unbekannt gebliebene Tochter, die jung und unverheiratet starb.

[6] Außer Richard und Robert hatten sie noch einen Sohn namens Wilhelm, der Mönch in Fécamp wurde und in jungem Alter starb.

[7] Will. Jum., f. 97. Doch ist dies nicht ganz erwiesen. (Douglas, *Eng. Hist. Rev.*, Band LXI [1946], ff. 145, 146). Es ist bedeutsam, daß sich Robert in Falaise im Hiémois befand, als er Herleve begegnete.

[8] Douglas, *Eng. Hist. Rev.*, Band LXV (1950), ff. 289 – 303.

[9] *Gall. Christ.*, Band XI, ff. 141 – 144. Seine öffentliche Laufbahn sollte trotzdem interessant werden.

[10] Seine Herrschaft wird in Will. Jum., ff. 97 – 114 behandelt.

[11] Siehe Kapitel 4.

[12] F. Chalandon, *Domination normande*, Band I, ff. 88 – 111.

[13] S. u. ff. 87 – 93.

[14] Will. Jum., f. 100; *Miracula S. Wulframni (Soc. Hist. Norm., Mélanges,* Band XIV [1938], f. 47). *R. A. D. N.*, Nr. 66.

[15] Ein Brief Fulcher's von Chartres. *(Pat. Lat.,* Band CXLI, ff. 224, 225).

[16] Will. Jum., f. 106.

[17] *Mon. Germ. Hist. Scriptores,* Band VIII, f. 401.

[18] Douglas, *Eng. Hist. Rev.*, Band LXI (1946), ff. 132, 133.

[19] *Cart. S. Père Chartres,* Band I, f. 115.

[20] Ord. Vit., Band II, f. 365.

[21] Desgl.

[22] *Chartes de Jumièges,* Band I, Nr. XIX; R. A. D. N., Nr. 92.

[23] *R. A. D. N.,* Nr. 67.

[24] Lobineau, *Histoire de Bretagne* (1707), Band I, f. 91; La Borderie, *Histoire de Bretagne,* Band III, f. 9.

[25] S. u. Seite 86, 87.

[26] *Vita Herluini* (ed. Robinson, *Gilbert Crispin,* f. 88); *R. A. D. N.,* Nr. 64, 65, 67, 70, 80, 85.

[27] S. 4. Kapitel

[28] *R. A. D. N.,* Nr. 69, 82. Vgl. Ord. Vit., Band III, f. 229.

[29] Will. Jum., f. 102.

[30] S. Anfang 7. Kapitel.

[31] Will. Jum., f. 104.

[32] S. sieben Seiten zuvor.

[33] Will. Jum., f. 111.

[34] Vgl. Musset, in *Annales de Normandie,* Oktober 1962.

[35] K. Norgate, *England under Angevin Kings,* Band I, ff. 153, 192 – 196.

[36] *Ann. Mont. S. Michel,* 1008; *Hist. S. Flor. Saumur* (Marchegay und Mabille, *Eglises d'Anjou,* f. 261); Morice, *Histoire de Bretagne, Preuves,* Band I, f. 354.

[37] AS. Chron., ›C‹, 1049.

[38] Freeman, *Norman Conquest,* Band II, Anmerkung BB; Runciman, *Crusades,* Band I, f. 47.

[39] Runciman, *loc cit.;* Southern, *Making of the Middle Ages,* ff. 51 – 54.

[40] S. u. Anhang F.

[41] Will. Jum., f. 111.

[42] *Miracula S. Wulframni,* loc. cit.

[43] *Roman de Rou* (ed. Andresen), Band II, ff. 148, 149; Haskins, *Norman Institutions,* ff. 268 – 272.

[44] S. u. Anhang F.

[45] Dieses Datum wurde durch die Totenregister von Jumièges, Saint-Evroul und Le Mont-Saint-Michel festgelegt *(Rec. Hist. Franc.,* Band XXIII, ff. 420, 487, 579). Der Ort taucht bei Will. Jum., f. 114, bei Ord. Vit.,

Band I, f. 179, Band II, f. 11, Band III, f. 224 und bei Rodulf Glaber (ed. Prou, f. 108) auf.

[46] Ord. Vit., Band I, f. 180; Band II, f. 369; Band III, f. 229; Will. Jum. erg. (ed. Marx), f. 156.

[47] Ord. Vit., Band III, f. 42. Sein Enkel war Bernard von Neufmarché, Herr von Brecknock.

[48] Rodulf Glaber (ed. Prou), f. 108.

[49] Wace, *Roman de Rou* (ed. Andresen), Band II, f. 150.

[50] *Gall. Christ.*, Band XI, ff. 141 – 143.

[51] S. ff. 47 – 50.

[52] *Cart. Bayeux*, Band I, f. 27, Nr. XXI. Dieses Datum wird durch die Tatsache erhärtet, daß der Tod Herzog Roberts zu einem Zeitpunkt verzeichnet wurde, als Erzbischof Robert noch am Leben war.

[53] Ich glaube, um diese Zeit gab es keinen normannischen Grafen dieses Namens. Man könnte sich versucht fühlen, Graf Odo II. von Blois, der am 11. November 1037 starb, in Erwägung zu ziehen, doch dürfte dieser Hinweis sich eher auf Eudo von Penthièvre, einen Grafen von Bretagne, beziehen.

[54] »Robertus, scilicet archiepiscopus, Odo comes, et Niellus vicecomes, alliique seniores justiciam regni obtinentes.«

[55] Der Tod Erzbischof Robert I. im Jahre 1037 ist bestens überliefert, doch moderne Autoritäten wie die *Gallia Christiana*, Vacandard und Bourrienne scheinen auf dieses Datum nicht näher einzugehen, was vielleicht auf die äußerst seltsame Tatsache zurückzuführen ist, daß es nicht im Totenregister der Domkirche von Rouen auftaucht (*Rec. Hist. Franc.*, Band XXIII, f. 358). Im Totenregister von Le Mont-Saint-Michel jedoch taucht der Nachruf Robert archiepiscopus Rotomagensis *(ibid.*, f. 577) auf. Dies kann sich entweder auf Robert I. oder Robert II. beziehen, die im Jahre 1221 starben. Doch von Robert II. weiß man, daß er im Mai starb (*Gall. Christ.*, Band XI, col. 60), so daß es sich in diesem Falle um Robert I. handeln muß.

[56] Ord. Vit., Band II, f. 369; Band III, f. 225; La Borderie, *Histoire de Bretagne*, Band III, f. 13.

[57] Ord. Vit., erg. v. Will. Jum. (ed. Marx), ff. 153, 154.

[58] Will. Jum., f. 116.

[59] *Ibid.* vgl. R. A. D. N., Nr. 96.

[60] Ord. Vit., Band III, f. 229.

[61] E. Vacandard, in *Rev. catholique de Normandie*, Band III, f. 103.

[62] Will. Jum., f. 119.

[63] »Hic enim Willelmus a duce jam in adolescentia pollente comitatum Talogi percipiens, obtentu beneficii, ut inde existeret fidelis.«

[64] R. A. D. N., Nr. 100.

[65] War er ein Vormund oder Hauslehrer des Jungen? Er taucht auch in einer Urkunde für Sigy auf (R. A. D. N., Nr. 103).

[66] Ord. Vit., erg. v. Will. Jum. (ed. Marx), ff. 159, 161.

[67] Will. Jum., f. 122; Will. Poit., f. 16; Ord. Vit., Band III, f. 230.

[68] Ord. Vit., erg. v. Will. Jum. (ed. Marx), f. 157.

[69] *Ibid.*, Band I, f. 180; Band II, ff. 40, 41; Band III, f. 229.

[70] *Ibid.*, Band III, ff. 426, 427.

[71] Will. Jum., f. 116.

[72] Ord. Vit., erg. v. Will. Jum. (ed. Marx), ff. 159, 161, 162.

[73] J. Yver, ›Châteaux forts‹ (*Bull. Soc. Antiq. Norm.*, Band LIII [1957], ff. 53 – 57).

[74] De Bouard, *Guillaume le Conquérant* (1958), f. 33.

[75] De Bouard, in *Annales de Normandie*, Oktober 1959, f. 174.

[76] S. o. Seite 20 – 30.

[77] S. o. Seite 37 – 39.
[78] Z. B. *R. A. D. N.*, Nr. 92, 102, 103.
[79] S. u. Seite 133, 135 f.
[80] Ord. Vit., erg. v. Will. Jum. (ed. Marx), f. 159.
[81] Will. Jum., ff. 165, 167.
[82] Über die Einführung des Gottesfriedens in die Normandie vgl. M. de Bouard, *Trève de Dieu (Annales de Normandie*, [Oktober 1959], ff. 168 – 189). Dieser grundlegende Artikel übertrifft meiner Ansicht nach alles, was vordem über dieses Thema geschrieben wurde, vor allem aber korrigiert er meine eigenen, schlecht-beratenen Bemerkungen über dieses Thema im ›Cambridge Historial Journal‹, Band XIII (1957), ff. 114, 115.
[83] H. Dauphin, *Le Bienheureux Richard* (1946), ff. 254 – 264.
[84] De Bouard, *loc. cit.*
[85] *Ibid.*
[86] Hugo von Flavigny (*Mon. Germ. Hist. Scriptores,* Band XIII, f. 403).
[87] De Bouard, *op. cit.*, f. 117.
[88] Hugo von Flavigny, *loc. cit.*
[89] Freeman, *Norman Conquest*, Band II (1860), ff. 199, 203.
[90] Will. Jum., f. 105: »per fidei debitum sibi.«
[91] Will. Malms., *Gesta Regum*, Band II, f. 286.
[92] Gislebertus comes tutor pupilli constituitur; tutela tutoris regi Francorum Henrico assignatur – Will. Malms., *ibid.*, f. 285.
[93] Heinrich von Huntingdon, *Historia Anglorum* (ed. Arnold), ff. 189, 190.
[94] Will. Jum., f. 117.
[95] Will. Jum., ff. 84, 87.
[96] *Ibid.*, f. 117.
[97] J. A. Robinson, *Gilbert Crispin*, f. 14.
[98] Will. Jum., f. 117.
[99] *Ibid.*, f. 118.
[100] *Ibid.*
[101] *Ibid.*, f. 117.
[102] Chronik von Tours (*Rec. Hist. Franc.*, Band XI, f. 107).
[103] S. u. Anhang C.
[104] Will. Jum., f. 122.
[105] Will. Poit., f. 14; Will. Malms., *Gesta Regum*, Band II, f. 286; Ord. Vit., Band III, f. 230.
[106] Will. Poit., f. 16.
[107] Will. Jum., f. 122.
[108] Über das Cinglais und seine Herren s. F. Vaultier, *Soc. Antiq. Norm., Mémoires*, Band X (1837), ff. 1 – 256.
[109] Wace, *Roman de Rou*, (ed. Andresen), Band II, Verse 3773 et sqq. sowie 3863 et sqq.
[110] Will. Malms., *Gesta Regum*, Band II, f. 287; Pezet, *Barons de Creully*, ff. 16, 17.
[111] *Roman de Rou*, Verse 3657 – 3750.
[112] Die Legende erzählt, daß er von Hubert von Ryes, Vater Eudos, des Haushofmeisters und späteren, berühmten Sheriff von Essex, empfangen wurde. Viele der Pächter Eudos in England stammten aus der Umgebung von Ryes.
[113] Will. Jum., f. 123; Ord. Vit., Band I, f. 182.
[114] *Roman de Rou*, Band II, Verse 3807 – 3815.
[115] Will. Jum., f. 123.
[116] Will. Poit., ff. 12 – 18.
[117] *Roman de Rou*, Band II, Verse 3865 et sqq.
[118] Will. Malms., *Gesta Regum*, Band II, f. 287.
[119] *Roman de Rou*, Band II, Verse 4155 – 4170.

¹²⁰ De Bouard, *op. cit.*, ff. 172 – 174. Die Beschlüsse des Konzils werden in den Texten von Bessin, *Concilia*, f. 39, behandelt.
¹²¹ De Bouard, *op. cit.*, f. 175.
¹²² *Miracula S. Audoeni (Acta Sanctorum*, August, Band IV, ff. 834, 835).
¹²³ De Bouard, *op. cit.*, ff. 176 – 179.
¹²⁴ Bessin, *Concilia*, loc. cit.
¹²⁵ De Bouard, *op. cit.*, ff. 186, 187.
¹²⁶ Bessin, *Concilia*, loc. cit.
¹²⁷ *Ibid.*
¹²⁸ De Bouard, *op. cit.*, ff. 187, 188.
¹²⁹ Vor allem auf dem Konzil von Lillebonne i. J. 1080.
¹³⁰ *Miracula S. Audoeni:* »Gaudent omnes et maxime agricolae.«
¹³¹ Yver ›Châteaux forts‹ *(Bull. Soc. Antiq. Norm.*, Band LIII [1957], f. 48).
¹³² Will. Poit., f. 18.

III.

DER KAMPF UMS ÜBERLEBEN

¹ F. Lot, *Fidèles ou Vasseaux?*, f. 198: »un tournant d'histoire oder ein Wendepunkt der Geschichte«.
² Will. Jum., f. 123.
³ S. 4. Kapitel, ›Der Herzog und die neue Aristokratie‹.
⁴ Delisle, *Saint Sauveur*, ff. 20. 21.
⁵ Will. Poit., f. 18; Ord. Vit., Band III, f. 232.
⁶ Will. Poit., f. 21.
⁷ Ord. Vit., Band III, f. 342; Band IV, f. 335.
⁸ Will. Poit., f. 18. Er erzählt, daß Wilhelm, nachdem er Rouen zurückeroberte, diejenigen bestrafte, die kürzlich noch gegen ihn in der Hauptstadt rebelliert hatten.
⁹ De Bouard, *Guillaume le Conquérant*, ff. 58 – 61.
¹⁰ Norgate, *England under Angevin Kings*, Band I, ff. 143 – 185.
¹¹ Halphen, *Comté d'Anjou* (1906), f. 48.
¹² Powicke, *Loss of Normandy* (1913), Band II, f. 14.
¹³ B. de Brousillon, *Maison de Craon* (1893), Band I, ff. 18 et sqq.; *Maison de Laval* (1895), 1. Kapitel; R. Latouche, *Comté du Maine* (1910), ff. 60 – 62, 116 – 127.
¹⁴ Latouche, *op. cit.*, ff. 22 – 31.
¹⁵ *Ibid.*, ff. 60 – 62.
¹⁶ J. Boussard, in *Mélanges – Halphen* (1951), ff. 43, 44.
¹⁷ Über diese Familie vgl. G. H. White, *R. Hist. Soc.*, ›Transactions‹, 4. Serie, Band XXXI (1940), ff. 67 – 68.
¹⁸ Lemarignier, ›Hommage en Marche‹ (1945), ff. 65, 66.
¹⁹ Latouche, *op. cit.*, ff. 132 – 136. Siffroi († ca. 1000) war ein Schwager von Yves von Bellême († nach 1005), und Avejot († ca. 1032) war der Sohn dieses Yves. Gervais, Bischof von Le Mans (1038 – 1055) war ein Neffe Wilhelms von Bellême, der i. J. 1027 starb.
²⁰ *Gall. Christ.*, Band XI, cols. 680 – 682.
²¹ Der ursprüngliche Besitzer war Haimo, der Vater von Gervais: bereits um 1007 hatte er sich dort niedergelassen (Latouche, *op. cit.*, f. 62).
²² *Ibid.*, ff. 27 – 28.
²³ *Cart. Château-du-Loir* (ed. E. Vallé [1906]), Nr. 27.
²⁴ ›Actus pontificum Cenommanis‹ *(Rec. Hist. Franc.*, Band XI, f. 136).

[25] Bereits bei der Eröffnung des Konzils von Reims (3. bis 6. Oktober 1049) beschäftigte Leo IX. sich mit der Gefangennahme von Gervais.

[26] ›Act. pont. Cenomm.‹ (*Rec. Hist. Franc.*, Band XI, f. 138).

[27] ›Nécrologie de la Cathédrale du Mans‹ (ed. Busson und Ledru), f. 72; Latouche, *op. cit.*, f. 29; Halphen, *Comté d'Anjou*, f. 73.

[28] ›Act. pont. Cenomm.‹ (*Rec. Hist. Franc.*, Band XI, f. 138).

[29] Latouche, *op. cit.*, f. 29.

[30] ›Act. pont. Cenomm.‹, *loc. cit.*

[31] Alles, was die Episode bei Mouliherne angeht, auch die Zeitangaben, ist unklar. Diese Episode kann i. J. 1048 (Halphen, *op. cit.*, f. 72) stattgefunden haben, doch in diesem Falle vor Oktober, als sich der König in Carignan, nahe Sedan, aufhielt. Man könnte dieses Kriegsunternehmen jedoch besser auf den Frühling 1051 verlegen (Prentout, *Duc de Normandie*, f. 146). Bei Wilhelm von Poitiers, der in diesem Falle einzigen Autorität, gibt es jedoch keinen Hinweis darauf, daß diese Episode mit den kriegerischen Operationen um Domfront in Verbindung stand.

[32] Will. Poit., ff. 23, 34 – 36; Will. Jum., ff. 124 – 126.

[33] Die überlieferte Datierung von 1048 für diesen Kriegszug kann man nur zögernd ablehnen. Halphen, der berühmte Gelehrte, anerkannte sie als er noch ziemlich jung war, und seine Schlußfolgerung wurde allgemein akzeptiert. Henri Prentout (*Duc de Normandie*, ff. 140 – 143) hat gute Gründe aufgewiesen, warum diese Schlußfolgerung nicht annehmbar ist und wurde darin von de Bouard ohne nähere Angabe von Gründen gefolgt (*op. cit.*, f. 41). Ein Teil des diesbezüglichen Beweismaterials wurde im Anhang B behandelt. Meiner Ansicht nach können nur wenig Zweifel daran bestehen, daß der Krieg um Domfront und Alençon im Herbst 1051 und frühen Frühling 1052 stattfand.

[34] Will. Poit., f. 40.

[35] *Ibid.*, f. 42.

[36] *Ibid.*, f. 38.

[37] Will. Jum., f. 126.

[38] Lemarignier, ›Hommage en Marche‹, ff. 19, 20, 35.

[39] *The Complete Peerage* (Band XI, f. 686) setzt die Heirat »möglicherweise zwischen 1050 und 1054« an. Eine Folgerung aus dem Geburtsdatum von Rogers Sohn Robert von Bellême (*ibid.*, f. 689, Anmerkung j) ist insofern wertlos, da Roberts Geburtsdatum in der Tat unbekannt ist, und da weiterhin ungewiß ist, ob irgendeine oder alle Töchter Roger II. von Montgomery und Mabels von Bellême vor Robert geboren wurden, der selbst der zweite Sohn aus dieser Heirat war. Das Datum, das von Jean Marx (Will. Jum., f. 125) vorgeschlagen wurde, nämlich »1048 – 1049«, stützt sich offensichtlich auf die Annahme, daß der Krieg um Domfront in jenen Jahren stattfand.

[40] Will. Poit., f. 36.

[41] *Ibid.*, f. 38.

[42] Urkunde erschienen in *Rec. Hist. Franc.*, Band XI, f. 590; vgl. Soehnée *Actes d'Henri I.*, Nr. 91.

[43] Urkunde erschienen in *Rec. Hist. Franc.*, Band XI, f. 588. Datierung s. Soehnée, *op. cit.*, Nr. 92.

[44] Will. Poit., f. 52.

[45] Ord. Vit., Band III, f. 232.

[46] Will. Poit., f. 52.

[47] *Ibid.*

[48] Er besaß Land, das bis an den Waldrand von Brotonne reichte. (*R. A. D. N.*, Nr. 100).

[49] *R. A. D. N.*, Nr. 113 (Jumièges), 103 (Sigy); Lot, *Saint-Wandrille*, Nr. 22, 29 (*R. A. D. N.*, Nr. 108, 125); Chevreux und Vernier, *Archives de Normandie*, Tafel IV; *Cart. S. Trin. Roth.*, f. 447, Nr. 50.

[50] Lot, *Saint-Wandrille*, Nr. 15.

[51] Will. Poit., f. 26; Will. Malms., f. 289.

[52] Ord. Vit., Band I, f. 184.

[53] *Cart. S. Trin. Roth.*, Nr. VII (R. A. D. N., Nr. 130).

[54] Will. Jum., f. 119; Will. Poit., f. 54; A. Deville, *Château d'Arques.*

[55] Seine-Maritime; Longueville.

[56] Ord. Vit., Band III, ff. 41 – 42 und 483 -- 484. Robert de Torigni (ed. Delisle), Band I, ff. 33 – 34.

[57] Ord. Vit., Bad III, f. 42.

[58] Seine-Maritime; Gournai.

[59] Morimont ist ein kleines Dorf im Esclavelles, in der Nähe von Neufchâtel.

[60] Ord. Vit., Band III, ff. 42, 43; R. A. D. N., Nr. 104.

[62] Der Blutsbruder dieses Mädchens war Gulbert von Auffay, der an der Schlacht bei Hastings teilnahm, i. J. 1079 die Abtei von Auffay gründete und am 14. oder 15. August 1087 starb.

[62] Ord. Vit.(Band III, f. 45) verlegt diesen Kampf auf ein späteres Datum, und zwar auf die Zeit, als das Gefecht bei Saint-Aubin im Oktober 1053 stattfand.

[63] Ord. Vit., Band III, f. 42.

[64] Will. Poit., f. 54.

[65] Will. Jum., f. 119.

[66] Die Reihenfolge der Ereignisse, die hier angenommen wurde, stammt von Will. Poit., stimmt jedoch nicht völlig mit der von Will. Jum. oder Wace (*Roman de Rou*, Band II, ff. 167 et sqq.) überein.

[67] S. u. Anhang B.

[68] Will. Poit., ff. 58 – 60.

[69] Dieses Datum ergab sich aus dem Totenregister von Enguerrand (C. Brunel, ›Actes des Comtes de Ponthieu‹, f. iv).

[70] Will. Poit., f. 58; Will. Jum., f. 120.

[71] Will. Poit., f. 50. Nach einem späteren Chronisten (*Rec. Hist. Franc.*, Band XI, f. 330) wurden die Todesschreie Enguerrands von dessen Schwester auf den Mauern von Arques vernommen. Dies ist eine gute Geschichte, die vielleicht sogar auf Wahrheit beruht, denn weniger als eine Meile trennt die Burg von Saint-Aubin-sur-Scie; dazu ist der genaue Ort, an dem dieses Gefecht stattfand, nicht bekannt.

[72] Will. Poit., f. 60; Will. Jum., f. 120.

[73] Will. Poit., ff. 62, 65; Will. Malms., *Gesta Regum*, Band II, f. 290; Ord. Vit., Band III, ff. 234 – 238.

[74] Will. Poit., 68 – 72. Freeman (›Norman Conquest‹, Band III, ff. 144, 164) ist der Meinung, daß Geoffrey nicht anwesend war, doch Will. Jum. erwähnt ihn.

[75] *Roman de Rou* (ed. Andresen), Band II, ff. 224, 225.

[76] Will. Poit., f. 72.

[77] Viele der Feudalherren wie der Graf von Eu, Hugo von Gournai, Wilhelm von Warenne und Walter Giffard, deren Beisein bei der Schlacht von Mortemer verzeichnet wurde, kamen aus der Nachbarschaft.

[78] Ralph von Tosny z. B., der sich mit dem Herzog westlich der Seine aufhielt (Ord. Vit., Band III, f. 238), war ein reicher Landbesitzer in der Mittelnormandie.

[79] Will. Poit., f. 70.

[80] *Ibid.*, f. 72; Will. Jum., f. 130; Ord. Vit., Band III, ff. 237, 238.

[81] Die normannischen Annalen enthalten dieses allgemein anerkannte Datum, das sich jedoch auf zweifelhaftes Beweismaterial stützt. Die Urkunde, die dieses Datum erhärten dürfte, erschien in *R. A. D. N.*, Nr. 133, und in *Cart. Iles normandes* (f. 185, Nr. 116). Dieses Datum

wurde auch in *Cal. Doc France* (Nr. 710) verzeichnet. Die drei betr. Verfasser datieren diese Urkunde auf den 25. Dezember 1054. Da sie aber von Erzbischof Mauger unterzeichnet wurde, hieße das, daß er um diese Zeit noch nicht abgesetzt war. Meiner Meinung nach könnte diese Urkunde genauso (nach der heutigen Zeitrechnung) auf den 25. Dezember 1053 datiert werden, da damals Weihnachten oft mit dem Beginn des neuen Jahres identisch war.

[82] Die ›Acta‹ der Erzbischöfe von Rouen verzeichnen (*Rec. Hist. Franc.* Band XI, f. 70), daß Mauger von Papst Leo IX abgesetzt wurde, der am 19. April 1054 starb. Diese Folgerung ist nicht ganz überzeugend. Doch scheint eine Urkunde für Le Mont-Saint-Michel (*R. A. D. N.*, Nr. 132), die von Maugers erzbischöflichem Nachfolger Maurilius bestätigt wurde, auf komplizierte Weise das Jahr 1054 zu nennen. Auf jeden Fall steht dieses Datum noch nicht eindeutig fest, obgleich ich selbst nur geringe Zweifel hege, daß Mauger im Jahre 1054 abgesetzt wurde.

[83] Bessin, *Concilia*, ff. 46, 47.

[84] Will. Jum., f. 127; Will. Poit., f. 44.

[85] Ord. Vit., (Will. Jum., f. 180); Benoit (ed. Michel), Band III, f. 132.

[86] Will. Poit., f. 74.

[87] Will. Poit. (f. 74) bemerkt, daß es zwischen der Schlacht bei Mortemer (Februar 1054) und dem Waffenstillstand zwischen Wilhelm und König Heinrich (1055?) zu vielen kriegerischen Unruhen kam. Vor allem verzeichnet er Kämpfe um Ambrières. Will. Jum. (f. 127) verlegt einen Angriff auf Ambrières in die Zeit des Krieges um Domfront, was durchaus möglich ist. Derselbe Autor spielt jedoch auf die Einnahme von ›zwei Stadtgemeinden‹ nach Mortemer in Maine an. Ordericus, der diesen Passus ergänzte (f. 184), vermerkt, daß diese kriegerische Operation in der Umgebung von Ambrières stattfand.

[88] Ord. Vit., erg. v. Will. Jum., f. 184.

[89] *Cart. S. Vincent du Mans*, Nr. IV.

[90] *Cart. S. Père Chartres*, ff. 149, 184, 193, 211, 403; Round, *Cal. Doc. France*, Nr. 1168; *Cart. S. Michel de l'Abbayette*, Nr. 5.

[91] Will Poit., ff. 66 – 78.

[92] Latouche, *op. cit.*, ff. 32, 79.

[93] Der König und der Graf hielten sich zusammen am 19. Januar 1057 in Tours und am 1. März 1057 in Angers auf (*Rec. Hist. Franc.*, Band XI, ff. 592, 593; Soehnée, *op. cit.*, Nr. 106, 107).

[94] Nicht i. J. 1058, wie allgemein angenommen wird. Das richtige Datum wurde von Dhondt (›Normannia‹, Band XII [1939], ff. 465 – 486) erstellt; (s. a. ›Revue Belge de Philologie et d'histoire‹, Band XXV [1946], ff. 87 – 109). Daß dieser Kriegszug im August d. J. 1057 stattfand, erfährt man aus der Bemerkung von Wace (Roman de Rou, Band II, ff. 238): das Getreide stand noch auf den Feldern und war zur Ernte bereit.

[95] Will. Jum., f. 131; Will. Poit., ff. 80 – 82.

[96] *Gesta Regum*, Band II, f. 291. Die normannischen Annalen enthalten keinen einzigen Hinweis auf diesen Kriegszug; auch bei Will. Poit. und Will. Jum. taucht der Name Varaville nicht auf.

[97] *Roman de Rou*, Band II, ff. 236 et sqq.; Benoit (ed. Michel), Band II, ff. 14 et sqq.

[98] Will. Poit., f. 88; Ord. Vit., Band II, ff. 102, 252; C. W. David, ›Robert Curthose‹, ff. 7, 8.

[99] Eine Urkunde, die zwischen August 1055 und 14. November 1060 für Herbert von La Milesse von seinen Herren Graf Geoffrey von Anjou und Herbert von Maine ausgestellt wurde (*Cart. S. Vincent du Mans.* Nr. 303).

[100] Le Prévost, *Soc. Antiq. Norm.*, ›Mémoires‹, Band XI (1840), ff. 20 – 25. Vgl. Stenton, ›Anglo-Saxon England‹, f. 611.
[101] Ord. Vit., Band III, f. 224.
[102] Round, ›Studies in Peerage and Family History‹, ff. 147, 149.
[103] S. Kapitel 7.
[104] Ord. Vit., erg. v. Will. Jum. (ed. Marx), f. 184.
[105] Über das Folgende s. R. Merlet, in ›Moyen Age‹, Band XVI, 1903.
[106] Dhondt, ›Normannia‹, Band XII, f. 484.
[107] *Rec. Hist. Franc.*, Band XI, ff. 431, 598; Soehnée, *op. cit.*, Nr. 116.
[108] *Chronik von Fécamp (Rec. Hist. Franc.*, Band XI, f. 364).
[109] *Cart S. Père, Chartres*, Band I, f. 153 (*R. A. D. N.*, Nr. 147).
[110] Merlet, *op. cit.*, Band XVI (1903), f. 208.
[111] *Rec. Actes – Philippe I.* (ed. Prou), f. xxviii.
[112] Halphen. *op. cit.*, f. 12.
[113] S. u. Anhang B.
[114] S. Hefele-Leclerc, ›Histoire des Conciles‹, Band IV, f. 1018.
[115] S. u. Anhang B.
[116] Will. Jum., ff. 127, 128.
[117] S. u. Anhang B.
[118] Will. Jum., f. 127.
[119] Grierson, in *R. Hist. Soc.*, ›Transactions‹, Serie 4, Band XXIII, 1941, ff. 95 et sqq.
[120] Will. Poit., ff. 52 – 54.
[121] Lot, ›Fidèles ou Vasseaux?‹, f. 13.
[122] Will. Jum., ff. 103 – 104.
[123] Flach, ›Origines de l'ancienne France‹, Band IV, f. 71.
[124] Grierson, *op. cit.*, f. 98.
[125] AS. Chron., ›C‹, 1049.
[126] Grierson, *loc. cit.*
[127] S. u. Kapitel 7.
[128] Eine der malerischsten dieser Legenden stammt aus der Chronik von Tours (*Rec. Hist. Franc.*, Band XI, f. 348). Sie erzählt, daß der Herzog, der von Baldwin V. unterstützt worden war, bei diesem um die Hand seiner Tochter anhielt. Das Mädchen erklärte jedoch, daß es nie im Leben einen Bastard heiraten würde. Daraufhin zog Herzog Wilhelm unerkannt nach Brügge, wo sie lebte, drang mit Gewalt in ihr Schlafzimmer ein, wo er sie schlug und mit den Füßen trat. Dann ging das Mädchen zu Bett, war jedoch von der Behandlung, die sie erfahren hatte, so beeindruckt, daß sie erklärte, daß sie nie jemand anderen heiraten würde. Diese Geschichte dürfte jedoch für einen Psychologiestudenten von größerem Interesse sein als für einen Studenten der Geschichte.
[129] Milo Crispin, ›Vita Lanfranci‹, (*Opera* [ed. Giles], Band I, f. 286); Ord. Vit., erg. v. Will. Jum. (ed. Marx), ff. 181 – 182.
[130] Will. Malms., *Gesta Regum*, Band II, f. 327.
[131] Milo Crispin, *loc. cit.; Chronique du Bec* (ed. Porée), f. 190.
[132] Milo Crispin, *loc. cit.; Chronique du Bec* (ed. Porée), f. 190.

DER HERZOG IN SEINEM HERZOGTUM
IV.

Der Herzog und die neue Aristokratie

[1] Ed. Marx, ff. 320 – 329.
[2] *Complete Peerage* (G. H. White), Band XII, 1. Teil, ff. 753 et sqq.
[3] *Eure,* cant. Gaillon.
[4] Will. Poit., f. 64; Pfister ›Robert le Pieux‹, f. 213.
[5] Über einen möglichen, literarischen Hinweis auf Rogers spanische Abenteuer s. Douglas, ›Song of Roland and the Norman Conquest of England‹ *(French Studies,* Band XIV, 1960, ff. 110, 111).
[6] Will. Poit., f. 197.
[7] Ord. Vit., Band II, f. 404; Band IV, f. 183.
[8] *Cal. Doc. France,* Nr. 1171; Le Prévost, *Eure,* Band I, f. 415.
[9] Ord. Vit., Band IV, f. 198; Vita et Passio Waldevi (ed. Michel), f. 126.
[10] *Complete Peerage,* Band VII, ff. 521 – 523.
[11] Ord. Vit., Band II, f. 14; Band III, f. 339; Robert de Torigny, erg. v. Will. Jum., f. 324.
[12] *Complete Peerage,* Band VII, f. 521, Anmerkung ›c‹.
[13] Ord. Vit., Band II, f. 370; Band III, f. 426.
[14] Vor 1066 tauchte er ständig als Zeuge in herzoglichen Urkunden auf. S. *R. A. D. N.,* passim.
[15] Will. Poit., f. 197.
[16] D. B., Band I, Fols 80, 168.
[17] Lot, ›Saint-Wandrille‹, f. 54, Nr. 14.
[18] *Cart. S. Trin. Roth.,* Nr. LXX; f. 460, Nr. LXXVIII.
[19] *Ibid.,* f. 441. Nr. XXXVII.
[20] Ord. Vit., Band III, f. 230; Band IV; f. 335.
[21] *Cart. S. Père Chartres,* f. 178.
[22] *Cart. S. Trin. Roth.,* Nr. LXX.
[23] *Neustria Pia,* f. 442; Porée, ›L'abbaye du Bec‹, Band I, f. 373.
[24] Douglas, ›Domesday Monachorum‹, ff. 65 – 70.
[25] Chartes de Jumièges, Band I, f. 41, Nr. XII; Lot, *Saint-Wandrille,* Nr. 9, 14.
[26] Ord. Vit., erg. v. Will. Jum., f. 163.
[27] *Cal. Doc. France,* Nr. 703, 704; Will. Jum., f. 116.
[28] Will. Poit., f. 73; *R. A. D. N.,* Nr. 219; *Regesta,* Band I, Nr. 4.
[29] Will. Poit., f. 267. S. a. Kapitel 8.
[30] *Cart. S. Ymer-en-Auge* (ed. Breard), Nr. I; *Cal. Doc. France,* Nr. 357.
[31] Ord. Vit., erg. v. Will. Jum., f. 157.
[32] Will. Jum., ff. 320 – 329; vgl. G. H. White, in ›Genealogist‹, Neue Serien, Band XXXVII, f. 57.
[33] *R. A. D. N.,* Nr. II.
[34] *Ibid,* Nr. 35.
[35] Will. Jum., f. 116; Ord. Vit., Band I, f. 180.
[36] Douglas, *Eng. Hist. Rev.,* Band LIX, 1944, ff. 62 – 64; Band LXI, 1946, f. 131.
[37] *Cart. S. Père Chartres,* Band I, f. 108.
[38] Bessin, *Concilia,* f. 42, cl. X.
[39] Valin, ›Duc de Normandie, Preuves‹, Nr. I; Stapleton, in ›Archeological Journal‹, Band III, f. 6 – 7.
[40] *Gall. Christ.,* Band XI; *Instrumenta,* col. 218.
[41] *R. A. D. N.,* Nr. 11, 35.

[42] *Gall. Christ.*, Band XI; *Instrumenta,* col. 199; Robert de Torigny, ›De Immutatione Ordinis Monachorum‹ *(Mon. Ang.,* Band VI, f. 1063).

[43] Robert von Torigny, *loc. cit.*

[44] *Chartes de Jumièges,* Band I, Nr. XII.

[45] *Ibid.,* Nr. XIII, doch bedürfen die Angaben des Herausgebers der Korrektur.

[46] *R. A. D. N.,* Nr. 34; Sauvage, ›L'abbaye de Troarn, Preuves‹, Nr. I; *Chartes de Jumièges,* Nr. XII.

[47] Douglas, *Rise of Normandy,* f. 19.

[48] *Chartes de Jumièges,* Nr. XX.

[49] G. H. White, in ›Genealogist‹, Neue Serien, Band XXXVII, f. 59. ›Osbern von Bolbec‹ scheint trotzdem eine etwas nebulöse Gestalt zu sein.

[50] Stapleton, *Rot. Scacc. Norm.,* Band I, f. civ.

[51] Über alles, was die Familie von St. Sauveur und die Vicomté Cotentin angeht, s. L. Delisle, ›Saint-Sauveur‹ (1867).

[52] *R. A. D. N.,* Nr. 110.

[53] L. Musset, ›Actes Inédits de XIe Siècle‹, ff. 8, 9. *(Bull. Soc. Antiq. Norm.,* Band LII, 1954).

[54] Sein angesehener Vater war ›Ansfrid der Däne‹; seine Laufbahn wird in vielen Urkunden zwischen 1015 und 1040 vermerkt *(R. A. D. N.,* passim).

[55] Cart. Bayeux, Band I, Nr. 2, 3; *Cal. Doc. France,* Nr. 1211.

[56] *R. A. D. N.,* Nr. 111. Der Werdegang Anschitils wird in vielen anderen Schriftstücken früheren Datums, vor allem denen von Saint-Wandrille, vermerkt. (Z. B. Lot, *op. cit., Nr.* 13, 14.)

[57] *Gall. Christ.,* Band XI; *Instrumenta,* col. 70; Robert von Torigny (ed. Delisle), Band I, f. 34.

[58] Cart. Bayeux, Nr. IV.

[59] Anscheinend wurde generell angenommen, daß es nur zwei Rannulfs und Vicomtes von Bessin um diese Zeit gab, nämlich Rannulf ›Meschin‹, der i. J. 1120 Graf von Chester wurde, und dessen Vater Rannulf, der Maud, Tochter Richards, des Vicomte von Avranches, heiratete. In einer Chronologie ist jedoch die Folgerung nicht zu umgehen, daß es deren drei gab: nämlich (1) Rannulf, Sohn von Anschitil, der i. J. 1047 bei Val-ès-Dunes kämpfte; (2) Rannulf, wahrscheinlich dessen Sohn, der im oder vor 1066 auftritt; (3) Rannulf ›Meschin‹.

[60] Chevreux und Vernier, ›Archives de Normandie‹, Tafel IX. Zur Datierung vgl. Haskins, *op. cit.,* f. 258.

[61] Martène und Durand, ›Thesaurus Anecdotorum‹, Band I, col. 167; *R. A. D. N.,* Nr. 72; Valin, *op. cit., Preuves,* Nr. 1. Gewöhnlich wird von ihm behauptet, daß er Vicomte von Arques war, doch kann dies kaum der Fall gewesen sein, da er in Urkunden zusammen mit Rainald, Vicomte von Arques (Chevreux und Vernier, *op. cit.,* Tafel IX) und zusammen mit Godfrey, Rainalds Nachfolger, als Vicomte von Arques erscheint *(Cart. S. Trin. Roth.,* Nr. I). Daß Goscelin nicht von Arques, sondern von Rouen Vicomte war, erfährt man durch die Nr. IX desselben Kartenmaterials.

[62] *Ibid.*

[63] Lot, *Saint-Wandrille,* Nr. 13.

[64] S. o.

[65] S. Kapitel 12.

[66] S. Kapitel 6.

[67] S. Kapitel 11.

[68] D. B., Band I, fols. 257, 257 b; *Chartes de Jumièges,* Nr. XIII.

[69] *Gall. Christ.,* Band XI; *Instrumenta,* col. 132; Delisle-Berger, *Rec. Actes – Heinrich II.,* Band I, f. 553.

[70] Lebeurier, ›Notice sur Croix-Saint-Leuffroi‹, f. 46, Nr. III.
[71] Le Prévost, *Eure*, Band III, f. 467.
[72] *Gall. Christ.*, Band XI; *Instrumenta*, col. 132. Round, *Cal. Doc. France*, Nr. 625. Ord. Vit., Band II, f. 403; Band V, f. 180.
[73] Ord. Vit., Band I, f. 180; Band II, ff. 40, 41.
[74] *Cart. S. Trin. Roth.*, Nr. X.
[75] *Ibid.*, Nr. XLIX.
[76] *Ibid.*, Nr. XXX.
[77] *Cart. S. Père Chartres*, Band I, f. 145.
[78] Le Prévost, *Eure*, Band I, f. 570.
[79] *Cart. S. Trin. Roth.*, Nr. VI (R. A. D. N., Nr. 96).
[80] *Ibid.*, Nr. LXIX.
[81] *R. A. D. N.*, Nr. 128.
[82] Le Prévost, *Eure*, Band III, f. 324.
[83] *Ibid.*, Band II, f. 38.
[84] *R. A. D. N.*, Nr. 109.
[85] *Gall. Christ.*, Band IX; *Instrumenta*, col. 132; Le Prévost, *Eure*, Band III, f. 467.
[86] Haskins, *Norman Institutions*, f. 5.
[87] Will. Poit., f. 38.
[88] Wilhelm ›Werlenc‹ bezeugte um diese Zeit noch Urkunden als Graf (*R. A. D. N.*, Nr. 161, 162).
[89] L. C. Loyd, ›The Origin of the Family of Warenne‹ (*Yorks. Arch. Soc. Journal*, Band XXXI [1933], ff. 97 – 113).
[90] *Cart. S. Trin. Roth.*, Nr. XXVII, XXIX, XL, XLI; *Mon. Ang.*, Band VI, f. 1101.
[91] *Cart. S. Trin. Roth.*, Nr. XXXV.
[92] *Ibid.*, Nr. XXXI.
[93] Loyd, *op. cit.*, ff. 106 – 110.
[94] Ord. Vit., Band III, f. 237.
[95] S. Kapitel 11.
[96] *Red Book of Exchequer* (ed. Hall), f. 626.
[97] *Ibid.* Vgl. Ord. Vit., Band III, ff. 263, 336.
[98] *Ibid.*
[99] Haskins, *op. cit.*, ff. 16, 17 und die dort vermerkten Autoritäten. Dieser Hinweis dürfte jedoch zu weitreichend sein.
[100] *Ibid.* Vgl. Le Prévost, *Eure*, Band III, f. 183.
[101] Stenton, *Anglo-Saxon England*, f. 551.
[102] Will. Poit., f. 149.

V.

DIE KIRCHLICHE ERNEUERUNG

[1] *R. A. D. N.*, Nr. 4.
[2] Jumièges, Le Mont-Saint-Michel, Saint-Wandrille, Saint-Ouen.
[3] Cerisy, Montivilliers, Heilige Dreifaltigkeit zu Rouen und Saint-Amand. Fécamp war im Jahre 1001 wieder hergestellt und Bernay um 1026 begründet.
[4] Prentout, *Etude sur Dudon*, f. 300; *Inventio S. Wulframni* (Soc. Hist. Norm., ›Mélanges‹, Band XIV, 1938, ff. 1 – 83).
[5] Douglas, in *Eng. Hist. Rev.*, Band LVII, 1942, f. 433.

[6] Lair, *Guillaume Longue-Epée*, 1893; *Hist. de Jumièges* (ed. Loth), Band I, ff. 122 – 126.

[7] Will. Jum., f. 38; Ord. Vit., Band II, f. 8; Robert von Torigny (ed. Delisle), Band II, f. 192.

[8] *Inventio S. Wulframni (op. cit.,* f. 32); Lot, *Saint-Wandrille,* ff. xi – xiv.

[9] *Rec. Actes de Lothair et de Louis V.* (ed. Halphen), Nr. XXIV.

[10] *Gall Christ.,* Band XI, col. 513; J. Huynes, *Hist. du Mont-Saint-Michel* (ed. Beaurepaire), Band I, ff. 149 – 151.

[11] Er starb am 16. April 991. *(Rec. Hist. Franc.,* Band XXIII, f. 579).

[12] Knowles, ›Monastic Order‹, ff. 83, 89.

[13] *Liber de Revelatione (Pat. Lat.,* Band CLI, col. 699); Leroux de Lincy, ›Essai – sur Fécamp‹, 1840, ff. 5 – 9.

[14] Knowles, *op. cit.,* f. 85.

[15] Über das Folgende s. Watkin Williams in ›Downside Review‹, Band LII, ff. 520 – 534.

[16] Robert von Torigny (ed. Delisle), Band I, f. 193.

[17] Le Prévost, *Eure,* Band I, f. 285; A. Goujou, *Histoire der Bernay,* 2. Kapitel.

[18] *Mon. Ang.,* Band VI, f. 1073; *R. A. D. N.,* Nr. 61.

[19] Le Cacheux, ›Saint Amand‹, 1. Kapitel; die Gründungsurkunde ist jedoch eine Fälschung (f. 242).

[20] H. Dauphin, *Le Bienheureux Richard,* 1946, ff. 260 – 264.

[21] Le Musset, ›Les destins de la propriété monastique‹ (Jumièges – XIIIe Centenaire, ff. 49 – 55).

[22] Lot, *Saint-Wandrille,* ff. xiii – xxviii; Musset, *op. cit.,* f. 50.

[23] *R. A. D. N.,* Nr. 14 a, 26.

[24] Musset, *op. cit.,* f. 50.

[25] *R. A. D. N.,* Nr. 61.

[26] R. Fawtier, ›Les Reliques rouennaises de Sainte Catherine d'Alexandrie‹ *(Analecta Bollandiana,* Band XLI, 1923, ff. 357 – 368). M. Fawtier zeigt, daß Hugo von Flavigny's Geschichte von den Reliquien und von der Gründung nicht verläßlich ist.

[27] M. J. Le Cacheux, *op. cit.,* Kapitel 1.

[28] S. o. Kapitel 4.

[29] Ord. Vit., Band II, f. 12.

[30] Die ›Immutation Ordinis Monachorum‹ ist in der Ausgabe der Werke Robert von Torigny's durch L. Delisle abgedruckt (Band II, ff. 184 – 207). Dieser Traktat ist im großen und ganzen verläßlicher als die einzelnen Anmerkungen, die der Autor in seinen anderen Schriften gibt.

[31] Robert von Torigny *(op. cit.,* Band II, ff. 197, 199); *Gall. Christ.,* Band XI; *Instrumenta,* cols. 199 – 203; Douglas, in *French Studies,* Band XIV, 1960, ff. 110, 111.

[32] Robert von Torigny *(op. cit.,* Band II, ff. 200, 201); *Gall. Christ.,* Band XI; *Instrumenta,* cols. 153 – 157.

[33] Robert von Torigny *(op. cit.,* Band II, ff. 202, 203); *Cart. – Fontenay le Marmion,* ed. L. Saige (Monaco, 1895), f. xviii.

[34] Robert von Torigny, *op. cit.,* Band II, f. 198; Guéry, *Hist. – de Lire,* 1917, Kapitel 1. Die Gründungsurkunde (ff. 563 – 567) ist in einem äußerst schwülstigen Stil abgefaßt.

[35] Robert von Torigny *(op. cit.,* Band II, ff. 201, 202); *Gall. Christ.; Instrumenta,* cols. 13, 224 – 228.

[36] Robert von Torigny *(op. cit.,* Band II, ff. 199, 200); R. N. Sauvage, *Saint-Martin-de-Troarn,* 1911, ff. 3 – 31.

[37] *Complete Peerage,* Band XII, ff. 756, 759.

[38] *R. A. D. N.,* Nr. 92, 129; Lot, *Saint-Wandrille,* Nr. 41.

[39] *R. A. D. N.,* Nr. 118, 182.

[40] Chevreux et Vernier, *Archives de Normandie,* Tafel V; L. Musset, ›Actes Inédites‹ *(Bull. Soc. Antiq. Norm.,* 1954, ff. 8 – 10.

[41] Vgl. R. Génestal, ›Du Rôle des monastères comme établissements de crédit‹, 1901.

[42] J. Sion, *Paysans de Normandie,* 1909, f. 131.

[43] Ord. Vit., Band II, ff. 20 – 60.

[44] *R. A. D. N.,* Nr. 34.

[45] Dotationen von Ralph I. und Ralph II. von Tesson für Fontenay betrafen u. a. Güter im Cinglais bei Thury, Essay, Fresnay-le-Vieux, die auch im ›dotalicium‹ Judiths auftauchen *(R. A. D. N.,* Nr. 11), doch gibt es keinen Beweis dafür, daß diese mit Judiths anderem Landbesitz ebenfalls in den Besitz von Bernay gelangten. Über diese Güter s. a. Vaultier in *Soc. Antiq. Norm.,* ›*Mémoires*‹, Band X, 1837.

[46] So wurde Goscelin, Vicomte von Rouen, ein Mönch der Heiligen Dreifaltigkeit, und seine Gemahlin nahm den Schleier in Saint-Amand. Die Gräfin Lesceline von Eu nahm den Schleier, während Humphrey von Vieilles und sein Sohn Roger von Beaumont ihre letzten Tage in Saint-Peter, Préaux verbrachten. *(Gall. Christ.,* Band XI, cols. 728, 729; Ord. Vit., Band II, f. 163; Ord. III, ff. 33, 426). Dem könnte man noch viele andere Beispiele hinzufügen, doch diese mögen genügen, um eine Schlußfolgerung daraus zu ziehen.

[47] Aus der umfangreichen Literatur über die Ursprünge von Le Bec seien folgende zitiert: A. Porée, *L'abbaye du Bec,* 1901; J. A. Robinson, *Gilbert Crispin,* 1911; M. D. Knowles, *Monastic Order,* 1940, ff. 88 – 91.

[48] Porée, *op. cit.,* Band I, f. 43.

[49] Knowles, *op. cit.,* f. 92.

[50] *Ibid.,* f. 89.

[51] Robert von Torigny, *op. cit.,* Band II, ff. 184 – 206.

[52] *Ibid,* Band II, f. 202. Die ersten vier Äbte von Lessay kamen aus Le Bec, der fünfte aus Saint-Stephan, Caen, wo Lanfranc Abt war.

[53] Robert von Torigny, *op. cit.,* ff. 199, 202.

[54] Will. Poit., f. 134.

[55] Douglas, ›The Norman Episcopate before the Norman Conquest‹, *Cambridge Historical Journal,* Band XIII, 1957, ff. 101 – 116.

[56] Richard, Sohn des Erzbischofs Robert, war Graf von Evreux; ein Sohn Odos von Bayeux war eine bekannte Persönlichkeit am Hofe König Heinrich I. von England.

[57] Le Patourel, *Eng. Hist. Rev.,* Band LIX, 1944, ff. 129 et sqq.

[58] Ord. Vit., Band II, f. 222; Band III, ff. 263, 264.

[59] Will. Poit., ff. 136 – 142.

[60] Die wichtigsten Hinweise auf Maurilius enthält das Werk ›Acta Archiepiscoporum Rothomagensium‹. Vacandard bewies, daß der Passus, der sich auf Maurilius bezieht, fast aus derselben Zeit stammt, während andere Teile einige Zeit später von einem Mönch aus Saint-Ouen hinzugefügt wurden. *(Rev. catholique de Normandie,* Band III, 1893, f. 117).

[61] Wie später zu sehen sein wird, gab es zwischen Mauger und Maurilius eine Kontinuität in der Konzilstätigkeit.

[62] Über das Folgende s. Douglas, *op. cit.,* ff. 108 – 110.

[63] Cart. Bayeux, Nr. XXII.

[64] *Cart. S. Vincent du Mans,* Nr. 545.

[65] *Cart. S. Père Chartres,* f. 116.

[66] Betr. Einzelheiten s. Douglas. *op. cit.,* ff. 110 – 114.

[67] Cart. Bayeux, Nr. XXII.

[68] Douglas, *op. cit.,* f. 109.

[69] J.-F. Lemarignier, *Privilèges d'Exemption,* vor allem ff. 44 – 84.

[70] *Ibid.,* f. 152; E. A. Pigéon, *Diocèse d'Avranches,* ff. 658 – 660.

[71] *R. A. D. N.*, Nr. 213; Le Prévost, *Eure*, Band I, f. 152; Band II, f. 32; *Cart. S. Michel du Tréport* (ed. Laffleur de Kermingant), ff. i – xxxii; *Cart. S. Ymer en Auge* (ed. Bréard), Nr. 1.

[72] *Gall. Christ.*, Band XI; *Instrumenta*, col. 126; *Cart. S. Trin. Roth.*, Nr. LXIX.

[73] *Gall. Christ.*, Band XI, cols. 354, 870.

[74] Vgl. A. W. Clapham, *English Romanesque Architecture after the Conquest*, 1934, Kapitel 1 – was hier folgt, stützt sich auf dieses Werk.

[75] *Ibid.*, f. 8.

[76] *Ibid.*, f. 12.

[77] G. Lanfry, ›La Cathédrale dans la Cité romane et en Normandie ducale‹, 1957, ff. 20 – 46. Unter den früheren Werken über die Domkirche zu Rouen sei jenes von E. H. Langlois erwähnt, der nicht nur ein ausgezeichneter Geschichtsforscher, sondern auch ein großartiger Kartenzeichner war. (Vgl. P. Chirol, *Etude sur E. H. Langlois*, 1922.) Eine gute Zusammenfassung über frühere Arbeiten findet man bei A. Alinne und A. Loisel, ›La Cathédrale de Rouen avant l'incendie de 1100‹, 1904.

[78] *Gall. Christ.*, Band XI, col. 353; Will. Poit., f. 240.

[79] Will. Poit., f. 138; Ord. Vit., Band II, f. 308.

[80] *Gall. Christ.*, Band XI, col. 219; E. A. Freeman, *Sketches of Travel*, ff. 80 – 83.

[81] Watkin Williams, *op. cit.*, f. 529; Knowles, *op. cit.*, f. 490.

[82] Vgl. Delisle in seiner großartigen Einleitung zur Ausgabe von Ord. Vit.

[83] *Gall. Christ.*, Band XI, cols. 206, 207.

[84] A. Wilmart, *Auteurs spirituels et textes devots du Moyen Age latin*, 1932, ff. 101 – 125.

[85] In dem von Burnes und Oates herausgegebenen, lateinisch-englischen Meßbuch (1949) findet man dies ff. 664 – 672. Vgl. a. J. Leclerc und J. P. Bonnes, *Un maître de la vie spirituelle*, 1946.

[86] R. W. Southern, in ›Essays – F. M. Powicke‹, 1948, ff. 28 – 48.

[87] Porée, *L'abbaye du Bec*, Band I, ff. 103, 104.

[88] Ord. Vit., eingeleitet von Léopold Delisle. Vgl. J. P. Martin, *La bibliothèque d'Avranches; les manuscrits du Mont St. Michel*, 1924.

[89] Ord. Vit., Band II, ff. 42, 95; *Hist. Litt. de La France,* Band VII, 1746, f. 70.

[90] Ord. Vit., Band II, ff. 29, 247, 292, 411.

[91] *Ibid.*, Band III, f. 240.

[92] R. Delamare, Le ›De Officiis ecclesiasticis‹ de Jean d'Avranches, 1923; Southern, *St. Anselm*, ff. 41, 42.

[93] Sie brachten Bücher von jenseits des Kanals. Erzbischof Robert z. B. erhielt in England von seiner Schwester Emma ein großartiges Werk der Liturgie zum Geschenk, das später auf den Sohn des Erzbischofs, nämlich Wilhelm, und darauf auf Wilhelms Gemahlin Hawisa überging (Ord. Vit., Band II, f. 41). Dieses Werk ist mit dem ›Missal von Robert von Jumièges‹ (*Bradshaw Soc.*, Band XI, 1896) nicht identisch. Das letztgenannte Werk taucht in einer Urkunde aus jener Zeit auf (*Chartes de Jumièges*, Nr. XXIII), und vielleicht erhielt es Jumièges als Robert Erzbischof von London war. Vgl. a. J. B. Tolhurst, in *Archaelogia*, Band LXXXIII, 1933, ff. 29 – 41.

[94] *Gall. Christ.*, Band XI; *Instrumenta*, col. 220; Le Patourel, *op. cit.*

[95] Vgl. Toustain de Billy, *Hist. de Coutances*, ed. 1874, Band I, f. 123.

[96] *Gall. Christ.*, Band XI, cols. 353, 354.

[97] E. Maclagan, The Bayeux Tapestry, 1943, f. 27.

[98] P. Andrieu-Guitrancourt, *L'Empire normand et sa civilization*, 1952, ff. 386 – 391: »Le Turpin de la légende et Odon de Bayeux sont un même personnage.« S. a Douglas, in *French Studies*, Band XIV, 1960, f. 103.

445

[99] Ord. Vit., Band III, f. 265.
[100] Ord. Vit., Band II, ff. 129, 244; Band IV, ff. 269, 272.
[101] C. T. Clay, *Yorks. Arch. Journal*, Band XXXI, 1945, ff. 1, 2.
[102] Zwei der Söhne von Samson, Thomas und Richard, wurden Bischöfe: der eine Erzbischof von York (1109 – 1119), der andere Bischof von Bayeux (1108 – 1113).
[103] Ord. Vit., Band II, ff. 94 – 96, 247.
[104] Z. B. John von Fécamp und Lanfranc. Aus dem Rheinland kamen z. B. Isembard von Saint-Ouen, Ainard von Saint-Pierre-sur-Dives und Erzbischof Maurilius.
[106] Die ›Ordo provincialis concilii celebrandi‹, die offensichtlich in der zweiten Hälfte des elften Jahrhunderts in das ›Benedictional of Archbishop Robert‹ *(Brandshaw Soc.*, Band XXIV, 1903, f. 154) eingefügt wurde, nimmt an, daß jedes Jahr zwei Provinzialkonzile abgehalten wurden. Obgleich diese Praxis wahrscheinlich vor der Eroberung nicht befolgt wurde, ist diese Bemerkung doch bedeutsam. Bischof John von Avranches erhob i. J. 1061 den Anspruch auf das Recht, jedes Jahr zwei Diözesan-Synoden abzuhalten. (E. A. Pigéon, *Diocèse d'Avranches*, ff. 658 – 660).
[106] Bessin, *Concilia*, f. 47. Es ist möglich, daß es sich dabei um das Konzil aus dem Jahre 1063 handelt.
[107] *Ibid.*, f. 49.
[108] Herausgegeben von L. Delisle, *(Journal des Savants*, 1901, ff. 516 – 521).
[109] *R. A. D. N.*, Nr. 231.
[110] Bessin, *Concilia*, ff. 47, 49; *Journal des Savants*, 1901, f. 517, cl. I, II, III.
[111] Bessin, *Concilia*, f. 41, canons VI und VIII.
[112] S. u. Kapitel 13.
[113] *Journal des Savants*, 1901, f. 517.
[114] Will. Poit., f. 124.

VI.

DIE HERRSCHAFT HERZOG WILHELMS

[1] Consuetudines et Justicie (Haskins, *Norman Institutions*, f. 281).
[2] Galbraith, *Making of Domesday Book*, f. 45.
[3] L. Musset, *Annales de Normandie*, Band IX, 1959, ff. 285 – 299.
[4] Stapleton, *Archaeologia*, Band XXXVII, 1839, ff. 26 – 37.
[5] Southern, *Making of the Middle Ages*, ff. 53, 54.
[6] Vgl. Musset, *Aristocratie d'Argent (Annales de Normandie*, Band IX, 1959).
[7] Haskins, *op. cit.*, f. 39.
[8] Musset, *op. cit.*, f. 289; *Cart. S. Trin. Roth.*, Nr. LXXIII, LXXX, LXXXVII.
[9] Haskins, *op. cit.*, f. 47; Musset, *op. cit.*, f. 290. Einen dieser ›telonarii‹ kann man unter die ›optimates‹ einreihen *(Cart. S. Père Chartres,* f. 146).
[10] Musset, *op. cit.*, ff. 285, 286.
[11] Consuetudines et Justicie, cl. XIII (Haskins, *op. cit.*, f. 283).
[12] Musset, *op. cit.*, ff. 290 et sqq.; *Cal. Doc. France*, Nr. 711, 712.
[13] Musset, *op. cit.*, f. 292.
[14] S. u. Kapitel 12.

[15] Will. Poit., f. 152, und s. u. Kapitel 8.
[16] S. o. Kapitel 4.
[17] Ord. Vit., Band III, f. 229.
[18] *Vita Herluini* (Robinson, Gilbert Crispin, f. 27); Will. Malms., *Gesta Pontificum*, f. 150.
[19] Ord. Vit., Band II, f. 259; Band III, f. 246.
[20] Haskins, *op. cit.*, Anhang E, Nr. I; Delisle-Berger, *Rec. Actes – Heinrich II.*, Band I, f. 345.
[21] Haskins, *op. cit.*, Anhang E, Nr. II.
[22] *Ibid.*, ff. 42, 43.
[23] *R. A. D. N.*, Nr. 99.
[24] *Gall. Christ.*, Band XI; *Instrumenta*, cols. 61 – 65; *Regesta*, Band I, Nr. 117.
[25] Ord. Vit., Band II, f. 316.
[26] Delisle, *Saint Sauveur*, Preuves, Nr. 35, 36.
[27] Valin, *Duc de Normandie, Preuves*, Nr. I.
[28] *Cart. Bayeux*, Band I, Nr. 21.
[29] Will. Jum., ff. 76, 84; Yver, *Châteaux forts*, ff. 39 – 48.
[30] Will. Jum., ff. 105, 106, 272.
[31] Yver, *op. cit.*, f. 57.
[32] Ord. Vit., Band II, ff. 23, 27, 295; Yver, *op. cit.*, ff. 40, 41.
[33] Will. Jum., f. 118; Yver, *op. cit.*, f. 46.
[34] Will. Jum., f. 123; Yver, *op. cit.*, f. 48.
[35] *Mon. Ang.*, Band VI, f. 1073; *R. A. D. N.*, Nr. 99; Powicke, *Loss of Normandy*, f. 114.
[36] Ord. Vit., Band III, f. 371.
[37] Douglas, *Domesday Monachorum*, ff. 27, 28; Powicke, *op. cit.*, f. 108.
[38] Will. Poit., ff. 135, 149; Ord. Vit., Band II, f. 121.
[39] *R. A. D. N.*, Nr. 92.
[40] *Ibid.*, Nr. 140.
[41] *Regesta*, Band I, Nr. 4.
[42] Z. B. *R. A. D. N.*, Nr. 138, 141, 158, 202.
[43] *R. A. D. N.*, passim.
[44] Z. B. *R. A. D. N.*, Nr. 100, 129, 229, 230; vgl. *Cal. Doc. France*, Nr. 709, 710, 1165, 1167, 1172.
[45] *R. A. D. N.*, Nr. 69.
[46] *Ibid.*, Nr. 104, 107, 113, 137. Die Datierung der letztgenannten Urkunde, nämlich 1055, ist nicht sicher; die Liste der Unterzeichnenden wirft Probleme auf. Lot *(Saint-Wandrille*, Nr. 17) schlägt den Besuch Erzbischof Roberts von Canterbury vor, was jedoch nicht erwiesen ist.
[47] Haskins, *op. cit.*, f. 55.
[48] Prou, *Rec. Actes – Philippe I*, ff. 1 – liii.
[49] Ord. Vit., Band III, f. 229.
[50] *R. A. D. N.*, Nr. 69, 82.
[51] Will. Jum., f. 116.
[52] Harcourt, *His Grace the Steward*, f. 7.
[53] *R. A. D. N.*, passim.
[54] P. Eudeline, *Hist. de Hauteville*, 1948, Tafel II; *R. A. D. N.*, Nr. 158.
[55] *R. A. D. N.*, Nr. 188.
[56] Will. Jum., f. 117; vgl. *Cart. S. Trin. Roth.*, Nr. LXVII.
[57] *R. A. D. N.*, Nr. 138, 204; *Cart. Iles Norm.*, Nr. 298, 299, 300; Le Prévost, *Eure*, Band III, f. 467 *(R. A. D. N.*, Nr. 191).
[58] *R. A. D. N.*, Nr. 89.
[59] *Complete Peerage*, Band X, Anhang F.
[60] *R. A. D. N.*, Nr. 138, 188, 233; Round, *King's Serjeants*, ff. 140, 141.

[61] Douglas, *Domesday Monachorum*, ff. 65 – 67; Round, *Geoffrey de Mandeville*, f. 326.

[62] *R. A. D. N.*, Nr. 141; vgl. *Cart. Iles Norm.*, Nr. 297, 300.

[63] *Regesta*, Band I, Nr. 28.

[64] Harmer, *Anglo-Saxon Writs*, ff. 59 – 61.

[65] In drei normannischen Urkunden vom Anfang des elften Jahrhunderts *(R. A. D. N.*, Nr. 18, 34; Pommeraye, *Saint-Ouen*, f. 422) erscheinen Personen unter dem Titel ›Kanzler‹, doch wäre es sehr voreilig, aus der Phraseologie der Schriftstücke in ihrer heutigen Form Schlußfolgerungen zu ziehen. In diesem Zusammenhang sei auf den ›Nouveau Traité de Diplomatique‹, Band IV, f. 225 und auf die Tafel III in Haskin's ›Norman Institutions‹ hingewiesen. Wie immer auch die Schlußfolgerungen in dieser Angelegenheit ausfallen mögen, fest steht auf alle Fälle, daß in keinem Text aus der Normandie unter der Herrschaft Wilhelm II. irgendein Hinweis auf den Kanzlertitel zu finden ist.

[66] Haskins, *op. cit.*, f. 52.

[67] Fauroux, *R. A. D. N.*, ff. 40 – 47.

[68] S. u. Kapitel 12.

[69] *R. A. D. N.*, Nr. 134.

[70] Ilbert und Milo erscheinen in der Normandie vor 1066 als Zeremonienmeister (marshals) *(Complete Peerage*, Band XI, Anhang E).

[71] Haskins, *op. cit.*, f. 51.

[72] *Complete Peerage*, Band X, Anhang F.

[73] Prou, *Rec. Actes – Philippe I.*, Band I, f. cxxxi.

[74] A. Deville, *S. Georges de Boscherville*, ff. 57 – 62.

[75] *R. A. D. N.*, Nr. 100; *Gall. Christ.*, Band XI; *Instrumenta*, col. 12.

[76] Will. Jum., f. 119.

[77] *R. A. D. N.*, Nr. 113.

[78] *Ibid.*, Nr. 110.

[79] Chevreux und Vernier, *Archives de Normandie*, Tafel IV, *(R. A. D. N.*, Nr. 124).

[80] *R. A. D. N.*, Nr. 219.

[81] *Ibid.*, Nr. 230.

[82] *Gesta Regum*, f. 299; Will. Poit., f. 149.

[83] *Regesta*, Band I, Nr. 4.

[84] Haskins, *op. cit.*, ff. 40, 41.

[85] *Ibid.*

[86] *R. A. D. N.*, Nr. 99.

[87] *Ibid.*, Nr. 171.

[88] *Ibid.*, Nr. 140, 141.

[89] *Ibid.*, Nr. 188.

[90] *Ibid.*, Nr. 191.

[91] *Ibid.*, Nr. 159.

[92] *Ibid.*, Nr. 229.

[93] *R. A. D. N.*, Nr. 148; Lechaudé d'Anisy, *Grands Rôles*, f. 196; *Cal. Doc. France*, Nr. 711, 712. Vgl. *Regesta*, Band I, Nr. 92.

[94] J. Goebel, *Felony and Misdemeanour*, f. 283.

[95] Vgl. Luchaire, *Manuel des Institutions*, ff. 245, 246, kritisiert von F. M. Powicke *(Loss of Normandy*, f. 52).

[96] Haskins, *op. cit.*, f. 29, Anmerkung 112; vgl. Le Prévost, *Eure*, Band III, ff. 96, 97.

[97] *R. A. D. N.*, Nr. 153.

[98] Goebel, *op. cit.*, Kapitel 5.

[99] *Ibid.*, f. xxvi.

[100] S. o. Kapitel 5.

[101] Dies geschah im Falle Richards, Sohn König Heinrich II, als er Herzog der Normandie wurde (*Histoire de Guillaume le Maréchal*, ed. Meyer, Band I, v. 9556).

[102] L. Valin, *Duc de Normandie*, f. 44.

[103] E. H. Kantorowicz, *Laudes Regiae*, 1946, ff. 19, 166 – 171.

[104] *Ibid.*, ff. 170, 178.

[105] Julien Loth, *La Cathédrale de Rouen*, 1879, ff. 553 – 562.

[106] »Guillelmo Normannorum duci salus et pax continua.«

[107] E. H. Kantorowicz, *op. cit.*, f. 170.

DIE GRÜNDUNG DES ANGLO-NORMANNISCHEN KÖNIGREICHES

VII.

Normandie und England

[1] S. o. Kapitel 1.

[2] Freeman, *Norman Conquest*, Band I, ff. 197 – 205.

[3] S. der päpstliche Brief in Will. Malms., *Gesta Regum*, Band I, ff. 191 – 193. Der Brief ist in seinem augenblicklichen Wortlaut nicht ganz zufriedenstellend, im wesentlichen jedoch wahrscheinlich echt. (Stenton, *Anglo-Saxton England*, f. 371).

[4] Will. Malms. weist auf Bischof Roger hin. Der Bischof von Lisieux war um diese Zeit der einzige normannische Bischof dieses Namens und erscheint in einer Urkunde aus dem Jahre 990 (*R. A. D. N.*, Nr. 4). Es ist jedoch nicht ausgeschlossen, daß Will. Malms. in dieser Hinsicht ein Fehler unterlief, und daß er Robert, den Erzbischof von Rouen meinte.

[5] Diese Geschichte taucht nur bei Will. Jum. (f. 76) auf und muß mit Vorsicht behandelt werden. Dazu dürfte noch bemerkt werden, daß im Jahre 1000 eine Wikingerflotte England verließ und in der Normandie landete, und daß ein Jahr danach die englische, der Normandie gegenüberliegende Küste verwüstet wurde, so daß sich dadurch eine gewisse Bestätigung ergibt. (AS. Chron., ›C‹, s. a. 1000, 1001).

[6] AS. Chron., ›C‹, s. a. 1002.

[7] *Ibid.*, s. a. 1013, 1014.

[8] Campbell, *Encomium Emmae*, Band XLIV.

[9] S. o. Kapitel 1.

[10] Pfister, *Robert le Pieux*, ff. 214, 215.

[11] *Acta Sanctorum* (Palmé), July, Band VIII, f. 125.

[12] AS. Chron., ›C‹, s. a. 1017.

[13] *R. A. D. N.*, Nr. 70.

[14] *Ibid.*, Nr. 69; von Lot (*Saint-Wandrille*, Nr. 13) und Round (*Cal. Doc. France*, Nr. 1422) als richtig anerkannt.

[15] *R. A. D. N.*, Nr. 111; *Cart. Iles Norm.*, Tafel I.

[16] Haskins, *Norman Institutions*, f. 261.

[17] *R. A. D. N.*, Nr. 85; Haskins, *op. cit.*, Tafeln IV und V.

[18] S. o. Kapitel 3.

[19] Douglas, in *Eng. Hist. Rev.*, Band LXV (1950), ff. 292 – 295.

[20] Will. Jum., f. 110.

[21] Stenton, *op. cit.*, f. 414.

[22] AS. Chron., ›C‹, s. a. 1036; Campbell, *op. cit.*, f. lxiii.
[23] Will. Malms., *Gesta Regum*, Band I, f. 240; s. u. Anhang F.
[24] Will. Poit., ff. 11 – 13.
[25] AS. Chron., ›C‹, s. a. 1040.
[26] *Ibid.*, s. a. 1041.
[27] Stenton, *op. cit.*, f. 415.
[28] AS. Chron., ›C‹, s. a. 1042.
[29] *Ibid.*, s. a. 1042.
[30] *Ibid.*, s. a. 1043.
[31] Oleson, *Witenagemot in the Reign of Edward the Confessor*, Anhang B.
[32] AS. Chron., ›C‹, s. a. 1043; ›D‹, s. a. 1045, 1047 (auch 1046, 1048); ›E‹, s. a. 1043 (auch 1045).
[33] AS. Chron., ›E‹, *loc. cit.*
[34] Stenton, *op. cit.*, f. 553.
[35] Round, *Feudal England*, ff. 317 – 341.
[36] Edwards Erklärung in dieser Hinsicht ist nicht ganz einwandfrei (Harmer, *Anglo-Saxon Writs*, f. 16). Harold hatte Steyning i. J. 1065 wieder in seinen Besitz gebracht, aber Fécamp besaß es i. J. 1086 (D. B., Band I, fol. 17). Zwei Unterschriften Wilhelms bestätigen in der Tat, daß vor 1066 eine Dotation gemacht wurde. (*Regesta*, Band I, Nr. 1; Chevreux und Vernier, *Archives*, Tafeln VIII). Diese Angelegenheit wird außerdem noch von D. Matthew, ›Norman Monasteries and their English Possessions‹, ff. 38 – 41 zur Diskussion gestellt.
[37] Will. Malms., *Gesta Pontificum*, ff. 201, 202; D. B., Band I, fol. 17. Er wurde i. J. 1072 zum Bischof von Exeter ernannt.
[38] Stenton, *op. cit.*, f. 554.
[39] Freeman, *op. cit.*, Band II, f. 69.
[40] AS Chron., ›C‹, s. a. 1049.
[41] *Ibid.*, ›D‹, s. a. 1052 (gleichwertig mit 1051); ›E‹, s. a. 1048 (gleichwertig mit 1051).
[42] R. L. G. Ritchie, *Normans in England before Edward the Confessor*, (Exeter, 1948).
[43] B. Wilkinson, ›Freeman and the Crisis of 1051‹ (*Bull. John Rylands Library*, 1938).
[44] AS. Chron., ›D‹, s. a. 1052 bzw. 1051.
[45] *Ibid.*
[46] Stenton, *op. cit.*, f. 553.
[47] AS. Chron., ›D‹, s. a. 1052.
[48] Diese ganze Angelegenheit wurde von mir in *Eng. Hist. Rev.*, Band LXVIII, 1953, ff. 526 – 534 behandelt; aber s. a. Oleson, in *Eng. Hist. Rev.*, Band LXII, 1957, ff. 221 – 228.
[49] S. o. Kapitel 3, und s. u. Anhang B.
[50] Will. Jum., ff. 132, 133.
[51] AS. Chron., s. a. 1052.
[52] AS. Chron., ›E‹, ohne Datum 1053.
[53] Er fuhr fort, Winchester und Canterbury gleichzeitig zu besetzen.
[54] Stenton, *op. cit.*, f. 460.
[55] *Ibid.*, ff. 558, 559.
[56] AS. Chron., ›D‹, 1053; s. u. Anhang F.
[57] *Ibid.*, 1055.
[58] *Ibid.*, 1057.
[59] Stenton, *op. cit.*, f. 563.
[60] Ritchie, *Normans in Scotland*, f. 8.
[61] AS. Chron., ›D‹, 1057.
[62] Stenton, *op. cit.*, f. 566.
[63] Oleson, *Witenagemot*, f. 117.

[64] Flor. Worc., Band I, f. 224.

[65] Round, *Studies in Peerage and Family History*, ff. 147 – 155.

[66] Stenton, *op. cit.*, f. 597.

[67] S. o. Kapitel 3.

[68] Latouche, *Comté du Maine*, f. 33, Anmerkung 3.

[69] *Ibid.*, ff. 113 – 115.

[70] Will. Poit., ff. 91 – 93; Will. Jum., ff. 130, 184; Prentout, *Guillaume le Conquérant*, 1936, ff. 149 – 153.

[71] S. u. Anhang F.

[72] Fliche, *Philippe I.*, Kapitel 1.

[73] Es ist höchst wahrscheinlich, jedoch nicht absolut sicher, daß der Besuch in diesem Jahr stattfand.

[74] Douglas, *Eng. Hist. Rev.*, Band LXVIII (1953), ff. 535 – 545; Oleson, *ibid.*, Band LXXII (1957), ff. 221 – 228.

[75] Will. Jum., ff. 132, 133; Will. Poit., ff. 100 – 106; Bayeux Tapestry.

[76] Vielleicht wollte er im Falle eines Erfolges Herzog Wilhelms seine spätere Machtstellung absichern. Außerdem ist es sehr wahrscheinlich, daß sich Mitglieder seiner Familie als Geiseln am normannischen Hof befanden, und zwar um Herzog Wilhelms Thronfolge zu gewährleisten. Harold mochte also gewünscht haben, daß sie freigelassen würden.

[77] Wandteppich von Bayeux, Reproduktionen VI und VII. Ein Hinweis auf einen Schiffbruch gibt es nicht.

[78] Will. Poit., ff. 100 – 102; Wandteppich von Bayeux, Reproduktionen IX und X – ›Belrem‹ *(E. H. D.*, Band II, f. 242).

[79] Ord. Vit., Band II, ff. 237, 238.

[80] Will. Poit., f. 102.

[81] Ord. Vit., Band II, f. 217.

[82] Wandteppich von Bayeux, Reproduktionen XXVIII und XXIX – ›Bagias‹.

[83] Will. Poit., f. 102.

[84] Will. Jum., f. 133; »Facta fidelitate de regno plurimis sacramentis.«

[85] Reproduktionen XXVIII, XXIX *(E. H. D.*, Band II, f. 251).

[86] Will. Poit., ff. 104 – 106, 230.

[87] *Historia Novorum*, ed. Rule, f. 8.

[88] Die Erzählung, daß dieser Eid auf Reliquien abgelegt wurde, die jedoch nicht als solche bezeichnet wurden, ist späteren Datums. Sie erscheint bei Wace, Roman de Rou, ed. Andresen, Band II, f. 258. Die Reproduktion XXIX des Wandteppichs v. Bayeux sollte in diesem Zusammenhang studiert werden.

[89] *Gesta Regum*, Band I, f. 279.

[90] Will. Poit. und der Wandteppich von Bayeux stimmen in der Reihenfolge der Ereignisse nicht überein: letzterer verlegt den bretonischen Krieg vor die Ableistung jenes Eides.

[91] Lobineau, *Histoire de Bretagne*, Band I, ff. 93 – 98; La Borderie, *Histoire de Bretagne*, Band III, ff. 14 – 23; Durtelle de Saint-Sauveur, *Histoire de Bretagne*, Band I, f. 118. Die chaotischen Zustände, die in der Bretagne unter Bertha herrschten, werden hervorragend in jener bemerkenswerten, von Morice gedruckten Urkunde illustriert *(Histoire de Bretagne: Preuves*, Band I, col. 393).

[92] Die Wesensart dieses bretonischen Adels enthüllt sich in einer Urkunde Conans *(Cart. de Redon*, f. 23); Morice, *op. cit.*, Preuves, Band I, col. 408; s. a. La Borderie, *Les Neufs Barons de Bretagne*, 1905, ff. xiii – xiv.

[93] Will. Poit., f. 106.

[94] Will. Poit., ff. 106 – 112; Durtelle de Saint-Sauveur, *op. cit.*, f. 119; Wandteppich von Bayeux, Reproduktionen XXI – XXIV *(E. H. D.*, Band II, ff. 248, 249).

95 Ord. Vit., erg. v. Will. Jum., ff. 193, 194; s. u. Anhang F.
96 La Borderie, *Histoire de Bretagne*, Band III, f. 20; Le Baud, *Histoire de Bretagne*, f. 157. Offensichtlich eroberte er vor seinem Tode Pouancé und Segré.
97 Will. Jum., f. 133.
98 B. Wilkinson, ›Northumbrian Separatism in 1065 and 1066‹ *(Bull. John Rylands Library*, Band XXXII, 1939, ff. 504 – 526.
99 AS. Chron., ›C‹, ›D‹, 1065.
100 Wilkinson, *loc. cit.*

VIII.

DIE EROBERUNG ENGLANDS

1 »When beggars die there are no comets seen.« Der Komet aus d. J. 1066 (offensichtlich ›Halley's Komet‹) wird mit Nachdruck bei Will. Jum erwähnt (f. 133), und wird auf dem Wandteppich von Bayeux besonders hervorgehoben (Reproduktion XXXV; *E. H. D.*, Band II, f. 255). Die anglo-sächsische Chronik erzählt (›C‹, 1066), daß er zum ersten Mal am 24. April erschienen sei, was durch *R. A. D. N.* (Nr. 299) bestätigt wird. Freeman schrieb darüber einen seiner faszinierendsten Anhänge *(Norman Conquest,* Band III, Anmerkung M) und sammelte Hinweise auf diesen Kometen, die selbst aus Anjou und Polen kamen. Was an den betr. Hinweisen besonders bemerkenswert ist, ist die Tatsache, daß das Auftreten des Kometen häufig in Beziehung zur englischen Krise gesetzt wurde.
2 Will. Poit., f. 146.
3 Flor. Worc., Band I, f. 226; Will. Malms., *Gesta Regum*, f. 280.
4 Flor. Worc., Band I, f. 224 erklärt, daß Harold von Aldred gekrönt wurde, was wahrscheinlich der Fall war. Will. Poit. (f. 146) und Ord. Vit. (Band IV, f. 219; Band IV, f. 432) jedoch bemerken, daß Harold von Stigand gekrönt wurde. Der Wandteppich von Bayeux (Tafel XXXIV; *E. H. D.*, Band II, f. 225) zeigt uns Stigand, wie dieser eine Handlung durchführt, die offensichtlich etwas mit Harolds königlicher Thronfolge zu tun hatte. Aus diesem Grunde sollte diese Angelegenheit wahrscheinlich als noch nicht abgeschlossen betrachtet werden.
5 AS. Chron., ›C‹, ›D‹, 1065; ›E‹ s. a. 1066. Wurde ein Druck von der Gruppe, die auf dem Wandteppich von Bayeux den sterbenden König umgibt, auf diesen ausgeübt? (Tafel XXXIII; *E. H. D.*, Band II, f. 254). Dieser Verdacht wird durch die ›Vita Edwardi‹ (ed. F. Barlow, ff. lxxiv, 77) teilweise unterstützt, da diese Lebensbeschreibung darauf hinweist, daß Edward's Geisteszustand sich verschlimmert hatte und andeutet, daß der König zumindest »vom Alter gebrochen war und nicht wußte, was er sagte«
6 Flor. Worc., Band I, f. 224.
7 Stenton, *Anglo-Saxon England*, ff. 573, 574.
8 Will. Malms., *Gesta Regum*, f. 280.
9 AS. Chron., ›C‹, 1065.
10 Will. Malms., *op. cit.*, f. 297.
11 Flor. Worc., *loc. cit.*
12 Will. Malms., *Vita Wulstani*, ed. Darlington, f. 22.

¹³ Stenton, *op. cit.*, f. 523.
¹⁴ Will. Jum., f. 133.
¹⁵ Will. Poit., f. 149; Ord. Vit., Band II, f. 122; Wace, *Roman de Rou*, Band II, ff. 270 – 275.
¹⁶ Will. Poit., f. 149; Will. Malms., *Gesta Regum*, f. 299.
¹⁷ *R. A. D. N.*, Nr. 231; Ord. Vit., Band II, f. 125.
¹⁸ Will. Poit., f. 260.
¹⁹ *R. A. D. N.*, Nr. 158, 213; David, *Robert Curthose*, f. 12.
²⁰ *R. A. D. N.*, Nr. 288.
²¹ Will. Poit., ff. 193, 260.
²² Ord. Vit., Band II, f. 178; angesichts der Beziehungen des Autors zu dieser Familie ist dieses Beweismaterial überzeugender als alles andere.
²³ Eine Whitby-Überlieferung (*Mon. Ang.*, Band I, f. 149) behauptet, daß Hugo von Avranches und Wilhelm von Percy i. J. 1067 in diesem Lande ankamen.
²⁴ Macdonald, *Lanfranc*, f. 56. Lanfranc wurde wahrscheinlich i. J. 1063 nach St. Stephen, Caen berufen. Die Dotationen für die Heilige Dreifaltigkeit, Caen wurden i. J. 1066 gemacht und sind in *R. A. D. N.*, Nr. 231 verzeichnet.
²⁵ *Regesta*, Band I, Nr. 1.
²⁶ *R. A. D. N.*, Nr. 229.
²⁷ *Cart. S. Trin. Roth*, Nr. XXXIX.
²⁸ *Ibid*, Nr. XLVII, LVII, LXIII.
²⁹ Will. Poit., f. 152; Ord. Vit., Band II, f. 122.
³⁰ Jaffé, *Monumenta Gregoriana*, ff. 414 – 416.
³¹ S. u. Kapitel 10.
³² Will. Poit., ff. 155, 185.
³³ David, *Robert Curthose*, f. 12.
³⁴ Stenton, *op. cit.*, f. 578.
³⁵ Ord. Vit., Band I, f. 184; Band III, ff. 237, 238.
³⁶ Stenton, *op. cit.*, f. 577.
³⁷ Will. Jum., f. 109.
³⁸ Will. Poit., f. 190; Ord. Vit., Band II, f. 134; Wandteppich v. Bayeux, Reproduktionen XXXVII, XXXVIII (*E. H. D.*, Band II, f. 257).
³⁹ Der merkwürdige Text in Giles ›Scriptores Willelmi‹ (ff. 21, 22) enthält viele Schwierigkeiten; man kann sich jedoch wahrscheinlich auf ihn verlassen. Vgl. Hardy, *Catalogue of Materials*, Band II, f. 1.
⁴⁰ Die Liste der zu stellenden Schiffe beläuft sich auf ungefähr 777. Dasselbe Schriftstück gibt jedoch als Gesamtsumme 1000 Schiffe an. Will. Jum. (S. 134) verzeichnet eine Anzahl von 3000. Hier dürfte es sich um erhebliche Übertreibungen handeln, doch können die voneinander abweichenden Ansichten zum Teil darauf zurückgeführt werden, daß viele kleinere Schiffe berechnet bzw. nicht berechnet wurden.
⁴¹ Giles, *op. cit.*; Wandteppich v. Bayeux, Tafel XLIII (*E. H. D.*, Band II, f. 260).
⁴² Über die Daten der Ereignisse i. J. 1066 s. u. Anhang D.
⁴³ AS. Chron., ›C‹, 1066; Stenton, *op. cit.*, f. 578.
⁴⁴ *Ibid.*, vgl. a. Simeon von Durham (*Opera*, Band II, f. 174).
⁴⁵ Gaimar (Michel, *Chroniques*, Band I, ff. 2, 3).
⁴⁶ Ord. Vit., erg. v. Will. Jum., f. 192.
⁴⁷ AS. Chron. *Loc. cit.*
⁴⁸ *Ibid.*
⁴⁹ *Carmen*, vv. 252 – 260; Ord. Vit., Band II, f. 125; Will. Poit., ff. 197, 219. Poitou wurde von Aimeri, Vicomte von Thouars, vertreten, vgl. a. H. Imbert, *Hist. de Thouars* (Niort, 1871). Er sollte in den folgenden Ereignissen eine wichtige Rolle spielen.

[50] J. O. Prestwich, in *R. Hist. Soc., Transactions*, Serie 5, Band IV, f. 24.

[51] Will. Poit., f. 150.

[52] Bessin, *Concilia*, ff. 50. 51. Die Bemerkungen von F. M. Stenton *(op cit.,* f. 653) haben mich dazu ermutigt, diesen Text beim Nennwert zu nehmen. Trotzdem zeichnet er sich durch einige verwirrende Merkmale aus.

[53] S. u. Anhang D.

[54] AS. Chron., ›C‹, 1066.

[55] Will. Poit., f. 152.

[56] AS. Chron., *loc. cit.*

[57] Will. Poit., f. 160.

[58] Freeman, *Norman Conquest*, Band III, f. 344; Stenton, *op. cit.*, f. 580.

[59] Freeman, *op. cit.* f. 711; Stenton, *op. cit.*, f. 581.

[60] AS. Chron., *loc. cit.*

[61] Es ist unnötig, in einer Biographie über Wilhelm den Eroberer die Kontroversen über die Schlacht bei Stamford Bridge wieder aufzurollen. Eine gute Schilderung dieser Schlacht s. F. W. Brooks, *The Battle of Stamford Bridge (East. Yorks. Local Hist. Soc., 1956).*

[62] Will. Poit., f. 160; *Carmen*, vv. 50 – 75.

[63] Tafeln XXXVIII – XLII *(E. H. D.*, Band II, ff. 258, 259).

[64] Will. Poit., f. 164; Wandteppich von Bayeux, Tafel XLIII *(E. H. D.*, Band II, f. 260).

[65] Will. Poit., f. 165.

[66] AS. Chron., ›C‹, 1049, 1050.

[67] Will. Poit., f. 168.

[68] Vgl. J. A. Williamson, *Evolution of England*, ff. 69 – 72.

[69] Will. Poit., f. 168.

[70] Die Invasion Englands und ihr Höhepunkt, nämlich die Schlacht bei Hastings, wurden von vielen modernen Geschichtswissenschaftlern diskutiert, wobei die Meinungen oft weit auseinandergingen. Freeman widmete einen großen Teil seines dritten Bandes diesem Thema; die Kritik, die Round an seinen Bemerkungen anbrachte, würden ein schmales Bändchen füllen. Mit Dankbarkeit habe ich in diesem Falle folgende Autoren benützt: W. Spatz, *Die Schlacht von Hastings* (1896); Stenton, *op. cit.*, ff. 584 – 588; einen anregenden Artikel von R. Glover, ›English Warfare in 1066‹ *(Eng. Hist. Rev.,* Band LXVII (1952), ff. 1 – 18). Außerdem sei noch auf Burne, *Battlefields of England*, ff. 19 – 45 hingewiesen. In großer Schuld stehe ich bei J. F. C. Fuller, *Decisive Battles of the Western World*, Band I, ff. 360 – 385.

[71] S. u. Anhang D.

[72] AS. Chron, ›C‹, 1066.

[73] S. u. Anhang D.

[74] Colonel Burne behauptet um sechs Uhr früh. General Fuller *(op. cit.,* f. 377) glaubt, daß der Abmarsch zwischen vier Uhr dreißig und fünf Uhr stattgefunden hätte, um den sechs Meilen langen Marsch und die Entfaltung der Schlachtordnung zu ermöglichen.

[75] Flor. Worc., Band I, f. 227.

[76] Will. Poit., f. 185.

[77] AS. Chron., ›D‹, 1066.

[78] Will. Jum., f. 134 vermerkt, daß Harold die ganze Nacht durch ritt und früh morgens auf dem Schlachtfeld ankam.

[79] Die berühmte, von Will. Malms. *(Gesta Regum,* f. 302) erzählte Geschichte, daß die Engländer die Nacht vom 13. auf den 14. Oktober hindurch feierten, und daß die Normannen dieselbe Nacht im Gebet zubrachten, dürfte wohl ohne weiteres als Propaganda beiseite gelassen werden. Die Engländer hatten keinen Grund, in dieser Nacht lustig zu sein, und die Normannen bereiteten sich wahrscheinlich auf die Schlacht

vor. Doch angesichts des Kreuzzugcharakters, der dem ganzen Unternehmen gegeben worden war, ist es nicht unmöglich, daß Wilhelm vor der Schlacht noch eine Messe anordnete.

[80] Flor. Worc. (Band I, f. 227) vermerkt, daß Harold London verließ, bevor sich noch die Hälfte seiner Armee gesammelt hatte (vgl. Stenton, *op. cit.*, f. 584).

[81] In dieser Hinsicht schließe ich mich Spatz (*op. cit.*, f. 33) an. General Fuller (*op. cit.*, f. 376) stellt die interessante Rechnung auf, daß, wenn Harold seine Armee in einer Phalanx aufgestellt hätte, die zehn Reihen tief war, und in der ersten Reihe jedem Mann zwei Fuß Kampfraum gelassen hätte – d. h. für den Schilderwall – und jeweils drei Fuß Kampfraum für die anderen neun Reihen, dann hätten sich an dieser 600-Yard-Front 6300 Männer befunden, und wenn es zwölf Reihen gewesen wären, 7500 Männer.

[82] Wandteppich von Bayeux, Tafel LXIV – LXV (*E. H. D.*, Band II, ff. 272, 273).

[83] Dieses Feld in den Downs war öde und nur – wie erzählt wurde (AS. Chron., ›D‹, 1066) – von einem einsamen Apfelbaum gekennzeichnet. Vgl. Fuller, *op. cit.*, ff. 376, 377.

[84] Vgl. Fuller, *op. cit.*, ff. 376, 377.

[85] Will. Poit., f. 186; Spatz, *op. cit.*, ff. 34 – 46.

[86] Will. Malms. *(Gesta Regum*, f. 303) erzählt, daß die normannischen Truppen vorrückten und dabei eine ›Cantilena‹ über Roland sangen. Dies ist nicht unwahrscheinlich. Andererseits gibt es nichts, was vermuten ließe, daß diese ›Cantilena‹ das Rolandslied in seiner frühesten, uns erhaltenen Form war. Das ›Carmen‹ (vv. 390 – 400), Heinrich von Huntingdon (ed. Arnold, f. 202) und Wace (*Roman de Rou*, vv. 8035 bis 8040) behaupten, daß den Truppen ein Spielmann namens ›Taillefer‹ vorauszog, der sang und mit seinem Schwert Faxen machte. Eine gute Geschichte, die sogar wahr sein könnte, obgleich sie auch mythische Elemente enthält (Faral, *Jongleurs de France*, ff. 56, 57). Ich bin darauf in meinen ›French Studies‹, Band XIV, 1960, ff. 99, 100 näher eingegangen.

[87] Will. Poit., ff. 180 – 192.

[88] Wandteppich von Bayeux, Tafel LXIV, LXVI (*E. H. D.*, Band II, f. 273).

[89] Die primären Autoritäten für die Schlacht bei Hastings sind Will. Poit. und der Wandteppich von Bayeux. Die AS. Chron. und Will. Jum. verzeichnen lediglich einige nebensächliche Einzelheiten. Andere Autoren, die hier benützt wurden, wie z. B. das Gedicht von Baudri von Bourgeuil, haben heute in dieser Hinsicht an Wert verloren. G. H. White, *Complete Peerage*, Band XII, 1. Teil, Anhang L argumentierte, daß das ›Carmen‹, das meistens Guy, dem Bischof von Amiens vor 1068 zugeschrieben wurde, später entstand und als eine unabhängige Quelle für diese Schlacht angesehen werden sollte. Wer dieses Werk verfaßte, steht der Diskussion offen, doch zweifelsohne besteht zwischen Will. Poit. und dem ›Carmen‹ eine Beziehung. Allerdings ist es schwierig festzustellen, wer in diesem Falle von wem kopierte, und wäre der Schluß zu voreilig, daß Will. Poit. dem besagten Werk von seinen eigenen Kenntnissen nichts hinzugefügt hätte. Doch nach Whites Kritik muß dieses ›Carmen‹ zweifellos mit Vorsicht behandelt werden. S. a. u. Anhang D.

[90] Will. Poit., ff. 188, 189.

[91] Wandteppich von Bayeux, Tafel LXVIII (*E. H. D.*, Band II, f. 274).

[92] Fuller, *op. cit.*, ff. 378, 379.

[93] Will. Poit., f. 189.

[94] Will. Poit., f. 194. Colonel Burne und Glover verhalten sich diesen Scheinfluchten gegenüber skeptisch. Sie sind jedoch durchaus erwiesen, außerdem gehörten sie zu den Taktiken jener Zeit. Eine Scheinflucht

wurde z. B. von normannischen Rittern in einem Gefecht nahe Messina durchgeführt, und zwar i. J. 1060 (Waley, ›Combined Operations in Sicily A. D. 1060 – 1078‹, *Papers of the British School at Rome*, Band XXII, 1954, f. 123), und von Robert le Frison in der Schlacht bei Cassel i. J. 1071 (Fliche, *Philippe I.*, ff. 252 – 261).

[95] Will. Poit., f. 196.

[96] Über den Tod Harolds ist viel diskutiert worden. Eingehend behandelt wird diese Angelegenheit von White, *op. cit.* Frank Stenton anerkennt die Überlieferung, daß er durch einen Pfeil zufällig getötet wurde *(op. cit.*, f. 587), doch kann er auch anders ums Leben gekommen sein. Widersprüchliches Beweismaterial enthalten: Wandteppich von Bayeux (Tafel LXXI, LXXII; *E. H. D.*, Band II, ff. 276, 277), Will. Malms. *(Gesta Regum*, f. 363) und *Carmen*, vv. 540 – 550.

[97] Will. Poit., ff. 202 – 204. Der Ort wurde später unter dem Namen ›Malfosse‹ bekannt.

[98] Wandteppich von Bayeux, Tafel LXXII, LXXIII (*E. H. D.*, Band II, ff. 276 – 278); Will. Poit., f. 204.

[99] Douglas, *New English Review*, November 1945, f. 634.

[100] Was folgt vgl. Glover, *op. cit.*, vgl. J. Hollister, *Anglo-Saxon Military Institutions*, vor allem ff. 136 – 140.

[101] Wandteppich von Bayeux, Tafel XLII, XLIII (*E. H. D.*, Band II, ff. 259, 260).

[102] Waley, *op. cit.*, ff. 118 – 125.

[103] Stenton, *op. cit.*, f. 585.

[104] Persönlichkeiten, von denen ausdrücklich bewiesen werden kann, daß sie in Wilhelms Streitmacht bei Hastings kämpften, sind nicht zahlreich. White *(op. cit.;* s. a. in *Genealogist's Magazine*, Band VI, 1932, ff. 51 bis 53) vermerkt fünfzehn Namen. Eine davon unabhängige Untersuchung führte mich zu der Ansicht, daß es vernünftig sei, diese Liste auf dreiunddreißig oder vierunddreißig Namen zu erweitern (›Companions of the Conqueror‹, *History*, Band XXVIII, 1943, ff. 130 – 147). Ein weiterer Kommentar s. Mason, in *Eng. Hist. Rev.*, Band LXXI, 1956, f. 61. Wenn auch die Differenz zwischen Mr. White und meiner Ansicht in dieser Hinsicht erheblich ist, so sei andererseits auf unsere ausdrückliche Übereinstimmung hingewiesen, daß wir die Hunderte von Namen, die sonst so oft zitiert wurden, ablehnten. Zu behaupten, daß ein Mann ›mit dem Eroberer übersetzte‹ ist eine gefährliche Angelegenheit. Die Armee, die i. J. 1066 von der Normandie nach England segelte, war riesig. Die genau zu bestimmenden ›Begleiter des Eroberers‹ sind jedoch ihrer Anzahl nach gering. In dieser Angelegenheit s. a. Bliss in ›Litera‹, Band III (Valetta, 1956).

[105] AS. Chron., ›D‹, 1066; Will. Poit., f. 215 erwähnt Aldred nicht, vielleicht zu Recht.

[106] Will. Malms, *Gesta Regum*, f. 307.

[107] Flor. Worc., Band I, f. 228.

[108] Will. Poit., ff. 210 – 214.

[109] Dieser Ort wird von Will. Poit. als ›Broken Tower‹ bezeichnet.

[110] *Carmen*, vv. 620 – 630.

[111] AS. Chron., ›D‹, 1066.

[112] Will. Poit., f. 216.

[113] AS. Chron., *loc. cit.*

[114] Will. Jum. vermerkt darüber hinaus noch ein Scharmützel außerhalb der Mauern. Will. Poit., f. 220 und die AS. Chron., *loc. cit.* vermerken, daß sich die Stadt ohne weiteren Widerstand ergab.

[115] Will. Poit., f. 220.

[116] S. u. Kapitel 10.

[117] Will. Poit., ff. 218, 237. Die Möglichkeit einer Verwechslung mit Berkhamstead darf nicht außer acht gelassen werden.

[118] Will. Poit., f. 238; Stenton, William the Conqueror, f. 244.

[119] Will. Poit., f. 240; Ord. Vit., Band II, f. 167; Douglas, *Domesday Monachorum*, f. 66.

[120] AS. Chron., ›D‹, 1066.

[121] Will. Poit., ff. 242–260; Ort. Vit., Band II, ff. 167, 168.

[122] *Ibid.*

[123] *Cart. S. Trin. Roth.*, Nr. XLVII, LXIII.

[124] Ord. Vit., Band II, f. 168; *Gall. Christ.*, Band XI; *Instrumenta*, col. 153.

[125] Will. Jum., f. 187. Die Überreste dieser Kirche sind noch vorhanden.

[126] Chartes de Jumièges, Nr. XXIX. Die Argumente des Verlegers, auf Grund derer er ›um 1073‹ annimmt, sind nicht akzeptabel. Andererseits läßt einen die Abwesenheit von Prälaten auf dieser Urkunde darauf schließen, daß sie nicht zur Einweihung der Kathedrale zu Rouen durch Maurilius ausgestellt wurde. Vielleicht wurde sie in England entweder i. J. 1067 oder 1068 nach Wilhelms Rückkehr aus der Normandie ausgestellt.

[127] Maurilius starb am 8. August 1067. John, Sohn des Grafen Rodulf, wurde von Avranches nach Rouen versetzt. Avranches wurde mit einem Italiener namens Michael besetzt.

[128] Will. Poit., f. 262.

IX.

DIE VERTEIDIGUNG DES ANGLO-NORMANNISCHEN KÖNIGREICHES

[1] AS. Chron., ›D‹, 1067. Über Edric, den Wilden – ›Silvaticus‹, ›Guilda‹ – gab es viele Argumente. Vgl. Freeman *(Norman Conquest,* Band IV, Anmerkung I) und Ritchie *(Normans in Scotland,* Kapitel 1). Vgl. a. Douglas, *Feudal Documents,* ff. xci-xciii. Ordericus (Band II, f. 166) bemerkt, daß er sich in Barking unterwarf. Bald rankten sich Legenden um ihn. Nach einem Nachtmahl z. B. stieß er plötzlich auf den Tanz der Feen – in eine von diesen verliebte er sich, worauf er sie heiratete (Walter Map, *De Nugis,* Band II, f. 12). Der König erfuhr davon und befahl, sie an seinen Hof zu bringen. Es wäre der Mühe wert gewesen, einer Unterhaltung zwischen der Feenkönigin und Wilhelm dem Eroberer zu lauschen.

[2] Will. Poit., f. 264; Will. Jum., f. 138.

[3] Prou, Rec. Actes – *Philippe I.,* f. xxxii. Wenn diese Vermutung richtig wäre, hätte der Raubzug von Eustace im Herbst 1067 stattgefunden.

[4] Will Poit., f. 264.

[5] AS. Chron., ›D‹, ›E‹, 1067.

[6] *Ibid.;* Ord. Vit., Band II, f. 180; Round, *Feudal England,* f. 433. Gytha, die Witwe Godwines, hatte sich nach Exeter geflüchtet; als sich diese Stadt ergab, ging sie auf die Insel Flatholme im Bristolkanal.

[7] Ord. Vit., Band II, f. 180; *Complete Peerage,* Band III, f. 428.

[8] Freeman, *op. cit.,* Band IV, f. 175.

[9] AS. Chron., *loc. cit.*

[10] *Ibid.*; Ord. Vit., Band II, f. 181; *Regesta*, Band I, Nr. 23.

[11] Ord. Vit., Band II, f. 185; Stenton, *William the Conqueror*, f. 265.

[12] Simeon von Durham, *Hist. Regum (Opera*, Band II, f. 187).

[13] *Regesta*, Band I, Nr. 23.

[14] *Regesta*, Band I, Nr. 7, 9.

[15] S. allg. Armitage, *Early Norman Castles in the British Isles*, 1912.

[16] Ord. Vit., Band II, f. 184.

[17] *E. H. D.*, Band II, f. 250.

[18] Will. Poit., f. 169; Ord. Vit., Band II, f. 165; Armitage, *op. cit.*, f. 229. Der steinerne Tower von London wurde ungefähr ein Jahrzehnt später unter der Aufsicht von Gundulf, Bischof von Rochester, begonnen (Hearne, *Textus Roffensis*, f. 212).

[19] Ord. Vit., Band II, ff. 181 – 185; Armitage, *op. cit.*, ff. 151, 242.

[20] Will. Poit., f. 267; Will. Jum., f. 138.

[21] Ord. Vit. Band II, f. 186; Band III, f. 111; Mason, *Eng. Hist. Rev.* Band LXVI (1956), f. 61.

[22] Ord. Vit., Band II, f. 181, 184; Heinrich muß um diese Zeit noch sehr jung gewesen sein, denn sein älterer Bruder Robert war ein ›tiro‹ bei Hastings.

[23] Ord. Vit., Band II, f. 188. Wilhelm Malet ist eine schwierig zu behandelnde Person. Vielleicht hielt er sich in England schon vor der Eroberung auf. Ein Bericht erzählt, daß der Eroberer ihn nach Hastings mit der Beerdigung Harolds betraute (Freeman, *op. cit.*, Band III, f. 514).

[24] Am 13. April 1069 war er wieder in Winchester *(Regesta,* Band I, Nr. 26).

[25] Z. B. Lincoln, Colchester, Dover, Richmond.

[26] Gewöhnlich wird dazu bemerkt, daß sich der Eroberer i. J. 1068 durchwegs in England aufhielt. Dies ist zweifellos richtig, doch ist deshalb die Angelegenheit noch nicht geklärt. Zwei normannische Urkunden, die in seiner Gegenwart ausgestellt wurden, sind mit 1068 datiert. Die eine ist für Troarn (Sauvage, *L'abbaye de Troarn, Preuves*, Nr. II; vgl. *Regesta*, Band II, f. 391); die andere ist für Saint-Pierre de la Couture *(Cart. S. Pierre*, Nr. XV). Keines dieser Schriftstücke ist in seiner jetzigen Form zufriedenstellend. Der hauptsächliche Grund, warum sie Mißtrauen erregten, war der, daß sie mit einer anerkannten Chronologie von Wilhelms Reisen um diese Zeit nicht übereinstimmten. Kürzlich hat jedoch Musset den Text zweier Urkunden für die Abtei Sankt Gabriel in Calvados drucken lassen. Über diese wird vermerkt, daß sie in Wilhelms Gegenwart in Valognes ausgestellt wurden; dazu sind sie auf 1069 datiert *(Actes Inédites du XIe Siècle*, ff. 21 – 23 – *Bull. Soc. Antiq. Norm.*, 1954). Falls sie in der Tat an Weihnachten 1068 ausgestellt wurden, konnten sie von einem Beamten datiert worden sein, der das neue Jahr an Weihnachten begann. Auf Grund dieser Hypothese könnte man auch für die beiden anderen normannischen Urkunden eine Erklärung finden. Zu großes Vertrauen sollte man allerdings in eine derartige Beweisführung nicht setzen. Die Möglichkeit, daß Wilhelm im Winter von 1068 auf 1069 die Normandie besuchte, ist jedoch nicht gänzlich ausgeschlossen.

[27] Ord. Vit., Band II, f. 189 verlegt Matildas Ankunft in der Normandie zwar auf kein genaues Datum, doch immerhin auf die Zeit nach Wilhelms zweiten Kriegszug in den Norden, d. h. zwischen den österlichen Hoftagen zu Winchester (4. – 11. April 1069) und dem Anfang ›der Erhebung im Norden‹ im Frühherbst desselben Jahres. Die Valognes-Urkunden (s. o.) können dieses Datum zu Recht unterstützen.

[28] Ordericus, *loc. cit.* betont diesen Punkt besonders, wobei bedeutsam ist, daß die Urkunden, die in Valognes ausgestellt wurden, nicht nur vom König, sondern auch von der Königin bestätigt wurden.

[29] Die einzig möglichen Zeiten für einen solchen oder solcher Besuche König Wilhelms in der Normandie sind: (1) Ende 1068, d. h. zwischen dem Abschluß des ersten Kriegszuges im Norden und der Eröffnung des zweiten im Februar(?) 1069; oder (2) zwischen April 1069 (Hof zu Winchester) und September 1069, als Wilhelm wieder in England war, um Vorbereitungen gegen die Invasion Sweyn's zu treffen.

[30] AS. Chron., ›D‹, ›E‹, 1069, 1070; Ord. Vit., Band II, f. 191; Simeon von Durham, *Hist. Regum (Opera,* Band II, ff. 187, 188).

[31] Ord. Vit., Band II, f. 194.

[32] AS. Chron., ›D‹, 1067 (eine Ergänzung). Die Heirat fand wahrscheinlich i. J. 1069 (spät) statt. Vgl. Ritchie, *Normans in Scotland,* ff. 25, 26.

[33] AS. Chron., ›D‹, 1069; Ord. Vit., Band II, ff. 192 – 195.

[34] Ord. Vit., Band II, f. 197; Simeon von Durham *(op. cit.,* Band II, f. 198).

[35] Simeon von Durham zeigt jedoch, daß die von Malcolm begangenen Verbrechen im Norden ebenso schrecklich waren *(op. cit.,* Band II, f. 191).

[36] Ord. Vit., Band II, f. 196.

[37] Simeon von Durham *(op. cit.,* Band II, f. 188); *Chronicon de Evesham* (ed. W. D. Macray), ff. 90, 91; Will. Malms., *Gesta Regum,* f. 309; C. Creighton, *History of Epidemics,* Band I, ff. 27, 29.

[38] AS. Chron., ›E‹, 1070.

[39] Alles was über Hereward bekannt ist wurde erschöpfend von Freeman diskutiert *(op. cit.,* Band IV, ff. 454 – 487). Über seine angeblichen Nachkommen s. Round, *Peerage and Pedigree,* Band II, ff. 259 – 286.

[40] Die verwirrende Chronologie dieser Ereignisse wurde von E. O. Blake *(Liber Eliensis,* ff. lv, lvi) behandelt.

[41] AS. Chron., *loc. cit.*

[42] Ibid., ›E‹, 1071.

[43] Latouche, *Comté du Maine,* Kapitel 5. Die wichtigste Urkunde ist der ›Actus pontificum Cenomannis in urbe degentium‹ (ed. Busson und Ledru 1902).

[44] *Cart. S. Pierre de la Couture,* Nr. XV.

[45] Actus, ff. 376 – 377; Latouche, *op. cit.,* f. 37; Douglas, *Domesday Monachorum,* ff. 35, 36.

[46] Vgl. Latouche in ›*Mêlanges – Halphen*‹, ff. 377 – 383.

[47] Actus, ff. 278, 379.

[48] AS. Chron., ›E‹, 1070; Ord. Vit., Band II, f. 235; Fliche, *Philippe I,* ff. 252 – 261. Über das Datum der Schlacht bei Cassel s. Tait, in *Essays – Lane Poole,* ff. 151 – 167.

[49] S. u. Kapitel 12.

[50] S. G. W. S. Barrow, *The Border* (Durham, 1962).

[51] Simeon von Durham, *op. cit.,* Band II, f. 190

[52] Ord. Vit., Band II, f. 237.

[53] Ord. Vit., Band II, f. 238.

[54] Regesta, Band I, Nr. 63.

[55] S. u. Kapitel 13.

[56] AS. Chron., ›D‹, ›E‹, 1072.

[57] AS. Chron., ›E‹, 1072; Skene, *Celtic Scotland,* Band I, f. 424.

[58] Simeon von Durham, *Hist. Dunelm. Eccl. (Opera,* Band I, f. 106).

[59] Actus, f. 379; Latouche, *op. cit.,* f. 38; K. Norgate, *Angevin Kings,* Band I, ff. 219 – 220.

[60] AS. Chron., ›D‹, 1074.

[61] Actus, ff. 380, 381.

[62] Ord. Vit., Band II, f. 255.

[63] Am 30. März 1073 befand sich Wilhelm mit Arnold, Bischof von Le Mans, in Bonneville-sur-Touques, wo er die Ansprüche der Abtei Solesmes in

Maine bestätigte (Cart. S. Pierre de la Couture, Nr. IX). Es scheint unwahrscheinlich, daß er diese Urkunde zu einem Zeitpunkt ausstellte, zu dem er seine Gerichtsbarkeit in Maine noch nicht wiederhergestellt hatte, und wenn dem so wäre, so hätte der Krieg ganz am Anfang von 1073 stattfinden müssen. Dies kann jedoch nicht als erwiesen betrachtet werden. Eine Urkunde für Saint-Vincent du Mans (Cart. S. Vincent du Mans, Nr. 177) wurde wahrscheinlich bei derselben Gelegenheit ausgestellt.

[64] Prou, Rec. Actes – Philippe I, f. xxxii.

[65] AS. Chron., ›D‹, 1075.

[66] Fliche, Philippe I, f. 36.

[67] Prou, Rec. Actes – Philippe I, Nr. XLI; Fliche, op. cit., ff. 138, 142, 143.

[68] AS. Chron., loc. cit.

[69] Ibid.

[70] Ibid., ›E‹, 1074.

[71] Z. B. Brian, Alan der Rote und Alan der Schwarze.

[72] La Borderie, Histoire de Bretagne, Band III, f. 11.

[73] Chron. S. Brieuc (Rec. Hist. Franc., Band XII, f. 566).

[74] La Borderie, op. cit., Band III, ff. 68, 69. S. a. die großartige Landkarte im Buch ›Neuf Barons de Bretagne‹ desselben Autoren (1895).

[75] Complete Peerage, Band XI, ff. 573 et sqq.

[76] AS. Chron., ›E‹, 1075. Vielleicht dachte man, daß die Heirat gegen das Verbot des Königs ausgeführt wurde. Ein Brief Lanfranc's zeigt, daß dies nicht der Fall war (Ep. 39). Die Reden, die Ord. Vit. (Band II, ff. 258, 259) den Verschwörern in den Mund legt, sind zwar interessant, beruhen jedoch auf reiner Erfindung.

[77] Ord. Vit. (Band II, f. 260) vermerkt, daß Waltheof nur zögernd zustimmt.

[78] AS. Chron., loc. cit.

[79] Ep. 34.

[80] AS. Chron., loc. cit. Flor. Worc. (Band II, f. 11) vermerkt, daß dieses Gefecht in der Nähe von Cambridge stattfand. Ord. Vit. (Band II, f. 262) verlegt es auf einen Ort, den er ›Fageduna‹ nennt.

[81] Ord. Vit., Band II, f. 263.

[82] Lanfranc, Ep. 40.

[83] AS. Chron., loc. cit.

[84] Ord. Vit., Band II, ff. 265 – 267. »Die Frage muß offen bleiben, ob seine Hinrichtung moralisch und dem Gesetze nach gerechtfertigt werden kann.« (Stenton, op. cit., f. 603).

[85] Lanfranc, Ep. 35.

[86] S. u. Anhang E.

[87] Chron. S. Brieuc; Chron. Britannicum (Rec. Hist. Franc., Band XI, f. 413; Band XII, f. 566), Flor. Worc., 1076.

[88] Ann. ›de Renaud‹ (Halphen, Annales, f. 88).

[89] Ibid.

[90] Prou, Rec. Actes – Philippe I, Nr. LXXXIII, LXXXIV.

[91] AS. Chron., ›E‹, 1076.

[92] Vgl. Stenton (William the Conqueror, f. 341): »ein kleiner Krieg auf dem Kontinent«.

[93] AS. Chron., loc. cit.; Ord. Vit., Band II, f. 291; Prou, op. cit., Nr. LXXXIX, XC.

[94] Ann. Saint Aubin und Saint Florent (Halphen, op. cit., ff. 5, 129).

[95] Halphen, Comté d'Anjou, f. 311, Nr. 233.

[96] AS. Chron., ›E‹, 1077.

[97] In einer Urkunde für Saint-Vincent du Mans (Cart. S. Vincent du Mans, Nr. 99) kann es sich um einen diesbezüglichen Hinweis handeln. S. u. Anhang E.

[98] Fliche, *Philippe I*, ff. 147, 149.
[99] David, *Robert Curthose*, ff. 17 – 41.
[100] Will. Jum., f. 139; Ord. Vit., Band II, f. 188.
[101] *Gall. Christ.*, Band XI; *Instrumenta*, col. 76; Haskins, *Norman Institutions*, f. 67.
[102] Ord. Vit., Band III, f. 262.
[103] Die Rebellion muß ihren Anfang nach dem 13. September 1077 genommen haben, da sich Robert um diese Zeit noch am Hofe seines Vaters aufhielt *(Gall. Christ.*, Band XI; *Instrumenta*, col. 72) und einige Zeit vor der Belagerung von Gerberoi um Weihnachten 1078.
[104] Ord.Vit., Band II, ff. 297, 298.
[105] Ord. Vit. versieht uns mit zwei Listen der Anhänger Roberts (Band II, ff. 296 – 298; Band II, ff. 380, 381). Alle diese Personen waren sicher mit Robert zu irgendeiner Zeit von dessen Rebellion gegen seinen Vater verbündet.
[106] AS. Chron., ›D‹, 1079; Ord. Vit., Band II, f. 381.
[107] Ord. Vit., Band II, f. 296.
[108] *Ibid.* Der Grund für den Streit ist unbekannt.
[109] Dies war eindeutig eine örtlich beschränkte Revolte. Villerai befindet sich wenige Meilen von Rémalard entfernt, das wiederum nur zehn Meilen von Mortgagne entfernt liegt.
[110] Ord. Vit., Band II, f. 387.
[111] S. u. Anhang E.
[112] AS. Chron., ›D‹, 1079. Von Toki wurde angenommen, daß er der Sohn von Wigot von Wallingford war, der oft im Domesday Book erwähnt wird.
[113] Will. Malms., *Gesta Regum*, f. 317.
[114] Ord. Vit., Band II, f. 388.
[115] Hier tut sich eine große Schwierigkeit auf, denn eine Urkunde von unanfechtbarer Authentität (Prou, *op. cit.*, Nr. XCI) zeigt uns Philipp und Wilhelm als Verbündete außerhalb der Wälle von Gerberoi. Die einzige Hypothese, die ich dazu vorsichtig aufstellen möchte, wäre die, daß Wilhelm nach seiner Niederlage sich zurückziehen mußte, und Philipp, der daraufhin einige Konzessionen machte, vermittelte zwischen Robert und seinem Vater und unternahm Schritte, um eine zeitbedingte Beilegung zu seinem eigenen Vorteil herbeizuführen.
[116] Ord. Vit., Band II, f. 390; Band III, f. 242. Datum s. *Cart. S. Trin. Roth.*, Nr. LXXXII.
[117] AS. Chron., ›E‹, 1079 verbindet Malcolms Invasion ausdrücklich mit dem Kampf bei Gerberoi.
[118] Simeon von Durham, *Hist. Dunelm. Eccl. (Opera*, Band I, ff. 105, 106, 114); *Hist. Regum (Opera*, Band II, f. 200).
[119] Wilhelm und Robert befanden sich noch am 14. Juli in der Normandie *(Regesta*, Band I, Nr. 135). Kurz danach müssen sie nach England zurückgekehrt sein.
[120] Simeon von Durham, *loc. cit.*
[121] *Ibid. (Hist. Regum – Opera*, Band II, f. 211); *Hist. Mon. Abingdon*, Band II, ff. 9, 10.
[122] *Ibid.*
[123] Ritchie, *Normans in Scotland*, f. 50.
[124] J. E. Lloyd, *History of Wales*, Band II, ff. 358 – 371.
[125] Gaimar, v. 5084.
[126] S. u. Kapitel 12.
[127] Diese ganze Entwicklung (die nicht mehr in den Rahmen dieses Buches gehört) wurde von Sir Goronwy Edwards in ›The Normans and the

Welsh March‹ *(Brit. Acad., Proceedings,* Band XLII, 1956, ff. 155 – 177) auf hervorragende Art dargestellt.
[128] Annalen von Saint-Aubin und ›de Renaud‹ (Halphen, *Annales,* ff. 5, 88).
[129] Ord. Vit., Band II, f. 256.
[130] S. u. Anhang E.
[131] Ord. Vit., Band II, f. 356. Alle Versuche, den Ort zu identifizieren, erwiesen sich bisher weniger überzeugend als interessant.
[132] Annalen von Vendôme (Halphen, *op. cit.,* f. 65); Ord. Vit., Band III, ff. 194 – 201; Latouche, *Comté du Maine,* f. 39; David, *Robert Curthose,* f. 35.
[133] AS. Chron., ›E‹, 1082.
[134] Ord. Vit., Band III, ff. 189 – 192, 247.
[135] *Ibid.* Eine schwierige Angelegenheit. Falls die *Regesta,* Band I, Nr. 147 in England ausgestellt wurde, muß sich Odo i. J. 1082 dort aufgehalten haben, doch anscheinend hat er in diesem Jahr auch in der Normandie eine Urkunde bestätigt *(ibid.,* Nr. 150). Die Durham-Urkunde *(ibid.,* Nr. 148) die in *Complete Peerage* (Band VII, f. 128) zitiert wird, ist meiner Ansicht nach eine Fälschung.
[136] David, *op. cit.,* f. 36.
[137] Ord. Vit., Band III, f. 192.
[138] S. u. Kapitel 14.

DER KÖNIG IN SEINEM KÖNIGREICH

X.

Willelmus Rex

[1] AS. Chron., ›D‹, 1066.
[2] Will. Poit., f. 216.
[3] *Ibid.,* f. 218.
[4] Abgedruckt in ›Three Coronation Orders‹, ed. J. Wickham Legg (Henry Bradshaw Soc., Band XIX, 1891, ff. 54 – 64).
[5] P. E. Schram, *English Coronation,* f. 234.
[6] *Ibid.,* f. 28.
[7] Wickham Legg, *loc. cit.*
[8] Will. Poit., f. 221.
[9] Schram, *op. cit.,* f. 151.
[10] *Ibid.,* f. 29.
[11] E. H. Kantorowicz, *Laudes Regiae,* 1946.
[12] *Ibid.,* ff. 63, 166 u. s. o. Kapitel 6.
[13] *Ibid.,* f. 178. S. a. Richardson und Sayles, *Governance of Medieval England* (1963), ff. 406 – 409.
[14] S. W. G. Henderson, *Surtees Soc.,* Band LXI (1875), ff. 279 et sqq.; Maskell, *Monumenta Ritualia,* (1882), Band II, ff. 85 – 89.
[15] AS. Chron., ›E‹, 1087; Kantorowicz, *op. cit.,* ff. 178, 179.
[16] Saint Maurice; Saint Sebastian; Saint Adrian.
[17] »Guillelmo Normannorum duci, salus et pax continua.« Diese wunderbare Litanei erschien in Loth, *La Cathédrale de Rouen* (1879), in *Le Graduel de l'église de Rouen au XIIIe siècle,* ed. Loriquet und andere (1907), in Kantorowicz *(op. cit.,* ff. 167, 168).

[18] Der Text dieser zweiten Litanei ist schwierig zu rekonstruieren, da er aus dem Brit. Mus. Cott. MS. Vitellius E. xii stammt, das i. J. 1731 abbrannte. Ich folgte dem Wortlaut der Ausgabe Hendersons *(op. cit., f. 279).*

[19] »Wilhelmo serenissimo a Deo coronato, magno et pacificio regi vita et victoria.«

[20] Kantorowicz, *op. cit.,* f. 29.

[21] Will. Poit., f. 222.

[22] Kern, *Kingship and Law* (trans. Chrimes), ff. 12 – 21.

[23] Douglas, *Feudal Documents,* f. 48, Nr. 3.

[24] Chartes de Jumièges, Band I, Nr. XXIX: »Ego Wuillelmus Normannie dominus, jure hereditario Anglorum patrie effectus sum Basileus.«

[25] S. o. Kapitel 8.

[26] Schram, *op. cit.,* f. 184.

[27] Kantorowicz, *The Kings Two Bodies,* 1957, Kapitel 3.

[28] Bloch, *Les Rois thaumaturges,* 1924, ff. 185 – 215.

[29] Wilhelm der Eroberer »ließ sich von einem Griechen eine Krone machen, die mit ihrem Bogen und ihren zwölf Perlen der Otto des Großen ähnelte« (Leyser, *R. Hist. Soc., Transactions,* Serie 5, Band X, 1960, f. 65). War dies die Krone, die sich i. J. 1087 offensichtlich in der Normandie befand (›Mönch von Caen‹ – Will. Jum. f. 146), und die Wilhelm Rufus vom Eroberer auf dessen Totenbett erhielt? Über die Kronen des Eroberers s. Schram, *Herrschaftszeichen und Staatssymbolik,* Band II, ff. 393 et sqq., und Barlow, *Vita Edwardi,* f. 117.

[30] *Vita Edwardi,* ed. Barlow, ff. 9, 13, 27, 59.

[31] Bloch, *op. cit.*

[32] *Vita Edwardi,* ff. 60 – 63.

[33] Bloch, *op. cit.,* ff. 31, 46 – 49.

[34] *Ibid.,* f. 31.

[35] *Ibid.,* ff. 45, 120.

[36] *Gesta Regum,* f. 273.

[37] R. W. Southern, ›The First Life of Edward the Confessor‹ *(Eng. Hist. Rev.,* Band LXII, 1943, f. 391).

[38] A. Wilmart, *Analecta Bollandiana,* Band LVI, 1938, ff. 294, 295.

[39] Will. Poit., ff. 171, 206.

[40] Eadmer, *Hist. Novorum,* ed. Rule, f. 9: »absque dubio soli miraculo Dei ascribenda est«.

[41] *Mon. Ang.,* Band I, f. 383: »Dei beneficio Rex Anglorum.« Dieser Satz hat eine feudale Wortbedeutung.

[42] AS. Chron., ›D‹, 1066; Eadmer, *Hist. Novorum,* loc. cit.; Will. Poit., f. 220.

[43] *Carmen* (Michel, *Chroniques,* Band III, f. 38).

[44] Will. Jum., f. 136.

[45] Kern, *op. cit.,* ff. 37 – 43.

[46] Ed. Chevanon, ff. 150, 151.

[47] *Monumenta Gregoriana,* ed. Jaffé, f. 458.

[48] Bloch, *op. cit.,* ff. 69 – 74; Kern, *op. cit.,* ff. 27 – 61.

[49] Ord. Vit., Band II, f. 156.

[50] Kantorowicz, *King's Two Bodies,* f. 36; Schram, *op. cit.,* f. 120.

[51] Sogar noch im 12. Jahrhundert beklagte sich z. B. John von Salisbury, daß ungebildete Leute immer noch der Ansicht waren, daß die Könige die geistliche Autorität von Priestern hatten (Southern, *Making of the Middle Ages,* f. 94).

[52] Vgl. Williams, *Norman Anonymus of 1100* (1951).

[53] *Ibid.,* ff. 24 – 82, 102 – 127.

[54] Kantorowicz, *King's Two Bodies,* ff. 42 – 61.

[55] Milo Crispin, *Vita Lanfranci* (Pat. Lat., Band CL, col. 53); vgl. Williams, *op. cit.*, f. 161.

[56] Liebermann, *Gesetz*, Band I, f. 286 u. f.

[57] *Mon. Ang.*, Band I, ff. 301, 431; Elmham, *Hist. monasterii S. Augustini Canturariensis* (ed. Hardwick), f. 36; Douglas, *Feudal Documents*, f. 49, Nr. 4.

[58] Stenton, *Anglo-Saxon England*, ff. 537, 538.

[59] Abgesehen von seiner Ernennung für Bistümer beachte man seine Behandlung des Nonnenklosters Leominister (Freeman, *Norman Conquest*, Band II, Anmerkung N).

[60] Wickham Legg, *op cit.*, ff. 54 – 64.

[61] S. u. Kapitel 13.

[62] Schram, *op. cit.*, f. 47; Bloch, *op. cit.*, ff. 496, 497.

[63] Darüber scheint es keinen Zweifel zu geben. Im Kanon der Sarum- und Hereford-Riten wird der König namentlich nach dem Bischof genannt (Maskell, *Ancient Liturgy of the Church of England*, ff. 82, 83). Dies ist auch der Wortlaut des ›Meßbuches von Robert von Jumièges‹ (Henry Bradshaw Soc., Band XL, 1896), so daß dieser Brauch wahrscheinlich bis ins England vor der Eroberung zurückzuführen ist. Über die französische Anwendung s. R. Fawtier, *Capetian Kings* (1950), f. 76. Die Beziehungen zwischen den Riten von Rouen, Salisbury und Hereford wurden mit großartigem Wissen in E. Bishop's *Liturgica Historica*, ff. 276 – 301 behandelt.

[64] Setton und Baldwin, *History of the Crusades*, Band I, f. 21; R. Dozy, *Recherches sur l'histoire de la litterature de l'Espagne*, Band II, ff. 335 bis 353. Die Annalen von Saint-Maxence von Poitiers *(Rec. Hist. Franc.;* Band XI, f. 220) lenken die Aufmerksamkeit besonders auf die Teilnahme der Normannen an der Affaire von Barbastro.

[65] Ord. Vit., Band II, f. 199.

[66] Schlumberger, in *Revue historique*, Band XVI, 1881, ff. 289 – 303.

[67] Runciman, *Crusades*, Band I, ff. 66, 67.

[68] Setton und Baldwin, *op. cit.*, f. 64.

[69] Bédier, *Légendes épiques*, Band III, ff. 183 et sqq. Viele Einzelheiten von Bédiers großartiger Darstellung sind in Frage gestellt worden, doch das wichtigste Faktum scheint erhärtet.

[70] *Ibid.*, Band IV, ff. 458, 459.

[71] Vgl. Douglas, ›Song of Roland and the Norman Conquest of England‹, *(French Studies*, Band XIV, 1960, ff. 99 – 114).

[72] »Omnibus principibus Anglorum et cuncto exercitui Christianorum, vita et salus.«

[73] Kantorowicz, *Laudes Regiae*, f. 236.

[74] *Ibid.*, f. 179.

[75] Ord. Vit., Band. II, f. 91; White, *Latin Monasticism in Norman Sicily*, f. 48.

[76] M. Jamison, ›The Sicilian Norman Kingdom in the Minds of Anglo-Norman Contemporaries‹ *(Brit. Acad., Proceedings*, Band XXIV, 1938, ff. 249 – 250).

[77] Will. Malms., *Gesta Regum*, f. 320.

[78] Will. Poit., f. 228. Wo liegt ›Babylon‹?

[79] Bereits im elften Jahrhundert begrüßen Chronisten Wilhelm den Eroberer nicht nur, als wäre er in diesem Sinne der Herr der Normandie und Englands, sondern sogar in einiger Hinsicht Herr von Apulien und Sizilien (Kantorowicz, *Laudes Regiae*, f. 157).

[80] Dieser Ausdruck wird natürlich auch vollkommen zu Recht für *The Kingdom of England under the Norman Kings* benützt.

[81] Rex Anglorum gefolgt von Dux (oder manchmal Princeps) Normannorum. Jede Urkunde normannischer Herkunft, von der behauptet wird,
daß sie von Wilhelm zwischen 1066 und 1087 ausgestellt wurde, und
zwar ohne den königlichen Titel, ist aus diesem Grunde schon verdächtig.
[82] S. u. Kapitel 14 (Ende).

XI.

DAS FEUDALSYSTEM

[1] Stenton, *English Families and the Norman Conquest (R. Hist. Soc.,
Transactions*, Serie 4, Band XXVI, 1944, ff. 1 – 17).
[2] Corbett, in *Cambridge Medieval History*, Band V, Kapitel 15 – diesem
Werk bin ich besonders zu Dank verpflichtet.
[3] Round, *Studies in Peerage and Family History*, ff. 142 – 145.
[4] Farrer, *Honours and Knights' Fees*, Band I, f. 20; Round, *King's Serjeants*, f. 257; Loyd, *Anglo-Norman Families*, f. 84.
[5] Stenton, *Anglo-Saxon England*, f. 621; Loyd, *op. cit.*, f. 51.
[6] Clay, *Early Yorkshire Charters*, Band VIII, ff. 40 – 46; Waters, *Gundrada de Warenne*, f. 1; *Cart. S. Bertin*, ed. Guerard, ff. 176 – 184.
[7] Clay, *loc. cit.; Brunel, Actes – Comtes de Ponthieu*, Nr. IV.
[8] Ord. Vit., Band II, f. 219; *Liber Monasterii de Hyda*, ed. Edwards,
f. 295.
[9] *Early Yorkshire Charters*, Band I, Nr. 12; Stenton, *English Feudalism*,
f. 24.
[10] Tait, in *Eng. Hist. Rev.*, Band XLIV, 1929, f. 86; *Regesta*, Band I,
Nr. 23; Will. Jum., f. 141.
[11] Wilmart, in *Annales de Bretagne*, Band XXXVIII, 1929, ff. 576 – 602;
Complete Peerage, Band X, f. 784; über die Familie s. Clay, in *Early
Yorkshire Charters*, Band IV, V.
[12] *Complete Peerage*, Band X, f. 785. Daß er der Bruder Alan des Roten
war, ist aus einer Urkunde für Bury St. Edmunds (Douglas, *Feudal
Documents*, f. 152, Nr. 169) zu ersehen. Nach St. Anselm wollten die
beiden Brüder Gunhild, Tochter König Harolds, als sie Nonne in Wilton
war (Southern, *St. Anselm and his biographer*, 1963, ff. 183 – 195)
heiraten.
[13] Stenton, *English Feudalism*, ff. 24 – 26.
[14] *Ibid.*, vgl. a. Round, in *Essex Arch. Soc., Transactions*, Band VIII,
ff. 187 – 191.
[15] AS. Chron., ›D‹, 1076.
[16] Corbett, *op. cit.*
[17] *Ibid.*
[18] Ibid. Vgl. *Complete Peerage*, Band IX, f. 575 und Band XII, Teil 1,
f. 758; Loyd, *op. cit.*, ff. 45, 56; Douglas, *Domesday Monachorum*,
ff. 65 – 71.
[19] Corbett, *op. cit.*
[20] Loyd, *op. cit.*, ff. 29, 30, 31, 40, 56.
[21] *Ibid.*, ff. 1, 34, 41, 71, 112.
[22] *Early Yorkshire Charters*, Band I, Nr. 593 – 596.
[23] Loyd, *op. cit.*, ff. 36, 43, 63, 73, 86, 97.
[24] Stenton, *Anglo-Saxon England*, f. 619.

[25] Lennard, *Rural England*, Kapitel 5, 6, 7.
[26] S. u. Kapitel 12.
[27] D. B. Band I, fols. 16 – 29.
[28] *Complete Peerage*, Band III, f. 428; u. s. o. Kapitel 11.
[29] S. u. Kapitel 12.
[30] Round, *Feudal England*, ff. 225 et sqq.
[31] *Ibid.*, f. 261.
[32] *Chron. Mon. Abingdon*, Band II, ff. 1 – 5; *Liber Eliensis*, ed. Stewart, f. 274.
[33] Round, *Feudal England*, f. 304.
[34] Douglas, *Domesday Monachorum*, f. 105.
[35] Stenton, *Anglo-Saxon England*, f. 626.
[36] S. o. Kapitel 9 (Anfang).
[37] Stenton, *English Feudalism*, ff. 139 – 141.
[38] Will. Poit., f. 220; AS. Chron., ›E‹, 1083.
[39] *Liber Eliensis*, ed. F. O. Blake, ff. 216, 217 u. s. o. Kapitel 9.
[40] Stenton, *op. cit.*, f. 138.
[41] Z. B. Douglas, *Feudal Documents*, f. 151, Nr. 168; Galbraith, *Eng. Hist. Rev.*, Band XLIV, 1929, ff. 353 – 372. Die Zweideutigkeit beider Urkunden wird von den Herausgebern betont. S. a. A. Robinson, *Gilbert Crispin*, f. 38, hinsichtlich jeder frühen Westminster-Belehnung und vergleiche diese mit der Abingdon-Urkunde, von mir in *E. H. D.*, Band II, Nr. 242 kommentiert.
[42] S. das Land, das die Ritter von Lanfranc erhielten (D. B., Band I, fols. 4, 4 b).
[43] Vgl. Pollock und Maitland, *History of English Law*, 2. ed., Band I, ff. 296 – 356. Die wichtigsten Punkte dabei waren der ›relief‹, zahlbar, wenn der Ritter sein Land übernahm, sowie die ›aids‹, die dem Herrn zu bestimmten Gelegenheiten bezahlt werden mußten. Der Herr hatte über einen Ritter, der minderjährig seine Erbfolge antrat, das Recht der Vormundschaft und konnte im Falle einer Heirat die Frau dem Ritter veräußern.
[44] Douglas, *Feudal Documents*, f. xcix; s. a. *Economic History Review*, Band IX, 1939, ff. 130, 131.
[45] S. ›Krönungsurkunde‹ von Heinrich I. (Stubbs, *Select Charters*, 1913, f. 100).
[46] Stenton, *English Feudalism*, ff. 85 et. sqq; u. s. u.
[47] Round, *Feudal England*, ff. 225 – 316; Stenton, *English Feudalism*, Kapitel 1 – 4.
[48] Diese Debatte wurde von Hollister in *American History Review*, Band LXVI, 1961, ff. 641 – 665 zusammengefaßt, wie auch von Holt in *Economic History Review*, Band XIV, 1961, ff. 333 – 340.
[49] Hollings (s. u.) erstellte Argumente, die für diese Frage wichtig sind. E. John (*Land Tenure in England*, f. 160) vertritt diese Angelegenheit emphatischer.
[50] Stenton, *op. cit.*, Kapitel 4, ff. 116, 118, 131.
[51] Z. B. Holt und Hollings; sowie Loyn, *Anglo-Saxon England and the Norman Conquest*, 1962, ff. 320 – 323.
[52] Hollings, ›The Survival of the Five Hide Unit in the Western Midlands‹ (*Eng. Hist. Rev.*, Band LXIII, 1948, ff. 453 – 487).
[53] Hollister, *Eng. Hist. Rev.*, Band LXXVII, 1962, ff. 418 – 436.
[54] Douglas, in *Economic History Review*, Band IX, 1939, ff. 128 – 143.
[55] Douglas, *Domesday Monachorum*, ff. 58, 59, 105.
[56] AS. Chron., ›C‹, 1055.
[57] Poole, *Obligations of Society*, f. 37; David, *Robert Curthose*, f. 247.

[58] Verbuggen, *Die Krijgskunst in West-Europa in den Middeleeuwen*, 1954, ff. 148 – 149.
[59] Hollister, *Anglo-Saxon Military Institutions*, 1962, Kapitel 7.
[60] Michael Powicke, *Military Obligations in Medieval England*, ff. 1 – 25.
[61] Ord. Vit., Band II, f. 180.
[62] AS. Chron., ›C‹, 1067.
[63] *Ibid.*, ›E‹, 1073, 1075.
[64] *Ibid.*, 1079.
[65] In diesem Zusammenhang sei vermerkt, daß Graf Ralph a. d. Vexin, der i. J. 1055 die Thengs von Herefordshire nach kontinentalem Brauch zu Pferde kämpfen ließ, eine Gemahlin namens Gytha und einen Sohn namens Harold hatte (Barlow, *Vita Edwardi*, f. lxxiv).
[66] Prestwich, ›War and Finance in the Anglo-Norman State‹ *(R. Hist. Soc., Transactions*, Serie 5, Band IV, 1954, ff. 19 – 43), aus dem der größte Teil des hier angeführten Wissens stammt.
[67] *Ibid.*, f. 24.
[68] Ord. Vit., Band II, f. 297.
[69] Musset, *Annales de Normandie*, 1959, ff. 285 – 297.
[70] Bruce D. Lyon, *Eng. Hist. Rev.*, Band LXVI, 1951, f. 178.
[71] Hollister, ›The Significance of Scutage Rates in Eleventh and Twelfth Century England‹ *(Eng. Hist. Rev.*, Band LXXV, 1960, ff. 577 – 588).
[72] AS. Chron., ›E‹, 1085, u. s. u. Kapitel 14 (Anfang).
[73] Z. B. das Lehen des Erzbischofs von Canterbury (ca. 1096), das im *Domesday Monachorum*, f. 105 vermerkt ist.
[74] Stenton, *op. cit*, ff. 54 – 58.
[75] Douglas, *Feudal Documents*, Nr. 122; *Cart. Mon. Rameseia*, ed. Hart, Band I, f. 133.
[76] Stenton, *op. cit.*, ff. 29, 30.
[77] *Red Book of the Exchequer*, ed. Hall, ff. 186 – 445.
[78] *Ibid.*, ff. 624 – 647.
[79] *Rec. Hist. Franc.*, Band XXIII, ff. 705 – 711. Vgl. a. die späteren Listen in *ibid.*, ff. 608 et sqq. Über die Beziehung dieser Texte zueinander s. Powicke, *Loss of Normandy*, ff. 482, 483.
[80] Vor allem im ›Bayeux Inquest‹, das von H. Navel in *Bull. Soc. Antiq. Norm.*, Band XLII, 1935, diskutiert wurde.
[81] *Red Book of the Exchequer*, loc. cit.; *Rec. Hist. Franc.*, loc. cit.
[82] Stenton, *op. cit.*, f. 14; Douglas, *Domesday Monachorum*, f. 72.
[83] *Regesta*, Band I, Nr. XXXII.
[84] *R. A. D. N.*, Nr. 126.
[85] *Ibid.*, Nr. 199.
[86] *Ibid.*, Nr. 158.
[87] Oleson, *Witenagemot in the Reign of Edward the Confessor*, 1955.
[88] *Regesta*, Band I, Nr. 22, 23, 28.
[89] AS. Chron., ›E‹, 1085.
[90] Z. B. *Regesta*, Band I, Nr. 69, 72, 73, 117, 121.
[91] *Op. cit.*, Band I, Nr. XXXII.
[92] *Gall. Christ.*, Band XI; *Instrumenta*, cols. 61 – 65.
[93] *Cart. S. Trin. Roth.*, Nr. LXXXIV.
[94] *Cal. Doc. France*, Nr. 1410.
[95] Lot, *Saint Wandrille*, Nr. 39.

XII.

DIE KÖNIGLICHE VERWALTUNG

[1] ›Constitutio Domus Regis‹: ü. d. Text s. C. Johnson, *Dialogus de Scaccario*, 1956. White gibt uns einen Kommentar dazu in *R. Hist. Soc., Transactions*, Serie 4, Band XXX, 1948, ff. 127 – 155.

[2] Larson, *King's Household*, 1904; Stenton, *Anglo-Saxon England*, f. 632.

[3] *Regesta*, Band I, Nr. 7, 18, 23, 29; Round, *Feudal England*, ff. 330, 331.

[4] *Regesta*, Band I, Nr. 26, 63, und f. xxiv.

[5] Douglas, *Eng. Hist. Rev.*, Band LIX, ff. 77 – 79.

[6] White, *op. cit.*, f. 141.

[7] White, *Genealogist*, Neue Serie, Band XXXVIII, 1922, ff. 113 – 127; Stenton, *loc. cit.*

[8] Douglas, *Domesday Monachorum*, ff. 65 – 70.

[9] White, *R. Hist. Soc., Transactions*, Serie 4, Band XXX, f. 127.

[10] *Complete Peerage*, Band X, Anhang F.

[11] *Complete Peerage*, Band X, Anhang F.

[12] White, *op. cit.*, f. 128.

[13] Prou, *Rec. – Actes Philippe I*, f. lxvii.

[14] Vgl. Harmer, *Anglo-Saxon Writs*, 1952, erg. durch Bishop und Chaplais, *Facsimiles of English Royal Writs to 1100*, 1957.

[15] Harmer, *op. cit.*, ff. 101 – 105.

[16] *Ibid.*, ff. 29, 60; Poole, *Exchequer in the Twelfth Century*, f. 25, Nr. 2.

[17] *Mon. Ang.*, Band II, f. 531; *Regesta*, Band I, Nr. 28.

[18] Bishop und Chaplais, *op cit.*, f. xiii.

[19] *Cart. S. Vincent du Mans*, Nr. 177.

[20] Bishop und Chaplais, *op. cit.*, ff. xiii, xiv.

[21] Stenton, *op. cit.*, f. 634.

[22] *Complete Peerage*, Band III, f. 428.

[23] *Ibid.*, Band III, f. 165; Band XI, f. 685.

[24] Chester vor 1077; Shrewsbury zwischen 1. und 4. November 1074 (*Complete Peerage*, Band XI, Anhang K – von Loyd).

[25] *Complete Peerage*, Band IX, f. 568.

[26] Über den anglo-normannischen Sheriff vgl. durchwegs Morris, *The Medieval English Sheriff*, 1927, Kapitel 3.

[27] *Ibid.*, f. 41; *Miracula S. Eadmundi* (Liebermann, *Ungedrucktes*, f. 248).

[28] Stenton, *William the Conqueror*, f. 422.

[29] Round, *Feudal England*, f. 422; Hunt, *Two Cartularies of Bath*, f. 36.

[30] Douglas, *Rise of Normandy*, f. 19.

[31] Douglas, *Domesday Monachorum*, f. 54; Loyd, *Anglo-Norman Families*, f. 56.

[32] Morris, *op. cit.*, f. 49.

[33] ›Heming's Cartulary‹, ed. Hearne, Band I, ff. 253, 257, 261, 267, 269; M. M. Bigelow, *Placita Anglo-Normannica*, f. 22; E. Miller in *Eng. Hist. Rev.*, Band LXII, 1947, ff. 441 et sqq.

[34] *E. H. D.*, Band II, Nr. 38, 39, 40.

[35] Z. B. D. B., Band I, fols. 208, 375 – 377.

[36] Morris, *op. cit.*, ff. 54 et sqq.

[37] S. o. Kapitel 6 (Anfang).

[38] Stenton, *Anglo-Saxon England*, ff. 635 – 639.

[39] *Ibid.*, f. 636.

[40] Robertson, *Anglo-Saxon Charters*, ff. 230 – 235 (*E. H. D.*, Band II, Nr. 61).

[41] Diese Aufzeichnungen wurden auf das Jahr 1084 verlegt (Stenton, *op. cit.*, f. 636, Anmerkung 2) und zu der Besteuerung des vorhergehenden Jahres in Beziehung gesetzt. H. Galbraith *(Eng. Hist. Rev.,* Band LXV, 1950, ff. 7 – 15) verlegt sie auf 1086 und setzt sie mit dem Domesday-Unternehmen in Beziehung.

[42] S. u. ff., Kapitel 14 (Anfang).

[43] T. F. Tout, *Chapters in Administrative History,* Band I, f. 86.

[44] Poole, *Exchequer in the Twelfth Century,* f. 35.

[45] Round, *Commune of London,* ff. 81, 82.

[46] Tout, *op. cit.,* Band I, ff. 74, 75.

[47] Round, *Feudal England,* f. 143; *Chron. Mon. Abingdon,* Band II.

[48] All diese Fragen wurden kürzlich von Richardson und Sayles in ›Gouvernance of Medieval England‹ (1963, ff. 216 – 251) neu beleuchtet.

[49] Morris, *op. cit.,* ff. 62 – 69.

[50] Morris, *op. cit.,* f. 29.

[51] AS. Chron., ›E‹, 1083.

[52] Darlington, in *History,* Band XXIII, 1938, ff. 141 – 150; Loyn, *Anglo-Saxon England and the Norman Conquest,* s. v. a. Kapitel 2, 3, 9.

[53] Loyn, *op. cit.,* f. 383.

[54] Will. Poit., ff. 256 – 258.

[55] Musset, *Fécamp – XIIIe centenaire,* f. 79.

[56] Musset, *Annales de Normandie,* 1959, f. 297.

[57] S. Dek, *Annales de Normandie,* 1956, ff. 345 – 354.

[58] *Ibid.* Vgl. Prestwich, *R. Hist. Soc., Transactions,* Serie 5, Band IV, f. 27.

[59] Stenton, *op. cit.,* f. 573.

[60] Musset, *op. cit.,* ff. 293, 294; *Actes – Henri II,* Band I, Nr. CLII, CLIV.

[61] Ord. Vit., Band IV, ff. 87, 88.

[62] Runciman, *Crusades,* Band I, f. 168; Will. Malms., *Gesta Regum,* f. 488.

[63] S. o. Kapitel 11.

[64] Morris, *op. cit.,* ff. 54 – 56.

[65] Über den Justitiar s. Cronne, in *University of Birmingham Hist. Journal,* Band VI, 1958, ff. 18 – 38.

[66] Diese haben erhebliche Aufmerksamkeit auf sich gezogen. Vieles des Beweismaterials findet sich in Bigelow, *Placita Anglo-Normannica,* 1879. Kommentar dazu s. Adams, *Councils and Courts in Anglo-Norman England,* 1926, ff. 70 – 98.

[67] Miller, ›The Ely Land Pleas in the Reign of William I‹ (Eng. Hist. Rev., Band LXII, 1947, ff. 441 et sqq).

[68] Le Patourel, in ›Studies‹ – Powicke, ff. 15 – 26; *E. H. D.,* Band II, Nr. 50.

[69] Douglas, *Essays – James Tait,* ff. 54, 55.

[70] ›Heming's Cartulary‹, ed. Hearne, Band I, ff. 77 – 83.

[71] Adams, *op. cit.,* f. 71; Miller, *op. cit.,* ff. 446 – 448.

[72] Le Patourel, *op. cit.,* f. 23; ›Heming's Cartulary‹, Band I, f. 77.

[73] Bigelow, *op cit.,* ff. 34 – 36.

[74] Adams, *op. cit.,* f. 75.

[75] D. B., Band I, fol. 175 b; Bigelow, *op. cit.,* f. 22.

[76] Bigelow, *loc. cit.*

[77] Bigelow, *op. cit.,* f. 22; *E. H. D.,* Band II, Nr. 52.

[78] Le Patourel, *op. cit.,* f. 22.

[79] *Ibid.*

[80] Adams, *op. cit.,* ff. 77, 78, 97, 98; Haskins, *Norman Institutions,* f. 35.

[81] Stenton, *op. cit.,* f. 642.

[82] *Ibid.,* f. 649.

[83] Pollock und Maitland, *History of English Law,* 2. ed., Band I, ff. 141 bis 142.

[84] Stenton, *op. cit.*, f. 642; Bigelow, *op. cit.*, ff. 34 – 36.

[85] Lechaudé d'Anisy, *Grands Rôles*, ff. 196, 197.

[86] Douglas, *Essays – James Tait*, ff. 56, 57.

[87] Delisle, *Classe agricole*, ff. 1 – 26.

[88] Stenton, *op. cit.*, f. 473.

[89] Die letzte Arbeit darüber s. Lennard, *Rural England*, 1959; Loyn, *op. cit.*, 1962.

[90] Liebermann, *Gesetze der Angelsachsen*, Band I, f. 442; s. die Übersetzung von S. I. Tucker, in *E. H. D.*, Band II, Nr. 172. Gewöhnlich wird unter dem Titel der frühen lateinischen Übersetzung darauf hingewiesen: ›Rectitudines Singularum Personarum‹.

[91] Loyn, *op. cit.*, ff. 350 – 352.

[92] *Ibid.*, f. 328.

[93] Pollock und Maitland, *History of English Law*, 2. ed., Band I, f. 77: »Das Beweismaterial, das wir besitzen, zeigt uns, daß der Eroberer statt eines Landes, in dem es viele Sklaven gab, in dem der Sklave als verkäufliches Vieh behandelt wurde und der Sklavenhandel offenkundig war, ein Land hinterließ, in dem es nur mehr wenige Sklaven gab.«

[94] *Vita Wulfstani*, ed. Darlington, ff. 43, 91.

[95] Stubbs, *Select Charters*, ed. 1913, f. 99; *E. H. D.*, Band II, Nr. 18.

[96] Vinogradoff, *Growth of the Manor*, f. 337.

[97] Lennard, *Rural England*, f. 33.

[98] Creighton, *History of Epidemics in Britain*, 1891, Band I, Kapitel 1.

[99] Darlington, in *History*, Band XXIII, 1938, ff. 141 – 150; Tait, *Medieval English Borough*, 1936; Carl Stephenson, *Borough and Town*, 1933. Ich ahnte die Kontroverse zwischen Tait und Stephenson über die Munizipalentwicklung in England voraus.

[100] Hill, *Medieval Lincoln*, f. 54.

[101] Loyn, *op. cit.*, f. 377.

[102] Loyn, *op. cit.*, f. 324. »Der Handel blühte als Ergebnis der Eroberung nicht sofort auf, obwohl eine geregelte Verbindung mit dem Kontinent sowie die neuen Impulse, die er erhielt, für die Zukunft vielversprechend waren.« Dies scheint mit der Schlußfolgerung von Tait übereinzustimmen (*Medieval English Borough*, f. 36), »daß die normannische Eroberung den englischen Handel schließlich mit neuem Aufschwung vorantrieb und daß die urbane Entwicklung außer Zweifel steht.«

[103] Über alles was folgt vgl. H. G. Richardson, *The English Jewry under Angevin Kings*, 1960, u. v. a. ff. 1 – 5, 23 – 25.

[104] *Ibid.*, ff. 1 –2: »Daß die Gemeinde in London der Gemeinde in Rouen entstammte, dürfte wohl kaum in Frage gestellt werden: auf jeden Fall waren die Juden in England mit denen in der Normandie so eng verbunden, daß es über das Land ihrer Herkunft keine Zweifel geben kann.«

[105] *Ibid.*, f. 25.

[106] *Ibid.*, f. 3.

[107] *Ibid.*, f. 8.

[108] Von Wilhelm weiß man z. B., daß er das System der Zehnerschaften, das bereits in einigen Teilen Englands existierte, entwickelte. Dieses System bestand darin, daß Männer in Gruppen von jeweils zehn organisiert wurden, und als Gesamtheit für ihre gute Führung verantwortlich waren. Die Rolle, die er dabei spielte, daß diese Institution noch wirksamer und weiter verbreitet wurde, ist eine Angelegenheit strittiger Meinungen, doch weist das gesamte Beweismaterial darauf hin, daß die Herrschaft des Eroberers für die Entwicklung des ›Frankpledge‹-Systems zu einem späteren Zeitpunkt von entscheidendem Einfluß war. (Morris, *The Frankpledge System*, Kapitel 1).

[109] Stenton, *op. cit.*, f. 676.

[110] AS. Chron., ›E‹, 1086.
[111] Haskins, *Norman Institutions*, ff. 62 – 64.
[112] *Regesta*, Band I, Nr. 22, 28.
[113] *Cart. S. Vincent du Mans*, Nr. 177; *Cart. Bayeux*, Nr. III.
[114] *Gall. Christ.*, Band XI; *Instrumenta*, col. 266.
[115] *Will. Poit.*, f. 226.
[116] *Regesta*, Band I, Nr. 78 – 85; Ord. Vit., Band III, f. 244; Macdonald, *Lanfranc*, f. 73.
[117] Will. Malms., *Gesta Regum*, f. 334; *Sir Christopher Hatton's Book of Seals*, ed. L. C. Loyd, Tafel VIII.

XIII.

DER KÖNIG UND DIE KIRCHE

[1] *Gall. Christ.*, Band XI, cols. 31, 32; und s. o. Kapitel 5.
[2] Milo Crispin, *Vita Lanfranci* (Giles, *Lanfranci Opera*, Band I, f. 291).
[3] Über Lanfranc s. Macdonald, *Lanfranc*, ed. 1944, und Knowles, *Monastic Order*, ff. 85 – 145.
[4] Sie wurden in Giles, *Lanfranci Opera*, Band II, und in *Pat. Lat.*, Band CL herausgegeben. Hier wurden sie nach der Bezifferung von *Pat. Lat.* oder nach den Übersetzungen von Greenaway in *E. H. D.*, Band II, Nr. 89 – 106 zitiert.
[5] *Acta Lanfranci* (Earle and Plummer, *Two Saxon Chronicles Parallel*, Band I, f. 220); AS. Chron., ›E‹, s. a. 1075.
[6] Knowles, *op. cit.*, f. 143.
[7] *Gall. Christ.*, Band XI, cols. 681, 770; Ord. Vit., Band II, f. 311; Hommey, *Diocèse de Sées*, Band II, f. 331; Douglas, *Domesday Monachorum*, f. 29.
[8] *Gall. Christ.*, Band XI, cols. 571, 572.
[9] Die wichtigste Ausnahme ist Avranches, das i. J. 1067 Michael, ein Italiener ohne jegliche normannische verwandschaftliche Beziehung erhielt.
[10] Ord. Vit., Band II, ff. 64, 213, 336.
[11] Knowles, *op. cit.*, f. 704.
[12] Vgl. Matthew, *The Norman Monasteries and their English Possessions*.
[13] Valin, *Duc de Normandie*, f. 72; Haskins, *Norman Institutions*, f. 32.
[14] Darüber s. Böhmer, *Kirche und Staat*, ff. 86 – 126; Z. N. Brooke, *English Church and the Papacy*, ff. 112 – 126; Macdonald, *op. cit.*; Southern, ›The Canterbury Forgeries‹ (Eng. Hist. Rev., Band LXVIII, 1958, ff. 193 – 226).
[15] *Acta Lanfranci.*
[16] *Hugh the Chanter*, ed. Johnson, ff. 2 – 7; Will. Malms., *Gesta Pon.*, f. 40.
[17] Wilkins, *Concilia*, Band I, f. 324; Stenton, *Anglo-Saxon England*, f. 657.
[18] Diese ganze Kontroverse wurde von Southern behandelt *(op. cit.)*.
[19] Fliche, *Réforme gregorienne*, Band II, ff. 230 – 232. S. u. Kapitel 13.
[20] Southern, *op. cit.*
[21] *Epp.* Nr. 36, 37, 38, 51; *Acta Lanfranci*; Gwynn, *Irish Eccl. Rev.*, Band LVII, f. 213.
[22] Eadmer, *Hist. Novorum*, f. 9.
[23] Will. Malms., *Gesta Pont.*, f. 150; Freeman, *Norman Conquest*, Band II, ff. 414, 557.
[24] Wilkins, *Concilia*, Band 322; Knowles, *op. cit.*, f. 103.

[25] Giso, Bischof von Wells, war ein Lothringer. Peter von Lichfield war anscheinend, genauso wie der verkrüppelte Hugo von Orival, der i. J. 1075 Bischof von London wurde, ein Normanne (Will. Malms., *Gesta Pont.*, ff. 145, 308).

[26] Knowles, *op. cit.*, ff. 103, 104.

[27] *Mon. Ang.*, Band I, f. 3; Band II, ff. 297, 430.

[28] Thurstan in Glastonbury; Galland (wahrscheinlich ein Normanne) in Winchcombe; Ruallon (vielleicht ein Bretone) in New Minster; Geoffrey in Tavistock.

[29] Wilkins, *Concilia*, Band I, f. 364; Stenton, *op. cit.*

[30] Corbett, *Camb. Med. Hist.*, Band V, f. 509.

[31] Round, *Feudal England*, ff. 221 et sqq.; Chew, *Ecclesiastical Tenants in Chief* (1932); Knowles, *op. cit.*, f. 609.

[32] Knowles, *op. cit.*, ff. 395 – 411, 614.

[33] *Pat. Lat.*, Band CXLIX, cols. 923, 927; Robinson, *Gilbert Crispin*, f. 1.

[34] Remigius stellte offensichtlich für die Expedition i. J. 1066 einige Schiffe (Giles, *Scriptores Willelmi*, f. 22).

[35] Über ihn s. Darlington, in *Eng. Hist. Rev.*, Band XLVIII, 1933, ff. 1 – 22, 177 – 198.

[36] Stenton, *op. cit.*, f. 652.

[37] Er verließ seine Abtei, um an den Raubzügen der Söhne Harolds teilzunehmen (Will. Malms., *Gesta Pont.*, f. 204).

[38] AS. Chron., ›E‹, 1083; Knowles, *op. cit.*, f. 114.

[39] *Liber Eliensis*, ff. 253, 261; Will. Malms., *Gesta Pont.*, f. 293; Robinson, *op. cit.*, ff. 1 – 8.

[40] Knowles, *op. cit.*, f. 121.

[41] Herausgegeben i. J. 1956 mit einer Übersetzung und einem kritischen Kommentar von Knowles, *The Monastic Constitutions of Lanfranc* – aus dieser Quelle stammen die folgenden Seiten.

[42] An dieser Stelle sollten jedoch die klösterlichen Häuser Shrewsbury, Wenlock, Tewkesbury und Selby erwähnt werden.

[43] *Early Yorkshire Charters*, ed. C. T. Clay, Band VIII, ff. 59 – 62.

[44] Knowles, *op. cit.*, ff. 165 – 172.

[45] Wilkins, *Concilia*, Band I, ff. 363, 364.

[46] Hill, *Medieval Lincoln*, ff. 76 – 81.

[47] Knowles, *op. cit.*, ff. 129, 619.

[48] Darlington, *Eng. Hist. Rev.*, Band LI, 1936, ff. 403 – 404.

[49] Knowles, *op. cit.*, ff. 131 – 134.

[50] Canterbury, Winchester, Worcester, Durham, Rochester, Norwich, Wells (mit Bath) und Lichfield (mit Chester) stehen allein.

[51] S. o. Kapitel 5.

[52] Edwards, *English Secular Cathedrals*, f. 12.

[53] Bradshaw und Wordsworth, *Statutes of Lincoln Cathedral*, Band I, ff. 33 – 36, 101 – 113; Prothero, *Memoir of Henry Bradshaw*, f. 345.

[54] Edwards, *op. cit.*, ff. 14 – 17, stützt sich auf Material von Loyd.

[55] Wilkins, *Concilia*, Band I, f. 363.

[56] Harmer, *Anglo-Saxon Writs*, f. 530.

[57] Stubbs, *Select Charters*, ed. 1913, ff. 99 – 100.

[58] Bessin, *Concilia*, ff. 67 – 71, v. a. Kanon III und XLVI.

[59] *Concilia Rotomagensis Provinciae (1717)*. Dieses Werk ist eine Art neue Ausgabe mit vielen Ergänzungen der ›Sanctae Rotomagensis Ecclesiae Concilia‹, herausgegeben von Jean Pommeraye i. J. 1677.

[60] *Concilia Magna Britanniae et Hibernae*, 4 Bände, 1737. Über dessen Beziehung zu früheren Arbeiten über dieses Thema s. Powicke, ›Sir Henry Spelman and the »Concilia«‹ (Brit. Acad., *Proceedings*, Band XVI, 1930).

[61] S. o. Kapitel 5 (Ende).

[62] Bessin, *Concilia*, ff. 52 – 72.
[63] Wilkins, *Concilia*, Band I, ff. 323, 325, 362 – 370. Einen wertvollen Kommentar über die Anordnung dieses Materials findet man in den Fußnoten zu Stentons ›Anglo-Saxon England‹, ff. 657 – 659.
[64] Bessin, *Concilia*, f. 56; Haskins, *Norman Institutions*, ff. 30 – 35.
[65] Bessin, *Concilia*, f. 64; Wilkins, *Concilia*, Band I, f. 363.
[66] Erzbischof John wurde von den Domherren von Rouen gesteinigt, als er den Domherren von Rouen befahl, sich ihrer Konkubinen zu entledigen (Ord. Vit., Band II, f. 171).
[67] Bessin, *Concilia*, f. 56 (Kanon XIII, XVII); Delisle, *Journal des Savants*, 1901, ff. 516 – 521.
[68] Wilkins, *Concilia*, Band I, f. 367.
[69] *Vita Wulfstani*, ed. Darlington, ff. 53, 54; Bessin, *Concilia*, f. 56.
[70] Bessin, *Concilia*, ff. 54 – 56.
[71] Stenton, *op. cit.*, f. 661.
[72] Vgl. Douglas, *Domesday Monachorum*, ff. 7 – 12.
[73] Ord. Vit., Band II, f. 199.
[74] Wilkins, *op. cit.*, Band I, f. 369.
[75] *Acta Lanfranci;* Darlington, *op. cit.*
[76] Hugo, Bischof von Lisieux, begleitete vielleicht Königin Matilda i. J. 1068 nach England (Round, *Cummune of London*, ff. 30 – 35), und Baldwin, Bischof von Évreux, war im Jahr darauf am Hofe des Eroberers zu Winchester anwesend *(Regesta*, Band I, Nr. 26), doch waren dies außergewöhnliche Fälle, die sich nicht wiederholen sollten.
[77] Wilkins, *Concilia*, Band I, f. 363; Stenton, *op. cit.*, f. 658.
[78] Wilkins, *Concilia*, f. 363; Bessin, *Concilia*, ff. 65 – 71.
[79] Will. Poit., ff. 124 – 126; Bessin, *Concilia*, ff. 71, 77 (Kanon III).
[80] *Gall. Christ.*, Band XI, cols. 23, 34.
[81] Hommey, ›Diocèse de Sées‹, Band II, f. 145; *Regesta*, Band I, Nr. 127.
[82] *E. H. D.*, Band II, Nr. 74–76; Southern, *Making of the Middle Ages*, f. 27.
[83] Macdonald, *op. cit.*, f. 64; Eadmer, *Hist. Novorum*, f. 11.
[84] I. J. 1076 schrieb Gregor an den König und verkündete diesem die aus guten Gründen stattfindende Absetzung Bischofs Juhel, der ein Anhänger Wilhelms war. Der König widersetzte sich dieser Absetzung, so daß sich Juhel, obgleich exkommuniziert, ein Jahr später noch im unsicheren Besitz seines Bistums befand (Jaffé, *Monumenta Gregoriana*, ff. 318 bis 320, 541).
[85] *Ibid.*, ff. 377, 494.
[86] *Ibid.*, f. 370; Fliche, *op. cit.*, Band II, ff. 230 – 232.
[87] Fliche, *loc. cit.*
[88] S. Brief von Gebuin an Raoul, Erzbischof von Tours *(Rec. Hist. Franc.,* Band XIV, f. 668).
[89] Latouche, *Comté du Maine*, ff. 79, 86, 87.
[90] Ord. Vit., Band II, f. 310.
[91] Jaffé, *Monumenta Gregoriana*, ff. 315, 380.
[92] *Rec. Hist. Franc.*, Band XIV, f. 648; Gregors Brief an Wilhelm aus d. J. 1081 (Jaffé, *op. cit.*, f. 469) setzt stillschweigend voraus, daß diese Anerkennung bereits gegeben worden war. S. a. Brooke, *English Church and the Papacy*, f. 140.
[93] In dieser Angelegenheit schließe ich mich Brooke an *(op. cit.*, ff. 139 – 142) der an dieser Stelle zusammenfaßt und die Schlußfolgerungen seines klassischen Artikels über dieses Thema mit Ergänzungen versieht *(Eng. Hist. Rev.*, Band XXVI, 1911, ff. 225 – 238). Die Datierung von Gregors Forderung auf d. J. 1080 ist wohl äußerst wahrscheinlich, vielleicht jedoch noch nicht endgültig bestimmt (vgl. Stubbs, *Constitutional History*, Band I, f. 285, Anmerkung 1).

[94] Brooke, *op. cit.*, f. 142.
[95] *Ibid.*, f. 141.
[96] *E. H. D.*, Band II, Nr. 101.
[97] Macdonald, *Hildebrand*, ff. 227 – 241.
[98] Jaffé, *Monumenta Gregoriana*, ff. 89, 414.
[99] *E. H. D.*, Band II, Nr. 102.
[100] Simeon von Durham (*Opera*, Band I, f. 121). Dazu ist zu bemerken, daß i. J. 1084 Lanfranc, wenn auch mit einiger Zurückhaltung, dazu neigte, die Kritiken der Anhänger des Gegenpapstes Clemens (*E. H. D.*, Band II, Nr. 106) über Gregor gutzuheißen.
[101] Brooke, *op. cit.*, f. 138; Macdonald, *Lanfranc*, f. 212.
[102] Eadmer, *Hist. Novorum*, f. 9.
[103] *E. H. D.*, Band II, Nr. 103.
[104] Brooke, *op. cit.*, f. 134.
[105] *Ibid.*, f. 136.
[106] Will. Malms., *Gesta Regum*, f. 305.
[107] Brooke, *loc. cit.*,; Knowles, *Monastic Order*, f. 94.
[108] Darlington, ›Movements of Reform in the late Old English Church‹, (*Eng. Hist. Rev.*, Band LI, 1936, ff. 385 – 428); vgl. a. *History*, Band XXII, 1937 ff. 1 – 13. S. a. die kluge Zusammenfassung von Prof. Barlow in ›The English Church, 1000 – 1066‹, 1963.
[109] Allg. s. Chambers, ›The Continuity of English Prose‹ (*Early English Text Soc.*, Band 186) u. i. Besonderen d. kluge Essay von Prof. Wormald über ›Style and Design‹ in ›The Bayeux Tapestry‹, ed. Stenton, ff. 25 – 36.
[110] Clapham, *English Romanesque Architecture before the Norman Conquest*, bes. f. 117.
[111] Chambers, *op. cit.*; K. Sisam, in *Review of English Studies*, Band VII, f. 7; Band VIII, f. 51; Band IX, f. 1.
[112] Knowles, *op. cit.*, f. 93.

XIV.

DAS ENDE DER HERRSCHAFT

[1] AS. Chron., ›E‹, s. a. 1085. Cnut IV. wurde i. J. 1080 als Nachfolger seines Bruders Harold ›Hein‹ König von Dänemark. Er hatte i. J. 1069 und 1075 an den Kriegszügen gegen England teilgenommen.
[2] AS. Chron., ›E‹, s. a. 1085, 1086.
[3] *Ibid.*, s. a. 1085.
[4] Es ist wohl unnötig hier zu vermerken, daß wir auf diese Theorien an diesem Ort nicht im einzelnen eingehen. Die wichtigen, kürzlich erschienenen Werke, denen ich vor allem zu Dank verpflichtet bin, sind ihrem Erscheinungsdatum nach: *Domesday Rebound* (*H. M. Stationery Office*, 1954); Welldonn Finn, *The Domesday Inquest*, 1961; Galbraith, *The Making of Domesday Book*, 1961. Frühere, fachgerechte Erscheinungen sind: Round, *Feudal England*, 1895 und Maitland, *Domesday Book and Beyond*, 1897. Diese beiden großartigen Werke wurden zwar von Prof. Galbraith ziemlich hart hergenommen, wodurch sie jedoch nicht an Wert und an Einfluß verloren. Hingewiesen sei auch auf Douglas, in *History*, Band XXI, 1936, ff. 249 – 257; in *Domesday Monachorum*, 1944, ff. 16 – 30; in *E. H. D.*, Band II, ff. 847 – 893. Bibliographien sind im letztgenannten

Werk auf den Seiten ff. 802–811, in Ballard's *The Domesday Inquest,* ed. 1923 und in Galbraith's *op. cit.,* ff. 231–233 zu finden.
[5] Zusätzlich zu den angeführten Passagen s. a. Flor. Worc., Band II, ff. 18, 19; Will. Malms., *Gesta Regum,* f. 317; der *Worcester Annalist,* herausgegeben von Liebermann, *Anglo-normannische Geschichtsquellen,* f. 21. Andere Hinweise auf die Domesday-Untersuchung s. *E. H. D.,* Band II, Nr. 198–204.
[6] AS. Chron., ›E‹, s. a. 1085.
[7] Eine Anmerkung aus der Chronik von Marianus Scotus. Zuerst gedruckt von Stevenson, in *Eng. Hist. Rev., Band XXII,* 1907, f. 74.
[8] Carl Stephenson *(Medieval Institutions,* ed. Bruce D. Lyon, 1954, f. 188) rekonstruierte diese Bezirke folgendermaßen:
(1) Kent, Sussex, Surrey, Hampshire, Berkshire.
(2) Wiltshire, Dorset, Somerset, Devonshire, Cornwall.
(3) Middlesex, Hertford, Buckingham, Cambridge, Bedford.
(4) Oxford, Northampton, Leicester, Warwick.
(5) Gloucester, Worcester, Hereford, Stafford, Shropshire, Cheshire.
(6) Huntingdon, Derby, Nottingham, Rutland, York, Lincoln.
(7) Essex, Norfolk, Suffolk.
Die Namen einiger, die mit der Domesday-Untersuchung beauftragt wurden, sind bekannt. Der wichtigste unter ihnen war anscheinend Bischof Geoffrey von Coutances. Für Worcestershire waren die Beauftragten anscheinend Remigius, der Bischof von Lincoln, Walter Giffard, Heinrich von Ferrières und Adam, der Sohn von Hubert von Ryes' (vgl. Galbraith, *op. cit.,* ff. 8, 36).
[9] *E. H. D.,* Band II, Nr. 215.
[10] Herausgegeben von Abraham Farley und gedruckt in zwei Foliobänden i. J. 1783 von der Record Commission. Die einzelnen Übersetzungen für verschiedene Grafschaften sind in dem Werk ›Victoria History of the Counties of England‹ enthalten.
[11] Gedruckt von der Record Commission als zusätzlicher Band ihrer Ausgabe des *Domesday Book* (Band III, 1816). Die betreffenden Grafschaften sind Wiltshire, Dorset, Somerset, Devonshire, Cornwall.
[12] *E. H. D.,* Band II, Nr. 214; *Victoria County History, Cambridgeshire,* Band I, ff. 400–437.
[13] Dies ist, grob ausgedrückt, die Theorie, die Round mit seinem reichen Wissen entwickelte (Round, *op. cit.,* ff. 3–147).
[14] Galbraith, *op. cit.* Diese ›Hypothese‹ als Gesamtheit und ihre Folgen können nur im Zusammenhang mit dem betreffenden, ins einzelne gehenden Beweismaterial, auf das sie sich stützt, erwogen werden.
[15] Ihre hauptsächliche Funktion war vielleicht, strittige Ansprüche nach dem Recht zu regeln.
[16] Diese ›Books‹ stützen sich vielleicht auf die oben, Fußnoten [2] und [7], erwähnten Bezirke.
[17] Round, *loc. cit.*
[18] D. B., Band II, fol. 450: der Kolophon des *Kleinen Domesday Book.*
[19] Robert Losinga, s. o.; der *Worcester Annalist* (Liebermann, *op. cit.,* f. 21. bezieht sich auf »multis cladibus«.
[20] s. a. 1086.
[21] Douglas, *Essays – James Tait,* ff. 47–57.
[22] Z. B. D. B., Band I, fols. 207, 208, 375–378.
[23] *Op. cit.,* f. 215.
[24] Vgl. Douglas, in *History,* Band XXI, 1936, f. 255.
[25] Stenton, in *Eng. Hist. Rev.,* Band XXXVII, f. 250.
[26] Stenton, *Anglo-Saxon England,* f. 610.
[27] Galbraith, *Studies in the Public Records,* f. 90.

[28] Interessant ist, daß ein Winchester-Annalist *(Annales Monastici,* Band II, f. 34) auf dieses Unternehmen folgendermaßen hinweist: »Edictum a rege exiit ut tota Anglia describeretur.« Dies ist eindeutig eine Abänderung des Evangeliums der Ersten Weihnachtsmesse: »Exiit edictum a Caesare Augusto ut describeratur universus orbis.«

[29] AS. Chron., ›E‹, s. a. 1085.

[30] Die wichtigsten und neuesten Diskussionen darüber befinden sich in Stenton, *English Feudalism,* ff. 111 – 113 und Cronne, in *History,* Band XIX, 1934, ff. 248 – 252.

[31] Stubbs, *Constitutional History,* Band I, f. 299.

[32] S. o. Kapitel 11.

[33] Stenton, *William the Conqueror,* f. 364.

[34] AS. Chron., ›E‹, *loc. cit.*

[35] Gibbs, *Early Charters of St. Paul's,* Nr. 5, 12. Maurice wurde im oder um den April 1086 Bischof von London; daß in beiden Dokumenten Bischof Osmund von Salisbury erwähnt wird, ist vermutlich auf den Anlaß zurückzuführen, auf Grund dessen diese Schriftstücke ausgestellt wurden.

[36] Diese sind bei Bishop und Chaplais, *English Royal Writs to A. D. 1100* in den Reproduktionen XXIV und XXV als Faksimile enthalten. Die Herausgeber zeigen schlußfolgernd, daß beide Schriftstücke vom Eroberer ausgestellt wurden. Sie verlegen sie auf 1087. Dies ist wahrscheinlich richtig, doch sei dazu noch bemerkt, daß beide Schriftstücke aus England stammen, und daß eines von ihnen seiner Handschrift nach von einem Schreiber stammt, der der englischen Kanzlei zugehörte. Kann man daraus schließen, daß sich der König bei der Ausstellung dieser Schriftstücke in England befand? Wenn ja, müßte man einen derartigen Aufenthalt auf das Jahresende von 1086 oder aber auf den Frühling 1087 verlegen. Da kein gegenteiliges Beweismaterial existiert, nimmt man gewöhnlich und sicher richtigerweise an, daß Wilhelm den Kanal (in Richtung Normandie) zum letztenmal gegen Ende von 1086 überquerte.

[37] Le Cacheux, *Histoire de Saint Amand,* f. 252, Nr. 13.

[38] S. o. Kapitel 9.

[39] *Complete Peerage,* Band VII, f. 524; Depoin, *Cart. de S. Martin de Pontoise,* ff. 308 – 316.

[40] Ord. Vit., Band III, f. 222.

[41] AS. Chron., ›E‹, s. a. 1085 bzw. 1086. Ord. Vit., Band III, f. 225 behauptet, daß diese Expedition in der letzten Juliwoche stattfand.

[42] Ord. Vit., Band III, f. 225.

[43] Freeman, *Norman Conquest,* Band IV, ff. 701 – 703.

[44] Will. Malms, *Gesta Regum,* ff. 336, 337; AS. Chron., *loc. cit.*; Ord. Vit., Band III, ff. 226, 227.

[45] Abgedruckt in der Will. Jum.-Ausgabe von Marx. Eine Übersetzung existiert in *E. H. D.,* Band II, Nr. 6.

[46] Ord. Vit., Band III, ff. 228 – 243.

[47] Ordericus hatte z. B. enge Verbindungen mit der Diözese Lisieux, und Gilbert, der Bischof von Lisieux von 1077 bis 1101 war, war während der letzten Tage des Eroberers in dessen unmittelbarer Gegenwart anzutreffen.

[48] Mönch von Caen; Ord. Vit., Band III, f. 228.

[49] Mönch von Caen; Ord. Vit., Band III, ff. 228, 245, 248, 251.

[50] Ord. Vit., Band III, ff. 242, 243.

[51] Mönch von Caen.

[52] Ord. Vit., Band III, f. 244.

[53] Die angegebene Summe war 5000 Pfund. Vielleicht kann man diese Summe mit siebzig oder achtzig multiplizieren, um einen modernen

Gegenwert zu erhalten. Auf alle Fälle handelt es sich dabei nur um eine ungefähre Rechnung.

[54] Derartige Beispiele gibt es noch viele. Man möge sich dabei an Fitz-Osbern, Montgomery, Harcourt und Montfort-sur-Risle erinnern.

[55] S. o. Kapitel 9.

[56] Mönch von Caen.

[57] Ord. Vit., Band III, ff. 248, 249.

[58] Der Mönch von Caen vermerkt den 10. September, die AS. Chron. jedoch den 9. September. Ord. Vit. vermerkt ebenfalls den 9. September, was zweifellos richtig sein dürfte. Wie aus dem Totenregister dieser Abtei zu ersehen ist (Rec. Hist. Franc., Band XXIII, f. 421), wurde der Jahrestag in Jumièges am 9. September gefeiert.

[59] Mönch von Caen; Ord. Vit., Band III, f. 251. Sie alle kamen zu der Beerdigung dieses »angesehenen Barons« (»famosi baronis«). Dieser Wortlaut erinnert stark an das Rolandslied.

[60] Ord. Vit., Band III, f. 252, 253; Will. Malms., Gesta Regum, ff. 337, 338.

[61] Ord. Vit., Band III, ff. 254, 255. Diese abstoßende Begebenheit vermerkt lediglich Ord. Vit., doch kann sie kaum erfunden worden sein.

[62] Mönch von Caen; Ord. Vit., Band III, f. 356. Über Otto den Goldschmied und seine Besitzungen in England s. Douglas, Feudal Documents, Nr. 20, sowie D. B., Band II, fols. 97 b, 286 b. Auch Heinrich I. von England steuerte zu diesem Denkmal bei (Will. Malms., Gesta Regum, ff. 337).

[63] C. Hippeau, L'abbaye de Saint-Etienne de Caen (1855) ff. 169, 170.

[64] Ibid., f. 181.

[65] Ibid., f. 354. Wo befindet sich dieser Knochen heute? Freeman op. cit., Band IV, f. 273) vermerkt, daß er i. J. 1793 zerstört wurde. In Caen ist man jedoch der Meinung, daß er sich immer noch im Grab befindet.

EPILOG

[1] John Hayward, The Lives of the III Normans, Kings of England (1613), f. 22.

[2] Mönch von Caen.

[3] Will. Malms, Gesta Regum, f. 335; AS. Chron., s. a. 1086 bzw. 1087.

[4] Will. Poit., ff. 36, 196 – 199; Will. Jum., ff. 122, 123; Will. Malms., loc. cit.

[5] Hippeau, L'abbaye de Saint-Etienne de Caen, 1855, ff. 169, 170, 181.

[6] Ibid., f. 182.

[7] Ibid., ff. 181, 182; de Bouard, Guillaume le Conquérant, f. 124.

[8] Man erinnere sich, daß Heinrich VIII i. J. 1520 Frankreich besuchte, um das ›Field of the Cloth of Gold‹ zu sehen.

[9] Reproduziert in Cotman, Architectural Antiquities of Normandy, 1822, Tafel XXXIII in Band I.

[10] Diese Information stammt von Prof. de Bouard.

[11] Abgesehen von den beiden Berichten aus jener Zeit, finden sich wohl die besten Beschreibungen Wilhelms in der großartigen Rede auf dem Totenbett, die Ordericus dem sterbenden König in den Mund legte (Ord. Vit, Band II, ff. 401 – 418), sowie in der Beurteilung Lord Lyttleton's, die dieser seiner History of King Henry II (Band I, 1767, ff. 49 – 52) beifügte. Darüber hinaus erregte jene tiefgreifende Schlußfolgerung Pro-

fessor Southern's meine Bewunderung. »Wilhelm hatte die ungewöhnliche Fähigkeit, die Probleme der säkularen Welt zu meistern – das heißt, sich den Willen anderer Männer untertan zu machen –, und sowohl im Kampf als auch in seiner Herrschaft zeichnete er sich derart durch seine schöpferischen Fähigkeiten aus, daß kein zweiter mittelalterlicher Herrscher nach Karl dem Großen ihm vergleichbar wäre« *(Saint Anselm and his Biographer*, 1963, f. 4).

[12] Abgedruckt in Will. Jum. auf f. 145; übersetzt in *E. H. D.*, Band II, Nr. 6.

[13] Der Autor war ein Normanne und deshalb ziemlich stolz auf die normannischen Erfolge, die durch Wilhelm erreicht worden waren. Dazu war er noch Mönch in einer Abtei, die Wilhelm gegründet hatte.

[14] AS. Chron., ›E‹, s. a. 1086 bzw. 1087.

[15] Vgl. Will. Malms., *Gesta Regum*, ff. 332, 333.

[16] Möglicherweise von Ord. Vit. (Band IV, f. 32), gewiß aber von Freeman *(Norman Conquest*, Band IV, ff. 611 – 613).

[17] Die wichtigste Autorität in dieser Hinsicht ist F. Baring *(Eng. Hist. Rev.*, Band XVI, 1901, ff. 427 et sqq.; und *ibid.*, Band XXVII, 1912, ff. 513 et sqq.). Seine Folgerungen wurden von C. Petit-Dutaillis *(Studies Supplementary to Stubb's Constitutional History*, Band II, f. 171) folgendermaßen zusammengefaßt: »Wilhelm I. entdeckte in einer Gegend von Hampshire 75 000 Morgen fast gänzlich verlassenen Landes. Daraus machte er einen Forst. Dem fügte er jedoch noch fünfzehntausend oder zwanzigtausend Morgen bewirtschafteten Landes hinzu, auf dem sich zwanzig Ortschaften und ein Dutzend Weiler befanden. Da er zweifellos befürchtete, daß eine Wilderei einsetzen würde, verwies er 500 Familien, das heißt ungefähr 2000 Menschen, dieses Landes.

[18] AS. Chron., ›E‹, s. a. 1086 bzw. 1087; übersetzt von S. I. Tucker.

[19] Petit-Dutaillis, *loc. cit.*

[20] Delisle, *Classe agricole*, ff. 334 et sqq.

[21] Stenton, *Anglo-Saxon England*, f. 674.

[22] AS. Chron., ›E‹, s. a. 1086 bzw. 1087; übersetzt von S. I. Tucker.

[23] *Ibid.*, s. a. 1085 bzw 1086

[24] AS. Chron., ›E‹, s. a. 1086 bzw. 1087.

[25] Will. Poit., f. 163.

[26] AS. Chron., ›E‹, *loc. cit.*

[27] S. u. Anhang F.

[28] AS. Chron., ›C‹, s. a. 1036; ›D‹, s. a. 1050 bzw. 1049. Graf Godwine wurde später für die Ermordung Alfreds (s. u. Anhang F) verantwortlich gehalten; dieser Sweyn war Godwine's Sohn und der ältere Bruder König Harolds

[29] Hugo von Flavigny *(Mon. Germ. Hist. Scriptores*, Band VIII, f. 407).

[30] John Hayward, *The Lives of the III Normans, Kings of England*, 1613, f. 122.

ANHANG

A

[1] Will. Jum., f. 115; Will. Malms., *Gesta Regum*, f. 285.

[2] Erg. v. Will. Jum., f. 157.

[3] Wace, *Roman de Rou*, ed. Andresen, Band II, f. 204; Benoit, ed. Michel, Band II, f. 555.

[4] Vgl. J. Depoin, *Congrès millenaire normand*, Band I, ff. 305 – 309.

[5] Prentout, *Guillaume le Conquérant: légende et histoire*, (Caen, 1927), ff. 20 – 23.

[6] Erg. v. Will. Jum., ff. 171.

[7] *Complete Peerage*, Band XII (1), Anhang K, f. 30. Diese Angelegenheit wird noch durch die Tatsache verwirrt, daß Wace *(Roman de Rou,* Band II, f. 204) Fulbert mit ›parmentier‹ bezeichnet, was man mit ›Schneider‹ übersetzen könnte.

[8] Prentout, ›De la Naissance de Guillaume le Conquérant‹ *(Etudes sur Quelques Points d'Histoire de Normandie* (Caen, 1927, ff. 73 – 89); *Complete Peerage,* Band XII (1), Anhang K, wo alles Beweismaterial zusammengefaßt wurde.

[9] Ord. Vit., Band III, f. 228.

[10] Will. Malms., *Gesta Regum,* Band II, f. 285; »habebat tunc filium septennem.«

[11] Ord. Vit., Band III, f. 229; »puer utpote octo annorum.«

[12] Ord. Vit., Band II, f. 11: »tunk octo annorum erat.«

[13] Will. Jum., ff. 145 – 149.

[14] »anno vitae suae quinquagesimo none.«

[15] *Rot. Scacc. Norm.,* Band II, f. xxxi; *Complete Peerage, loc. cit.*

[16] Ord. Vit. erg. v. Will. Jum., f. 157.

[17] *R. A. D. N.,* Nr. 134 (Signum Walteri avunculi comites) .Diese kann man durchaus der Zeugenliste in Lot, *Saint-Wandrille,* Nr. 17 (Osbernus avunculus comitis. Walterius frater eius.) hinzufügen.

[18] Ord. Vit., Band III, f. 229.

[19] *Gall. Christ.,* Band XI; *Instrumenta,* col. 329.

[20] *Ibid.,* col. 65 a.

[21] L. C. Denis, *Chartes de Saint-Julien de Tours,* Nr. 24, 29; Douglas, *Domesday Monachorum,* ff. 35, 36.

[22] Erg. v. Will. Jum., f. 157.

[23] *Gall. Christ.,* Band XI, col. 353.

[24] *Gesta Regum,* f. 333.

[25] Douglas, *Domesday Monachorum,* f. 34.

[26] Bréard, *L'abbaye Notre-Dame de Grestain,* Nr. I, II; Douglas, *loc. cit.* Doch gibt es mehrere Contevilles.

[27] Bréard, *loc. cit.*

[28] Ed. Delisle, Band II, f. 202. Es gibt oder existierte kürzlich noch in dieser Hinsicht eine Inschrift auf den Ruinen.

[29] *Gall. Christ.,* Band XI, col. 83.

[30] Bréard, *op. cit.,* Nr. I, II.

[31] Herluin lebte noch i. J. 1059 (Chevreux und Vernier, *Archives de Normandie,* Abbildung V), doch da er Grestain mit keinen englischen Gütern dotierte, ist es wahrscheinlich, daß er kurz vor oder nach der Eroberung starb.

[32] Bréard, *op. cit.,* f. 20.

[33] S. u. Tafel 6.

B

[1] *Comté d'Anjou* (1906), ff. 70 – 80.

[2] *Comté du Maine* (1910), ff. 27 – 32.

[3] ›Les Relations entre la France et la Normandie‹ *(Normannia,* Band XII [1939], ff. 465 – 486); ›Henri Ier, l'Empire et l'Anjou‹ *(Revue belge de Philologie et d'Histoire,* Band XXV [1946], ff. 87 – 109).

[1] *Histoire de Guillaume le Conquérant – Le Duc De Normandie (Mém. Acad. Nat. de Caen,* Band VIII, 1936). Ein unvollendetes Werk, posthum herausgegeben.

[5] *Rec. Hist. Franc.,* Band XI, ff. 166, 366.

[6] Ed. J. Laporte, f. 55.

[7] Ord. Vit., Band V, f. 157.

[8] *Rec. Hist. Franc.,* Band XI, f. 292.

[9] Will. Jum., f. 171; Ord. Vit., Band I, f. 182; Band II, f. 373; Band III, f. 159.

[10] S. o. Kapitel 3.

[11] Will. Poit., ff. 19 – 21; Will. Jum., f. 123.

[12] Ord. Vit., Band IV, f. 335.

[13] *Ibid.,* Band IV, f. 335.

[14] Vgl. Freeman, *Norman Conquest,* Band II, f. 262; Stenton, *William the Conqueror,* f. 85.

[15] *Op. cit.,* f. 70 – 73.

[16] *Op. cit.,* ff. 140 – 144.

[17] Dazu möchte ich jedoch noch vermerken, daß de Bouard den Krieg um Domfront ohne nähere Erläuterung auf 1050 – 1051 verlegt *(Guillaume le Conquérant,* f. 41).

[18] Will. Jum., ff. 125 – 127; Will. Poit., ff. 23, 37 – 39.

[19] Vgl. Prentout, *loc. cit.*

[20] *Ibid.* Vgl. a. *Rec. Hist. Franc.,* Band XI, f. 465.

[21] In diesem Punkt stimme ich mit Prentout's Argument nicht ganz überein *(ibid.,* f. 142).

[22] Will. Poit., ff. 22 – 40.

[23] Sudendorf, *Berengarius Turonensis* (1851), Anhang VIII.

[24] *Actus Pont. Cenomm.;* Halphen, *op. cit.,* f. 71; Latouche, *op. cit.,* f. 28.

[25] S. o. Kapitel 4.

[26] Ann. S. Maxence (Marchegay et Mabille, *Chroniques des Eglises,* f. 398).

[27] *Nécrologie de la Cathédrale du Mans* (ed. Busson und Ledru), f. 72.

[28] *Actus Pont. Cenomm.*

[29] *Ibid.,* und Sudendorf, *loc. cit.*

[30] *Rec. Hist. Franc.,* Band XI, f. 590; Soéhnée, *Cat. Actes, Henri I,* Nr. 91.

[31] Will. Poit., f. 65.

[32] Will. Poit., f. 63.

[33] Chevreux und Vernier, *Archives,* Tafel IV.

[34] Ord. Vit., Band I, f. 184.

[35] Will. Jum., f. 180.

[36] Ord. Vit., Band III, ff. 160, 237.

[37] Soéhnée, *op. cit.,* Nr. 91.

[38] C. Brunel, *Rec. Actes des Comtes de Ponthieu* (1930), f. iv.

[39] Will. Jum., f. 120.

[40] Will. Poit., ff. 55 – 61.

[41] Will. Jum., f. 119; Ord. Vit., Band III, ff. 42, 232, 233.

[42] *Ibid.,* Band I, f. 184.

C

[1] Hefele-Leclerc, *Histoire des Conciles,* Band IV, Teil II, f. 1018.

[2] *Cart. S. Trin. Roth.,* Nr. XXXVII.

[3] Freeman, *Norman Conquest,* Band IV, Anmerkung O.

[4] Chalandon, *Domination normande,* Band I, f. 137.

[5] Ed. Will. Poit., ff. 46, 61.
[6] *Guillaume le Conquérant*, f. 36.
[7] David, *Robert Curthose*, f. 5.
[8] Will. Malms., *Gesta Regum*, f. 450.
[9] Bertrand de Brousillon, *Maison de Laval*, Band I, f. 45, Nr. 30.
[10] *Handbook of British Chronology* (R. Hist. Soc., 1961, f. 31).
[11] *Gundrada de Warenne* (Exeter, 1884).
[12] *Early Yorkshire Charters*, Band VIII, ff. 40 – 46.
[13] Will. Jum., ff. 103 – 104.
[14] Erg. v. Will. Jum., ff. 181 – 182.
[15] W. H. Hutton, in *Dict. Nat. Biog.*, s. ›Matilda‹.
[16] Adela von Frankreich wurde – als sie noch *in cunis* war – an den flämischen Hof gebracht, wo sie einige Jahre – annos usque ad nubiles – verbringen sollte, bis die Heirat vollzogen werden konnte. Dieses Ereignis fand offensichtlich i. J. 1031 statt (Will. Jum., f. 103). Doch Richard III. war von 1026 bis 1028 Herzog, eine Zeit, zu der Adela von Frankreich kaum mehr als ein Kind gewesen sein konnte.
[17] Prentout, ›Le marriage de Guillaume le Conquérant‹ *(Etudes sur quelques points d'histoire de Guillaume le Conquérant*, Caen, 1930) – ein äußerst bemerkenswerter Artikel, der einen großen Teil des hier angeführten Beweismaterials behandelt.
[18] Will. Jum., f. 88.
[19] Freeman, *Norman Conquest*, Band IV, Anmerkung O; *Handbook of British Chronology*, loc. cit.
[20] Will. Malms., *Gesta Regum*, f. 332.
[21] Will. Poit., ff. 89, 143, 230.
[22] Ord. Vit., Band II, ff. 189, 391, 392; Band III, f. 159.
[23] *Gesta Regum*, f. 333.
[24] Erg. v. Will. Jum., ff. 317, 318.
[25] D. B., Band I, fol. 49.
[26] *Handbook of British Chronology*, loc. cit.
[27] Freeman, *Norman Conquest*, loc. cit.
[28] Diese Angelegenheit wird dadurch kompliziert, daß Ordericus (Band II, f. 182) vermerkt, daß eine der Töchter Wilhelms mit Edwin von Mercia verlobt wurde.
[29] S. o. Epilog.

D

[1] AS. Chron., ›E‹, s. a. 1066.
[2] *Ibid.*
[3] Will. Poit., f. 146.
[4] AS. Chron., ›C‹, ›D‹, s. a. 1066 – »bald nach« dem 24. April.
[5] R. A. D. N., Nr. 231.
[6] AS. Chron., ›C‹, s. a. 1066.
[7] *Ibid.*, ›D‹, s. a. 1066.
[8] *Ibid.*, ›C‹, s. a. 1066.
[9] *Ibid.*
[10] *Ibid.*, ›D‹, 1066.
[11] *Ibid.*
[12] *Ibid.*, ›D‹ und ›E‹, s. a. 1066.
[13] Z. B. Ramsay, *Foundation of England*, Band II, f. 19.
[14] Will. Jum., f. 134.

[15] *Norman Conquest,* Band III, f. 733.
[16] *Anglo-Saxon England,* f. 583.
[17] Ed. Henry Petrie, *Monumenta Historica Britannica,* Band I, 1848, f. 857: »Nam ter quinque dies complesti finibus illis Expectans summi Judicis auxilium.«
[18] G. H. White, *Complete Peerage,* Band XII, Teil I, Anhang L.
[19] Michel, *Chroniques anglo-normandes,* Band III, f. 4; J. A. Giles, *Scriptores Willelmi,* f. 29. Ich bin geneigt, Petrie's Lesart anzuerkennen.
[20] *Gesta Regum,* f. 293.
[21] Flor. Worc., Band I, f. 227.
[22] Ord. Vit., erg. v. Will. Jum., f. 196.
[23] Gaimar (Michel, *Chroniques,* Band I, ff. 6 – 7).
[24] Henry of Huntingdon, *Historia Anglorum* (ed. Arnold), Buch VI.
[25] Stenton, *op. cit.,* f. 584, Anmerkung 1.
[26] Henry of Huntingdon *(loc. cit.)* vermerkt, daß er die Neuigkeit von Wilhelms Landung am Abend von Stamford Bridge erfuhr – das heißt, bevor sie überhaupt stattgefunden hatte!
[27] Freeman, der in einem wertvollen Anhang *(op. cit.,* Band III, Anmerkung FF) den 11. Oktober vermerkt, widerspricht sich darin in Hinsicht auf das Werk selbst *(ibid.,* Band III, f. 437), wo er vermerkt, daß Wilhelm London am 12. Oktober verließ. Diese Datierung wurde von Colonel Burne *(Battlefields of England,* f. 20) übernommen.
[28] Will. Jum., f. 134: »Tota nocte equitans in campo belli mane apparuit.«
[29] Burne, *loc. cit.*
[30] Dies würde die Bemerkung von Will. Jum. einigermaßen entschuldigen. Vor allem aber könnte dadurch die Tatsache erklärt werden, daß Wilhelm über Harold »in einem Überraschungsangriff kam, bevor dieser noch sein Heer in eine Schlachtordnung bringen konnte« (AS. Chron., ›D‹, s. a. 1066). Harolds müde Truppen waren spät in dieser Nacht angekommen und hatten auf dem Hügel vielleicht zu lange geruht.
[31] *Op. cit.,* f. 588.
[32] Will. Poit., f. 210.
[33] *Ibid.,* f. 212.
[34] vv. 598, 599.
[35] v. 624: »per spatium mensis cum gente perendinant illic.«
[36] Will. Poit., f. 212.

E

[1] *Comté d'Anjou,* v. a. ff. 181 – 183.
[2] *Philippe I.,* ff. 271 – 274.
[3] *Robert Curthose,* Kapitel I und II.
[4] Ord. Vit., Band II, ff. 294 – 298, 386, 387.
[5] *Ibid.,* Band II, ff. 254 – 267, 290 – 292.
[6] AS. Chron., ›E‹, s. a. 1073; *Regesta,* Band I, Nr, 67, 68.
[7] AS. Chron., ›E‹, s. a. 1075.
[8] AS. Chron., ›E‹, s. a. 1076; *Chron. Britannicum* und *Chron. S. Brieuc (Rec. Hist. Franc.,* Band XI, f. 413; Band XII, f. 566); *Annales Saint-Aubin* und *Annales ›de Renaud‹* (abgedruckt in Halphen, *Annales Angevines,* ff. 5, 88); Prou, *Rec. Actes – Philippe I,* Nr. LXXXII.
[9] *Ann. S. Brieuc (Rec. Hist. Franc.,* Band XI, f. 413).
[10] Clay, *Early Yorkshire Charters,* Band IV, f. 84.
[11] Ord. Vit., Band III, f. 28; *Rec. Hist. Franc.,* Band XII, ff. 559, 562, 563.

[12] Ord. Vit., Band II, f. 392; Clay, *loc. cit.*
[13] *Rec. Hist. Franc.*, Band XI, f. 413; Band XII, f. 566; Morice, *Hist. de Bretagne, Preuves*, Band I, f. 102; *Chron. Quimperlé (Rec. Hist. Franc.*, Band XII, f. 561).
[14] *Norman Conquest*, Band IV, f. 817.
[15] Wie von Marchegay und Mabille *(Chroniques des Eglises*, f. 12) bewiesen wurde, handelt es sich bei MDLXXXVI in den Annalen ›de Renaud‹ um einen Irrtum – es müßte MDLXXVI heißen.
[16] Freeman, *loc. cit.*
[17] *Histoire de Bretagne*, Band I, f. 104.
[18] Ord. Vit., Band II, f. 255.
[19] Freeman, *Norman Conquest*, Band IV, f. 561; Stenton, *William the Conqueror*, f. 313; K. Norgate, *Angevin Kings*, Band I, f. 257.
[20] Ord. Vit., Band II, f. 255.
[21] Ord. Vit., Band II, f. 258.
[22] Halphen, *Comté d'Anjou*, f. 311, Nr. 233; Halphen, *Annales*, ff. 5, 119; David, *Robert Curthose*, f. 32, Anmerkung 71.
[23] Halphen, *Annales*, ff. 5, 88.
[24] Ord. Vit., Band II, f. 256.
[25] S. o. Kapitel 9.
[26] *Rec. Hist. Franc.*, Band XII, f. 561.
[27] Halphen, *Annales*, f. 88; *Comté d'Anjou*, ff. 183, 184.
[28] Halphen, *Annales*, f. 88; Ord. Vit., Band II, f. 257.
[29] Ord. Vit., Band II, f. 258.
[30] AS. Chron., ›E‹, s. a. 1077.
[31] Halphen, *Annales*, f. 119.
[32] S. aber Davıd, *op. cit.*, f. 32, Anmerkung 71.
[33] Halphen, *Annales*, f. 5.
[34] Vgl. Halphen, *Comté d'Anjou*, f. 182.
[35] *Cart. S. Vincent du Mans*, Nr. 99: »eo tempore quo Willelmus rex Anglorum cum Fulcone Andavagensi comite juxta castellum Vallium trevisam accepit.«
[36] AS. Chron., ›E‹, s. a. 1079: »zwischen den beiden Festen der Heiligen Maria«.
[37] *Opera*, Band II, f. 211; *Gall. Christ.*, Band XI; *Instrumenta*, col. 266.
[38] *Op. cit.*, ff. 646, 647.
[39] Ord. Vit., Band II, f. 387; AS. Chron., ›E‹, s. a. 1079.
[40] Prou, *Rec. Actes – Philippe I*, Nr. XCIV.
[41] »Actum publice in obsidione predictorum regum videlicet Philippi regis Francorum et Guillelmi Anglorum regis circa Gerborredum, anno Incarnati Verbi, millesimo septuagesimo VIII, anno vero regni Philippo regis Francorum XIX.«
[42] Prou, *op. cit.*, Nr. XCVII.
[43] *Gall. Christ.*, Band XI; *Instrumenta*, col. 72; *Regesta*, Band I, Nr. 96.
[44] *Cart. S. Trin. Roth.*, Nr. LXXXII.

F

[1] *Normandiets Historie*, f. 284.
[2] Will. Jum., f. 100.
[3] *Gesta Regum*, f. 211.
[4] Ed. Halphen und Poupardin, f. 50.
[5] Ord. Vit., Band II, f. 366.

[6] Ed. Chavanon, f. 189.
[7] *Soc. Hist.. Norm., Mélanges,* Band XIV, 1938, f. 47.
[8] *Gesta Regum,* f. 212.
[9] Ed. Prou, f. 108.
[10] *Roman de Rou* (ed. Andresen), Band II, f. 159; Benoit (ed. Michel), Band II, f. 574.
[11] Ord. Vit., Band II, ff. 252, 369; Band III, f. 225.
[12] *Ibid.,* Band II, f. 259.
[13] Will. Jum., ed. Marx, ff. 193, 194.
[14] Lobineau, *Histoire de Bretagne,* Band I, f. 97.
[15] *Cart. Notre-Dame de Chartres,* Band III, f. 220.
[16] S. o. Kapitel 7.
[17] Ord. Vit., Band II, f. 102.
[18] *Ibid.,* Band II, f. 259.
[19] *Comté du Maine,* f. 34.
[20] *Op. cit.,* f. 290.
[21] Ord. Vit., Band II, f. 79; erg. v. Will. Jum., f. 185.
[22] AS. Chron., ›C‹, ›D‹, s. a. 1042.
[23] Ed. Waitz (1877), f. 180.
[24] AS. Chron, ›D‹, s. a. 1057.
[25] Ed. Barlow, f. 30.
[26] AS. Chron., ›C‹, s. a. 1053.
[27] *Historiae Anglicanae Scriptores X* (Twysden), 1632, cols. 294, 395.
[28] Vgl. F. Barlow, *Vita Edwardi regis.* Anhang ›D‹.
[29] Ord. Vit., Band II, f. 28.
[30] Ord. Vit., Band II, f. 73.
[31] *Ibid.,* Band II, ff. 106, 107.
[32] *Ibid.,* Band II, ff. 220, 416 – 420.
[33] *Ibid.,* Band II, ff. 52, 53.
[34] Vgl. G. H. White, *R. Hist. Soc., Transactions,* Serie 4, Band XXII, f. 87.
[35] Das Thema ›Mittelalterliche Vergiftungsmethoden‹ ist unerschöpflich; seine Faszination muß man erfahren haben, um daran zu glauben. Ich möchte hier meinen Lesern einige diesbezügliche, unterhaltende Werke nicht vorenthalten, nämlich O. Shepherd, *The Lore of the Unicorn* (1930) oder die fantastischen, doch sehr klugen *Chronicles of the House of Borgia* (1901), die man dem ›Baron Corvo‹ zuschrieb, die jedoch in Wirklichkeit von Frederick Rolfe stammen, wobei A. J. A. Symons in *The Quest for Corvo* (1935) großartig die Umstände beschrieben hat, unter denen dieses Werk entstand.

ZEITTAFEL

[1] Vgl. Anhang A.
[2] Ich schließe die Möglichkeit – die oft angenommen wird – nicht absolut aus, daß diese Kriegszüge von 1048 auf 1049 stattfanden, doch glaube ich, daß dies äußerst unwahrscheinlich sein dürfte. Vgl. Anhang B.
[3] Vgl. Anhang C.
[4] Vgl. Anhang D.

BIBLIOGRAPHIE

Das folgende Verzeichnis soll keinesfalls als vollständige Bibliographie der Geschichte Wilhelm des Eroberers und seiner Zeit betrachtet werden. Sein Sinn ist lediglich der, daß die Zitate, die in den Fußnoten dieses Buches verwandt wurden, genauer erklärt werden sollten; daß der Autor die Aufmerksamkeit auf einige der wichtigsten Schriftsteller lenken wollte, auf die er sich verlassen hatte; und daß er schließlich, wenn auch nur teilweise, seinen Mitgelehrten seine Dankbarkeit abstatten wollte. Die seit langem bestehende Unterscheidung zwischen Primär- und Sekundärliteratur wurde beibehalten, doch muß dazu betont werden, daß viele der in der zweiten Kategorie verzeichneten Werke Texte aus Originaldokumenten enthalten und aus diesem Grunde in eben dieser Kategorie verzeichnet wurden. Die angegebenen Ausgaben stimmten gewöhnlich mit den in den Fußnoten zitierten überein. Ausgaben, die aus den ›Rolls Series‹ (›Chronicles and Memorials of Great Britain and Ireland during the Middle Ages‹) stammen, wurden mit den Buchstaben ‹RS› versehen; Veröffentlichungen der *Société des Antiquaires de Normandie* und der *Société de l'Histoire de Normandie* wurden mit den Buchstaben ›SAN‹ bzw. ›SHN‹ vermerkt. Über andere Abkürzungen siehe die einleitenden Bemerkungen zu den Fußnoten.

I

PRIMÄRLITERATUR

A. Chroniken und Berichte

Acta Archiepiscoporum Rothomagensium (Rec. Hist. France, Band XI, ff. 70 – 73).
Acta Lanfranci (Earle and Plummer, *Two of the Saxon Chronicles Parallel*, Band I, ff. 283 – 292).
Actus pontificum Cenomannis in urbe degentium, ed. G. Busson und Ledru (Le Mans, 1902).
Anglia Sacra sive Collectio Historiarum de Archiepiscopis et Episcopis Angliae, ed. H. Wharton, 2 Bände (London, 1691).
Anglo-Saxon Chronicle, eine revidierte Übersetzung, ed. von D. Whitelock, D. C. Douglas und S. I. Tucker (London, 1961).
– – –, *Two of the Saxon Chronicles Parallel*, ed J. Earle und C. Plummer, 2 Bände (Oxford, 1892, 1898).
Annales de Saint-Aubin, de Saint-Serge, de Saint-Florent et de Vendôme, ed. L. Halphen und R. Poupardin (Paris, 1913).
Annales Fontanellenses priore (Saint-Wandrille), ed. J. Laporte (SHN, *Mélanges*, Band XV, 1951).
Annales Gemmeticenses (Jumièges), ed. J. Laporte, 1954.
Annales du Mont-Saint-Michel, ed. L. Delisle (*Robert de Torigni*, Band II, ff. 207 – 236).

Annales Rothomagenses (Rouen), ed. Holder Egger *(Mon. Germ. Hist. Scriptores*, Band XXVI, ff. 488 – 500).

Benoit, *Chronique des Ducs de Normandie*, ed. F. Michel, 3 Bände (Paris 1836 – 1843).

Brevis Relatio de origine Willelmi Conquestoris, ed. J. A. Giles *(Scriptores Willelmi*, ff. 1 – 23).

Carmen de Hastingae Proelio, ed. F. Michel, *(Chroniques anglo-normandes*, Band III, ff. 1 – 38); a. ed. H. Petrie *(Monumenta*, ff. 850 – 872).

Chabannes, Adémar von, *Chronicon*, ed. J. Chavanon (Paris 1897).

Chanson de Roland, ed. J. A. Jenkins (Oxford, 1929).

Chronicon Monasterii de Abingdon, ed. J. Stevenson, 2 Bände (R. S. 1858).

Chronicon Monasterii de Bello (Battle-Abtei) (London, 1846).

Chronicon Britannicum (Morice, *Histoire de Bretagne, Preuves*, Band I, cols. 1 – 8).

Chronicon Abbatiae de Evesham, ed. W. D. Macray (R. S., 1863).

Chronicon Namnetense (Nantes), ed. R. Merlet (Paris, 1896).

Chroniques anglo-normandes, ed. F. Michel, 3 Bände (Rouen, 1836 – 1840).

Clare, Osbert von, *The Letters of Osbert of Clare*, ed. E. W. Williamson (Oxford, 1929).

Dudo von Saint Quentin, *De Moribus et Actis primorum Normanniae Ducum*, ed. J. Lair (SAN, 1865).

Durham, Simeon von, *Opera Omnia*, ed. T. Arnold, 2 Bände (RS, 1882, 1885). [Enthält die *Historia Dunelmensis Ecclasiae* und die *Historia Regum.*]

Eadmer, *Historia Novorum*, ed. M. Rule (RS, 1884).

– – –, *Vita Anselmi*, ed. R. W. Southern (Edinburgh, 1962).

Edward der Bekenner, *Lives of Edward the Confessor*, ed. H. R. Luard (RS, 1858).

– – –, *Vita Edwardi Regis qui apud Westmonasterium requiescit*, ed. Barlow, Edinburgh, 1962.

Emma, Königin von England, *Encomium Emmae*, ed. A. Campbell (London, 1949).

Flavigny, Hugo von, *Chronicon (Mon. Germ. Hist. Scriptores*, Band IX, f. 317).

Flodoard, *Annales*, ed. P. Lauer (Paris, 1906).

Fécamp, Abtei von, *Liber de Revelatione (Pat. Lat.*, Band CXLI, cols. 702 – 704).

Gaimar, Geoffrey, *L'estoire des Engles*, ed. T. D. Hardy und C. T. Martin, 2 Bände (RS, 1888, 1889).

Gesta Francorum et aliorum Hierosolimitanorum, ed. R. Hill (Edinburgh, 1962).

Gesta pontificum Cameracensium (Mon. Germ. Hist. Scriptores, Band VII, ff. 389 – 439).

Gesta sanctorum patrum Fontanellensium coenobii, ed. F. Lohier und J. Laporte (SHN, 1936).

Glaber, Rodulf, *Francorum Historia*, ed. M. Prou (Paris, 1886).

Hariulf, *Chronicon centulense*, ed. F. Lot (Paris, 1894).

Harold II, König von England, *Vita Haroldi*, ed. W. de G. Birch (London, 1885).

Herluin, Abt von Le Bec, *Vita Herluini*, ed. J. A. Robinson, in *Gilbert Crispin*, ff. 87 – 110.

Herman, *Miracula Sancti Edmundi*, ed. F. Liebermann *(Ungedrucktes*, ff. 203 – 279).

Historiae Anglicanae Scriptores X, ed. R. Twysden, 2 Bände (London, 1652).

Historiae Normannorum Scriptores antiqui, ed. A. Duchesne (Paris, 1619).

Hugh the Chanter, *History of the Church of York*, ed. C. Johnson (Edinburgh, 1961).

Huntingdon, Heinrich von, *Historia Anglorum*, ed. T. Arnold (RS, 1879).
Inventio et miracula sancti Vulframni, ed. J. Laporte (SHN, *Mélanges*, Band XIV, 1938).
Jumièges, Wilhelm von, *Gesta Normannorum ducum*, ed. J. Marx (SHN, 1914).
Lanfranc, *Opera Omnia*, ed. J. A. Giles, 2 Bände (Oxford, 1844).
– – –, *Vita Lanfranci*, erg. v. Milo Crispin *(Pat. Lat.*, Band CL, cols. 19 – 98).
– – –, *Epistolae (Pat. Lat.*, Band CL, cols. 515 – 624).
Liber Eliensis, ed. E. O. Blake (London, 1962).
Lisieux, Arnulf von, *Letters*, ed. F. Barlow (London, 1939).
Malmesbury, Wilhelm von, *De Gestis Pontificum Anglorum*, ed. N. E. S. A. Hamilton (RS, 1870).
– – –, *Gesta Regum Anglorum*, ed. W. Stubbs, 2 Bände (RS, 1887, 1889).
– – –, *Historia Novella*, ed. K. R. Potter (Edinburgh, 1955).
– – –, *Vita Wulfstani*, ed. R. R. Darlington (London, 1928).
Miracula sancti Audoeni (Acta Sanctorum, August, Band IV, f. 834).
Miracula sancti Wulframni (SHN, *Mélanges*, Band XIV, 1938).
›Mönch von Caen‹, *De Obitu Willelmi*, ed. J. Marx (in *Gesta* von Wilhelm von Jumièges, ff. 145 – 149).
Monumenta historica Britannica, ed. H. Petrie, Band I, (London, 1848).
Neustria Pia, ed. A. du Monstier (Rouen, 1663).
Ordericus Vitalis, *Historia Ecclesiastica*, ed. A. Le Prévost und L. Delisle, 5 Bände (Paris, 1838 – 1855).
– – –, Ergänzungen zu *Gesta* von Wilhelm von Jumièges (ed. Marx, ff. 151 bis 198).
Poitiers, Wilhelm von, *Gesta Guillelmi ducis Normannorum et regis Anglorum*, ed. R. Foreville (Paris, 1952).
Recueil d'annales angevines et vendômoises, ed. L. Halphen (Paris, 1903).
Recueil des Historiens des Gaules et de la France (›Dom Boquet‹), 24 Bände, 1738 – 1904 [enthält auch Urkunden und Totenregister].
Rievaulx, Ailred von, *De Vita et miraculis Edwardi Confessoris* (R. Twysden, *Historiae Anglicanae Scriptores*, Band I, cols 370 – 414).
Richer von Reims, *Historiae*, ed. G. Waitz (Hannover, 1877).
Scriptores rerum Danicarum medii aevi, ed. J. Langebek und andere, 9 Bände (Kopenhagen, 1772 – 1878).
Scriptores rerum gestarum Willelmi Conquestoris, ed. J. A. Giles (London, 1845).
Snorri, Sturlason, *Heimskringla*, ed. E. Monsen und A. H. Smith (Cambridge, 1932).
Torigny, Robert von, *Chronique de Robert de Torigni suivie de divers opuscules historiques de cet auteur*, ed. L. Delisle, 2 Bände (SHN, 1872, 1873).
– – –, *De Immutatione Ordinis Monarchorum (Chronique*, ed Delisle, Band II, ff. 181 – 206).
– – –, Ergänzungen zu *Gesta* von Wilhelm von Jumièges, ed. Marx, ff. 199 – 341.
Wace, *La Conception Notre-Dame dite la Fête aux Normands*, ed. G. Mancel und G. S. Trebutien (Caen, 1842).
Wace, *Roman de Rou et des Ducs de Normandie*, ed. H. Andresen, 2 Bände (Heilbronn, 1877); auch: ed. F. Pluquet, 2 Bände (Rouen, 1827).
Worcester, Florence von, *Chronicon ex Chronicis*, ed. B. Thorpe, 2 Bände (London, 1848, 1849).

B. Urkunden und Aufzeichnungen

(Urkunden und Kollektionen von Urkunden tauchen gewöhnlich unter dem Namen des Königs, des Klosters oder des Gebietes auf, auf die sie sich beziehen.)

Angers, *Cartulaire de l'abbaye de Saint-Aubin d'Angers*, ed. Bertrand de Broussillon, 3 Bände (Paris, 1903).

– – –, *Cartulaire noir de la Cathédrale d'Angers*, ed. D. Urseau (Angers, 1908).

Anglo-Saxon Charters, ed. A. J. Robertson (Cambridge, 1939).

Anglo-Saxon Laws, Die Gesetze der Angelsachsen, ed. F. Liebermann, 3 Bände, (Halle, 1903 – 1916).

Anglo-Saxon Wills ed. D. Whitelock (Cambridge, 1930)

Anglo-Saxon Writs, ed F. Harmer (Manchester, 1952).

Archives de Normandie et de la Seine-Inférieure: Recueil de Facsimilés d'écritures, ed. P. Chevreux und J. Vernier (Rouen, 1911).

Bath, *Two Cartularies of the Priory of St. Peter at Bath*, ed. W. Hunt (Somerset Record Society, 1893).

Bayeux, *Antiquus cartularius ecclesiae Baiocensis (Livre Noir)*, ed. V. Bourienne, 2 Bände (SHN, 1902, 1903).

Bayeux Tapestry, ed. F. M. Stenton u. a., 1957 (auch in *E. H. D.*, Band II, ff. 232 – 278).

Beaumont-le-Roger, *Cartulaire de l'église de la Sainte-Trinité de Beaumont le Roger*, ed. E. Deville (Paris, 1911).

Benedictional of Archbishop Robert, ed. H. A. Wilson (H. Bradshaw Society, Band XXIV, 1903).

Book of Fees, gewöhnlich als Testa de Nevill bezeichnet, 3 Bände (Public Record Office, 1920 – 1931).

Bury St Edmunds, *Feudal Documents from the Abbey of Bury St Edmunds*, ed. D. C. Douglas (British Academy, 1932).

Caen, *Analyse d'un ancien cartulaire de l'abbaye de Saint-Etienne de Caen*, von E. Deville (Evreux, 1905).

Calendar of Charter Rolls (Public Record Office, 1903 – noch nicht abgeschlossen).

Calendar of Documents preserved in France, illustrative of the history of Great Britain and Ireland, ed. J. H. Round, Band I (Public Record Office, 1899).

Canterbury, *An Eleventh Century Inquisition of St Augustine's, Canterbury*, ed. A. Ballard (British Academy, 1902).

– – –, *Cartulary of the Priory of St Gregory, Canterbury*, ed. A. M. Woodcock (London, 1956).

– – –, *The Domesday Monachorum of Christ Church, Canterbury*, ed. D. C. Douglas (London, 1944).

Cartulaire normand de Philippe-Auguste, Louis VIII, Saint-Louis et Philippe-le-Hardi, ed. L. Delisle (SAN, 1852).

Channel Islands, *Cartulaire des Iles normandes* (Jersey, 1918 – 1924).

Charles III, König von Frankreich, *Recueil des Actes de Charles III (le Simple)*, ed. P. Lauer, 2 Bände (Paris, 1940, 1949).

Chartres, *Cartulaire de Notre-Dame de Chartres*, ed. E. de Lepinois und L. Merlet, 3 Bände (Chartres, 1861 – 1865).

– – –, *Cartulaire de l'abbaye de Saint-Père de Chartres*, ed. B. E. C. Guérard, 2 Bände, 1840.

Château du Loir, *Cartulaire de Château-du-Loir*, ed. M. E. Vallée (Le Mans, 1905).

Cluny, *Charters and Records among the Archives of the ancient Abbey of Cluny*, ed. G. F. Duckett, 2 Bände (Lewes, 1888).

Codex diplomaticus aevi Saxonici, ed. J. M. Kemble, 6 Bände (London, 1839 – 1848).

Colchester, *Cartularium Monasterii Sancti Iohannis Baptistae de Coleccestria* (Roxburghe Club, 1897).
Consuetudines et Iusticie (Haskins, *Norman Institutions*, ff. 277 – 284).
Coutumes de Normandie, Le très ancien coutumier de Normandie, ed. E.-J. Tardif, 2 Bände (SHN, 1881, 1903).
– – –, *Summa de Legibus Normanniae*, ed. E.-J. Tardif (SHN, 1896).
Concilia Magnae Britanniae et Hiberniae, ed. David Wilkins, 4 Bände, 1737.
Concilia Rotomagensis Provinciae, ed. G. Bessin (Rouen, 1717). [Eigentlich dreht es sich dabei um eine neue, erweiterte Ausgabe der *Concilia*, die i. J. 1677 von F. Pommeraye verlegt wurde.]
Constitutio Domus Regis (in *Dialogus de Scaccario*, ed. C. Johnson).
Craon, Familie von, *La Maison de Craon. Etude historique accompagnée du cartulaire de Craon*, ed. Bertrand de Broussillon, 2 Bände, 1893.
Dialogus de Scaccario, ed. A. Hughes, C. G. Crump und C. Johnson (Oxford, 1902); auch ed. v. C. Johnson, 1950.
Domesday Book, ed. Record Commission, Bände I und II, 1783.
English Historical Documents, ed. D. C. Douglas; Band I (ca. 500 – 1042) ed. D. Whitelock; Band II (1042 – 1189), ed. D. C. Douglas und G. W. Greenaway (London, 1955 und 1953).
›Exon Domesday‹, im Band IV der Domesday Book-Ausgabe der Record Commission (London, 1816).
Eynsham Cartulary, ed. H. E. Salter, 2 Bände (Oxford, 1907, 1908).
Facsimiles of Royal and other Charters in the British Museum, Band I, ed. G. F. Warner und H. J. Ellis (London, 1903).
Facsimiles of English Royal Writs to 1100 A. D., ed. T. A. M. Bishop und P. Chaplais (Oxford, 1957).
Fontenay-Le-Marmion, *Cartulaire de la Seigneurie de Fontenay le Marmion*, ed. G. Saige (Monaco, 1895).
Gallia Christiana, Band XI (Paris, 1759). [Ungefähr die Hälfte dieser umfangreichen Ausgabe besteht aus ›Instrumenta‹, die sich auf die Normandie und England beziehen].
Gloucester, *Historia et Cartularium Monasterii S. Petri Gloucestriae*, ed. W. H. Hart (RS, 1863 – 1867).
Gregor VII., Papst, *Monumenta Gregoriana*, ed. P. Jaffé (Berlin, 1865).
– – –, *Registrum Papae Gregorii VII*, ed. E. Caspar (Berlin, 1893).
Hatton, C., *Sir Christopher Hatton's Book of Seals*, ed. L. C. Loyd und D. M. Stenton (Oxford, 1950).
Heinrich I., König von Frankreich, *Catalogue des Actes d'Henri Ier, roi de France*, ed. F. Soehnée (Paris, 1907).
Heinrich I., König von England, *Les Diplômes de Henri Ier, roi d'Angleterre, pour l'abbaye de Saint-Pierre sur Dive*, ed. R. N. Sauvage (SHN, *Mélanges*, Band XII, 1933).
– – –, s. a. *Regesta Regum Anglo-Normannorum*, Band II.
Heinrich II., König von England, *Recueil des Actes de Henri II, roi d'Angleterre, concernant les provinces françaises*, ed. L. Delisle, 4 Bände, 1909 – 1927. [Enthält eine Menge Material über das 11. Jahrhundert.]
Hyde Abbey, *Liber Monasterii de Hyda*, ed. E. Edwards (RS, 1866).
Inquisito comitatus Cantabrigiensis; subjicitur Inquisitio Eliensis, ed. N. E. S. A. Hamilton (London, 1876).
Jumièges, *Chartes de l'abbaye de Jumièges*, ed. J. J. Vernier, 2 Bände (SHN 1916).
Lanfranc, *Decreta Lanfranci Monachis Cantuariensibus transmissa*, ed. M. D. Knowles (Edinburgh, 1951).
Laval, Familie von, *La Maison de Laval. Etude historique accompagnée du cartulaire de Laval et de Vitré*, ed. Bertrand de Broussillon, 5 Bände (Paris, 1895 – 1903).

Leges Willelmi (Stubbs, *Select Charters*, ed. 1913, ff. 98 – 99).
Le Mans, *Cartulaire de Saint-Victeur au Mans*, ed. Bertrand de Broussillon (Paris 1905).
– – –, *Cartulaire de Saint Vincent du Mans*, ed. R. Charles und Menjot d'Elbenne, 2 Bände (Le Mans, 1886, 1913).
Le Tréport, *Cartulaire de l'abbaye de Saint-Michel-du-Tréport*, ed. P. Laffleur de Kermingant (Paris, 1880).
Lewes, *The Cartulary of the Priory of St Pancras et Lewes*. Sussex portion, ed. L. F. Salzmann (2 Bände, Sussex Record Society, 1932, 1934); Cambridgeshire portion, ed. J. H. Bullock und W. M. Palmer (Cambridge, 1938); Yorkshire portion, ed. C. T. Clay (Yorkshire Archaeological Society Journal, 1933).
Liber Niger Scaccari, ed. T. Hearne, 2 Bände (Oxford, 1728).
Lincoln, *The Registrum Antiquissimum of the Cathedral Church of Lincoln*, ed. C. W. Foster und K. Major (Lincoln Record Society, 1931, etc.).
– – –, *Statutes of Lincoln Cathedral*, ed. H. Bradshaw und C. Wordsworth, 3 Bände (Cambridge, 1882 – 1897).
Lincolnshire Domesday and Lindsey Survey, ed. C. W. Foster und T. Longley (Lincoln Record Society, 1924).
London, *Early Charters of the Cathedral Church of St Paul*, ed. M. Gibbs (London, 1939).
Longueville, *Chartres du Prieuré de Longueville*, ed. P. le Cacheux (SHN, 1934).
– – –, *Newington-Longueville Charters*, ed. H. E. Salter (Oxfordshire Record Society, 1921).
Lothar, König von Frankreich, *Recueil des Actes de Lothaire et de Louis V, rois de France*, ed. L. Halphen (Paris, 1908).
Louviers, Cartulaire de Louviers, ed. Th. Bonnin, 5 Bände (Louviers, 1870 bis 1883).
Magni Rotuli Scaccari Normanniae sub Regibus Angliae, ed. T. Stapleton, 2 Bände (London, 1840, 1844).
Meulan, *Recueil des Chartes de Saint-Nicaise de Meulan*, ed. E. Houth (Pontoise, 1924).
Missal of Robert of Jumièges, ed. H. A. Wilson (H. Bradshaw Society, Band XI, 1896).
Monasticon Anglicanum (W. Dugdale): neue Ausgabe, 6 Bände in 8 (London, 1817 – 1830).
Monasticon Diocesis Exoniensis, ed. G. Oliver (Exeter, 1846).
Northamptonshire, *Facsimiles of Early Charters from Northamptonshire Collections*, ed. F. M. Stenton (Northamptonshire Record Society, 1930).
Oxford, *Facsimiles of Early Charters in Oxford Muniment Rooms*, ed. H. E. Salter (Oxford, 1929).
Philipp I., König von Frankreich, *Recueil des Actes de Philippe I, roi de France*, ed. M. Prou (Paris, 1908).
Placita Anglo-Normannica, ed. M. M. Bigelow (Boston, USA, 1879).
Pontefract, *The Cartulary of St John of Pontefract*, ed. R. Holmes, 2 Bände (Yorkshire Archaeological Society, 1899, 1902).
Ponthieu, *Recueil des Actes des Comtes de Ponthieu*, ed. C. Brunel, 1930.
Pontoise, *Cartulaire de l'abbaye de Saint-Martin de Pontoise*, ed. J. Dehorne, 2 Bände (Pontoise, 1895, 1900).
Pouillés de la Province de Rouen, ed. A. Longnon, 1903, *(Rec. Hist. Franc.*, Band 4) [wird fortgeführt].
Ramsey Abbey, *Cartularium Monasterii de Rameseia*, ed. W. H. Hart, 3 Bände, (RS, 1884 – 1893).
Recueil des Actes des Ducs de Normandie de 911 à 1066, ed. M. Fauroux (SAN, 1961).

Recueil de Facsimilés de Chartes normandes, ed. J. J. Vernier (SHN, 1919).
Red Book of the Exchequer, ed. H. Hall, 3 Bände (RS, 1896).
Redon, *Cartulaire de l'abbaye de Redon*, ed. A. de Courson (Paris, 1863).
Regesta Regum Anglo-Normannorum, Band I, ed. H. W. C. Davis (Oxford, 1913); Band II, ed. C. Johnson und H. A. Cronne (Oxford, 1956).
Registrum Honoris de Richmond, ed. R. Gale (London, 1722).
Robert II., König von Frankreich, *Catalogue des Actes de Robert II, roi France*, ed. W. M. Newman (Paris, 1837).
Rochester, *Registrum Roffense*, ed. J. Thorpe (London, 1769).
– – –, *Textus Roffensis*, ed. T. Hearne (Oxford, 1720).
Rouen, Kloster der Heiligen Dreifaltigkeit, *Chartularium Monasterii Sanctae Trinitatis de Monte Rothomagi*, ed. A. Deville. Dies sind die ff. 402 – 487 des *Cartulaire de Saint Bertin*, ed. B. Guérard (Paris, 1841).
Saint-Calais, Kloster von, *Cartulaire de l'abbaye de Saint-Calais*, ed. L. Froger (Le Mans, 1888).
Saint-Leu d'Esserent, Priorei von, *Cartulaire*, ed. E. Muller (Pontoise, 1901).
Saint-Michel de l'abbayette, *Cartulaire de Saint-Michel de l'abbayette*, ed. Bertrand de Broussillon (Paris, 1894).
Saint-Pierre de la Couture, s. Solesmes.
Saint-Wandrille, Abtei von, Urkunden von, s. u. Lot, F.
Saint-Ymer en Auge, *Cartulaires de Saint-Ymer en Auge, et de Bricquebec*, ed. C. Bréard (SHN, 1908).
Salisbury, *The Register of St Osmund*, ed. W. H. R. Jones, 2 Bände (RS, 1883, 1884).
Saumur, *Chartes normandes de l'abbaye de Saint-Florent près Saumur* (SAN, 1880).
Savigny, *Cartulaire de l'abbaye de Savigny*, ed. A. Bernard, 2 Bände, (Paris, 1853).
Scotland, *Early Scottish Charters*, ed. A. C. Lawrie (Glasgow, 1905).
Sele, *The Cartulary of the Priory of St Peter at Sele*, ed. L. F. Salzmann (Cambridge, 1923).
Solesmes, *Cartulaire des abbayes de Saint-Pierre de la Couture, et de Saint-Pierre de Solesmes* (Le Mans, 1881).
Three Coronation Orders, ed. J. Wickham Legg (H. Bradshaw Society, Band XIX, 1891).
Tours, *Chartes de Saint-Julien de Tours*, ed. L. Denis (Laval, 1913).
Vendôme, *Cartulaire de l'abbaye cardinale de la Trinité de Vendôme*, ed. C. Metais, 5 Bände (Paris, 1893 – 1900).
Whitby, *Cartularium Abbathiae de Whiteby*, ed. J. C. Atkinson, 2 Bände (Surtees Society, 1879, 1881).
Worcester, *Hemingi Chartularium ecclesiae Wigorniensis*, ed. T. Hearne, 2 Bände (Oxford, 1723).
Yorkshire, *Early Yorkshire Charters*, ed. W. Farrer und C. T. Clay, 11 Bände, (Edinburgh, und Yorkshire Record Society, 1914 – 1955).

II

SEKUNDÄRLITERATUR UND NACHSCHLAGEWERKE

Adams, G. B., *Councils and Courts in Anglo-Norman England* (New Haven, USA, 1962).
Adigard des Gautries, L., *Les Noms de lieux du Calvados – de l'Eure – des Iles normands – de la Manche – de la Seine-Maritime – attestés entre 911*

et 1066. (In Annales de Normandie, zwischen 1951 und 1959 ununterbrochen erschienen).

Andrieu-Guitrancourt, P., Histoire de l'Empire normand et de sa civilisation (Paris, 1952).

Annales de Normandie, eine vierteljährlich erscheinende Zeitschrift (Caen, 1951), erscheint weiterhin.

Ancestor, The, eine vierteljährlich erscheinende Zeitschrift (London, 1902 – 1905).

Armitage, E. S., The Early Norman Castles of the British Isles (London, 1912).

(L') Art de Verifier les Dates, 3 Bände (Paris 1783 – 1787).

Ballard, A., The Domesday Inquest (London, 1906).

Barlow E., The Feudal Kingdom of England (London, 1961).

– – –, The English Church, 1000 – 1066 (London, 1963).

Barrow, G. W. S., The Border (Durham, 1962).

Bédier, J., Les Légendes épiques, 4 Bände (Paris, 1908 – 1913).

Bentham, J., History and Antiquities of the Conventual and Cathedral Church of Ely, 2 Bände (Cambridge-Norwich, 1771, 1817).

Béziers, M., Mémoires pour servir à l'état historique et géographique du Diocèse de Bayeux, ed. G. Le Hardy, 3 Bände (SHN, 1894 – 1896).

Bigelow, M. M., History of Procedure in England (London, 1880).

Bishop, Edmund, Liturgica Historica (Oxford, 1962).

Bishop, T. A. M., ›The Norman Settlement of Yorkshire‹ (Studies – F. M. Powicke, ff. 1 – 14).

Bliss, A. J., ›The Companions of the Conqueror‹ (Litera, Band III, Valetta, 1956).

Bloch, M., La Société féodale, 2 Bände (Paris, 1939, 1940).

– – –, Les Rois thaumaturges (Straßburg, 1924).

– – –, ›La vie de Saint Edouard le Confesseur par Osbert de Clare‹ (Analecta Bollandiana, Band XLI (1923), ff. 5 – 131).

Blosseville, Marquis de, Dictionaire topographique du Département de l'Eure (Paris, 1877).

Bodin, R., Historie – de Neufchâtel-en-Bray, suivie du – cartulaire, ed. F. Bouquet (SHN, 1885).

Böhmer, H., Kirche und Staat in England und in der Normandie (Leipzig, 1899).

– – –, Die Fälschungen Erzbischof Lanfranc's von Canterbury (Leipzig, 1902).

Bonnenfant, G., Histoire générale du diocèse d'Evreux, 2 Bände (Paris, 1933).

Bouard, Michel de, ›De la Neustrie carolingien à la Normandie féodale: continuité ou discontinuité‹ (Bulletin of the Institute of Historical Research, Band XXVII (1955), ff. 1 – 14).

– – –, ›Le Duché de Normandie‹ (Lot und Fawtier, Institutions françaises, Band I, ff. 1 – 33).

– – –, ›La Chanson de Roland et la Normandie‹ (Annales de Normandie, 1952, ff. 34 – 38).

– – –, Guillaume le Conquérant (Paris, 1958).

– – –, ›Sur les origines de la Trêve de Dieu en Normandie‹ (Annales de Normandie, 1959, ff. 169 – 189).

Boussard, J., ›La seigneurie de Bellême aux Xe et XIe siècles (Mélanges – Halphen, ff. 43 – 55).

Bradshaw, H., Collected Papers (Cambridge, 1889).

Bréard, C., L'abbaye de Notre-Dame de Grestain (Rouen, 1904).

British Academy, Proceedings, 1904 – wird fortgeführt.

Brooke, Z. N., The English Church and the Papacy from the Conquest to the Reign of John (Cambridge, 1931).

– – –, ›Pope Gregory VII's Demand for Fealty from William the Conqueror‹ (Eng. Hist. Rev., Band XXVI (1911), ff. 225 – 258).

Brossard de Ruville, *Historie de la ville des Andelis,* 2 Bände (Les Andelys, 1863, 1864).

Burne, A. F., *The Battlefields of England* (London, 1951).

Caumont, A. de, *Statistique monumentale du Calvados,* 5 Bände (Paris, 1848 – 1867).

Chalandon, F., *Historie de la domination normande en Italie et en Sicilie,* 2 Bände (Paris, 1907).

Charpillon und Carème, *Dictionnaire de toutes les communes du Département de l'Eure,* 2 Bände (Les Andelys, 1868, 1879).

Chesnel, P., *Le Cotentin et l'Avranchin sous les ducs de Normandie* (Caen, 1912).

Chew, H. M., *The English Ecclesiastical Tenants-in-Chief* (Oxford, 1932).

Chibnall, M., *The English Lands of the Abbey of Bec* (Oxford, 1946).

Clapham, A. W., *English Romanesque Architecture after the Conquest* (London, 1934).

Clay, C. T., *A Worcester Charter of Thomas II, Archbishop of York (Yorkshire Archaeological Society Journal,* Band XXVI, 1945).

Cleveland, Herzogin von, *The Battle Abbey Roll with some Account of the Norman Lineages,* 3 Bände (London, 1889).

Cochet, J. B. D., *Répertoire archéologique du département de la Seine-Inférieure* (Paris, 1871).

Complete Peerage of England, Scotland, Ireland, Great-Britain, and the United Kingdom, von G. E. C.: neue, revidierte und sehr erweiterte Ausgabe, 13 Bände in 14 (1910 – 1959).

Congrès du Millénaire de la Normandie: Compte-rendu des Travaux, 2 Bände (Rouen, 1912).

Coquelin, F.-B., *Histoire de l'abbaye de Saint-Michel du Tréport,* ed. C. Lormier, 2 Bände (SHN, 1879, 1888).

Corbett, W. J., ›The Development of the Duchy of Normandy, and the Norman Conquest of England‹ *(Campridge Medieval History,* Band V, (1926), Kap. XV).

Cotman, John Sell, *Architectural Antiquities of Normandy, accompanied by Historical and Descriptive Notices by Dawson Turner,* 2 Bände (London, 1822).

Cottineau, L. H., *Répertoire topo-bibliographique des abbayes et prieurés,* 2 Bände (Mâcon, 1936, 1937).

Creighton, C., *A History of Epidemics in Britain from A. D. 664 to the Extinction of Plague* (Cambridge, 1891).

Cronne, H. A., ›The Office of Local Justitiar in England under the Norman Kings *(University of Birmingham Historical Journal,* Band XI (1957), ff. 18 – 38).

– – –, ›The Salisbury Oath‹ *(History, Band XIX* [1934], ff. 248 – 253).

Darlington, R. R., ›Aethelwig, abbot of Evesham‹ *(Eng. Hist. Rev.,* Band XLVIII (1933), ff. 1 – 22, 177 – 198).

– – –, ›Ecclesiastical Reform in the late Old English Period‹ *(Eng. Hist. Rev.,* Band LI (1936), ff. 385 – 428).

– – –, ›The Early History of the English Towns‹ *(History,* Band XXIII (1938), ff. 141 – 150).

– – –, ›The last Phase of Anglo-Saxon History‹ *(History,* Band XXII (1937) ff. 141 – 150.

Dauphin, H., *Le Bienheureux Richard, abbé de Saint Vannes* (Louvain, 1946).

David, C. W., *Robert Curthose, Duke of Normandy* (Harvard U. P., Cambridge, USA, 1920).

Davis, G. R. C., *Medieval Cartularies of Great Britain* (London, 1858).

Debidour, L., *Essai sur l'histoire de l'abbaye benedictine de Saint-Taurin d'Evreux* (Evreux, 1908).

Défense des Titres et des Droits de l'abbaie de S. Ouen (Paris, 1743).

Delamare, R., *Le ›De Officiis ecclesiasticis‹ de Jean d'Avranches, archevêque de Rouen* (Paris, 1908).

Delisle, L., *Châteaux de la Manche* (Saint-Lô, 1922).

– – –, *Etudes sur la condition de la classe agricole et l'état de l'agriculture de Normandie au Moyen Age* (Evreux, 1851; Paris, 1903).

– – –, *Histoire du Château et des Sires de Saint-Sauveur-le-Vicomte suivie de pieces justificatives* (Paris, 1867).

– – –, ›Matériaux pour l'édition de Guillaume de Jumièges preparée par Jules Lair‹ *(Bibliothèque de l'Ecole de Chartes, Band LXXI (1910), ff. 481 – 526).*

– – –, ›Des Revenus publics en Normandie au XIIe siècle‹ *(Bibliothèque de l'Ecole des Chartes, Band X (1848); Band XI (1849); Band XIII (1853).*

– – –, ›Canons du Concile tenu a Lisieux en 1064‹ *(Journal des Savants, 1901, ff. 516 – 521).*

– – –, ›Mémoire sur d'anciens sacramentaires‹ *(Mémoires de l'Institut, Band XXXII (1886), ff. 57 – 423).*

Depoin, J., *Etudes préparatoires à l'histoire de familles palatines* (Paris, 1908).

Deslandes, R., *Etude sur l'église de Bayeux – antiquité de son céremonial son chapitre – disposition du choeur de la catédrale* (Caen, 1917).

Desroches, M., *Notice sur les manuscrits de la bibliothèque d'Avranches* (SAN, Mémoires, Band XI (1840), ff. 70 – 156).

Deville, A., *Histoire du Châuteau et des Sires de Tancarville* (Rouen, 1834).

– – –, *Essai historique et descriptif sur l'église et l'abbaye de Saint-Georges de Boscherville* (Rouen, 1827).

– – –, *Histoire du Château d'Arques* (Rouen, 1839).

Deville, E., *Notices sur quelques manuscrits normands conservés à la Bibliothèque Sainte-Genevieve*, 6 Teile (Evreux, 1904, 1905).

Devonsin, A. J., *Histoire de Notre-Dame du Désert* (Paris, 1901).

Dhondt, J., ›Henri I, l'Empire et l'Anjou‹ *(Revue belge de Philologie et d'Histoire, Band XXV (1947), ff. 87 – 109).*

– – –, ›Les Relations entre la France et Normandie sous Henri I‹ *(Normannia, Band XII (1939), ff. 465 – 486).*

– – –, ›Quelques aspects du règne d'Henri I‹ *(Mélanges – Halphen, ff. 199 – 208).*

Domesday Rebound (Public Record Office, 1954).

Douglas, David, C., ›Ancestors of William FitzOsbern‹ *(Eng. Hist. Rev., Band LIX (1944), ff. 62 – 79).*

– – –, ›Companions of the Conqueror‹ *(History, Band XXVIII (1943), ff. 129 – 147).*

– – –, ›The Earliest Norman Counts‹ *(Eng. Hist. Rev., Band LXI (1946), ff. 129 – 156).*

– – –, ›Edward the Confessor, Duke William of Normandy and the English Succession‹ *(Eng. Hist. Rev., Band LXVIII (1953), ff. 526 – 545).*

– – –, *English Scholars* (London, 1951).

– – –, ›The First Ducal Charter for Fécamp‹ *(Fécamp – XIIIe Centenaire, ff. 45 – 53).*

– – –, ›Les Evéques de Normandie 1035 – 1066‹ *(Annales de Normandie, Band III, ff. 88 –102).*

– – –, *The Norman Conquest and British Historians* (Glasgow, 1946).

– – –, ›The Norman Conquest and English Feudalism‹ *(Economic History Review, Band IX (1939), ff. 128 – 143).*

– – –, ›Odo, Lanfranc and the Domesday Survey‹ *(Essays – James Tait, ff. 47 – 57).*

– – –, ›Robert de Jumièges et la Conquête de l'Angleterre‹ *(Jumièges – XIIIe centenaire, ff. 282 – 287).*

– – –, ›The Rise of Normandy‹ (British Academy, *Proceedings*, Band XXXIII, 1947, ff. 101 – 131, sowie getrennt).
– – –, ›Rollo of Normandy‹ *(Eng. Hist. Rev.*, Band LVII (1942), ff. 417 bis 436).
– – –, *The Social Structure of Medieval East Anglia* (Oxford, 1927).
– – –, ›Some Problems of Early Norman Chronology‹ *(Eng. Hist. Rev.*, Band LXV (1950), ff. 289 – 303).
– – –, ›The Song of Roland and the Norman Conquest of England‹ *(French Studies*, Band XIV (1960), ff. 99 – 116).
Dozy, R., *Recherches sur l'histoire de la litterature de l'Espagne*, 2 Bände (Paris, 1881).
Drogereit, R., ›Gab es eine angelsächsische Königskanzlei?‹ *(Archiv für Urkundenforschung*, Band XIII (1935), ff. 335 – 446).
Ducarel, A. C., *Anglo-Norman Antiquities considered in a Tour through Part of Normandy* (London, 1767).
Duchesne, L., *Les premiers temps de l'état pontifical* (Paris, 1911).
Dugdale, W., *The Baronage of England*, 3 Bände (London, 1675, 1676).
Dumaine, L. V., *Tinchebrai et sa Région au Bocage normand*, 3 Bände (Paris, 1883 – 1885).
[Du Plessis, Toussaints] *Description géographique et historique de la Haute Normandie*, 2 Bände (Paris, 1740).
Dupont, E., *La participation de la Bretagne à la conquête de l'Angleterre par les Normands* (Paris, 1911).
Durtelle de Saint Sauveur, E., *Histoire de Bretagne*, 2 Bände (Paris, 1935).
Edwards, J. G., ›The Normans and the Welsh March‹ British Academy, *Proceedings*, Band XLII (1956), ff. 155 – 179).
Etudes Lexoviennes, 3 Bände (Paris, 1915 – 1928).
Eudeline, P., *Hauville: monographie paroissale* (Evreux, 1918).
Faral, E., *Les Jongleurs de France* (Paris, 1910).
Farcy, P. de, *Abbayes de l'évêché de Bayeux* (Laval, 1887).
Farin, F., *Histoire de la ville de Rouen*, 3. ed., 2 Bände (Rouen, 1738).
Fauroux, M., s.: *Recueil des Actes des Ducs de Normandie*.
Fawtier, R.: ›Les Reliques rouennaises de Sainte Catherine d'Alexandrie‹ *(Analecta Bollandiana*, Band XLII [1923],ff. 357 –368).
Fécamp, Abtei von, *Ouvrage scientifique du XIIIe centenaire* (Fécamp, 1958).
Finn, R. W., *The Domesday Inquest and the Making of Domesday Book* (London, 1961).
– – –, *An Introduction of Domesday Book* (London, 1962).
Flach, J., *Les origines de l'ancienne France*, 4 Bände (Paris, 1886 – 1917).
Fliche, A., *Le Règne de Philippe I, roi de France* (Paris, 1912).
– – –, *Le Réforme grégorienne*, 2 Bände (Paris, 1924, 1925).
Foreville, R., ›Aux origines de la legende épique: Guillaume de Poitiers‹ (Moyen Age, Band LXI [1950], ff. 95 – 219).
– – –, ›Guillaume de Jumiège et Guillaume de Poitiers‹ *(Fécamp – XIIIe Centenaire*, ff. 643 – 653).
Formeville, H. de, *Histoire de l'ancien l'évêché-comté de Lisieux*, 2 Bände, (Lisieux, 1873).
Freeman, E. A., *The History of the Norman Conquest of England*, 5 Bände und Index-Band (Oxford, 1870 – 1879).
– – –, *The Reign of William Rufus*, 2 Bände (Oxford, 1882).
– – –, *Sketches of Travel in Normandy and Maine* (London, 1897).
Frère, E., *Manuel du Bibliographe normand*, 2 Bände (Rouen, 1858, 1860).
Fuller, J. C. F., *Decisive Battles of the Western World*, Band II (London, 1954).

Galbraith, V. H., ›The East Anglian See and the Abbey of Bury St Edmunds‹ *(Eng. Hist. Rev.,* Band XL [1925], ff. 222 – 228).

– – –, ›An episcopal land-grant of 1085‹ *(ibid.,* Band XLIV [1929], ff. 353 bis 372).

– – –, ›Girard the Chancellor‹ *(Ibid.,* Band XLVI, 1931).

– – –, ›The Making of Domesday Book‹ *(ibid.,* Band LVII [1942], ff. 161 bis 177).

– – –, *The Making of Domesday Book* (Oxford, 1961).

– – –, ›The Literacy of Medieval English Kings‹ (British Academy, *Proceedings,* Band XXI [1935], ff. 201 – 238).

– – –, ›Monastic Foundation Charters of the Eleventh and Twelfth Centuries‹ *(Cambridge History Journal,* Band IV [1934], ff. 205 – 222, 296 – 298).

Ganshof, F. L., *Qu'est-ce la féodalité?* (Brüssel, 1947).

Genestal, R., *Du Rôle des Monastères comme établissements de crédit* (Paris, 1901).

Geslin de Bourgoyne, J., und Barthélmy A. de, *Anciens Evêchés de Bretagne,* 6 Bände (Paris, 1855 – 1879).

Giry, A., *Manuel de Diplomatique* (Paris, 1894).

Glanville, L. (Boistard) de, *Histoire du prieuré de Saint-Lô de Rouen,* 2 Bände (Rouen, 1890, 1891).

Gleason, S. E., *An Ecclesiastical Barony of the Middle Ages: the Bishopric of Bayeux,* 1066 – 1204 (Harvard U. P., Cambridge, USA, 1936).

Glover, R., ›English Warfare in 1066‹ *(Eng. Hist. Rev.,* Band LXVII [1952], ff. 1 – 18).

Goebel, J., *Felony and Misdemeanor* (New York, 1937).

Goujou, A., *Histoire de Bernay et de son canton* (Evreux, 1875).

Grierson, P., ›The relations between England and Flanders before the Norman Conquest‹ *(R. Hist. Soc., Transactions,* Serie 4, Band XXIII [1941], ff. 71 – 113).

Grosse-Duperon, R., *L'église Notre-Dame de Mayenne,* Notes et Documents, 2 Bände (Mayenne, 1911, 1912).

Guéry, Ch., *Histoire de l'abbaye de Lire* (Evreux, 1917).

Guillhiermoz, P., *Essai sur l'origine de la noblesse en France au Moyen Age* (Paris, 1902).

Guitard, M., *Documents normands conservés à Londres* (Rouen, 1934).

Gurney, D., *The Record of the House of Gurney,* 2 Bände (London, 1848, 1858).

Halphen, L., *Le comte d'Anjou au XIe siècle* (Paris, 1906).

– – –, *Mélanges d'histoire du Moyen Age – dediés à L. Halphen* (Paris, 1915).

Handbook of British Chronology, ed. F. M. Powicke und E. B. Fryde *(R. Hist. Soc.,* 1961).

Harcourt, Vernon, *His Grace the Steward and Trial by Peers* (London, 1907).

Hardy, T. D., *Descriptive Catalogue of Materials relating to the History of Great Britain and Ireland,* 3 Bände in 4 (RS, 1862 – 1871).

Haskins, C. H., *Norman Institutions* (Harvard U. P., Cambridge, USA, 1918).

– – –, *The Normans in European History* (New York, 1915).

– – –, *Anniversary Essays presented to C. H. Haskins* (New York, 1929).

Hayward, John, *The Lives of the III Normans, Kings of England* (London, 1613).

Hefelé-Leclerc, *Histoire des Conciles,* Bände IV und V (Paris, 1911, 1913).

Hill, C., ›The Norman Yoke‹ *(Puritanism and Revolution,* London, 1958).

Hill, J. W. F., *Medieval Lincoln* (Cambridge, 1948).

Hippeau, C., *L'abbaye de Saint-Etienne de Caen* (Caen, 1855).

– – –, *Dictionnaire topographique du département de Calvados* (Paris, 1866).

Hollings, M., ›The Survival of the Five Hide Unit in the Western Midlands‹ *(Eng. Hist. Rev.,* Band LXIII [1948], ff. 453 – 487).

Hollister, C. W., *Anglo-Saxon Military Institutions* (Oxford, 1962).

– – –, ›The Norman Conquest and the Genesis of English Feudalism‹ *(American Historical Review,* Band LXVI [1961], ff. 641 – 664).

Holtzmann, W., *Papsturkunden in England,* 3 Bände (Berlin, 1930 – 1952).

Hommey, L., *Histoire générale ecclésiastique et civile du diocèse de Sées,* 5 Bände (Alençon, 1898 – 1900).

Hunger, V.,- *Histoire de Verson* (Caen, 1908).

Huynes, J., *Histoire générale de l'abbaye du Mont-Saint-Michel,* ed. E. de R. de Beaurepaire, 2 Bände (SHN, 1872, 1873).

Imbert, H., *Histoire de Thouars* (Niort, 1871).

Inman, A. H., *Domesday and Feudal Statistics* (London, 1900).

Jamison, E.,›The Sicilian Norman Kingdom in the mind of Anglo-Norman Contemporaries‹ (British Academy, *Proceedings,* Band XXIV [1938], ff. 237 – 286).

Jumièges, *Histoire de l'abbaye royale de Saint-Pierre de Jumièges par un religieux bénédictine de la Congrégation de Saint Maur,* ed. Julien Loth, 3 Bände (SHN, 1872 – 1875).

– – –, *Jumièges: Congrès scientifique du XIIIe centenaire* (Rouen, 1955).

Kantorowicz, Ernst H., *Laudes Regiae: a study in Liturgical Acclamations* (University of California, 1946).

– – –, *The King's Two Bodies: a Study in Medieval Political Theology* (Princeton University Press, 1957).

Kelham, R., *Domesday Book Illustrated* (London, 1788).

Kern, F., *Kingship and Law in the Middle Ages,* übers. S. D. Chrimes (London, 1939).

Knowles, M. David, *The Monastic Order in England* (Cambridge, 1940).

– – –, ›Les Relations monastiques entre la Normandie et l'Angleterre‹, *(Jumièges – XIIIe centenaire,* ff. 261 – 267).

Knowles, M. David, und Hadcock, R. N., *Medieval Religious Houses in England and Wales* (London, 1953).

La Borderie, A. le M. de, *Etude historique sur les Neuf Barons de Bretagne* (Rennes, 1895).

– – –, und Poquet, B., *Histoire de Bretagne,* 6 Bände, (Rennes, 1896 – 1914).

Laheudrie, E. de, *Histoire du Bessin,* 2 Bände (Caen, 1930).

Lair, J., *Guillaume Longue-Epée* (Paris, 1893).

La Morandière, G. de, *Histoire de la Maison d'Estouteville en Normandie* (Paris, 1903).

Langlois, P., *Nouvelles recherches sur les bibliothèques des archevêques et du chapitre de Rouen* (Rouen, 1854).

La Roque, G.-A. de, *Histoire généalogique de la Maison de Harcourt,* 4 Bände (Paris, 1663).

Larson, L. M., *The King's Household in England before the Norman Conquest* (Madison, USA, 1904).

Latouche, R., *Histoire du Comté du Maine pendant les Xe et XIe siècles* (Paris, 1810).

Lauer, P., *Le Règne de Louis IV, d'Outre Mer* (Paris, 1900).

Le Baud, P., *Histoire de Bretagne* (Paris, 1638).

Lebeurier, P. F., *Notice sur l'abbaye de la Croix-Saint-Leufroy* (Paris, 1866).

Le Brasseur, P. P., *Histoire civile et ecclésiastique du Comté d'Evreux* (Nevers, 1722).

Le Cacheux, M. J., *Histoire de l'abbaye de Saint-Amand de Rouen* (Caen, 1937).

Le Cacheux, P., ›Une charte de Jumièges concernant l'épreuve par le fer chaud‹ (SHN, *Mélanges*, Band XI, (1927), ff. 203 – 217).
Lecanu, C. A. F., *Histoire du diocèse de Coutances et Avranches*, 2 Bände (Coutances, 1877, 1888).
Lechaudé-d'Anisy, *Les anciennes abbayes de Normandie* (SAN, Mémoires, Bände VII und VIII).
– – –, *Grands Rôles des Echiquiers de Normandie* (Caen, 1846).
Leclercq, I. J., und Bonnes, J. P., *Un maître de la vie spirituelle au XIe siècle: Jean de Fécamp* (Paris, 1946).
Lemarignier, J.-F., ›Autour de la royauté française du IXe au XIIIe siècle‹ (*Bibliothèque de l'Ecole de Chartes*, Band CXIII, 1955).
– – –, ›La dislocation du Pagus et le problème des Consuetudines‹ (*Mélanges – Halphen*, ff. 401 – 411).
– – –, *Recherches sur l'hommage en marche et les frontières féodales* (Paris, 1945).
– – –, *Les Privilèges d'exemption et de jurisdiction ecclésiastique des abbayes normandes* (Paris, 1937).
Lennard, R., *Rural England, 1086 – 1135* (Oxford, 1959).
Le Noir, J. L., *Preuves généalogiques et historiques de la Maison de Harcourt* (Paris, 1907).
Le Patourel, J. H., ›Geoffrey, Bishop of Coutances‹ (*Eng. Hist. Rev.*, Band LIX (1944), ff. 129 – 140).
– – –, ›The Reports of the Trial on Pennenden Heath‹ (*Studies – Powicke*, ff. 15 – 26).
Le Prévost, A., ›Les anciennes divisions territoriales de la Normandie‹ (SAN, *Mémoires*, Band XI (1840), ff. 1 – 59).
– – –, *Mémoires et Notes de M. Auguste le Prévost pour servir à l'histoire du département de l'Eure*, 3 Bände (Evreux, 1862 – 1869).
Le Roux de Lincy, A. J. V., *Essai historique et littéraire sur l'abbaye de Fécamp* (Rouen, 1840).
Le Roy, T., *Livre des curieuses recherches du Mont-Saint-Michel* (1647), ed. E. de R. Beaurepaire (SAN, *Mémoires*, Band XXIX (1877), ff. 223 – 246).
Licquet, F. T., *Histoire de Normandie*, 2 Bände (Rouen, 1835).
Liebermann, F., *Ungedruckte Anglo-normannische Geschichtsquellen* (Straßburg 1879).
– – –, s. a.; Anglo-Saxon Laws, *Die Gesetze der Angelsachsen.*
Lobineau, G. A., *Histoire de Bretagne*, 2 Bände (Paris, 1707) [Der zweite Band enthält die Preuves].
Lot, F., *L'art militaire et les armées au moyen âge* (Paris, 1946).
– – –, ›Etudes sur les légendes épiques françaises V: La chanson de Roland‹ (*Romania*, Band LIV [1928], ff. 357 – 378).
– – –, *Fidèles ou Vassaux?* (Paris, 1940).
– – –, *Etudes critiques sur l'abbaye de Saint-Wandrille* (Paris, 1913).
– – –, *Mélanges d'histoire – offerts à F. Lot* (Paris, 1925).
Lot, F. und Fawtier, R., *Histoire des Institutions françaises au Moyen Age*, 3 Bände (Paris, 1958 – 1963).
Loth, J., *La Cathédrale de Rouen* (Paris, 1879).
Lottin de Laval, V., *Bernay et son arrondissement* (Bernay, 1890).
Loyd, L. C., *The Origins of some Anglo-Norman Families* (Harleian Society, Band CIII, 1951).
– – –, ›The Origin of the Family of Warenne‹ (*Yorkshire Archaeological Society Journal*, Band XXXI (1933), ff. 97 – 159).
Loyn, H. R., *Anglo-Saxon England and the Norman Conquest* (London, 1962).
Luchaire, A., *Histoire des Institutions monarchiques de la France* (987 bis 1180), 2 Bände (Paris, 1891).
Lyon, B. D., *From Fief to Indenture* (Cambridge, USA, 1957).

– – –, ›The Money Fief under the English Kings‹ *(Eng. Hist. Rev.,* Band LVI (1941), ff. 161 – 193).

– – –, (Herausgeber), *Medieval Institutions* (Cornell University Press, 1954).

Mabillon, J., *De Re Diplomatica,* 1681; ergänzt 1704.

Macdonald, A. J., *Lanfranc: a Study of his Life and Writing* (Oxford, 1944).

Maclagan, E., The *Bayeux Tapestry* (King Penguin Books, 1943).

Madox, T., *Baronia Anglica* (London, 1736).

– – –, *Formulare Anglicanum* (London, 1702).

Maitland, F. W., *Domesday Book and Beyond* (Cambridge, 1897).

– – –, *Collected Papers,* 3 Bände (Cambridge, 1911).

Martène, E., und Durand U., *Thesaurus novus anecdotorum,* 5 Bände (Paris, 1717).

Martin-Du-Gard, Roger, *L'abbaye de Jumièges* (Montdidier, 1909).

Marx, J., ›Guillaume de Poitiers et Guillaume de Jumièges‹ *(Mélanges – F. Lot,* ff. 515 – 542).

Maskell, W., *Ancient Liturgy of the Church of England* (London, 1846).

– – –, *Monumenta ritualia ecclesiae anglicanae* (Oxford, 1882).

Mason, J. F. A., ›The Companions of the Conqueror: an additional name‹ *(Eng. Hist. Rev.,* Band LXVI (1956), ff. 61 – 69).

Matthew Donald, *Norman Monasteries and their English Possessions* (Oxford, 1962).

Merlet, L., *Dictionnaire topographique du Département d'Eure et de Loir* (Paris, 1861).

Morgan, J. F., *England under the Norman Occupation* (London, 1858).

Morice, P. H., *Histoire ecclésiastique et civile de Bretagne,* 5 Bände (1742). [Die letzten drei Bände enthalten die Preuves.]

Monstier, A. du, s. *Neustria Pia.*

Morris, W. A., The *Medieval English Sheriff to 1300* (Manchester, 1927).

Musset, L., ›Actes inédits du XIe siècle‹ (SAN, *Bulletin,* Band LII, ff. 117 bis 115; Band LIV, ff. 115 – 154; 1952 – 1955).

– – –, ›Les destins de la propriété monastique devant les invasions normandes‹ (Jumièges – XIIIe centenaire, ff. 48 – 55).

– – –, ›Les domaines de l'époque franque et les destinées du régime domanial du IXe au XIe siècle‹ (SAN, *Bulletin,* Band XLIX (1942 – 1945), ff. 7 – 97).

– – –, ›La vie économique de l'abbaye de Fécamp sous l'abbatiat de Jean de Ravenne‹ *(Fécamp – XIIIe centenaire,* ff. 67 – 79).

– – –, ›A-t-il existé en Normandie au XIe siècle une aristocratie d'argent?‹ *(Annales de Normandie* (1959), ff. 285 – 299).

Navel, H., ›L'enquête de 1133 sur les fiefs de l'évêché de Bayeux‹ (SAN, *Bulletin,* Band XLII (1935), ff. 5 – 80).

– – –, ›Recherches sur les institutions féodales en Normandie‹ (SAN *Bulletin,* Band LI, 1953).

Nicole, J., *Histoire – des évêques d'Avranches,* ed. Ch.-A. de Beaurepaire (SHN, *Mélanges,* Band IV (1898), ff. 1 – 110).

Norgate, K., *England under the Angevin Kings,* 2 Bände (London, 1887).

Nouveau Traité de Diplomatique, 6 Bände (Paris, 1750 – 1765).

Offler, H. S., ›The Tractate, De Iniusta Vexacione Willelmi episcopi‹ *(Eng. Hist. Rev.,* Band LXVI (1951), ff. 321 – 341).

Oleson, T. J., *The Witenagemot in the Reign of Edward the Confessor* (Oxford, 1955).

– – –, ›Edward the Confessor's Promise of the Throne to Duke William of Normandy‹ *(Eng. Hist. Rev.,* Band LXXII (1957), ff. 221 – 228).

Oliver, G., *Lives of the Bishops of Exeter* (Exeter, 1861).

Petit-Dutaillis, C., *Studies and Notes Supplementary to Stubb's Constitutional History,* 3 Bände (Manchester, 1908 – 1929).

Pezet, R. A. L., *Les barons de Creully* (Bayeux, 1854).

Pfister, C., *Etude sur le règne de Robert le Pieux* (Paris, 1885).

Philpot, J. H., *Master Wace: a Pioneer in Two Literatures* (London, 1925).

Pigeon, E. A., *La Diocèse d'Avranches*, 2 Bände (Coutances, 1887, 1888).

Pluquet, F., *Notice sur la vie et les écrits de Robert Wace* (Rouen, 1824).

Pocock, J. G. A., *The Ancient Constitution and the Feudal Law* (Cambridge, 1957).

Pollock, F., und Maitland, F. W., *The History of English Law before the time of Edward I*, 2. ed., 2 Bände (Cambridge, 1898).

Pommeraye, F., *Histoire de l'abbaye royale de Saint Ouen de Rouen – ensembles celles des abbayes de Sainte Cathérine et de Saint Amand* (Rouen, 1662).

– – –, *Histoire des Archevêques de Rouen* (Rouen, 1667).

– – –, *Histoire de l'église cathédrale de Rouen* (Rouen, 1686).

Poole, A. L., *Obligations of Society in the Twelfth and Thirteenth Centuries* (Oxford, 1946).

Poole, R. L., *The Exchequer in the Twelfth Century* (Oxford, 1912).

– – –, *Chronicles and Annals* (Oxford, 1926).

– – –, ›Leopold Delisle‹ (Brittish Academy, *Proceedings*, Band V, 1911).

– – –, *Studies in Chronology and History* (Oxford, 1934).

– – –, *Essays in History Presented to Reginald Lane Poole* (Oxford, 1927).

Porée, A. A., *Histoire de l'abbaye du Bec*, 2 Bände (Evreux, 1901).

Pottier, A., *Revue rétrospective normande* (Rouen, 1842).

Powicke, F. M., *The Loss of Normandy* (Manchester, 1913).

– – –, ›Sir Henry Spelman and the »Concilia«‹ (British Academy, *Proceedings*, Band XVI (1930), ff. 345 – 382).

– – –, *Studies in Medieval History presented to F. M. Powicke* (Oxford, 1948).

Powicke, M., *Military Obligation in Medieval England* (Oxford, 1962).

Prentout, H., *Essai sur les origines et fondation du Duché de Normandie* (Paris, 1911).

– – –, *Etude critique sur Dudon de Saint-Quentin* (Paris, 1916).

– – –, *Etude sur quelques points de l'histoire de Guillaume le Conquérant* (Caen, 1930).

– – –, *Etude sur quelques points de l'histoire de Normandie* (Caen, 1926; Nouvelle Série, Caen, 1929).

– – –, *La Normandie* (›Regions de la France‹, 1910).

Prestwich, J. O. ›War and Finance in the Anglo-Norman State‹ *(R. Hist. Soc., Transactions,* Serie 5, Band IV (1954), ff. 19 – 44.)

Richard, A., *Histoire des Comtes de Poitou*, 2 Bände (Paris, 1903).

Richardson, H. G., ›The Coronation in Medieval England‹ *(Traditio,* Band XVI [1960], ff. 111 – 202).

Richardson, H. G., und Sayles, G., *The Governance of Medieval England from the Conquest to Magna Carta* (Edinburgh, 1963).

Rickard, P., *Britain in Medieval French Literature* (Cambridge, 1956).

Ritchie, R. L. G., *The Normans in England before Edward the Confessor* (Exeter, 1948).

– – –, *The Normans in Scotland* (Edinburgh, 1954).

Robinson, J. A., *Gilbert Crispin, Abbot of Westminster* (Cambridge, 1911).

– – –, *Somerset Historical Essays* (British Academy, 1911).

Round, J. H., *The Commune of London, and other Studies* (London, 1899).

– – –, *Family Origins and other Studies* (London, 1930).

– – –, *Feudal England* (London, 1895).

– – –, *Geoffrey de Mandeville* (London, 1892).

– – –, *Peerage and Pedigree*, 2 Bände (London, 1910).

– – –, *Studies in Peerage and Family History* (London, 1901).

– – –, s. a.: *Calendar of Documents preserved in France.*

Royal Historical Society; *Transactions,* 5 Serien (erscheint fortwährend).

Runciman, Steven, *A History of the Crusades*, 3 Bände (Cambridge, 1951 bis 1954).

Sackur, E., *Die Cluniacenser*, 2 Bände (Halle, 1892, 1894).

Sauvage, H., *Les Chartes de fondation du Prieuré de Bacqueville-en-Caux: Etude critique* (Rouen, 1882).

– – –, *Note sur les manuscrits anglo-saxons et les manuscrits de Jumièges conservés à la Bibliothèque municipale de Rouen* (Le Havre, 1870).

Sauvage, R. N., *Les fonds de l'abbaye de Saint-Etienne de Caen aux Archives de Calvados* (Caen, 1911).

– – –, *L'abbaye de Saint Martin de Troarn* (Caen, 1911).

Schlumberger, G., ›Deux chefs normands des armées byzantines‹ (Revue historique, Band XVI, 1881).

Schram, P. E., *History of the English Coronation* (Oxford, 1937).

Setton, K. M., und Baldwin, M. W., (Verleger), *A History of the Crusades*, Band I: ›The First Hundred Years‹ (Philadelphia, 1955).

Sion, J., *Les Paysans de la Normandie Orientale* (Paris, 1909).

Sisam, K., ›A Elfric's Catholic Homilies‹ (*Review of English Studies*, Band VII, ff. 7 – 22; Band VIII, 51 – 68; Band IX, ff. 1 – 11; 1931 – 1933).

Skene, W. F., *Celtic Scotland*, 3 Bände (Edinburgh, 1876 – 1880).

Social Life in Early England, ed. G. Barraclough (London, 1960).

Société des Antiquaires de Normandie: Mémoires, 1825 – erscheint fortwährend
Société de l'Histoire de Normandie: Mélanges, 1891 – erscheint fortwährend.

Southern, R. W., ›The Canterbury Forgeries‹ (Eng. Hist. Rev., Band XXIII (1958), ff. 193 – 226).

– – –, ›The English Origins of the »Miracles of the Virgin«‹ (*Medieval and Renaissance Studies*, Band IV (1958), ff. 176 – 216).

– – –, ›The First Life of Edward the Confessor‹ (Eng. Hist. Rev., Band LVII (1943), ff. 385 – 400).

– – –, ›Lanfranc of Bec and Berengar of Tours‹ (*Studies – Powicke*, ff. 27 – 48).

– – –, *Saint Anselm and his Biographer*, (Cambridge, 1963).

Spatz, W., *Die Schlacht von Hastings* (Berlin, 1896).

Stapleton, T., s. *Magni Rotuli*.

Steenstrup, J., *Normandiets Historie unter de syv første hertuger* (Kopenhagen, 1925).

Stein, H., *Bibliographie générale des cartulaires français* (Paris, 1907).

Stenton, F. M., *Anglo-Saxon England* (Oxford, 1943).

Stenton, F. M., ›The Danes in England‹ (British Academy, *Proceedings*, Band XIII [1927], ff. 203 – 246).

– – –, *The Free Peasantry of the Northern Danelaw* (Lund, 1926).

– – –, *The Latin Charters of the Anglo-Saxon Period* (Oxford, 1955).

– – –, ›The Development of the Castle in England and Wales‹ (*Social Life in Early England*, ff. 96 – 123).

– – –, ›Norman London‹ (*ibid.*, ff. 179 – 207).

– – –, *Types of Manorial Structure in the Northern Danelaw* (Oxford, 1910).

– – –, *William the Conqueror and the Rule of the Normans* (London, 1908).

Stephenson, C., ›Feudalism and its Antecedents in England‹ (*American Historical Review*, Band XLVIII [1943], ff. 245 – 265).

Stevenson, W. H., ›A Contemporary Description of the Domesday Survey‹ (*Eng. Hist. Rev.*, Band XXII [1907], ff. 74 – 78).

– – –, ›An Old-English Charter of William the Conqueror‹ (*ibid.*, Band XI [1896], ff. 731 – 744).

Stubbs, W. *The Constitutional History of England*, 3 Bände (viele Ausgaben).

– – –, *Select Charters and other Illustrations of English Constitutional History* (viele Ausgaben).

Studi Gregoriani, ed. G. S. Borino, 3 Bände (Rom, 1947).

Tait, J., ›An alleged Charter of William the Conqueror‹ *(Essays – R. L. Poole,* ff. 151 – 167).

– – –, *The Medieval English Borough* (Manchester, 1933).

– – –, *Historical Essays in Honour of James Tait* (Manchester, 1933).

Tardif, E.-F., ›Etudes sur les sources de l'ancien Droit normand et spécialement sur la législation des ducs de Normandie‹ *(Congrès millénaire – Normandie,* Band I, ff. 570 – 619).

Tolhurst, J. B. L., ›An Examination of two Anglo-Saxon MSS. of the Winchester School: the Missal of Robert of Jumièges and the Benedictional of AEthelwod‹ *(Archaeologia,* Band LXXXIII [1933], ff. 27 – 49).

Toustain de Billy, R., *Histoire ecclésiastique du Diocèse de Coutances,* ed. F. Dolbet, 3 Bände (SHN, 1874 – 1886).

Tout, T. F., *Chapters in the Administrative History of Medieval England,* 6 Bände (Manchester, 1920 – 1937).

– – –, *Essays in Medieval History presented to T. F. Tout* (Manchester, 1925).

Turner, G. Dawson, *Account of a Tour in Normandy,* 2 Bände (London, 1820).

Ullmann, W., *Medieval Papalism* (London, 1949).

Vacandard, E., ›Un essai d'histoire des archevêques de Rouen au XIe siècle‹ *(Revue catholique de Normandie,* Band III (1893), ff. 117 – 127.

– – –, Liste chronologique des archevêgues de Rouen *(Revue catholique de Normandie,* Band XIII (1904), ff. 189 – 202.

Valin, L., *Le Duc de Normandie et sa cour* (Paris, 1910).

Vaultier, F., ›Recherches historiques sur l'ancien pays de Cinglais‹ (SAN, *Mémoires,* Band X [1837], ff. 1 – 296).

Vigfusson, G., und Powell, F. York, *Corpus Poeticum boreale,* 2 Bände (Oxford, 1883).

– – –, *Origines Islandicae,* 2 Bände (Oxford, 1905).

Verbuggen, J. F., *Die Krijskunst in West-Europa in de middeleeuwen* (Brüssel, 1954).

Villars, J. B., *Les normands en Mediterranée* (Paris, 1951).

Vinogradoff, P., *English Society in the Eleventh Century* (Oxford, 1908).

Waley, D. P., ›Combined Operations in Sicily A. D. 1060 – 1078‹ *(Papers of the British School of Rome,* Band XXII, 1954).

Waters, R. E. C., *Genealogical Memoirs of the Counts of Eu* (London, 1886).

– – –, *Gundrada de Warenne* (Exeter, 1884).

Wharton, H., s.: *Anglia Sacra.*

White, G. H., ›The Battle of Hastings and the Death of Harold‹ *(Complete Peerage,* Band XII, Teil I, Anhang L).

– – –, ›The Conqueror's Brothers and Sisters‹ *(ibid.,* Band XI, Anhang K)

– – –, Marshals under the Conqueror‹ *(ibid.,* Band XI, Anhang E).

– – –, ›The Household of the Norman Kings‹ *(R. Hist. Soc.,* Transactions, 4 Serien, Band XXX [1948], ff. 127 – 145).

– – –, ›The First House of Bellême‹ *(ibid.,* 4 Serien, Band XXII [1940], ff. 68 – 99).

– – –, ›The Sisters and Nieces of Gunnor, Duchess of Normandy‹ *(Genealogist,* Neue Serien, Band XXXVII, 1920).

White, T. L., jun., *Latin Monasticism in Norman Sicily* (Cambridge, USA, 1938).

Wilkins, D., s.: *Concilia.*

Wilkinson, Bertie, ›Freeman and the Crisis of 1051‹ *(Bulletin John Rylands Library,* Band XXXIV [1938], ff. 368 – 387).

– – –, ›Northumbrian Separatism in 1065 and 1066‹ *(ibid.,* Band XXXII [1936], ff. 504 – 526).

Williams, G. H., *The Norman Anonymus of 1100 A. D.* (Cambridge, USA, 1951).
Williams, Watkin, ›William of Dijon‹ *(Downside Review,* Band LII [1934], ff. 520 – 545).
Wilmart, André, *Auteurs spirituels et textes dévots du Moyen Age* (Paris, 1932).
– – –, ›Alain le Roux et Alain le Noir‹ *(Annales de Bretagne,* Band XXXVIII [1929], ff. 576 – 602).
Yver, J., ›Le bref anglo-normand‹ *(Revue Historique de Droit,* Band XXIX, 1962).
– – –, ›Les Châteaux forts en Normandie jusqu'au milieu du XIIe siècle‹ (SAN, *Bulletin,* Band LIII, 1955).
– – –, ›Le Développement du pouvoir ducal en Normandie de l'avènement de Guillaume le Conquérant à la mort d'Henri I‹ *(Atti del Convengno internationale die Studi Ruggeriani,* Palermo, 1955).
– – –, ›L'interdiction de la guerre privée dans le très ancien droit normand‹ *(Travaux de la Semaine de Droit normand,* Caen, 1928).

III
SEKUNDÄRLITERATUR AB 1962

La Conquête d'Angleterre par les Normands. Vue d'ensemble par André Maurois. Textes (Paris, 1968).
The Norman Conquest. Its setting and impact. A book commemorating the 9. centenary of the battle of Hastings. Compiled by the Battle & District Historical Society (London, 1966).

Adam, R. J., *A conquest of England.* The coming of the Normans (London, 1965).
Altschul, M., *Anglo-Norman England 1066—1154* (Cambridge, 1969).
Ashley, M. P., *The life and times of William I* (London, 1973).
Baker, T., *The Normans* (London, 1966).
Barlow, F., *William I and the Norman conquest* (London, 1965).
Brown, A. R., *The Normans and the Norman conquest* (London, 1969).
Darby, H. C., *Domesday England* (London, 1977).
Darlington, R. R., *The Norman conquest* (London, 1962).
Davis, R. H., *The Normans and their myth* (London, 1976).
Douglas, D., *The Norman achievement, 1050—1100* (London, 1969).
– – –, *Time and the hour.* Some collected papers (London, 1977).
– – –, *William the Conqueror.* The Norman impact upon England (London, 1964).
Faber, G., *Die Normannen.* Piraten, Entdecker, Staatengründer (München, 1977).
Finn, R. W., *An introduction to Domesday Book* (London, 1963).
Furneaux, R., *Invasion 1066* (Englewood Cliffs, N. J., 1966).
Hollister, W. C., *The impact of the Norman conquest* (New York, 1969).

Jäschke, K.-U., *Wilhelm der Eroberer*. Sein doppelter Herrschaftsantritt im Jahre 1066 (Vorträge und Forschungen. Konstanzer Arbeitskreis für mittelalterliche Geschichte. Sonderbd. 24, Sigmaringen, 1977).

Keeton, G., *The Norman conquest and the common law* (London, New York, 1966).

Körner, S., *The battle of Hastings, England and Europe, 1035—1066* (Bibliotheca historica Lundensis 14, Lund, 1964).

Leblond, B., *L'accession des Normands de Neustrie à la culture occidentale, Xème—XIème siècle* (Paris, 1966).

Lindsay, J., *The Normans and their world* (London, 1974).

Linklater, E., *The conquest of England* (London, 1966).

Lloyd, A., *The year of the conqueror* (London, 1966).

Loyn, H. R., *The Norman conquest* (London, 1965).

- - -, *Anglo-Saxon England and the Norman conquest* (London, 1963).

Matthew, D. J., *The Norman conquest* (London, 1966).

Mondfeld, W. zu, *Drachenschiffe gegen England*. Die Eroberung Englands durch die Normannen, 1066. Hintergründe und Verlauf der Schlacht von Hastings (Würzburg, 1974).

Pine, G. L., *Heirs of the Conqueror*. A study of the Norman conquest, its history and consequences to the present day (London, 1965).

Planchon, M., *Quand la Normandie était aux Vikings*. De Rollon à Guillaume le Conquérant (Paris, 1978).

Richardson, H. G., u. G. O. Sayles, *The governance of mediaeval England from the conquest to Magna Carta* (Edinburgh, 1963).

Zumthor, P., *Guillaume le Conquérant* (Paris, 1964).

INDEX

EINE AUSWAHL VON STAMMBÄUMEN

TAFEL 1. DIE NORMANNISCHE HERZOGLICHE DYNASTIE IM ELFTEN JAHRHUNDERT: A

Herzog Richard I. der Normandie, 942 – 996 (Sohn von Wilhelm ›Langschwert‹; Enkel von Rolf)

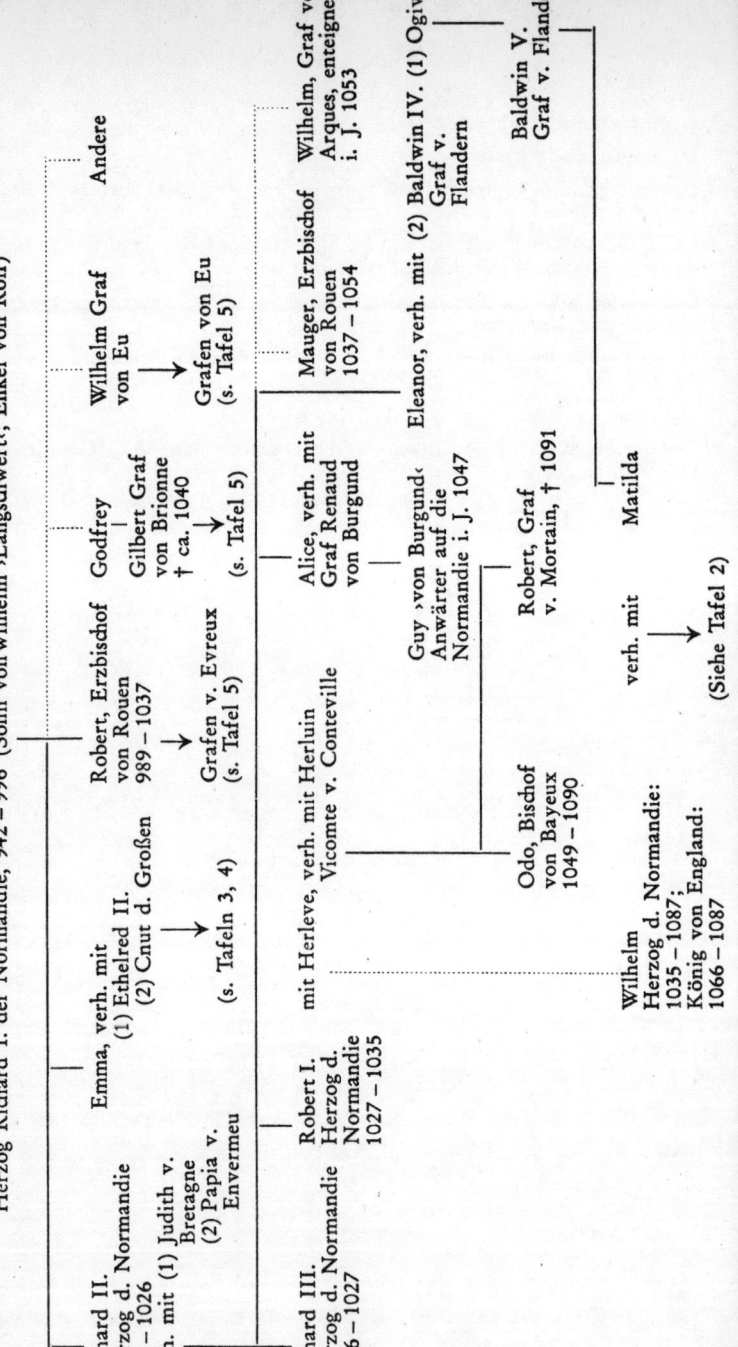

Richard II. Herzog d. Normandie 996 – 1026 verh. mit (1) Judith v. Bretagne (2) Papia v. Envermeu

Emma, verh. mit (1) Ethelred II. (2) Cnut d. Großen

(s. Tafeln 3, 4)

Robert, Erzbischof von Rouen 989 – 1037

Grafen v. Evreux (s. Tafel 5)

Godfrey

Gilbert Graf von Brionne † ca. 1040

(s. Tafel 5)

Wilhelm Graf von Eu

Grafen von Eu (s. Tafel 5)

Andere

Richard III. Herzog d. Normandie 1026 – 1027

Robert I. Herzog d. Normandie 1027 – 1035

mit Herleve, verh. mit Herluin Vicomte v. Conteville

Odo, Bischof von Bayeux 1049 – 1090

Guy ›von Burgund‹ Anwärter auf die Normandie i. J. 1047

Robert, Graf v. Mortain, † 1091

Alice, verh. mit Graf Renaud von Burgund

Eleanor, verh. mit (2) Baldwin IV. (1) Ogiva Graf v. Flandern

Mauger, Erzbischof von Rouen 1037 – 1054

Wilhelm, Graf von Arques, enteignet i. J. 1053

Baldwin IV. (1) Ogiva Graf v. Flandern

Baldwin V. Graf v. Flandern

Wilhelm Herzog d. Normandie: 1035 – 1087; König von England: 1066 – 1087

verh. mit

Matilda

(Siehe Tafel 2)

TAFEL 2. DIE NORMANNISCHE HERZOGLICHE DYNASTIE IM ELFTEN JAHRHUNDERT: B

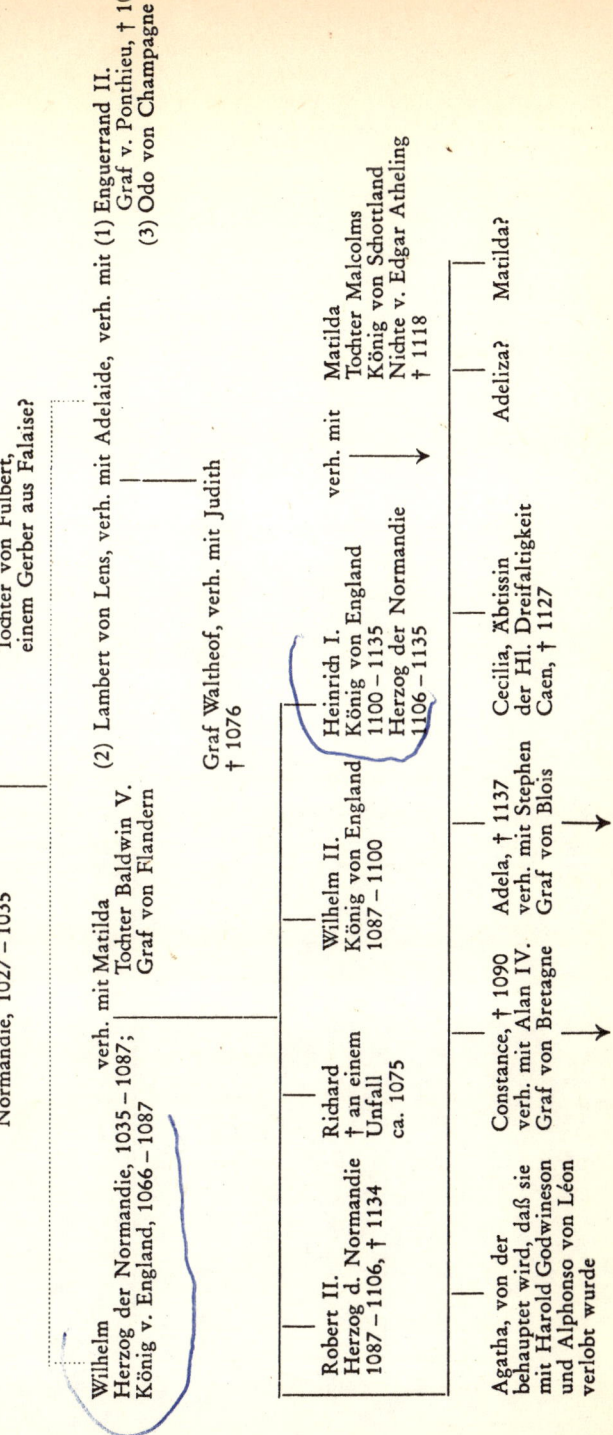

Robert I., Herzog der Normandie, 1027 – 1035 — mit — Herleve Tochter von Fulbert, einem Gerber aus Falaise?

Wilhelm, Herzog der Normandie, 1035 – 1087, König v. England, 1066 – 1087 — verh. mit Matilda, Tochter Baldwin V. Graf von Flandern

(2) Lambert von Lens, verh. mit Adelaide, verh. mit (1) Enguerrand II., Graf v. Ponthieu, † 1053 (3) Odo von Champagne

Graf Waltheof, verh. mit Judith † 1076

Robert II. Herzog d. Normandie 1087 – 1106, † 1134

Richard † an einem Unfall ca. 1075

Wilhelm II. König von England 1087 – 1100

Heinrich I. König von England 1100 – 1135 Herzog der Normandie 1106 – 1135 — verh. mit — Matilda Tochter Malcolms König von Schottland Nichte v. Edgar Atheling † 1118

Agatha, von der behauptet wird, daß sie mit Harold Godwineson und Alphonso von Léon verlobt wurde

Constance, † 1090 verh. mit Alan IV. Graf von Bretagne

Adela, † 1137 verh. mit Stephen Graf von Blois

Cecilia, Äbtissin der Hl. Dreifaltigkeit Caen, † 1127

Adeliza?

Matilda?

Anmerkung: Über die Töchter Wilhelm des Eroberers siehe Anhang C. Die Daten ihrer Geburt sind nicht bekannt.

TAFEL 3. DIE ALTENGLISCHE KÖNIGLICHE DYNASTIE IN DER ZEIT DER NORMANNISCHEN EROBERUNG

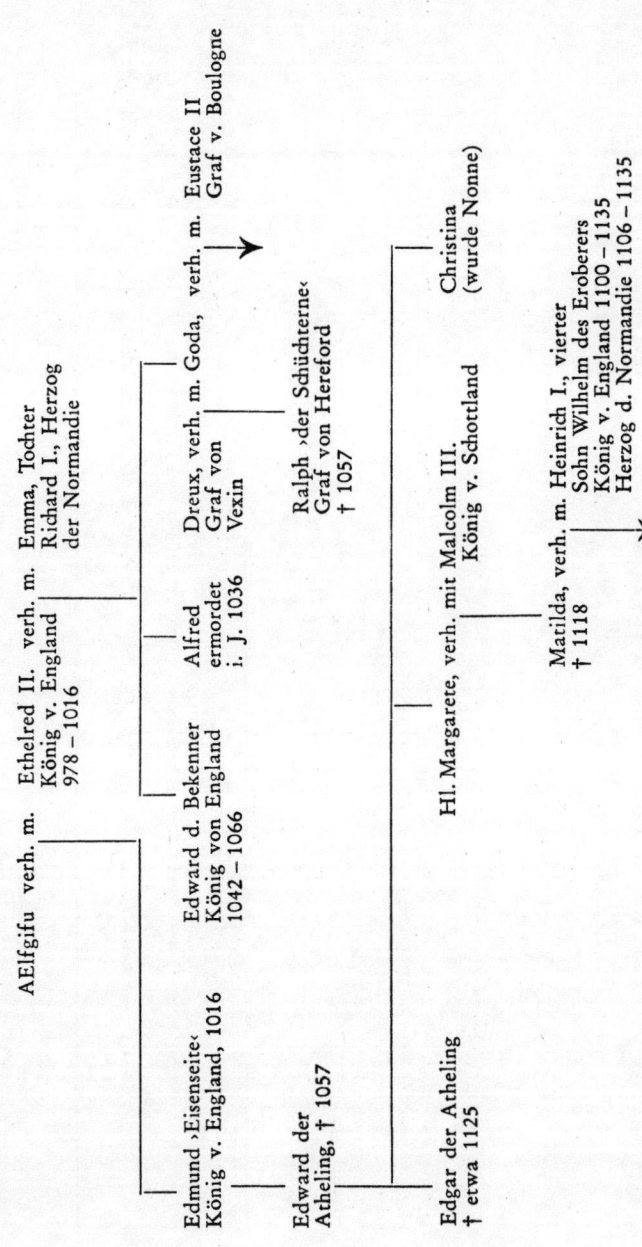

AElfgifu verh. m. Ethelred II. verh. m. Emma, Tochter
König v. England Richard I., Herzog
978 – 1016 der Normandie

Edmund ›Eisenseite‹ Edward d. Bekenner Alfred Dreux, verh. m. Goda, verh. m. Eustace II
König v. England, 1016 König von England ermordet Graf von Graf v. Boulogne
1042 – 1066 i. J. 1036 Vexin

Edward der Ralph ›der Schüchterne‹
Atheling, † 1057 Graf von Hereford
† 1057

Edgar der Atheling Hl. Margarete, verh. mit Malcolm III. Christina
† etwa 1125 König v. Schottland (wurde Nonne)

Matilda, verh. m. Heinrich I., vierter
† 1118 Sohn Wilhelm des Eroberers
König v. England 1100 – 1135
Herzog d. Normandie 1106 – 1135

TAFEL 4. DIE SKANDINAVISCHEN ANSPRÜCHE AUF DIE THRONFOLGE IN ENGLAND AUF GRUND DER VERWANDTSCHAFTLICHEN BEZIEHUNGEN EMMAS

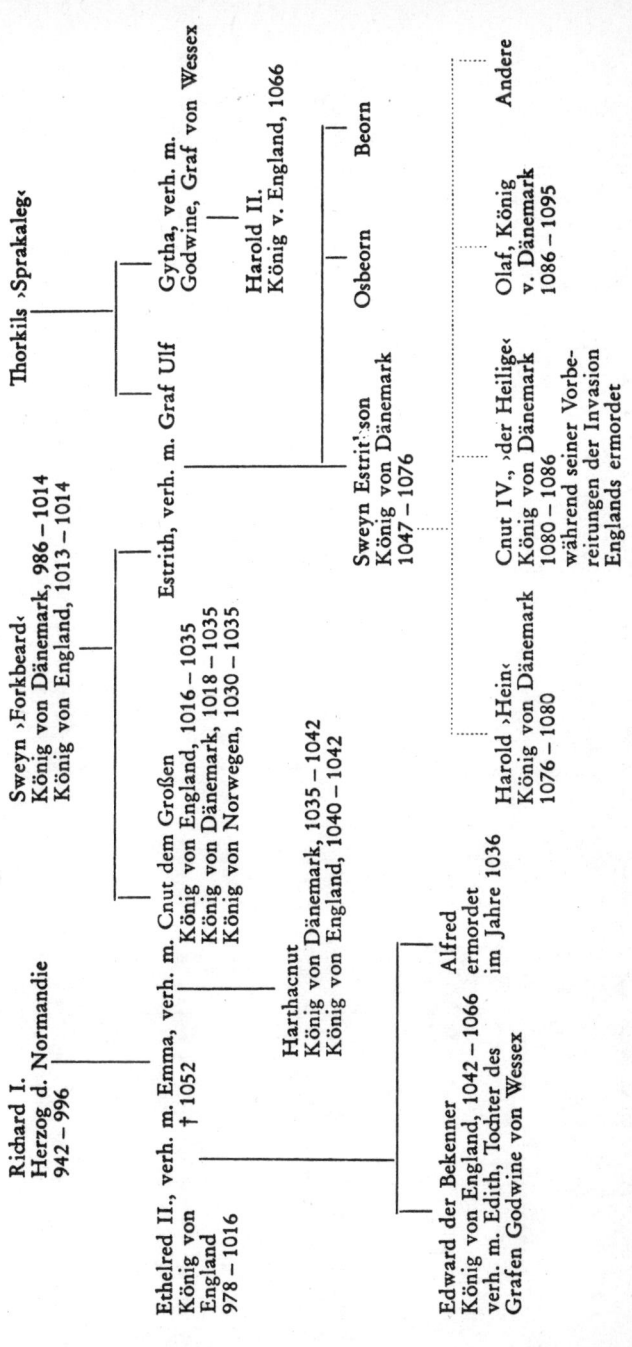

TAFEL 5. DIE GRAFEN VON EU UND DIE GRAFEN VON EVREUX MIT IHREN VERWANDTSCHAFTLICHEN BEZIEHUNGEN

Richard I., Herzog der Normandie, 942 – 996

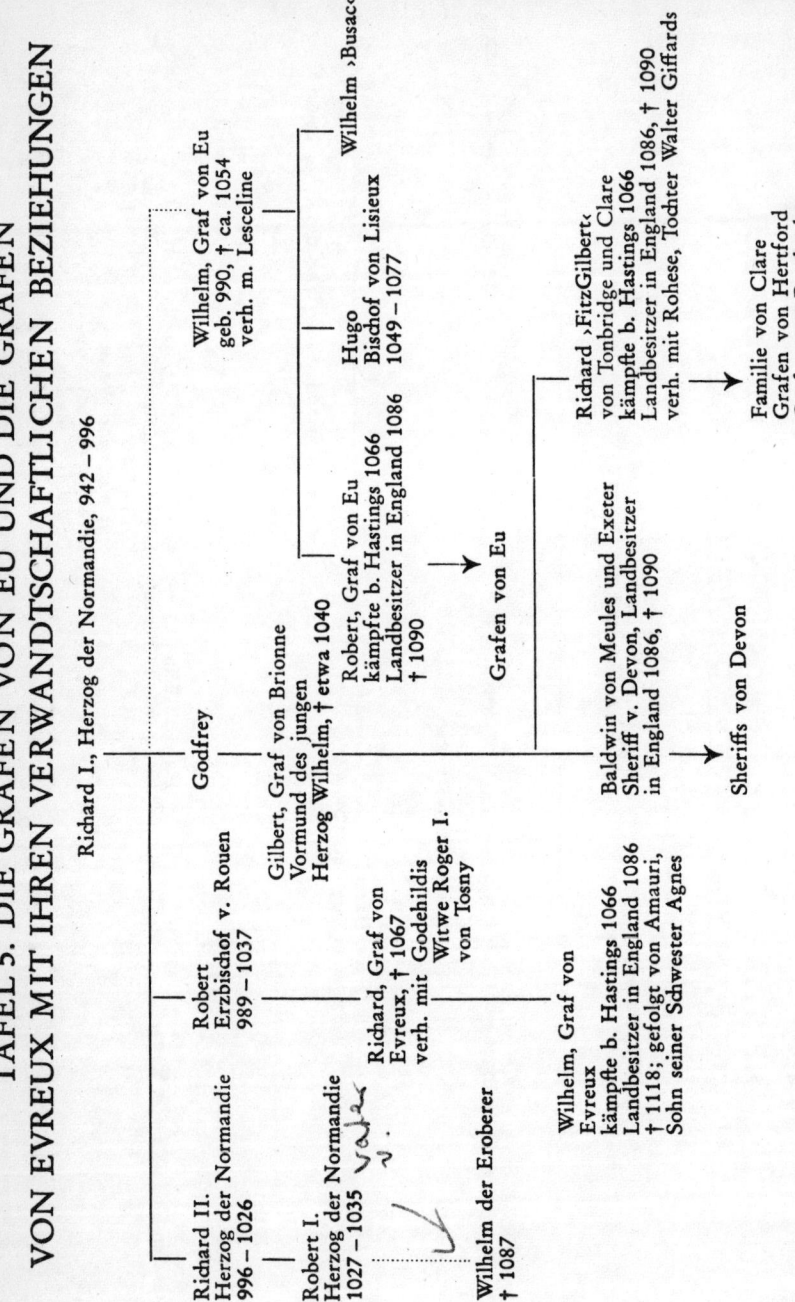

Richard II. Herzog der Normandie 996 – 1026

Robert Erzbischof v. Rouen 989 – 1037

Godfrey

Gilbert, Graf von Brionne Vormund des jungen Herzog Wilhelm, † etwa 1040

Wilhelm, Graf von Eu geb. 990, † ca. 1054 verh. m. Lesceline

Robert I. Herzog der Normandie 1027 – 1035

Richard, Graf von Evreux, † 1067 verh. mit Godehildis Witwe Roger I. von Tosny

Robert, Graf von Eu kämpfte b. Hastings 1066 Landbesitzer in England 1086 † 1090

Hugo Bischof von Lisieux 1049 – 1077

Wilhelm ›Busac‹

Wilhelm der Eroberer † 1087

Wilhelm, Graf von Evreux kämpfte b. Hastings 1066 Landbesitzer in England 1086 † 1118; gefolgt von Amauri, Sohn seiner Schwester Agnes

Grafen von Eu

Baldwin von Meules und Exeter Sheriff v. Devon, Landbesitzer in England 1086, † 1090

Richard ›FitzGilbert‹ von Tonbridge und Clare kämpfte b. Hastings 1066 Landbesitzer in England 1086, † 1090 verh. mit Rohese, Tochter Walter Giffards

Sheriffs von Devon

Familie von Clare Grafen von Hertford Grafen von Pembroke

TAFEL 6. EINIGE VERWANDTSCHAFTLICHE BEZIEHUNGEN HERLEVES
(zur Erläuterung von Anhang A)

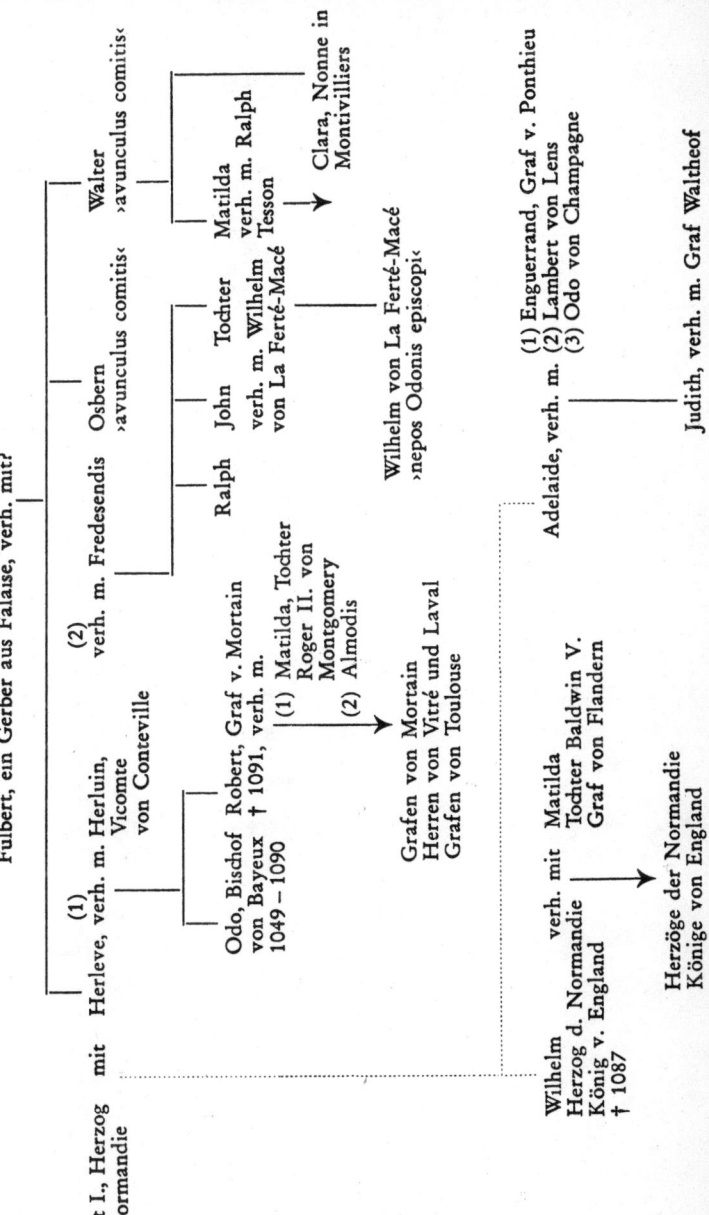

Fulbert, ein Gerber aus Falaise, verh. mit?

Robert I., Herzog der Normandie — mit — Herleve, verh. m. Herluin, Vicomte von Conteville (1)
verh. m. Fredesendis (2)

Walter ›avunculus comitis‹

Osbern ›avunculus comitis‹

Odo, Bischof von Bayeux 1049–1090

Robert, Graf v. Mortain † 1091, verh. m.
(1) Matilda, Tochter Roger II. von Montgomery
(2) Almodis

Grafen von Mortain
Herren von Vitré und Laval
Grafen von Toulouse

Ralph

John

Tochter verh. m. Wilhelm von La Ferté-Macé

Wilhelm von La Ferté-Macé ›nepos Odonis episcopi‹

Matilda verh. m. Ralph Tesson

Clara, Nonne in Montivilliers

Wilhelm, Herzog d. Normandie König v. England † 1087 — verh. mit — Matilda, Tochter Baldwin V. Graf von Flandern

Herzöge der Normandie Könige von England

Adelaide, verh. m.
(1) Enguerrand, Graf v. Ponthieu
(2) Lambert von Lens
(3) Odo von Champagne

Judith, verh. m. Graf Waltheof

TAFEL 7. DIE GRAFEN VON MAINE UND DIE GRAFEN VON VEXIN

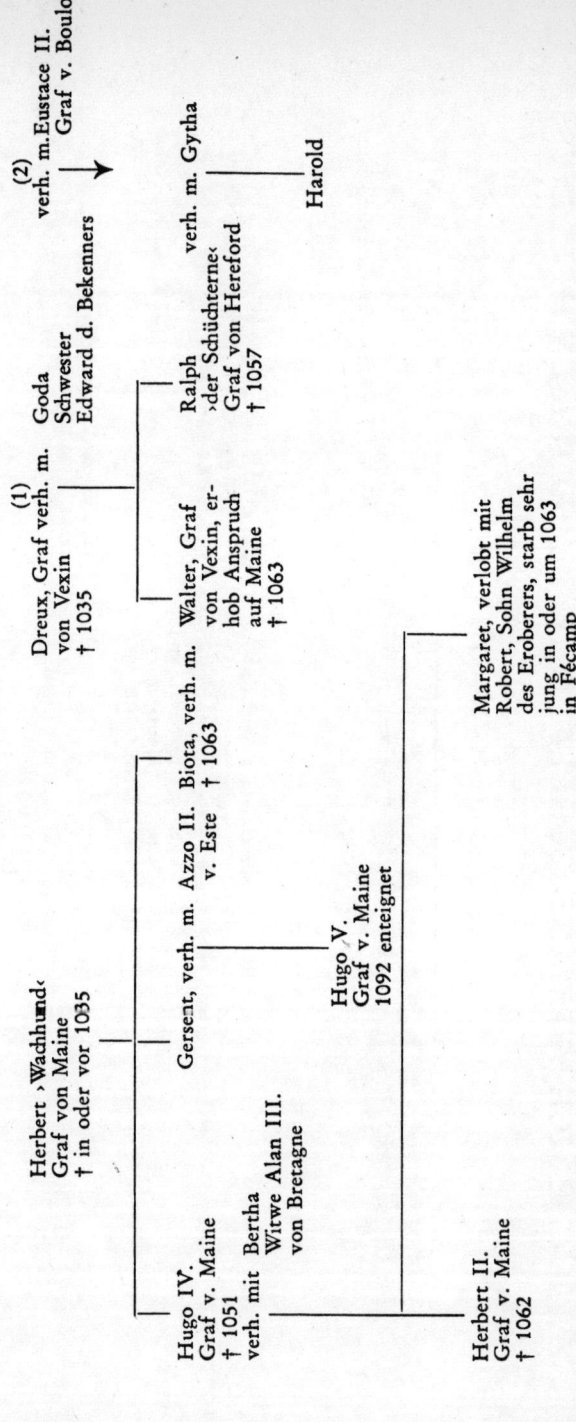

Herbert ›Wachhund‹
Graf von Maine
† in oder vor 1035

Dreux, Graf verh. m.
von Vexin
† 1035

(1)

Goda
Schwester
Edward d. Bekenners

(2)
verh. m. Eustace II.
Graf v. Boulogne
→

Hugo IV.
Graf v. Maine
† 1051
verh. mit Bertha
Witwe Alan III.
von Bretagne

Gersent, verh. m. Azzo II. Biota, verh. m.
v. Este † 1063

Walter, Graf
von Vexin, er-
hob Anspruch
auf Maine
† 1063

Ralph
›der Schüchterne‹
Graf von Hereford
† 1057

verh. m. Gytha

Hugo V
Graf v. Maine
1092 enteignet

Harold

Herbert II.
Graf v. Maine
† 1062

Margaret, verlobt mit
Robert, Sohn Wilhelm
des Eroberers, starb sehr
jung in oder um 1063
in Fécamp

TAFEL 8. DIE FAMILIE WILHELM FITZOSBERNS
IN DER ANGLO-NORMANNISCHEN GESCHICHTE VON 1035 BIS 1076

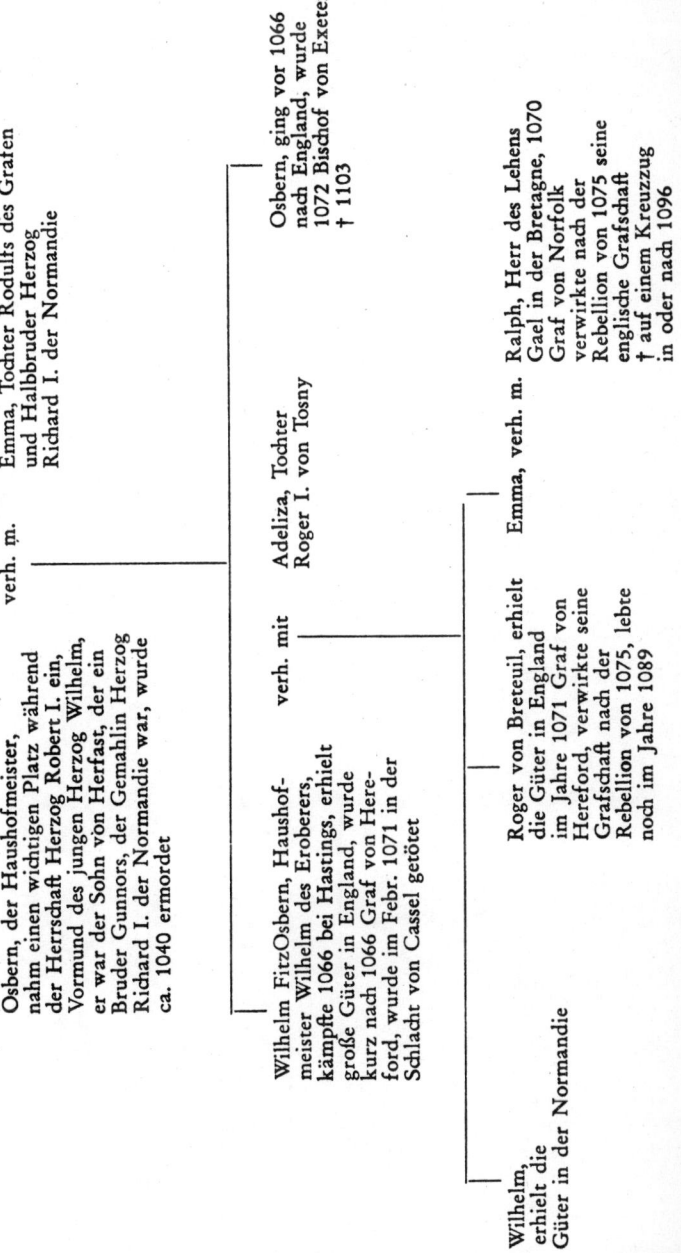

Osbern, der Haushofmeister, nahm einen wichtigen Platz während der Herrschaft Herzog Robert I. ein, Vormund des jungen Herzog Wilhelm, er war der Sohn von Herfast, der ein Bruder Gunnors, der Gemahlin Herzog Richard I. der Normandie war, wurde ca. 1040 ermordet

verh. m.

Emma, Tochter Rodulfs des Grafen und Halbbruder Herzog Richard I. der Normandie

---

Wilhelm FitzOsbern, Haushofmeister Wilhelm des Eroberers, kämpfte 1066 bei Hastings, erhielt große Güter in England, wurde kurz nach 1066 Graf von Hereford, wurde im Febr. 1071 in der Schlacht von Cassel getötet

verh. mit

Adeliza, Tochter Roger I. von Tosny

Osbern, ging vor 1066 nach England, wurde 1072 Bischof von Exeter † 1103

Wilhelm, erhielt die Güter in der Normandie

Roger von Breteuil, erhielt die Güter in England im Jahre 1071 Graf von Hereford, verwirkte seine Grafschaft nach der Rebellion von 1075, lebte noch im Jahre 1089

Emma, verh. m.

Ralph, Herr des Lehens Gael in der Bretagne, 1070 Graf von Norfolk verwirkte nach der Rebellion von 1075 seine englische Grafschaft † auf einem Kreuzzug in oder nach 1096

TAFEL 9. DIE ANGLO-NORMANNISCHEN
VERWANDTSCHAFTLICHEN BEZIEHUNGEN
DER GRAFEN VON BRETAGNE UND DER HERREN
VON RICHMOND IM ELFTEN JAHRHUNDERT

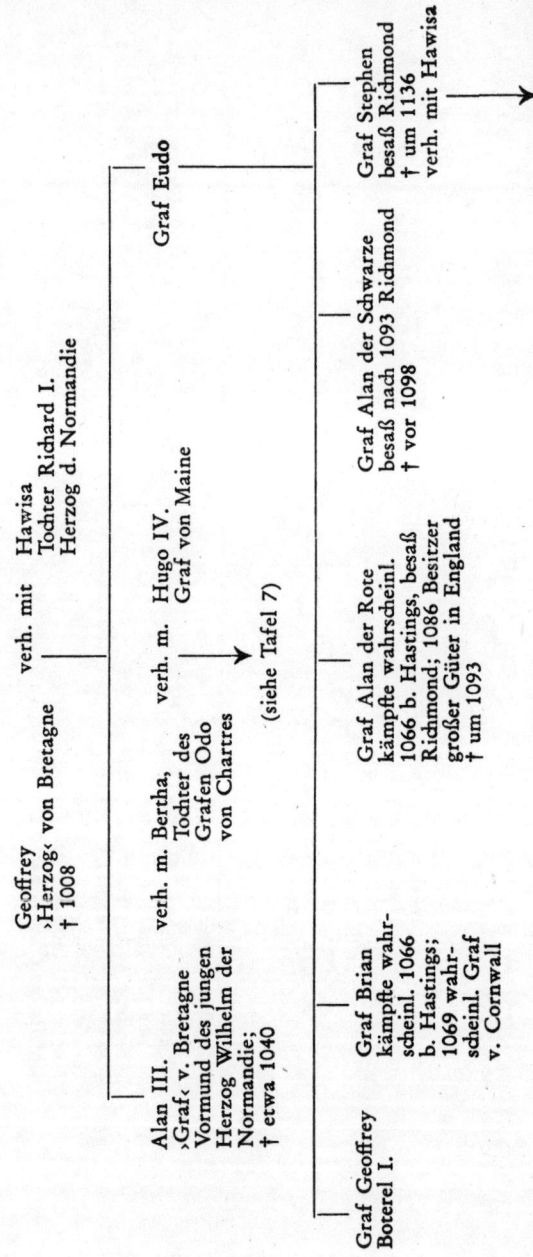

Geoffrey
›Herzog‹ von Bretagne
† 1008

verh. mit

Hawisa
Tochter Richard I.
Herzog d. Normandie

Alan III.
›Graf‹ v. Bretagne
Vormund des jungen
Herzog Wilhelm der
Normandie;
† etwa 1040

verh. m. Bertha,
Tochter des
Grafen Odo
von Chartres

verh. m. Hugo IV.
Graf von Maine

(siehe Tafel 7)

Graf Eudo

Graf Geoffrey
Boterel I.

Graf Brian
kämpfte wahr-
scheinl. 1066
b. Hastings;
1069 wahr-
scheinl. Graf
v. Cornwall

Graf Alan der Rote
kämpfte wahrscheinl.
1066 b. Hastings, besaß
Richmond; 1086 Besitzer
großer Güter in England
† um 1093

Graf Alan der Schwarze
besaß nach 1093 Richmond
† vor 1098

Graf Stephen
besaß Richmond
† 1136
verh. mit Hawisa

Grafen von Richmond

LANDKARTEN

I. Die Normandie zur Zeit Wilhelms des Eroberers

Die Bischoftümer in der Normandie:

1. Rouen
2. Bayeux
3. Avranches
4. Évreux
5. Sées
6. Lisieux
7. Coutances

*II. England und die Normandie
zur Zeit Wilhelms des Eroberers*

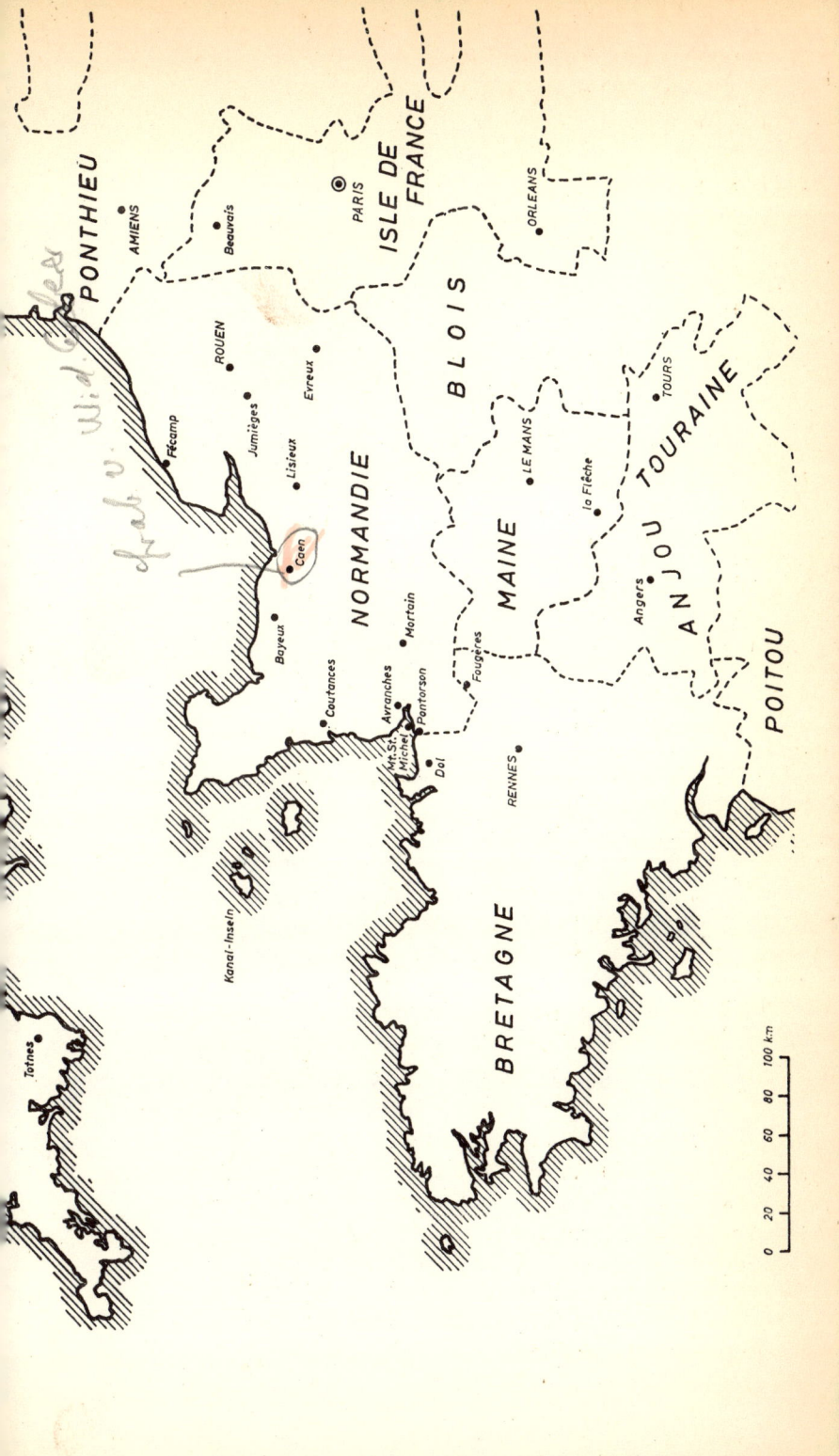

Wolf von Niebelschütz
Die Kinder der Finsternis
Roman

Gebunden mit Schutzumschlag, 562 Seiten
ISBN 3-7205-2386-1

Wolf von Niebelschütz' großer Mittelalter-Roman avancierte
zum Kultbuch ganzer Generationen und ist längst ein
Klassiker der deutschen Literatur. Ein kühnes Zeitgemälde,
eine faszinierende Saga.

»Die Geschichte entführt – ähnlich wie Tolkiens Kultroman
Der Herr der Ringe – in phantastische Gefilde.«
Augsburger Allgemeine

»Solche Bücher entstehen auf der Welt nur alle Jahrzehnte einmal.«
Hans Wollschläger

Irma Hildebrandt

Frauen, die Geschichte schrieben

30 Porträts von Maria Sibylla Merian bis Sophie Scholl

448 Seiten, Pappband
ISBN 3-7205-2318-7

Malerinnen und Literatinnen, Kämpferinnen für den Frieden
und für wissenschaftlichen Fortschritt:
Irma Hildebrandt leiht all diesen Frauen ihre Stimme.
Die Orte der Handlung sind die großen Metropolen Europas,
darunter Wien, Zürich und Berlin.
Dreißig Frauen aus vier Jahrhunderten,
dreißig lebendige Geschichten, die unter die Haut gehen.
Mit Porträts von Bettine von Arnim, Lola Montez,
Clara Schumann, Clara Zetkin, Else Lasker-Schüler, Gabriele Münter,
Alma Mahler-Werfel, Anna Freud, Therese Giehse, Helene Weigel
und vielen anderen.